文
景

Horizon

社科新知　文艺新潮

希腊人和希腊文明

[瑞士] 雅各布·布克哈特 著
王大庆 译

上海人民出版社

布克哈特所作“城邦”（*Polis*）讲座时的笔记手稿，开始部分。

（见《希腊文化史》[*Griechische Kulturgeschichte*, 1962年出版于达姆施塔特]第一卷，第53页）

纪 念

摩西·芬利（1912—1986）
J. P. 斯特恩（1920—1991）

目录

中译本序言

2000年早春，我在雅典大学校园书店里看到面世不久的布克哈特著《希腊人和希腊文明》一书英译本，遂即买了下来。

我已过了盲目阅读的年龄，知道为职称和生计写作的平庸洋人学者是多数，加之又是工薪族人，银两不多，所以在外国书店掏腰包前首先要考虑是否物有所值。见了布克哈特的书之所以出手，主要原因在于布克哈特先生的大名头。此前读过他的代表作《意大利文艺复兴时期的文化》中译本，知道这是上了西方史学史的文艺复兴文化史名家，没想到他还有厚厚一大本古希腊史的著作传世。

实际上，我对《意大利文艺复兴时期的文化》一书的印象并不算好。虽然阿克顿对该书赞誉有加，但我觉得布克哈特多半受19世纪哲学泛论的影响，主观的议论、顺手的联想较多，专业史学要求的翔实引证偏少，且全书摊子铺得很大，章节段落之间缺少严密的逻辑联系，给人纷繁的感觉。

读了《希腊人和希腊文明》译者穆瑞的前言，方知这种写法乃是布克哈特治史的特点。他认为史学研究的目标是历史思想或观念，也就是喜欢“通古今之变”的通透见识，反感业已盛行的史料考据技术，把兰克等学者运用实证主义方法苦心孤诣求证出来的“历史真实”视为一堆“纯粹的历史事实垃圾”，浪费历史家的“精力”和“视力”。这种认识当然有它的合理性，因为兰克提倡的“如实直书”的实证目标把史学工作者变为了历史的录入员，忽略了历史向来具有的启发心智、提升智慧的教谕作用。换句话说，兰克同传统史学的追求唱反调，布克哈特却反其道而行之，成为传统史学夹叙夹议方法的继承人和捍卫者，区别只是多了一些“议”。

对布克哈特的这一做法我能够理解却不以为然，因为史学的研究过程如果没有确认事实的首道工序，如何能构建出合理恰当、趋近真实的价值评判或思想观念？二者如果有机结合则对史学善莫大焉。孔德的实证主义史学方法其实是对这两种偏向的适当修正。

《希腊人和希腊文明》一书当然还是布克哈特的风格。由于是在大学课堂中的讲稿，所以布克哈特思想的信马由缰更为明显，到处都是智力与史实接触碰撞之后擦出的思想火花，凸显出作者的主观介入。不细心的读者也能够轻而易举地发现，本书字里行间充溢着个人对古希腊文化的感受，其表达不加收敛掩饰，心到笔到，价值陈述胜过史实陈述。因此，这是一部个性十足、智力强劲的史著，就像柴可夫斯基的乐曲——别的作曲家的一个作品有几个令人心驰神往的乐句就不得了了，老柴的美妙乐句却四处泛滥——好听好读，容易把读者引入耐人寻味的分析和概括而不能自已，为读者提供了一个认识古希腊文化的意味深长的入口。布克哈特说：“我们应该永远感谢希腊人对世界的洞察，在这里，他们与我们十分接近；在创造力的领域里，他们是如此伟大，这是他们的崇拜者所望尘莫及的。”我们也应该感谢布克哈特对古希腊文化的这种透心彻肺、如醉如痴的爱情，这使我们想追问为什么 19 世纪的许多欧洲知识分子会有这样一种情怀。

没有人很好地解答过这个问题，那时的知识分子只是倾心尽力地赞美古希腊人和他们的文化，比如恩格斯把希腊人称作“天才的小民族”，英国诗人雪莱则以复数第一人称认同自己和所有英国人“都是希腊人”。姑妄言之，还是轴心时代的希腊人对近代西方文明所作的非凡贡献折服了近代西方人。这些贡献包括自由、民主、法治、爱智、重德等基本价值观念，以及登峰造极的雕塑与戏剧艺术。在此基础上，今天西方的一些具体价值观，如公民社会、选举权、任期制、知情权、参与权、法律面前人人平等、政教分离、文职人员管理军队和宗教事务、逻辑思维和科学思维等等，都可以在古希腊人那里找到出处。这正是自文艺复兴运动以来被古希腊人俯视的蛮族后裔——西方的主流民族（盎格鲁撒克逊人、日耳曼人、高卢人、北欧人、斯拉夫人等）那么积极主动地认同古希腊文化为自己的文化祖先和价值源泉的根源。

但这毕竟是19世纪的事情了。现在的欧美学界，古典学日益滑向边缘，人们的眼睛偏爱鼻子前面的人和事，为何这部100多年前的著述，却仍能引起当代史家的注意，并被译成英文试图加以推广呢？这说明布克哈特的道德文章还没有过时，仍然可以满足现代人的需要。

布克哈特的世纪是一个驱动世界变革的、热火朝天、光怪陆离的世纪：人类生产力的革命性进步在一个世纪里发生了两次，从工人发明家到教授和知识分子发明家，快得使人文社会学者们都来不及整理和归纳；政治领域则继续着暴风骤雨般的革命和改良，自由、平等、博爱、民主、法治的咒符仍旧呼风唤雨，推动着变天的浪潮；共产主义运动从幽灵演变成各国资产阶级俱乐部恐惧的洪水猛兽；思想家和大学者的高论和自信比山高、比海深，人们的心头好像长满了草……在骚动的欧洲社会中，却有一个心如止水的历史家布克哈特，他沉浸在古典时代和文艺复兴时代的欧洲文化遗产当中，两耳不闻窗外事，一心只读只解圣贤书，在字里行间发泄着自己对古典的那片衷情。这位教书匠在古希腊文化研究中获得了快乐，正如他所说，“人们不能对一个教师有太高的希望。但是首先，他应该使人们保持对精神造物价值的信仰。第二，他能够使人们相信，在这些造物中可以发现真正的快乐。”

历史的主要价值在于借鉴和参照。“以史为镜，可以知兴替；以人为镜，可以明得失。”布克哈特在万丈红尘当中能够保持一份平静的心态，把研究和爱好当作自己的精神家园和快乐源泉，这给我们提供了一面照看自己嘴脸和内心的镜子。在这面镜子里，我感到了自己的低下和渺小，应该向布克哈特学习并感谢王大庆博士把这面镜子进口到中国来。

郭小凌

2007年7月20日

前言

1965 年，我发表了我的第一个评论，它是关于雅各布·布克哈特关于希腊文化的演说的一个拙劣的选译本。摩西·芬利（Moses Finley）写信向我表示祝贺，并透露说他和沙拉·斯特恩（Sheila Stern）正准备出版一个完全不同的选译本。正是布克哈特促成了我与那个时代在英语世界的古史研究领域中占据统治地位的三位伟大的历史学家——美国的芬利、新西兰的西米（Syme）和意大利的莫米里亚诺（Momigliano）——保持了二十年的友谊。 ix

当摩西在 1986 年去世之后，完成了一半的译文又被拖延了很多年。在他的论文中没有留下任何有关这项工作的记载。但是到 1989 年，我很高兴地收到了沙拉·斯特恩的一封信，说她最近找到了前几部分的手稿，进行了重新的录入，并希望继续下去。她问我对于挽救这项耽误了很长时间的工作有没有兴趣，是否接受这本书的编辑工作？由于我在运用布克哈特创造的“希腊人”（Greek man）的概念的过程中刚刚重读了他的著作，我答复说，没有任何事情比协助完成这部杰作的编辑更令我感到高兴的了。我们对摩西完成的这个选本进行了修订和增补，并怀着极大的热情开始了翻译工作。因此，我们得以最终在布克哈特去世一百年，同时也是他的演说集（1898－1902 年）首次发表的一百年之后，把布克哈特对希腊文化史的看法呈现给英语世界的读者。在这个译本完成的过程中，我们始终亲密合作，我主要负责篇目的选择和介绍，

而沙拉 · 斯特恩则主要承担翻译工作。

我们对出版者斯图亚特 · 普洛菲特（Stuart Proffitt）和托比 · 蒙蒂（Toby Mundy）表示感谢，他们对于这项工作给予了热情的支持和鼓励。我们还要感谢大卫 · 马克林托克（David McLintock），他协助校订
x 了译文，感谢安娜 · 布朗（Anna Brown）、约翰 · 苏登（John Sugden）和吉登 · 尼斯伯特（Gideon Nisbet）对正文和注释所作的编辑工作。我们还要对斯蒂芬 · 莱恩（Stephen Ryan）编制了索引深表谢意。

我们把这本书献给上述两位学者，以示纪念，他们以不同的方式参与了这本译著的早期准备工作。

奥斯温 · 穆瑞（Oswyn Murry）

1997 年 8 月 8 日

序言

雅各布·布克哈特（1818—1897）的一生跨越了 19 世纪历史编纂 xi
的伟大时代。在青年时代，他在柏林受到了那一代学者的教导，他们反对黑格尔的历史观念，创造出历史实证主义（historical positivism）；他的老师包括希腊史家奥古斯特·柏克（August Boeckh）和 J. G. 德罗伊森（J. G. Droysen），现代历史和文献研究的伟大奠基者利奥波德·冯·兰克（Leopold von Ranke）（后来布克哈特曾在 1872 年受邀接替他在柏林的教席）。他与查尔斯·达尔文（Charles Darwin）、卡尔·马克思（Karl Marx）和特奥多尔·蒙森（Theodor Mommsen）生活在同一个时代；他属于（尽管以一个瑞士人的特有的间接的方式）革命的“1848 年代”，这是 19 世纪欧洲伟大的分水岭。在所有的哲学家中，他最热衷于叔本华，是青年尼采的朋友和同事；在巴塞尔的其他同事中他所敬佩的人还包括人类学家 J. J. 巴霍芬（J. J. Bachofen），[1] 语言学家奥托·里贝克（Otto Ribbeck），他的学生和传人艺术史家海因里希·沃夫林（Heinrich Wölfflin），哲学史家威廉·狄尔泰（Wilhelm Dilthey）。他（正如我们看到的）对像维拉莫威兹（Wilamowitz）这样的年青一代的学者十分不满，因为后者试图创造出一种语言科学，并把它提升到人类精神的历史之上：可以证明这一点的是，维拉莫威兹的第一本书就对尼采的“未来的语言学”（1872 年）发起了猛烈的攻击，而年轻的罗德（Rohde）对尼采的辩护也是很不客气；就像下文提到的那样，处于鼎盛时期的维拉莫威兹在布克哈特去世以后终于可以用极为傲慢的言词大肆攻击布氏的著述了。然而，正是这本《希腊文化史》现在却成为了用现代的方法研究希腊世界的奠基之作；成熟阶段的维拉莫威兹对布克哈特的误解与青年时代的他对尼采的《悲剧的诞生》所产生的误解十分相似。

生活

xii 布克哈特 1818 年出生在巴塞尔，他的家庭是巴塞尔的一个大的市民家族的一个小的分支：自从 15 世纪，布克哈特这个姓氏在这座城市就十分显赫。[2] 他的父亲是一个新教的牧师，受到施莱尔马赫（Schleiermacher）* 的神学的很大影响。巴塞尔是一座贵族城市，保守而日渐繁荣，同时远离欧洲动荡的政局；布克哈特就是这座城市知识界的一员。布克哈特在巴塞尔获得了一个神学学位，但没有充任教职，青年时代的学习使他坚信基督的生平是一个神话。1839 年，他到了柏林，师从兰克、柏克和德罗伊森学习历史；但他最要好的也是对他影响最大的朋友是弗兰茨·库格勒（Franz Kugler），一位研究新兴学科艺术史的波希米亚教授。在他的另一位朋友格特弗雷德·金克尔（Gottfried Kinkel）身上，他发现了最后一丝伟大的浪漫主义；他进入了金克尔的情妇、离婚的乔安娜·马修克斯（Johanna Matthieux）的圈子，还有贝蒂娜·冯·阿尼姆（Bettina von Arnim），她曾经爱上了歌德，在柏林与她的姐姐——伟大的法律史家 F. C. 冯·塞维尼（F. C. von Savigny）的遗孀——住在一起。在金克尔与乔安娜于 1844 年举行的婚礼上，布克哈特是他最要好的朋友；但是在金克尔随后成为一个革命者之后，他们的关系疏远了。1848 年金克尔被判处死刑，在他妻子的帮助下逃亡到伦敦，在那里乔安娜最终自杀身亡。

* 弗雷德里克·施莱尔马赫（1768—1834），德国神学家。——译者注，下略

1844 年，布克哈特安全地回到巴塞尔，在那里，他为一家重要的保守主义报纸《巴塞尔时报》（*Basler Zeitung*）做了 18 个月的编辑。他开始在大学发表有关绘画史的演说，由于批评占统治地位的拿撒勒画派（Nazarene School）而遭到了宗教界的攻击，这个画派由一些在罗马的德国宗教画家组成，被视为前拉斐尔时代后期的楷模。1852 年，他辞去了大学的职位，前往意大利，在那里他写出了受到巨大欢迎的《向导》（*Cicerone*）（1854 年），“一本欣赏意大利艺术的指南”，这本书至今仍然是了解文艺复兴时期意大利三代艺术家创作的建筑、雕塑和绘画的标准入门读物，在他的有生之年就再版了 6 次。以此为基础，他得到了苏黎世工艺学校（Zürich Polytechnic）的教职。1858 年，他被任命为巴塞尔大学的历史教授，他可以在大学和高等中学同时发表演说；从 1874 年开始，他还被聘为艺术史的教授。第一任教职延续到 1885 年，第二任延续到 1893 年。不论在历史和艺术史领域他都是一个虔诚而勤 xiii
奋的演说家，每周授课达 10 小时，此外还为普通公众讲很多次。

布克哈特终身未婚（尽管在年轻的时候他曾经堕入爱河，为一个父母不同意他们交往的女孩子写过诗歌）；他的年轻的德国朋友们离他而去，在他三十岁时他承认自己已经是孤身一人，没有了什么奢望。他有很少的几个保持联系的密友，在一家面包店上面的两个房间里过着一种循规蹈矩和平淡无奇的生活，把自己全部献给了他的演说、著作和旅行。

在政治上，布克哈特是一个天生的保守主义者，他讨厌和蔑视新的工业化和民族国家的形成：在他自己的生命过程中，他预见到了一个“可怕的简约”（*terribles simplificateurs*）和蛊惑民心的政客时代的到来，它将控制大众，给欧洲带来灾难。这种悲观的保守主义是一个善于反思的历史学家的典型特征，他对当时的民族主义历史学家的热情进行嘲讽并保持距离。就他预见到工业社会将会朝着国家社会主义和马克思主义的极权的大众政权方向发展而言，他理所当然地成为一个超越他的时代的预言家，与历史的潮流背道而驰。但他不是一个政治思想家；不论如何明晰，这些偏见仅仅是一个无心的观察者的一些遗憾，这些遗憾来自于他自己的家庭曾经明确归属的贵族阶层的衰落。因此，在这里就会说到他对阅读报纸的恶习以及人们使自己沉迷于躁动的现实生活的攻击。[3] 其实，要紧的并不是布克哈特的政治观点或是他对未来所抱有的悲观主义态度，而是他对历史方法的看法；早在 1846 年他就这样写道：

> 但是，我亲爱的朋友，我对自由（Freedom）和国家（the State）都没有什么感觉。国家并不是由像我这样的人构成的；尽管只要我活着，我就会对我的邻居表现出友善和同情心；我会成为一个好的个体，一个有感情的朋友，一个精力充沛的人；我对这一发展方向还是有一些天分，并且愿意成为这样的人。我对作为一个整体的社会做不了什么；我对它的态度是一种无可奈何的冷嘲热讽；重要的是我所从事的事业……我们都会消亡，但至少我想去发现我是为了什么而消亡，它就是欧洲的古代文化。[4]

所以他戴上一副艺术爱好者的面具，沉浸在他的工作和他为数不多的朋
xiv 友中，全身心地投入于欧洲文化的研究，也就是他所指的过去的艺术、文学和精神成就，把它们放到当时的语境中，把它们解释为历史力量的产物。历史是对往昔的沉思：“闲暇是沉思之母和灵感的源泉”（写于伦敦）；“倾听万物的奥妙。一种沉思的情绪。”“那些文献的搜集者哪里有时间去进行沉思呢？为什么，他们甚至不知道自己心中的修昔底德是个什么样的人！不要再给别人添乱了。”[5]

早期著作

在 19 世纪 40 年代，当布克哈特还是一个学生的时候就十分反对当时流行的历史观念，“现实的单面性只能产生一种充满偏见的历史，就像充满偏见的诗歌和充满偏见的艺术那样。”[6]“对我来说，背景是首先

要考虑的因素，这是由文化史来提供的，而这正是我想献身的事业”，布克哈特在 1842 年这样写道。[7] 从一开始，他的历史观所关注的就不是行动、事件或那些看上去促成这些事件的伟人，而是这些事件发生时的文化背景，这些背景或许可以比把它们归之于个人的行为或偶然性的作用更能够对历史上的变化给予令人满意的解释。君士坦丁是如何使罗马帝国皈依基督教的？这对当时的人意味着什么？这是他的第一本书《君士坦丁大帝时代》（*The Age of Constantine*，1852 年）所探讨的主题；一个世纪以后（1949 年）它被译成英文，[8] 在我们这一代历史学家中产生了巨大的影响。在盎格鲁－撒克逊世界，从吉本（Gibbon）开始，历史学家们就对古代世界晚期的研究产生了浓厚的兴趣；因为是他教会了我们如何把一个时代当作一种文化现象，而不仅仅当作某种政治和权力结构，或政府组织来看待，就像更为晚近的历史学家所阐释的那样。

这本书是围绕三个主题进行编排的——政治、宗教和文化。作为一种对蛮族入侵和内部混乱的抵抗力量，这个时代的政治必然是一种邪恶的东西。文化在衰落的过程中：文学沦落为权力（在颂词中）和宗教的附庸；艺术是宗教的附属品：“有关的神话成为了普通观念的象征性的外壳，从长远来看，果肉与果壳的分离只能对艺术造成伤害。”[9] xv
哲学是一种孤独的事业，即使像特米提乌斯（Themistius）所言，“哲学演讲的价值并不会因为在孤零零的一棵梧桐树下只有蝉儿们在倾听而有所减损。”[10] 基督教会已经成为一个有力量的联合体。在这幅画中，君士坦丁只是他的时代的一个人，几乎与他所带来的思想上的革命没有关系；他牢固地隶属于一个异教和基督教信仰相混合的世界，他的皈依只是认可了两种早已存在的文化之间所发生的一次平等的正式分化。问题的核心就在布克哈特对占统治地位的宗教思想方式的描述上。古代晚期的异教是一个仪式和信仰的庞杂序列，试图赋予精神的世界以意义：

> 基督教注定最终要征服世界，因为它提供了一种无与伦比的

> 简单回答，它对那个动荡时代的人们所深深关注并试图寻找解决办法的所有问题都给予了印象深刻和令人信服的明确回答。[11]

布克哈特最有名的书就是《意大利文艺复兴时期的文化》（*The Civilization of the Renaissance in Italy*，1860年），他的声名至今仍然建立在这本书的基础上。剑桥大学现代历史研究的奠基者阿克顿爵士（Lord Acton）把它描述成“有史以来关于文明史的最具洞察力和最为精妙的论文”。[12] 实际上，这本书仍然在塑造和挑战着此后解释欧洲历史核心现象的所有努力。布克哈特试图对那个时代在发生作用的新生力量以及这些力量之间如何相互联系作出分析。第一部分是关于政治和战争，有一个充满争议的标题，“作为艺术工作的国家”。这就是说，政治生活不再由传统的政府组织或者现代历史学家所揭示的那些根本力量所决定，而是由宣传者的有意识的知识所决定，他们宣称存在一种科学或政府的艺术，可以通过实验或思考被发掘出来。接连发生的谋杀、背叛和暴政都是人们信仰理性而非传统的力量所造成的后果：正是一种对历史事件的看法把马基雅维里的新政治科学摆在了中心的位置；然而不论其结果是多么混乱和困苦，布克哈特还是试图证明，政治从未被如此富于实践精神的领导者引领到这么高的知识水平。

xvi 第二个部分描述“个人的发展”。这是19世纪黑格尔以后的思想一直关注的题目：现代的个人主义观念是如何从部落和宗教的历史阶段中产生出来的？布克哈特并没有解释，他只是描述了个人从他们的社会中分离出来的动因，“普世人”（the universal man）的理想和现代的荣誉观念，还有其对立面，即现代的机智和讽刺观念：

> 人对自身的意识只是作为是一个种族、集团、党派、家庭或联合体的成员——这种意识只能通过一些普遍的分类而形成。在意大利，这层面纱首先被揭开；对国家以及这个世界的所有事情的一种客观的处理和考量都具备了可能性；与此同时，主观的方面也使自己得到了相应的强化；人成为一个精神的个体，他自身

也认识到了这一点。[13]

所以布克哈特坚信，“不仅是古代的复兴本身，而是它与意大利天才的结合，二者相互作用才取得了征服西方世界的成就。”[14] 他的第三个部分是关于“古代的复兴”，以及通过与古代文献和文化相接触而产生的新人类的教育问题。新世界的发现被安排在与内在精神的探索、诗歌和传记文学的发展以及外部世界的描述相关的一章里，题目是“人和世界的发现”。

在“社会和节日”一章中，布克哈特描述了男人和女人如何真实地生活在这个新世界里，礼貌的原则，优雅的举止和外部的装饰，语言和谈话的风格，性爱，体育锻炼和音乐，朝臣的男性理想中的男女平等，官方的大众节日的发展，其原型是古代的凯旋式和酒神节的观念。最后的“道德与宗教”这一章试图把这个新时代与中世纪的宗教力量联系在一起，后者从未被完全取代，所以这最后一章所关注的是古代与现代迷信的混合物，它不可避免地导致了信仰的崩溃。

这部著作标志着一种新的历史解释模式的最终确立，这就是德国学者所谓的“文化史”(*Kulturgeschichte*)。[15] 每个主题都从一个全新的角度得到阐发，它一方面描述和关注细节，另一方面与对一些基本要素的根本性看法相呼应，通过这些要素之间的相互作用形成了一种文化的 xvii
观念。在这部著作中，布克哈特能够抛弃掉人类精神发展历史的哲学问题中固有的决定论，正如黑格尔在使用当代的哲学概念（比如国家、宗教和个人）去建构他对现实的描述时所阐明的那样。与此同时，他也避开了历史实证主义的陷阱，后者坚持认为历史的意义包含在一个因果关系的链条中，包含在对确切事件或事实的真与假的证明当中。对布克哈特来说，对历史事件的解释并不在于寻找它们的缘由，而在于发现它们的相互关系，寻找原因只是一种片面和伪科学的两维的思想方式。社会并不是一个由事件组成的线性系列，而是一个高度复杂和相互作用的系统，任何因素的某种变化都可能会对其他因素造成多重的影响。而且，人们的信仰和行为本身远比他们的信仰是否真实或是否有用更为重要：

事件并不重要，重要的是对作为一个“事实”的事件的理解，这件“事实”既非真实，又非虚假，只是为人们所相信。

对布克哈特的文化观有一种批评是有道理的，那就是他自身基本上只关注高级文化，关注受过教育的精英阶层的行为和信仰当中的价值观念。因而，他的文化史观与现代大学中占据统治地位的观念存在着根本的不同，在那里，“文化研究”（cultural studies）是指对大众文化尤其是少数民族文化的考察。即便如此，这个被新的当代规则挪用的19世纪的名词还是描述这样的事实，那就是由布克哈特开创的传统为仪态、风俗和行为模式以及节日和其他种类的大众文化的表达方式的研究打开了大门。即使布克哈特并未对此津津乐道，但在某种意义上，他仍然是这一规则的首创者，这种规则源自于一种多种文化并存的平等主义的社会观念。但是，认识到这一点是十分重要的，那就是完成这一面向未来的飞跃所必需的技术、概念和档案资料在布克哈特生活的时代是不存在的；他自身对于精英文化无比信赖的原因是，只有这种文化形成了自觉，被充分认识，而且被记录在这个时代的文献和艺术中。

有一个时期，*君士坦丁*和*文艺复兴*曾经被当作是从古代到近代开端的欧洲文化发展史的伟大研究的开端和结束。[16] 但是《文艺复兴时
xviii 期的文化》是布克哈特在他的有生之年出版的最后一本书。布克哈特开始认识到，教书更为重要：“就我的经验来看，在这个世界上，著书立说是最不健康的行为之一，只有教书（尽管十分麻烦，尽管要做很多具体的研究和准备工作）是最健康的一种行为。”[17] 在这一具有调侃意味的放弃写作的后退的背后，以及拒绝接受教书和写作同样是表达思想的持续过程的组成部分的看法的背后，隐含着更为深刻的对他的学院派同仁们的不满，他厌恶他们的没有任何可读性的浩繁著述，他们对细枝末节和事实的迷恋，以及对教授职位的所谓“真学问”（*virieruditissimi*）的无比的傲慢，1872年他拒绝了柏林大学要他接替兰克教席的邀请，从而放弃了这样的职位。1859年，海因里希·冯·西贝尔（Heinrich von Sybel）宣布了创立新的史学期刊《历史杂志》（*Historische Zeitschrift*）的计划：它将致力于历史研究的正确方法，它将与现代历史而非古代历

史，德国历史而非其他民族的历史相结合。[18] 布克哈特越来越不能接受这种新历史的政治目的和概念性的方法。他不再相信实证主义主张的历史循环论，但也没有公开表达出他把历史当作沉思的主张。巴塞尔的演讲厅是一个使某位教授仍然能够对历史进行沉思的地方，而不是进行政治宣传或宣讲一些无聊的书的地方，这些注定会使人们对他的这个学科失去兴趣。正如他在与他的继承人海因里希·沃夫林的谈话中所言：

> 人们不能对一个教师有太高的希望。但是首先，他应该使人们保持对精神造物价值的信仰。第二，他能够使人们相信，在这些造物中可以发现真正的快乐。[19]

关于历史研究的系列演说

历史哲学的观念表达了一种合理的看法，那就是历史是有意义的，
它并不仅仅是一连串没有联系的和无法解释的偶发事件。传统上，在对
这种意义寻求的过程中，人们认为历史的叙述本身就可以揭示出一种人
类行为的普遍的模式或目的，而不必去制定出明确的历史普遍法则。在 xix
把历史看作是上帝的目标在人间的实现的基督教史观衰落之后，18 世
纪发展出一种乐观主义的观念，即认为历史是进步的表现，不论这种进
步被视为上帝意志的表现还是人类理性的逐步胜利。这种“辉格党人对
历史的解释”[20] 对很多历史学家来说仍然是一个未经考察的假设，但
是其部分已经为另一种更为乐观和科学的历史观念所取代，这种历史
观在 19 世纪取得了统治地位——即达尔文的适者生存的历史进步观念。
在这种观念下，我们可能会对历史的牺牲品充满怜悯之情，但还是不得
不承认历史反映了一种社会进化的模式。如果盎格鲁－撒克逊世界的
无人理睬的假说仅仅关注于经验主义和古物研究的话，那倒还令人舒
服一些。

在1822年到1831年之间，黑格尔在柏林的五个地方发表了著名的“关于世界历史哲学的系列演说”，形成了一种历史理论，这种理论通过一个世界历史发展阶段的演进模式把历史看成是一个精神理念逐步得到认识的普遍的过程。[21] 这一精神王国的论证以人类精神的逐步显现作为结束，直到（正如尼采不怀好意地说）“对黑格尔来说，这一世界过程的顶点和高潮与他自己在柏林的存在不谋而合”。[22]

世界历史还存在一个地理上的定位，因为它经历了从东方到西方的发展，与太阳自身的运动轨迹相一致。东方只知道一个人是自由的，希腊和罗马世界认为一些人是自由的，而日耳曼世界则认识到所有人都是自由的。因此，历史基本上成为了人类精神自由的发展历史。作为一种理论，这与今天的很多自命为自由主义的历史学家，尤其是美国的历史学家持有的观点相一致，即使他们不再使用这样的形而上学的术语。这种看法显然具有其内在的吸引力；但问题在于黑格尔的历史叙述的具体方式。他的演讲追溯了从古代近东、古代世界、中世纪、宗教改革直至今天的人类历史发展的过程。黑格尔并非专业的历史学家，他的讲解既是纲要性的，同时也服从于他的理论的需要。

作为新的历史科学的创立者，德国历史传统的奠基者们拥有对其扮
xx 演的角色的一种自觉，一种对“世界历史”的意义的先验的认识。黑格尔的形象统治了19世纪上半期的整个哲学史；它成为马克思主义的基础，后者最终取代它成为历史意义的最成功的哲学解释者。即使对那些试图把历史当作一种经验主义的考察——在这种考察中，具有普遍性的理论必须由确凿的史实来决定——来看待的历史学家，历史具有一种精神的意义的想法对他们来说还是具有一种持久的吸引力。

在另外一种极端情况下，到了19世纪晚期，无需任何理论兴趣的古物信息手册的编辑已经成为一种典型的德国学术活动。而在19世纪早期，对历史的批评性研究在德国仍然是一种学术规范，在这个时期对过去的系统探究也发展起来。[23] 在这一新的经验主义原则的指导下，可以分辨出三个思想流派。第一个流派认识到，所有的历史叙述都建立在一系列充满偏见和先入之见的早期记载的基础上，需要大打折扣

之后才有可能达到一种“事实”的叙述；这种方法主要是与古典历史学家 B. G. 尼布尔（B. G. Niebuhr，1776—1831 年）的工作联系在一起，他的有关早期罗马的研究对欧洲文化，尤其是英格兰产生了深刻的影响。[24] 这种方法在整个 19 世纪一直很重要；其后果就是产生了对“材料批判主义”（source criticism）的一种迷恋，一层层地揭示出被扭曲的内容，以此使我们回到最初的“事实”。在这种态度的背后存在着这样一种假设，那就是所有的历史（也包括今天）本身都易于被偏见（尤其是政治）扭曲；因此，这种想法对真理以及建构真理的方法充满兴趣，同时也承认了一个反题，那就是历史学家的行为必然受到当时的政治的影响。

科学的历史的第二个领域乍看起来似乎更为中立。对档案和文献史料的重要性的发现与利奥波德 · 冯 · 兰克（1795—1886）的名字联系在一起，他声称要创造一种“如实直书”（as it really was）的历史叙述。19 世纪历史研究的大部分工作都是以一种十分明显的价值中立的立场围绕着文献的整理和出版来进行的——其中包括私人报纸，官方文件和报告，手稿，许可证，中世纪的文献、货币，以及欧洲语言写成的历史词典的编纂等。尽管这一行动可以纠正回忆录和过去的史著中存在的偏见，但实际上却不能去除所有偏见；它没有认识到，首先，选择需要搜 xxi
集的材料本身也会受到历史研究者自身偏见的影响，第二，文献本身是为一定的目的而编写出来的，通常由从前的政府来决定：他们呈现出一种官方的历史观，而没有必要成为真实的历史观。尽管如此，兰克学派还是在文献研究和历史写作之间建立起一种持久的联系。

最后一个经验主义研究的重要领域是法律史的研究。律师们事先拟定好他们的文书，法律的研究方法是一种历史和哲学方法的紧密结合。罗马法和古代习俗中的日耳曼法的历史起源的研究与创制一种基于历史原则的新的法律体系的努力紧密结合在一起，这与“拿破仑法典”（Napoleonic Code）的理论原则完全相反。很多大陆国家的政治改革建立在一种宪法观念的基础上，它与政治的关系使宪政史成为历史研究最重要的分支之一。从日耳曼法研究最伟大的奠基者 K. F. 艾希霍恩（K. F. Eichhorn）和塞维尼开始，到 19 世纪末特奥多尔·蒙森对罗马共和国与私法的研究，作为“人们生活的表达”的法律的重要性被认识到。但十分明显的是，这种历史研究的方法必须与民族国家自身形成的过程紧密联系，这为历史研究和当代的政治关怀之间的密切关系提供了另一个例证。

因此，黑格尔的反对者们所宣称的明晰的经验主义和实证主义的历史研究方法深深地受到了一种观念结构的影响，这种结构可以使历史研究成为理解现代社会的基础：19 世纪的历史学及其历史循环论与社会学和人类学在今天扮演着同样的角色。所以，如果说历史学没有意义，那将是不可思议的；在历史循环论的时代，历史提供解释，但历史自身也需要一种解释。因而，黑格尔能够而且也确实与新的历史“科学”结合在了一起，这种结合也说明了在历史循环论的时代历史研究在德国所占据的统治地位；因为历史已经取代了哲学而成为探究人性和对所有人类社会提供解释的基础科学。历史学家们对黑格尔历史观的反对意见因而
xxii 并非建立在哲学，而是建立在事实和他们所使用的方法的基础上。直到尼采，历史循环论的前提才从根本上受到了挑战；尼采的攻击也是受到了雅各布·布克哈特演说的启发或者说刺激。

在 1868 年和 1873 年之间，布克哈特三次发表了“论历史研究”的演说。这些演说（尼采倾听过 1870 年的演说）的笔记被布克哈特的侄子雅各布·奥芮（Jacob Oeri）整理成文本于 1905 年出版。最近，在 1982 年，我的朋友彼得·甘茨（Peter Ganz）出版了原始手稿的一个学术版本，从中可以清楚地看出奥芮是如何通过细致的工作创造出一个复合的原始文本，在演说稿的基础上把布克哈特的思想浓缩为一个单行本。但奥芮在题目上作出了一个有意义的改变：他称之为《世界历史沉思录》（*Weltgeschichtliche Betrachtungen*）；这部意义重大的带有浓重的黑格尔语气的“世界历史”的参考资料扭曲了从前的文本的内容（英译本叫作《对历史的沉思》[*Reflections on History*]，尽管仍不十分准确，但还是一个比较好地反映了布克哈特发表的这些演说的题目）。[25]

早在年轻的时候，布克哈特就十分熟悉黑格尔的历史观，[26] 但他

到柏林的时候正赶上对历史哲学的第一次具有历史意义的反击。他总是表明自己对所有哲学都缺乏兴趣，似乎他确实从未对黑格尔做过深入的研究；正如甘茨所言，他从未买过一部黑格尔的《哲学史讲演录》（*Lectures on History*），直到 1868 年在他对这个题目第一次发表演说之前的三个星期，他才从大学的图书馆借来一部；[27] 但在他的注释中表明，甚至在那时，这本书他从未读到过一百页以上。在他自己的演说中，他坚持认为他对黑格尔的历史哲学并没有什么兴趣：

> 历史哲学是一个半人半马的怪物，一个自相矛盾的术语，因为历史是并列的（coordinate），因而是非哲学的，而哲学是从属的（subordinate），因而是非历史的。[28]

他的兴趣与此不同，他的方法也缺乏系统性：

> 尽管如此，我们还是要感谢这个怪物，我们会时常在历史研究的树林边十分荣幸地遇到它。不论它的原则是什么，但还是在森林中开辟出很多壮美的景色，并为历史增添了色彩……
>
> 正因为如此，每种方法都对批评敞开大门，没有一种方法是放之四海而皆准的。每个人都以他自己的方式遇到这个值得思考的巨大主题，这可能是他一生的精神追求：他会形成他的方法， xxiii
> 以此引导其人生的道路。[29]

布克哈特的历史理论的方法十分明显地建立在他早期的君士坦丁和文艺复兴研究的基础上。他提出，在人类社会的历史上有三种伟大的“力量”，它们是历史的法则，是历史学家在全力对历史作出解释时所遵循的原则。它们就是国家、宗教和文化。从根本上讲，每一个都依赖于其他的两个而存在；前面两个，“是政治和精神需要的表达，对其特定的人民，确切地说是对于整个世界具有绝对的权威性。”因而它们是持久的要素。但文化是“某种完全不同的东西”：

> 文化是为了促进物质生活而自然而然地形成的东西的总和，是一种精神和道德生活——所有的社会交往、技术、艺术、文学和科学——的表达方式。它是一个变化无常的、自由的、而不是必然具有普遍性的王国，所有的文化都不能诉诸具有强迫性的权威。[30]

历史社会的形成就是这三种力量相互发生作用的一个过程。所以，历史不能被简化为单一的解释，比如政治的解释，而是多种相互斗争的力量复杂互动的结果。我们今天可能会对布克哈特选择的三种力量提出质疑：举例来说，一种现代的理论认为应该把“经济”也包容进去。但毫无疑问的是，布克哈特的历史理论与马克思主义可以并称为理解历史发展过程的最重要的现代尝试之一。

这种理论并非来自于黑格尔；三种力量的思想的第一次形成是克尔凯郭尔（Kierkegaard）在对 F. W. J. 谢林（F. W. J. Schelling）1841 年在柏林发表的关于学术研究方法的演说所做的注释中出现的，布克哈特可能倾听了这次演说。[31] 但是，如果布克哈特的这种思想是产生在柏林的学生时代的话，那么其具体的阐述则是具有原创性的，这一阐述正是建立在他写作文化史的过程中所产生的那些问题的偏好的基础上，这使他把人类行为的不同领域之间的互动作为关注的焦点。为此，理论架构的最重要的内容并没有出现在演说的第一个部分有关个体的力量的讨论中，而是安排在了他的关于在三种力量之间形成的六种相互补充的行为
xxiv 类型的讨论当中——文化由国家和宗教所决定，国家由宗教和文化所决定，宗教由国家和文化所决定。

这种历史理论的缺陷也正是所有试图对历史进行共时性的研究而非历时性的研究所共同存在的缺陷：如果社会被视作一个由很多相互依存的力量组成的统一体的话，那么，这就使得变化的观念变得难于理解，而变化正是由事件构成的传统史学的核心内容，它建立在原因和结果的基础上，按照年代学的发展过程进行排列。在最后几篇演讲中，布

克哈特发表了对这一问题的看法。其中的第一篇是关于“历史中的危机”——也就是说，变化被视为灾难或革命，而不是发展。第二组演说的题目是“个人或社会”或者（有一次是）“历史上的伟人”：在这里，布克哈特似乎认为，作为个体的伟大人物的力量可以打破使文化整合在一起的静态的力量，“因为伟人对我们的生活来说是必须的，其作用在于使历史的运动可以时常从过时的生活方式和空洞的言辞中解放出来。”[32] 这些演说当然对尼采尤其具有吸引力。在这些尝试中，显而易见的，布克哈特非常清楚他的理论所要面对的问题；然而，我认为他却完全没有能力找到一个令人满意的解决方式。尽管“历史的实质发生了变化”，但是布克哈特关于历史发展过程的观点还是没有超出一种外部力量和内部衰退相结合的观点：

> 在自然界，毁灭仅来自于一些外部的原因，自然或气候的灾难，弱小的物种被强悍的物种取代，高贵的被卑下的取代。在人类历史上，内部的衰微、生命力的减弱总是会成为毁灭之路的必要准备。只有到了那时，某种来自外部的打击就会造成全部的毁灭。[33]

由于整个的理论结构仅仅被看成是对历史“进行沉思”或者书写历史的一种非常有用的方式，“仅仅是一种能够使我们站稳脚跟的装置”，[34] 所以布克哈特很可能认为他的分析是充分的：正是决意将历史用于行动的尼采才会最清楚地意识到这些答案并不能够促进其自身目标的实现。

布克哈特和尼采

1869年，年仅24岁的弗里德里希·尼采令人惊叹地被任命为巴塞 xxv
尔大学的古典哲学讲座教授。时年50岁的布克哈特从1844年开始在这所大学任教，也就在这一年尼采出生；1858年他成为历史学教授。[35]

从一开始，他对他的这位年长的同事就充满了敬佩之情；1870 年他在给一位友人的信中写道：

> 昨天晚上，我非常荣幸地倾听了雅各布·布克哈特的讲座，我真希望你也能够在场。他发表了关于"历史之伟大"的即兴演说，这篇演说的内容完全被控制在我们所能接受的思想和情感的范围之内。这位非同寻常的中年人确实并不想扭曲真理，而是去揭示它，尽管在我们秘密的散步和谈话当中，他把叔本华称为"我们的哲学家"。我参加了他在大学每周一次的关于历史研究的演讲会，我相信我是他的六十位听众当中惟一一个能够跟上他的这一辆深奥的"思想列车"的人，这辆列车会在论题出现疑问的时候进行出人意料的迂回或者使用急刹车。在我的人生当中第一次在一次演说中得到了享受，而且，这是在我年纪大一些的时候也可以做的那种演说。[36]

无独有偶，布克哈特在 1872 年也倾听了尼采的演说：

> 他还欠着我们最终的答案，他用一种如此宏大和有力的文风向我们抛出了很多问题和悲叹，我们期待着他的解决办法……他在一些地方无比喜悦，但不久就再次听到了一种深刻的悲哀，我依然没有理解这些"最有教养的听众们"（*auditores humanissimi*）是如何能够从中获得安慰或者解释的。只有一件事是清楚的：一个伟大的天才，他已经事先拥有了一切并向外传达。[37]

他们都喜欢叔本华："在过去的几周当中，这位哲学家的信任度再次得到了提升。在这里有他的一位忠实的信奉者，我与他时常沟通，尽量用他的语言表达我自己的想法。"这是 1870 年布克哈特在写给一位朋友的信中关于尼采的一段话。[38]

xxvi 在个人的层面上，尼采一直保持着对布克哈特——"我们的伟大导师”——的崇敬：即使在1879年他离开巴塞尔之后，直到1887年，他不断地给布克哈特寄送他的著作，从《不合时宜的思想》（*Untimely Essays*，1873—1876年）到《人性，太人性》（*Human*，*All-too-human*，1879年）、《快乐的科学》（*The Gay Science*，1882年）、《查拉图斯特拉如是说》（*Thus Spake Zarathustra*，1883年）、《超越善恶》（*Beyond Good and Evil*，1886年）和《道德的谱系》（*The Genealogy of Morals*，1887年）。但是布克哈特的表示感谢的信件却揭示出他与尼采哲学的距离正在拉远。[39] 尼采也明显地感觉到了“我的巴塞尔令人尊敬的朋友雅各布·布克哈特”在情感上的这种变化。1889年，在《偶像的黄昏》（*Twilight of the Idols*）这本书中，在讲到布克哈特的时候，尼采认为“巴塞尔在全人类中的卓越地位都应该归功于他”。[40] 实际上，布克哈特是接收到他来自都灵的奇怪信件的人之一，已经陷入神经错乱的尼采在一封写于1888年末的信中这样写道：

> 给我最敬重的雅各布·布克哈特：
>
> 那只是一个小笑话，因为我看透了创造世界的单调乏味。现在你——你的艺术——是我们伟大的导师；我和阿里阿德涅(Ariadne)* 在一起只是为了保持所有事物的黄金平衡，我们已经拥有了高于我们的一切……
>
> 狄俄倪索斯

他给布克哈特的最后一封信是这样开始的：

> 亲爱的教授：
>
> 最后，我宁愿成为巴塞尔的一名教授，而不愿成为上帝；但是我不敢压抑我个人的利己主义，以至于放弃创造世界。

---

* 希腊传说中克里特的米诺斯王国的公主，与前往克里特刺杀“米诺牛”的提修斯一见钟情，在杀死牛怪之后，正是在她的线团和宝剑的帮助下，二人顺利逃离。

这封信是 1889 年 1 月初寄达的，这促使布克哈特向尼采的朋友弗兰茨·欧沃贝克（Franz Overbeck）询问，是他承担起最后的责任，把尼采带回巴塞尔并送他去接受治疗。

已经步入老年的布克哈特希望使自己远离尼采，避免成为“公众的噱头”；1896 年，78 岁高龄的他写道：

> 而且，由于哲学的矿藏完全地向我敞开着，此时此地我从他的地位中认识到，在这种意义上，我与他的关系对于他来说没有任何帮助，所以我们仍然保持着不经常的，尽管还是严肃和友好的谈话。
> xxvii 在权力狂人（*Gewalt menschen*）的问题上，我从未与他有过直接的交锋，在我们还经常见面的时期，甚至不知道他是否坚持这种看法；从他生病开始，我们很少见面了。[41]

但毫无疑问的是，在 1870 年代早期，这两个人的关系十分亲密。他们二人都曾经为发现有人与自己崇拜着同样的哲学家而倍感欣慰，如叔本华；两人都受到普鲁士国力上升时期的相似的文化风格和 1870 年德国战胜法国在文化上产生的后果的深刻影响。在思想上，二人在很多方面还受到对方的影响。

乍看起来，两人之间的差异是非常显著的，以至于到了公开反对对方的程度，但他们却在阐述自己的观点的过程中从根本上发现了对方思想中有用的东西。当然，尼采的信仰中与布克哈特达成一致的地方却得不到确证，因为后者的看法只是通过演说来表达，而尼采自己的观点则写成书出版。因而，他可以声称，布克哈特接受了他的关于希腊文化中的阿波罗和酒神精神之间的伟大对比的说法：

> 只要是对希腊人进行过研究的人——就像健在的对他们的文化研究得最为深入的学生、巴塞尔的雅各布·布克哈特——就会立即认识到这种研究路数的价值：布克哈特把论述上述现象的一个独特的部分放入到了他的《希腊文化史》中。[42]

他在《偶像的黄昏》中这样写道。但实际上，不论是什么原因促使尼采相信这一点，在布克哈特幸存的关于希腊文化的演讲的手稿中却没有什么参考了尼采的理论的痕迹，不论是关于希腊宗教和希腊道德的部分，还是关于悲剧的部分。[43] 实际上，《偶像的黄昏》中的所有论证及其把古代的悲剧和瓦格纳的现代音乐联系起来的尝试，都不能感染布克哈特，他对音乐的兴趣只限于莫扎特和威尔第，对瓦格纳的闭口不言隐藏着对他的深深的厌恶。

尼采曾经声称，他是惟一能够理解布克哈特关于历史哲学的演说的听众。在 19 世纪 70 年代，尼采的确努力使自己从其时代的历史幻象中解放出来。但是他的那篇著名的文章“历史对于生活的运用和滥用”(On the use and abuse of history for life) ——单篇发表于 1874 年，两年 xxviii
之后收入《不合时宜的思想》——则基本上是一篇反对布克哈特在那些演说中所坚持的立场的声明，即使在某个地方他提到布克哈特关于意大利文艺复兴的描述时仍然表示了赞成。[44] 在这篇文章中，他指出现代社会饱受历史的滥用、为娱乐而生产的痛苦，这导致了自嘲和玩世不恭；就像帝国时代的罗马，现代人

> 不断让其时代的艺术家为他准备世界性的庆典。他成为一个旁观者，四处游荡，自我欣赏，他退化到一种状态，在这种状态中，即使大规模的战争和革命也不能改变什么，哪怕是一时的改变……
>
> 真的有必要让一群太监看守伟大的具有历史意义的世界－后宫吗？当然，纯粹的客观性就很像是一群太监。似乎任务就是监管历史，以便使什么东西都不能出来，除了故事——当然没有历史事件了！[45]

尽管布克哈特可能会赞成尼采对客观性的摒弃，但主要的批评当然是与布克哈特所摆出的行家和爱好者的姿态有关，他是为普通的公众写作和演讲。

现在为你自己描述一下现代的历史学者：他是他的时代中最公正的人吗？不错，他自身培养起了一种如此温柔和敏感的情感，以至于没有什么人类的情绪他不能够体察；他的竖琴能够弹奏出不同年龄的所有的人的和谐的音调；他成为了一个被动的传声筒，它的回声反过来又使同类的传声筒产生了共鸣，直到最终一个时代的空气中充满了这种温柔与和谐的回声构成的多声部音乐。然而，对我来说，似乎只有最初的历史音符的和声还能够听见：粗糙和有力的原声不再能够分割成竖琴琴弦发出的瘦削和尖厉的声音。而且，原声常常会唤醒行动、困难和恐惧，而这纯粹的乐音只能叫人昏昏欲睡，把我们变成柔弱的享乐主义者。就好像性爱交响曲要由两支长笛演奏，它是专门为了正在做梦的鸦片吸食者享用的。[46]

xxix 布克哈特深知这是对他的批评，于是用了一种典型的"业余爱好者"的辩护对此做出了回应：

首先，我的贫乏的头脑从来就不能思考——即便是一时的思考——你所能够思考的比如终极原因、历史的目标和希冀这样的问题。然而，作为一位教师和教授，我还是坚持认为，我教授历史从未奢望过讲述世界历史这样的庞大论题，但基本上是一种初步的研究：我的任务是使人们掌握一个必不可少的基础，如果他们所要深入学习任何知识还是有一定的目的性的话。我尽我所能地把他们引导到对于过去的亲身领悟上面——不论是哪种形象或模式——至少不要使他们产生反感；我希望他们能够自己摘拾果实；我从未梦想过在更为狭窄的意义上训练学者或门徒，只是想使我的每一位听众感受和了解到，每个人能够而且必然会从他们自己感兴趣的历史中获益，他们也将从中得到乐趣。我十分清楚地知道，这一目标可能会遭到培养业余爱好者的批评，但这对我来说算不了什么。[47]

实际上，对布克哈特来讲，业余性是他的历史理想的一个部分：

> “业余”这个词的坏名声都要归咎于艺术。一个艺术家要么是行家，要么什么也不是，必须把他的一生都奉献给艺术，就其性质来看，艺术要追求完美。
>
> 另一方面，在学术界，一个人只能在某一个特殊领域成为行家，也就是专家，在某些领域他应该成为一位专家。但是如果他还没有丧失一种概观全局的能力的话，或者即使是从他自身的角度进行普遍的概括，那么，至少就其本人来说，他还是应该尽可能地成为一个业余爱好者，提高其自身的知识水平，丰富其看问题的角度。否则，他就会在自己的专业知识以外一无所知，像是一个没有开化的野蛮人。[48]

实际上，尼采拒绝接受布克哈特的历史演说的核心理念，尽管他借用了他的三分法：他自己的历史理论把历史分为三种类型，宏伟的历史（伟人），文物研究（史实）和批评的历史（道德评价）。这种分类非常粗 xxx
糙，不能深入地洞悉历史，不过，他对于第一类的过分强调——把历史看成是伟人行动的记录——表明他已经把历史基本上看成是展示自由精神（*Übermensch*）的力量的舞台。尽管布克哈特已经触及了历史上的伟人的问题，但是他并不把历史仅仅看作是个人、史实或道德评价某一个方面的问题，而是三种基本力量的相互作用促成了文明的发展。尼采自身的理论仅关注于利用历史为他的社会巨变的哲学服务；布克哈特可能给了他启发，但从尼采看问题的角度来看，他属于一种历史循环论者的文化，而这种文化是必须要被打碎的。

二者思想中最一致的地方莫过于他们对历史循环论的某些根本原则的一致反对。他们都对所谓职业学者的人生态度嗤之以鼻：尼采向他的同事们发起挑衅，呼唤一种为新的世界观服务的新的语言学，而布克哈特则发现自己越来越不能认同那些“拥有职业教席的博学人士”（*Viri eruditissimi*）所拥有的历史感。[49] 布克哈特很可能对尼采放弃作为历史理想的历史客观性和中立性持赞同态度。在这种观点的背后蕴涵着对历史事实和历史事件的重要性的共同反对。正像尼采所写，“事实总是很愚蠢，看上去总像是一个乳臭未干的毛孩子，而不是一个神。”[50] 恰恰在同一个时期，当时布克哈特正在准备他的关于希腊文化的演说，他在给一位朋友的信中谈到当时的政治事件：

> 对我来说，作为一名历史教师，一种奇怪的现象变得十分清楚：过往历史中的所有那些单纯的“事件”突然贬值了。在我的演说中，从现在开始，我应该只强调文化史，只保留完全不可缺少的外部架构。[51]

大约在同一时期，他在给一位年轻的历史学家的信中写道：

> 我建议你抛开那些纯粹的历史事实的垃圾——不是从你的劳动中——当然是从你的表达中。一个人只需要把这样的事实用于表达一种观念的特征，或者一个时代的鲜明的标志。我们的精力和我们的视力是如此宝贵，不能够浪费在过去的外部事实的研究
> xxxi 上，除非我们是档案保管员、地方史研究者或者此类人员。[52]

这种对由事实构成的历史暴政的拒斥得到了布克哈特的高度评价，使之成为实证主义历史编纂学所要面对的方法论上最强有力的挑战之一。在关于希腊文化的演说中，布克哈特对事件崇拜提出了正式的反驳：

> 研究文化史的一个最大的益处就是，与通常意义上的叙述事件的历史学相比，很多确定无疑的更为重要的事实凸现出来——那些事件通常是不确定的，自相矛盾的，被渲染过的，或者是希腊的天才们的谎话，完全是想像和自娱的产物。与此相比，文化史却拥有一种根本上的确定性，它大部分是由一种无意的、超然的，甚至是偶然的方式传达的材料所组成的；它们在无意之中暴

露了它们的秘密，甚至是通过看上去自相矛盾的虚假的装饰，这些装饰与它们试图记录和装点的材料的具体内容完全没有关系，因而对文化史家来说具有双重的意义。[53]

文化史所要面对的是“周期性的（recurrent）、经常发生的（constant）、典型的（typical）”现象。[54] 它所使用的故事是否真实是无关紧要的，只要他们相信那是真的。即使是一件赝品也是反映了炮制它的那个时代的一件重要的证据，因为它比一件真正的艺术品更能揭示出制造它的那个时代的观念和信仰。这一通过表象来揭示出无意识的动机的原则从根本上来自于叔本华的作为表象的世界的观念；它是现代的精神历史研究中最有力的工具之一。正像布克哈特清楚地认识到的那样，它为实证主义者们关于一个事件是真实的还是虚假的毫无结果的争论提供了一种解决办法，并且还回答了这一命题是如何成立的：文化史的主要兴趣点在于信仰和观念，而非事件——因而谬误往往比真理更有价值：

即使一个已经被记录下来的事件并未真的发生，或者并不像人们所报道的那样发生，但认为它确实发生过的看法已经通过论述的典型性保留了其价值。

事件的真实与否与事件中表现出来的信仰或判断的意义相比并不重要， xxxii
正是由于他们对这种看法所抱有的共同态度，我认为，布克哈特和尼采可以共同被看作是相对主义和“后现代”历史编纂学的奠基人。

除了他们的会晤所产生的创作热情之外，毫无疑问，布克哈特和尼采对希腊世界所共同拥有的最富有意义的独特认识就是希腊和现代文化（按照尼采的看法）中的“竞技”的一面的重要性的认识。个人之间的竞技和对于追求卓越的渴望居于早期希腊人的世界观的中心位置，这一认识是他们共同的发现。甚至在到巴塞尔之前，尼采似乎就已经认识到竞技和竞赛的重要性；但布克哈特已经独立地对此作出了系统阐述，并开始忙于具体地论证这一发现对于理解希腊文化的各个方面所产生的影响了。[55] 这的确是布克哈特对希腊精神所有的洞悉中最重要的一点，这种认识至今在希腊历史的研究中还在不断结出硕果，希腊的伦理价值经常被看作是一种竞争与合作品德之间的冲突。[56] 我们还可以说，在这样一个伟大的创造时代，这两位非正统的学者都为对方在希腊研究上思想的解放作出了贡献。尼采对苏格拉底的批判与布克哈特对正统神话的带有讽刺意味的批评交相辉映。两个人以完全不同的方式共同表现出对作为破坏力量的希腊城邦和雅典民主的痛恨。

关于希腊文化史的演讲

正是在这样一种氛围下，布克哈特开始准备一个新的关于希腊文化史的系列演说，他称之为 *Lieblingskolleg*（情有独钟的系列演说）。[57] 尽管（像伟大的 18 世纪新古典主义的创始人温克尔曼一样）布克哈特从未到访过希腊，但是，他在学生时代就对希腊充满了浓厚的兴趣：实际上，他的希腊只是一个精神的居所，只是他并没有认识到这一点；他在梵蒂冈和伦敦，就像在很多不那么重要的博物馆那样，曾经研究过希腊
xxxiii 古物的陈列。对于发表这个系列演说的最早的明确表述是在 1864 年 7 月写给语言学家奥托 · 里贝克的信中：

> 我要么现在，要么永远不会手中拿着笔去通读亚里士多德的《政治学》，除非是在石楠遍布的卡图鲁斯（Catullus），行囊中装着你的论文。我还沉浸在这样的想法中，我们在巴登火车站对面的一家小酒馆喝着啤酒谈天：不知怎的，以我奇特和固执的方式漫游在希腊人当中，看见了一些形象，当然，不是一本书，而是在大学开设的一门“论希腊精神”的课程。我想像我自己就像是拉封丹的挤奶女工，一开始非常胆怯地每周讲一个小时，后来，经过更多的学习，延长到两个小时和三个小时，面对的是人数较

> 少但很认真的听众。讲述当中似乎还有很多东方的材料，取材于《旧约圣经》和《阿维斯陀古经》(*Zend-Avesta*)……但是你一定要为我保密，否则我会感到十分尴尬的。[58]

正是他的这一个“酒后失言（*inter pocula*）的想法”[59] 开始逐渐地变为现实。正式的决定是在 1869 年 2 月做出的，初步的计划是在 1870 年 1 月制定的。它建立在布克哈特对古代资料的系统阅读和重新研究的基础之上；在 1870 年的暑期，他正在阅读品达：

> 在这里或那里，除了我所有的崇敬之外，也会产生一些最无礼的想法，我时常看到很多平庸之辈，品达充满痛苦地去追求。很显然，品达不得不要经常对付那些真正的暴徒。[60]

他在 1871 年 12 月写道：

> 令人安慰的是，我已经逐渐直接从材料中榨出一部分不错的具有独立性的古代知识，到目前为止我应该能够把我自己必须要说的话大部分地说出来了。[61]

到了 1872 年 1 月，最后一部分的草稿宣告完成。1872 年的冬季学期，布克哈特的演说首次发表，听众共 53 人；1874，1878 和 1885 年，这些演说多次重新发表。

最初，布克哈特打算把这些演说集结成一本书；他修订了现成的头两卷（主要是关于政治和宗教），但另一半则仍然停留在演说的形式。1880 年，他甚至还与一位出版商有过接触。后来，当有人问到他时， xxxiv
他否认曾经想过出一本书：“我要出版一本希腊文化史的著作的错误想法来自于不幸的尼采教授的一本书，他现在住在精神病院。他错误地认为我要把我所经常使用的演说课程上的内容变成一本书。”[62] 对一位亲密的朋友，他这样解释：

> 不，我的朋友，对于这样一个站在行会同盟以外的可怜的陌生人，他不敢这样做；我是一个信奉异端学说的笨人，我的令人怀疑的观点会被最博学的人们毫不留情地抓住把柄的。是的，相信我。我了解这些人（*Je connais ces gens*）。在我的晚年我需要和平。[63]

按照他的意愿，他在为毁灭掉他的演说做准备：

> 由于现代的书商会想到在他们的出版目录上印上已经去世的教授的演说手稿以便吸引读者，这样，不成熟的和准备性质的手稿中的观点就会借此公之于世，随后笔记本肯定会被销毁：
>
> （这些包括古代历史的演说）
>
> 另一方面，雅各布·奥芮的希腊文化史可以当作个人的财富被保存下来，既包括整体内容的一个详细的计划，也包括前半部分（手写页）的展开，条件是其中的任何一部分都不能印制出版。[64]

布克哈特是对的；事与愿违，当他的演说最终还是开始陆续出版的时候，行会的主席乌里克·封·维拉莫威兹—莫兰多夫，在1899年勃然大怒地写道：

> 如果在这里我不能够指出雅各布·布克哈特的《希腊文化史》……并不是一本学术著作的话，我就是一个懦夫……这本书没有说出有关希腊宗教和希腊城邦的任何值得一读的东西，原因只是在于它忽视了学术界最近五十年在资料、史实、手段和方法上所取得的成就。布克哈特笔下的希腊已经不存在了，其中的那些仍然属于古典审美主义者们的观点，要是在五十年前的话，他早就对他们发起恰如其分的攻击了。[65]

其他人紧随其后：朱利乌斯·博罗克（Julius Beloch）写道："一个聪明的半瓶子醋的业余爱好者为半瓶子醋的业余爱好者们写的一本书"；蒙

森说:“这样的希腊人从未存在过。”但是,对于普通的读者来说,这本 xxxv
书却取得了即刻的成功;正处于发现俄狄浦斯情节的门槛的弗洛伊德在1899年1月写信给他的同事弗里斯,说“它为我提供了一种意想不到的参照物”[66]。

当然,在一定意义上,专家们是对的;即使在演说最初发表的时候,它们就是建立在布克哈特个人对于文献的阅读和年轻时对于知识手册的掌握的基础上;它们没有考虑到最近的发现,最引人注目的是碑铭和纸草。“他把他的关于希腊人的知识建立在他们所写的东西的基础上,而不是德国教授们在最近的四十年内对他们的论述的基础上。”[67]二十年以后,这部在尼采时代写成的作品似乎被再次折旧了。那么,它又是如何浮出水面成为19世纪最伟大的文化史著作,成为现代社会对希腊人最令人信服的画像的呢?这个问题的答案一方面在于它是布克哈特所开创的文化史的新方法论原则的一个范例,另一方面则在于布克哈特本人通过反思所拥有的对希腊文化本质的洞察力。

这些希腊文化史的演说牢固地建立在演说中所确立的历史研究的原则的基础之上。这些材料围绕着一个由以下九个部分组成的架构组织起来,其中前八个部分是在政治、宗教和文化三种力量之间进行分配的:

第一卷:1. 希腊人和他们的神话
　　　　2. 国家和民族
第二卷:3. 宗教和崇拜
　　　　4. 对未来的探询
　　　　5. 希腊生活的基本特征
第三卷:6. 美术
　　　　7. 诗歌和音乐
　　　　8. 哲学、科学和修辞学
第四卷:9. 历史发展中的希腊人

因而，现在前三卷的这种划分与布克哈特关于三种力量的有意识的分类是基本一致的。第一卷的第一部分是关于希腊价值观和希腊神话的意义这些传统问题，体现出一种常识和对很多狂热理论的漠然处之的一种使人耳目一新的结合，这些理论充斥在他们的研究中（现在仍然如此）。第二个关于政治的部分论述城邦的性质及其在王政、贵族和僭主
xxxvi 时代的发展，以讨论两个发展完备的城邦——斯巴达和民主雅典——达到高潮。就像在《文艺复兴》一书中那样，他在政治方面把国家刻画成一件有体系可循的“艺术品”，从根本上说是一种与其他的力量以及个人的发展相敌对的力量；布克哈特以这些问题的讨论作为结束，即关于希腊政治思想和政治哲学的起源，希腊人的一体的观念，以及对蛮族世界的优越感。对“城邦”的整幅描绘是消极的和具有讽刺意味的，表达了布克哈特对政治力量的厌恶和害怕，也表明他认识到了政治生活对于希腊人所具有的极端的重要性。“权力从本性上说就是邪恶的，不论由谁来使用它”；[68] 城邦（*polis*）是一件具有强制力的万能工具，被理想化之后成为宗教和法律，是一种没有办法逃脱的存在，一座受难之城（*città dolente*）。甚至文化也不能使个人得到解放：

> 文化在很大程度上是由国家决定和控制的，不论是在积极的还是在消极的意义上，因为它要求每个人首先和最重要的是成为一名公民。每个个体感到城邦就生活在他的身体里。然而，这种城邦的至高无上性从根本上与现代的国家权力的至高无上性是不同的，后者只要求每个人保护好自己的财产，而城邦却要求每个人为之服务，因此要插手很多事务，现在这些事务都留给个人和私人作出决定。[69]

这种态度使得他对雅典民主的描述令人极其反感：民众领袖操纵大众的能力成为可以想像出来的政治权力中最危险的和最专横的形式。在这样一种法律只是大众愿望表达的制度下，献媚者们的恶毒和随意的告发大行其道，这导致了一种持久的社会状态，这种状态就像是法国大革命期

间曾经暂时存在过的恐怖政权那样，在那时，大众手中的权力成为绝对的，可以任意将没收财产、侮辱、剥夺公民权、流放和死刑强加给他人，相对于民众（*demos*）的意志，个人没有任何权利可言。

在他对希腊政治生活的描述中，有两点应该强调。第一，是布克哈特首先提出了作为希腊人独有的社会组织形式的城邦的现代概念，进而进一步明确了它在哪些方面不同于其他类型的“城市一国家”（city-state）组织。[70] 早先的讨论既没有把城邦与其他的小型政治组织进行比 xxxvii
较，也没有从根本上界定古代和现代世界的差别。因此，布克哈特是后来所有试图对希腊政治生活中的个人进行研究的先行者，不论我们是否同意他的描述。与此前的历史学家相比，第二个明显的突破是布克哈特的一种看待问题的方式，即对伟人重要性的忽视。伯利克里、德摩斯提尼、腓力二世、亚历山大大帝只是他们时代的代表：在布克哈特的视野中，伟人从历史上消失了，取而代之的是作为一个整体的一种文化的无形运动。因此，如果抛开他对希腊政治生活的重要性的反对态度，可以说，布克哈特是第一位揭示出政治在希腊生活中所占据的中心位置的学者，是他奠定了希腊政治和政治制度研究的现代理念的基础。

在涉及宗教的第二卷，他以变形的现象作为开始，这一现象是以所有的自然界都充满了神灵为基础的，接着再讨论作为一种多神体系的希腊人的神祇观，以及英雄崇拜和神谕崇拜这些独特的希腊现象。在这里，尽管他的描述很有趣，但缺乏真正的洞察：它过于依赖文献，而忽视了仪式，对于宗教体验的深度关注不够，稍后，在1894年，尼采的朋友艾尔文·罗德（Erwin Rohde）在他的著作《精神》（*Psyche*）一书中对这些体验作出了描述，只提到了一本布克哈特或许会表示好感的书。但是，布克哈特无条件地相信，“希腊人和罗马人的世界完全是世俗化的”，希腊宗教从属于其他两种力量：

> 那个世界的宗教主要由国家和文化来支配。它们是国家和文化的宗教，神祇是国家和文化的神祇，然而国家并不是一个神权政体；因而，在这些宗教中是没有祭祀集团的。[71]

实际上，就他自己而言，布克哈特的冷嘲热讽和宗教热情的缺乏造成了他自身和研究对象之间的一种距离，只是偶尔为真正的洞察力的闪光所缓解——在他描述德尔斐的时候，说到它伟大的建筑是由战争的胜利者用战利品捐助建造的，“尤其是，这些不朽的希腊博物馆受到希腊人的憎恨，因为这些最傲慢的艺术品使相互仇杀所造成的苦难成为永恒。”[72]

在第五部分，他结束了关于宗教的讨论，用一种令人神往的和极具
xxviii 创造性的方式描述了“希腊生活的基本特征”，与希腊理想的传统图画完全相反，故意描绘出一幅希腊人的消极画像，这是一群充满谎言、背叛、残忍和仇恨的人，这样一种道德规范的基本特征与宗教相分离，与基督教的基本信仰背道而驰，与现代的私人和公共生活的道德观念完全不能相容：

> 在希腊人当中……道德在实际生活当中独立于宗教，很可能与国家的理想联系得更为紧密。[73]

这与尼采在《悲剧的诞生》和其他地方所表现的对希腊人的看法存在一种紧密的联系；然而，尼采是想把希腊人看成是他的非道德的新崇拜的楷模，而布克哈特只是想证明，希腊人的道德规范与我们的完全不同，因而我们不应该把希腊人理想化。

这一部分以对希腊悲观主义的描述作为结束，内容包括身为希腊人所背负的可怕的负担，他们对生活的绝望，以及他们对自杀的迷恋。这里再次表现出与尼采的《悲剧的诞生》中所描述的希腊人的一种联系。实际上，二者都以叔本华的著名的观点作为出发点，即悲观主义是人类文化的一种创造力的源泉，这种看法本身就是从文艺复兴的忧郁情绪以及天才的忧郁者身上生发出来的。但是叔本华相信，是信奉禁欲主义和值得赞赏的独身信条的基督教坚决主张对生存意志（live-to-will）的拒斥，因而它成为现代悲观主义的滥觞：早先的人们（甚至犹太人，他们偶尔也会偏离有关人之堕落的信条）都天生具有一种不可救药的乐

观主义。[74] 这就产生了一个尤其是与希腊悲剧的起源相关的问题：人类面对神的意志显得无能为力，悲剧是这样一种悲观主义世界观的表达吗？它本身并不关心人类的道德和人类的苦难——抑或可以把希腊悲剧看成是人之困境的一幅乐观主义的图景，一种更高形式的“欢庆”？这就是尼采在《悲剧的诞生》中提出的第二个看法；对他来说，希腊人的“欢庆”是一个事实，他存在于狄俄倪索斯式的情感力量当中，这种力量与悲剧中的阿波罗式的或理性的力量相融合，在面对人类的灾难时用来维护生命。基本上就是这种似是而非的见解使尼采的观点——即悲剧是人类意志的胜利——在现代世界极具影响力。[75]

布克哈特沿着另外一条道路又前进了一步，把希腊人自身视为叔本 xxxix
华绝望的悲观主义图景的制造者和受难者。作为一种对悲剧的看法，这或许缺少尼采传统所到达的深度，后者把悲剧看作是两种相反力量的一种调和；但是，他的理论并不建立在一种文学风格的基础上，而是建立在希腊人对于人类幸福和生命自身的短暂本质的整体看法的基础上。他看到，希腊人所提出的真实的问题和真正的收获在于他们不能够接受一种有任何意义的死后的存在，这就使得此生的快乐和痛苦变得如此强烈，甜蜜和苦难都是如此不能忍受，他指出：

> ……希腊人的宗教，对人性和个体的限度具有明晰的洞察力，只预见到一个充满色彩的世界的到来，在它上面没有花多少心思，把末世学（eschatology）作为一个自然的问题留给了哲学家。[76]

一个人如果把生活仅仅看作是对未来存在的一种准备的话就很容易承受它；真正的悲剧基于这样一种认识，那就是未来是不存在的，只有超越于个人体验的现在的延续。因此，基督教不再成为悲观主义的缘由，人类困境的悲剧在于必须接受此时此地的绝对性。对于希腊世界的所有宗教的力量，布克哈特笔下的希腊人是第一个理解什么是现代意义上的人的民族，只活在现在，对未来不抱任何希望。正是在这种意义上，希腊人仍然能够为我们提供一种如何生活的楷模，超越道德与希望。在这一分析中布克哈特把叔本华的观点发展成为一种对希腊文化的持久力量的解说；在对希腊道德的阐述中，他揭示出了我们和希腊人之间的基本区别，在他对希腊悲观主义的阐述中，他展示了为什么偏偏是希腊人表达出了西方文化中人的基本困境。

在第三卷关于希腊文化中的艺术的部分，布克哈特是最为因循守旧的：在这里到处充满了老调，不愿意对哲学手册中的分类和他年轻时的充满理想主义的演说进行重新思考，或者完全接受尼采关于古代和现代艺术形式之间关系的新发现和新观点。《悲剧的诞生》中的图景消失了，布克哈特仍然停留在把希腊文学和艺术视为永恒的范本的审美主义
xl 观点的限度上，并未把它们和创造它们的社会联系起来。除了他在审视希腊艺术、文学和科学时阐发的思想之外，这个部分没有能够提供任何经得起时间考验的新见解，这使我们记起，它的演说课程的一个目的就是“使人们掌握一些必不可少的架构，不论它们将来进一步学习什么课程都不会漫无目的”。[77]

第四也是最长的一卷，由一个关于“历史发展中的希腊人”的单一部分组成，它标志着布克哈特方法的一个重要的新起点。在观念的层面上，这个部分与在他的关于历史研究的演说的后半部分试图回答的问题相对应——即如何把这三种力量结合在一个作为整体的社会文化的画卷当中，并且能够对这些文化单位在时间中如何变化和发展作出解释。布克哈特展示了一系列的“希腊人”（Greek man）的肖像（或“希腊人”[the Greeks]，基于现代的看法，我们不再翻译“人”[*Mensch*] 的概念，当然，在德语中已经没有了独特的词性的涵义）。希腊人历史发展的五个相继的阶段被确定下来，即英雄时代，殖民和赛会（就是我们所说的古风时代）时代，公元前 5 世纪，公元前 4 世纪和希腊化时代。这一系列肖像是用实例具体分析三种力量之间互动关系的复杂过程的一个不懈的和成功的尝试，这种互动的关系在他关于历史研究的演说的核心部分当中曾有所描述。

有关历史研究的演说的最后一个问题是如何解释从一个阶段到另一个阶段的发展过程；在关于希腊文化的演说中没有直接提到这个问

题。反之，每幅独立的画像却包含了走向下一个阶段的要素，从而表明了从一个时代到另一个时代的自然的运动过程。在布克哈特的与历史社会相关的行为理论的阐发中提出的最为重要的问题，可能就是这种架构究竟能够在多大程度上可以成功地解决其理论所提出的问题。但是，与布克哈特在先前的演说中所作出的种种努力完全相反，就像在他的另外一些历史著作中所做的那样，在这里他似乎决心避免采取简单的解决方式：值得注意的是，他再次拒绝接受依赖于伟人的力量来推动历史前进的看法。对布克哈特来说，伯利克里和亚历山大大帝不能解释任何事情：

> 当知识可以更为自由地传播，这种看法就得到了广泛的认同，那就是伟人应该与其时代的精神和文化之间建立一种自觉的关系；某个亚历山大就应该有一位亚里士多德这样的老师。[78] xli

布克哈特关于希腊文化的演说因而在两个问题上显得十分重要。第一，在这些演说中，布克哈特运用并举例说明了他专门为文化史研究所提出来的理论上的分类。实际上，它们成为了他寻找一种新的历史研究方法的努力的最终表现形式，这种方法正是建立在他对文化和社会制度构成方式的深思和理解的基础之上。在一个文化史的重要性最终被认识到的时代，从福柯（Foucault）开始，在历史学界对精神历史的研究和一些新趋向出现的时候，回顾这种类型的历史探究的几乎被人们遗忘的奠基者所做的工作就显得十分重要。因为，正是布克哈特推翻了历史实证主义，面对历史事实的相对性，确认由事件构成的历史学是没什么意义的。

第二，在精心描绘一幅新的希腊文化的图景——这幅图景是建立在他对其他历史时代所获得的洞悉的基础上——的过程中，布克哈特不可避免地对古典学的传统分类进行了重新的思考，就像尼采所作的那样。这种反思与他对“光荣属于希腊”的看法的嘲讽和超脱相结合，使他能够确认那些希腊文化最重要的方面，这些方面至今仍然是当代希腊研究的核心问题。它们包括希腊人的生活中“政治力量”的首要地位，它赋予希腊社会一种政治理性的模式，这种模式在其他的文化中是不存在的：当然，布克哈特并非“城邦”概念的发明者，但他揭示了它的意义，并把它带入了讨论的中心。[79] 他还看到了希腊生活中竞赛的、竞争的一面所具有的根本性的重要意义，尤其是在古风时代，而且一直贯穿于希腊道德和社会历史的全过程。他确认了希腊悲观主义的独特性质，以及它与希腊人的生命体验的张力之间的关系。他用他对很多特殊方面的敏锐的洞察力持续不断地、具体而微地为我们带来惊喜：例如，在经过几年的对希腊饮酒习俗的意义的研究之后，我记起了他的著作中的几段话，这些段落共同构成了对宴饮（*symposion*）现象的第一次严肃的分析。以这种和其他的很多方式，布克哈特不断地使我们感到惊讶：他的著作仍然是现代关于希腊文化的第一次也是最好的阐述。

编辑的原则

xlii 在准备布克哈特演说的这个选译本的过程中，我们需要铭记在心的是，它来源于一系列演说，而不是一本书。我们所使用的文本是一百年以前（1898—1902 年）布克哈特的侄子雅各布·奥芮编辑的。头两卷是由布克哈特本人审校过的手稿本；此后的部分是以他对不同课程的注释和他的听众的笔记为基础；这种情形尤其适合于第四卷，我们几乎要完全依赖于演说的听众，没有作者的手稿。奥芮是一位具有高度责任心的古典学者和教师，有人描述他每天大约 7 点钟起床以后就躲到他的位于花园中的凉亭里，整理他叔叔的手稿直至 11 点钟，然后进城去。[80]

然而，正如布克哈特所言，演说笔记就像是一块地毯的内里，[81] 线头和基本的图形看得见，但是最初设计的生动的细节则丢失了。在大学和瑞士科学委员会的支持下，关于希腊文化演说的一个新的学术版本在巴塞尔的布克哈特档案馆开始了准备工作；它将在下一个十年问世。[82] 这个版本的编辑原则与后来彼得·甘茨所编辑的关于历史研究的演说是一致的——也就是展示出布克哈特的注释和那些他的不同版本的听众笔记的原文的副本，而不是一个经过整合的和便于阅读的文本。这个过程的最后一个程序是，就像奥芮所做的那样，我们大家再次聚集在凉亭的桌子边，把所有掌握到的资料摆在面前（可能还会多一些），但与他面对着同样的问题——如何通过不同的版本去重新建构他的叔叔在一系列的场合中所确实发表过的演说。我们缺少了一个基本的佐料，那就是他所喜爱的侄子暨文献编辑者所拥有的对布克哈特精神的洞察，他亲耳聆听过他叔叔的演说。由于这个原因，尽管我们对演说的理解和对布克哈特思想的阐发可能会有所深入，但我们还是相信雅各布·奥芮的文本是不可取代的。[83]

在选译的过程中，就像我在上面所描述的那样，我们试图发掘出布克哈特历史观当中真正的原创性。为了遵从现代读者和出版者的需要， xliii
我们认为最好把布克哈特自已对年轻朋友的建议铭记在心：

> 最后，不要超过一卷，要记住，在作者的精神和思想上的贡献完全可以用四五页纸就可以表达清楚的情况下，而你和我却不得不面对新的三卷本的专题著作或传记文学的时候，必然会产生一种无言的绝望。[84]

因为这个原因，我们只从最初的两卷中选出了最重要的部分，选择出布克哈特的思想中最具有原创性和带有结论性的部分呈现给读者，分布在这四卷当中。

因此，具体来讲，我们从第一卷中选出了最前面的八十页内容，其中包括导言，关于希腊人和他们的神话的第一章，以及第二章中关于城邦的普遍特征的第一个部分；有一些遗憾的是，我们省略了有关政治的其他内容，包括关于城邦（包括雅典和斯巴达）的历史发展的长篇叙述，以及政治思想和希腊一体观念的起源的部分。

从第二卷开始，我们完全省略了宗教和崇拜的讨论，只收录了关于希腊生活的基本特征的第五章。整个第三卷（关于艺术和文学）也全被省略了。

这个译本的核心内容是第四卷“历史发展中的希腊人”中的系列肖像，几乎全部被翻译过来，只省略了布克哈特在“赛会和殖民者”一章中关于殖民时代的描述（实际上这一部分仅给人以古物学的兴趣，因为这幅图画在本世纪被考古学大为改观了），关于希腊化时代的人的部分大多也出于同样的原因被省略了；我们还去掉了其余文献中的几个主要的段落，大多是扼要的和重复的比较材料的列举，对讨论没有什么帮助。从已出版的文本的注释中，我们选出了布克哈特最有趣和最有代表性的意见，以及主要的参考资料。

跋

布克哈特最令人愉快的作品之一是他的最后一部著作，是他在去世之前写好，并留下遗愿在死后出版的。它是一本关于他最喜爱的艺术家
xliv 鲁本斯的散文集，布克哈特十分恰当地把他视为一位快乐的天才，他以其能够给同时代的人带来快乐的本领度过了富足和成功的一生，他没有把幸福的秘密错误地当作世俗的成功，而是把他对家庭和对妻子的爱放在公众生活之上。尽管他终身未婚，但孤身一人的布克哈特却在他的亲戚、朋友和教师工作的小圈子中十分快乐。他能够理解希腊人的悲观主义；但他也对他的这位艺术英雄身上体现出来的美、智慧和幸福充满热爱。《鲁本斯》既是一本晚年的著作，也是一本充满了满足感的著作；布克哈特自始至终都是一位善于嘲讽和沉思的历史学家，是一个

> 置身于潮流之外而找到了阿基米德支点（Archimedian point）的人，能够“在精神上取得胜利”。那些这样做的人都没有得到令人满意的结果，（布克哈特能够做到这一点）或许非常伟大。他们在回顾那些不得不身陷奴役中的人们的时候，不可抑制地充满了悲悯之情。[85]

因此，在工作的最后，在告别这样一位终身的朋友和老师的时候，我们希望，在他去世的一百周年之际，我们已经部分地完成了布克哈特自己在给他的一位老友写的最后一封信中所表达的遗愿，他在最后的病痛中这样写道：

> 现在，再见了，继续好好地对待你年迈的“导游”；我们的生命如此经常地以一种友好的方式一次次交错；在我死后，花一点时间（不要很多）想着我；据说这是一件功德无量的工作！[86]

奥斯温·穆瑞

希腊人

第一章　导言

这个演讲课程的题目是希腊文化史。大家从一开始就要理解，这 3
个课程不仅现在是一件尝试性的工作，而且一直会是一件尝试性的工作；演讲者不仅现在而且将一直是一个学习者和一位同学；还必须指出的是，他并不是一位古典学家，请求大家能够谅解他在古代语言学上的失误。

看上去与现在这个演讲关系最为密切的是那些关于希腊古迹和希腊历史的课程，我们首先必须在任务上与它们划清界限。就像在我年轻的时候奥古斯特·柏克在他伟大的系列演说中所呈现出来的那样，“希腊古迹”以一种地理的和历史的概览作为开始，在确定了希腊人的普遍特征之后，就开始分别论述他们生活的不同方面；首先是通常意义上的国家的概述，接着是几个具有特殊重要性的国家，详述它们的政治、管理和法律制度，接着是国家之间的结盟和霸权。接下来是陆上和海上的战争艺术，私人生活，包括度量衡、商业、手工业和家庭管理（食品、服饰和居所）、婚姻、家庭结构、奴隶、教育、丧葬和为纪念死者而举行的仪式等内容。下面是宗教，包括崇拜和节日、艺术（对于这方面内容的进一步研究在艺术史中有专门的论述）、运动会、戏剧和音乐；最后是关于希腊人在学习方面的概览。所有这些都运用的是古物学的方法，也就是说尽量使用一种既定的和固定不变的真实的细节和完成的东西来说明古代生活的方方面面，以此作为将来的专门研究的依据；

4 不论是过去还是现在都离不开古典学者的帮助，而且需要一个专业的古典学者和古物学家来教授这门课程，因为只有一个专家才能够充分利用可以得到的相当稀少的材料。

我对这个课程在多大的程度上可以算作是一个学术性的讲座没有多大的把握。在很大程度上它必然会被手册之类的东西所取代，比如C. F. 赫尔曼（C. F. Hermann）和威尔海姆·瓦赫姆斯（Wilhelm Wachsmuth）主编的著名的三卷本的《希腊考古学》（*Hellenische Altertumskunde*）。为了确认一部手册的恰当功能，确认它不能构成一个演说课程的主题，我们只要看一看赫尔曼的《私人文物》（*Privataltertümer*）的目录就可以了，它大多是为了某个人的某种特殊需要编写而成的。其中只有几个段落与我们现在的课程有关，而且它们应该有着完全不同的编排方式。在所有这些材料中，我们需要选择的仅仅是那些可以最为鲜明地描写希腊人生活场景的内容。

但是，可能有人会问，为什么不去研究“希腊历史”，尤其是政治史，去细致地描述那些基本的环境和力量？——除了十分精彩的希腊史著作已经存在这个事实之外，还有一个原因，就是对事件的叙述，更不用说那些对这些事件的评论，将会占去大多数留给我们的时间，因为在现在，对一些外在史实的某一项考证就会填满一整卷书的内容。而且，“事件”恰恰是最容易从书本中得到的东西，而我们的任务则是站在高处对事件进行观察。那么，如果所有最值得了解的关于古代希腊的东西只能在六十多个小时的演说中传达的话[1]——面对的听众包括很多非古典学者——那么文化史的方法则是惟一可行的一种。

我认为，我们的任务是研究希腊人的思维习惯和精神倾向的历史，去建构那些在希腊人的生活中十分活跃的生命的力量，这些力量既有建设性的也有破坏性的。它并不采用一种叙述的方式，尽管实际上主要是通过历史（因为它们是普遍史［universal history］的部分），而是研究希腊人那些重要的特性，那些有别于古代东方和在他们之后的那些民族的地方，要表现出它们之间巨大的变迁。希腊心灵或精神的历史必须是整个研究的目标。那些细节，甚至那些所谓的事件，只能作为支撑普遍历

史的证据，其自身不能单独存在；因为那些我们想要的与思维习惯相关
的实际知识其本身当然也同样是事实。当我们在这个意义上进行研究的 5
时候，这些材料给我们展现的内容完全不同于那些仅仅把它们视作文物的研究者。

不论如何，大学里所有的历史教学都出现了危机，它迫使每一个人去开辟出一条属于他们自己的道路。对历史的兴趣在很大程度上依赖于西方思想的基本运动，依赖于我们的文化的基本走向；旧有的分类和方法不论在书本上还是在课程上都不再够用了。这给予了我们更大的自由。幸运的是不仅仅是文化史的观念，而且还有学术实践活动（同时还有一些其他的东西），都正处于一种变动的状态当中。

研究文化史的一个最大的益处就是，与通常意义上的叙述事件的历史学相比，很多确定无疑的更为重要的事实凸现出来——那些事件通常是不确定的，自相矛盾的，被渲染过的，或者是希腊的天才们的谎话，完全是想像和自娱的产物。与此相比，文化史却拥有一种根本上的确定性，它大部分是由一种无意的、超然的，甚至是偶然的方式传达的材料所组成的；它们在无意之中暴露了它们的秘密，甚至是通过看上去自相矛盾的虚假的装饰，这些装饰与它们试图记录和装点的材料的具体内容完全没有关系，因而对文化史家来说具有双重的意义。

这种历史研究的目标是已经逝去的人性的内核，描述他们的人生态度，他们的希望、思想、洞察力以及能够做什么。在这一过程中，它将达到那些持久的东西，最终这些持久的东西比那些短暂的东西要伟大和重要得多，品质比行动更伟大，更有意义；因为行动只是相关的内在能力的特殊表达，这种内在的能力总能复制出这样的行动。那么，欲求和臆想与事件同等重要，观念与所作所为同等重要；因为时机一到，这种观念就会以行动的方式表达出来：

> 我曾经试图探索其内心最深处的那个人，
> 在其所有的愿望和行为中向我展现出来。[2]

即使一个已经被记录下来的事件并未真的发生，或者并不像人们所报道的那样发生，但认为它确实发生过的看法已经通过论述的典型性保留了其价值；在希腊的传统中有很多这样的记载。

实际上，或许从这些典型的陈述当中显现出的持久的东西就是这些
6 古物最真实的“实际内容”，甚至比这些古物本身更加真实。通过它我们认识到了永恒的希腊人，认识到整体的结构而不是某个单一的要素。

“但是以这种方式我们不仅看不到独立的事件的叙述，甚至不再能够看到个体！文化史就只成为一个没有伟大人物的故事，这些伟大人物的传记可是占据了绝大部分希腊的历史！”

他们还是将会给予足够的空间；实际上，并不是通过讲述他们一生的故事，而是把他们当作是那些精神事物的展示者和见证人。仅仅在讲到某一特定现象时才偶然提到他们的做法并不是对他们不敬；因为他们将作为这种现象的表达或者高潮，作为对这一伟大事件进行回顾的主要见证者而被提到。确实，对他们生平的描述将被牺牲掉，但是基本的史实，比如文化史的那些基本内容，就会比特例显得更为重要，经常发生的事情就会比独一无二的事情更为重要。

文化史还有一个更大的益处，那就是它可以把很多事情放在一起进行考察，并根据各种史实在比例上的重要性来突出重点，无须面面俱到，这通常是古物学家和批判的历史学家所犯的错误。这种历史更关注那些能够与我们自身的思维方式形成一种联系的事实，可以唤醒一种真正意义上的回应，不论这种回应是产生于这些事实与我们之间的亲和力还是疏离感。历史的碎石被丢弃在了一边。

另一方面，把文化史所面临的困境搁置在一边忽略不计也是错误的。其事实的确定性有一部分被那些在另一个方面威胁着我们的研究的巨大幻象抵消了。我们怎样知道什么是持久的和典型的东西以及什么不是呢？只有长期的和广泛的阅读才能确认这一点；同时，很多具有深刻意义的东西会被忽视，而仅仅把重点放在偶然性的东西上面。在阅读的过程中，研究者碰巧看到的每一个字可能是没有意义的，但却是极其引人入胜的，这将依赖于当时的情绪和警醒或疲劳的状态，尤其取决于这

项研究所达到的成熟的程度。所有这些只有在对不同风格和类型的希腊文献进行长期的阅读之后才能够得到自我调整。这一阶段的加倍努力恰恰会使需要抵达的预期目标误入歧途；细致的倾听和平稳的工作节奏反而是更好的成功之道。

我们还必须承认，在一些领域文献过于丰富，从过去直至今天，由 7
于在选择哪些东西进行研究的时候表现出的完全的武断性，历史学家总是不可避免地受到责备。而且，与文化史的方法相符的事实陈述带来了一系列与传统的叙述历史事件的史学非常不同的问题。首先，后者只能按照前后顺序来讲，叙述一个渐进的发展过程，然而，这些事情本身基本上是一个巨大的同时发生的整体。我们正在处理一个巨型的连续统一体，最好用一个星空图来形容；追寻其轨迹的努力始终是令人困惑的，就像是同一个单个的天体忽而处于边缘且容易接近，忽而处于很远的地方，忽而又处于中心。

任何一个需要面对这些材料的人，就像任何一个研究者那样，必然会急切地询问："我应该从哪里开始呢？"——答案是你必须从某个地方开始。

首先，因为事情总是在各个方面相互纠缠在一起，所以重复是不可避免的；举例来说，伟大的神话涵盖了所有的希腊思想、观念和感情，面对这个世界的真正的精神海洋，我们不得不在很多不同的上下文中进行讨论，而且，要在三个不同的方面存在的三种主要的联系当中去讨论，它们是：

1. 作为希腊生活中的一种持久的力量；

2. 与希腊人的根本的世界观相联系；

3. 作为某一个民族的特定时代的映像。

必须尽可能地提供大量的细节；在很多情况下，当我们的研究和我们的知识不够充足的情况下，我们应该提出问题，而不是给出结论。我们还要允许自己提出暂时性的假设，同时说明我们这样做的原因。

最后，在材料的选择上完全不可能避免相当大程度上的主观性。我不会自诩为"科学的"，我没有什么方法，至少没有一套与其他的学者共同遵循的方法。让我们设想一下那些作为我的演说基础的相同的研究，那些在具有相对重要性的材料的引导下所进行的小心谨慎的主观研究，另一个人还是很可能会在材料上做出相当不同的选择，对这些材料进行不同的处理，得出不同的结论；而且，通过更进一步的研究还会绘制出一幅（差异更大的）更为细致和宽广的图画；如果幸运的话，我自己还希望在不久的将来能够重新设计这门课程。同时，就目前的情形来看，在时间如此有限而我们的研究又是具有很大的偶然性的情况下，还是让我们满足于我们目前能够得到的东西吧。

8 做好舍弃很多东西的准备是十分重要的，要舍弃所有那些实际上与思维习惯和观念并不十分相关的东西。首先，尽管出于不得已，需要舍弃对于*起源问题*（beginnings）的关键性考察，这一考察需要对希腊人以外的其他很多民族进行充足的比较研究。我们必须舍弃那些对普通的外部生活的讨论，舍弃那些处于同一时代和相似的气候条件下的其他民族，只把注意力集中在那些能够有助于理解独特的希腊精神的特征上面。

这个课程还为那些非古典学家们提供了一个独特的学术视野；由于避免了与古迹的全方位接触，这使得古典研究即刻变得十分容易接近。任何感兴趣的人都能够通过阅读材料成为一个同行学者，在这种情况下，对非专业人士尤为适用。“古代”（Antiquities）需要一种博学的、宽广的和比较性质的专业研究，至少在某一既定的领域内，如果这项研究还有什么意义可言的话，这将耗尽一个人的终身精力，以追求完善为目标，然而这里所讲的文化史的训练却能够给任何人文主义者带来直接的益处；正因为这个原因，我们似乎应该对这项共同的人文主义教育给予应有的尊重。

在埃尼乌斯（Ennius）的所谓“三弦”（*tria corda*）* 的意义上，任何一项对异域文献的彻底研究都是一种对自身的丰富，在研究中都会发

* 埃尼乌斯（前 239—前 169），罗马奥古斯都时代之前最著名的拉丁诗人，是罗马史诗的创始人。他因为精通三种语言（奥斯坎语、希腊语和拉丁语）而声称拥有“三弦”。

现一种不同于我们自身的思想偏向，或者是一些已经逝去的和异类的精神成就：这种看法尤其适用于希腊文献。在其他的文献中，形式是令人不快的，外壳包裹得太紧，几乎是无法渗透的，风格是如此地富于象征性，以至于难于理解，[3] 对希腊人来说，至少对精神事物的表达与其他地方相比具有更加明晰的优点——思想和它的居所都是非常优美的；与其他地方相比，形式和内容结合得更加完美。就内容而言，教师应该不断地强调，每一个有名的古典作家的作品 [4] 都是文化史研究的素材。因此，希腊文化史成为人类历史当中一个极为清晰和易于审视的部分。

我们首先把叙述性作家放在首位：他们活跃的和富有意义的品质往往并不是通过他们所讲述的事件而是通过他们记录事件的方式清晰地显现出来的，这种方式是由思想上的先入之见所决定的。不论这些事件是否真的发生过——它们还是传达了希腊人的知识、他们对外部世界的观念以及他们内在的思维习惯。

对于诗歌和哲学，有一套与其内容、文学价值和意义密切相关的高 9
度发达的特殊规则；从文化史的角度来看，它们则是过去的一个无与伦比的天才民族的赠礼，一种已经逝去的但仍然富有生命力的关于最高秩序的精神证明。

这就是我们一再强调在最宽泛和最自由的意义上把古典作家的作品当作“材料”来阅读的原因。如果这种阅读足够系统的话，不论是内容还是形式方面，对于任何一个做出这种努力的人都能够在阅读中有所收获；每个读者点燃的思想之火将使他与每位作家建立起一种亲密的联系。

不沉迷于今天的文字当然是很有益处的，这些文字对人们的神经具有如此直接的吸引力；首要的是不要读报纸。属于今天的任何事情都易于与我们自身感兴趣的材料联系在一起；那些属于过去的东西则更有可能与我们的精神本性相结合，与更高的情趣相结合。那样的话，我们的思维将愈加敏捷，我们甚至将学会成功地解读出过去的秘密。有成千上万的人在我们之前已经这样做了的事实并不能使我们放弃这种努力。这种工作永远不能“完成”，不能一劳永逸。在任何情况下，处于每个年龄段的人都会对十分遥远的历史时代有一种十分新鲜、不同的看法；例如，事实可能是，修昔底德所记载的史事的巨大意义只有在从现在开始的一百年时间里才会被认识到。

我的意图并不是鼓励学生去从事那些为别人带来益处的事情，或是鼓励通常的文学意义上的专门研究，也就是说，一个人必须把他所有的精力集中于某一单一的主题或系列专题的彻底考察或陈述；而是寻找一种作为整体的共鸣，一种对希腊主义（Hellenism）的整体理解。博学适合于现代的历史学和古代研究：我们正在计划进行一种持续终生的教育和享受。

阅读材料的方式与这一目标相对应；大多数卓越的不朽之作——历史学家，诗人，等等——每个都展现出一个完整的画面，不能仅仅作为有某种具体用途的文献被引用，而应该当作整体来阅读。研究者同样应当认真地阅读很多二流和三流作家的全部作品，不要完全依赖于那些在他之前读过这些作品的人。我们应该凝视作为一个整体的不朽之作，文献材料就是许多这样的不朽之作；而且，最重要的东西往往是在很遥远的地方被发现的。

我们应该利用好可以得到的优秀的翻译和注释。求助于修昔底德并不是什么不光彩的事情，因为哈利卡纳苏斯的狄俄倪索斯和西塞罗两个人都承认，由于其艰涩的文风，他们并不总是能够很好地理解他；任何执意不要别人的帮助自己阅读他的人可能很快就会失去信心，以至于不能从头读到尾。促使我们阅读一位作家的全部作品的动力来自于这样一种感觉，那就是只有我们自己才能够发现什么是对我们重要的东西。参考书不能由专家来划定，只有让我们自己发现的一些资料进行化学反应，利用我们自己的微弱的先见之明，才能把它们变成属于我们自己的精神财富。

我们从希腊的往昔搜集来的任何东西都可以成为一种史料。并不仅仅是那些写下来的东西。每一件幸存的残片都是有价值的，尤其是建筑和视觉艺术的残篇；文献不仅包括历史、诗歌和哲学著作，还有政治作品、演说、信件，还有后人编辑的文集以及做的说明，往往可以提供非常古老的证据。挑挑拣拣并不是完成古代世界的伟大画卷的细部的主要途径。即使是伪造者，一旦被我们识破，了解到他这样做的目的，其伪作也能够不自觉地提供非常有价值的信息。

十分自然的是，我们非常愿意一遍又一遍地回到那些伟大作品的身旁，或许是为了劫掠那些悲剧作家身上所蕴藏的历史财富——已经达到完全成熟形式的神话，最有高度的、最深刻的和最具创造性的性格特征，这样一种风格的出现本身就是文化史上的重大事件。通过一遍又一遍的阅读，我们获得了最大限度的收益。第一次阅读通常在语言和主旨上遇到很多的困难，只是到了后来我们才可以自由地审视作品，对其形式和内容心领神会。有一些作家，比如赫西俄德，在每件作品中都会提出新的问题，打开新的视野；我们每次阅读埃斯库罗斯的《普罗米修斯》的时候都会揭示出新的特点。

那么，今天，尤其是今天的德国文化与希腊人有什么关系呢？

从温克尔曼、列森（Lessing）以及沃斯（Voss）翻译荷马开始，一种情绪就已经产生了，那就是在希腊精神和德国精神之间存在一种“神
圣的结合”（*hieros gamos*），这是一种没有其他的现代西方人能够分享 11
的独特关系和共鸣。歌德和席勒在精神上是属于古典时代的。

作为一部分的结果，学院和大学中的古典研究获得了一种新的生命力而且越发深刻，出现了一种普遍的信念，就是认为古典古代是所有门类研究的不可或缺的基础，从文艺复兴以来，这种感受比任何时代都要强烈。与此同时，古代研究的范围也被极大地拓展了。古埃及和亚述的碑铭，欧洲的史前遗存，民族学的产生，对人类及其语言起源的研究，都需要关注，希腊研究开始受到了排挤。

而且，专业化的发展趋势是如此深入以至于研究工作的最小的分支也需要几代人耗尽全部精力，同时需要来自于国家的对研究所和收藏机构的无条件支持。

蒙森曾经写道，在文法学校（*Gymnasien*），“较高层次的教育为有教养的阶层的孩子成为从事古典研究的教授做好了准备”[5]——不论

在现在还是在那时，最重要的教育工具就是古希腊语。但是，在完成了离校前的考试之后，一切又走上了熟悉的传统轨道。除了少数成为古典学家之外，大多数学生完全把古典作家丢在了一边。首先，大约三个月以后，他们便忘记了精致的、苦苦学来的悲剧合唱的韵律，接着，一个接一个，动词的形式，最后是单词——很多人就这样愉快地忘记了它们。生活和学习又有了其他的需求。在这种情况下，文法学校和心灵的真正的未来发展之间就产生了一种错误的关系，这很可能导致灾难性的后果。

因此，我们应该尽可能地努力对古代希腊保持一种鲜活的感情。

结论如下：

我们并不打算颂扬，我们将不允许用热情来给我们的判断加上颜色。就像柏克所说的，“希腊人并不像大多数人设想的那样快乐”。但是，希腊精神生活在世界历史上的作用，其在东西方之间的位置，必须表述清楚。

因此，他们确实做了些什么，承受了哪些痛苦，以及他们看上去自
由地做了什么和承受了些什么，这些都完全不同于所有早期的民族。他
12 们是原创的，自发的和自觉的，在他们生活的时代，所有的其他民族仍
然被一种或多或少的愚钝无知的必然性所控制。

这就是为什么就他们的创造性和他们的潜能来说，他们似乎是地球上天才的代表，同时也要承受所有的失败和痛苦。在精神生活中，他们达到了新的境界，虽然其他民族不甘示弱，他们也努力使自己接受这一现实并从中获得益处，但是他们在获取成功的能力上与希腊人相比还是稍逊一筹。这就是子孙后代需要研究希腊的原因；如果我们忽视了他们，我们就只能接受我们自身的堕落了。

他们的知识和他们的观察力是异乎寻常的。通过他们对世界的研究，希腊人不仅照亮了他们自己的人性，而且还照亮了其他所有古代人的人性；如果没有他们，热爱希腊的罗马人将不会有关于过去的认识，因为所有其他民族除了对他们自己，他们自己的城堡、神庙和神祇之外，对什么都漠不关心。

所有后来的对世界的客观理解都只是希腊人开始搭建的基本架构的某种装饰而已。我们用希腊人的眼睛看世界，用他们的词汇说话。

竭尽全力地去完善和完成从起源开始对世界和人类的连续性图景的描述是受过教育者的不言而喻的独特职责，同时也只有他们有这种能力。这标志着有意识的文明人从无意识的野蛮人中分离出来。对过去和未来的认识把人类与动物区分开来；我们对过去可能会充满责备，对未来会充满焦虑，而动物对这些则一无所知。

所以，我们应该永远感谢希腊人对世界的洞察，在这里，他们与我们十分接近；在创造力的领域里，他们是如此伟大，这是他们的崇拜者所望尘莫及的。由于文化史比事件史能够更为清楚地体现出这种关系，所以才会赢得我们的偏爱。

第二章　希腊人和他们的神话

13 就像日耳曼人、斯拉夫人、凯尔特人、凯尔特伊比利亚人和意大利人那样，而且是在一个更小的地区，出现了一次可能是非常缓慢的许多不同的部族涌入的过程，这个我们称之为希腊人的天才民族在被认为是他们自己的这块土地上开始定居下来。可能在某一天，当史前的遗迹被发掘出来，我们或许能够对他们在那里遇到的居民的种族做出一个更为准确的描述。斯特拉波（Strabo）（7. 7. 1）和波悉尼阿斯（Pausanias）（1. 41. 8）都认为希腊曾经全部或几乎全部被蛮族人所占据。

在那时，希腊人认为他们占据了最重要的地区。所有部族都尽可能地加入他们的行列，希望隶属于他们，而一些在起源上与希腊人关系十分密切的部族，像勒勒吉人、卡里亚人、达达尼奥人、德里奥人、考克斯人和皮拉斯吉人作为半蛮族被排除在外。这些部族逐渐分裂成小的集团或者完全消失了，或许只是因为没有人再愿意被看作是他们当中的一员（波悉尼阿斯，4. 34. 6）。

或许所有这些被普遍地看得过于严重了。希腊人是一支异常活跃，在体能、军事和宗教品质上都处于优势的部族吗？或许他们获得的杰出的声名仅仅是出于偶然性？在离我们很近的 15 世纪，阿尔卑斯山脚下的多个集团组成的一个联盟成为我们所谓的瑞士（施威泽尔），仅仅是因为在长期的战争中，施威兹人（Schwyz）总是站在集团的前列。是否有一些原因使得希腊人不能拒绝那些想加入他们的人的要求呢？是他们自己取的这个名字还是其他人这样称呼他们呢？似乎存在一个更早的集合称谓，即 Greaci，这个名词在罗马时代复活了。是这个名称不够充分吗？为什么？所有这些问题我们都不能回答。我们能够确知的是，在 14
最早的历史阶段，“海拉斯”（Hellas）这个名字是指两个北方的省份，即忒萨利亚（Thessaly）的菲斯欧提斯（Phthiotis）（根据亚里士多德的说法）和厄皮洛斯（Epirus）的多多那（Dodona）附近的地区；后来，它先是扩展到整个忒萨利亚，接着扩展到科林斯地峡以北的所有地区，直到最后希腊人（Hellenes）的名字被用来指所有的非蛮族人。[1]

希腊本土后来怎样被划分为著名的四个部落（即伊奥利亚人［Aeolians］，阿卡亚人［Achaeans］，多利亚人［Dorians］，爱奥尼亚人［Ionians］）的是极为不清楚的。其中的一个名字，伊奥利亚人，很可能是作为整个部族的集合名称，另外一个名字阿卡亚人，当然是荷马所使用的名字；另外两个，多利亚人和爱奥尼亚人，从来就只是来表示整个民族的一个部分的名称，尽管随着时间的推移，它们获得了两种不同的习俗、思想和语言的重要含义。[2] 那个著名的谱系表告诉我们，海伦（Hellen）的儿子是埃俄罗斯（Aeolus）、多洛斯（Dorus）和克苏托斯（Xuthus），克苏托斯的儿子是伊翁（Ion）和阿开俄斯（Achaeus），这完全是毫无价值和前后矛盾的；这说明了希腊的人种学所存在的一些特殊的困难。

在传统的描述中，早期希腊的历史是由一系列迁移所组成的；一个部落被驱逐出去，另一个取而代之，直到又为第三个部落所取代，这个过程可能会持续几百年时间。一直到称为多利亚人的部族在公元前 11 世纪迁入，希腊人所在的地域及其分布才开始形成其最终的架构。随着一连串的推进，忒萨利亚人、彼奥提亚人、多利亚人、埃托利亚人（Aetolians）、阿卡亚人、爱奥尼亚人，还有其他的部族，在爱琴海的两边建立起了新的家园，一些新的国家建立起来，一些旧有的国家消失了。这些移民通常会带来一种普遍的变动。我们可以从如此之多的同一个地方有两个或三个名字的现象中清楚地看到这一点，据说早先的名字是由神命名的。然而，一个著名岛屿的新的名字也具有神的起源。“永恒的神曾经把这个岛屿命名为阿班提斯（Abantis），宙斯现在用一头公牛的名字称之为优卑亚（Euboea）。”[3] 后来的居民似乎都由他们自己进行了重新的命名。

可以确定的是，关于多利亚人之前的早期移民的神话传说包含着一些真实的历史事实。这些事实如此零碎地纠缠在一起，在年代上是如此随意，它本身几乎没有什么用处；哪些是古老的，哪些是最古老的，不能够分辨出来，因此，我们不可能描绘出这些部族的运动过程。或者同样的表达方式既被用来描述迅捷的征服，也被用来描述持续几个世纪的渐进。乍看起来，在位的统治者家族丰富的谱系资料可以为这些部族的迁移和命运提供一些信息，但是最终我们才看清楚这种资料的实际价值。

因为神话把以下所有这些东西都包裹在其精致的和闪亮的面纱之中，包括对大地和宇宙的看法，宗教和诗歌，对世界的无意识的观察，以及从生活中提取出的经验。从中产生的图像都被当作一种包含着最遥远的时代的某种情形的东西接受下来，不过这种东西是以一种非常自由的和易于变形的方式被记录下来的。在对事物起源的描述是如此众说纷纭的情况下，胡乱的改编和前后矛盾是不可避免的，也没有什么大惊小怪的。而且，自由的编造就是用来解决这一困境的办法，尤其是在谱系的事情上。每个阶段的创作者，即使他们声称自己是多么的规规矩矩，一直是神话的一位学徒，用一种神话的方式看待一切；而此外，他们用一种完全有别于现代世界的方式尽情地杜撰和编造。

在某种程度上，还是出现了对事物现状的一种自觉。传统最初是游吟诗人和神话编造者的领地，后来被称为“散文纪事家”（logographers）的人取代，他们专门搜集各个地区和民间的神话传说，修昔底德（1. 21. 1）曾说，他们写了很多东西，其目的是为了愉悦听者而非阐明事实。后来，我们在斯特拉波（8. 3. 9）的著作中也看到：“旧作家描述了很多从未发生过的事情，他们是在神话编造者的谎言中长大的。”他说这句话与米利都的赫卡泰乌斯（Hecataeus）有关，赫卡泰乌斯可能是最重要的散文纪事家；但是赫卡泰乌斯自己在斯特拉波之前五百年就曾经这样写道："希腊人讲的故事很多，很荒谬。"[4] 在公元前 4 世纪的时候，第一个敢于把希腊人的普遍历史与世界的其他地方联系起来的人是厄福洛斯（Ephorus）*，他有充足的理由从多利亚人的入侵开始讲起。

在这里，我们必须考虑一个影响到对整个希腊的看法的普遍假设。这种假设认为，希腊人极有可能是从其他地方来到他们的国家的，不论是我们把他们从前的居住地看作是高加索，小亚细亚还是欧罗巴；但可以确定的是，作为一个民族，他们已经失去了所有对这个问题的意识。一直作为某种常识的移民运动并不被看作是起源于国家以外，而仅仅是希腊境内的运动；我们认识到的几个例外（卡德摩斯［Cadmus］、佩罗普斯［Pelops］和达那俄斯［Danaus］）只是与皇室家族有关，而非整个
部族。[5] 因此，有些部族把自己整个看作是原住民，有一些希腊部落还 16
非常骄傲地声称他们仍然生活在很久以前人类自身起源的地方。的确，*autochthon* 和 *gegenes*（皆为"土著的，土生的"）这两个词有时候只具有相反的意思，即除了自己的部族之外，对更早的居民一无所知，在其他的情况下，仅仅指那些非难民（non-refugees）。在神话时代，他们大多是少数人，因为移民、驱逐和受到迫害后的逃离是惯用的做法。但是，很多确定无疑的资料却证明，总的来看，这些名称在字面上是被当作一种光荣的称号来使用的。一位很早的诗人阿西乌斯（Asius）这样地歌唱第一个人类和阿卡狄亚（Arcadia）国王："黑土让神一般的佩拉斯戈斯（Pelasgus）在茂密的森林里降生，这样可以使大地上有一个凡人的种族。"[6] 在没人居住的埃吉纳（Aegina），宙斯答应了埃阿科斯的请求，使人类从土地中出生，或者把蚂蚁变成了人。在罗得斯岛（Rhodes），从前居住着一个处于赫利阿得斯家族（Heliads）统治下的土生民族。[7] 在阿提卡有一种认为自己是原住民的真正的骄傲，在这里我们还了解到它是如何以一种象征性的方式表达出来的。克刻洛普斯（Cecrops）——据说他是一个本地人，并非出生在埃及——他的下

---

* 公元前 4 世纪的历史学家。

肢拥有一个蛇的身体。[8] 对于人类的起源，希腊人有很多不同的看法，但所有看法一致认为人类首先是在希腊而不是在其他的地方产生的。后来当人们相信，是普罗米修斯（Prometheus）用一块泥土创造了人，在福喀斯（Phocis）的帕诺珀俄斯（Panopeus）（波悉尼阿斯，10. 4. 3）那里，我们也看到了这同样的一块还散发着人的气味的泥土。另一方面，如果人类是神灵的后代的话，那么这些神灵出生的地方，关于他们的神话，他们与巨人们战斗的战场，著名的自然灾害，最后是洪水传说，都发生在希腊人他们自己国家的土地上，这些故事大多发生在几个不同的地点。与洪水的传说相联系的是人类通过丢卡利翁（Deucalion）和皮拉（Pyrrha）的力量第二次被创造出来，然后安全地定居下来，就像在希腊曾经发生过的那样。

他们确信，就是在希腊人自己的土地上，在所有的其他民族之前，人类作为神的礼物在神的助佑下被创造出来。底比斯（Thebes）是葡萄栽培的故乡（波悉尼阿斯，9. 38. 3）；剪枝是在瑙普利俄（Nauplia）学会的，据说是得益于一头驴的示范作用，它吃掉了很多树枝，但却使葡萄结出了更多的果实（波悉尼阿斯，2. 38. 3）；但是，据说阿提卡才是很多种重要作物的故乡。靠近厄琉西斯（Eleusis）的拉鲁斯（Rharus）
17 的土地是地球上第一块被耕种的土地，那里有打谷场和他的儿子特里托普勒摩斯（Triptolemus）的祭坛。在雅典的卫城，保留着生长了很多世纪的神圣的橄榄树，它是帕拉斯·雅典娜（Pallas Athena）的赠礼；在通往厄琉西斯的神路上，他们还可以指出得墨忒耳（Demeter）为了对费塔路斯（Phytalus）——他十分热情地招待了得墨忒耳——表示感谢使第一棵无花果生长起来的地点；在狄俄倪索斯·基索斯（Dionysus Kissos）受到崇拜的阿卡奈地区（Acharnai），第一棵常春藤生长起来，甚至豆子或许也原产于这个国家（波悉尼阿斯 11. 31. 6，1. 37，2—5，1. 38. 6）。

还有几项发明也是源自于希腊。[9] 阿尔戈（Argo）是第一只在海上航行的船；在斯巴达附近的阿里塞（Alesiai），第一位统治者勒勒克斯（Lelex）的儿子米利斯（Myles）（磨房主）拥有了第一台石磨，雅典人甚至夸耀说是他们教会了人们使用火（普鲁塔克:《客蒙传》, 10)。尽管如此，希腊人基本上还是易于接受这样的观点，即节省了人力的那些发明都是从海外引进的——与现代世界形成鲜明对比的是，工业时代的发明被认为是声称属于他们的那些民族的最伟大的成就，因而这种发明的优先权引发了巨大的争议。

所以，希腊人承认吕底亚的泰尔塞努斯（Tyrsenus）发明了喇叭，[10] 盾牌、盔甲、战车和几何学是从埃及传过来的，帕拉斯·雅典娜雕像的帏帐来自于利比亚，字母来自于腓尼基，日晷和把一天分为 24 小时来自于巴比伦。[11] 他们十分满足于成为世界的中心，满足于能够在他们自己神圣土地上的德尔斐神庙向世人展现这个“地球的中心”。[12]

接下来，让我们再回到移民的问题。在一些例证当中，神话学的表达是十分明晰的。如果一位王位的女性继承人需要嫁给一位可能已经用军事征服证明了自己能力的国外的王子，或者是，如果这位公主与波塞冬（Poseidon）有了一个孩子，他的儿子不久将继承王位，那么很容易推断出一次王朝的或统治人群的变动，还有一种情况是由于来自海外的入侵。两个国家的血缘关系就好比是一条河流在海底流淌，然后在另一个国家变作一眼泉水。伯罗奔尼撒的阿尔甫斯（Alpheus）是一个著名的例子，他在俄耳提癸亚（Ortygia）岛（叙拉古）以阿瑞图萨（Arethusa）的泉水的形态重新出现，这种记载并不是惟一的，波悉尼阿斯（2. 5. 2）就记载过很多次，说明这无疑存在着实际的可能性。对拥有优良的土地充满骄傲之情，对不那么幸运的邻近部族的蠢笨大加嘲笑，这些情绪会在这个地区的通过自欺欺人的方式编造出来的神话传说中流露出来。到了多利亚人入侵的时候，加入到这次移民浪潮中的埃托 18
利亚人成功地弄到了一块比多利亚人获得的任何土地都要好的土地（厄利斯［Elis］），在多利亚人中，据说克瑞斯丰忒斯（Cresphontes）通过掷骰子的伎俩从斯巴达人那里赢得了其肥沃的美塞尼亚（Messenia）地区。在通常情况下，人们会相信在这两个相互对立的领导者之间展开的一场决斗可以决定一块土地的归属问题:“根据希腊人旧有的习俗，他们进行了一场决斗”，这是一个惯用的原则。[13] 故事中通常会有一个情节，那就是一个部落先进的武器使他们赢得了对另一个部落的胜利。埃托利亚人皮莱克弥斯（Pyraichmes）和埃皮人（Epeian）德戈门诺斯（Degmenos）相互对抗，德戈门诺斯是一个射手，他认为他的射程很远的箭可以轻而易举地打败埃托利亚人，后者主要依靠重装兵，他带来了投石器和一大堆石块。投石器最近才被埃托利亚人发明出来，射程比箭还要远，德戈门诺斯倒下了，埃托利亚人占有了土地，把埃皮人赶走了。用以表达对一块土地的所有权的最普遍的方式是，声言这块土地已经作为礼物送给了某个人，或者是想方设法得到存在争议的土地上的一块泥土。然而，这样的神话传说不能提供任何确定的证明，呈现的仅仅是其孤立的年代学碎片。

用某一位英雄来体现整个民族的做法也是十分容易理解的，因为单纯的心灵倾向于把每件功绩仅仅归功于某一个人。同样容易理解的是，人们为什么确信，他们的名字来源于某位英雄，而不是其他什么人，因为他们普遍认为，每个城市都是由其创建者建立和命名的。[14] 这样，相关的考察也变得容易理解了，那就是不仅仅是一群人，而且地点——一条河，一座山或是整个地区——也可以在谱系表上作为某种人格而出现。[15] 大量英雄的名字使事情变得十分复杂，这些名字代表着某种事物，这些事物在国家的命运中产生过某种影响，不论它们是具体的行动、事业还是生活方式。当我们读到特奥斯（Teos）被一个叫阿波考斯（Apoikos，意思是“殖民者”）的部族占据，或者帕拉劳斯人（Paralos）和阿伽里俄斯人（Aigialeus）（两个词意思都是“海岸居民”）在克拉祖米涅（Clazomenae）和西库翁（Sicyon）海岸定居下来，我们会想到这些可能是在很晚的时候编造出来的。但即使希罗多德（5. 68）也相信，阿伽里人（Aigialeans）的名字来源于英雄阿伽里俄斯，而实际上他们和英雄的名字无疑都来源于“海岸”（*aigialos*）这个词。大家都知道希腊人都很像词源学家，这最后的出处是很容易阐明的；因此，波悉尼阿斯（8. 26. 1）推导出阿卡狄亚的赫拉亚（Heraia）的名字来自于一位建城者赫拉伊俄斯（Heraios），尽管十分显而易见的是，这个词的意思就是“赫拉之城”。

不论其来源是什么，如果这么多的名字在某种程度上是用一种谱系 19
学的顺序以严肃认真的方式流传下来的话，那么我们还是应该把它们看作是人们关于种族和移民活动的认识的第一手材料。但是，除了英雄时代的有着独特的探险行为和英雄事迹的为人们所熟知的人物之外，所有人都仅仅是通过他们的名字的力量进入到谱系当中的。我们开始产生这样一种想法，那就是我们所面对的完全是武断的厚颜无耻的虚构，完全不同于实际发生的事情。例如，拿阿波罗多洛斯（Apollodorus）来讲，如果我们准备把他第一本书中的伟大谱系表当作一个真实的摘要和一项史诗的遗产接受下来的话，那么他还有其他的谱系，比如特洛伊（3. 12）和廷达瑞代（Tyndari-dai）（3. 10）的皇室等，其中的名字——有一部分是地点（地区、河流或山脉）——显然是随意组合起来的。它们在表中也可以用一种完全不同的方式排列起来，或者在上面，或者在下面，或者在旁边。对于狄奥多洛斯（Diodorus）和波悉尼阿斯来说也经常是如此，比如其伟大的阿卡狄亚谱系表（8. 3. 1）。另一个例子是科农（Conon）和帕耳忒尼俄斯（Parthenius），在叙述帕勒涅（Pallene）的神话时，把位于或靠近著名半岛的一些地名当作真人放进了故事当中。[16] 只要看一下这样一种血缘关系就足以表明，我们应该放弃在其中寻找出一个真实的时间顺序、实际的血缘关系或者任何关于建城的年代学描述的任何想法，这些城市的名字听起来好像都是人名。甚至那些故事中提到的纷争，我们还是不能够看作是某种在古代实际发生过的对决。连续性叙述中的缺口经常用最声名狼藉的权宜铺陈填补。

有人试图把这些数量众多的十分武断地被编造出来的家族树归之于后亚历山大时代游手好闲的三流作家，或是更晚一些的伪造者。实际上他们还有杰出的先行者。在《请愿者》（*Suppliants*，312ff.）中，埃斯库罗斯兴奋地即兴创作了一个家族树（后来被阿波罗多洛斯接收），它是这样的：厄帕福斯（Epaphus）是宙斯和伊俄（Io）的儿子，利比厄（Libye）的父亲，其子是柏罗斯（Belus），他是达那俄斯和埃古普托斯（Aegyptus）的父亲。[17] 实际上，古典史诗也并没有什么独特的地方。在《伊利亚特》中，英雄的名字后面往往会紧随一段关于其祖先的粗略叙述，听上去很像是一段即兴创作。正如我们在前面所说的那样，这就是为什么即使是关于海伦和她的儿子们的关系的叙述也不能完全当真。在当代，谱系学成为一门需要付出艰苦努力而且十分重大的事业，但对希腊人来讲它仅仅是一种娱乐活动，即使是神话中的动
20 物也不例外：人们普遍认为，提修斯（Theseus）杀死克洛密俄尼亚母猪（the sow of Crommyon）的行为是卡吕冬狩猎（Calydonian Boar）的起源。[18]

另外，并不是所有的古代民族都像希腊人这样。《创世记》第十章中的谱系表，不论其内容是来自于希伯来人，或是很有可能来自于腓尼基人，它都是试图对不同种族之间关系的记载进行核实的最认真的努力的结果。其中清楚地说明了通天塔（Babel）的建造是尼尼微（Nineveh）的先驱，西顿（Sidon）与内地的部族相比是多么古老；亚伯拉罕的后代所受到的优待或者磨难与他们的血缘关系的紧密或疏离程度息息相关——这些文献的准确性给我们留下了如此之深的印象！其中可能没有提到一个多余的名字。

然而，对希腊人来讲，除了谱系之外，大量名字的创造和叙述本身也具有巨大的魅力。现代的编目就像谱系学一样是一项严肃和艰苦的研究工作，从前却作为一种纯粹的乐趣充斥在史诗和颂神诗当中。我们知道了这一点之后，就应该不仅不再那么重视阿波罗多洛斯的家庭树，而且也不再把《伊利亚特》第二章当中的船舶目录当真。然而，即便存在这些问题，我们还是不能够否认这种可能性，那就是在流传至今的旧的朝代表和谱系当中，它们还是偶尔包含了一些字面上的真实性。

众所周知，后来的希腊人还曾经试图对他们的神话历史提供年代学上的证据，由于他们中的很多人确信他们自身就是神祇和英雄的后代，所以自然会产生一种对其古代进行历史叙述的需要；那些他们认为很有价值的谱系仍然是可以得到的，米利都的赫卡泰乌斯就相信他自己就是一位神祇的第十六代传人（希罗多德，2. 143）。然而，在希腊，传统上没有一个阶层专门负责年代记的编写；书写在很长时间里一直是一

件只有很少数人能做的工作，官方的年代在不同的地方有着不同的计算方法，而且经常不准确。在这种情况下，根据四年一次的奥林匹克运动会（Olympiads）*（开始于公元前 776 年）而推算出来的年代信息一定是极不可靠的——即使它是在赫拉神庙的阿尔果斯（Argive）女祭司、雅典、西库翁和阿哥斯的国王和执政官等人的帮助下完成的。[19] 因此，人们采取了按照世代来计算的方法，毫无疑问，正是利用这种英雄时代的方式，希罗多德得出了结论——狄俄倪索斯生活的时代比他自己的时代早 1600 年，赫拉克利斯（Heracles）早 900 年，潘（Pan）（这里指赫尔墨斯和佩涅罗珀［Penelope］的儿子）早 800 年。（他所计算的一代人大 21
约是 33 年［2. 142］，尽管他知道在某种情况下［1. 7］，22 代人所得出的平均年龄应该是 23 岁）。[20] 他在用每代人的平均年龄来调解神话中的生育行为的时候没有遇到什么困难，尽管常常隐瞒因果关系，但在任何情况下都可以超越任何可以想像得到的计算体系。[21] 另外一个例子是由伊索克拉底（Isocrates）在他的《布西瑞斯》（*Busiris*, 8. 36f.）** 中提供的，它表明在这种问题上可能存在的滑稽的误解，当中他用年代学上的证据提出了一种反对意见，那就是赫拉克利斯不可能杀死布西瑞斯，因为赫拉克利斯比珀尔修斯（Perseus）晚四代人，而布西瑞斯却早了两百多年。我们现在知道赫拉克利斯是一个神圣的存在，而布西瑞斯仅仅是一个希腊人幻想中的精灵。然而，伊索克拉底是用这样的话打败对手的："但是你没有关注事实，只是在重复诗人们的漫骂。"我们必须一次又一次地去克服产生这种设想的诱惑，那就是像希腊人这样聪明的民族一定拥有某种对过往历史的鉴定方法。实际上，他们也是以其原始时代的眼光充满热情地全神贯注于具体的事物，关注于本地发生的事情，他们对古代的看法也并没有超出神话的范围。

似乎正是通过这样的材料和方法，所谓的"帕罗斯岛大理石年代记"（Parian Marble Chronicle）大约在公元前 3 世纪中叶被拼凑出来。它

---

* 这个词指的是古希腊两次奥林匹克运动会之间的四年间隔。

** 布西瑞斯，埃及国王，海神的儿子，许多外国人为他牺牲了，但他自己却被赫拉克利斯所杀。

是某位学者个人的工作，呈现出丢卡利翁以来很多的神话事件和人物，都有具体的时间，例如，战神山议事会（Areopagus）建立之前的阿瑞斯和波塞冬，底比斯的卡德摩斯，希腊的达那伊得斯姊妹（Danaids），厄里克同（Erichthon），米诺斯（Minos），得墨忒耳和特里普托勒摩斯（Triptolemus）教人耕种等等。不久以后，埃拉托斯提尼（Eratosthenes）在他的《年代记》（*Chronography*）中计算出了特洛伊陷落的时间。我们知道，他把它定位在公元前1184年，同时还有其他一些重要的年代，直至奥林匹克运动会的首次召开。尽管他拥有恰当的目标，但他也不能避免用世代来划分时代的方法，其他人用于计算特洛伊陷落之后的年代的方法则完全不同。

他们关于他们古代世界的惟一信息来源就是神话和它的声音，史诗；客观地说，由于他们拒绝承认这一事实，坚持把荷马当作文献来看待——即使他与一些旧的来自于其他地方的人种学资料存在矛盾——因此才有了后来的灾难。这些其他地方的资料要么必须与他相协调，要么使之屈从于他的权威。斯特拉波一直是一位“荷马的引用者”，他几乎没有告诉我们关于荷马时代以后直到希波战争的任何事情，在一段文
22 章中（9. 5），他成功地制造了一场伟大的混乱，把来源于其他材料的忒萨利亚的古代人种学与荷马所讲述的阿喀琉斯家族混同了起来。正是斯特拉波使我们格外意识到人们对荷马的准确性的确信是多么强烈，每个小城市是如何心怀野心地都希望在《伊利亚特》中作为“建筑优良的堡垒”被提到，如果需要的话，他们可以对荷马进行更改，直到他能够满足他们的需要为止。于是，那些与荷马靠得最近的古物收集者以拥有“更为荷马”（*Homerikoteros*）的称号而骄傲。有大量的事件不能被插入到神话时间表，这个问题通过把它们附着于那个时代的官方记载的末端而得到了轻松的解决，比如“返乡”（*Nostoi*），即特洛伊被攻陷之后英雄们漂泊回家的传说就属于这种情况。不仅奥德修斯和狄俄墨得斯（Diomedes），还包括墨涅拉俄斯（Menelaus）、卡尔卡斯（Calchas）以及特洛伊人埃涅阿斯（Aeneas）和安忒诺耳（Antenor），人们相信他们都经历了漂泊，足迹遍布当时的整个世界，所以才会建立起那么多的城

市。希腊人沿着意大利和小亚细亚海岸的十分久远的扩散过程是不容否认的，然而，是神话构成了这个民族生活的伟大的、具有普遍性的精神背景，其中似乎没有什么灾难可言。这样，狄俄墨得斯成为了亚得里亚海的主人，阿喀琉斯成为了黑海的主人；如果说其他的努力都失败了的话，那么“西方的主人”赫拉克利斯还是在相关的地点成功地完成了登陆的任务。[22] 所以，正是在这些边远地区，英雄的崇拜尤其广泛地盛行起来。

根据诗人们的说法，地理学似乎也要力求符合神话的要求，尽管有足够的确切信息是唾手可得的。黑海已经在很长的时间里成为希腊殖民城邦的集中地，这个时期与希罗多德生活的时代十分接近，在修昔底德（6. 2. 3）的著作中也有对西西里的人种学的精确记载，埃斯库罗斯却在他的《普罗米修斯》中给予了我们一种异常离谱的地理学，一个完美的、神话般的梦境世界。在希腊的那些同样动听的故事中，有着栩栩如生的山峦、溪谷和海岸，关于它们的景致的描写和故事同样也创造出一幅另一个世界的人们生活的图景，从阿玛宗人（Amazons）开始，包括安提俄珀（Antiope）、希波吕塔（Hippolyta）和彭忒西勒亚（Penthesilea）*，对希腊英雄们的生活又进行了一次如此惊人的入侵。对这样一个壮丽的或使人倍感敬畏的边缘世界，希腊人笃信不疑。

不论他们关于古代时间的确切知识是多么地成问题，神话总是作为一种强大的力量统治着希腊人的生活，像一幅动人的画卷环绕在他们左右，仿佛伸手可得。[23] 它照亮了希腊人的整个现实生活，无处不在，直到很晚近的时代，就好像它属于一个很近的过往；从根本上讲，它是这 23
个民族自身生活和观念的一种崇高的反映。

其他的民族在编造关于他们的神灵和英雄故事的过程中同样也拥有一种属于他们自己的与希腊人相似的表达方式。印度、波斯和日耳曼民族的神话之间是否存在一种可以比较的相似性是这一领域的专家们热衷于讨论的一个问题。东方和埃及的占据统治地位的正统观念，很有

---

* 三个人都是阿玛宗人的女王。

可能都是后来发展的，有力地吸收了更为古老的神话和英雄故事中的血液，并把一些大众的幻想降低到寓言故事的水平之上。不论怎么说，希腊人都是最大的受益者。他们仍然处于其历史的第一个阶段；他们还没有经受过一种已经发展完备的文化为另一种所取代的巨大的灾难——既没有殖民，我们所知道的殖民仅仅发生在希腊民族自身的内部；也没有另一个民族的入侵，这将会导致旧有的生活方式的中断以及对这种生活方式的淡忘；也没有出现由于一种僵化的正统信仰造成的宗教危机；最后，也没有出现世俗的奴役。更为确定的是，诞生在一个十分单纯的年代的希腊神话又异常幸运地被全部保留到一个高度发展的书写时代，最终以一种惊人的完整性被记录了下来。

在柏拉图的《蒂迈欧篇》（*Timaeus*，22B）中，上了年纪的埃及祭司对梭伦说道："你们希腊人总是处于儿童的阶段；没有一个希腊人是一个真正的老年人……你们在精神上都是年轻人，因为你们没有古老的学问，没有古老的教育，没有古老的知识。"确实如此，希腊人没有那些使埃及人所苦恼的书本上的学问和广博的知识，他们神游在他们独一无二的历史中。当然，在后来，当他们也成为一个有学问的民族以后，神话成为了博学和辩论的主题，作为一种次一级的历史而存在。他们为了这个或那个英雄的家族关系，谁在战斗中杀死了谁而展开争论，对不同的说法进行比较；即使很晚近的（拜占庭）学者，如欧斯塔休斯（Eustathius）、泽泰斯（Tzetzes）等还在辨别哪种说法更为可靠。罗马人就如同得到一件礼物那样地接受了希腊的神话世界，全身心地进行学习，并把它们作为其诗歌的素材。提比略（Tiberius）皇帝，一半出于真诚，一半出于玩笑，用这样的迂腐问题来为难他的文法教师："赫库芭（Hecuba）* 的妈妈是谁？""阿喀琉斯在斯库洛斯岛（Scyros）** 的少女中用的是什么名字？"他还问海妖们唱

---

* 特洛伊王的妻子，特洛伊陷落后被俘。

** 爱琴海里很著名的岛屿。为了不让阿喀琉斯参加特洛伊战争，他的母亲忒提斯曾把他藏到斯库洛斯岛国的宫廷里。

的是什么歌。[24] 实际上，提比略还是可以找到一个年纪稍大的同时代
人，他能够毫不困难地回答这些问题；托勒密·赫菲斯提翁（Ptolemy 24
Hephaestion）声称他知道阿喀琉斯在斯库洛斯岛使用的五个名字，还有奥德修斯、阿喀琉斯和帕特洛克罗斯（Patroclus）的老师的名字，以及其他诸如此类的名字。[25] 在很晚的时代，实际上已经进入基督教的时期，当神话人物不再出现在舞台上，在画家和雕塑家的作品中也已经绝迹，但这些主题仍然在诺努斯（Nonnus）的博学的诗作中被使用。首先，是学校中的修辞学家们拒绝放弃这类材料。人们会对奥德修斯和涅斯托尔（Nestor）的声名进行比较；对他们的颂扬和指责之辞会被引用，接下来会当堂发表赞成或反对神话人物的演说；在一些关键的场合，动听的朗诵会脱口而出；我们会听到当木马进入特洛伊城的时候卡珊德拉（Cassandra）所说的话，或者阿伽门农在被杀的一刻，赫拉克利斯正准备爬上火葬柴堆的时候，墨涅拉俄斯听到他的兄弟的死讯的时候，以及很多相似的场合，他们会说些什么。[26]

神话的统治地位肯定被作为一个民族生活方式的城邦体制，被游吟诗人强化了。在讲日耳曼语的部族中，当他们经过迁徙定居下来之后，除了对神灵和众多部落故事的信仰之外，英雄们的黑色传奇作为一种想像的民族历史可能在相当的程度上统治了人们的精神生活，在这些传说中最主要的人物无疑就是迪特里克·冯·伯恩（Dietrich Von Bern）。在这里，游吟歌手很可能也是传播这些传奇的主要途径，可能从很早开始就在贵族的城堡中颇受欢迎。由于这些东西几乎被贵族独占，所以农村里的人不如城邦（*Poleis*）中的城里人更有条件接触到这些，只能满足于一种普遍的想像中的启发，而这种启发是由伟人的故事和神奇的事件所提供的。希腊的听众几乎都是由城市居民组成，不能否认的是，他们具有对他们所听到的事情进行理解和加工的超常天赋，同时也具有使他们自己一直沉湎其中的意愿和能力；这样一种听众是游吟艺术最理想的接受者，如果没有他们，这些现在为希腊人所普遍熟知的传说的传播过程是不可想像的。附着在古代神庙崇拜之上的本地神话可能是依靠其自身的力量而存留下来的。如果没有游吟诗人，很难想像阿耳戈船英

雄（Argonauts）的航行，卡吕冬人的狩猎，俄狄浦斯（Oedipus）的故事，这些没有或几乎没有历史根据的事件能够被所有的希腊人当作历史事件接受下来；而且，即使到了很晚近的时期，这些事情甚至比那些真
25 正发生过的事情还能够激发起更大的兴趣，时间上还要持久。因而，作为一个发生在并不十分遥远的古代普通民族经历的攻打特洛伊的战争，牢固地构筑起一个由想像中的人物组成的世界。与提修斯、墨勒阿革耳（Meleager）、佩罗普斯、阿特柔斯（Atreus）相比，希腊人对所有的历史人物知之甚少而且漠不关心，这种漠然态度产生的另一个因素就是，任何给定的历史人物只属于某一个城邦，它会受到其他所有城邦的嫉恨。在大多数神话人物的身上也表现出同样的情形，只是通过史诗，他们才变得广为人知。

因此，经过了数百年的时间积聚起来的贯穿整个的所谓“史诗集合”（epic cycle）的储备得到了整理和加工；也就是说，不论实际的历史过程是如何发生的，它最终为传说或故事的增生扩散所取代，逐渐地填补了所有的可能会加以指摘的实际历史的漏洞。即使那些确实幸存下来的真实的知识，人们还是完全以一种神话的精神加以面对和阐述；即使那些真正的历史也要服从于传统的法则，这是一种长期的处于单一的口头传唱和诗歌形式的传统。一个真实的谱系只有在经过人们的批评和怀疑被虚假的谱系添油加醋之后才能够流传下来，这通常是后来的地方上的古物学家的工作。以同样的方式，真正的人种学信息也会被像马人（Centaurs）*和拉庇泰人（Lapiths）**这样的纯粹编造出来的种族覆盖，他们会想尽各种办法来维持虚构的人种学和地理学。[27] 的确，令人惊奇的事情并不是神话能够经得起历史的考验，就像可以经得起自己的考验那样，而是神话故事并不经常被其他的神话替代——换句话说，在前辈所提出的故事应该在哪里开始在哪里终止的问题上，吟唱者们达成

---

* 传说中半人半马的怪物，人的上部，马的躯干和前胸，住在深山密林里，以食生肉为生。这些怪物性情暴躁野蛮，与人为敌，嗜酒如命。

** 居住在忒萨利亚的部落，据说他们是忒萨利亚河神佩纽斯和女仙克瑞乌萨的后代。拉庇泰人在很多神话中出现，主要的是他们与马人之间的斗争。

了一致。

神话是希腊人的存在中具有根本性的因素。神话所创造出的整个文化一直保持原样，发展很慢。很多外在生活方式的神话的或神圣的起源是众所周知的，并且使人感到十分亲近。整个希腊民族深信他们自己就是英雄时代的合法的继承人和继承者；史前时代所犯下的错误在很晚的时候还是会得到报应。[28] 希罗多德用伊俄被强暴的故事开始了他的关于这场东西方之间伟大战争的叙述，希波战争成为了特洛伊战争的继续。实际上，后来，（在公元前 396 年）当阿格西劳斯（Agesilaus）再一次
拿起武器抵抗波斯人的时候，他去了奥里斯（Aulis），目的是为了举行 26
一个模仿阿伽门农的神圣的祭祀仪式，尽管他的这一意图由于受到底比斯骑兵的一次突袭而受挫。发生在遥远古代的祖先的功绩在正式的谈判中还会被用作开始的话题。因此，在普拉提亚（Plataea）战役之前雅典人非常严肃地提出，他们比提根人（Tegean）有更充足的理由发动最初的地面进攻，因为他们从前曾经保护过赫拉克利斯家族（Heraclids），征服过阿玛宗人，埋葬过抵抗底比斯人的七位英雄，想了一会儿又补充说，他们还取得了马拉松战役的胜利（希罗多德，9. 27）。事实上，雅典人在为阵亡将士举行葬礼的演说中不厌其烦地使用这样的主题；只有伯利克里在他的葬礼演说中才敢于抛开这些神话事迹，把自己限制在对雅典当时所具有的真实力量的阐发上。

当麦加拉（Megara）的民众授予亚历山大名誉公民的时候，他笑了；但他们说，除了赫拉克利斯之外，他们从未把这种荣誉授予任何人。[29] 斯巴达人也把赫拉克利斯和他的儿子们以及赫拉克利斯家族看作他们祖上的英雄，不论是在战争中还是在官方的法令中。[30] 传统的服装和风俗习惯通过对其神话起源的强调而受到了有效的保护。[31]

这种传统为什么会如此地受到重视可能要归之于以下的事实，那就是即使在历史时期，一个家族仍然处在从神话的祖先延续下来的世系当中。斯巴达伟大的阿戈亚（Agiads）氏族是底比斯的拉布达库斯（Labdacus）皇族的后代，他们曾遭到所有的后代不断去世的厄运；遵从一个神谕的指示，他们为拉依俄斯（Laius）和俄狄浦斯的复仇女神

（Erinyes）建立起祭台，后来，他们的孩子就不再死了。[32] 品达曾经用这样的想法来安慰阿克拉伽斯（Acragas）的僭主忒隆（Theron），他也是这个倒霉家族的后裔。他说做出的事情已经发生了，不论是正义的还是不正义的，我们的时间母亲自己也不能取消，但是我们可以通过向命运之神祈福而得到忘却的帮助（《奥林匹亚颂》[*Olympian Odes*]，2. 15）。但是在不与某个具体的家族联系起来的情况下看法却完全不同，那些发生过最可怕的神话故事的城市会不惜任何代价地保留它们。

雅典的早期历史由于如此清晰地展现出了神话的两股潮流而具有独特的启发性；一方面，他们的神话有属于自己的自古至今的发展线索，另一方面，历史的发展也猛烈地侵入到神话当中。阿提卡拥有一份古代传统的遗产；例如，雅典几乎所有法庭的地点都仍然与神话世界保持着联系，从作为阿瑞斯为谋杀哈利耳荷提俄斯（Halirrhothius）作
27 证场所的战神山议事会开始，数量众多的世袭祭司经常夸耀他们的史前起源。[33] 除此之外，一个古代的史前王表流传了下来，其中一部分很显然是一种文化的神话，与克刻洛普斯兄弟（Cecrops）、安菲克堤翁（Amphictyon）、厄瑞克托尼俄斯（Erichthonius）、潘狄翁（Pandion）、厄瑞克透斯（Erechtheus）、墨提奥尼（Metionids）和其他的名字相联。然而，所有这些都与提修斯这个人物交织在一起，在一定程度上也是提修斯这个人的衍生物。

因为提修斯一方面是泛希腊（Panhellenic）神话传说中真正的神话英雄，另一方面也代表了一种雅典国家形成的观念，雅典国家一些十分晚近的特征被转换成构成他的生活和事迹的要素。人们普遍认为，普鲁塔克的《希腊罗马名人传》中的两个人物传基本上是后来所有人生活经历的浓缩；他们就是来库古（Lycurgus）和提修斯。但是，早在普鲁塔克之前，色诺芬就曾经把来库古的画像用作斯巴达国家形成的总结，从修昔底德（2. 15）到伊索克拉底和亚里士多德，提修斯也被当作雅典国家演进的一面镜子。提修斯通过创造这个国家的那些前提条件而开始了他的政治生涯，根据其他的神话传说，这个国家也就是已经存在很久的那个国家。他除掉了危险的野兽和罪犯。接着，他把雅典的人口集中

在一起，从前他们散布在分散的村落里，从未集中在一起商议事情，甚至经常刀兵相见。他把他们联合为一个城邦，建立起确认这一新的公民权的庄严典礼，即泛雅典娜节（Panathenaea）。然而，由于人们认为他在早先曾经屠杀马拉松的公牛取悦民众，所以他现在也是第一个请求民众让他放弃王位的国王。[34] 当他在哈得斯（Hades）的冥府被囚禁的时候，另一个人民领袖厄瑞克透斯家族（Erechtheids）的一个叫墨涅斯透斯（Menestheus）的人发动了一场革命，当提修斯回去的时候发现一切都变了，民众（*demos*）完全被宠坏了；所以他试图夺回权力，陷入了巨大的困境之中，对人民领袖进行反击的举措是徒劳的，最后，在愤怒地诅咒之后——诅咒的地点过去常指给游人看——他跑到了斯库洛斯岛，在那里吕科墨德斯（Lycomedes）把他从悬崖上扔了下去。后来，当有人问起一种制度或习俗的起源的时候（甚至像死者的灵魂需要向摆渡者付两个奥波尔［obol，古希腊银币］这样的习俗），答案总是这样的："这是提修斯创制的。"[35] 有着像蛇一般旋转前进的动作的称作格拉努斯（Geranos）的舞蹈就是对迷宫的婉转曲折的一种回忆，在米诺牛（Minotaur）被杀死之后，提修斯、阿里阿德涅以及获救的童男童女第一次跳起了这个舞蹈。同样以这种方式，希腊的一切事物，每天的生活都艺术地与遥远的古代联系在了一起。

在古代的晚期，对于一个城邦或民族的集体生活，仍旧存在一种被
理想化了的一致性的根深蒂固的看法。普鲁塔克的名为《神祇们迟到的 28
复仇》（*Delayed Vengeance of the Gods*）的散文就是对神话时代所发生的事件的一次总结，这些事件要由他们的子孙来偿还或者承受，有些影响甚至持续到作者生活的年代。在一定程度上，这种现象只不过是用模糊和遥远的过去来解释现在发生的事情的倾向的一种补充说明。但是，普鲁塔克在其中的某个地方还是发布了这样一个重大的声明："因为城邦是一体的和不可分的！"——所有的希腊人都知道，父辈的罪责早晚要找到晚辈的头上。[36]

有了把现在与最遥远的过去联系在一起的明确意图，那么，期待着可以从中获得很多关于过去的确切的和详尽的知识的企图将是十分愚

蠢的。没有任何的批判方法能够通过对其部分的分析，通过这个年轻民族的有力的想像力拼凑出整体；实际上，对这种事情我们不必着急。不仅是神话中的事件，而且一些历史事件也在长期的重述过程中发生了变形，直到它们形成了一个典型的和富有特色的为大家所普遍接受的形态。我们对这种情形的认识对于我们理解希腊人非常有用。

这是一个极力保护其神话的民族，并使之成为其生存理想的基础，试图不惜一切代价地把神话和现实生活联系在一起。使历史编纂变得十分困难的原因还不止是这些；这个民族不能够容忍在她的舞台上上演任何历史剧，对蕴含历史的史诗——也就是那些发生在相当晚近的事件在文字上的记述——嗤之以鼻。

就是这同一个民族现在被视为“古典的”，与任何种类的“浪漫主义”相对立。然而，如果说浪漫主义对以下两者之间的关系——即事物或论点与关于过去的一种诗歌的视角之间的关系——保持了一种持久的关注的话，那么希腊人在他们的神话中则拥有一种无限的浪漫主义作为他们精神生活的一种前提条件。我们可以说日耳曼人或凯尔特人的英雄传奇在后来的中世纪也成为一种强有力的力量了吗？

在我们自己所在的西欧地区，现在已经说不出什么与我们对英雄传奇的记忆紧密地联系在一起的地点了，没有专业考古学家的帮助，我们几乎完全不知道翁特斯堡（Untersberg）、霍塞尔堡（Hörselberg）、埃卡斯堡（Eckartsberg）或者瓦斯根岩石（Wasgen Rock）这些地方在哪儿。毫无疑问，鬼神的出没依然在很多地方发生，但是那些讲述其故事的神话传说只属于大众的迷信，或者与我们古代神话中的神祇和英雄只有微弱的联系。在希腊却完全不同；整个国家中遍布了古典时代的遗迹，不论是关于普遍的希腊神话还是关于地方神话，都有很多保存很好的可见的遗物。[37]

29 而且，在这个国家的每个地方，通常是十分精心打造的地方崇拜总是试图使其起源尽可能的古老和神圣，并且与数不清的地方英雄的崇拜联系在一起，一起举行庆祝活动。在所有地方，这些英雄的领袖都是人们所认为的那座城市的建立者。到处都是激活了整个风景的多方精灵留下的痕迹，即使仅仅是某位泉水或海洋仙女的爱情故事。

人们感到了解每个神话所发生的地点是一项具有根本性的任务，波悉尼阿斯把记录下这些地方古迹的证据视作自己的职责。[38] 在雅典，他能够指出在哪里玻瑞阿斯（Boreas）诱拐了俄瑞堤伊亚（Oreithyia）以及埃勾斯（Aegeus）把他自己扔下岩石的地点，西勒诺斯（Silenus）第一次拜访狄俄倪索斯的时候在哪里休息，以及遍及整个城市的其他事件的发生地；在萨拉米（Salamis）湾，他知道忒拉蒙（Telamon）在目送他的儿子前往奥里斯和特洛伊的时候坐的是哪块岩石。在底比斯的安菲翁（Amphion）的陵墓，基座上粗大的石块正是曾经追随过安菲翁的七弦琴声的那些石块。* 奥列斯特的记忆在美伽罗波利斯（Megalopolis）和墨西拿（Messene）之间的一个真实的"苦难之路"（*Via Dolorosa*）** 那里继续保存；据说，在一个地方，他失去了理智，在另外一个地方，他咬下了他的一个手指，在这里得到了治愈，在那里当他恢复以后又割掉了头发。[39] 在喀泰戎山（Mount Cithaeron），波悉尼阿斯奇怪地发现，没有人知道彭透斯（Pentheus）发疯的地点，以及当时还是婴儿的俄狄浦斯是在哪里被遗弃的（9. 2. 3）。赫拉克利斯、阿耳戈船英雄、俄狄浦斯、奥德修斯和埃涅阿斯在国家的所有地方都出现过，一些重要或不那么重要的东西都与他们的到访有关；正是这同一个在阿卡狄亚的菲内乌斯（Pheneus）挖过洞的赫拉克利斯在厄利斯的体育场还把一些蓟属植物连根拔起。对于每一种惊人的自然现象都有某种神话的解释紧随其后。如果有一处泉水发出臭味，那一定是因为一个马人在那里洗过伤口。[40] 其他的很多作家也提供了大量这样的线索；斯特拉波知道在科林斯有一处泉水，在那里柏勒洛丰（Bellerophon）抓到了醉酒的佩伽索斯（Pegasus），阿里安（Aelian）（3. 1）找到了从德尔斐通向谭培山谷（the

---

* 传说安菲翁兄弟在攻下底比斯城以后，在城的四周筑起城墙。安菲翁奏起七弦竖琴，随着美妙的琴声，石头自动砌成城墙。

** Via Dolorosa 是指圣城耶路撒冷的"苦难之路"，是当年耶稣被判刑，从比拉特（Birat）法庭背着十字架走到骷髅地（Skull）山丘的刑场，直到在圣墓教堂（Church of the Holy Sepulcher）被钉十字架为止，这段路就是耶稣受苦的路，所以称之为"苦难之路"。

Vale of Tempe）的某棵独特的月桂树的神圣的皮提亚（Pythian）通道，在那里阿波罗在杀死皮同（Python）之后进行过净化。甚至还有一些神迹留下了坏的影响。在琉卡狄亚（Leucadian）岩石，害相思病的刻法罗斯（Cephalus）在神话时代就是从那里跳进了大海，后来也成为一个造成其他巨大不幸的地方；每一年，琉卡狄俄人都会把一名罪犯从那个地方扔下去，然后再竭尽全力地解救他的生命。毫无疑问，这样做的原因是为了解除这个地方的魔力，以避免一场自杀的瘟疫，这是那个地方居民所感到害怕的，它使神灵们确信，咒语已经得到了它应该得到的牺牲品。[41]

30 这种强烈的神话本土化倾向的一个自然的结果就是同样一则神话在不同的地方都安了家，尤其是那些神祇出生和成长的地方——不论真实的原因是什么，这反过来又促进了古典时代神迹的增多。除了提洛岛（Delos）（传统上被认为是阿波罗的出生地）之外，在彼奥提亚(Boeotia)，离忒及亚（Tegyra）不远的地方，也有一座阿波罗神庙，靠近传说中的神的出生地。[42] 在这个地方不远的地方有一座山被称为提洛，在神庙的后面有两股清凉的甘泉被称为“棕榈叶”和“橄榄树”，它们也曾经是一个神谕。不远的地方就是普同（Ptoon)，在那里女神勒托（Leto）受到了公羊怪的惊吓；这个地方还把皮同和提堤俄斯（Tityos）的传说和神的出生联系在了一起。同样，下面这些事情发生的地点亦众说纷纭，它们是：宙斯和雅典娜的诞生，赫尔墨斯受教育的地方，巨人们的战斗，克瑞（Kore）受到诱奸，刻耳柏洛斯（Cerberus）被抓，安菲阿勒阿斯（Amphiaraus）的消失等等。后来的地方古迹很难承担所有的这些事情。实际上，神话是无所不在的；所有人都以这种方式思考问题，并且在很长的时间内对此坚信不疑。

历史完全是另一回事。对历史时代的伟大事件的记忆实际上是不存在的，惟一的例外是一些战场，在那里人们向战士的坟墓献祭，只有在那时人们才记起那里曾经发生过什么。[43] 没有人关注梭伦、伯利克里或德摩斯提尼在关键性的场合出现时的确切地点，但是每个人却能准确地说出古典神话发生的场所。对于遗物也是如此。那里确实有一些

历史遗物，就像欧里庇得斯的弦乐器、书桌和铁笔，它们是老狄俄倪索
斯从一个天才的后人那里购得的，与一篇内容恰当的铭文一起献给了
缪斯神庙。同样的一些物品也可以在神庙里看到，它们是名人们自己
贡献出来的，是想通过这种方式让人们记住他们；[44] 但正是在这些神
庙当中也存在着人人都想一睹其芳容的神话时代的遗物。在安培里乌斯
（Ampelius）的《回忆录》（*Liber memorialis*）一书的第八章，提到了佩
耳伽摩（Pergamon）的祭坛，列举了一长串来自于神话时代的武器、用
具、外衣和其他纪念物，可能最晚到提奥多西（Theodosius）在位期间，
这些东西还可以在希腊的神庙中看到。波悉尼阿斯就亲眼见过阿喀琉
斯的长矛（3. 3. 6），门农（Memnon）的匕首（6. 19. 3），佩罗普斯的宝
剑，阿玛尔忒亚（Amalthea）的号角；但是在一段话当中（9. 41），他
进行了激烈的批评，宣称在大量的赫淮斯托斯（Hephaestus）传世的物
品中，只有喀罗尼亚（Chaeronea）的宙斯权杖是一件真正的由神铸造 31
的杰作。在科林斯著名的波塞冬松树林附近，能够看见已经腐烂的但一
直保存着的阿耳戈船，伊阿宋（Jason）和阿耳戈船英雄们就曾经坐着
它在海上航行。大希腊（*Magna Graecia*）（南部意大利）也可以看见这
样的宝贝——位于苏瑞（Thurii）的阿波罗神庙中的赫拉克利斯的弓箭，
放置在墨塔旁吐姆（Metapontum）的雅典娜神庙中的曾经用来制造特洛
伊木马的铁匠用的工具。[45] 在道尼（Dauni）（在北阿普里亚［Apulia］）
地区中的一座雅典娜神庙里，他们还拥有狄俄墨得斯曾经使用过的青
铜斧子和武器，他们似乎在那个地方像神一样地挥舞过这些东西；坐
落在佩乌塞提（Peucetii）（更为靠南）的一座阿尔忒弥斯神庙中，有一
个青铜的围颈带，他曾经在一个晚会上戴过它。希腊人至少没有把这
些古董当成是人命关天的东西（*res fatales*）（可能除了称作护城神像
［Palladion］的特洛伊人制作的雅典娜雕像），整个国家的命运要依赖于
它的魔力，就像罗马人对军事装备的依赖那样，其中有一部分是从希
腊进口的，保存在维斯塔（Vestal）神庙中。然而，希腊人即使对于拥
有一块英雄的骨头也怀有某种迷信，有时候是由于神谕的要求把它们
放置到一个特殊的地方，完全是出于对其陵墓的敬畏。除了这些考虑

以外，如果这位英雄被惊扰的话，人们对他的愤怒也会充满恐惧，如果他的遗物被完好地保存着的话，人们就希望整个国家能够得到他的保佑。并不是任何东西都是神圣的；很多东西仅仅是有趣的纪念品，比如巨人和阿玛宗人的骨头，还有保存在特格亚（Tegea）的雅典娜·阿里亚（Athena Alea）神庙中的卡吕冬狩猎所获的公猪皮——尽管它的牙齿被不幸地带到了罗马。

更具魅力而且仍然充满生机地存活着的是古代的神树。[46] 这当中有在雅典由雅典娜女神引进并在厄瑞克特翁神庙（Erechtheum）得到种植的橄榄树，另外还有一棵位于厄庇道洛斯（Epidaurus）附近被赫拉克利斯的强壮的手臂弄弯曲的橄榄树；在特洛曾（Troezen），有一棵橄榄树是从他的棍子中生长出来的，在阿提卡的土地上另一棵被很好地围起来，他正是从这棵树身上撅下一个枝条种在了奥林匹亚。在奥里斯的神庙中还保留着梧桐树，这些树曾看着希腊人离乡背井远征特洛伊，还有阿卡狄亚的靠近卡菲亚（Caphyae）的墨涅拉伊斯（Menelais）的梧桐树等等。人们甚至相信还有一些动物从神话时代存活到了历史时期。因此，阿卡狄亚联盟的一位将军有一位倒退九代的祖先——大约是在公元前5世纪——据说他曾经在吕科苏拉（Lycosura）（在阿卡狄亚）看到一只母鹿，年老体弱，对戴丝波娜（Despoina）来说具有神性，[47] 在它的脖子上系着一条带子，上面写着一句话："当阿伽珀诺耳（Agapenor）在特洛伊倒下的时候我还是一只小鹿。" [48]

32 然而，有一种方式可以使人与神话更为贴近，这种方式看上去比其他的方式更加合乎人们的胃口，那就是有一种普遍的信念，认为人和神是同宗的；有很多家族和个人因为是神和英雄的后代而倍感光荣，甚至声称能够说出中间那些代人的名字，或者至少可以数出他们的人数。[49] 这种传统是大多数其他的古代民族所没有的，米利都的赫卡泰乌斯向埃及底比斯的祭司夸耀说，他是神的第十六代传人，他得到的回答是没有人是神的后代（希罗多德，2. 143）。但是，在希腊人中，很多英雄自身就是神的儿子，而不是他们的远房子孙。埃科阿斯是宙斯的儿子，忒拉蒙和佩琉斯（Peleus）的父亲；因而，阿喀琉斯和埃阿斯（Ajax）是宙斯的孙子，阿喀琉斯还是忒提斯（Thetis）的儿子。一想到赫克托耳（Hector），使阿伽门农震惊的是这样一个奇怪的事实，那就是他并不是某个男性神或女神所宠爱的儿子（《伊利亚特》，第十卷，50）。这些存留到历史时期的王室家族也属于神的种族；不仅斯巴达的两个国王是赫拉克利斯也就是宙斯的后裔，[50] 而且马其顿的忒弥斯家族（Temenids）也是如此——对于这样的事实，伊索克拉底在他给腓力的信（*Letter to Philip*，33—34）当中有大量阐述，羡慕和颂扬之情溢于言表。[51] 埃阿科斯的后人阿喀琉斯和涅俄普托勒摩斯（Neoptolemus）被在厄皮洛斯的摩罗索斯（Molossian）王室家族认作父亲；皮洛士（Pyrrhus）国王相信他是阿喀琉斯的第二十一代传人，因此，抗击作为特洛伊人后代的罗马人是他的职责。在战斗中从马其顿的安提格努斯·格纳塔斯（Antigonus Gonatas）那里缴获的武器被作为战利品献给了神庙，上面写着这样一段铭文："现在就像过去一样，埃阿科斯家族的男人们都是持矛者。"伟大的米太亚德（Miltiades）是从埃阿斯，通过忒拉蒙和埃阿科斯，从宙斯那里传代至今的，历史学家修昔底德也来自于这个家族。[52] 布雷普西亚家族（Blepsiads），还有埃吉纳的很多其他的可疑的家族也属于埃阿科斯家族，通过透克洛斯（Teucer）的世系，包括所有塞浦路斯的国王直至埃瓦格拉斯（Evagoras）。[53] 伊阿米斯家族（Iamids）和他们所有的亲戚都是伊阿摩斯（Iamus）的后代，而伊阿摩斯是阿波罗的儿子和波塞冬的孙子；品达在诗歌中对他们以及其他的运动冠军家族大加颂扬，尽其所能地强调他们的神圣血统。[54] 在雅典，皮西特拉图家族（Peisistratids）和阿黑门尼德家族（Alcmaeonids）就被认为出自涅琉斯家族（Neleids），因而是波塞冬的后裔，而提摩塔多人（Thymoetadoi）则出自于提修斯家族（Theseids）。像所有的厄忒俄布塔人（Eteobutadai）一样，演说家和金融家来库古也出自于厄瑞克透斯的世系，厄瑞克透斯是该亚（Gaia）和赫淮斯托斯之子。[55] 在可能并非真正出于柏拉图之手然而产生很早的一篇对话中，即第一篇《亚西比德篇》（*Alcibiades*，121A），我们听到亚西比德声称他是欧律萨科 33
斯（Eurysaces）世系的宙斯的后人，苏格拉底用带有嘲讽的口气回答说，他也是达代罗斯（Daedalus）和赫淮斯托斯世系的宙斯的传人。诗人埃皮卡姆斯（Epicharmus）莫名其妙地被人们推算成阿喀琉斯的后人；[56] 著名的希波克拉底，根据他的传记作家索拉努斯（Soranus）的说法，是赫拉克利斯的第二十代传人，阿斯克勒庇俄斯（Asclepius）是第十九代——后一事实明确地写在雅典的一块纪念希波克拉底的铭文上面。阿摩尼乌斯（Ammonius）说亚里士多德不论在他的母亲一边还是父亲一边都是阿斯克勒庇俄斯的后人。众所周知，伊帕密农达（Epaminondas）属于斯巴达人的一个武士家族（the Spartoi），他们来自于卡德摩斯种下的龙牙，这一点得到了证明，斯巴达的后人真的有一个长矛形状的胎记，到了普鲁塔克那么晚的时代还有人拥有这样的标志。[57] 在谈话中，这是能够给予一个人的最动听的恭维话："你的来世生活将会十分幸运，因为你拥有神的血统。"[58] 比如说，在公元前 4 世纪，当如此之多的贵族在内战中丧生，幸存者一定会更加顽固地死守住这样一种荣耀。喜剧作家们抓住一切机会对这种荒谬的骄傲进行讽刺，例如，阿里斯托芬在《阿卡奈人》中讲到一位公民安菲提欧斯（Amphitheos）（意思是"具有双重神性的人"），声称自己是得墨忒耳和特里普托勒摩斯的后裔，在受到警察的威吓时就把这些祖先搬了出来。

另一些人会把原始的遗物全部抛开，因为他们确信自己就是由神所生，明目张胆地以历史的口吻讲出来。伟大的运动员被说成是海上神灵或赫拉克利斯的儿子，作为一个合乎逻辑的后果，在他们死后，就会传出谣言，说他们并没有死，而是神秘地在海上漂走了。[59] 柏拉图的联想尤为动人；从一开始，他的父母是波塞冬的后裔，但他可能不是阿里斯通（Ariston）的儿子，因为人们认为阿波罗可能与他美丽的母亲佩里克特欧涅（Perictione）同过床；这最后一则故事是由柏拉图最亲近的伙伴们传布的。[60] 同样，如果亚历山大是宙斯·阿蒙（Zeus Ammon）的直系后代的话，他就没有必要再声称他是忒弥斯家族世系的赫拉克利斯的后代了。[61] 他的继承者们（*diadochoi*）没有再利用这种个人的神话，几乎没有人宣称自己是神的后裔了。当赫尔墨多图斯（Hermodotus）在

他的诗歌中把安提格努斯称为赫利俄斯（Helios）的儿子的时候，他用
了一个粗俗的笑话作为回答。[62] 然而，在希腊自身，整整一个世纪以
后，阿卡亚联盟的首领阿拉图斯（Aratus）还被认为是阿斯克勒庇俄斯
的直系后裔，即使在帝国时代，在马克西米努斯·色雷斯（Maximinus 34
Thrax）执政时期，伽塔拉（Gadara）的诡辩家阿普西尼斯（Apsines）
仍然被认为是潘的孩子。[63]

与神话如此贴近的和如孩童般的希腊人的精神世界的更加深远的、最后的证据可以在历史时代所出现的神祇当中找到。荷马史诗当中出现得如此频繁的神灵使他们自己能够被人看到，在淮阿喀亚人（Phaeacians）的土地上经常穿过孤独漫游者的道路，或者在桌旁与人共餐，继续在这里或那里出现，直到古代的晚期。

有一个关于皮西特拉图和他的家族的非常有名的故事，对此，希罗多德（1. 60）表达了他的惊异。这本书写于已经进入文明的公元前 5 世纪，他发现很难相信一百年前的人是多么单纯，因为正如他所言，与野蛮人相比，希腊人的精明和不迷信是很突出的，在他们当中，雅典人又被认为是最聪明的。有一个谣传在乡村人中流传，那就是皮西特拉图是被雅典娜带回家的；在城里，人们也相信这位女神曾经出现过，人们前去崇拜她，欢迎皮西特拉图。当他带着出售美丽的花环的人一同乘坐在他的马车里，把自己打扮成女神；很可能，他认为如果看上去像一次节日游行的话，他进城将更容易一些，他的主要目的一定是毫无阻挡地进入卫城。但还是挤满了人，菲厄（Phye）高大的外形和美丽的外观告诉他们，她就是女神自己。但是故意制造幻觉并不那么容易，因为节日游行使人们习惯了看那些把自己装扮成神的人，男女祭司在祭祀仪式中以被崇拜的神的装束出现是司空见惯的事情。[64]

与之相类似的一件事发生在很久以后的阿卡亚联盟的时代（大约公元前 230 年）。当侵入到阿凯亚的城市佩里尼（Pellene）的安托里亚人看到雅典娜的女祭司的时候吓了一跳，因为当天一个为雅典娜举行的庆祝活动正在进行，她戴着头盔，全副武装就像女神那样地从神庙中出来向他们走去。他们被这一次神灵的显现吓跑了，而佩里尼人知道女神是

人装扮的。[65]

在很长时间内，人们依然相信小的自然神是可以看见和听见的。即使在波悉尼阿斯的时候，水手似乎还是十分坚信他们的海上精灵格劳科斯（Glaucus）及其预言的定期显灵。[66] 然而，潘才是一位持续时间尤
35 其长久的幸存者。他会出现在喀泰戎和赫利孔山（Helicon）之间，唱起一首品达的赞美诗；[67] 在马拉松战役的时候，雅典的一个信使与潘在特格亚附近会面，得到了官方的认可，作为这一事件的结果，献给潘的一尊神龛在卫城上被建造了起来，还伴随有祭祀活动和运动会。[68] 提奥克里特（Theocritus）的牧羊人（1. 16）对于过于靠近、时常现形的潘充满恐惧，并且知道他发怒的时候会是什么样子。在提比略的时候宣布了他的死亡，只是到了晚近的时候，学者们才通过研究发现这当中所存在的奇怪的错误；[69] 一百五十年以后，迈那鲁斯（Maenalus）的居民还声称他们能够听到潘吹奏芦笛的声音（波悉尼阿斯，8. 36）。

一些幸运的人与神祇之间的私下交流从来没有中断过。欧里庇得斯的《希波吕托斯》（*Hippolytus*）的故事当然是在神话时代出现的，但是诗人可能还是吸取了在他自己的时代仍然存在的一种观念，他的英雄对阿尔忒弥斯说道："我与你在一起，对你讲话，倾听你的声音，尽管我看不见你的脸。"努马（Numa）不仅是一位得到了仙女厄格里亚（Egeria）的灵感的富有智慧的立法者；雅典娜给予了扎劳库斯（Zaleucus）所有的法律，而且每次都是亲自出现。[70] 索福克利斯与一些神灵的关系更加奇特；赫拉克利斯出现在他的梦中并不是那么罕见的事情，或者狄俄倪索斯通过把梦传送给其他人的方式对在家族墓地中举行的诗人的葬礼表示关心；然而，索福克利斯不但在一首赞美诗中称颂阿斯克勒庇俄斯，而且还在自己的房子里对具有人形的他进行款待，这就是为什么后来雅典人给予他狄克西翁（Dexion）（意思是"好客者"）的美名，把诗人当作一位英雄加以颂扬，专门为他建起一座神龛，每年进行祭拜。[71] 当神来到他跟前的时候，他知道该怎么做，在这种情况下有一种专门的仪式。当然，把毕达哥拉斯看作神的水手们也都知道这种做法；他们迅速地搭起一座祭坛，把他们手头的所有水果、船上的所有

礼物摆放了上去。[72]

神灵显现的观念与人们是如此接近，这一点曾经以喜剧的形式表现出来。阿克拉伽斯的几个喝醉了酒的年轻人感到房子在旋转，以为他们正在船上遇到了风暴，所以他们把所有的家具都扔到了街上。当警察（*strategoi*）赶来维持秩序的时候，这些狂欢者居然把他们当作了小特里同（Tritons）*，答应将来会以与其他的海神相同的神圣的仪式来崇拜他们。[73]

如果在一次盛宴当中突然出现了一次普遍的沉默，有人一定会说是赫尔墨斯正在穿过房间。[74]

那么，这就是希腊人的精神倾向；对他们来说，世界历史中最伟大
的命运就是衰落。他们沉迷于用神话编织的过去之网中，只是正在缓慢 36
地形成真正意义上的历史，在充满想像力的诗歌中逐渐接近他们的顶峰，在时间流逝的过程中，他们注定在理解力上要成为所有民族的先驱，注定要把这种理解力传播给其他民族；他们注定要去征服一个广大的地区和东方民族，使他们的文化成为全世界的文化，在这个过程中，通过希腊化时代，罗马和亚细亚融合在一起，成为古代世界伟大的催化剂。与此同时，通过这种文化的流传，他们为我们保存了世界发展的连续性；因为，只是通过希腊人，我们所感兴趣的不同的时代才能够被连接起来，穿成一线。如果没有他们，我们将对遥远的古代一无所知，没有他们，我们会知道什么呢？我们甚至没有去了解的欲求。除了这样一笔无法估量的思想财富之外，我们还继承了另外一件礼物，这件礼物中保留了他们充满创造力的成果——艺术和诗歌。

我们用他们的眼睛来看，用他们的词汇来说话。

然而，在所有的文明人中，正是希腊人自身承受了最大的和感受至深的痛苦。

---

* 即半人半神的海上精灵。

第三章　城邦

37　虽然这本书并不讨论通常意义上的关于起源的问题，但我们还是需要关注早在城邦（*polis*）形成之前就已起作用的那些因素，这些因素影响了这个民族及其部落组织的生活。

就像所有的有关起源的问题那样，这个民族在哪里和怎样开始的，回答这个问题也是十分困难的。尽管，我们可以说，希腊人生活的社会基础——家庭、荣誉和财产权——似乎在前希腊时代就已经存在了，最晚是在希腊人和希腊－意大利人还是一个民族的时候。在这样一个松散的民族里，这种社会基础不需要保持一致性；但一定创造出（或呈现出）了某种原始宗教，在这种宗教中，把一块中央的地方用作父系和祖先崇拜，就像对灶台和家的崇拜那样。正是这种崇拜把家庭凝聚在一起，因而，这使我们不得不认为，它不仅是一个自然的单位，也是一个宗教的单位。祖先崇拜也决定了一夫一妻制，从一开始在希腊人的生活中就实行着这种制度，这在婚姻的正式仪式和对通奸的严厉惩罚上可以看出。同样，对土地的所有权与对家庭和坟墓的崇敬之间存在着一种因果关系。然而，在鞑靼人中，只有家庭才拥有财产权，日耳曼民族每年都要重新分配一次土地，而希腊－意大利人从最早的时候开始就拥有对土地的独立所有权，但实际上不是属于某个人，而是属于整个家族。根据狄奥多洛斯（5. 86）的记载，灶神教会人们建筑房屋，房屋最初是分散的；那时还没有院墙。这块土地包括了家族的坟墓，正是因为这个原因，土地是不能转让的——这不仅仅是为了在胜利的入侵者分配土地的时候保护居于统治地位的阶层。遗产的继承权也与继承法相联系，而继承法 38
则是由对死者的崇拜来决定的。儿子是通常的继承人；最初，女儿不能继承财产，但是可以参加对死者的祭祀，合法的女儿要嫁给他们最近的亲戚，领养是允许的，尽管到了公民权由国家来确认以后就废止了。父亲的权利一定是非常广泛的。似乎可以确认的是，这种权威性，就像财产和继承权那样，一定在城邦建立之前已经长期存在了，因为如果城邦已经存在的话，它就会以一种完全不同的方式决定这些事情，这是一个合理的推测。

另一方面，在历史时期，建立在血缘基础上的氏族（*genos*）只被看作是一种旧的传统，在任何地方都不再保有其原始的形式。它只是作为拥有共同祖先和共同墓葬仪式的一种意识而被人们记住，坟墓是惟一的公有财产；但是，在历史时期，没有人再把它当作日常生活的一种现实去实行。即使是年轻的分支与家族的主干世系之间的关系也变得模糊了，同时，由于奴隶和佣工的加入也造成了氏族组织的改变。我们完全不能想像氏族是怎样与部落挂钩的，只能是姑妄论之。我们仍然不能得到这些问题的答案，那就是氏族（*genos*）是否联合成为胞族（*phratriai*），胞族再组成部落（*phylai*），最后由部落组成部族（*ethnos*），或者是另一种方式，也就是由作为主要单位的部族分解成部落、胞族和家族；换句话说，这到底是一个分解的还是合并的过程。

然而，一个古代社会的古老碎片从希腊人的政治发展和变迁过程中显现出来，它就像是处于后世淤积之下的一座古老山脉当中的一个参差的山峰：部落（*phyle*）。在某种制度经历了重大的变动之后，它的名称使我们对其原来的样子变得难于了解了，这种情况是经常发生的。

多利亚国家的人口过去由三个部落组成：它们是帕姆菲利安人（Pamphylians）、狄马内斯人（Dymanes）和西利斯人（Hylleis）。帕姆菲路斯（Pamphylus）和狄马恩（Dyman）是艾吉米乌斯（Aigimius）国王的儿子和多洛斯国王的孙子，但是西路斯（Hyllus）则是赫拉克利斯的儿子，在与拉庇泰人的战斗中曾经帮助过艾吉米乌斯；这第三个部落一定是最受欢迎的，因为赫拉克利斯家族就来源于此，是他领导多利亚人进行了著名的殖民，在这个过程中，他们建立起很多国家。

39 在阿提卡，可能还有其他的爱奥尼亚国家，[1] 有四个部落，它们是格利翁特人（Geleontes）、阿尔伽德人（Argadeis）、艾吉考瑞斯人（Aigicoreis）、霍普利特人（Hopletes），这些与地点同名的英雄们被认为是伊翁的儿子——即使在从他们的复数形式的部落名称中提取出他们的单数形式的名字的问题上存在一些困难。[2] 在古代，他们的名字甚至还被当作是不同的生活方式的代名词：大体来讲，他们是土地所有者、手工业者、牧人和骑士贵族。但是在历史时期，每个部落包括了贵族和各种各样的普通公民，而像这样在整个希腊都存在的职业或等级，是不能够经过同化而获得平等的国家权利的；[3] 在梭伦建立的政体之下，每个部落要派出一百名代表参加公民大会，部落变成了选举团体。这些名字一定非常古老，并逐渐失去了它们的意思——不论最初是什么意思——直到在使用了很多代人之后，人们对它们进行了改造，它们听上去似乎再次获得了某种意义。在多利亚人的用法中，帕姆菲利安人的名字无疑也经历了这样的过程，对此我们必须十分谨慎，不能把它翻译成“混合的人群”（比如阿里曼尼人［Alemannic］）。在早先的部落时代，部落是否以他们生活的地点来划分，这是无法回答的；后来，当所有人生活在一起，每个人却能够知道他们属于哪一个部落。在马拉松战役中阵亡的雅典人的名字被刻在了巨大陵墓前的石柱上，这些陵墓是按照部落划分的，这就是克里斯提尼改革之后重新划分的新的部落。

那么，我们可以说多利亚人最初划分为三个部落，爱奥尼亚人划分为四个部落吗？或者是多利亚人由三个氏族合并而成，爱奥尼亚人由四个氏族合并而成？或许最好抛开这两种说法，认识到这些组织的起源仍然是一个谜。我们所无法了解的一个炽热的熔合过程使得一个民族形成了，在不同的国家几乎都选择了这样同一种形式。也许借用一种神话的模式是避免错误的最容易的方式：是克罗托（Clotho）纺出了多利亚人最重要的三股线，以及爱奥尼亚人最重要的四股线。

我们会得出这样的结论，部落是由世系而不是由职业决定的，部

分原因是由于部落是通过一个人为的过程形成了后来的基础。苏瑞的
十个部落包括了来到这个极端混杂的殖民地居住的不同的部族；经历
了巨变之后，昔兰尼从希腊（公元前530年之前）召回了德墨纳克斯
（Demonax）以恢复秩序，他以现有的人口组成为基础创造了三个部落； 40
瑟利安人（Therans），伯罗奔尼撒人和克里特人，以及来自其他岛屿的
人。部落的名字来自于其他一些城市，在那里它们被保存下来，而且不
同于刚才提到的那些，它们不能告诉我们关于它们起源的确切信息，因
为它们起源于神祇、英雄以及地点。

由最初的三个部落组成的罗马很可能拥有一种比它所能意识到的年代更为古老的记忆——希腊人和意大利人在古代相互杂居，不论他们居住在哪个地区。关于拉姆尼斯（Ramnes）、提特斯（Tities）和鲁西瑞斯（Luceres）的名字存在一种共识，那就是传统上它们最初属于罗穆路斯（Romulus）的武士阶层，它们最初是部落的名字。的确，在罗马，人们偏爱于一种另类的神话传说，根据这些传说，这三个不同的群体在建立城市之后很久才居住在一起——他们就是拉丁人（Latins）、萨宾人（Sabines），可能还有埃特鲁里亚人（Etruscans）。但是，作为一个土生土长的希腊人，哈利卡纳苏斯的狄俄倪索斯十分正确地看出了所有三个部落都是最初的，作为后来者的萨宾人以及其他部族后来散布到已有的部落当中。第三个部族鲁西瑞斯人与其他两个同样古老；在遥远的时代，可能早在人们来到意大利之前，这三个部落就合而为一，多利亚人也是如此，两个是平等的，一个是不同的，或强于它们，或弱于它们。

我们有可能会忽略部落后来的重新划分。在阿提卡，当克里斯提尼把四个部落重新组合成十个部落，它或许表现出一种通过改革使权利更为均衡的急切愿望，可能是由于在经过了梭伦时代和克里斯提尼时代之间动荡的世纪之后，被梭伦视作基础的四个旧有部落在力量上变得非常不均衡。后来建立的希腊城邦复制了这种政体形式，包括那些继承者（*diadochoi*），也包括那些由亚德里亚人建立的城邦，他们对古代充满热情，比如埃及的亚德里亚诺波利斯（Hadrianopolis）和

安提诺波利斯（Antinoöpolis）。部落（*Phyle*）这个词的意思所经过的诸多变化，后来纯粹的地域如何划分也被赋予这个名词，这些问题都非常合乎“希腊古代”研究的胃口。像这样的制度真的就像亚努斯(Janus)[*] 的脸；一方面，古代的事件和事物最初的缘起被后人移植并保存起来，但另一方面，国家的基础却改变了很多次，并经历了人为的再创造过程。

早在希腊人之前，腓尼基人已经建立了城邦政体；他们君主的权力受到议会限制，其成员似乎来自于具有特权的家族的首领。这些城市能
41 够派出殖民者建立定居点，自由地仿效他们家乡的生活方式。它们不同于东方古老的皇家堡垒，后者在所有东方民族那里都代表了整个国家的核心；不同于亚述王朝设在底格里斯河上的庞大军营，也不同于巴比伦，它是作为所有财富和所有神灵的共同的堡垒建立起来的；不同于阿黑门尼德王朝交替使用的三个行宫，也不同于从事东方贸易的巨大的市场，不同于埃及的神庙城市。它们已经是由公民组成的社会，十分活跃，所有都是设防的沿海城市，没有武士阶层，实际上没有任何阶层，腓尼基城邦成功地实行着自我保护。如果我们设想希腊人的城邦体制是从这种模式中学来的，是否会被看成是对希腊人荣誉的诋毁呢？现在，学者们普遍认为，在很多方面，腓尼基文化渗透到早期希腊人的生活中，底比斯最初可能是一座腓尼基人的城市，后来才并入到彼奥提亚地区。无论如何，希腊人一定已经注意到腓尼基的沿海城市和他们的殖民城邦。

在相当长的时间内，希腊人自身生活在数量众多的或大或小的部落中，这些部落由称作国王的首领领导。在古代，不论是部落还是他们的国王一定在很多不同的地方建立起堡垒和城镇，或者是占领了一些已经存在的堡垒和城镇。修昔底德（1. 7）相信，这些最古老的定居点，不论是在希腊本土还是在岛屿上的，是那些离海岸最远的内陆城市，原因是海盗盛行；只有那些新的据点是靠近海岸的，一些在设防的半岛，是

---

* 古意大利司岁月之神，有两张相反方向的脸。

希腊人自己的海上航行发展起来之后建立的。迈锡尼和梯林斯比任何城邦都要古老。

在最早的时候，大多数希腊人都生活在“村落风格”（*kata chomas*）的社会组织中。[4] 这就是修昔底德（1. 10）所谓的“希腊人旧有的生活方式”。[5] 这些社会组织是否已经按照政治方式进行管理，他们是如何选举出部落的代表，我们并不知道，也不知道他们在多大程度上通过共享的圣地、习俗和军事义务与邻近的社区紧密相连。[6] 如果他们在自己的地域或部落中拥有堡垒，它们可能是用来作为对付陆上或海上进攻的藏身之处。由于土匪的原因，西西里的原始的西卡尼人（Sicani）都生活在设在高地的防御工事中，他们也被说成是“生活在村落风格的组织中”，尽管城邦这个词只是被用来描述这些地方未来的发展方向。[7] 在我们生活的时代，在中部和南部意大利，我们能够找到很多称为 *Castello*（意思是“城堡”或“堡垒”）的地方，就像一座设防的城镇，
仅仅是城市居民在夜晚和遇到麻烦时的避难所。直到很晚的时代，希腊 42
的很多地方仍然处于“村落风格”当中，仍然默默无闻，以至于所有关于他们的政治体制的认识实际上已经失传了，因为注意力已经完全集中在后来发展起来的城邦上面。

古老的希腊部族比起其他的雅利安部族来说更具有一种活跃的生命力；这个民族后来表现出的旺盛的生命力在殖民活动中已经初见端倪，定居和旧有的分散部落的合并通常需要很长的时间。关于这个问题的记述非常复杂、混乱，不能提供任何准确的历史记录，但是它们还是十分丰富的。即使最小的单元也拥有详细的记述；每个小的人口集团都有自己的移民传说，然而在日耳曼人的历史中我们只能了解到大致的线索。到了公元 7 世纪，我们的阿列曼尼人（Alemannic）似乎失去了所有的关于动荡的往昔记忆，这些记忆中包含着他们的来源；他们在占领罗马土地之后没有留下任何传统生活的遗迹，没有任何历史记载；他们就只是生活在那里。与此相比，希腊人则表现出最强烈的对于祖先和再定居的意识，总是通过神话的方式表达出来。

建城的英雄人物的人格化，他们的迁移和建立新的领地，在普通的

神话中他们之间密切的联系，与这些神话相连的他们的坟墓和崇拜，所有这些都是未来城邦的强大生命力的某种保障。然而，生活在某个集团中，在其日常的劳作中保持着这些鲜活记忆的这些人是谁呢？通常的情况是，他们只能通过游吟诗人来演唱英雄的传奇。部分依赖于他们从或远或近的地方搜集来的诗歌，一个更为通用的与这些传奇相并行的谱系，实际上也是人种学类型的诗作产生了，像赫西俄德的《女人目录》（*Catalogue of Women*），荷马史诗中的船舶目录，以及类似的“史诗”。在日耳曼人中，在迁移之后，一些诸如尼布龙根和海尔龙根这样的王朝在黑暗中忽隐忽现，但是在波恩（Bern）的迪特里希王（Dietrich）*的所有其他的中心，他却放弃了把他固定在任何一块日耳曼人的土地上的所有努力。用希腊人的标准来看，一个巨大的王朝的森林应该在德国繁盛起来。

在这些移民的传说中，某个具体的部落被认为是可以自由地使用任何方式来保护其自身的存在；孩子们和孩子们的孩子们会用一种充满胜利情绪的嘲笑口吻来叙述这一点是如何做到的。其中最权威的一个，当然也是来源于他们自身的传统，就是埃尼亚人（Aenians）的民间传说，
43 这是后来居住在忒萨利亚的一个小部落。[8] 在很久以前被拉庇泰人从多提翁（Dotion）平原（忒萨利亚的奥萨［Ossa］以南）赶走以后，他们四处游荡；每到一地，他们都感到地方太小，他们的邻人太不友好，但是最后，在科林斯地峡的克尔哈（Cirrha），在一次大旱中，在神的命令下，他们用石头杀死了他们的国王俄诺克鲁斯（Oenoclus）。接着，他们前往忒萨利亚的伊纳科斯（Inachos）峡谷，在伊纳科人（Inachians）和阿卡亚人旁边定居下来，决定就留在那里。一则神谕建议，这块土地将成为他们自己的，如果它愿意交付给他们的话，所以埃尼亚的泰门（Aenian Temon）把自己装扮成一个乞丐，以开玩笑的方式诱骗伊纳科国王给他一块泥土，他把它愉快地放在了背包里。[9] 伊纳科的长老们看穿了这个诡计并向他们的国王发出警告要抓住他，但为时已晚。泰门

*《尼布龙根之歌》中的一位英雄人物。

用向阿波罗贡献一百头牛的承诺逃之夭夭。两个国王之间的决斗被安排下来；埃尼亚人要求伊纳科人赶走他随身携带的狗；当伊纳科人转身去做这件事的时候，埃尼亚人抛出一块石头（最古老的武器）杀死了他。于是，埃尼亚人赶走了伊纳科人和阿卡亚人，对这块石头进行崇拜，向它献祭，并在它上面涂上动物牺牲的油脂。[10] 从那时开始，每当人们把一百头牛定期地献给阿波罗的时候，泰门的后人们总会得到所谓的“乞丐的肉”。这个传说当中所表现出的部落的思想和情感后来成为城邦的思想和情感，而城邦是部落的发展和强化。

城邦是希腊最终的国家模式；它是一个独立的小国家，掌握着一块土地，里面没有另一个设防的区域，当然也不允许有第二种独立的公民权。这种国家形式从未被看作是逐渐形成的，而是突然出现的，是某种短暂的但经过深思熟虑的决定的结果。在希腊人的想像中充满了这种瞬间建立起的城市，就好像从一开始它自身没有做任何事情，城邦的整个生活都是服从于必然性的安排。

这种小国的模式从未改变。即使在所有的希腊人从他们的家乡被赶出来的时候，在四处漂泊的过程中，他们始终拥有一种基本的观念，那就是他们是分别来自不同的独立小国的居民。从伯罗奔尼撒南部被赶走的阿卡亚人，在他们位于科林斯地峡的阿凯亚的新的家园建立起统一的国家，实际上这是最符合他们的原有状态的做法；然而，在爱奥尼亚人曾经过着一种乡村生活的 12 个地区，他们建立起同样数量的城邦，他 44
们所共同拥有的东西加起来不过是定期的祭祀和节庆，这些活动可能是在哈马瑞翁（Hamarion）的靠近埃格亚（Aegae）的宙斯墓那里举行。[11] 当爱奥尼亚人在雅典的领导下逃奔到小亚细亚西岸的时候，理所当然地又建立起与从前数量相同的 12 个城邦。

正如我们所看到的，拥有一个设防的城镇的小国充分地意识到，它需要在规模上加以限制以易于管理。为了控制分散的区域，必须采取某种方式以确保其个别的居民点不会成为颠覆的中心，既需要斯巴达的残暴，也需要像阿提卡人所具有的那种十分独特的自然倾向。通过联合而形成更大的集团的尝试只是在战争时期偶尔奏效，但从长时段上讲却从未成功。斯巴达和雅典的霸权主义在它们越走越远的情况下愈发受到憎恨，对城邦的研究使我们很快地认识到，它们完全不可能对弱小的盟邦实行哪怕是最小程度的公平，城邦只服从于其自身的利益。使彼奥提亚成为一个联邦国家的屡次尝试是彼奥提亚历史上所有的灾难的渊薮。希腊人之间的任何联盟似乎都以更有势力的城邦决意剥削和控制其他城邦为特征。早期古代的情形——比如神庙联盟（*amphictyoniai*）这样的事情——从来没有弄清楚过，在城邦已经完全进入我们的视野的时候，最好把这样的努力暂时搁置一边。

创建城邦的狂热的、至关重要的动因通常采取了“联合一统”（*synoecism*）的形式，就是把早期的乡村组织集中到一个设防的城镇中，如果可能的话最好在海边。海盗与经商相混合的生活方式广为盛行，还有像山脉和海湾这样的要素，可能都起到了一些辅助作用；最根本的考虑就是要建立一个强大的政治实体，以准备抵制那些正在做着同一件事的其他城邦。如果目标仅仅是为了商业、物质上的繁荣等因素，那么在结果上只需建立一个城镇就可以了，但是城邦则要求更多。

然而，城邦的建立是出于某种外在的压力是毋庸置疑的，在很多情况下都是由于所谓的多利亚人的移民运动。不论是迁移者本身，还是那些成功地抵制了他们的部族，都试图建立起一种制度，能够在防御和进攻上具有更强大的力量，成为其自身存在的理由（*raison d'être*）。我们在上面已经看到，阿卡亚人在从乡村组织向城市生活的转变过程中十分明显地与多利亚人的迁移存在密切的关系；我们从保留下来的记载中了解到的这一过程需要重复很多遍。

45 当人们还生活在“乡村风格”（*komedon*）或有时是七八个村落组成的地区中的时候，显然是一个天真的时代，不论这些部落是多么不守规矩；他们必须保护自己不受土匪和海盗的侵害，但他们是以农业为生，耕种土地；现在每个城邦都要面对其他城邦，相互竞争以获取生存权和政治权力。毫无疑问，在早期，耕作得到了更多的关注，但当人们逐渐退避到城里居住以后，他们的处于比较偏远地区的可耕地就受到了忽视。“联合一统”可能是希腊的土壤干旱化（aridification）的第一个阶段。[12] 在和平年代，雅典的公民们生活在遍布整个阿提卡的他们自己的庄园里的事实并不意味着其他地方也是如此。

这个过程成为一种常态，而且长期如此。当政治权力集中起来的时候，这种把人口集中在一起组成一个公民团体的做法就出现了，在一个通常情况下已经定居下来的地区，而不是从前的完全设防的区域内，所有的人都具有平等的负担、义务和权利；然而，这种组织在一个完全新选定的地区也并不罕见。后来发展起来的政治想像力喜欢对最著名的榜样人物进行渲染，这是与神话时代一脉相承的：阿提卡人的“联合一统”是提修斯的贡献。[13] 从前克刻洛普斯出于安全考虑把所有的居民安置在一起，他们住在 12 个地区中，是提修斯首先废除了他们的独立的议事会执行委员会（*prytaneis*）和主管（*archontes*），在雅典只留下一个议事会厅（*bouleuterion*）和一个“议事会执行委员会会厅”（*prytaneion*）为所有人服务。他们可以到城外自己的土地上生活，但他们仅仅有一个城邦，所有人在一起工作；它能够留给子孙一个更伟大和更有力的社会组织。这是每个地方都普遍想得到的一种安排，向最终的城邦体制的发展是整个希腊的一种内在的趋向。没有它，整个希腊文化的发展将是不可想像的。

然而，从历史时代的清晰记述的事例来看，我们了解到这一“联合一统”需要做出的牺牲：或者是抗拒的人们在动荡不安中重新定居，或者是他们被消灭。我们惟一能够推测到的是，很多被集中在一起的人们痛苦不堪，不得不离开他们熟悉的村落、地区和小镇，或者还可以继续生活在那里，耕种土地，不过不再那么安全和景气。对希腊人来说，被迫离开他们埋葬祖先的地方，这本身就是一种不幸；他们被迫放弃了对 46
死者的崇拜，或者发现很难继续下去；不论在什么情况下，他们都会对他们的家族坟墓的样子充满思念。在整个历史中，几乎再也找不出另外一次像希腊城邦中所发生的这种充满悲伤的人口集中，在那里，人们对原来的居所充满深厚的情感和敬意，但由于粗暴和独断的法令而不得不背井离乡。这种措施通常是由强有力的、专制的少数人实行的。在后来动荡的岁月中，逃避残酷压迫的惟一途径通常就是组建一个城邦。

关于城邦的生命力及其在挣扎中诞生的一个生动的例子就是卡德摩斯播种龙牙的故事。作为一支武装的军队的斯巴达人就是从播种龙牙的地方发源的，卡德摩斯向他们中间扔了一块石头，他们奋力抵抗，直到只剩下 5 个活着的人。这剩下的几个人后来成为底比斯的卡德摩斯家族的祖先。对于拿城市的防御开玩笑的人处以死刑的想法也是十分典型的。在这种想法的下面是人们认为嘲笑太容易了，但很难有实际的帮助，开始的时候就应该严格一些。托西俄斯（Toxeus）没有理解这一点，他由于跨越壕沟被他的父亲卡吕冬的俄纽斯（Oeneus）杀死，正像罗穆路斯以同样的罪名处死他的兄弟那样。

有很多关于建城的故事：在荷马史诗中讲到，伯罗奔尼撒的曼丁尼亚（Mantinea）是通过五个村落的联合而成为一个城邦的——“德莫”（*demoi*）作为地方单位的表达方式取代了“考迈”（*komai*）。特格亚起源于 9 个村落，赫拉亚（Heraea）也是如此，埃吉翁（Aegion）起源于 7 个或 8 个村落，帕特拉斯（Patras）起源于 7 个村落，狄米（Dyme）起源于 8 个村落。厄利斯是希波战争结束之后，通过把周边的许多村落联合起来而形成的一个城邦。[14] 在伯罗奔尼撒战争期间，米提林内斯人（Mytileneans）想把所有的莱丝波斯人（Lesbos）驱赶到他们的城市中，但是由于米希姆内恩人（Methymneans）抱怨雅典的做法，计划作罢。[15] 在公元前 408 年，林多斯（Lindos）、伊阿里索斯（Ialysos）和卡梅罗斯（Cameiros）自愿联合起来建立起一座优良的城邦罗得斯，这座城邦有着美好的未来；但是那些要被迫离开他们的古代城镇的大多数人的当时的感觉是可想而知的。[16] 在伯罗奔尼撒战争的时候，马其顿的佩狄卡斯二世（Perdiccas II）劝说卡尔息底斯（Chalcidice）半岛的居民离开他们的沿海城镇到奥林托斯（Olynthos）城定居，以逃离雅典的霸权。[17] 阿尔果斯城以抵抗斯巴达为借口强制实行“联合一统”的举
47 措尤其声名狼藉。不仅像黑西亚（Hysiae）、奥内亚（Orneae）、米堤亚（Midea）以及其他的小地方要被迫服从，而且像迈锡尼和梯林斯这样著名的老城市也成为了废墟，如果居民们宁愿远走他乡，也不愿意成为阿尔果斯人的话，这一定是因为阻挡他们已经成为不可能的事情。在抵抗

像斯巴达这样的敌人的过程中，甚至伊帕密农达也不得不诉诸劝说一大批阿卡狄亚人的城镇放弃他们的身份，转移到美伽罗波利斯。特拉佩尊提亚人（Trapezuntians）拒绝了，那些屠杀的幸存者逃往黑海沿岸新建的特拉佩祖斯城（Trapezus）去了。在曼丁尼亚战役之后，很多人试图再次离开大城市，但是他们的同胞使用了极端的野蛮做法，在雅典人的帮助下把他们赶了回来。[18] 一些被放弃掉的居所后来完全成为不毛之地，一些成为了隶属于大城市的“村庄”，也就是说，还有数量很少的居民在那里耕作。[19]

为什么不能允许这些城市仅仅作为乡村城镇而存在，或许可以向城邦的议事会派出他们选出的代表？这是因为从长远看，他们绝不会俯首听命，而是会使出浑身解数地去争取独立，重新获取他们作为城邦的地位。而且，正如我们所看到的，仅仅派出代表团并不能满足希腊人，因为他们不能容忍这样的情况，即他们的民众大会完全不能发挥作用。

公元前 369 年，完全新建的美塞尼城可能是惟一一个完全是在一种毫无争议的热情中建立起来的城市。在这里，伊帕密农达无须接受从他们的邻邦被驱逐的人们；新的都城是由很早就从希腊世界的所有地方迁移来的美塞尼人建立的，现在再次集中居住在他们自己的区域中。那些失去他们的家园达几代人之久或数个世纪的人们现在又重新得到了它。与此相反，数不清的城市是由僭主和握有权力的王宫使用最粗暴的手段建立起来的。西西里的僭主们，甚至是那些最好的僭主，也致力于把现存城邦的居民无情地混居起来，因为他们确信，只有在一半以上的人口被陌生人或雇佣兵取代的情况下才能听从他们发号施令。从某种角度看盖伦（Gelon）是一个好的统治者，但他也还是迫使格马瑞纳（Gamarina）、格拉（Gela）和麦加拉·西波拉（Megara Hyblaea）以及其他城镇的上层阶级迁居，把他们集中到叙拉古，而那些普通人则被作为无用之物被卖到海外，因为“德莫斯”（*demos*）是社会中最不受欢迎的要素。他的兄弟希隆把卡塔纳（Catana）的城镇居民迁移到利昂提尼（Leontini），使五千个叙拉古人和同样数量的伯罗奔尼撒人在遗弃的城
墙中居住下来，部分原因是为了确保拥有优良的防御位置的卡塔纳可以 48

长久地得到戍守，[20] 部分原因是为了使他自己的名字作为这一优良城邦的建立者在英雄崇拜中得以永存，这是盖伦已经得到的一种荣誉（狄奥多洛斯，11. 49）。所以它被看作是一座新建的城市，这座城市被命名为埃特那（Etna），但是在希隆死后不久，他的法令被废除了，又恢复了其旧有的名字，人们还把它称为卡塔尼亚（Catania）。统治者们所提出的惟一的借口是，如果不采取这些措施，这些城市将会产生反对他们的僭主，转向迦太基人。摩索路斯（Mausolus）国王也被迫在他自己的哈利卡纳苏斯把 6 个城市的人集中在一起，也就是 8 个勒勒吉（Lelegian）城市的四分之三，不管他们是否喜欢。[21] 在继承者（*diadochoi*）的历史上，在东方和埃及新建的城镇受到了很多的关注，但是由于小亚细亚经过了长期的希腊化过程，其中必定存在粗暴的放逐和吞并，也有让那些旧有的和著名的城市强迫接受新的名称的现象。通常认为，只有那些愿意迁移的人可以采取这种方式，但这种看法经不住考验；只要一个新的统治者允许，人们还会再次走人。[22]

在所有新建的城市中，得到了可见利益的可能是马其顿的卡山德（Cassander）* 统治时期的人们。这会使我们想起 13 世纪巴伐利亚的查赫雷（Zähring）公爵。他们的目的是为他们的属下提供一些带有城墙的城镇，这些人十分忠诚，而且人身自由。另外一个由达成一致的意见做出决定的相似的事例，就像早期希腊的“联合一统”，发生在 12 世纪末期，米兰的戈尔夫（Guelf）党反对显要的吉布里尼（Ghibelline）王朝的统治者，尤其是反对皮特蒙泰斯（Piedmontese），鼓动农民组织联合起来建立堡垒。至少，这就是西瓦索（Chivasso）和考尼（Coni）的起源；还有由反对萨鲁佐（Saluzzo）侯爵统治的农民建立的萨维格里亚诺（Savigliano）——尽管在这里并没有提到米兰人的帮助；由整个伦巴德联盟（Lombard Alliance）创建的城市阿雷桑德里亚（Alessandria），又协助建立起新的农民城镇尼萨底蒙菲拉托（Nizza di Monferrato）、

---

* 卡山德（公元前 355—前 297 年），安提帕特的儿子，在亚历山大死后，继承马其顿的王位。

佛萨诺（Fossano）和蒙特维克（Montevico）。面对充满敌意的阿斯
提（Asti），在塔纳罗（Tanaro）和萨图拉（Stura）之间，克拉拉斯科
（Clarasco）城建立起来，很多阿尔巴（Alba）的居民已经迁移到这里；
实际上，在一个时期，阿尔巴似乎同意了被毁掉，并入到克拉拉斯科城
当中。[23] 这个时期的很多特征与古希腊的生活十分相近。例如，腓特
烈一世（Frederick I）在征服了米兰之后，把它的人民赶出了他们的城 49
市，他打算毁掉这些城市，然后把这些人安置到 4 个村庄里；在这个过
程中，他遵循了古代的经验，这称为 *dioikizein*（意思是“发配到独立的
地区”）；同样，一个胜利的敌人也通常会把一个城邦分解，把其居民
赶回到他们从前居住的村落中以达到复仇的目的。这就是埃吉思波利斯
（Agesipolis）国王对付战败的曼丁尼亚的做法，同样，圣战的胜利者们
废黜了阿贝尔（Abae）以外的所有的弗西斯的城市，把他们的居民发
配到乡村中生活。[24]

城邦的建立在这个群体的整个存在中是一次伟大的、具有决定意义的经历。即使他们继续耕种土地，但他们的生活方式却完全被城市主宰；从前是“农村人”，现在则集中在一起成为“政治的”，即城邦的动物。这一经历的重要性反映在建城的传说当中，反映在发生在过去的从巨大的危险中被解救出来的故事中。城市能够意识到它的起源和渐进的发展，意识到献祭和神兆，所有这些都有助于为未来作出调整。即使是作为一个居民点的最首要的前提条件的饮用水，可能是流经一个很大的区域的纯净的泉水，也必须要从一个凶险的对手那里通过斗争而获得；卡德摩斯杀死了阿瑞斯的龙，这条龙守护着底比斯的泉水。在很多城市的阿戈拉，在神庙所在的区域或者另外一些著名的地方，有着古代的或者神话时代的某个人的坟墓，他或她把他的生命自愿的或非自愿地献给了城市的建立或保存，通常是由于一则神谕。因为任何世间的繁荣都必须向黑暗的力量付出某种代价。在塞斯匹亚（Thespiae），人们都知道，在从前，通过抽签每年必须选出一个年轻人献给一条威胁着城市安全的龙（波悉尼阿斯，9. 26. 5）。在雅典的卡拉美科斯（Cerameicos）内部的中心位置是利奥克里翁（Leocorion），这块神圣的区域是属于莱昂

(Leon）的三个女儿的，当德尔斐的神谕说这是拯救城邦的惟一途径的时候，他便把她们作为牺牲贡献了出来。[25] 意大利的克罗顿（Croton）城的一座纪念碑记录了以下的传说：赫拉克利斯在赶着他的牲口通过意大利的时候，在黑暗中把克罗顿当作敌人杀死了，尽管他只是想帮忙；赫拉克利斯在认识到他犯下的错误之后，答应环绕他的墓碑建立一座以他的名字命名的城市。[26] 如果没有这座纪念碑的话，纪念物可能会与一处泉水相连。在彼奥提亚的哈里亚托斯（Haliartos），罗菲斯（Lophis）河是从一个男孩的血液中流出的，他活活地打死了自己的父亲，因为在一个大旱之年，皮提亚命令他杀死他所碰到的第一个活物（波悉尼阿斯，9. 33. 3）。有一次，在佛律癸亚（Phrygia）的塞拉尼亚（Celaenae），
50 大地裂开了，吞食了很多房屋和人口。神谕说，他们必须把他们拥有的最宝贵的东西投入缝隙；当金子和银子被证明毫无用处的情况下，佛律癸亚国王的继承人坐在马背上跳了进去，裂缝再次合上了。[27] 在有些时候，动物表现得比人和神更富有同情心。一支前往莱丝波斯建城的船队得到了一则神谕，当他们通过美索格翁（Mesogeion）的悬崖峭壁的时候，他们必须向大海里抛下一头牛作为牺牲献给波塞冬，一个活着的女孩作为礼物献给安菲特里忒（Amphitrite）和水中女仙。这个女孩通过抽签从7个首领的女儿中选出，穿上盛装，慢慢地沉入水底；但是她的爱人紧随其后跳入水中抱住了她，两个人全被海豚解救了。[28] 还有一些例子，当在神话时代去世的某个人的骨头被放置到某个地点的时候，城市就会得到拯救。例如，在哈格农（Hagnon）的领导下安菲波利斯（Amphipolis）被雅典人正式建立的时候，他偷偷地派人到特洛伊，把瑞索斯（Rhesus）的遗物从坟墓那里取了回来（波吕阿努斯［Polyaenus]，6. 53）；或者是人的献祭活动可能会被更为纯净的称为 *telesmai* 的仪式取代，那就是埋葬一些神秘的物品。有一个先例，就是在建立泰格亚城的时候为了确保其坚不可摧，雅典娜送给了克甫斯（Cepheus）一缕美狄亚（Medea）的头发（波悉尼阿斯，8. 47. 4）。然而，可怕的旧仪式在很晚的几个世纪中仍然不断重复着，在那时建城依然是一件十分神圣的事情。塞琉古（Seleucus），在某种程度上可能是亚

历山大最高贵的继承者（*diadochoi*），用无辜的处女献祭的方式开始了他在叙利亚的那些伟大城市的建城活动，然后再为她们铸造铜像，通过这种方式，这些被杀的女子被美化成为提刻（*Tyche*），即命运女神，其崇拜永久地保存了下来。[29] 在劳狄克亚（Laodiceia），不幸的孩子是一个叫作阿高厄（Agave）的，在安条克的奥恩特斯（Orontes）统治期间，被选中的那个人的名字也流传了下来。她以著名的命运女神青铜塑像的形式得到了不朽，这尊雕像的小型大理石复制品现在还保存在维提坎（Vatican）；在这座规划好的城市中心，在一个预先订好的日子的日出时分，大祭司献出了美丽的艾玛忒（Aimathe）。在这个事例中，记载并没有告诉我们这件事是在神谕的命令下进行的，只是说城市的命运需要得到这种预防性质的魔法的保护。

在阿戈拉，也有一些为死者修建的不那么可怕的纪念碑：在苏瑞，伟大的希罗多德被埋葬在阿戈拉，[30] 实际上，后来大量完美的名人雕像和祭坛使希腊城市的很多广场变得几乎不能通行，但是那些为了纪念献祭活动中的牺牲者而修造的带有悲伤记忆的墓碑却并不少见。[31] 在其他的部族中，一种相似的传说有时与城堡的修建相联；当赛尔伯人（Serbs） 51
创作感人的斯卡达尔城（Skadar）建城之歌的时候，他们很有可能受到了希腊传统的影响。[32]

实际上，这种用人来献祭的做法似乎是一种象征性的仪式，这种仪式代表了几乎所有城邦在制度上所必需的众多大型祭祀活动，目的是为了在很大的范围内放弃的耕地，为了新的定居点对较小的地方所进行的破坏或残暴统治而赎罪。毫无疑问，城邦的发展过程正是以暴力为特征的。

如果不是因为除了一些零散的片断之外所有的相关材料均被破坏，我们会了解更多的关于这方面的事情。保存在诗歌和散文中的独特的叙述为建城的历史和神话学作出了贡献；像西米尔那（Smyrna）的密姆内尔姆斯（Mimnermus），米利都的卡德摩斯，克洛丰（Colophon）的色诺芬，这些人都是地方传说的讲述者，最后的一位还讲述了弗西斯人在逃离之后如何建立爱利亚（Elea）城的那次勇敢的经历（狄奥格尼斯·拉尔提乌斯［Diogenes Laertius］，9. 20）。它们是后来希腊历史编纂学的真正开始。

城邦的内部特征不同于村落，也不同于其他部族的城市，这一点从一段反面的描述中看得很清楚。波悉尼阿斯说（10. 4. 1）："帕诺珀俄斯是弗西斯人的一座城市，我们很难找到一个（像这样的）城市，在那里没有市政厅，没有体育场，没有剧院，没有阿戈拉，没有泉水汇集在一起流入泉房。"实际上，帕诺珀俄斯人生活在一个峡谷中的一股泉水上面的山洞里。"市政厅"主要是指议事会每天开会的地方，也就是"议事会执行委员会会厅"："这是一座城市的象征，村落是没有这样的东西的。"那里还应该有地方行政官员的庭院和高级议员的会所，也就是"议事会厅"（*bouleuterion*）。在较晚的时代，凡是在希腊文化得到传播的地方就会有体育场；然而，剧院并不普遍，其普遍修建要到国家的政治权力开始衰微的时候。[33] 尤为独特的是，从整体上看，这些设施是属于城市居民的，作为公众集会的场所，拥有巨大的价值，这一定使那些非希腊人感到震惊。但是一个城邦真正的核心还是阿戈拉，也就是公共广场。

在旧式的城市中，这些场所都非常重要；这里有市政厅，议事厅，法院和一到两座神庙；阿戈拉还被用于公众集会和运动。但是，即使在拥有其他更大的公共活动场所的城镇中，阿戈拉（agora）也是城市的
52 最主要的生命器官。"市场"是一个非常不充分的译法，每个拥有城镇的国家当然也都会有市场。通过比较，我们发现"阿戈拉"来自于动词 *ageirein*，意思是"集合"，实际上通常是指"不指定任何地点的集合"；亚里士多德帮助我们澄清了这种区别（《政治学》，7. 10f. ）。他认为，应该有一个属于自由公民的阿戈拉，在那里没有买卖，没有工匠或农民，除非是由政府召集的；另外一个独立的阿戈拉则用来进行交易活动。即使在特洛伊城外的阿卡亚人的营寨里也有阿戈拉，在那里设有众神的祭坛，进行司法审判。[34] 在海港城市，广场必须靠近港口，至少在淮阿喀亚人那里是这样，他们所有的城市设施都尽可能地被安排得井井有条（《奥德赛》，第 8 卷，4）。在这里，众多的船只周围是很多

神庙、市政建筑、纪念碑、商店以及换钱的摊点，希腊人会整天泡在阿戈拉里面（*agorazein*），对于这项活动，北方人是没法用一个合适的字翻译成他们的语言的。*agorazein* 这个字在字典上的解释是：“到市场上去闲逛，买东西，聊天，打听事情等等”，但却表达不出那种集做生意、交谈和散步于一体的愉快休闲的混合物的感觉。只要认识到这一点就够了，那就是清晨的美好时光通常会用阿戈拉来界定：清晨也就是所有人都聚集在阿戈拉的时候。很自然的是，人们只有在自己家乡的广场上才能尽情享受人生，当波斯人追赶德莫西得斯（Democedes）到了他的家乡克罗顿的时候，有人告诉他们在哪里最容易找到他，*agorazein*——“在阿戈拉”（希罗多德，3. 137）。即使在野蛮人的土地上，人们也能够看到希腊人的这种习惯；撒米亚人（Samian）希罗森（Syloson）在孟菲斯（Memphis）穿着他的红色斗篷散步（希罗多德，3. 139），说明已经开始爱上了希腊习俗的野蛮人也喜欢经常光顾希腊城市的阿戈拉。西徐亚（Scythia）的国王斯盖雷斯（Skyles），每当他把他的军队带到伯瑞斯德尼斯（Borysthenes）（在俄罗斯南部）的欧比亚（Olbia）城的时候，都会把军队安置在城外，把他的西徐亚服装换成希腊的束腰外衣，不带保镖或随从，在阿戈拉享受一下散步的乐趣——直到他的希腊品味给他带来的是坏运气为止（希罗多德，4. 78）。

当一个城市无产者阶层在城市里发展起来的时候，他们不可避免地集中在公共广场上，想一想在希腊的阿戈拉上所进行的很多活动，据说老居鲁士（Cyrus the Elder）曾经对一个斯巴达使者说：“我对那些人并不感到害怕，他们聚集在他们城市的中心的一个地方，用虚假的誓言相互欺骗。”[35] 在这个民族的像阿戈拉这样的生活方式中，拥有一种无法分离的伟大和渺小，善与恶的混合物；但是从历史发展的观点来看，可以肯定的是，如果没有交谈，希腊人的思想发展是不能想像的，他 53
们比其他民族似乎更需要这个前提；阿戈拉和宴会是两个最重要的交谈场所。

如果说有什么民族比他们居住的地方更伟大的话，那么希腊人就是如此。活着的城邦，即公民团体，远比它的城墙、港口和宏伟的建筑重要。[36] 亚里士多德说，从本性上讲人是城邦的动物。在《政治学》第七章的一个动人的篇章中，他把希腊人和两种野蛮人作了对比，即北方的野蛮人和文明的亚细亚人，承认了他们最优秀的品质——一个勇猛，一个智慧——这些品质则为希腊人所共有，因而，他们不仅有获得自由的能力，而且还能创造出最好的政治制度，而且，他一旦建立起一个国家，就适合于统治所有其他的民族。

首先，城邦出现在关于它的任何理论产生之前。奥德修斯就遇到很多已经拥有城邦的民族；莱斯特律戈涅斯人（Laestrygonians）拥有他们的忒勒皮洛斯（Telepylos）城，甚至西米瑞恩人（Cimmerians）也有他们自己的城市，其形成过程不清楚（《奥德赛》，第 11 卷，14）。城市的建立成为发生在希腊本土和蛮族海岸的上百个地方的一个持续的过程。但是人们最根本的愿望是每一个希腊部族都应该拥有一个自己的城邦，因而，比阿斯（Bias）才会劝说受到波斯势力威胁的爱奥尼亚居民迁移到撒丁尼亚（Sardinia），在那里建立一个爱奥尼亚城市。希罗多德（1. 170）说，如果他们听从了这个建议的话，他们将成为最幸运的希腊人。甚至在喜剧中，这一主题也被提了出来，皮西特拉图最重要的任务就是给鸟儿们施加压力，应该建立一个惟一的“鸟－城邦”（阿里斯托芬，《鸟》，550）。

人权的观念在古代世界的任何地方都是不存在的，甚至在亚里士多德那里也是如此。对他来说，城邦仅仅是自由人组成的团体；定居的外邦人和数量众多的奴隶不是公民，除此之外，他们是否属于人类并未予以讨论（《政治学》，3. 4）。对公民的要求实际上是存在的，不可能吸纳所有的人和各色人等，不能做到对每个人都适用。那些处在城邦之外的人，如果他们能够自我保护和自食其力的话，可以像独目巨人（Cyclops）那样地生活，没有阿戈拉，没有法律，每个人统治他自己的家族（《奥德赛》，第 9 卷，112）；城邦则完全不同。

品质在这里是最重要的因素，数量则会受到种种限制。按照亚里士
54 多德的理论，生下来畸形或有残疾的孩子不应该受到养育，当我们想到一个残废生活在希腊人当中会是一件多么令人不快的事情，这种想法就

会变得可以理解（《政治学》，7. 14. 10）。然而，为了限制人口数量，（亚里士多德继续说道），最好不要采用弃婴的方式，而是在其还没有拥有独立的生命和意识之前施行人工流产；位于允许和犯罪之间的分界线就是孩子是否开始具有生命和意识。众所周知，现实中的确有大量的孩子被遗弃，原因仅仅是他们的父母不能或不愿抚养他们。

有一个词专门用于衡量一个城邦应该拥有多少人口，即 *autarkeia*，意思是“自给自足”。在我们的理解中，这是一种非常模糊的表达，但却很容易让希腊人理解。一个城邦应该拥有一块能够生产出足够给养的土地，能够适当地满足其他所有的需求的商业和手工业，一支至少与通常充满敌意的邻邦一样强大的重装军队——这些就是“自足”的要素。对此，亚里士多德的想法十分明确，一个人口过剩的城邦不能真正地依据法律而生存下去（《政治学》，7. 4）。是那些全权公民的数量使一座城邦变得伟大，而不是在人口上占据优势的工匠和数量很少的重装兵。在这里就像其他地方一样，美的事物在于适中与和谐。一条手掌那么大的船不是船，长达两弗隆*的船也不是船。一个人数太少的城邦不能自足；一个有着过多人口的城邦当然能够满足其自身的需求，但是它却成为一群乌合之众，而不再是一个城市，因为它没有真正的政体（*politeia*）。哪位将军能够领导这样一群乌合之众？哪位传令官能够传达指令，除非他是［荷马的］司屯托耳（Stentor）**？为了主持公道，选举出为大家服务的官员，所有公民们都必须互相熟知每个人的品质。理想的城市应该大到可以直接传达指令，这样才能够控制局势。一个拥有 1 万成年男性公民的城市似乎可以被看作是接近于理想的规模；[37]［中希腊的］赫拉克利亚·特拉齐尼亚（Heraclea Trachinia）就是这个数量，［西西里的］卡塔纳在以埃特那的名义重新建立的时候亦然。在阿卡狄亚就拥有一个由 1 万公民组成的公民大会，即使哲学家们的那些乌托邦理想也会折射出希腊国家和希腊习俗的一些现实情况，我们可

---

* 英国长度单位，1 弗隆 =1/8 英里或 201. 167 米。

** 希腊人，参加了特洛伊战争，以声音洪亮著称，被称为“铜嗓子”。英语中的 stentor“声音洪亮的人”这个词即由此而来。

以提到的是，根据米利都的希波达穆斯（Hippodamus）的说法，理想的国家正是应该拥有这个数量的公民人口。[38]

一个城邦所能够承受的或允许的人口数量可以从其历史活动中推
测出来。中世纪西欧的所有城市共和国，尽管它们常常使我们联想起城
55 邦，但从根本上讲是不同的；它们是此前存在的更大王国的分立的部分，
后来才分裂成为或多或少的独立国家。即使是在意大利的城市国家当
中，只有威尼斯拥有绝对意义上的城邦所具有的自治权。除此之外，教
会是一个共同的纽带，高居于所有城市和王国之上，这种情况在希腊是
完全不存在的。但是，除了这些不同点之外，城邦自身还是一个完全属
于不同类型的造物；这种情形在历史上似乎是绝无仅有的，在力量和独
立的精神上完全发展起来，它们表现出一种这个世界上从未有过的独立
意志。

在当代，（撇开哲学的和其他的理想计划），基本上只有个人能够提出他所需要的国家模式。他只要求国家可以给予他能够发展其自身权力的安全感；作为回报，他愿意做出经过精心计算的牺牲，但是，他的感激之情是与国家所给予的对他的其他行为的关心程度成反比的。与此相反，希腊城邦是从全体公民的利益出发的，在排列顺序上，整体先于部分，不论这个部分是指单个家庭还是公民个人。一种内在的逻辑允许我们再加上一条，那就是这个整体还将拯救部分。不仅普遍的东西优于特殊的东西，而且永恒的东西也优于一时的和瞬间的东西。不仅仅在战场上或危急时刻个人需要贡献出他的所有；在任何时刻都要如此，因为他的一切都属于全体；首当其冲的是，他所享有的自身存在的安全仅仅是由于公民的身份，而且，只有在他时刻感受到自己的城邦存在的情况下才拥有这种安全感。城邦是大自然的一个高级产品；它的出现使生命成为可能，但更为重要的是为了使人们能够生活得合理、快乐、高贵，尽量使自己的存在接近优秀的标准。一个能够统治和被统治的人就是公民；“统治”应该更确切地被定义为参与司法和其他的公共事务。只有公民才能够在国家中认识到他的所有才能和美德，并为国家服务；希腊人的整体精神和他们的文化与城邦紧密相联，在其黄金时代，他们在诗

歌和艺术所取得的最高成就都归功于公共生活，而非私人的快乐王国。

所有这些表现方式常常是崇高的，我们在黄金时代的诗人那里，在公元前 4 世纪的哲学家和演说家那里都可以看到这一点，他们从来没有把这些观念当作现实加以记录，而是作为一种理想。

一个人的原住城市（*patris*）因而不仅仅是他的家乡，在那里他倍 56
感幸福，离开那儿就会产生思乡之情，而且这个城市还成为一个更高的、具有一种神圣力量的存在。[39] 首先，他可以为之在战斗中献出生命，如果他牺牲了，也仅仅是回报其“养育之恩”。[40] 荷马甚至以最为热情洋溢的方式记下了特洛伊人，尤其是赫克托耳的爱国主义热情，后来的游吟诗人们在几个流传下来的片段中歌颂着同样的精神。埃斯库罗斯是所有这些最具权威性的见证人。用厄忒俄克勒斯（Eteocles）的话来说，他的《七将攻忒拜》（*Seven Against Thebes*）是一部“充满了战神精神”的悲剧，他把公民为了其生长的土地不惜牺牲生命的责任感这样一种最为高尚的观念与国王和护卫者的热情结合在了一起。在他自己的墓志铭上，诗人并没有提及他的诗作，而是他的英勇：“让马拉松的坟茔告诉世人，那些长发的米底人曾经在这里与我们遭遇。”[41]

然而，那些伟大的业绩实际上并不属于个人，而是属于他土生土长的城市；是这座城市，而不是米太亚德或者梯米斯托克利，赢得了马拉松和萨拉米湾的胜利，德摩斯提尼（在下一个世纪）把很多人开始说“提墨修斯（Timotheus）攻占了科西拉”或“查布里阿斯（Chabrias）在纳克索斯战胜了敌人”视作一种衰微的迹象。即使是最为战功卓著的公民也总是把更大的功劳归之于他的城市，而不是相反。[42] 毕达哥拉斯曾经教导人们，一个受到了他的城邦不公正待遇的人要像受到了自己的生身母亲不公正待遇那样地去坦然面对。

除了为取得胜利不计较个人安危的责任感之外，在伟大的诗人们那里还存在着一种近乎狂热的情绪，他们会把诗歌当作一件贡品那样地献给母邦。尤其是希腊人的思维方式允许人们为其自身城邦的繁荣奉献一切；基督教不能这样做，因为作为一种世界性的宗教，它必须把全人类视为一个整体。在《请愿者》一剧中，达那伊得斯姊妹的壮丽的合唱诗不惜把可以想像的所有的祝福都给予了好客的阿尔果斯人，然而，埃斯库罗斯却在《欧墨尼得斯》（*Eumenides*）一剧最后的大合唱中，用雅典娜插话的形式，把最好的诗篇留给了他自己的城邦。在古代世界，只有一种文本发出过更伟大的声音；埃斯库罗斯唱出了希冀和祈祝，而以赛亚在他的新耶路撒冷（New Jerusalem，第60章）的文本中既做出了预言，也看到了他的预言成为现实。

城邦还是一种教育的力量；不仅是“最好的护士，当你在柔软的土地上嬉戏时，忠诚地养育和看护着你，使你不觉得单调乏味”——而且
57 还继续为公民提供终身的教育。她没有开办学校，但却大力提倡音乐和体育上的传统训练。我们在这里无须详细列举她为所有公民们提供的促进精神发展的众多机会，它们包括在节日和盛大的崇拜仪式上的合唱比赛、建筑和艺术品，还有在戏剧演出中诗人们的吟唱。生活在城邦当中统治和被统治这一事实本身就是一种持久的教育。在较好的时期，城邦在她可以支配的时间里给予她的人民以强有力的指导，直到后来开始滥用这种权力，聪明人宁愿放弃他们对王位、传令官的号令之类的要求。总之，一座著名城市的整个从前的历史似乎就是一种对追求卓越的最强有力的激励：色诺芬说（《回忆录》，3. 5. 3），这个地方就是雅典，只有雅典人能够讲述关于他们祖先的如此之多的辉煌事迹，很多公民最初正是在这样一种动力的激励下，投身于道德修养，从而成为一个强人。

因此，这种拥有着比腓尼基的城市共和国更为强大的生命力的城邦成为世界历史上独一无二的造物。它是超乎寻常的活力和潜能的一种普遍意志的表达；实际上，城邦成功地提升了单纯的乡村生活，这仅仅归功于她的行动、力量和热情。这就是为什么需要用最严格的标准来界定全权公民，他们毕竟就是这种力量的组成部分。与其他民族和时代的城市相比，这些城邦经历了十分不同寻常的辉煌和厄运，即使是在中古时代的城市共和国最鼎盛的时期，也很少出现这样一种高强度的生活和灾难。

她们所表现出的暴力倾向也是如此。从外部来看，城邦通常是孤立

的，不受任何条约和同盟的约束，经常与其最近的邻人刀兵相见。在战争期间，战争的法则被残酷无情地实行着。

在内部，城邦对那些不能够全心投入的个体却无能为力。包括死刑、解除公民权和流放在内的制裁经常被实施。我们必须记住，在这里，除了在雅典的法庭有一些对其帝国的其他城市的案件进行审理的记录之外，不存在任何外部的裁决。城邦是完全不能逃避的，任何逃避的企图都将带来个人安全的丧失。在任何情况下，个人自由的缺失都与国家的无所不能相并行。宗教、祭礼的时间安排和神话——所有这些都被
国家化了，所以国家同时也是一座教堂，被授予了审判渎神罪的权力， 58
面对这双重的力量，个人完全是无助的。他的身体已经交给了雅典和斯巴达，履行军人的义务直到生命结束，在罗马直到 65 岁；他的财产完全控制在城邦的手中，城邦甚至能够判定它们的价值。简而言之，个人没有任何办法可以违背城邦和她的利益。尽管这种国家对个人的奴役状态存在于所有的政体，但是最为严厉的还是在民主制度下，在那里，最恶毒的人，在野心的驱使下，把他们自己看作是城邦及其利益的化身，因而可以用他们自己的方式解释这个格言——“让共和国的安危成为最高的法则”（*salus reipublicae suprema lex esto*）。因此，城邦用很小的付出就得到了最高的报偿。

然而，在和平年代，由于在希腊人的生活中所有那些最重要和最高贵的东西都是围绕城邦而展开的，因此，从根本上讲，城邦就是他们的宗教。对神的崇拜也得到了城邦最强有力的支持以反抗外来的宗教、哲学以及其他重要的、潜在的破坏力量，对于一些城邦来说，必须全心全意地维持这种崇拜，主流的崇拜仪式得到了国家的直接关注。所以，在城邦自身成为了一种宗教的同时，它还把城邦中的其他宗教容纳了进来，在法律、政体以及他们共同享有的公共生活以外，具有公共性质的献祭和节日在公民当中也形成了一种十分强有力的亲和力。

> 因为所有这些都是由国家提供的，而且只能由国家提供，所以以下这些问题的答案就十分清楚了，为什么希腊人不需要教堂，

> 为了以他自己的方式表现虔诚，他只需要成为一个好的公民就可以了；为什么不存在等级冲突的问题，为什么雅典最高的祭司官员王者执政官（*archon basileus*）本身就是一个政府官员，最后，为什么在任何仪式中崇拜那些超出国家认可范围的神祇不仅仅是对公民职责的冒犯，也是对人们虔诚的信仰的亵渎。[43]

当城邦开始衰落的时候，对神祇的崇拜也没有松懈，不仅是那些“保护城市的神灵（和英雄）”，城邦还用其城墙搭建的王冠将自己神化成命运之神堤刻（Tyche）。这种转变在品达的一些诗歌中表现得十分明显。堤刻是命运（Moira 或 Fate）的一种人格化，对于这个普通的人物，品达向她致词，请求她赐福于某座城市：“我请求你，递送人宙斯的女
59 儿，保护强大的西墨拉（Himera），堤刻，我们的救助者！在大海上，你指挥着敏捷的舰船，在陆地上，你指挥着正在激战中的军队和阿戈拉聪明的辩护人们。”[44] 但是，被理想化为堤刻的单个城市的崇拜活动大约是在公元前 5 世纪从不同的地方开始的，有着专门的神庙，有时还有巨型的雕像。堤刻早期最普通的形象，就像布帕罗斯（Bupalos）为斯米耳尼亚人（Smyrnians）建造雕像那样，手里拿着她的权杖和羊角；[45] 现在她的标志是城墙的王冠以及某一特定城市的具体特征。为了这个目的需要修建一些华丽的装饰，例如，波悉尼阿斯提到过的雅典的哈德良的奥林匹亚神庙（Olympieion）的立柱前面的青铜队列，代表了雅典殖民地的命运女神。

后来，当民主制度在大多数城市建立起来，这种制度把自己装扮成“德莫斯”（Demos），在被他们击败的反对者的伤口上再加一把盐，这时候光靠堤刻自己也不够了。这种制度同样也会经常采取建造巨型雕像的形式，就像在斯巴达的阿戈拉建造的雕像那样，[46] 就竖立在城市中心区最低的地方。由于这个德莫斯经常与所谓“好运”（good daimon）相混同，所以它也能成为一个真正的崇拜对象。所有这些神化的地点只能是一些保持着持续繁荣的地方；在一片萧条的时候人们还有心观看这些雕像，似乎没有这样的记载。

对于城邦把自己视作一个理想的整体，还存在另外一种看法和另外一种形式，这是从 *nomos* 这个词看出来的，这个词通常包含了法律和政体的含义。*nomos* 是一种高级的客观力量，高居于所有的个体存在和意愿之上，不仅仅满足于以缴税和服兵役为代价对公民进行保护，就像现代社会那样，而且还热衷于成为整个城邦的真正灵魂。作为众神的造物和赐予，人们用最崇高的词汇对法律和政体加以颂扬，称之为城邦的人格，所有美德的护卫者和保存者。他们是“城市的统治者”，斯巴达的德马拉图斯（Demaratus）对薛西斯解释道，他的人民对“主宰一切的法律”（*despotes nomos*）的畏惧远在波斯人对他们伟大国王的畏惧之上。[47] 正如柏拉图所言，官员们尤其是法律的奴仆。因而，立法者被视为超人，来库古、梭伦、扎劳库斯和查戎达斯（Charondas）的光辉照耀在后人的身上，正因为如此，举例来说，即使到了大约公元前 400 年的时候，叙拉古的立法改革者狄奥克里斯（Diocles）还能够得到英雄般的荣耀，甚至在他死后还建立起一座庙宇（狄奥多洛斯，13. 35）。

最重要的是，法律（nomos）不能去迎合某个人物或碰巧处于大多数的那些人的一时的兴趣和想法，至少在理论上，人们强烈地感到，旧 60
有的法律应该保留；实际上，甚至比法律还要古老的风俗和习惯被认为具有一种生命力，法律只不过是其外在的表现罢了。[48] 即使是那些不合理的法律，只要它们还在被严格地执行，也似乎比改变它们更能给社会提供一种稳定感。[49] 亚西比德在他的关于远征西西里的好处的伟大演说的结论中就说到了这一点。[50] 在一些城邦，男孩子们必须要会用抑扬顿挫的声调背诵法律，这样做不仅是要他们牢记在心，而且还是为了确保它们不被改变。[51]（希腊文 *nomos* 具有“法律”和“曲调”的双重含义。）

我们从古老的材料中可以看到，这些材料不仅仅包括那些晚出的轶闻趣事，就是在梭伦时期，在完成了他的立法计划之后，他离开了他的国家长达十年之久，在走之前他也不得不要求雅典人庄严宣誓，在他走后不要改变他的法律。[52] 在他走后不久就发生了一次严重的政治危机，最终，[将近一个世纪之后]，雅典人把他建立起来的政治制度改造成一个完全民主的制度。在很多希腊城邦演出着同样的故事；甚至在大多数殖民城邦，除了所有原创性的立法活动，也拥有一段动荡不安的甚至狂风暴雨般的历史。在其发展最完备的时候，民主制度还拥有着不断修正的热情；现有的政治制度在受到高度颂扬的同时也在被改变，最终被大众法规（*psephismata*）的不断提出而遭到完全的破坏。这种事态用亚里士多德的话来讲（《政治学》，4. 4. 3），就是这个社会不再受法律的统治，而是受普通大众（*plethos*）的统治。

正如我们所看到的，带有个体必须完全服从于普遍性的特征的希腊人的国家观念，同时也发展出一种鼓励个性的强烈趋向。这些强有力的个体的力量在理论上完全是在对于普遍性的兴趣中衍生出来的，成为其最富生命力的表达方式；自由和服从和谐地融为一体。但实际上，希腊人的自由观念从一开始就是有限制的，因为，正如我们所说过的，城邦是不可逃避的；个体甚至不能够在宗教中找到一个避难所，因为它也是从属于国家，但在任何情况下，都不存在这样的保证，即神是充满善意的和仁慈的。那些天赋很高的人，不得不保持现状，忍受一切，并努力在国家中获得权力。个人和党派要以城邦的名义进行统治。不论是哪个党派碰巧得势，都要恰如其分地进行统治，就好像他们代表着整个城邦的利益，有权行使她的全部职能。

61 在古代，任何一个相信他有权进行统治的人，抑或仅仅是希望进行统治的人，都会毫不犹豫地使用极端的做法对付他的反对者和对手，甚至不惜消灭他们。在诗人的一些不那么显眼的诗句中会偶尔流露这样的想法，而且看上去十分正常。你只要研究一下欧里庇得斯的《伊翁》（*Ion*）中的教师的演说就可以了，在那里，他怂恿克瑞乌萨（Creusa）杀死克苏托斯和伊翁。[53] 我们怀疑，在任何一部现代的戏剧中，一个罪恶的人物能够如此坦白地以权力和权威的名义表达他自身的想法吗？在这些城邦中，所有政治上的惩罚（实际上，它们当中的一些是针对那些十分严重的罪行）都带有复仇和消灭的性质。我们可以看到很多惩罚的事例，惩罚不仅仅会落到那些被驱逐者或判处极刑的人的孩子们的身上，而且还会落在他们祖先的头上，因为家族的坟墓也会被废弃。[54] 希腊人认为他们能够看到如果不这样做的一个显而易见的后果；那就是，或者我们消灭这些人，或者他们消灭我们——因此他们才会在这一无情的逻辑驱动下付诸行动。这种恐怖主义的典型特征就是其神圣性。刺杀僭主的人，如果他们能够幸免于难的话，会获得很高的荣誉，在他们死后会树碑以示纪念，这样的事实也是众所周知的。但还有一种结果，就是刺杀者会被授予对社会做出贡献者或荣誉公民的称号，在狄俄倪索斯节之类的场合上被当众授予桂冠，因为他们碰巧杀死了一个后来被发现是无赖和叛徒的人，就像公元前 411 年雅典的弗瑞尼库斯（Phrynichus）那样，他们的同伙也至少可以把名字刻在纪功柱上，以其他的方式受到奖励。[55] 在这里，处于统治地位的党派的意图绝不仅仅是为了威胁和羞辱其仍然存在的政敌，其主要的目的仍然是尽其所能地彰显自己所取得的胜利。那些做出这些事迹的人获得了荣誉，完全不用考虑他们的动机和个人品质如何。

对于希腊人来讲，由于城邦是所有事物当中最至高无上的存在，实际上就是他们的宗教，因此，围绕它而展开的斗争都具有宗教战争的恐怖性质，与城邦任何形式的脱离都将割断个人和所有正常生活环境之间的联系。内战被认为是所有战争中最糟糕的，最使人震惊，最无法无天的，为神和人所唾弃，[56] 但是这种洞识却不能带来和平。在很多城市，不论政体形式如何，现存的体制都是正统，受到一切形式的恐怖主义的保护。经过一代又一代，没有人敢于公开说出公民义务的虚假性，就像其重要性已经远远超出了人类本性所能承受的限度，但是却没有办法防止知识阶层中秘密的、内在的不满的滋生，随着时间的推移，一些人站出来，开始公开和大胆地把这种虚假性说了出来。具有哲学思考的 62
伦理学产生了，放弃了其早先与国家的同一性，成为关于普遍人性的伦理学。在伊壁鸠鲁学派那里，城邦被剥下了其所有的狂热的神圣外衣，成为了保证其所有成员安全的一项共同的契约。然而，现实中的城邦仍然动荡不安，继续在暴力的道路上前行。有一件事是他们不能做到的，那就是把他们的自治权交给另外一个城邦，一个更大的联合国家或某一个统治者。后来，城邦在可怕的灾难中不惜任何代价地为生存而战。伊索克拉底说（8. 120）：“一个单个的恶人可能会在报应降临到他的身上之前死掉；但是城邦，因为它们是不死的，所以必须要承受人和神的惩罚。”

第四章　希腊人生活的基本特征

要想洞悉某种已经逝去的文明的普遍生活态度的实际情况，即使 63
是一个掌握很多文献资料的人也要接受很多先入之见和限制条件。仅存的真正合适的材料就是表现出大众中的大多数人——如果不是全部的话——的观点和认识的那些东西，主要是那些大众化的文献；以希腊为例，首要的和最重要的就是史诗和阿提卡戏剧。希腊精神领域的范围是如此之广，探索得如此之深，以至于不同观念的表达呈现出一种巨大的多样性，无疑都是以一种希腊人特有的方式表达出来的，而且常常是由杰出的知识分子记录下来，但是每一个都不能代表全部，经常充满明显的相互矛盾。这些观念具有十分明晰的表达方式，力图成为系统的学说，而大众观念自身的表达却是随意的和零乱的。但“生活观”这一概念是十分广泛的，硬是把它缩小就会伤害它。它首先包括对神的观念（他们的力量和意志），对不可见世界的看法；接着，要考察整个的道德领域，也就是个体对利己主义和激情的斗争，必须达到这样的效果，那就是这种努力被当作正确的东西为人们所接受；还有，人类的欲求，欲求对象的层次——也就是人们所说的生活乐趣的“形式”；最后要考察的是对生活价值的基本态度，这种生活需要服从于如此之多的限度。这些不同现象之间的关系曾经成为一些卓越的研究的主题，其中纳格尔思巴赫（Nägelsbach）的关于荷马之后的神学的研究至今仍然是出类拔萃的；[1] 因此，我只能把自己的工作局限在提供一些附加的证据和做一些旁注，只需要把精力集中在上面提到的题目上。

64 众神以及它们对希腊人意味着什么的问题已经讨论过了。[2] 抛开哲学家们的努力，希腊的宗教一直保持着多神教，大概只是因为害怕某些神灵受到忽视而惹起神怒；而且，作为最强有力的推动力的城邦也自行其是地过着自己的宗教生活，宗教崇拜与大众娱乐紧密相联。这个神圣的世界及其神话学似乎被杰出的视觉艺术永久地保存了下来。然而，神却缺乏神圣性，也就是说，缺乏需要使他们成为人类道德楷模的那些品质，人们对他们的惧怕中缺乏尊敬。宗教完全缺乏指导性的要素，不存在祭司集团。对超自然力量的恐惧可以被模糊的、十分强烈的但却是时有时无地感觉到，而且感觉到这种恐惧的只是那些经常忧虑不安的个人而不是全体。

因而，城邦成为希腊人惟一的道德教师。其公民需要培养的品质，与城邦自身相适应的美德就被称为“优秀的”（*arete*）。[3] 在希腊人关于动机的讨论中，没有对他人的幸福或痛苦的出于纯粹的人道的关注，必须认定，在现实生活中，这仅仅是城邦成员的义务观念的一个组成部分。然而，并不是每一个人都被看作是一个完全意义上的公民；妇女和儿童被排除在外，更不用说定居的外邦人和奴隶了，而他们也需要拥有他们自身的道德准则。除此之外，从这样的期待产生的那天开始，尽管她对公共的利益充满热忱，但城邦却是以下面这种方式发展起来的，那就是相互的争斗，公民自身内部的敌意，共同激发出最强烈的冲动，并为这种冲动找到了借口。对现实中的国家和法律的历史描述最早出现在赫西俄德的《工作与时日》（*Works and Days*）中，它展示了一个充满不义的世界，诗人用个人的口吻呼唤信仰。与此同时，在没有祭司的时代，她成为她的同胞中第一个也是最令人尊敬的教师，如果他们能够悉心倾听她的想法的话，一定能够从中获益。

哲学家们的道德理论本身就是理解希腊精神的重要依据，而且在某种程度上还成为普遍文化和日常谈话中的一个要素，尽管它们在普通大众中的影响以及对生活的指导作用上显然是十分微弱的。当然，哲学伦理学的基本出发点也是从一种先于它产生的真正的大众理想生发出来的——即中庸之道（*sophrosyne*）。这是一种贯穿了整个希腊伦理学的以寻求两极中的中道（*meson*）的持续告诫为形式的信条；但对于十分善 65
于思考的希腊人来讲，它起初是一种关于对神的冥想、世界的秩序和命运观念的十分自然的产物。每个民族都积累了大量相似的信仰，这些信仰的护卫者就是那些已经获得了一些生活经验的人。对希腊人来讲，中庸之道是消极的一极，是马缰，就像“优秀品质”（*kalokagathia*）是积极的一极那样，是马刺。至于中道在实际中指导人们的生活到底达到什么程度，只能通过把希腊人和非希腊人的大量事例进行比较才能够确定；作为一种向导，生命力最容易从希腊人的艺术和诗歌当中得到显现。它还包括了柏拉图式的基本道德，[4] 它是一个有关道德的、知识的和气质品质的不那么令人满意的大杂烩。[5] 在所有的事情上保持中道，尤其是在对命运的变化的反应上，在梭伦和克罗索斯（Croesus）的谈话中它被称颂为是一个基本的希腊德性——尽管在希罗多德的记载中并不是这样讲的；我们在普鲁塔克的描述之前没有看到过。[6]

一个民族赞扬其自身的中庸之道，这一事实可以从两方面来看。首先，宣称拥有这样的一个理想至少是可信的；但是经过更加细密的考察，我们会发现它只是表达了一种民族的意愿，即这是他们应该想到并付诸行动的，是一种对善的体会，而不是一种遵照执行的力量。希腊人的骄傲和自夸的倾向必须使我们保持谨慎，不要那么轻而易举地就接受雅典人对他们自身的评价。而且，那些更加开明的希腊人至少还把良知的声音，即“不成文的法律”，看作是行为的准则，这已经是一个不小的收获了。

不可避免的是，由于荷马世界的存在，哲学、文学和修辞学时代的整个伦理学都被笼罩在其后代，即后来的西方文化的阴影中，抛开其所有的激情和暴力倾向，这个世界是如此的高贵，如此的纯粹。在那个时代，情感还没有被反思割裂开来，道德的准则还没有分离到存在之外；抛开它的美德和细腻的情感不论，在其后来得到了充分的发展之后，由于其所有的知识上的精致化，希腊在精神上开始变得粗俗和愚钝。在后来的这一时期，所有最好的东西都可以在荷马史诗的流传和他的那些神话人物的描写中找到踪迹。如果没有他的话，甚至是埃斯库罗斯和索福克利斯也不能够达到他们那些最优秀的作品的崇高境界。但是，悲剧对于道德历史的意义则另当别论。接下来的关于希腊人的性格中的一些占据主导地位的因素的考察有必要局限在它们与宗教和城邦的联系上面，这种联系与其说是在文学中，不如说是在现实中。

66 复仇在希腊人中具有特殊的意义。人类——实际上高级动物都是如此——普遍因受到伤害而复仇，希腊众神的复仇心尤其重。在荷马的人物中，还能够为由于恳求而使愤怒得以平息留有余地；[7] 后来，据说诗人阿尔卡乌斯（Alcaeus）曾经宣称，谅解要优于复仇。[8] 尽管在通常情况下，在希腊人的意识中，特别认同诸如力量、统治或者快乐之类的事物，对复仇也是不顾一切，对利己主义的胜利毫无限制。有一类特殊的案件可以得到区别对待——就是那些由于整个党派的仇恨而引发的复仇行为，因此，个人可以感到自身及其行动是得到了一个较大的团体的认同和批准的。举例来说，对于狄奥格尼斯（Theognis）[9] 心目中的敌人，有人向他建议，他应该先对他奉承，接着，一旦他撤掉护卫，就无情地消灭他。这显然指的是麦加拉的一个反对党，他们专门压迫和剥削人民。对于统治者的复仇行为来说也是如此，他们可以把这些行为看成是其家族利益和行政责任的要求，而不仅仅是出于他们自身的安全，目的是为了永久性地铲除那些抵抗组织。但是，由于害怕引起神的怨恨，适可而止也是必须要遵循的，人们认为神在伟大的复仇行动中都会发出一个事先的声明。对巴卡（Barca）的人民犯下了可怕的暴行的昔兰尼的菲瑞提墨（Pheretime）公主活活地被虫子吃掉了：“因为过度的复仇招致了主管人类的众神的嫉妒。”[10] 这是希罗多德的原话；然而，他似乎完全赞同佩达苏斯（Pedasus）的赫尔墨提姆斯（Hermotimus）对把他阉割并卖为奴隶的那个人所实施的精心策划的报复，完全不顾其中羼杂的冷酷的欺骗行为。[11] 无条件的报复权常常得到赞许。在公开场合表达刻骨的仇恨情绪是得到许可的。在“三十僭主”时期，一个人在临死前要他的家族庄严宣誓，对告发他的人进行报复。[12]

在悲剧中也是如此，复仇被看作是一种合情合理的动机，对悲剧人物没有表现出任何的不信任，这使我们认为，诗人和观众的看法是一致的。当然，复仇基本上是神话中所固有的内容，是情节的基础，但是诗人个人对复仇的赞同态度常常在台词的字里行间十分明显地表现出来。惟一一次明显的反对出自于一个完全的悲剧人物之口，那就是一位父亲自身不能对他的儿子进行报复[13]——这对父子就是俄狄浦斯和波吕尼克斯（Polynices）。但是，在《俄狄浦斯在克罗努斯》一剧中，英雄的 67
整个行为受到诗人如此具有偏向性的描述，这是值得认真研究的；对于他离开这个世界的描述可以与中世纪的圣徒相媲美，后者的坟墓同样也成为了这个地区的一处圣地。基督教对这样一位受难英雄的听任，就像与之相仿的神话中那样，与底比斯的瞎子国王形成了一种鲜明的对照。这个故事的最世俗化的现代版本不再表现其英雄的死，就像俄狄浦斯没有带着半点懊悔和好之意死去那样。

在欧里庇得斯的戏剧中，首先，十分明显的是，几个主要人物的毫无羞耻感的复仇热情通过台词直接地投射到观众的心里，就像神话中所讲的，赫库芭在死后变成了一条狗，在剧中，她显然是由于对波吕墨斯托耳（Polymestor）可怕的复仇而受到的惩罚；然而，她的最富激情的演说似乎在听到这番话的雅典人的心中产生了明显的共鸣。对于阿伽门农的问话（754）：“你想跟我要什么？自由？我可以轻而易举地给你”，她回答道：“不！如果我能够对一个懦夫（*kakois*）进行报复的话，我宁愿终其一生永远是一个奴隶。”并不使我们感到惊奇的是，《酒神》（*Bacchae*，868ff.，889ff.）中的合唱队毫不掩饰其复仇的热情，就像他们在其他方面表现出的热情那样；但是我们并不需要这样的例子，因为在另外一段台词中，欧里庇得斯把这种占据主流的观念在他对其理想人物——也就是诗人自己最钟爱的人物——的描述中如此平白地表达出来。在他的《奥列斯特》（*Orestes*，1100ff.，1132，1163ff.）中，奥列斯特、皮拉得斯（Pylades）和厄勒克特拉（Electra），随时都会被处死，计划通过杀死海伦报复墨涅拉俄斯（尽管他们并不比其他的希腊人更具有恨她的理由），然后，他们就可以抓住和威逼赫耳弥俄涅（Hermione），使他成为一名人质，并在阿尔果斯的宫殿放上一把大火。十分明显的是，欧里庇得斯从来没有想过把他们表现为道德上有缺陷的人。奥列斯特说，如果我们能杀戮该是多么美好呀，这样做可以挽救我们自己的生命（*ktanousi mè thanousin*）！就在说这话之前，三个人还在颂扬着高尚的情操。这样一种表白就会使我们不必对希腊人的实际生活中——不论是个人还是群体——对因果报应的坚信而感到大惊小怪了。福西翁（Phocion）在他的单人牢房中，在喝下毒酒之前，告诉他的儿子忘掉雅典人给予他的不公正待遇。[14] 这似乎是一颗高贵的心灵提出的要求，或者仅仅是一个谨慎的忠告。在一段著名的公元前 4 世纪的文本中，感激作为一种可以相互平衡的美德与复仇紧密地联系在一起：[15]“就像对那些伤害我们的人进行报复一样，善待我们的恩人也是十分恰当的。”不付诸报复行动所受的委屈也只能与神给予人的荣耀相一致；尼俄柏（Niobe）就是神话中的一位悲伤的母亲（*mater dolorosa*）。[16]

68 即使哲学没有能够明确地提出反对复仇，[17] 但其影响，尤其是斯多噶学派的影响，还是以通常意义上对激情加以限制的方式在这个方向上起到了作用。面对多样性的城邦之间充满了强烈的仇视，斯多噶主义倡导建立一个伟大的、和平的世界国家，至少在其后来的一些信徒的个人生活中，敢于向爱敌人的理想靠近。[18] 同样，一些斯多噶主义者也倾向于放松他们对伊壁鸠鲁及其学派的论题进行研究的自我限制。

希腊人的观念中还存在另外一个利己主义的重要特征，那就是“说谎的权力”，这也就是罗马人的谚语中所讲的“希腊式的忠诚”（*Graeca fides*）。试图对迄今为止不同民族中存在的说谎和欺骗行为与古代希腊人中的此种行为进行一次量化的比较是徒劳的，然而，以下真实的例子却一定会得出这样的结论，那就是他们得到这样的名声确实是恰如其分的。希腊人并不缺乏训诫；毕达哥拉斯说，说出真理和多行善事（*aletheuein kai euergetein*）是众神赐予的最好的礼物，是与神靠得最近的行为。

我们很容易接受这样的看法，那就是一个充满想像力的年轻民族就像一个天赋很高的儿童那样，在讲故事当中，很难分辨出现实和梦想之间的区别。一个讲述者的幻想是如此生动逼真，以至于他的讲述很可能被他的某位听众的话打断：“嗯，我醒过来了。”[19]

希腊历史叙述[20]中的谬误当然会被现代的作家当作是完全单方面的历史的弄虚作假，但在那时把一个著名的旧名字加到一段新的文本中与现在出现类似的事情相比表现出来的更多的是天真无邪。但是在指导日常生活上，不论是小事还是大事，真理与谎言则完全是另一回事。

真理似乎受到了庄严和永恒的誓言的很好的保护，可能没有其他的哪个民族像希腊人那样给我们展现了那么多与誓言有关的古老的风俗。对于他们来讲，名叫“誓言”（*Horkos*）的神拥有他自己的神话。他是厄利斯（Eris）的儿子，每个月的第五天属于他，那一天复仇女神会到处对发伪誓的人实施报复。[21]值得注意的是，在一些很重要的案件中，这个仪式的举行甚至更加隆重，就好像一个普通的誓言是不够的。在叙拉古，在立法女神（Thesmophorai）的圣殿中有一种被称为“大誓”（great oath）的仪式；[22]在斯巴达，可能其他地方也有，通过在宙斯·赫尔克斯（Zeus Herkeios）（即农场中的宙斯）祭坛的一次特殊的进贡活动，一个家庭能够迫使其成员之一讲出所有的真话。[23]在科林斯，帕莱蒙（Palaemon）总是会神秘的到场，在阿狄顿（Adyton）的地窖里 69
发过伪誓的任何人注定不能逃脱惩罚。[24]奥林匹亚的竞技者们都要在议事会厅（*bouleuterion*）里，在一尊双手持有闪电的宙斯的神像前通过誓言鼓舞士气——“全能的宙斯，在惩罚三心二意的罪人上威力无边”；在青铜的底座下方还镌刻着用来威吓那些发伪誓者的诗句。[25]当这个国家的农民被发现对他们的“单纯”的农业神祇们过于漫不经心，任何想从这些乡下人中得到一个安全誓言的人就会把他们带到城里，因为城墙之内的神祇还仍然是“真实”和警醒的。[26]在《伊利亚特》中，宙斯的确是伪誓的管理者，那些男神和女神们，如果他们要得到完全的信任的话，甚至在不那么重要的场合，也必须要在斯提克斯河*上发下可怕的誓言；[27]然而，荷马对希腊人的影响仍然存在。按照习俗，对于任何

---

* 冥界五条河流之一。

人在一个关键时刻所说的话，如果违背了他的誓言的话，都会给他和他的孩子带来毁灭，吕西阿斯（Lysias）就是因为这样的一个誓言而赔偿了佩松（Peison）1 塔兰特的钱财；后来，他不得不赔给他更多的钱，尽管他知道佩松是“一个对神和人都缺乏敬意的人”。[28] 在没有天堂之神的时代，得到一个可靠的誓言是很困难的，从一个没有良心的人那里得到可靠的誓言就更加不容易。

我们不需要依靠其他民族或时代的关于希腊人发誓行为的论断。例如，据说年轻的波斯人会受到说真话的训练，这是作为他们的教育当中不可缺少的一个部分。有人描写，年迈的居鲁士这样回答了一位希腊使者：“我对这样的民族并不感到害怕，他们在城市中心留出一块地方，在那里他们聚在一起，发着伪誓相互欺骗。”但是讲出这个故事的人正是希罗多德。[29] 后来，很多人把发誓仅仅当成了一种达到目的的手段，是一件随心所欲的事，尤其在政治交易中。当狄奥格尼斯（399）警告说“应该避免会对他人造成伤害的誓言”的时候，他可能仅仅是指那些亲近的熟人，此前他还劝告人们“在朋友中间要正大光明”。面对伯罗奔尼撒战争中希腊民族所表现出的道德全面衰退的症候，修昔底德（3. 82）注意到了有关和解的誓言的毫无意义，他说这些誓言仅仅在不可避免的、只能如此的情况下才得到遵守。大约在同一时候，来山德说：“孩子们用投骰子来互相欺骗，而成年人则用誓言来互相欺骗。”

不能否认的是，在动机合理或者达到了其自身的目的，获得了既
70 定的权力或者快乐的情况下，希腊人允许他们自身做出至少是在其他民族——尤其是对于那些其宗教还在对希腊人构成影响的民族，或者那些受到其性情的驱使反对这些行为的人们——那里受到公开谴责的行为，或者对其他人做出这样的事情予以充分的理解。如果说在现代社会，伪誓在法庭上司空见惯，但做起来还是有一种负罪感，不会受到公共舆论的支持。在希腊世界，例如，悲剧可以表现欺骗的行为，甚至发生在一些正面人物的身上，欺骗的方式是现代人所不能容忍的；阿里斯托芬对欧里庇得斯就进行过谴责，因为他在一个伪誓的事情上对发誓和表达意愿作出了区分。[30] 的确，《美狄亚》一剧中的合唱队对这样的情况发出

了沉重的悲叹（439），那就是誓言已经失去所有的意义，羞耻之心不再驻足于希腊而是飞到了九霄云外。当时还有很多这样的关于德性已经永远逝去的言论。

当然，倾向于把希腊人说成是没有信守诺言的习惯的罗马人在其共和国的最后的日子里也越来越明显地流于形式主义；然而，西塞罗在法庭的一次演说还是不容忽视："我对希腊民族的作家、艺术的财富、他们的修辞的微妙和力量，以及其他的那些他们所声称的属于他们自己的东西基本上持肯定的态度，但是在提出证据的过程中应有的审慎和真实却在他们的民族性中从未培养起来，他们不能理解这些东西的重要性……一个心怀鬼胎的希腊证人完全没有顾及到誓词中的话，只是尽其所能地去迫害他人。他所害怕的和感到羞耻的是被驳回或存疑，案子暂缓审判，除此之外的任何事情他都不会放在心上……对这样的人来讲，誓言是一个玩笑，作证则是一个游戏；你们（罗马人）的思维方式对于他们来讲是十分陌生的；赞扬、奖励、好处以及随之而来的祝贺，所有这些都依赖于厚颜无耻的谎言。"[31] 尽管很糟糕，但事实就是如此。一个世纪之后，一个非常精明的希腊人这样写到了在他的同胞中对行政职权的滥用几乎是很普遍的："公共事务的管理者们，当他们由于那么一点点才能而得到信任的时候，即使有 10 个人的签名、10 个印章以及 20 个证人反对他们，他们还是不能够诚实地工作，而罗马的军事将领和使节则始终能够忠实于誓言，不论涉及的金额大小。在希腊人中，很少有人能够不染指城邦的基金——而在罗马情况则完全相反。"[32] 在对这些事实的悲叹中，波里比阿（Polybius）把它们对于神和地下世界的信仰的衰落联系在了一起，把他生活的时代描绘成了一个普遍堕落的时代，但事实上，盗用公款的事情很早就出现了。在雅典，即使是泰米斯托克 71
里也不例外，在他的政治生涯中不仅耗费了大量的资材，而且还事先为自己存下了一笔巨款。他常常说到对于演讲台的恐惧，原因当然并不仅仅在于雅典人在情感上的变化无常。

作为记载了希腊人的欺骗天性的最后一部文献，在这里还可以引用波吕阿努斯的《论军事上的诡计》（*Stratagems*），尽管其较晚的年代会降低它的价值。[33] 然而，这部书的作者，一个来自于马其顿的老兵，留下一些关于希腊人的不诚实的非常值得一读的记载；它是从一些或新或旧的材料中编辑出来的，绝非仅仅与军事有关。那时候理解世界的方式可能没有太大的变化，至少在战争期间，我们没有理由认为，波吕阿努斯对他所讲述的一切都持赞同态度。在任何情况下，一个普遍的印象是，对于战胜任何类型的反对者，希腊人完全是不择手段的。[34]

不论希腊人如何经常地开列出人类行为有哪些主要动机，他们从来都会把对荣誉的热爱（*timé*）放在恰当的位置。修昔底德把它放在了首位，接下来是恐惧和实用，[35] 而伊索克拉底则把它放在了快乐和利益的从属地位。[36]

与其他的时代和其他的民族相比，希腊人的生活中把对荣誉的追求放在了更加重要的位置上。首先存在这样的事实，那就是城邦中的行为的公共性质给予了人们相互认识的机会和时间；第二，在这里存在着某种彰显一个人自身个性、在与他人的交谈中谈论他人境遇的惊人的开放性，这被认为是与良好的举止并无矛盾之处。在柏拉图《理想国》的开篇，在苏格拉底与年长的刻法罗斯交谈中就表达了这样的看法，就像色诺芬的《会饮篇》（*Symposium*）和其他的有关社会上层的社交活动的描述那样。此外，赛会风俗的普遍存在，从公开性的竞赛到各种个人成就的展示，完全没有今天的作为一项法则而存在的对任何竞争行为——除了商业行为之外——的社会限制，或者是对个人追求荣誉的限制。也就是说，现在的人们总试图去避免那些社会所不赞成的东西，在躲避丑闻当中获得尊敬；现存的超出这个范围的激烈的竞争往往是为了官衔和财富，而非荣誉，个人的自我展现也主要服从于这个目的。

72 与此相反，天才的希腊人的目标，从荷马开始，荣誉就是“永远处于第一位的和最耀眼的”，也正是从这样一个很早的时候开始，对死后荣耀的追求也经常被表达出来——这不是现代人关注的当务之急，即使是那些身居高位的人。城邦把这种个人对荣誉的热爱（*philotimia*）用于其自身的目的再合适不过了，不过还有其他的动力。杰出的人物向他同时代的人大胆地展示自己，炫耀力量，常常发展成全身心地自我吹嘘；

希腊人倾向于把自己沉浸在人格的魅力中，只要这样做不至于对他们自身造成痛苦，或者感到过于难堪。所有这些应该得到大量文献的印证，但是在这里，我们仅仅需要考虑的是著名人物必须要面对的普遍的对立情绪。

“嫉妒超越了他人的优势，在他人遭遇不幸时，幸灾乐祸（*Schadenfreude*）成为一种愉悦的体验”[37]——这种看法与人类一样古老，这可能是描绘这种对立情绪得以普遍产生的正确途径。但是，正像我们在今天所看到的，嫉妒从未被公开承认，必须把它自己隐藏在任何可以找到的面具下面，经常在牺牲者的背后运作。不过，希腊人的嫉妒情绪还是在公开的攻击和嘲笑中一触即发。

从一开始，希腊人就彻底了解了嘲讽（*kertomein*）这个词的含义，也就是语言能够给人的心灵带来的痛苦。尤其是它与对失败的尝试和行为的嘲笑紧密相联；荷马说出了胜利者的嘲笑以及它给予失败者造成的痛苦；读者听到过奥德修斯在对独眼巨人的合情合理的复仇行为中所给予对手的全部积聚起来的痛苦，[38] 以及对忒耳西忒斯（Thersites）的恶意中伤。在荷马之后的时代，随着阿齐劳库斯（Archilochus）的短长格诗的出现，口语的滥用（*loidoria*）成为一种艺术风格。人们开始相信，阿齐劳库斯的牺牲品，就像希波纳克斯（Hipponax）的那些牺牲品那样，是被逼自杀的。这两位诗人不得不等待现代的文学史家的欣赏；在古代他们却极少得到尊重，尽管他们曾因为其表达方式的活跃而受到赞扬。讽刺诗存在于我们已知的所有文学时代中，在现代，早在普罗旺斯学派（Provencal school）那里就出现了，但是这两位诗人的声名和影响可能只在希腊才具有可能性。在此后的时代，讽刺诗的传布也是一种进行报复和表达诅咒的方式。在伯罗奔尼撒战争之初，“很多人吟咏着（关于伯利克里的）诗歌和恶毒的警句”，[39] 在《诗文集》（*Anthology*）中的最古老的仇恨诗句（*skoptika*）可以追溯到那个时代。
那时候还没有新闻界，但是其功能却通过阿戈拉或者宴会中的流言已见 73
一斑，那些决心隐匿姓名的人能够在公共建筑的墙上随意涂写他们的造谣中伤之辞。[40] 漫画也可以画在墙上，也有它的作用，雕塑上的漫画几乎就是希腊肖像画的起源。大约在公元前6世纪中期，雕塑家布帕罗斯（Bupalos）和雅典尼斯（Athenis）就是以这种方式迫害诗人希波纳克斯的，结果招致了他用短长格诗反唇相讥，据说这导致了他们二人的自杀。与他们大约同时代的贤人林多斯（Lindos）的克里奥布鲁斯（Cleobulus），[41] 曾经警告人们不要嘲笑那些讽刺诗的牺牲品，因为这将会激起巨大的仇恨。

提到伯利克里，我们就进入到了公元前5世纪。在这个世纪里，尤其在雅典，好的和坏的事情，民主制度还有喜剧，都得到了充分的发展。在希腊的其他地方，可能也有过杰出人物的出现，有过敌对力量的剧烈冲突，但是，只有在雅典保留下了相当完整的文献记载。

围绕在那些过于彰显自己的公民左右的真实的危险是如此巨大，以至于其社会的感光度必须大幅降低。献媚者、演说家以及公开告发的持续威胁，尤其是对于盗用公款和愚钝无能的告发，以及无时不在的受到渎神（*asebeia*）指控的危险，这些因素联合起来发挥作用，成为一种持久的恐怖主义。同时所有这些导致了一种神经的高度紧张；并不是所有的控告都能获得成功，任何一个交际甚广的人不但能够为自己开脱，而且还能够倒打一耙；而且，随着不断举行的集会和审判，总是会有一些引人注目的和使人们群情激愤的事情发生。

但是，除了这些政治活动，喜剧的重要性与日俱增，它并不仅仅把自己局限在表现雅典人的社会和私生活的缺陷上面。与此相反，它喜欢的题材是政府及其官员，不论如何解释这种现象，仅仅是允许表现此类事情这一事实本身就足以令人惊讶。如果喜剧真的起源于狄俄倪索斯的节日庆典的话，据说他自己就“很喜欢笑”，[42] 那么充满玩笑和嘲讽则是所有狄俄倪索斯节的一个特征——但这还是不足以成为喜剧可以开政治制度和政府的玩笑的充足原因，就像在这整个世纪中的喜剧所做的那样。只有阿里斯托芬的喜剧《黄蜂》（*Wasps*）对雅典的民众法庭大加羞辱；在另外一个地方讽刺了主席团的腐败，甚至还指出了他们的通奸行
74 径；在《骑士》（*Knights*）中，德莫斯（Demos）以一个非常愚蠢的人的形象出现——直到戏剧的最后（1121，1141），观众才恍然大悟，他

只是装傻充愣罢了。类似于这样的公开的攻击没有指名道姓，对整个雅典发出的咒骂也是不留痕迹。更加超乎寻常的是阿里斯托芬对有名有姓的人发出的大规模的攻击，据说其所用的语气与克拉提努斯（Cratinus）和欧波利斯（Eupolis）的充满痛恨的和诽谤性的谩骂相比还是相当有分寸（*semnoteron*）的，[43] 后面两位的喜剧没有流传下来。确实，阿里斯托芬并不是他的那种文学形式的首创者，但他把这种文学形式的风格发展到了炉火纯青的地步；后来，讽刺性的诗歌和散文更多地借鉴了他的喜剧，而不是短长格诗，琉善（Lucian）自己的作品就充满了阿里斯托芬式的转折和表达方式。

在大多数情况下，诗人毫无疑问达到了他的使人心痛（*keitomein*）的目的，甚至使很多人变得冷酷无情，最糟糕的是丧失了所有的羞耻感。[44] 过去的博学之士相信，大量的讽刺对于后人来说是很容易理解的。那些被称为受害者的人，或者那些带着可以认出的面具确实受到了攻击的人，他们确实是，或者被人们看成是盗用公款者，懦夫，高利贷者，强盗，包工头，[45] 献媚者等等。[46] 在《蛙》（*Frogs*）剧的结尾处，当埃斯库罗斯回到了地上世界，普路托（Pluto）给了他一些绳子，叫他去抓那些提到名字的人，其中一位是一个悲剧诗人，还有所谓的“勒索者”（*poristai*）；这些人似乎是由国家任命来管理新的税收。阿里斯托芬对他的这些文学同仁的处置是非常有名的；例如，如果这种事情发生在现在，欧里庇得斯家族要想挽回荣誉的话，一定会把他告上法庭。对诗歌作品的审美上的反驳常常与最强烈的人身攻击交织在一起，举例来说，就像《地母节妇女》（*Thesmophoriazusae*）一剧的很多段落中对阿伽同（Agathon）所说的那样。古希腊人常常嘲笑生理上有缺陷的人，对此我们可能并不感到惊讶，但这是十分可鄙的。只有在《鸟》（*Birds*）剧中点名道姓地攻击了一个五十岁的雅典好人，尽管诗人还是有目的地忽略了很多关于赫尔墨斯的残疾的指责，那时这种流言正在盛行。例如，在《阿卡奈人》（*Acharnians*，V. 836—859）中，合唱队的全部段落只是力图对一些人进行恶毒的攻击。

可能有人为喜剧辩护说，它起到了一个无形的警察甚至法庭本身的作用，尽管它用一种非常不严肃的方式承担起了一种可怕的责任；有人还说，喜剧常常会挑起针对那些煽动家的战争，正是由于他所发起的针
75 对克里昂（Cleon）的伟大运动，阿里斯托芬为自己树立了仇敌。但是，从现在的观点看来，这丝毫不能成为阿里斯托芬的道德转变的基础。基本上他是安全的，因为德莫斯（大众）还是愿意嘲笑其自身的领袖，嘲笑那些把自己看作是高出于自己所由出的“穷人和普通人”的人；[47]而且，他所讽刺的通常的对象正是“富人或出身高贵的人或有影响力的人”。而且，阿里斯托芬坚信自己对和平的持久鼓吹一定能赢得大众的欢迎，即使在伯罗奔尼撒战争期间，在那时只有以高昂的代价才能换来和平。例如，《吕西斯忒拉塔》（*Lysistrata*）创作于公元前411年，那一年一支强大的斯巴达军队占领了阿提卡的德塞里亚（Deceleia）地区。阿里斯托芬对拉马库斯（Lamachus）的讽刺是对所有的军事领袖中最杰出的和最为无私奉献的一位将领的攻击。

最终，喜剧还为用渎神（*asebeia*）来对个人进行指控大开方便之门；它是最具危险性的指控之一。在他的《云》当中，阿里斯托芬以一种世界闻名的方式把苏格拉底请上了舞台：它是那么的有趣，但却完全不顾后果。根据一种已经被人们接受的传说，苏格拉底当时就坐在那里与其他观众一起发笑；[48] 诗人依旧沉浸在他的富有创造性的机智的沾沾自喜当中，使自己不能看到这样的事实，那就是他正在不明是非的观众中播下永远不能消除的一种集体偏见，而且这种偏见将传之后代。的确，二十四年之后苏格拉底才受到审判，但是，如果没有《云》剧的上演，这起事件的缘由和动机将几乎完全不存在。[49]

后来，所谓的中期喜剧（Middle Comedy）放弃了个人的面具，但是还在继续对个人发起大规模的进攻，就像流传下来的雅典尼乌斯（Athenaeus）的戏剧残篇中所显示的那样。在其他的剧作中，很多不同学派的哲学家现在受到点名道姓的诋毁，还有臭名昭著的暴食者，以及所有的被认为在哈帕路斯（Harpalus）事务中骗取钱财的人。关于新出现的流派的记载非常贫乏，有一个叫腓力匹德斯（Philippides）的人，以瘦弱著称，出现的次数并不比后期的三个喜剧作家少，这个新的动词

似乎并不是他们发明出来的——*philipidousthai*——这个词来自于腓力匹德斯的名字。[50]

与公民们必须面对的经常的政治和法律危机相比，我们上面说的所有这些戏剧的发展还是显得不那么重要。实际上，公开的和有时是极为时髦的嘲讽会成为一个天性高贵者改进自身的动力。但是，要更加准确地作出判断，我们就需要找出到底有多少值得尊敬的人暗地里沉默地下决心放弃。远离国家，接受贫困，在这个时期已经成为一种十分清楚的 76
趋向；但是没有人知道人们的自觉性被破坏到了何种程度，以及文明的社会生活和诗歌所赖以存在的环境被破坏到了何种程度。

总而言之，旧喜剧和中期喜剧只是一直盛行于雅典的一种讽刺能量的独特而正式的排遣方式，原因仅仅在于常规性的工作已经被对公共事务——也就是对其他人——的持久关注取代。嘲讽的精神，不论是柔和的还是严厉的，似乎已经统治了所有的社交活动。[51]

把注意力转向公元前 4 世纪的演说家的读者遇到了最野蛮的个人攻击，但是可能更使他们感到惊讶的却是政府和人民对这些攻击的逆来顺受，条件是只要不点名道姓。就像观看喜剧的观众那样，他们是一群脸皮最厚的职业同行。吕西阿斯的委托人们抱怨说，有些人从国库中盗取钱财，这些没有说出姓名的人显然就坐在法庭里，但是他们知道自己将不会有什么麻烦。当然，在场的献媚者们也不断地对他们说，这些人是多么的无耻和臭名昭著；但献媚者们又似乎并不是专指他们。

这种嘲讽的强化和直接的攻击确实有其局限性，常常只是表现出了隐藏的深刻懊恼和仇恨："在喜剧中受到嘲弄的苏格拉底坐在那儿笑了；但是波力阿格劳斯（Poliagros）却上吊自杀了。"[52]

中期喜剧时期的一位诗人阿里克西斯（Alexis）把他的抱怨借一个人物之口说了出来："所有这些社会生活，每天的所有宴饮，都起到了提炼嘲讽的作用，但是它给人们带来的痛苦大于快乐；它以恶毒的流言作为开始，接着得到了一个同类的回答；接下来是造谣中伤，接着是大打出手和烂醉之后的勃然大怒。"[53] 其他人也发出过类似的警告。[54] 不仅人们在私人的事情上受到嘲笑，更糟糕的是，在生活的目标和野心上也会受到嘲笑，这使人们变得心灰意冷。欧里庇得斯让他的美狄亚通过把嘲笑积攒起来然后回报给那些嘲笑她的人的方式为她可怕的目标和行为找到了正当的理由。[55] 有时候，仅仅在一个不恰当的时刻笑一下或打个趣，就会比直接的嘲笑更加令人懊恼，因为它把优越性当成了理所当然的事情。当苏格拉底在大众当中巡游，他的具有讽刺性的说话方式注定会使人们用拳打脚踢和揪住头发加以回答，我们知道，对于这样的回答，他还是会以一个笑话作为回应；但是大多数人都会给他以轻蔑的嘲笑。[56]

77 不论在什么时候，什么地方，当着别人的面受到斥责都是使人尤为感到屈辱的事情。毕达哥拉斯的一个学生，有一次，老师当着其他同学的面对他讲话有些严厉，于是他跑开后就上吊自杀了。从此以后，除了鼓励的话之外，他再也没有当着第三个人对学生说什么话。[57] 与此相反，苏格拉底在这样的事情上不假思索地表现他的自满情绪，他向他的法官们发问："为什么有如此多的人这么长时间地追随我？他们喜欢听我向别人发问，那些人自认为聪明，但实际并非如此，因此这非常有趣。" [58] 毫无疑问，这确实有趣，但对于那些牺牲品来说却并不那么有趣。

随着时间的推移，冷漠成为了一种哲学家的品德，尤其是对于犬儒学派和斯多噶学派来讲，可以通过训练获得。这减弱了克里恩特斯（Cleanthes）、阿克西劳斯（Arcesilaus）和其他人讲到过的关于这个题目的那些轶闻趣事的影响。犬儒派的克拉特斯（Crates）在这个不断强化的趋向中运用了最为稀奇古怪的训练方式：他会对妓女们进行谩骂，并站在那儿听她们的回应。[59] 在较好的情况下，这个人的进攻会得到一些旁观者的机智的反驳和妙语，狄奥格尼斯的一些回答就属于这种类型。然而，当哲学家们的宗派主义的仇恨促使他们争执了起来，他们的麻木不仁就常常会被打破，（至少在他们的作品中）嘲讽不再能够使他们得到满足；他们试图用恶毒的诽谤互相伤害。阿提卡的演说家们也会在纯属个人的问题上对他们的对手进行辱骂，对他们的追随者和朋友同样如此，还有他们的祖辈——对于他们来讲实际上不用负什么责任——所有这些细枝末节都不用多说了。[60] 人们非常不愿意因为诽谤中伤而去打官司，这一点在雅典的法庭处于常规状态下是非常容易理解的；吕西阿斯说到过他的一位委托人："即使一个敌人指控我谋杀，我是不会放在心上的，因为我相信只有心胸狭隘和好打官司的人才会依据口头的伤害去诉诸法律。" [61]

希腊人的行为方式说明，与今天的情形不同的是，与语言上的诋毁相比，身体上的攻击倒显得更加可以容忍，[62] 也就是说，一个人在力量和野蛮的行为上被证明不如他人并不能决定他的价值和声望。[63] 一个人举起棍棒会说出在那个时代很典型的话来，但这样的话在今天是不可思议的："如果你喜欢就给我一下，但是要听我说话！" 至于这些话是出自泰米斯托克里或别的什么人之口，是说给欧里比阿得斯（Eurybiades）还是阿德曼图斯（Adeimantus），倒是无关紧要的。[64] 苏格拉底所默默承受的不公正的待遇前面已经说到了，类似的故事还有关于狄奥格尼斯的，但其他的事例与现在的情形相比显得更加令人震惊。在《骑士》上演之后，克里昂派人打了阿里斯托芬（好像是剧 78
院的卫兵干的）。两年以后，剧作家在《黄蜂》（1284ff.）的一段致词（parabasis）里，向他的观众表示，他对那时对克里昂的嘲讽对他造成的伤害而感到自责，期望也得到由于他的恶意中伤而受到伤害的人的类似的回报。或者是阿里斯托芬对于在公众面前保持住他的声名具有一种异乎寻常的热望，或者是雅典人对他时常受到鞭打并不感到同情，不过，他们还会以他的或他们自己的方式对他表示尊敬。[65]

当然，谁都知道在身体上受到侵害的时候要诉诸法律，但是在法庭外去解决问题也是可行的。德摩斯提尼两次都选择了这种方式，一次是在剧院，美狄阿斯（Meidias）打了他的脸，另外一次是德莫美雷斯（Demomeles）打伤了他。关于这种处理问题的方式的道德依据，演说家后期的传记是惟一的材料；他的恶毒的对手埃斯奇尼斯（Aeschines）自然会抓住机会说，他找到了一种用他的脸挣钱的方式。[66] 在所有这些事情上，记住它们之所以会发生的大背景是十分重要的，那就是几个世纪以来，完全失去自制力的城邦为献媚者之类的活动留下了广阔的空间。观察一下剥夺公民权（*atimia*）的运作也是很有启发性的；城邦用最庄严的诅咒高声宣布，出于个人的私利城邦常常会有被颠覆的危险，被激发起来的反对情绪就这样被默默地平息了。[67] 在这些时候，我们必须要用一种有别于我们自己的方式来看待公民之间的这些暴力冲突。

与这种独特的紧张情绪相伴随，作为这种情绪的一个积极的组成部分，还存在着某种忍耐力，也就是一种倾听反对者的能力，这对今天的执政党来说是十分困难的。在人声嘈杂的雅典和其他民主城邦，除了野心家们的无情的固执己见，还是存在某种程度上的判断的客观性，一种对天才人物的敬仰，这使人们能够展现自己的优点，如果他们感到有权并有能力这样做的话。对于这样的人来讲，即使是那些缺乏天赋的人，也能够培养出一种惊人的忍耐力。在我们的时代，没有哪个政治集会的民众能够如此耐心地倾听像克里昂这样的人发表的大众演说；[68] 要是在现在，从其他的演说家或者喜剧家那里听到的东西都会被看成是妖言惑众或会引发暴力革命而遭到禁止。在任何情况下，政府当局都会以维护和平和法律的名义不得不压制或惩罚这样的言论。在雅典，至少在公元前5世纪和公元前4世纪，似乎没有一个演说家被人从讲坛上拉下来，
79 或者在石头和棍棒的压力下被迫撤退的，尽管私人的仇怨还是存在的。只要城邦的基本原则没有受到攻击，人民还是能够把说话的权利给予其个体的代表，尽其所能地表达自己的想法；这些人并不是刀枪不入的，并没有受到一种普遍的“免疫力”的保护，如果他们必须被抛向狼群，其他人自然就会上去填补他们的位置。

有一些记载来自于大希腊的意大利城市，时间上似乎很早。那时候，伟大的立法者扎劳库斯和查戎达斯还都十分活跃，其中描述了这样一个社会的图景，其成员还不那么冷酷和不知羞耻，还能感受到一种称为 *aidos*（荣誉，谦虚，和善，谨慎）的力量的指引。[69] 我们从中得知，被确认为是献媚者的人必须戴上一种柳条编织的花冠游街示众，因此很多人由于羞耻而自杀；那些逃离战场的人，或者逃避军役的人，要是在其他地方就要判处死刑，但在这里，就必须穿上女人的衣服在公共广场

上坐上三天；女人们只能够允许有一个女佣陪伴她们，“除非她们喝醉了”，夜里不许出城，“除非发生了人命关天的事情”，不许穿刺绣的衣裙，“除非是妓女”。然而，这全部的记述很容易被确认为是属于一个晚期的规定，可能要追溯到帝国时代开始以后；在真正的希腊城邦，从来没有一个时期，人们能够受到符号或者反讽力量的控制。不过，这些文本还是产生了影响，不论时间多么的晚；例如，在法国大革命期间，在把他的政治牺牲品送上断头台的问题上从未迟疑过的圣·鞠斯特（St. Just）居然宣布，普通的谋杀者只要戴上黑色的面纱示众来作为惩罚就足够了；但是，他并没有将这个个人的想法诉诸实施。

在希腊的观念中，人们对作为一种德性的“羞耻感”（*aidos*）坚定不移地加以赞美，尤其对年轻人表现出这种美德更是赞美有加，因为在他们的周围有那么多反面的典型。在文明程度较高的民族中，总存在着双重的道德标准：真实的一种代表了国民生活中的较好的那些特征，假定的道德则主要代表了哲学家们的想法。第二种对这个民族来说也会有些意义，但只作为一种被限定的范围，在这个范围中人们会感觉到良心的痛苦。德谟克利特认为羞耻感能够通过语法、音乐和竞赛的教育培养起来。[70] 很早以前在荷马史诗当中存在过一种优雅，以一种最高贵的美感为形式，希腊人确信，他们听过诗人的歌声的祖先们一定能够从道德 80
上理解人类行为中那些最好的和最值得称道的东西。这自然会影响他们当中那些最优秀的人；其他人则恪守着一般的生活方式，这就是在城邦政体的影响下生活。

如果我们从狭隘的道德感或者从另外一个民族或文化的角度提出赞成和反对希腊人，从而试图绘制一张分析平衡表，那将是徒劳无益的。希腊人对罗马道德的回应或许是，他们不需要用角斗士的表演来满足他们的欲求或去拉选票。一个人或许可以在两个民族之间开出很多这样的信贷单据，比方说，这些单据可以建立在以下这些事情的基础上，比如说，生活中的快乐，家庭中的行为方式，如何对待奴隶，毁灭敌人或对手的热情等等。在借贷的一方，会有很多希腊人之间的互相指控；他们是古代世界中惟一拥有对两个民族进行比较能力的民族，我们已经引用了他们的一些判断。我们看到，希罗多德有时候会给他的同胞上一课，他编造了薛西斯和阿凯墨尼斯（Achaemenes）（7. 236ff. ）之间的一段对话，目的是为了迫使希腊城邦去面对其公民之间和邦与邦之间的深刻而恶毒的嫉妒，制造一种“有道德的少数”的例外。众所周知，这种嫉妒在后来城邦的发展中变得多么活跃，这个题目给了我一个表达我个人愿望的机会。对我来说，对于雅典陪审员的法庭辩辞中所出现的强词夺理的事例和现代的法庭出现的相似的情况，不论性质上还是数量上都需要进行全面的比较。在古典学者和辩论专家的共同努力下，可以得出一些结论性的判断。这样就可以弄清楚，在世界历史的其他时期，是否存在像希腊人那样的可以在公开场合恶毒的诋毁他人，并对诬陷行为给予鼓励和保护，这些我们是可以通过从安提丰到德摩斯提尼再到希波里得斯（Hyperides）的留存下来的法庭演说中了解到的。可以肯定的是，如果法庭在世界的任何一个地方再次出现，容忍上面所描述的这样的原告和证人的恣意妄为，那么，同样的做法也会再次成为普遍的现象。

城邦对其公民生活所产生的更进一步的影响——最初这种影响是高贵的，后来则越来越令人怀疑——与本章所探讨的论题无关，这个民族
81 在其家乡所经历的悲惨的衰落也不必再讨论，然而，希腊的精神却在东方找到了新的重要居所。有一件事情是可以肯定的：希腊人的性情、愿望和命运组成了一个有机的整体，他们的命运并不是靠偶然性的安排，他们的凋谢和衰亡正是他们的政治和社会生活本身所造成的后果。只有希腊人才能够获得那些优美和伟大的成就，也正因为如此，它们也不会再次出现了，想到这些就会使人黯然神伤。

然而，我们还是禁不住受到这忧郁的诗句的感染，一个具有一般道德情感的普通的希腊人，勇敢地面对他的内心世界，这样总结他的性格：“至少我从来没有出卖过一位真正的和可敬的朋友，在我的灵魂中根本没有奴性。”[71]

对于希腊人关于“至善”（*highest good*）的信条，即幸福生活的“获得”或“认定”，在这里只能列出几个要点。可以清楚地划分三个自

觉的阶段：即荷马与赫西俄德时代，民族的鼎盛时期，最后达到哲学家的反思阶段。然而，在后面阶段的日常生活中，仍然可以看到最早阶段的东西，古老的诗歌和神话的思维继续盛行。我们之所以能够了解这些，是因为希腊人敢于公开地说出这样的愿望，那就是世俗的智慧和漠然不应该完全压制人的所有深层的渴望。

对神的祈祷将是最好的素材了，如果它们是以一种较为清晰的形式被保存下来的话。例如，在荷马史诗中，使用了一段带有自然美的诗句。在雅典娜消失的时候，涅斯托尔这样呼唤着她："仁慈地看看我吧，女神，赐给我高贵的声名吧，给我，给我的儿子，给我贤惠的妻子。"[72]"高贵的声名"（*kleos esthlon*）总是一个真正的希腊人最渴求的东西，涅斯托尔的这番话也包括了他的妻子和孩子们，这表明它并不局限于在战争或竞赛中取得胜利，而是包括了所有的能够带来荣誉性的事情。其他的最渴望得到的赐予也在荷马史诗中被不经意地揭示出来；例如，人们还渴望得到"睡眠的礼物"，[73] 这真的是一件让人渴望已久的礼物。另外一个渴求的目标是在年老的时候毫无痛苦地死去，不要让疾病抢了先；我们知道，在传说中的西瑞（Syrie）岛，阿波罗和阿尔忒弥斯带来他们的银弓，用它把老年人射死以使他们得到安息。[74] 在荷马以后的但还是较早的时期，有一系列的祈愿在安其西斯（Anchises）的"阿佛洛蒂忒颂歌"（*Hymn to Aphrodite* [103]）中表达出来，这首诗是在他认出了他心爱的女神并答应给她建一座祭坛之后写的；他向她祈求说，其声名将超越其他的特洛伊人，会有一个健康的儿子，在漫长的生命中富足和快乐的生活。在《工作与时日》（226ff.）中，赫西俄德描述了正义之城中人们生活的幸福，因为这是一个发自内心的愿望的目 82
录，在这里也应该提到。在诗歌中，这样的清单并不能完全表明重要性的顺序，因为人们需求的尺度是不同的。

然而，一个有关重要性的真正顺序的确出现在了历史时代的文献中，那就是梭伦的诗歌：[75] 首要的是 *Olbos*（意思是"幸福"、"福气"或"财富"），接着是声名、朋友的爱和尊重，最后是能够威吓和伤害自己的敌人。*Olbos* 带来了麻烦，因为没有一个单字可以用来翻译它；它是来自于很久远的古代的一种表达方式，具有一种神话般的魔力，表达了各种各样的富足。后来，*Olbos* 与原来仅仅表示财富的含义有了很明显的区分："如果一个人发达了，在他的家里有万贯家财，但是却没有高贵的雄心壮志，那么我就不会称之为有福气的人（*olbios*），他只是一个生活舒适的守财奴罢了。"[76]

品达在第一首《皮提亚颂》（*Pythian ode*）的结尾处列举了生活中的主要幸福，比梭伦的要简短一些：能够快乐地生活是人们最想得到的东西，接着是尊贵的名声；品达说，任何得到这两样东西的人就等于拥有了最精美的王冠。[77]

在所有这些对人生最需要之物的界定中，人们坚信个人的道德价值和高贵品质是最基本的，我们可以看到人们对拥有这些品质的明确愿望，常常与物质财富的拥有最为理所当然地结合在一起。对狄奥格尼斯（V. 255，cf. 147）来说，为人正义是其中最好的品质，[78] 最好的东西是健康，最让人高兴的事情是成功地得到了他所热爱的东西——在这里，他所指的是真正的爱还是仅仅是普通意义上的实现了自己的愿望，并不明确。有人曾经把这个愿望几乎一字不差地刻在了德尔斐的拉通（Latoon）神庙入口的墙上，[79] 整个的清单还可以在索福克利斯的戏剧中看到，[80] 几乎是从狄奥格尼斯那里抄来的。然而，在通常情况下，一个希腊人自己并不希望得到什么道德品质，而是相信他本身已经拥有了它们；确实，当每个人都清楚地知道神灵的品德是什么样子的时候，要求神灵们具有某一种道德品质是很失策的。这样一种观念只能出现在后来的具有全新的神圣观念的斯多噶学派那里；但是，我们现在所关注的是来自于希腊人性情中的那些愿望，并不是建立在反思基础上的道德诉求。与愿望和诉求不同的是习惯，从苏格拉底的时代开始，人们就把对德性的赞美视为所有其他的优秀品质——这些品质被充分地列举出来——的中心环节，作为所有快乐的先决条件。[81]

在自己的同胞们或整个人类中享有至高声望的东西中，对荣誉和名
83 望的重视——甚至在子孙后代当中——越来越不受到重视，最终从列表
中消失了，尽管在生活中对名望的热衷依然很盛行。[82] 取而代之的是，

健康和富有挪到了前面，德尔斐的神谕曾经要求人们只在这二者当中做出选择。以下是关于叙拉古和克罗顿建城的非同寻常的传说：阿开阿斯（Archias）选择了富有，建立起叙拉古，后来成为一个十分重要的城市；米塞罗（Myscellos）为他自己和他未来的城市选择了“健康”，后来，克罗顿就成为了运动健将和定居者们强身健体的家园。与此形成鲜明对比的是，在喜剧《鸟》（729）中，以把它们当作神灵进行膜拜为条件，鸟儿们答应给予人们两重福祉，为此，阿里斯托芬发明了“健康富有”（*plouthugieia*）这个词，这是他发明的复合词中最好的一个。鸟儿们还承诺给予其后代的其他福祉——和平，青春永驻，笑声，舞蹈，节日，以及能产牛奶的母鸡——当然只是一些笑料罢了。在前面一段（604ff.）中，皮西特塔罗斯（Peithetairos）曾经不知羞耻地说，富有本身就可以带来健康的身体，那些深陷贫穷的人当然就会疾病缠身。

希腊人清楚地知道，健康是其他所有一切类型的好运的前提条件，阿瑞佛隆（Ariphron）的优良的注解就见证了这一点。[83] 稍晚的时候西蒙尼德（Simonides）说过这样的话：“对于凡人来说，健康是最好的事情，第二好的是高贵的品格，第三是通过体面的方式获得的财富，第四是与好友们度过青年时代。”公元前 4 世纪的一位喜剧作家对这些著名的观点这样评价，他认为把健康排在第一位无可厚非，但应该把高尚的品格放在财富后面，因为一个饥肠辘辘的品格高贵者也会变得非常可怕。[84] 菲利蒙（Philemon）认为第一应该是健康，接着是行善积德，第三是愉快的心境，最后不欠人钱。[85]

希腊的哀歌诗中常常赞美生命中那些独特的幸福，首先是那些诗人自己所渴望或遗憾的东西；在宴饮的谈话中，这个题目会自然而然地出现，当哀歌诗转变为格言或警句，或者采取了一种诗歌书信体的时候，这样的主题也经常出现。在狄奥格尼斯的书中可以找到所有这些表达形式，它们与各种不同的情绪相对应；一个很好的例子（933）是：“充沛的精力（*areté*）和高贵的品质很少出现在同一个人身上；一个拥有两者的人会很幸福，他会受到每个人的尊敬，年轻人和老人都会给他让路；

在年老的时候，他仍然属于第一等级公民的行列，在私人和公众生活中，他的居所都不会成为是非之地。”

正如我们在前面所言，财富曾经是快乐的前提条件之一，而快乐正是人们天生追求的目标；[86] 但是，随着时间的推移，很多人会抱怨说
84 财富已经变得过于重要了，并且总是在那些不该拥有它的人们手里。尤其是狄奥格尼斯总是悲叹贫穷以及随之而来的无助，而富有（699）却给它的主人带来智慧、博学、雄辩和身体的敏捷。[87] 欧里庇得斯走得更远：一个富人说出的任何话都会被认为是明智的，但是一个贫穷的人，即使他说得很好，也会受到嘲笑；人们宁愿把他们的孩子嫁给一个富有的坏人，也不愿意把他们嫁给一个贫穷的好人。[88] 对大多数人来讲，尽管他们在嘴上说“品质优秀”的好，但渐渐地就开始责骂，甚至具有高贵的出身，也都比不上富有给人们带来的快乐和力量。然而，富人的周围充满了敌人和危险，这些都威胁和侵蚀着其财产为他所带来的快乐，除非他迫于一种义务必须公开地显示其财富。在欧里庇得斯的戏剧中，过着一种简陋生活的富有的守财奴，可以把他的朋友视为敌人，甚至会从神庙里偷窃。[89] 一个世纪以后，阿里克西斯坚持认为，富人应该生活铺张，尽情展示他从神那里得到的作为一种其感恩的证明的赐予；[90] 如果他苟且偷生地装作并不比别人富有，那么神就会认为他缺乏感激，很可能就会拿走他所给他的一切。[91] 记住以下的史实是很重要的，那就是希腊中晚期的很多杰出人士自愿地选择贫穷，部分原因是他们所能够从事的职业被认为低于他们的身份，同时也由于对他们来说，富有给他们带来的危险超出了它的益处。

最后，尽情地享受生活中的快乐（*hedone*，*terpole*）也被认为是人生的幸福之一，尽管这一点如何理解以及如何衡量取决于说话者。众所周知，梭伦曾经在一个很大范围内认可此种快乐。在我们回到这个问题的时候，最好与对悲观主义的反对联系在一起；在这里只要举出雅典尼乌斯的第十二本书就可以了，书中惊人地引述了西蒙尼德和品达的赞美快乐的诗句。从品达的对手巴奇里得斯（Bacchylides）那里只有很短的几个残篇存留了下来，但是其中的一句还是透露出了其精神倾向：“凡

人寻求幸福之路只有一条，那就是摒弃欲求：那些渴望得到上千件东西的人将会日夜背负着沉重的精神负担，对将来发生的事情充满忧虑，但还是发现他们的所有努力都将是徒劳的。”[92]

哲学家们和他们的伦理反思，总是赞美德性，并把德性视作人生的必需，在这个论题上可以暂且不论；但是他们也注意到了普通人的愿望。对这个问题最感兴趣的是柏拉图，他给出了两个关于人生重要性问题的伟大的清单。第一个在对人生幸福进行估价的时候以德性作为首要之物；[93] 另一个则是健康，美丽，在跑步和所有的体育锻炼中表现出 85
的健壮有力，接着是富有，但是仅仅是与明智（*phronesis*）相结合的富有。另一个谈话者补充说：还有敏锐的感觉，尤其是看和听，接着给予很高地位的是行动的自由，在拥有了所有这一切以后，“就会立即成为不朽的人”——但是所有这些福祉只属于正义和神圣之人。另外一个列表不是关于幸福的，而是把人类的价值分为九种，这与希腊的观念并不符合，是属于柏拉图自己的，所以就显得特别重要。[94] 哲学家们偶尔对大众的愿望评头品足或加以修正：安提斯提尼承认快乐是一种幸福，但只是在没有留下懊悔的情况下；[95] 当美涅德莫斯（Menedemus）听说最高的善是欲求之满足的时候，他说最好只是去追求那些适当的欲望。[96] 亚里士多德在外在的好运（*eutuchia*）和独立于命运（*tuche*）的内在快乐（*eudaimonia*）之间作出了一个很好的区分。[97] 很久以后，崇尚道德的普鲁塔克预言般地强调了所有世俗财富的有条件性和不可依赖性，以此为他的信条提供支持，即文化和教育是达到德性和快乐的最为可靠的途径。他说，高贵的出身是一件好事，但是拥有它却只能依赖于上一代人；财富是可敬的，但却也是一种充满偶然性和不确定性的东西，会暴露在邪恶的敌人面前，而且经常掌握在那些最卑劣的人手中；声名是崇高的，但却不是不能改变的；美丽令人羡慕，但只能持续很短暂的时间；健康是很珍贵的，但不能常驻；身体的力量是可贵的，但却禁不住岁月和疾病的侵蚀，弱小的动物也可以与公牛、大象和狮子相抗衡；在我们的所有当中，只有文化是不朽的和神圣的。[98]

琉善著名的关于自由梦想的题为《船》的文章时代有些晚。[99] 最聪明的演说者提莫劳斯（Timolaus）希望他能拥有那些魔戒，尤其是能够赐予人永恒的力量、健康和免受伤害的那一枚；其他的可以帮助他隐身，使他拥有巨大无穷的力量，能够飞翔等等，最好的是能够得到所有人的爱，同时能够在一千年中永葆青春。文化史是不能够忽略这种来自遥远的想像世界的记述的；它们是被产生它们的时代和民族装点起来的梦境。

伴随着所有这些关于世俗福祉、他们的希冀或困境的讨论的一个持久的信念就是希望得到一个最终的答案：生命本身的欲求是能够自足的吗？值得注意的是，亚里士多德给出了一个确切的回答。[100]

86 某些民族曾经为存在价值的问题所困扰，迷失在关于这个题目的已经建立起来的普遍接受的看法当中。其他民族则多多少少地表现出关注此事的倾向和能力，或者可能这些能力还是潜在的，没有见诸文字上的表达；或者，一种强有力的宗教已经占据了这一整个的思想范围。

由于18世纪德国人文主义的盛行，古希腊人在这一领域的地位也就随即被确立下来。他们在战争中表现出的辉煌的英雄主义，他们在政治上的成就，他们的艺术和诗歌，他们美丽的国家和宜人的气候，所有这些都使人们感到他们是那么幸运。席勒的诗歌“众神的希腊”用这一依然充满魔力的意象表达出所有这些看法。至少，那些生活在伯利克里时代的人会被认为年复一年地享受着欢天喜地的幸福生活。这一定是曾经出现过的最大的历史假象之一了，其支持者越是表现得天真和专一，这种看法就越是不可抗拒。他们完全听不见从神话开始的整个存留下来的文献当中的那些巨大而一致的反对声，他们尤其对希腊的国民生活心甘情愿地视而不见，只专心于其充满魅力的一面，经常在研究喀罗尼亚战役的时候投机取巧，就好像在接下来的两百年中，这个民族被引向了物质性灭绝的边缘——主要是由于其自身的行为方式——并不是此前发生的一切的延续一样。

这里所讲的只是希腊人对人类存在的普遍估价；这种思想在其他民族中没有并行者，甚至在波斯的国王之书（Book of Kings）中的具有根本性的悲观主义当中也没有，这本书是一部关于最英勇的和有道德的人通常都会失败地走上邪路的传奇。希腊人倾向于相信人性是不变的，并不认为人会变得比他们当初要坏，但是，不论有没有神的干预，人总是不快乐的。

我们已经试图概括出希腊人对这些神灵的看法；从被创始以来就具有十分可怕的外形的神灵们成为天赋的赐予者，但对于整个世界和人类的生活却极少加以控制，因为它们的力量也必须听从命运的安排。而且，众神也并不总是快乐的，因为它们总是受到忌妒；这种忌妒也会找上杰出的人类，尤其是神话中的英雄。

英雄在完成伟大的事业后死去是很多民族的神话传说的一个主题。 87
阿提拉（Attila）的随行人员中的勃艮第人（Burgundians）即是一个著名的例子。统治者迫使他女儿的求婚者与他进行生死决斗（*gambroktonos*）的故事也在民间传说中频频出现，当然还有其他流行的主题。与此不同，希腊人运用这些主题的独特之处是，一个历史十分清楚的伟大民族或王朝在经历了辉煌之后，没有渐渐消亡，而是以暴力告终。这个民族的后人，甚至诗人的同时代人，在把他们自己与先人进行比较之后，都会对这场战争充满崇敬之情。因而，希腊人认为最后一代伟大的英雄中的大多数都参加了特洛伊战争，或在此后归返，[101] 但是，在很久以前，一种黑暗的命运已经笼罩在了老一代英雄们所创造的业绩和经受的磨难当中。在关于他们的神话中，充满了对这种从一开始就注定的命运的自觉，在史诗所表达出的主题和反思当中，悲观情绪贯穿始终。正是以此为基础，悲剧把这种犯罪、诅咒和哀痛的叙事结构发展成为一种高级的艺术形式。

现在，常常有人告诉我们，很多神话传说仅仅是建立在自然现象，主要是天文和大气现象的基础上。柏勒洛丰（Bellerophon）的疯狂和厄运表现了太阳和月亮运行中明显的混乱现象，淮德拉（Phaedra）和希波吕托斯的故事所指示的是晨星沉入大海的过程。即使这样的解释是不可抗拒的，但是从这样的缘起中编造出这些可怕的故事表现出来的也只能是希腊人最显著的和最独特的性格特征。如果不是他们，还会有谁在倾听了夜莺的悲叹之后，会把它和另外三种鸟类的行为联合在一起编成关于菲罗墨拉（Philomela）、普洛克涅（Procne）、忒柔斯（Tereus）和伊堤斯（Itys）的可怕的神话故事？冲破黑暗的愿望一定很强烈；在他们把英雄神话转化成小说之后，这种严峻的讲故事的方式被悲剧创造性地强化了，这揭示出，随着希腊文化的兴起，这种趋势得到了更进一步的加强。我们在这里的兴趣不在于把神话解构成主要的元素，而是恰恰是把它放到进一步拓展的流变过程中去加以分析。

最早的关于人口流动的模糊记忆也在英雄们的假象中被人格化了，这些英雄犯了谋杀罪，逃到很远的地方。在那里，一个英雄的统治者接纳并赦免了他们，赠给他们礼物，还把他们指定为继承人。[102] 这种逃亡者通常都是王朝宫廷的门客。在其他一些地方，这种事情通常与血族仇杀联系在一起，受到伤害的家族以婚约为条件向求婚者提出种种要求。接着，冲动的个人复仇行为走向恐怖的极端，就像在提耶斯泰斯
88 （Thyestes）的盛宴上所出现的情形那样。[103] 除了愤怒的复仇之外，在神话中，忌妒也会占据英雄和神灵的心。在攻打特洛伊的时候，赫拉克利斯把他的剑刺向他的同伴忒拉蒙，目的只是为了使自己成为第一个进城的人。神话中的第一位艺术家达得罗斯（Daedalus）是一个非常可怕的人物，他是在所有的民族中都非常普遍的一种神话的最古老的样板——出于忌妒其徒弟的天才，师父杀死了徒弟。[104] 居住在岛屿上的谜一般的艺术民族泰尔奇尼斯人（Telchines）也以他们充满忌妒的恶行而著称。就像他们忌妒的受害者那样，神话也会常常在忌妒者身上降下可怕的痛楚。这种罪恶很早就在人的灵魂中蔓延开了，其中，双胞胎兄弟普洛托斯（Proetus）和阿克里西俄斯（Acrisius）甚至在他们的母亲的子宫中就开始了争执，长大后继续为争夺控制权而斗争。当斯巴达人刚刚从底比斯神龙的分散的牙齿中诞生出来，卡德摩斯就扔了一块石头使他们打了起来，自相残杀，最后只剩下五个人，接着，正是这五个人使用了其他所有人的力量精华，成为底比斯城的创建者。神话中的一系列女性都是非常可怕的动物，或者是因为她们对金银珠宝的贪婪毁掉了她们的居所，就像厄里费勒（Eriphyle）那样，或者是因为一旦陷入爱情，她们就会做出可怕的复仇行为，在神话中的科林斯的埃菲

拉（Ephyra），美狄亚下的毒达到了最终的目的。晚期罗马作家西吉努斯（Hyginus）编辑或仅仅是翻译了[105]一个详备的目录：包括父亲杀死他们的女儿，母亲杀死她们的儿子，婚姻仇杀，自杀，杀害亲戚等等。另外，还有三个这样的事例，即他们把自己的亲生孩子杀害后摆上了酒席。

然而，命运和神灵们所决定的最终的灭亡也是最为普遍的结局，在神话当中这种类型的人物和故事最为典型。在荷马史诗中，“很多”希腊英雄的死既是宙斯也是命运的安排，阿喀琉斯就有很多抱怨宙斯的言论。[106]一开始，宙斯延缓了帕特洛克卢斯在赫克托耳手中的死亡，为了使他能够尽可能多地杀戮特洛伊人；接着，阿波罗尽其全力伤害帕特洛克卢斯，但并不真正地杀死他，尽管他已经被赫克托耳的长矛刺伤了。这个临死的武士悲叹道：“我被命运之神和勒托的儿子刺中了！”荷马之后的神话（就像在“西庇亚”［*Cypria*］中表现出来的那样）对英雄种族的绝灭还是感到不满：世界上已经人满为患。所以，土地女神来到宙斯面前，恳求他为她减轻人类的重压；神发动了特洛伊战争，是为了消灭很多人，接下来的特洛伊战争被认为满意地完成了这个任务。在欧里庇得斯的戏剧中，阿波罗尤其强调，是众神送走了海伦，战争因她而起，“这样，他们就会把大地从人满为患的困境中解放出 89
来。”[107]阿喀琉斯自身被创造出来就是为了用他的力量杀人，他的长矛——是用佩利翁山的桉树制成的——是克戎（Cheiron）很早以前就给了他父亲佩琉斯“去铲灭英雄”的。[108]两个毁灭的力量（阿喀琉斯和海伦）后来转变成神一般的人物，在琉克（Leuce）岛上受到崇拜。在那里，他们把长着翅膀的小孩欧福里翁（Euphorion）带到了人世。[109]

这一基本上是悲剧性的背景衬托着神话中最著名的英雄们更加阴沉的命运。“在充满无助和危险的一生之后，他们没有活到老年”，西蒙尼德说，[110]但无论如何这并非夸大其词，传说中还有很多更加恐怖的故事。

这些人物中最重要的要数普罗米修斯。埃斯库罗斯的著名的故事只不过是说出了在希腊人中人所共知的有关普罗米修斯的事情：他送给人类的慷慨的礼物和他的受难足以培养起人们对神灵和命运深刻的和带有反叛性的怨恨。在最重大的献祭和节日的过程中，他被绑在大山上的形象一定会提醒人们，他们到底能够从神那里得到什么。然而，故事中讲到，众神总是对人类得到的火的礼物——它是所有文化和美好生活的前提——充满嫉妒。不论给人类带来火的是一个原始的火神，或者某位提坦巨人，不论他是否是为了反对妄图毁灭人类的宙斯，即使他曾经是人类的救世主或创造者，尽管存在看法上的不同，但是大致的情形还是大同小异的。

赫拉克利斯这个人物最初并不怎么重要，而且充满了争议；有人指出，赫拉的敌意，赫拉与宙斯之间的整个关系都可以在大气现象的意义上得到解释，但这种解释对于希腊的历史时代却没有什么意义。对他们来说，力大无穷的英雄赫拉克利斯逐渐发展成为（尤其在后来的希腊人当中）整个世界的征服者和施恩者，[111] 但他在大众的眼里只是一个有毅力地完成了奴仆般的苦役的人罢了。赫拉克利斯这个人物身上的所有要素可能是从吕底亚的森顿（Sandon）和腓尼基的美尔卡特（Melkart）那里借用的，都被希腊人的绝对的悲观主义转化成为种种受难。他为欧律斯透斯（Eurystheus）服役，干了 12 个小时（不论它们是否代表了太阳通过黄道带的轨迹）并不是一次由皮提亚安排的神圣磨难和净化，而是命运设下的一个圈套；像阿波罗多洛斯（Apollodorus）这样的后来的作家认为，这样做是卑劣的雇主试图削减一些人手，以便让赫拉克利斯
90 自己来完成这些工作。[112] 赫拉却从中作梗，让赫拉克利斯发了疯，所以他杀死了自己的孩子们；他的箭还夺去了他所钟爱的马人的生命，最后，在欧塔（Oeta）山举行的他的葬礼的柴堆上，他不得不把他的弓送给愿意为他点燃火堆的人。这一性格给希腊人带来了很多不同的启发，他实际上经常被看成是一个喜剧人物，因为聪明人会自然而然地认为，一个表现出如此之多的谦逊品格的英雄一定在智力上有缺陷。这就是聪明人的想法。

在很多民族的神话和民间传说中，英雄们总会被暴露在可怕的危险

境地当中，白白地受到狡诈和欺骗的威胁。佩耳修斯用他的魔法战胜了所有这些困难，最终成为伯罗奔尼撒的统治者。与此相反，尽管柏勒洛丰也是一位像佩耳修斯那样光彩照人的英雄，打败了怪兽和整个部族，但却疯掉了，遭到所有神灵的憎恨；“自以为是”的他试图对宙斯在天上的住所降下风暴，但却被扔了下来，像法厄同（Phaethon）一样摔得粉身碎骨。就像赫拉克利斯的故事那样，如果这一发疯真的可以被理解为太阳运行中的紊乱现象的象征的话，问题还是依然存在，那就是为什么只有希腊人以此为素材编造出了这些吓人的故事。

希腊神话中经常出现的另外一个其特有的主题就是最优秀的人英
年早逝。历史时代中希腊人对青年和老年的看法将在以后讨论，在对这
个问题的看法中有一种公开的对英年早逝的羡慕之情。这种情绪当然在
神话中也十分流行，例如，拿希波吕托斯和安德洛格俄斯（Androgeus）
来说，我们无须解释，它们象征了晨星沉入大海或者太阳升起前天边的
灰白色；大众的想像和哀歌中充满了许多年纪轻轻就突然暴死的神圣人
物，例如利诺斯（Linus），许阿铿托斯（Hyacinthus），许拉斯（Hylas），
鲍姆斯（Bormus），喀尼拉斯（Cinyras），阿多尼斯（Adonis）等等。如
果阿喀琉斯的短暂的英雄式的生命（*minunthadios*，*panaorios*）最初的
含义真的是象征着一股急流涌进大海的话，但是这种说法却没有留下明
显的证据。史诗作者把所有最优秀的东西都集中在一个年轻人身上，从
一开始就带着强烈的同情心，编织了其悲剧的命运。阿喀琉斯的生命是
如此精彩，原因在于他将在年轻的时候死去，他之所以将在年轻的时候
死去，是因为他的生命很精彩。不论他是不是一个天生的神灵，他在被
帕里斯致命的毒箭射中之后就走到了生命的顶点，他在琉克岛与海伦的
结合，这些都是必然会发生的，因为希腊的想像力已经慷慨地把如此之
多的好东西给予了他。很多不那么辉煌的人死后都会被当作英雄进行崇 91
拜；为了纪念这个忒提斯的儿子，以阿喀利亚（Achilleia）命名的城市
在很多地方建立起来。

与英年早逝的英雄人物相比，奥德修斯则代表了经受住巨大灾难的人和幸存者，一个成熟的希腊男人。在其他民族编造的故事中，一系列

危险的境地会不加选择地一股脑地降临在他们的英雄头上，最终他们还是能够活着走出陷阱，皆大欢喜；在《奥德赛》中，情况却完全不同。荷马略过了奥德赛的整个早年生活，他的阴谋诡计和种种暴行，而是从其著名的从特洛伊返回家乡开始讲起。一个接一个的同伴死去了，并不总是因为他们自己的过错；莱斯特律格涅斯人的土地上发生的灾难并不是任何个人的行为造成的；斯库拉（Scylla）的牺牲品是无可指责的，负责对付波吕斐摩斯（Polyphemus）的伙伴们比他们的领导还要精明；但是他们代表了大多数凡人的通常的命运。奥德修斯自己从他的作为国王和军事领袖的地位上降了下来，成为一个独立无助的漂流者。他对家乡和家人的思念被他的对地下世界的访问以及与卡吕普索（Calypso）的嬉戏极大地耽搁了下来，直至最后众神不得不对这个仍然令人印象至深的人和如此强健的人显示仁慈——但只是对他。在求婚者死后，英雄还有一些工作要做，但是，接下来，可以预见的是，一个平和的晚年控制了充满满足感的主人公。然而，这个版本只存在于《奥德赛》当中；[113] 后来的其他的传说中还有关于他和他的家族的生动的冒险故事，有些实际上是不可信的。[114]

奥德修斯的流浪和竞技只是英雄返乡故事（*nostoi*）中最有名的一个。希腊人的想像力进而表明了这场大获全胜的战争的空洞性，因此，可以说，人们所认为的所有最辉煌的功绩都可以在大多数回家的人黑暗的命运中找到其对应物。忒拉蒙的儿子埃阿斯甚至在特洛伊人离开希腊之前就死在他自己的手里。俄琉斯（Oïleus）的儿子埃阿斯在一个悬崖边死在波塞冬的三叉戟之下。当帕拉墨得斯（Palamedes）的父亲瑙普利俄斯（Nauplius）被谋反者杀死后，其他人由于他们的船只被一个明亮的火把引诱到优卑亚的陡峭的悬崖边而身亡。后来的传说告诉我们，正是这同一个瑙普利俄斯还使不在家的英雄的妻子们犯下通奸的罪行，其中以克吕泰涅斯特拉（Clytemnestra）为首。狄俄墨得斯也一样，在回到阿尔果斯后，发现他的艾吉利亚（Aigialeia）成为了斯特涅鲁斯（Sthenelus）的儿子的情妇。为了躲避暗杀的危险，他逃到了赫拉祭坛，接着又去了意大利，在那里他成为了亚德里亚（Adriatic）和塔伦提涅

海（Tarentine Sea）的神灵，实际上开始了新的生活。不然的话，年轻 92
的希腊人的通常结局就是暴力死亡，就像德尔斐的涅俄普托勒摩斯那样；涅斯托尔命中注定担任公职年老而终，因此，他能够把先辈的事迹讲给年轻人听。返乡的传说给听者的通常印象是，应该把那些客死特洛伊的人看作是英雄们当中的幸运者。

在神话中通常是命运和神的忌妒决定了英雄的归宿，命运似乎从未由于任何道德上的谴责而把英雄开除出局。人们可能认为，责罚应该针对那些与人类有关的事情，因而，对所有时代的所有民族来说这一点是十分清楚的，那就是，责罚并不仅仅是针对那些疏忽了对某位神灵的祭祀的冒犯行为；然而，这件事上的疏忽的确会常常给确实犯下了罪行的人带来突如其来的可怕后果。重点不在于命运的公正，而在于它的不可抗拒性，因此，神谕的预言为希腊的想像力提供了一种无与伦比的素材。提供关于未来的信息只是一部分内容，但这足以使发问者神经崩溃了；俄狄浦斯受到德尔斐神谕的警告，他将会杀父娶母，他逃到科林斯却遇到了他的生身父母，自己反而投进了灾难的罗网。神话中的英雄小心谨慎地在神的模棱两可的话语的指引下度过一生，但也是徒劳的；命运早已注定的婴儿（其中包括帕里斯和俄狄浦斯）被抛弃在荒野，得救之后就会去完成命运赋予他的任务。但是，神谕上所说的孩子注定要在哪里杀死他的父亲却没有透露，他们想方设法小心翼翼地避开一切相遇的机会，但命运还是找到了弑父的途径，就像在关于卡特柔斯（Catreus）和阿尔泰门涅斯（Althaemenes）的可怕的故事中所表现出来的那样。[115]

灾难的预言在七将攻打底比斯以及他们旅行的神话传说中采取了另一种方式。他们的领袖之一同样是一位著名的预言家，明明知道他们的目标有违宙斯的意愿，并通过宙斯知道了这一切；死亡的前兆和一系列不祥的征兆[116]伴随了他们一路，只有被悲伤打倒的忏悔者阿德拉斯托斯（Adrastus）一个人返回了。在旅程中，他们成为涅墨亚（Nemea）国王的客人，他的儿子刚刚被蛇咬死；七个人埋葬了这个孩子，安菲阿勒阿斯说这就是他们自身死亡的征兆，所以他们把这个男孩称作阿耳克墨罗斯（Archemorus），意思是带他们走上死亡之路的人。任何其他民族的英雄传说中会有如此这般的旅行吗？赫克托耳的预言具有更加深刻的含义："当神圣的伊利昂（Ilium）消失之后，白天将会来临。"[117] 因
93 为他不是一群冒险家的领导，而是他的祖国的坚定的防卫者，在他知道他的理想已经幻灭的情况下，他还要继续保卫她。

直到那时，养育赫克托耳的这块土地仍然是一个至福之地的事实使人们确信，它的被毁十分清楚地和令人痛心地表明受到命运威胁下的世俗之物的脆弱性。一个占据统治地位的家族所能够希望得到的所有的辉煌和神的恩惠曾经被达尔达努斯（Dardanus）的儿子们尽情地享受过；声名、财富和物质上的享乐都是他们的，直到希腊人的到来——不过，关于这些胜利者中的大多数人的结局，我们已经说过。不论是特洛伊人还是希腊人的命运都揭示出希腊人对俗世事物价值的真正估价，而众神以及他们对人的活动所施加的犹豫不决和充满阴谋的干涉，只是扮演某种更有力量的普遍意志的角色：受到宠幸的种族灭绝了。甚至在希腊人这一边，黑暗的不祥之兆已经被察觉到；奥德修斯曾经试图假装成一个虚弱的笨蛋以逃避战争，忒提斯把她的儿子藏在斯库洛斯岛的妇女中，但这些都无济于事。

真正的男人本来就是由命运之神为了人间的苦难而塑造出来的，必须能够与最可怕的苦难进行搏斗；为此，"众神为他的整个一生准备了种种磨难"。[118] 神灵们自己也经常被这样的想法震惊，那就是在与这些可怜的有死凡人打交道的过程中分帮结派地参与其中是多么愚蠢，他们就像树上的叶子那样一次又一次地消失。[119] "大地上没有比人类更悲惨的了！"宙斯说，"包括地面上所有那些能够呼吸和爬行的东西"。[120] 他是对阿喀琉斯的不死的神马们说这番话的，那时阿喀琉斯正在为帕特洛克卢斯的死而哭泣，他可怜它们永远不会变老，而它们是属于有死的佩琉斯的；宙斯和这些动物可以相互理解，能够谈论人类的命运。[121]

众所周知，有两个命运之瓶放在宙斯的房子的门口。[122] 没有人能够做到只从装着好运的瓶中得到他的那一份；按照比例，很多人只从装

着坏运的瓶中分得他们的运道。后来，品达对此有更加明确的阐述：对每一件好事，神灵们会把两件邪恶降临到凡人的头上。[123] 在为任何人预言好运之前，最好先对通常的俗世运道提出某种警告。阿尔喀诺俄斯（Alcinous）知道他的那些在他们的魔船上的淮阿喀亚人只能使陌生人安全到家："从那时开始，他将要承受他母亲怀他的时候那些不能和解的姐姐们已经编织出来的所有痛苦。" [124]

当众神在奥林匹斯山上狂欢，缪斯们在七弦琴的伴奏下歌唱着人
类，唱他们是如何命中注定地在受苦受难中无助的生活，他们知道没有 94
任何抵抗死亡和衰老的良药。[125] 在这里，我们无须再重复，神的忌妒是如何经常地、如何肆无忌惮地把悲惨的命运降临在有死的凡人头上，就连人们享受的最单纯的家居快乐和怀有的良好愿望也被神视为是不能容忍的。但是，除了对他们的颂扬之外，记住众神允许人们做什么是很重要的。赫勒斯滂（Hellespont）的统治者菲纽斯（Phineus）犯了罪，宙斯要他在死亡和失明之间做出选择；他选择了后者，但是这却惹恼了赫利俄斯，因为菲纽斯已经下定决心不再看他一眼，所以他派了哈耳皮俄斯（Harpies）加害于他。波塞冬答应提修斯实现三个愿望，第一个他提出把他的朋友皮里忒乌斯（Pirithous）从哈得斯那里解救出来，第二个是他自己安全地从迷宫返回，最后一个非常残酷，这是在潘多拉和俄诺涅（Oenone）谗言的欺骗下，他希望他的儿子希波吕托斯死掉。[126]

与这样的观念和信仰相适应的想像力趋向于描绘出一幅黄金时代的图景，那时的人们比现在快乐。人们不惜任何代价地渴望逃避现实，并不过问那时存在的神灵是否残忍。所有的民族都有相似的梦幻图景，包括那个无聊至极的安乐之乡（Land of Cockaigne）。[127] 个人生活的真实境遇似乎都很糟糕；但是，就像赫西俄德关于人类的五个时代中所展示的那样，由于其完全的悲观主义和对现实与未来的双重绝望，希腊人在这方面的意识可能已经远远超越了其他民族。[128] 早在荷马史诗中，就开始为在遥远的地方生活的公正和快乐的人们庆祝，这成为神话地理学的一大特征，后来也渗入到真正的地理学当中；[129] 就好像世界最外围

的界限一定包围着某个已经从中心完全消失的优良种族："幸福就在你所不在的地方。"

在这里必须谈到一个细小的观察结果。因为他们如此看待生命，因此，在希腊人当中，甚至从史诗时代开始，就坦白地把活到老年看作是很可悲的事——佩涅罗珀编织的东西是她的公公莱耳忒斯（Laertes）的裹尸布。[130] 直到历史时期，当品达为阿克拉伽斯的统治者忒隆安排了一首关于忒隆之死的歌曲的时候，这个举措并没有冒犯他，好像他的死是一件期待着尽快到来的事情。[131] 另一个例子就是，斯多噶派的芝诺很多年当中都是一位道德的典范，雅典人通过国家出资授予他一顶金质的王冠并建造了一座纪念碑来表达对其生平的敬仰之情。[132] 十分有趣
95 的是，这反映出人们所推崇的美德是如何促成了这样的事情，这在现代世界是完全不可能也没有听说过的。首先，这表明，我们的世界自身不能发现错误，只看到自己的伟大不朽，第二，尽管这一点可能不便公开强调——某个人的死是一个如此巨大的损失，以至于用不着去期待。就像他们所希冀的事情那样，希腊人与我们不同，他们在这个方面也是很天真的。

最后，希腊神话中的灾难具有一种非常独特的理想的意义。阿尔喀诺俄斯说，众神决定了特洛伊的被毁和人类的灭亡，这样，所有这些将来会成为流传后代的一首歌。[133] 另外，一种类似的思想也传达给了在另一个物种，赫尔墨斯在杀死乌龟的时候对它说："活着的时候你艰难的移动，但是当你死后，你会创作出优美的音乐。"[134]

不论如何，史诗作者知道他们的神话前辈，也就是早期的游吟诗人，已经把他们的生命或最美好的东西奉献给了这项事业。俄尔普斯（Orpheus）是被酒神的狂女迈那得斯（Maenads）撕成碎片的，在塔密里斯（Thamyris）与缪斯们进行比赛失败后，他被弄瞎了，并且被剥夺了歌唱的天赋。

从这一来源于神话和史诗的希腊悲观主义的史前时代，现在我们进入到历史时代的希腊思想。在这里，与希腊并行的近东、远东和埃及的有关情况，以及这些民族和希腊人可能发生过的任何思想上的接触同样

将被忽略。这并不是一个总结性的讨论，而是试图通过叙述对事实进行核查。对于人类判断自身、他们的同类甚至同胞的幸福和不幸的能力，我们将不会轻易下结论；一般性的标准还是会被考虑到，对每个人来讲，何为幸福何为不幸实际上各不相同，这就意味着，必须允许希腊人自说自话。[135]

希腊民族的重要特征是他们能够强烈地感觉到、完全可以意识到他们的痛苦。与近东文化中所表现出的对人之境遇的顺从、接纳以及任何一种沉思的静默主义文化完全不同的是，希腊人倾向于暴露自己，因而易于遭受肉体和精神上的痛苦。在起始阶段，很多民族可能都只具有一种关于生活的集体意识，这种意识可能会保留在相当高的文化发展阶段，但是希腊人的个体化过程比其他民族要早，他们通过个体体验到这种生存条件的辉煌和痛苦。甚至在史诗中，阿喀琉斯和格劳科斯的父亲把他们的儿子送到特洛伊的时候告诫他们说要“一直成为第一名，奋力去战胜其他人”。等待英雄们的不止是与敌人进行战斗，而且还要应 96
对他们的同志们的忌妒——实际上是领导者之间致命的敌意。在下一个时代，整个希腊世界都陷入到竞赛和胜利者们对声名的追逐当中，不论是在家里还是在盛大的宴会上，人数上更多的失败的竞争者所经受的痛楚当然比胜利者所享受到的喜悦要大得多。赛会的胜利者们，就像在所有时代获得过某种胜利的希腊人那样，是否太依赖其他人的看法，或者普通的希腊人是否太喜欢在别人面前展现自己，这是一个值得研究的问题。无论如何，事实确实如此。下一个阶段的发展是城邦中个人力量的竞争，也就是城邦的民主化，在这里我们必须面对伯利克里时代的真实的雅典，并不是其传统的理想图景。研究它最好的途径就是从伯利克里自身以及他后半生所经历的事件开始。从那时起，就公元前 5 和公元前 4 世纪的历史编纂者和演说家的记载来看，公共事务已经掌握在声名狼藉的人的手中，城邦的政治生活是惟一允许过的生活，不断有人被监视和告发而处以罚金。不应该忘记那些人数众多的受害者，不应该忽视他们的存在，因为他们是被迫保持沉默的。事情是显而易见的，首先，如此之多的有才能的人逃离国家的束缚，他们陷入了众所周知的贫穷，放弃了可能的家庭生活。然而，他们还是保持了希腊人的本色，天生就有着追求个人卓越的倾向，其中的一些人能力超群，他们不会轻易放弃他们的行动能力和欲求。生活在这个国家中的公民们为了生活而承受了如此之多的痛苦，这种同生同死的倾向显露无遗。如果被外敌打败，根据希腊人的军事法则，结果不仅是劫掠和羞辱，而是毁灭——把男人杀死，妇女儿童沦为奴隶，无数的希腊城池被夷为平地，只剩下一片废墟。对那些经历过这一过程的人，当他们从处于极度紧张状态的城邦生活转变成为这一完全灭绝的状态的时候必然会陷入巨大的悲伤和愤怒之中。必须铭记在心的是，从物质上来讲，是所有的党派之间的斗争和城邦的巨变导致了这个民族走向了黑暗，直至其最后的崩溃之后落入罗马人手中。

毫无疑问，受到特别恩典的人才能够享受到心灵所能传递的所有形
97 式的快乐，不论是高雅的艺术和诗歌，还是思想或思辨，而且，作为他们自身生活的一种反映，这些快乐还能够传达给能够理解它们的所有其他的人。[136] 在希腊人的这一生活领域总是存在着一种乐观主义的因素，那就是，艺术家、诗人和思想家总是认为，把他们辉煌的创作贡献给希腊世界是一件多么有意义的事情，不论这个世界的状况如何。不论他们个人对生活的态度是多么阴郁，他们潜在的能量总是为这件事情做好了准备，那就是把蕴含在他们内心的伟大的自由图景变成现实。在对宇宙的冥想中，思想常常被升华为荡漾在阿提卡和整个希腊上空的令人欢欣鼓舞的远大抱负。正如阿那克萨格拉所言："为了观测天体和宇宙，出生比不出生要好。"狄奥格尼斯表达过一种相似的思想上的乐观主义："对于一个高贵的心灵来说，每天都是一次庆典，整个宇宙就是一个从我出生起就进入到其内部的巨大神龛，它拥有太阳、月亮和星星，清澈的溪流以及大地养育出的植物和动物。我们此生的目的就是为了解开这些谜题，应该保持平静，充满快乐，但是，我们当中的大多数人却用不停的抱怨、忧伤和焦躁亵渎了它。"[137] 这当中隐含的意思是，这个世界不仅仅是由对自然的本能反应所组成，还包括人类生活的种种印记，这些印记包围着我们每一个人，是我们最应该关注的事情。早在狄奥格

尼斯的时代之前，伊索就曾经表达过这种观点，如果这些著名的诗句是属于他的话："什么人能够逃避你，生命，除非他死掉？你的痛苦有上千重，但逃避或者承受痛苦却并非易事；你能够得到可爱的自然给你的这些东西是非常幸运的——土地、大海、星星、月亮和太阳的轨道，但是其余的就只有恐惧和苦难了。如果一些好运找上了我们，报应肯定就跟在后面。"[138] 希腊人的的确确被自然的美丽深深地触动，但是他们却感受到和想到了人类生活中更多可怕的事情。

接下来，我们可以只是附带着描绘一下哲学观点的多样性。在这个领域，观念并不仅仅依赖于某种具体的哲学体系，而是很明显地与大众思想的某些方面相吻合。要对有代表性的希腊观念做出正确的判断，哲学家的看法并不是一个有益的标准。他们的价值观千差万别，为了达到当前的目的，只需做一个快速的浏览。苏格拉底是显而易见的乐观主义者，他对善的、有创造性的和救赎性质的神祇的信仰只不过是带着面纱的一神教思想。[139] 曾经追随毕达哥拉斯的柏拉图却是一个悲观主义者，但是在他的理想国里，十分明显的是他又是以乐观主义的姿态出现的；他在《斐多篇》（*Phaedo*）中教导人们，快乐（*hedu*）和悲伤（*luperon*）是如何相互影响。阿里斯提普斯（Aristippus）的享乐主义学说提出一 98
个问题，那就是这种及时行乐的学说是否能够用人们对城邦所陷入的完全的绝望得到最好的解释，这是一种宁愿忘记过去和未来的心理状态。[140] 昔兰尼的赫格西亚斯（Hegesias），他的很多追随者据说都自杀身亡，他似乎总是尽其所能地勾画出人类生活的悲观图景。犬儒学派可以把自己描述成乐观主义者或者悲观主义者，但是斯多噶学派却基本上是悲观主义者，尽管它有关于"所有世界中的至善"的说法和目的论思想。在伊壁鸠鲁学派那里，主要的问题在于，逃避与社会的接触（*lathe biosas*）是否就可以被认为是悲观主义者。我们不得不转而依赖于大众思想的传统。

希望，这个在希腊人和所有其他民族的生活中从一开始就被视作伴侣的东西，在经过反思之后却被看成是一种骗人的东西。然而，埃斯库罗斯笔下的普罗米修斯在把希望作为一种盲目的本能植根在人类的心灵中之后，据说至少可以终止他们没完没了的对死亡的关注了。[141]

希腊悲观主义的整个现象与希腊人在气质上表现出的坚决的乐观主义的性情形成了鲜明的对比，这种性情从根本上是富有创造力的，充满美感的，外向的，还——至少在表面上——倾向于看重和喜欢过去的时光。这与公共的娱乐活动和节日上的欢乐情绪无关，一个具有忧郁气质的民族或许可以享受片刻的狂欢；但希腊人从来没有赞美过生命，更不用说刻意去追求这些快乐了，也从未把它视作一件礼物去感谢神灵。他们的存在到底给他们注入了多少快乐的情绪或冲动，可能会有人猜想过，但却从来没有人去测度过。宴饮以及这种习俗很有可能是一种躲避悲观主义的方式，它为人们寻欢作乐打开了缺口，这种放纵有时候是诗意的和美丽的，有时候则是轻浮的。[142] 活着（*Zethi*）！——（也就是尽情地享受你自己！）就是哭泣，可能伴随着一两句关于青春之苦短和快乐之脆弱的抱怨。[143] 对快乐（饮［*ede*！]，食［*bibe*！]，男女［*lude*！]）的更为粗暴的节制经常出现在诸如尼诺斯（Ninus）和萨达那普鲁斯（Sardanapalus）这样的东方统治者虚构的碑文中；但一个阿提卡的喜剧作家对嘈杂的酒宴却大加赞美。[144] 随着时间的推移发展出一种独特的诙谐风格，这需要对希腊人的社交能力进行专门的研究。与苏格拉底同时的一位喜剧作家腓力斯提翁（Philistion），写出了一篇“在男子的悲惨生活中搀杂进笑声”的诗作，据说他是死于一次突然发
99 作的大笑。[145] 很难说这种事情是一种真正快乐的生活态度的无力的替代品，而且，希腊人感到不需要像埃及人那样让一个木乃伊模型穿梭于客人们之间劝酒，烘托气氛。[146] 即使在埃及，这种习俗也仅仅局限于富人，因为普通人能够很好地自我享受，完全用不着以这种方式来刺激。

除了席间的享乐，有人还劝告人们要顺其自然生活（*eikei*），不用殚精竭虑，不要被希冀和恐惧困扰。[147] 那些更为幸运的人们大概就是真的以这种方式生活的。

尽管在诗歌和散文中，希腊的悲观主义更多地表现为一种普通生活的现实，但这绝不是反思的产物，更没有它在 19 世纪获得的复杂的

理性基础，而是作为一种情绪和态度对世界的简明直率的告白。我们不可能知道，到底有多少人经过深思熟虑选择了这种生活方式，即看上去他们自身对生活十分满意，或至少满不在乎，但有些满足感却来自于喋喋不休的抱怨。这表达出一种对生命的强烈的抵触情绪。人类天性就是可悲的，不出生或早死是最好的结局。“我们命中注定要承受苦难，聪明的人是那些以最高贵的方式接受命运安排的人。”[148] 很多单词（*merimnai*［焦虑］，*phrontides*［担心］）显示出，大量的不快产生于人的性情本身，来自于带有种种危险的——尤其是来自未来的危险——无用的、琐屑的和折磨人的眼前的任务；即使在可以把握的及时行乐当中，人们还是害怕在酒杯和嘴唇之间会存在一些困扰。[149] 但是对于这个问题，人们似乎从来没有投入全部心思去想办法解决。[150] 我们必须满足于神话传说所提供的暗示。对不幸的通常的和含糊的理解，用痛苦的牺牲来安抚黑暗势力的这种徒劳的愿望，这些在关于波吕克拉特斯（Polycrates）和他的指环的故事中以最优美动人的方式体现出来。[151] 在一个较早的版本中，指环可以是一个护身符。一个希腊人能够牺牲掉的最心爱的东西就是一件精美的艺术品。

悲观主义并不用考虑神灵们，因为他们并不是世界和人类的创造者。[152] 在人类的命运中，原来的占据统治地位的“命运”之神（*Moira*）仍然掌管着一切。还有，在其他民族的文献中频繁出现的好人不幸坏人走运的抱怨，在这里仅仅是被谨慎地表达出来，因为坏人也必须成为普通命运的牺牲品。但是，在其他民族的文献中出现的一种抱怨是，由于看到了邪恶的人享受好运而使生活变得更加痛苦。[153]

这个问题还有更深远的一面，那就是希腊人对于他们的同类中的 100
大多数人，尤其是他们自己的同胞知之甚少，这也是其悲观主义的一部分，或者至少从很早的时候开始就与这种悲观主义交织在一起。在门托耳（Mentor）的描绘中，雅典娜自己就说过，神话中理想化的一代人的下一代一定是比较低下的：“儿子很少能够和他们的父亲相媲美，绝大多数是比较差的，难得有一个超过他父亲的。”[154] 在赫西俄德的《工作与时日》所描述的公正和快乐的城邦中，人们最大的期望就是孩子不要不如父亲；然而，正是在这同一部作品所勾勒的人类的五代人中，后英雄时代人性的基本图景是每况愈下，从黄金时代的平静快乐发展到最黑暗的悲惨深渊。在较晚的时代，在大多数不同的材料中——包括七贤的作品——这一点是众口一词的：大多数人的生命是毫无价值的，比阿斯把这个当作了座右铭，得出结论说，那些我们所喜欢的人应该得到我们的爱，就好像有一天我们必须要去恨他们那样。[155] 索福克利斯说，任何细心的探询者总会发现人的邪恶本性。[156] 同样的悲叹以更加庄严和富于感情的方式表达出来：据说一个又一个德性已经抛弃了这个世界，消失在人的视野中，飞向众神。赫西俄德的哀叹指向羞耻和谦逊；[157] 在狄奥格尼斯（5，1137）那里则是忠诚、适度和文雅；欧里庇得斯也说到羞耻；[158] 最后，在继承者的时代里，阿拉图斯说到了作为正义（*Dike*）的化身的阿斯特赖亚（Astraea）。[159] 亚历山大里亚的诗人把这个女神转移到了黄道带，在那里她占据了维耳戈（Virgo）* 的位置，罗马的诗人曾经从他那里获得灵感。奥维德以这样的著名诗句作为他所描述的可怕的末世画卷的结束：

> 虔诚遁失了，最后是阿斯特赖亚
> 离开了杀戮遍地的大地升入天堂。
> （*Victa iacet pietas*，*et Virgo caede madentes*
> *Ultima caelestum terras Astraea reliquit.*）[160]

当人们听到由合唱队在悲剧或以其他种类的高贵的诗歌形式演唱出来的这样的诗句的时候，人们一定会在这种悲伤的方式中受到熏陶，让自己顺从于必然性的安排，每个人可能都会对其他人是如此之坏而感到遗憾。如果有人想把这种看法发展成为对人类的完全绝望，公开承认自己的偏执，就像雅典的泰门在伟大的悲剧时代所作的那样，[161] 那是他自
101 己的事情；只要他愿意把自己当成人们编造出来的与厌恶人类有关的所

* 室女星座，黄道十二宫的第六宫，是阿斯特赖亚所化。

有的趣闻轶事中的笑柄。

这个邪恶的世界决无悔改的准备，如果已经有了改变的计划，那么众神们也必须将从他们自身开始做起。苦行和对这个世界的拒斥——这是真正的宗教悲观主义——不能走得很远，而毕达哥拉斯和奥尔菲斯的影响也不能持续很久；对于死后惩罚的惧怕是否能够提高个人的道德水准，我们无法作出判断。德谟克利特就谈到了这一点："所有的人类，感到邪恶统治着他们的生活，郁郁寡欢的一生中充满了困惑和恐惧；更有甚者，他们还沉浸在关于死后世界的错误的想像中。"[162] 然而，犬儒学派在设法使人脱离现实世界的问题上也并不完全是苦行主义的；它的目标只是帮助那些仍然生活在这个世界上的个人摆脱它对其意志的控制罢了。

在说到希腊人对人类苦难的悲悯的时候不可能避免一些重复，因为这种情绪是那么执着和深入人心；同样的一种思想也时而简洁时而深思熟虑地表达出来，并与各种各样的境遇和观念混杂在一起。第一个例子是意识到快乐的消极性质和痛苦的积极特征，这一点在公元前 4 世纪已经有了明确的表达："不论是哪种快乐，至少是表面上的快乐，都长着双翼，总是伴随着痛苦的滋味；但痛苦的到来却是纯粹的、完整的和持久的。"[163] 或者说快乐完全是不能量度的，索福克利斯说："没有人没有承受过痛苦；快乐的人就是那些痛苦最少的人。"[164] 世界和生命不仅被看作是卑微的，而且是坏的和邪恶的。

按照希腊人的思维方式，不得不辛苦地劳作本身就是一种受难的形式，生命就是一份苦役，这可能就是悲观主义的一个古老的根源。甚至在荷马史诗中，从人类诞生开始，宙斯就把劳作之苦（*ponein*）作为一个沉重的祸根强加到他们的身上。阿伽门农承认，他和墨涅拉俄斯必须亲自四处奔走招呼他们的人完成夜间的工作。[165] 在赫西俄德的《工作与时日》中，众神由于把人类的谋生之道藏匿了起来而受到指责："如果你拥有了此道，你只要工作一天就可以得到一年的给养，可以获得闲暇；你可以把你的划船的桨挂在烟囱上，你可以用耕牛和骡子完成所有的活计。"[166] 但是当普罗米修斯欺骗了他的时候，宙斯在愤怒中隐藏了获取营养的方式。那时人类已经拥有了火，在火被剥夺之后，普罗米修斯把火装在了一个空的芦苇中又还给了他们，作为报复，宙斯把惩罚加在人类的所有后代的头上。其中的一个惩罚，他们最初还以为是赐
102 福，这就是潘多拉的诞生，也就是女人自身，她将永远由男人来养活，是“勤勉的养家者的一个灾难”，因为，到那时人们的生活中还“没有受到过病痛和辛苦劳作的折磨”。这个民族对所有的机械性劳作——也就是所有的谋生之苦——的愤恨随着这种劳作的需求的增长也与日俱增。为了增加人手而豢养奴隶只是对那些能够买得起奴隶的人才有可能；但是，任何依附性的工作，即使它能够带来收益和快乐，对自由的希腊人来讲也是一件痛苦的事情，城邦的观念时刻在提醒人们，老老实实地工作是一件很卑微的事情。

令人不快的需求有时会被详细地开列出来，比如在波塞狄普斯（Poseidippus）的格言[167]以及伪柏拉图的对话《阿霞库斯篇》（*Axiochus*）中已经提及，其中苏格拉底谈到了这些需求，据说是在普罗狄库斯（Prodicus）的一篇演说中讲的。[168]这基本上是一篇对雅典人的生活非常具有启发性的描述，从阴暗的一面和孩童时代讲起，但它是与某种行当联系在一起的——例如海员、农民等的悲惨状况——这在一定意义上是一个职业选择的问题，与普通意义上的人类的命运没有必然的联系。最重要的结论是关于命运本身。

我们所了解的希腊普通人生活的核心内容就是希罗多德所提供的关于其悲惨生活状况的独一无二的描述。他所讲的情况从哲学反思和伦理学的角度来看并不动人，但他对于遥远的国度和他自己的国家的人性的观察却相当成熟。很难想像一位不论什么国籍的现代历史学家如此动情地讲这些东西，即使这些场面就在他面前。希罗多德主动去发掘这些场面，实际上是用自己的方式把它们创造出来。例如，他试图把这些事情与自己对神嫉的信仰联系在一起。首先，他教导人们命运的多变，“世俗事务的轮回”法则（就像在马萨戈泰［Massagetae］的土地上克罗索斯［Croesus］对居鲁士所说的那样）会阻止同样的一群人一直快乐下去。克罗索斯和梭伦之间的著名的谈话（I. 30ff.）并不完全是希罗多德

编造出来的。早期的希腊人就把吕底亚的国王对凡人的快乐的看法戏剧化了，后来的维勒里乌斯·马克希姆（Valerius Maximus）（7. 1）当然只是重复了这旧有的说法。在这个文本中，并不是克罗索斯而是吉戈斯（Gyges）提出了是否还有另外一个男人像他那样快乐的疑问。他并没有把这个问题交给希腊圣人，而是交给了皮提亚的阿波罗。据说那时他并没有给几个人命名，而只是给一个贫穷但知足的阿卡狄亚人帕索菲斯（Psophis）的老阿戈劳斯（Aglaos）起了名字。克罗索斯的晚年生活十分平静，他的富有和接下来的衰败一定为希腊人提供了足够多的可以讨论的素材，这些讨论可能采取了对话的形式。希罗多德记述的一切都是那么充满意义；在梭伦的故事中，泰洛斯（Tellos）的生活中有两个巨 103
大的好运，一是他十分幸运地在保卫祖国的战斗中倒下，另外一个是在他的家庭中没有任何人死在他前面。有关阿耳癸维斯兄弟的故事告诉我们，英年早逝“对人类来说是最好的结局”。梭伦辩驳说，在人的一般70年的生命过程中，一共有26250天，没有两天是完全一样的，只有在事先知道了这些人世沉浮的结果之后才能够讨论什么是幸福；但对人来说一切都是偶然的；很多人刚刚从神那里得到了好的生活（*olbos*）就被无情地毁掉了。薛西斯和阿塔巴努斯（Artabanus）（7. 45 ff.）之间的交谈说得更加深刻。国王在阿拜多斯（Abydos）看到他的军队和舰队，为人生的短暂而啜泣，他聪明的叔叔回答道：“在我们的生命历程中还有更糟糕的事情。虽然生命短暂，但是却没有人能够如此地幸运，他会经常感到活着比死去更好。因为有很多的疾病和苦难，我们短暂的生命看上去却很长，生命是如此无聊，以至于死亡是人类最好的避难所。”几个军官随声附和，但是在第五十章，薛西斯却用一个普通的积极辩词反驳了这种观点：那些对什么事都要反思的人就会失去行动的能力；最好是对任何事情都敢于冒险，去承受经常出现的失败，而不是害怕一切，什么也不能承受。在另外一个地方，像猜谜一样，在一段关于阿尔果斯人和波斯人交易的报道中，希罗多德这样评论：“我知道，如果让所有的人说出一大堆每个人患上的疾病，那么大家都想把自己得的病与他人交换，但是在好好地看一看其他人所必须承受的痛苦之后，最后，每个人还是都会高高兴兴地带着自己的病回家。”维勒里乌斯·马克希姆（7. 2）把相同的格言归之于梭伦自己。他还讲过一个故事，他把一个悲伤的朋友带上卫城，指着雅典城所有的屋顶说：“想一想，在这里，很久以前、现在和将来，曾经发生过多少，正在发生多少以及将要发生多少令人伤心的事情，那么，就不要再为了自己的悲伤而抱怨了！”梭伦的悲观主义最直接地表现在他自己的两行诗当中：“没有一个凡人是快乐的；太阳底下所有的人都是不快乐的。”[169] 梭伦是希腊的七位贤人之一。

在不同的时代里，有很多这样的认为生命不值得一活的长篇大论。[170] 智者安提丰认为那些把生命说成是精彩和崇高的文辞是令人不能忍受的；他认为生命是琐屑的、无力的、短暂的，背负着巨大的悲痛一晃而过。亚里士多德坚持认为生命自身是值得一活的；然而，他的这些冷酷的词句到今天还在流传：“人是什么？一块软弱的墓碑，时间的
104 牺牲品，命运的玩物，一个倒霉的影子，有时受到嫉妒的折磨，有时受到厄运的捉弄；剩下的是黏液和胆汁。”[171] 米南德说，“动物实际上比人更快乐，更聪明；经常被我们漫骂的驴子不会去怪罪自己的病痛。”菲利蒙同意他的看法。动物只是去承受自然赋予它的一切，不需要作出任何判断和决定，而我们人类还要用我们不堪重负的生命去制定法律，而且还受到观念、我们的祖先和后人的奴役：我们总是能够找到新的不快乐的理由。在另外一个地方，同样是这位诗人说道：“风暴不仅仅能在海上碰到，甚至当你正在街上的廊柱下散步的时候，待在家里的时候也能碰到；船员在一阵狂风过后会迎来适宜的柔风，或者安全地进入港口，然而我所遭受的暴风却不是一天，而是我的整个一生，苦难总是占据上风。”众神嫉妒人之天才的信念很早就有了，索塔德（Sotades）后来抱怨说，天才要承受特殊的厄运，不得善终，某种独特的厄运会用巨大的困境去平衡伟大的品质。他得出结论：“没有痛苦的一天就是至福，我们到底是什么？我们是用什么材料做成的？想一想生命到底是什么，你从何而来，你是什么，最终你会变成什么。”

十分不幸的是，在所有流派的诗歌中，只有很少的对死者进行哀悼

(*threnoi*）的零星的诗句保留到今天。然而，在西蒙尼德的一首优美的诗作残篇中，确实包含着对生命的抱怨，其中最令人悲伤的就是它的短暂。[172] 这些在葬礼中演唱的合唱歌曲只不过是早期希腊人震耳欲聋的、充满渴望的和绵延不去的回响罢了，以一种非常精致的艺术的形式表达出来。对于生存之悲惨的抱怨可能也出现在这些诗歌当中，与之伴随的是对死者的赞美以及对他们的哀悼。

希腊人对生命的严厉谴责还不止这些。对品达来说，生命"只是一个影子的梦想"；[173]"时间不怀好意地笼罩在人类的头顶上，与生命的浪潮一起滚滚而去"。[174] 索福克利斯说，人只是一个会呼吸的影子罢了。[175] 在他的《埃阿斯》（*Ajax*）一剧中，奥德修斯对英雄的可怕的命运大加悲叹，就好像这也就是他自己的命运，而这些被雅典娜强加在英雄身上的苦难却被当作一种可以夸耀的神力的证明："我想我们所有活着的人都不过是幻象和极易破灭的影子罢了。"在克罗诺斯的老人们唱出的一段著名的合唱词中，作为希罗多德的好友索福克利斯在一个更大的范围内对生命进行了抱怨：

> 不出生是最好的，在一切都经过考量之后， 105
> 但是当一个人睁开眼睛看见日光的时候，
> 接下来最好的行动就是回到
> 他来的那个地方，越快越好。
> 当青年时代带着它的那些荒唐事远去的时候，
> 所有的苦痛也就开始找上门来，
> 嫉妒，对质，冲突，战斗，流血，
> 最后，衰老早在那里等候，把他包围，
> 羞辱，争吵，
> 敌意，疾病和虚弱
> 是所有邪恶中最糟糕的。[176]

有人错误地认为，索福克利斯是第一个声称不出生比出生要好的人。

在索福克利斯的好几出悲剧里都表达过同样的想法（*me phunai*），[177] 这几出戏从时间上看可能都早于《俄狄浦斯在克罗努斯》（*Oedipus at Colonus*）。实际上，在从前的某个时候，据说荷马就回答过什么是人类最好的结局这样的问题："首先，不出生，抑或是出生后尽快地到哈得斯那里去报到。"[178] 在神话中米达斯和他的俘虏西勒诺斯之间的神秘的对话中，这篇对话最初来自于亚里士多德的一本散佚的书，后来在普鲁塔克的《告慰阿波罗尼乌斯》（*Consolation to Apollonius*）的第二十七章中被使用，佛律癸亚（Phrygia）的国王向这位半神问到什么是人类最好的和最向往的归宿。在长时间的静默和不停的催促下，他得到了这样的回答："辛劳和苦难的脆弱的后人呀，为什么要逼着我对你说出你最好不要知道的答案呢？因为如果对他的不幸全然不知，那么生命中的悲伤也就会最少；但是对人类来说，最好的事情莫过于不出生，出生后尽快地死掉次之。"普鲁塔克自己补充道："我们还可以继续添加很多这样的例子，但在这里却没有必要列上一个长长的清单。"在其他的民族中，一个人诅咒他的出生，这种情形非常少见，或者仅仅出现在某种极端的痛苦中。

关于希腊的悲观主义，有很多的轶闻，搜集起来可以编一本集子。这些可以证明，不活比活着要好，作为高贵功绩的奖赏，能够死去是众神给予人的一种恩典。这当中包括赫拉的阿耳癸维斯女祭司的儿子克里奥比斯（Cleobis）和比同（Biton）的故事，还有修建了德尔斐神庙的特洛福尼俄斯（Trophonius）和阿伽墨得斯（Agamedes）的故事等等。这样的事情还在不断发生。从底比斯前往利比亚的阿蒙尼乌姆（Ammonium）贡献牺牲的代表们这样地祈求神灵，伟大的品达"应该
106 受到（众神）恩宠，能够得到人的最好的命运"。就在这一年他去世了，当时已经很老了，尽管在正常情况下，他的去世还是早了一些。[179] 之所以把死亡当作一种福气，是因为生命中充满了不幸，抑或是——常常处于情感的阴影中——一个已经相当幸运地活到某一年龄的人害怕将来的烦恼和不快。正如我们所看到的，人们有时候是出于自己的自由意愿选择死亡，只是因为对于将来发生的事情充满疑虑。如果能够证明生

命绝不是最值得珍视的事情，结果必然如此。毋庸置疑，就像其他民族一样，希腊人天生就具有对生命的热爱。就像所有其他人一样，惧怕死亡，但是这种惧怕却公开地受到嘲笑，这种相反的情绪常常占据了上风。有一种看法认为，伯利克里时代是一场持久的庆典，听一听伯利克里自己在他的阵亡将士墓前的演说是十分有益的。[180] 从他的叙述中看，人们通常都处在一种烦躁和阴郁的情绪（*luperon*）之中，需要通过日常的竞技运动、祭祀和愉快的家庭生活来消遣。一百年以后，希波里得斯用这些话来安慰那些在拉米亚战争（Lamian War）中死去了亲人的同胞："死去或许和没有出生相当，而我们的亡者现在再也不会受到紧紧围绕在生命周围的疾病、哀愁和其他所有病痛的困扰了。"[181] 在现代，恐怕没有哪位政治家在相似的情形下能够说出这样的看法了。

这种陈述可能会被认为是某一个特殊场合的主观反映，与这样的陈述相似，还有诗歌上的证据。人们可能会认为悲剧作家表现出来的悲观主义是由神话本身所决定的，但是对于拥有充分的选择自由的挽歌也表现出同样的倾向。狄奥格尼斯就十分明显地完全倾向于这种看法。同样，对于他来说（425），没有出生（*me phunai*）是最好的事情，其次是刚一出生就死掉。更有甚者（1013），我们听说他对那些至少是在最坏的磨难——比如被他们的朋友出卖——之前去世的令人羡慕的人们充满了赞美之情。在一首著名哀歌的残篇（1137）中，他把罪责不是归咎于人类的生命自身，而是归咎于他那个时代的希腊人。他的关于忠诚、适度和优雅已经消失殆尽的悲叹，我们在前面已经提到过了。誓言不再值得信任，在神灵们面前不再有恭顺。虔诚的种族消亡了；法律失去了作用；然而，只要一个人的生命还在延续，他能够看见阳光，他就应该尊重神灵。在这里紧接着是对希望的赞颂——否则他就不是希腊人了——命令人们向希望贡献牺牲，不仅是对所有的神灵，特别是对第一个和最后一个。

在关于死亡的抱怨中，衰老占据着一个十分独特的位置。的确，很 107
多著名的希腊人健康地活到很大年纪。在柏拉图的《理想国》的开头有一段苏格拉底和刻法罗斯的对话。刻法罗斯说，对老年人来说，不再为加强修养和培养性情的问题而操心了。在斯托巴乌斯（Stobaeus）的小型格言集中，有一些这样的以及其他的赞美老年的说法，但是大部分来自于戏剧家。在这些剧作中，依赖于说话人，剧情常常需要表达对老年人的崇敬之情。[182] 在所有带有中立色彩的语境中，老年则受到高声的和不加节制的哀叹，这在戏剧中也是经常出现的。在这里要区分两种情况：一是由于它将带来的痛苦而害怕年老，事实上显而易见的是晚期的希腊人都不再尊重老年人了；第二个是对青年的极高的评价。索福克利斯在他的《俄狄浦斯在克罗努斯》一剧的合唱中，虽然对属于青年人的危险的蠢事和可怕的经历发出警告，但在大多数戏剧中却赞美青年，建议成年人回首看看那个失落的天堂。这里所表达的是，对希腊人来说，青年是生命中惟一的真正有意义的时光，而所有其他的时间则是一种非常不可靠的延续罢了。

没有哪个民族像希腊人这样在如此宝贵的青年时光的界限上讨价还价，试图尽可能地加以延长。人生的第一个阶段是“孩童”（*pais*），接着“年轻人”（*meirakion*），再接着是“青年”（*neaniskos*），接下来才会得到“男人”（*aner*）的称号，然后是“壮年”（*presbytes*），最后是“老年”（*geron*）。[183] 对于男人来说，还有一个更好听的表达方式——*akmazon*——一个处于生命中最佳阶段的男人。在应用于生理上的时候，亚里士多德还把这个阶段从 30 岁延长到 35 岁，对于理智思考的能力，则延长到了 49 岁。[184] 在这里，我们看到，早在伯罗奔尼撒战争的时候，那些头发灰白的人想到最好去把他们的头发染成黑色，[185] 后来，阿伽托克里斯（Agathocles）为了掩盖他的秃顶则戴上了一顶桃金娘树花冠。[186]

从密姆内尔姆斯（Mimnermus）开始，哀歌诗就极力鼓吹青年是一生中惟一值得一活的年龄。诗人克洛丰承认，他很乐意能够活到 60 岁，如果能够避免得病和严重焦虑的话。但是青年时代的结束也是其所有快乐的终结，青年时代只是短暂的一瞬，只是一个梦。他说，在那以后，最好去死。因为随后到来的是家庭的巨变，贫穷，徒劳地等待孩子的出

生，疾病——这已经足够了：没有人能够逃脱宙斯发放给他的众多苦难
而一直快乐地生活。[187] 阿墨戈斯（Amorgos）的塞蒙尼德（Semonides） 108
最早描述了年轻人的希望，相信明天或来年幸福将会来临，但是老年却过早地来到了，或死于疾病，或死于战争，或死于海上，或者自杀。[188] 在狄奥格尼斯（vv. 1007，1017，1069，1131）那里，年轻之花的绽放与高贵的奋斗紧密相连。他被这美丽动人的场面感动，因为它应该持续的时间更长一些，但实际上却如一个梦悄然逝去。人们为死者而不是为青春的消逝而感到悲伤，这样做是多么的愚蠢。

在哀歌诗衰亡的地方，悲剧成为了主角。人们提醒那些死去的年轻人的父母们说，他们的孩子们如果活着将要承受更多的不幸："不要再哭泣了，看看你周围的所有的不幸，看看那些在锁链中受难的凡人，那么多被夺去孩子还必须要活到老年的人，或那些在经历了荣华富贵之后变得一无所有的人，用这些安慰安慰自己吧，这些才是你们应该加以思考的事情。" [189] 后来，琉善通过一个死去的儿子对他的父亲说的一番具有讽刺意味的话，对所有此类话题做了总结。这个僵尸说："我一直在想对你所说的和所做的放声大笑，只是因为衣服和你绑在我下巴上的线绳我才笑不出来。" [190]

几乎所有的这些抱怨都把对青年的赞美和对老年的悲叹混合在一起，这样的例子还可以举出很多。[191] 那些不愿意受这些诗句劝导的人可以去阅读亚里士多德在青年和老年之间的所作的非常吓人的比较。它不仅涉及人生的这两个阶段之间的不同，而且还论述了青年人和老年的特性——前者基本上是品质优秀的，后者则笼罩在完全的黑暗中。他们所有的人生经历不能给他们以希望，他们眼中的现状基本上是糟糕的，而将来会更糟糕。[192] 人们常常对老年人出言不逊，管他们叫克罗诺斯（Chronos）、伊阿珀托斯（Iapetos）或者提托诺斯（Tithonos），[193] 没有哪个地方比这里对待他们更苛刻的了。索福克利斯这样说到老年人："他们的智慧无与伦比，但他们尽做些无用的事情，什么事情都不放在心上！" [194] 在欧里庇得斯的一部戏中，一位老年人对自己说："我们老年人比一群幻影好不了多少，就像梦的影子

一样走来走去。我们的脑子已经不灵了，尽管我们自认为感觉还是敏锐的。”[195] 在这之前很久，在荷马的颂歌中，阿佛洛蒂忒就说过：“就连神也憎恨老年。”[196]

在刚刚引述的与苏格拉底的对话中，年老的刻法罗斯说出了在他同时代的老年人中会经常听到的抱怨。在大多数情况下，他们悲叹他们不
109 能享受那些只有年轻人才能享受的快乐，诸如恋爱、宴饮等等，宣称所有这些才是生活，他们目前的存在是对生活这个词的辱没。一些人还抱怨说受到了他们家里人的蔑视。然而，刻法罗斯却反驳说，老年人消除了激情的肆虐，进入了一种“平静和自由”的人生状态。他指出，曾经与他讨论过这个问题的索福克利斯自己就非常高兴于自己“逃离了狂野和粗暴的主人的控制”。但是，老年人也可以热爱生活，上了年纪的埃皮卡姆斯在议事厅（*Leschê*）与他的朋友们坐在一起，听其中的一个人说他要是再能活上五年就满意了，而另外一个说三到四年就足够了，于是他勇敢地站起来说这样的讨论是非常愚蠢的：“在命运安排下，我们所有人都会逐渐衰老，赶在我们成为另一个因为衰老而带来的麻烦的牺牲品之前，现在正是我们走自己的路的时候。”[197] 当年纪很大的一位表达出要继续活下去的愿望的时候，人们感到非常惊讶，这时已经一百岁高龄的高尔吉亚站出来，被迫对这种情形发表了一个无礼的评价，他说他的年龄不足以使他具有抱怨的资格。[198]

我们并不奇怪，既然人们对生命作出了如此的评价，合乎逻辑的结论就应该是反对生育后代。除了通常的人类情感之外，希腊人还是拥有建立家庭的一些独特的理由：希望他们的孩子能够操办葬礼，还需要确保他们的房子有人继承和保护。欧里庇得斯笔下的奥列斯特（62ff.）恳求墨涅拉俄斯放过他的性命，不是为了他自己，而是以死去的阿伽门农的名义，如果杀了他的话，他的房子就没人继承了。一旦城邦被认为是希腊人生活中的主要目标，公民的生育对它来说就是必须的。但是，泰勒斯却宣称他不结婚的理由是他太喜爱孩子了，[199] 德谟克利特基于很多理由反对婚姻，并不只是由于哲学研究的独立性；然而，他却建议领养，因为通过这种方式人们能够选择他们的孩子。[200]

一个与此相关的题目是弃婴和杀死孩子。[201] 作为在希腊人中——在罗马人当中更是如此——父亲所拥有的绝对权威的证明，这种降临在新生儿上的厄运实际上是由于父亲利益上的需要，这样做可以避免一个大家庭过多的开支。[202] 神话当中有如此之多的关于命中注定的弃婴后来获救的故事，这些故事用来说明，是某种预言或坏的征兆导致了孩子被抛弃或杀死。但是，很有可能，流行甚广的对生命的悲观主义的看法使下决心抛弃或杀死孩子变得更为容易，其中蕴含着一种怜悯的情绪。正是这同一种信念助长了自杀。 110

把一个刚刚出生的孩子抛弃（*anagnorisis*）的做法在后来的喜剧作品中经常出现，以此可以证明弃婴即使在小康之家中也是常有的事情。在特伦斯（Terence）的以米南德的喜剧（626ff. ）为基础创作的戏剧《自虐者》（*Heautontimorumenos*）中，一个丈夫和一位妻子在诉讼的过程中用平白的话相互埋怨。男人提出，如果一旦发现他们的孩子是女孩就杀死她，但是妻子则主张抛弃。十分明显，这种情形对观众来说是司空见惯的。很久以后，在朗古斯（Longus）的田园小说中，这个主题也理所当然地出现过。

用立法来禁止或试图对这种风俗加以限制只是一种例外。因而，在底比斯，把一个孩子抛弃或“扔到一个没有人的地方”是非法的；[203] 贫穷的人可以把孩子交到政府那里，然后交给任何一个能够付出哪怕很小的一笔款项的人。[204] 这个孩子就会当作奴隶被养大，他的服役用来偿还抚养费，但是，在没有人出钱的情况下会如何没有记载。在埃菲苏斯（Ephesus），弃婴只有在发生了严重饥荒的情况下才被允许。[205] 哈利卡纳苏斯的狄俄倪索斯说到早期罗马有过这样的事——他说的是对是错并不重要——他是想给他的希腊人上一课，就像他经常做的那样：“罗穆路斯使他的城市人口繁盛的方法之一就是颁布法令：所有男性的后代必须得到抚养，所有生出的第一个女儿也是如此，但最重要的是没有孩子在他的三岁生日之前被杀死，除非他残废了或者生下来就畸形；即使在这种情况下，也只有在拿给五位邻居看并得到他们同意之后才能被抛弃。”

在穆罕默德的时代之前，早期的阿拉伯人也把他们的大多数女孩杀死，因为游牧民族经常受到饥荒的威胁，在饥荒来临时女孩子受到的打击肯定最大。毫无疑问，大多数的古代民族都有在出生时把畸形儿杀死的习俗。在希腊人这里，除了第一个出生的孩子，这有可能是每个孩子的命运。很多世纪以来实际上没有人提到这件事。[206] 这似乎很奇怪，但是一定要记住，几乎没有任何理由要把记载这件事的作家的作品保存下来，比如希腊化时代的作家。接着，到了帝国时代的早期，在普鲁塔克的一篇报道中，一束刺眼的光芒照亮了整个过往的历史："穷人
111 不养孩子是因为他们害怕他们的生活会陷入不可承受的悲惨境地，被人奴役，没有教养，被剥夺了任何美的享受。对他们来说，贫穷是所有不幸当中最坏的一种，他们不能把这个可怕的病痛遗传给他们的孩子。" [207] 问题是这种说法在多大范围内适用。当然，这种情况不仅出现在彼奥提亚的喀罗尼亚的穷人中，而且很有可能适用于所有的希腊人，很有可能这种情形在罗马帝国时期也蔓延开了。不论真实的情况到底如何，然而这又是悲观主义的最明确的表达，即使仅限于某一个社会阶层当中。

在家庭里，只要弃婴的做法存在，就有人处在分离的悲痛和死亡的威胁中。[208] 欧里庇得斯的《希波吕托斯》一剧中（253ff.）的保姆认为，人与人之间的关系应该一直只是一种宽松的依附关系，应该把自己从彼此陷入完全的悲痛当中解脱出来。尽管她是在劝说淮德拉的情境中说这些话的，但它的确描绘出了一种感情，这种感情也是血缘关系范围内的痛苦的来源。淮德拉对于凡人的命运也有她自身的看法（377）："在漫漫的长夜中"，她所困惑的并不是"如果"，而是普遍的不快乐的"原因"，发现答案部分是在于人类自身。

那些伟大的人物们，尽管他们的儿子由于暴力死在他们前面，也只会说："我知道我的孩子是有死的。"据说阿纳克萨格拉、伯利克里、色诺芬、德摩斯提尼、国王安提格努斯和其他的一些人就说过完全一样的话，它表明了一种人们普遍持有和广为接受的观念。通常这只被看成是一种精神的力量，但这些是有思想的人，他们是如此地确信生命是毫无

价值的，他们很高兴他们的孩子能够在幸福中结束它。对死者的悲叹，尤其是在较早的年代表现出来的狂野和强烈的情感，并不是对死去的人悲痛的表征，而是表达了幸存者的遗憾和失落。阿墨戈斯的塞蒙尼德说："如果我们还有任何感觉的话，我们就不会再用多于一天的时间去想一个已经死去的人了。"[209] 在开俄斯岛，我们要多说一些，那里的人们对人之去世完全不知哀伤，既不割发，也不穿特殊的衣服；只有年纪轻轻就死去儿子的母亲需要服丧一年。[210]

对生命中充满危险的预知一定使人们比今天更加容易地面对英年早逝这样的事情。可以理解，人们宁愿在他们失去健康和财富之前死掉。[211] 可能正是基于这样的想法，很多人自己结束了生命。在适逢巨大的好运之时死去是最辉煌的归宿，因为接踵而至的嫉妒，不论是来自于神还是人，会立即使人窒息。纳克索斯的女英雄波吕克里特(Polycrite)，曾经成功地打败了米利都人保卫了她的家乡，在她站在城 112
门口的时候，受到了最盛大的欢迎。她是如此地快乐和兴奋，以至于瘫倒在地死了。另一个说法是她是被堆在她身上的花环和绶带闷死的。她就被埋在了死去的那个地方，这个地方被命名为"嫉妒之墓"，让今后可能发生的此类事情被波吕克里特一起带走。[212]

除了他们自身的悲观主义之外，希腊人还相信同样的情绪也存在于很多野蛮民族当中。我们不能接受东方国家的迷信，认为受苦受难的原因在于神创造世界是错误的。从遥远的北部和西部，在钦布里人(Cimbrians)、凯尔特伊比利亚人（Celtiberians）和其他的民族中，希腊人知道，在那里以杀戮为乐，人们欢庆死亡，只是对那些死在床上的人进行哀悼。希罗多德（5. 4. 5）说到他们的近邻：色雷斯的特劳索人(Trausoi）面对新生儿哭泣，庆祝他们的死者被埋葬，因为他们获得了自由和快乐；在克莱斯顿（Creston）北部的色雷斯人中，当一个男人去世的时候，他最钟爱的一个妻子会被挑选出来，在他的坟墓旁边，在赞美的歌声中被她的一个亲戚杀死。[213] 值得注意的是，这并不是死去的男子的权利，如果是这样的话，他的亲戚只不过是杀人的执行者，但实际上这是赋予这位妻子的一种恩典。根据欧里庇得斯的《克瑞斯丰忒斯》（*Cresphontes*）一剧中的诗句，在高加索的一些极为野蛮的部族中，人们面对新出生的人，为了他们将要承受的苦难而啜泣，而那些从所有的病痛中解脱出来的死去的人却被抬出他们的房屋，人们为了他们的幸福举行欢乐的庆典。[214]

我们不能确定希腊人是否公开地或者心照不宣地把罗马人当作野蛮人看待。经过了很长的时间，罗马人才开始提出有关生命的有价值或者没有价值的看法。当他们开始讨论此类问题的时候，他们已经成为半个希腊人。在《朱古达战争》(*Jugurtha War*)* 一书的开始，萨路斯特（Sallust）按照常规对人们对于人性之弱点、生命之短暂、命运之力量诸如此类的问题进行了辩驳，这至少可以表明，这些抱怨是经常可以听到的。[215]

在希腊人的一则童话中，甚至动物也被认为通常对生命持有一种非常悲观的看法。[216] 野兔被压制得如此弱小和怯懦，只是善于逃跑，它们决定跑到一个水塘旁把自己浸在里面；但是很多青蛙抢在它们前面跳了进去，野兔们看到还有比它们更弱小的动物，于是改变了主意，继续活了下去。

一个充满天才的民族对生命给予如此之低的评价成为他们从表面上看待死亡的一个原因。在这里，我们开始接近希腊人当中的自杀问题。
113 这个题目经常被触及，所以只有几个基本的要点需要讨论，此外还有几个被忽视的方面。

关于死后世界的思考是不能逃避的。关于来世的看法有很多，每个人都能够自由地选择属于他自己的观点。对祭祀活动的虔诚与热情没有能够阻止荷马相信存在一个阴冷的、无差别的地下世界。然而，很多人相信回报和惩罚，一些犯罪之人生活在深深的忧惧中。有几段重要的陈述反映出这些看法的多样性。

德谟克利特超越了这样的焦虑，坚持认为对死后世界的恐惧——“由此产生了神话的大厦”——是一种自己强加给自己的负担，只是人

---

* 朱古达，北非努米底亚国王，久经战斗后被罗马人击败。

类悲惨命运的一部分。[217] 我们不知道他是否相信完全的虚无，但是很多人的确相信。这里有一则墓志铭为证，它是以死者的口吻写的："我的父母怀了我，这并不是我的过错，现在我悲伤地前往哈得斯的去处。我是虚无的，我将像从前一样是虚无的。人类是虚无的，将一直虚无下去。朋友，让高脚酒杯再一次为我而发出光彩，给我喝上一杯以安抚悲伤——请把酒泼洒在我的坟墓上吧！"[218]

欧里庇得斯的戏剧常常会把当时人们的一些观点和说法记录下来。在好几个地方，带着非常强烈的情绪，他使用了一些十分大胆的词汇："谁能够告诉我（俗世的）生活不是真正的死亡，而死亡才是真正的生活？"[219] ——为了这句话，他在阿里斯托芬的《蛙》剧中受到了两次嘲笑。假设当雅典人听到舞台上朗诵这句台词的时候，是完全知道这句格言的含义的，那么，他们当中的很多人肯定不仅不再认为受到如此之多的赞扬的雅典人有任何价值可言，而且还会对另外一个世界充满了希望。另外，《希波吕托斯》（V. 159ff. ）一剧中的保姆的话也会使得哈姆雷特最著名的独白黯然失色。在对生命的通常惨状作了一些为人们所熟悉的评论之后，她接着说，与今生相比，我们更想得到的生存状况隐藏在浓密的黑暗中，我们所拥有的只是我们对这个处于世俗的光环中的世界的并不快乐的爱，而另外一个世界的生活是未知的，地下的世界是未经尝试的，我们被我们的想像误导了。[220]

对死后生活的热望可能是确定的、可疑的或者模糊的，但无论如何，对于人们是否害怕他们过一种属于自己的生活会受到惩罚，则完全不存在任何证明。大多数人生活在虚无中吗？自杀的频繁能够证明这一
点吗？可以肯定的是，很少有显赫的和著名的人物信奉毕达哥拉斯学派 114
和奥尔菲斯宗教关于灵魂转世的信仰，因为自杀完全不能与灵魂转世说（metempsychosis）协调一致。纳格尔思巴赫评论道："对于自杀是否被普遍地视为一种冒犯神灵的罪孽，我完全没有证据。"[221] 这并不奇怪，因为生命并不是他们的赐予。

另一位同样杰出的学者列举了自杀的主要动机，不论是神话中的还是历史上的事例，C. F. 赫尔曼可能参考了城邦的观念。[222] 对于自杀，

官方的反应与城邦通常所使用的严厉的惩罚一样粗暴。使生活变得不堪忍受的数量众多的公民，包括很多优秀的分子，使移民在实际操作上成为完全不可能的事情。城邦用剥夺公民权（*atimia*）、拒绝埋葬、砍掉尸体右臂等其他的羞辱性的办法惩罚自杀的人。城邦由这种事情引发的愤怒情绪并不亚于那些想方设法地保有他们的财富而不能心甘情愿受到国家掠夺的人。对于他们，或者消灭，或者将其财产充公。然而，的确有两个城邦在自杀已经成为一种为人们所接受的做法的时候试图对自杀行为进行立法。

在阿提卡的山脉纵横的海岸不远的地方就是开俄斯岛，那时候它的都城是尤利斯（Iulis），对于雅典人来说应该很容易留下关于那里的风俗习惯的准确记述。[223] 然而，情况却完全相反，流传下来的记载却相互矛盾。一个经常出现的特写就是老年人（据说是 60 岁以上的人）自愿地集体死去，这种做法被法律确立下来。之所以采取这种做法，原因在于这个岛屿能够提供的食物十分有限，或者可能是饥荒到来时的一项独特举措。当开俄斯被雅典围攻的时候，居民们一致认为老年人应该自行了断他们的生命。据说这种习俗就是从那时候开始的，但仍然作为一种自愿的选择，只不过得到了法律的认可。实际上，通常情况下这样的决定也被描述成一种老年人的自主行为，那时候他们感到他们对自己的社会集团已经没什么用处了，已经接近年老力衰的境地了。这种行动本身也发展成为一种体面的节庆活动，他们共同喝下毒芹或罂粟做成的汁水，每个人头上都戴着花冠。[224] 这个海岛上的伦理道德据说是非常严格的，岛上的居民们能够在自然的轨道上健康地活到老年，所以，不必等到疾病缠身或者遭遇身体上其他的变故，一群老人就会在同一天共同走完他们的人生旅程。正如我们在上文中所提到的，对死者的哀悼在开俄斯是很少看到的。

115 它并不是一个公众的节日，但是维勒里乌斯·马克希姆曾经描述过一个开俄斯的老年妇女的自愿死亡。这是他在提比略王朝的时候亲眼所见，那时他正在陪同绥克斯都·庞培——伟大的庞培的孙子——在希腊旅行。他的记述揭示了希腊人当中关于自杀的整个问题。一个受人尊敬的女公民，年过九旬，让公众了解到她想饮下毒芹的想法，并表达出她的死或许由于绥克斯都·庞培的到场而倍显荣耀（*clarior*）。他来到她的面前，试图用一篇雄辩的演说来劝阻她不要这样做。她半躺在长椅上，这是专门为这一场合而设计的。她首先对他不厌其烦地劝她活下去还有专程来为她送行表示感谢。她说她一直是很幸运的，不想用一味地延续生命的方式冒险去承受未来的悲惨生活。她奉劝她的两个女儿和几个孙子能够生活在和谐中，在他们中间平分她的财产，把她家中的圣物和首饰都留给她的大女儿。接着，她勇敢地抓起酒杯，对赫尔墨斯进行了奠酒祭神的仪式，希望他能够温柔地把她带到地下世界的一个愉快的去处，然后将毒酒一饮而尽。她描述了她的大腿是如何逐渐变得僵硬的，当死亡慢慢地靠近了心脏，她让她的女儿帮她合上了双目。即使这些罗马人看到她的死去也不禁潸然泪下。

维勒里乌斯·马克希姆也是关于马赛里亚城（Massalia）的自愿死亡观念的主要见证者。很显然，古老的弗凯亚（Phocaean）精神 * 在罗马时代并没完全消失，这使那里可能比开俄斯还要更加严格地规范自杀行为。在马赛里亚的庄严氛围中，自然的死亡不会得到人们的哀悼或痛哭。在家里举行一场献祭，请亲戚们吃上一顿便被认为已经足够了，因为生命并不那么有价值。然而，那些自愿选择离弃生命的行为却理所当然地受到禁止。他们必须向六百人议事会申述理由，得到允许后城市会向他们提供可以迅速结束生命的毒芹。活着没有快乐是一个可以接受的理由，处在长久的和完美的快乐中同样是一个理由，人们想在快乐结束之前死去。毫无疑问，很多的自杀行为的实行并未得到许可，但至少在这个地方存在一种得到公开认可的自杀风俗。

就像在其他地方那样，在希腊，从很古老的时候起，人们就认为真正的伟大是由于经受过最可怕的灾难所成就的。奥德修斯说过的最有力量的话就是他曾经大声喊道："忍受这一切吧，我的心，你已经承受过

---

* 伊奥尼亚的希腊城邦，马赛里亚即该邦在高卢建立的殖民城邦。

116 最糟糕的事情了！”——当他睡觉的时候，他的同伴由于打开了埃俄罗斯的风袋而招致了灾难的降临，但他还仍然有力量去考虑是让他自己沉入大海呢还是继续活下去：“我忍住了，站稳了脚跟。”他把自己裹在斗篷里，躺在了船的甲板上。[225] 而所有受苦受难的英雄中最伟大的赫拉克利斯在欧塔山的火葬堆上结束了他的痛苦；这是希腊人对神话的理解，即便实际上它最初代表了太阳年的结束。

在这样的一种死亡和后来的希腊人在结束他们的生命的时候所表现出的些许的恼火之间存在着巨大的鸿沟。悲观主义是如此地蔓延，以至于一时的压抑情绪或者一种偶然的奇思怪想都足以使他们作出自杀的决定。人们就像事先想好去死，原因在于他们为了先前的好运会离他们而去而感到焦虑，他们抱有这种想法已经很久了；要不然，他们也会有充足的理由在外界的刺激下采取行动，即使只是一次财产上的损失也会迫使他们改变他们的习惯。有一个故事中讲到三个雅典贵族，在大肆铺张之后突发奇想，对饮毒芹，就像“从一个宴会中离开”[226] 那样地离弃了生命。非常不同寻常的是那些在他们所爱的人死去之后也结束了自己的生命的人。柏拉图的《斐多篇》中讲得很明白，这种情况的发生通常是出于一种在冥界能够与自己的亲人重逢的快乐的期待使然。[227] 实际上，粗读一遍《斐多篇》本身也会产生同样的结果。阿姆布拉齐亚（Ambracia）的某个名叫克里奥蒙布洛图斯（Cleombrotus）的人从城墙上跳下来自杀了，因为他从这本书当中得出的结论是，灵魂最好能够和肉体分开。[228]

在现代，自杀在某些特殊的地方有时会像传染病一样地蔓延开来，所以如果同样的情形发生在古希腊的城市里并不使人感到奇怪。这种传染病曾经折磨着米利都的少女，人们把原因归之于空气中传染的一种疾病。突然之间，她们渴望死亡，很多人自缢而死。他们的父母和朋友们的恳求和眼泪无济于事，她们躲避开了最近的监视，直到有一个聪明的男子建议制定一个公开的法案，宣布以这种方式死去的人必须被脱光衣服抬着穿过阿戈拉，这才解决了问题。[229]

这里还要提到琉卡狄亚岩石，悲伤的恋人们常常会从那里跳进大海。[230] 在陡峭的琉卡斯（Leucas）岛布满了悬崖峭壁，从上面跳下去到底有多高并没有记载。有些人淹死了，据说其他幸存下来的人发现他们的心病康复了，所以恋人们的这一跳似乎成了命运的安排。布斯罗托 117
斯（Buthrotos）家族的某个叫马科斯（Makes）的人被认为成功地做了四次这样的实验。毫无疑问，琉卡斯城的居民们认为这种风俗是不可接受的，于是就举行了一次阿波罗的庆典，把一个为了这个目的留下的罪犯从悬崖上扔下去。然而，他被却鸟群接住了，在空中缓缓下降。在他的下面等待的一些小船救了他，此后他就被带到其他地方去了。

在古代，包括罗马时代，自杀被毫无争议的普遍接受的比较正式的原因是患上了某种不可治愈的疾病。[231] 为这样的病人用医疗手段延长生命的做法公开地受到反对，对于这个问题，柏拉图的一段话值得摘录下来：

> 有病的人不应该再继续活下去，或者至少不要养孩子。阿斯克勒庇俄斯向人们教授治病的技艺，仅仅是针对那些患有某种暂时的病症的可以治好的人，但是从未为了延长一个悲惨的生命，对患有内部病症的身体精心地给予常规的放血和包扎的治疗，或是为那些完全有可能把病痛传给下一代的人接生孩子。他相信，这样的患者不应该得到治疗，“因为他们对自己或国家都没什么用了……即使他像米达斯那样富有”。[232]

欧里庇得斯的一个相似的论述以这样直白的建议作为结论：[233] 如果处于这种状态的人在这个世界上不再有什么用处，他们就应该离开这个世界，不要再挡住年轻人的道路。[234]

年纪过大也是作出死亡决定的一个充分的理由，尤其是在疾病或精神衰弱的威胁下。这个问题最好与哲学家们的死联系在一起讨论。

另外，不论在世界的任何地方，对于希腊人在保卫他们的城市的战争中活下来的人的做法，都会报以同情的态度，至少不会去责怪他们。他们所有的人都会在杀死他们的妻儿之后集体自尽。这种行为是完全合理的，甚至是普遍接受的，只要想到这些常常被人视为典范的希腊城邦拥有这样的一个战争规则，那就是所有被打败的男子都将遭到屠戮，妇女和儿童则被卖为奴隶。“我告诉你一件事，不要让你自己被活着抓到沦为奴隶，只要你还能够自由地选择死亡的话”，欧里庇得斯说，[235]古代的作家在对沦为奴隶将比死亡更糟糕的看法上是完全一致的。如果胜
118 利者能够对失败者做任何发落的话，那么自杀将是失败者的权利，我们不能再在他们绝望的自救方式上面加上一个道德的污点了；这样做将会得到这种可恶的权利的偶然拥有者们的认可。

有一个可以追溯到半神话时代的极端行为的著名事例，就是众所周知的所谓“弗西斯人的绝望”。[236]当忒萨利亚人入侵他们的土地，在出去迎战之前，弗西斯人先把他们的妻子和孩子集中在一个地方，带上她们最值钱的东西，并得到了妇女们的同意以执行他们的计划。堆起一圈木柴，三十位最可信任的武士原地待命，一旦得到战败的消息就要杀死所有的人，点燃柴堆。事情并没有走到这一步，因为弗西斯人获胜了，通过举行向阿尔忒弥斯献祭的盛大的纪念节日使这段记忆得以保存下来。这样的活动在西亚姆波利斯（Hyampolis）是经常举行的。但这告诉了其他人，人们是如何面对这种情况的。当最后的一座希克里奥特（Sikeliot）城市特里纳克里亚（Trinacria）抵御叙拉古人的围攻的时候，参加战斗的人全被杀死了。老人们用自杀来逃避投降的悲惨命运，胜利者把剩下的人拉去当了奴隶，毁灭了这座城市，把最好的战利品送到了德尔斐。[237]类似于这样的事件是经常发生的，其他的古代民族在他们的“城市”受到彻底毁灭的威胁的时候也会这样做。半开化的城市伊索拉（Isaura）对亚历山大的继承人之一的佩狄卡斯抱有最坏的打算，因为在伟大的国王活着的时候，他的一个总督曾经在那里被暗杀。一个夜晚，在大部分的守城者被马其顿军队杀死之后，整个城市的居民达成一致的意见，采取了最后的行动：妇女、儿童和老人被锁在家里，然后点起火来，所有有用的东西也都被扔进了烈焰当中。使敌人感到惊讶的是，战斗仍然在城墙的缺口处继续激烈地进行着，直到佩狄卡斯被迫撤退，接着那些仍然没有被征服的最后的防御者跳入仍然在燃烧的房屋

中，“埋葬了他们自己。”[238] 众所周知，在公元前 218 年当汉尼拔占领萨古恩吐姆（Saguntum）之后，那里的人民也是以同样的方式自毁而亡的。查齐恩托斯（Zacynthos）的幸存者也是用活活把他们自己烧死的方式躲避了迦太基人的奴役。紧接着，在公元前 200 年，当位于赫勒斯滂的阿拜多斯受到马其顿的腓力五世的进攻的时候，混乱中的希腊世界目睹了另外一个希腊城邦所能做出来的壮举。[239] 这一详尽和充满恐怖的叙述的最后一个部分告诉了我们男人是如何保护妇女和儿童的。当几乎所有的守城者都战死或重伤的情况下，他们没有杀死他们的妻儿，而是派人要求腓力停战。但当他占领了整座城市的时候，阿拜多斯剩下的男子就开始实施他们的计划，用剑刺死妇女、儿童和他们自己，或者把 119
他们扔进火堆，勒死他们，或者在水塘里淹死。最终，坚持到最后的人从屋顶上跳下来结束了生命。苟且地活下来对他们来说被当作是对那些为国家捐躯的人的一种背叛。没有半点的犹豫，整个家庭一起从容赴死。充满惊恐的国王被抓到了，但他不得不承认错误全要归咎于他自己，因为在围城之初，他拒绝了居民们“每个人除了身上的外衣什么都不要拿”就出来迎战的请求，要求无条件地投降，这座城市对他来讲已经没什么用处了。

对于显赫的家族来讲，那些被打败的王公和僭主，除了集体自杀之外也没有别的选择，因为其所有的成员将要面对的也是以最恐怖的方式实施的杀戮。即使他们的征服者十分仁慈，一些统治者的家族成员们也不想选择继续活着。帕佛斯（Paphos）的君主尼科克里斯（Nicocles）有一个与安提格努斯联合起来共同对抗托勒密 · 拉吉（Ptolemy Lagi）的秘密协议，后者已经是塞浦路斯的最高统治者，他派出了两个使者去刺杀尼科克里斯。他们从这个岛的埃及指挥官那里征得一支军队，把尼科克里斯包围在他的城堡中并告诉他他必须死。在为自己做了短暂的辩解之后，他自杀了，他的妻子杀死了他的尚未出嫁的女儿们，并且劝说尼科克里斯的姐妹们也选择死亡，尽管托勒密已经承诺保证其家族中所有女性的安全。当城堡中充满了突然的死亡和放声的痛哭的时候，国王的兄弟们锁上了大门，把整个宫殿付之一炬，然后自杀。[240] 要是在现代，除了尼科克里斯自己之外，所有的人都会通过缴纳一定的赎金而活下来。

更晚的时候（在公元前 78 年之后），一个名叫齐内克托斯（Zeniketos）的帕姆菲利安海盗头目在他的堡垒中烧死了自己和全部家人。他曾经占据着陶鲁斯（Taurus）的岩石海岸，那时候塞维里乌斯·伊索里库斯（Servilius Isauricus）正准备用一个罗马中队击溃他。[241] 仍然被看作附属于希腊世界的密特里达提（Mithridates）在公元前 64 年得到了另外一种不同的结局。在潘提卡皮乌姆（Panticapaeum）的宫殿中，他的最后剩下的卫兵也到他的儿子法纳西斯（Pharnaces）那里去了。经过或者没有经过他们的同意，他首先毒死了他的女人和他的其他儿子，然后自己喝干了毒药。但药却没有起作用，他可能是命令一个皇家的凯尔特人把他杀死的，或者是被法纳西斯打进来的军队杀死的。[242]

公元前 31 年，在位于亚历山大里亚的克里奥帕特拉的宫殿中，这位女王和马克·安东尼坐在一起，围绕着他们的并不是一个家族，而是整个宫廷的所有人，准备一起自杀。[243] 这一场景（*synodos*）那时曾经
120 被人们称为“杰出生命的相依相伴”（*amimetobioi*）。在从亚克兴回来之后，则改为“那些将共同赴死的人”（*synapothanoumenoi*）或者自杀俱乐部。女王亲自拿出各种各样的毒药，先把它们在犯人身上试用，看看哪一种是痛苦最少的。蝮蛇的一咬被证明是最合适的，因为其他种类的能够快速致人死命的毒药太令人痛苦了，使人失去知觉所用的时间太长。我们并不知道到底这个集团中有多少人在这个惊人的事件中实现了他们的诺言，但可以肯定的是，只有少数忠诚的侍女与克里奥帕特拉一起死了。

从最早的时候开始，就存在一个普遍接受的法则，那就是希腊的妇女必须自行了断自己的生命，不能落在残酷的敌人手中，甚至基督教神学也主张那些受到强暴威胁的女性实施自杀。最好的方式是用绳子勒死或者上吊。奥林匹亚女王为她的继女欧律狄刻（Eurydice）列出毒芹、宝剑和绳子三种自杀的方式，欧律狄刻选择了最后一种。[244] 尽管欧里庇得斯的剧中的海伦说过，上吊是不光彩的，甚至都不适合奴隶，她认

为剑刺更符合时尚。[245] 有名望的家庭中的女儿们似乎早已在这件事情上做好了准备，其具体的指导意见通常是由她们的母亲做出。在公元前 3 世纪，在埃里斯的僭主倒台的时候，他的妻子悬梁自尽，他的两个女儿允许在没有受到强暴之前实施自杀。大女儿解下了她的腰带，缠绕在她的脖子上，吻了她的妹妹并告诉她要好好看着，细心地模仿她的动作；但是妹妹请求姐姐允许她先死，于是她的姐姐就向她演示了如何把绳套绕在她的脖子上。当她确信年轻的妹妹已经死亡，就拿东西盖上了她的尸体，只求敌人能够体面地将她下葬。即使这些“僭主的敌人”在目睹她们死去的时候也不免潸然泪下。[246]

与此同时，在另外一个十分不同的群体中也有类似的事情发生。在开俄斯发生了一场持续了很长时间的奴隶起义，由一个叫德雷马库斯（Drimacus）的人领导。他的年纪已经很大，有人用高价悬赏他的首级，他请求他所爱的人把他的头砍下来去领奖金，这个人就真这么做了。

希腊人对这样一个复杂的论点并不陌生，那就是巨大的危险，通常一开始是政治上的危险，可以赋予人们自杀的权利，或者迫使人们必须自杀。继续活下去可能会很尴尬，即使去死也并不好过。

在最广泛的意义上，活下来会很“丢人”，所以人们在情感上一般就会自然而然地赞成自杀。在欧里庇得斯的《海伦》（*Henlen*，830 和 981）一剧中，在普洛透斯（Proteus）的坟墓旁，墨涅拉俄斯两次说到了在必要的时候他将杀死他的妻子然后自杀，他用了非常具有说服力的词汇以加深听者的印象。当然这并未真的发生——这只不过是诗人为了 121
激发观众的情绪——但是却表明“依恋生命”（*philopsychia*）是一件不光彩的事。这是希腊人应该竭力避免的，就像剧作家们竭力不使他的英雄人物染上这种毛病一样。索福克利斯说，“只有一个懦夫或者傻瓜才会在灾难降临的时候抓住生命不放。”[247] 仆人和奴隶经常受到“依恋生命”的责备，这是使他们有别于自由人的一个低下的特征。[248] 阿伽托克里斯在他的非洲军营中平息了一场暴动，方法就是威胁士兵——他的“同志们”——说他要自杀，他说仅仅由于怯懦和怕死而向一场暴行屈服不是他一贯的做法[249]。于是他们很快就在他的领导下取得了胜利，而迦太基人正在盼望着他们叛逃。

自杀的权利总是冠以漂亮的说辞，至少曾经被一个著名的国家首脑赞美过。在公元前 222 年，斯巴达最后一位国王克里奥蒙尼，在塞拉西亚（Sellasia），他连同他的整个希腊盟邦被阿卡亚联盟击败。他说到一个同伴劝他自尽，说这样做之所以合情合理，原因并不是作为一种出路，而且作为一个政治行动。[250]他说他活下去或死掉都不是为了自己；如果他的国家已经没有了希望，那么他也就到了从容赴死的时候了。他显然想在希腊的事业上通过自己的努力去取得一些可能的进展，为此他立即赶往埃及。后来，在托勒密 · 菲洛帕特尔（Ptolemy Philopator）那里，当所有的希望都成为泡影，克里奥蒙尼在亚历山大里亚港迎来了他最辉煌的结束，他和他的所有的追随者公开地集体自尽，他在家里许下的诺言实现了——不论生与死，都要为了斯巴达而行动。他们没有沦为俘虏，正像他所说过的，“就像养肥的动物牺牲”，体面地死去的愿望得到了满足。一种独特的荣耀感始终伴随着这个事迹。克里奥蒙尼命令他的爱人潘特俄斯（Panteus）到他们所有人中间去，体面地结束了（*coup de grâce*）任何活着的人的生命。当他为他的国王做了这最后一件事之后，那时他脸上的肌肉仍然在颤动，潘特俄斯拥抱了他一下，然后把剑刺进了他自己的身体。

半个世纪以后，马其顿的国王佩耳修斯在被罗马人打败之后幸免于难，在凯旋式上走过，在罗马的土地上度过了他的余生。他的臭名昭著使人很难相信他也像克里奥蒙尼那样的活下去是出于爱国的目的，与他同时代的人们当然都对他那种对生命的鄙俗之爱嗤之以鼻。实际上，当他恳求能否不要在凯旋式中示众的时候，获得胜利的将军阿密里乌斯 · 包鲁斯（Aemilius Paulus）曾经轻蔑地辱骂过他。[251]也就是在叙述这场打败佩耳修斯的战争中，波里比阿表达了他的观点，即那些领导人
122 物的自愿死亡是合情合理的。在三位将领的坚持下，部分厄皮洛斯地区
曾经与佩耳修斯的国家结成联盟。当灾难来临的时候，这三个人则光荣地（*gennaios*）自杀身亡。波里比阿说，他们是值得称赞的，因为他

们并不仅仅是一走了之；他们认识到了他们自身目前的处境已经使他们不能再继续先前的事业。另一方面，对于阿卡亚、忒萨利亚等城邦来讲，它们不存在明显地受到危害的迹象。诉诸调查并抓住每一个澄清自己的机会是完全正确的，因为在没有坏的预感的情况下，仅仅出于对政敌上的惧怕或强者的不公正待遇就过早地实施自杀是一个不明智（*agennaios*）的举措，反而适得其反了。波里比阿又在另一个事例中表达了一种完全不同的观点，他对佩耳修斯在罗得斯岛的两个主要的死党充满了蔑视。他们的罪行是确凿无疑的，对他们的祖国来说他们成为一种障碍，但他们仍然没有离开这个世界的勇气（*ekpodon*），而是在一切希望都化为泡影之后，出于对生命的依恋而苟延残喘。他认为，他们已经丧失了其子孙后代的所有的同情和尊敬。[252]

二十年以后，在公元前146年，在最后一次阿凯亚战争中希腊人基本上被罗马军队打败之后，绝望转变为疯狂，导致了无数的自杀行为。[253] 在很多地方，人们或者把自己淹死在水塘，或者从悬崖上跳下去，这些行为甚至使征服者也感到心碎，他们并没有想加害大多数人。

我们只需要简略地说一下几个哲学家的自杀，因为这个题目经常被讨论。关于这些事情的记载是不可信的，因为没有目击者，他们可能也并不想加以精确的查证。就像关于赫拉克利特之死有很多不同的传闻一样，一些自杀的故事十分明显地是编造出来的。

灵魂转世说的信奉者们是禁止自行结束其生命的，仅这一点就可以证明恩培多克勒（Empedocles）跳进了埃特那火山口的故事是不可信的。毕达哥拉斯主义教导人们，灵魂是作为一种惩罚寄居在肉体当中；自杀并不能把他们从“转世轮回的循环”中解救出来；一个在被神解救之前不能承受肉体痛苦的人将会更加痛苦，这就是毕达哥拉斯的信徒们能够耐心地等到老死的原因。[254] 除了这些，哲学家们声称他们的生命中还是拥有选择死亡的自由，自愿的死亡也逐步成为他们思想体系中的一个部分。色诺芬强调，在他的那些老谋深算的无情的陪审员面前，苏格拉底实际上用拒绝逃亡的方式选择了自杀。[255] 德谟克利特，在将近
百岁的时候下决心饿死，但家中的妇女恳求他再推迟几天，因为妇女的 123

节日地母节已经临近了，所以他每天吃一点蜂蜜以延续生命。作为一项法则，哲学家们选择死亡只是在他们接近山穷水尽的时候，或者是得了不可治愈的疾病。亚里士多德反对自杀，有确凿的证据表明他在查尔基斯（Chalcis）的死是由于自然的原因，尽管他对生命尤其是老年人有着非常阴暗的看法。对于犬儒学派的行为方式，我们只有一些轶闻趣事，尽管它们听上去都是十分典型的。狄奥格尼斯把一把匕首带给了生病的安提斯第尼，他没有立即将自己刺死，因而受到了“依恋生命”的责备。[256] 当狄奥格尼斯自己病入膏肓的时候，有人劝他结束自己的生命，但是他做出了这样的回答：“如果人们还知道生活中该如何行事如何讲话的话，那么他们继续活下去是正确的。比如，你最好去死。”然而，当他年满九旬的时候，狄奥格尼斯还是死于自愿地窒息。[257]

我们已经提到过昔兰尼的赫格西亚斯以及他的深刻的悲观主义信条，这据说使他的很多听众自杀身亡。关于这件事情的主要文献没有保存下来。它是一篇发生在一个要把自己饿死的人和劝说他要活下去的朋友之间的对话。埃雷特里亚学派的创立者美涅德莫斯死的时候 74 岁，他在安提格努斯·格纳塔斯的宫廷中，把自己饿了一个星期，因为国王拒绝了他的解放他的母邦的请求（或答应他建立起民主制度）。[258]

伊壁鸠鲁教导说，不能忍受的痛苦成为离弃生命的正当理由，就像离开剧院一样。他自己死于 72 岁，就在得了一种不可治愈的疾病的两周之后。他把自己浸泡在热水中，喝下了没有掺水的酒。临终之前，他还说到哲学讨论所带给他的所有的快乐，请求他的朋友要记住他的教诲。斯多噶学派出于很多的原因允许自杀，不论出于何种痛苦都会把自杀视为理所当然的归宿。该学派的创立者芝诺，在一次跌伤之后，已经进入老年的他就上吊自杀了。[259] 克里恩特斯是在 80 岁的时候饿死的，进入帝国时代以后，很多斯多噶主义的信徒或者倾向于斯多噶学派的人，选择了自行了断他们的生命。[260] 马克·奥勒留（Marcus Aurelius）认为死亡在通常情况下是可取的，主要是为了那些照顾他的人，以及他所善待的人们。[261] 他为自己保留了采取一般的方式自杀的权力：“当人们不再允许我们活下去的时候，死亡无论如何都已经临近了，我们就应该放弃生命。如果房间里有烟的话，我会出去，但如果没什么东西迫使我出去，我会留下。”[262]

自己结束生命的著名学者还包括埃拉托斯提尼。在公元前 195 年，124
当他 80 岁的时候，双目已经失明。阿里斯塔库斯（Aristarchus）在 72 岁的时候死于塞浦路斯，因为患上水肿病。他们都是饿死的。[263] 公元前 2 世纪西米尔那的一位修辞学家和诡辩家，里科斯（Lycos）的劳狄西亚家族（Laodicea）的伯勒蒙（Polemon），当他患上了严重的中风，于是就躺在了他的坟墓中，以同样的方式死去。死之前对他充满悲伤的家人说：“再给我另外一个躯体的话，我将继续滔滔不绝地说下去！”[264]

死于自杀的最后的著名哲人是犬儒学派的佩里格瑞努斯·普洛透斯(Peregrinus Proteus)。公元 168 年在奥林匹亚节日期间，他自焚而死。通过这样的行动，希腊人对荣誉的热爱——这种东西早已迷失在所有其他的志向中——自编自导了其最后的终场，作为赫拉克利斯式结局的巅峰之作，用尽了所有的广为人知的方式。[265] 的确，它发生在这样的一个世纪，其中充满了对广为弥漫的邪恶的悲叹。对于听到那些对整个世界、众神和人类的充满蔑视的话语，人们已经习以为常了（语出琉善）。[266] 是到了另一个世界起而取代旧时代的时候了：通过 1000 个殉难者，这个时代展现出一种同样强烈的死亡意愿，但是生命却拥有了一种全新的和崇高的目的。

希腊文明

第一章　介绍性的评论

我们可能希望具有代表性的艺术作品能够最完全地反映出希腊人 127
的体格，但是这个愿望仅仅是部分地实现了。艺术反映的并不是普通的情况，而是超常的情况，在理想原则的指导下被选择出来并进行了加工。它仅仅能反映出那些人们头脑当中所热爱的和美好的东西，反映人们喜欢看的东西。即便如此，艺术还是提供了强有力的证据来证明希腊人是优美的。一个丑陋的民族是不能够仅仅通过向往而创造出这种优美的东西来的，艺术品中所传递出来的优美的东西在现实中一定是可以看到的。除了陵墓中发现的可以帮助我们建立起一个基本的模式和结构的那些东西之外，我们必须主要依靠文字材料，但由于希腊人关于他们自身的美的观点不可能当作理所当然的东西加以叙述，所以我们不得不等着局外人来提出他们的看法。这种文献确实存在，尽管时代较晚（公元 5 世纪初）。它是阿达曼提乌斯（Adamantius）的《面相学》（*Physiognomica*）当中一个很重要的段落，是 O. 穆勒（O. Müller）发现的。[1] 在这里，一个受洗过的犹太人把希腊人说成是一个很了不起的种族。除了一些普通的描述之外，他说他们“个子足够的（*autarkos*）高，健壮，皮肤白皙，拥有形状好看的手和脚，中等大小的头颅，结实的脖子，优美的棕色的波浪形软发，方脸（*prosopon tetragonon*，不是椭圆形，但有相当强壮的颧骨），嘴唇柔软，鼻子笔直，眼睛有光泽且富于表现力（*ophthalmous*，*hugrous*，*charpous*，*gorgous*）：他们拥有全世界最美丽的眼睛”。

这篇有趣的描述是此类文献中惟一的一篇，所有其他的文献只能
128 提供部分的信息。在有的记述中，在这个民族中的某些部族，比如爱奥尼亚人被认为特别的英俊。[2] 还有的列举出很多美丽的要素，也就是某种理想的单个特征，把这些视作是超于寻常的，而非普通的和典型的特征。[3] 再者就是把这些要素与时间的变化相联系，注意到美丽的衰退。例如，西塞罗观察到，当他在雅典停留的时候，那里已经没有漂亮的年轻人了。[4] 亚里士多德对美的看法十分重要。在一个让人意想不到的地方，在《政治学》(5. 7) 中他断言，与他用于国家的逻辑相同，不同类型的身体同样是健全的：拿鼻子来说，如果我们没有特意区分的话，与最美的直鼻梁相比，一个向内弯曲的鼻子和鹰钩鼻子同样也很漂亮。根据他的观点，美也可以在局部获得，所以我们可以说有双重的美。比如，五项全能的竞技者不仅要训练速度而且还要训练力量；一个年龄阶段和另一个年龄阶段的美是不一样的——老年人可以像青春勃发的年轻人一样地拥有美。[5] 很显然，抛开理论，我们总是能够在很多种不同的形式中欣赏到美。[6]

与现代人形成鲜明对比的是，希腊人不仅非常强烈地受到美的感染，而且他们还普遍地和直白地表达出对其价值的确信，他们竭尽全力地从伦理学的角度把它视为一件非常脆弱的天赋。首先，人们不加掩饰地和公开地祈求美。一个例子就是有个斯巴达孩子，后来她成为德马拉图斯的妻子，因为她的丑陋，她的保姆每天都把她带到位于特拉普纳(Therapne) 的海伦神庙。在那里，保姆站在最美丽的女子的雕像面前，祈求神让这个孩子变得漂亮起来。一天，一个女人出现了，抚摸了一下孩子的头，许下诺言说，她将成为斯巴达最美丽的女子，于是她真的立即变成了最美丽的女人。[7] 美人还能够在死后得到半神一样的荣耀。实际上英俊本身就会使敌人把一个男子想像为半神，而且相信杀死他的话会受到惩罚。所以，塞契斯塔人 (Segestans)* (他们只是一半的希腊人)

---

* 塞契斯塔，西西里岛西北部的一座城市。

为克罗顿的腓力——一位奥林匹克运动会的获胜者，他的时代最英俊的希腊人——修建了一座纪念碑（heroon），并向他奉献供品。他是在与塞契斯塔人和迦太基人的战斗中阵亡的（大约公元前 510 年）。[8] 还可能会出现这样的情况，一个冲向敌人的战士会由于年轻俊美而免于伤害，因为他们看到在他的身上有一些超乎于凡人的东西。在这种情况下，民族的偏见将被抛在一边。正像我们从以下的事实中所看到的，波斯的将军马西斯提乌斯（Masistius），在普拉提亚战役之前的一次小的遭遇战中被杀死，然后被抬着绕场一周，因为所有的希腊人都想一睹他美丽的尸首。[9] 甚至薛西斯自己也把他的美貌视作最有价值的品质，因而使他成 129
为众人的首领。[10] 对于我们自己的思维方式来说，尤其使人吃惊的是一个人能够不加掩饰地夸耀他自己的美貌。在色诺芬的《会饮篇》（4. 10f. ）中，克里托布鲁斯（Critobulus）坦率和详细地叙说了他是多么看重自己的英俊，并补充说，即使拿波斯的王权来交换他的美貌他也不干。对于那些将来要统治国家的儿子们的首要的希冀就是他们的外貌必须与他们的命运相匹配。最重要的是体形应该与其社会上层的身份相符。[11]

希腊人一定要通过人的外貌洞察人的内心，认为相貌可以透视出信仰。这就是我们从亚里士多德那里看到的面相学的基础。[12] 他们确信美貌与精神上的高贵之间存在着一种必然的联系。

从一个小的细节就可以看出希腊人和我们是多么的不同，那就是他们在整个身体上涂油的习惯，这在我们看来是不可忍受的。他们的外观由于他们所穿着的精致而简单的衣服式样而得到了提升。即使是穷人穿的斗篷，也是以每天半个奥波尔的价钱从漂洗工那里租来的。如果穿上去十分得体的话，看上去和富人的没什么区别。[13]

在这里还要提到希腊人热衷于一种健康的生活的事实。很多人活到很大年纪，我们可以肯定这绝非虚假。很多有名的希腊人能够健壮地活到老年，这也很值得注意。甚至荷马笔下的涅斯托尔完全不知老之将至；[14] 而大量著名的诗人和哲学家非常长寿，就像那些伟大的意大利艺术家那样，他们最重要的作品通常是在他们最后的岁月中完成的。

索福克利斯是在老年的时候写出他的《菲罗克忒忒斯》（*Philoctetes*）和《俄狄浦斯在克罗努斯》的，欧里庇得斯的《酒神》也是如此。他们两人不约而同地哀叹衰老，并把它涂上一层最黯淡的色彩。其他的哲学家则很少受到这种情绪的影响，其中以琉善和他的《论长寿》（*Long Lives*）为代表。[15] 总的看来，作为一个种族的希腊人一定拥有一种十分旺盛的生命力，这使他们能够完成超于寻常的艺术成就，而不用担心着凉。当奥德修斯和狄俄墨得斯浑身大汗地从一次夜间航行中返回，他们直接跳进大海。当涅斯托尔（老人）和玛卡翁（Machaon）（乡村医生）激动地从战场上回来，他们立即把自己的身体暴露在海岸边的狂风中，这是现代所有风湿病患者最害怕的。[16] 我们也许会问一下古人是否注意过会使人生病的风口。

130 的确，这个民族强烈地要求跟上生活的步伐，使用的是一种我们今天所不能使用的方法，这主要是由于他们相信只有健康的生命才值得一活。[17] 就像罗马人一样，希腊人也具有一种对于任何不正常的事物的恐惧。生下来就是畸形和残废不仅对家庭来讲是一种灾难，而且对于整个城市、实际上是对于这个国家来说都是一件可怕的事情，这意味着人们要去安抚神灵。所以绝对不会考虑把一个残疾的儿童抚养长大。瘸子或驼背想方设法使自己不引起别人的注意是明智的举措，不然的话，他们就会落入到某个阿里斯托芬的手中。[18]

我们需要对希腊人的名字给予一定的注意。[19] 一个罗马人的名字前面首先要有他们的氏族（*gens*）的名称，然后是他们所从属的分支，而希腊人则只有他们自己的名字，只需要附带说明他们的父亲是谁和属于哪个德莫。与罗马人不同，希腊人的名字更具个体性。正如我们所知道的，在雅典，孩子通常是出生之后的第十天取名，并办一桌酒席。（参看阿里斯托芬的《鸟》，494）第一个儿子通常与他的爷爷同名，第二个与外公同名，第三个与他的父亲同名。例如欧里庇得斯，他是墨内萨克斯（Mnesarchos）的儿子和墨内西罗科斯（Mnesilochos）的女婿，他有三个儿子，名字分别是墨那萨奇德斯（Mnesarchides）、墨内西罗科斯和欧里庇得斯。[20] 但是名字也可以取自于其他的亲戚和朋友，尤其是客人。一个人的名字经常会重起，作为父亲或母亲的一项自由的发明创造而达成共识。

我们已经充分认识到希腊人在创造出大量的来自于神话人物的名字中所表现出的灵活性。甚至古代的德国人在这方面也取得了一定的成功。但是希腊的诗人们在炫耀他们的姓名的丰富多彩的时候，表现得更加自得其乐，这种名字的多样性在现代的任何一种语言中都是绝无仅有的。每一个神圣的或世俗的存在都给起了名字，不论他们这个群体是 10 个，还是 40 个、50 个，即使除了名字之外我们再也不知道关于他们的任何详细情况——例如我们在赫西俄德的作品中就遇到了那么多的半神。[21] 它们有一部分只是抽象名词，比如 Nike（胜利），Cratos（力量），Zelos（竞赛），Bia（冲动）。而从词源学上看，另一些名字是由指物转变为指人的，比如“盘旋”（hover），既是形容词，又是普通名词。50 个水中仙女（Nereids）的名字只是由赫西俄德凭空编造出来的。[22] 其中大部分与海洋生活、大海、天气和海岸等等事物有着一定的关联，但俄刻阿诺斯（Oceanus）和忒提斯的 41 个女儿的名字，其含义却完全不容易解释，似乎是从生命的不同方面拼凑出来的。[23] 但是，赫西俄德还知道命运女神（Moirai）、时序女神（Horai）、 131
美惠女神（Charites）和缪斯女神（Muses）甚至哈耳皮俄斯（Harpies）* 当中每个人的名字。荷马也不仅能够说出佩涅罗珀的所有求婚者们的名字，而且还有所有淮阿喀亚人的大量的姓名，其含义都与大海和航海有关。《蛙鼠之战》（*Battle of Frogs and Mice*）中的起名似乎只是小孩子的游戏，从诗歌的，尤其是六步韵的要求来看，这些名字很容易加入到诗句中，这种起名字的乐趣转移到了神话编纂者那里。继伟大的游吟诗人之后，波悉尼阿斯开列出希波塔弥亚（Hippodameia）的求婚者的名单，她是被俄诺玛俄斯（Oenomaus）杀害，被佩罗普斯埋葬的（6. 21. 7）。阿波罗多洛斯能够说出 50 个达那俄斯姊妹以及她们的求婚者的名字，

---

* 即美人鸟，长有少女的头、秃鹫的身子和锋利的爪，凶狠、污秽、有翼的怪物，陶玛斯和厄勒克特拉的女儿们。

除了一对夫妇之外，所有人直到死去也没有什么作为。他知道赫拉克利斯和忒斯提亚（Thestiadai）生的50个儿子的姓名，几乎所有的人都同时被闪电击中的吕卡翁（Lycaon）的50个儿子的名字，还有那些普里阿摩家族的人，也是50个，给出了埃俄罗斯家族（Aeolidai）详细的谱系。狄奥多洛斯也为阿玛宗人起了大量的名字（4. 16），还有提里恩尼亚（Tyrrhenian）的海盗，他们被狄俄倪索斯变成了海豚（《寓言》[*Fabulae*]，134）。艺术家波利格诺图斯（Polygnotus），也武断地为他在德尔斐的广场上的雕像编造出一套完整的姓名。[24] 这对我们来说似乎是一件苦差事，但对希腊人来说却纯粹是一种乐趣。

其他的民族也有充满意义的名字，比如波斯人，他们的名字被认为用来指明他们优良的体格特征和他们对杰出品质的热爱。[25] 但是希腊人的名字通常具有更多的含义。除了在起名字的过程中坏的征兆必须被避免，好的兆头则应该得到祈祝这样的事实之外，[26] 希腊人还从名字的动词或形容词要素中汲取行动的力量。起名者不厌其烦地创制这些复合词，从英雄以及人和物中萃取丰富的内涵。有一些是非常美妙的。[27] 当然，从历史周期来看，时尚也起了一定的作用。例如，在贵族普遍驯养纯种马（*hippotrophia*）的时代，当中带有“马”（*hippos*）的名字十分盛行。阿里斯托芬在他《云》（60ff. ）剧中就有一个著名的段落讽刺这种时尚。他笔下的主人公斯瑞西阿得斯说到他是多么想用他的祖父的名字 Pheidonides（“节俭”）为他还是婴儿的儿子来命名，但是其贵族出身的母亲却想给他起一个 Xanthippos（“黄马”）、Charippos（“福马”）或 Callippides（“骏马”）之类的名字，所以他们最终达成协议管他叫 Pheidippides（“节俭马”）。随着民主制度的完善，出现了很多为了纪念公民大会和著名的演说而起的名字，都是由 agoras 作为名字的后缀。其中包括 Aristagoras，Diagoras，Athenagoras，还有以 demos 作为结尾的，如 Charidemos，Nicodemos，Demosthenes。我们必须注意到泰米斯托克里和客蒙为他们的孩子起的带有某种野心倾向的名字，这
132 些字经常是用来指称某个地区的。泰米斯托克里的孩子们的名字包括 Archeptolis，Mnesiptolema，Italia，Sybaris，Nicomache，Asia。客蒙的

儿子们则包括 Lacedaemonius，Eleius 和 Thessalus。[28] 科林斯的海军将领阿德曼图斯的女儿们的名字则都隐含着在战争取得胜利的意思——它们是 Acrothinion，Nausinike 和 Alexibia。这种野心还能够在老狄俄倪索斯为他的两个女儿所起的名字 Sophrosyne（意思是"中道"）和 Arete（意思是"优秀"）当中看到。皮洛士的一个孩子名叫 Nereis，墨洛西斯国王涅俄普托勒摩斯的孩子中有一个叫 Olympias，一个叫 Troas；[29] 最常用的名字是阿喀琉斯。[30]

给奴隶起一个名人的名字是很糟糕的事情，吕西阿斯提到过（残篇，67）一个人管他的奴隶叫穆赛俄斯（Musaeus）和赫西俄德。[31] 奴隶的名字通常短小和简洁，为了叫起来方便。有时是取自他们的家乡，如 Lydos，Sydos，Iapyx，[32] 或者只是在那些地方常用的名字，所以一个佛律癸亚人就会被叫作 Manes 或 Midas，一个帕弗拉格尼亚人（Paphlagonian）叫作 Tibios。[33] 在继承者们（帕纳里斯特［Panariste］，马尼亚和格特西内［Gethosyne］）[34] 的法庭中，女孩常常拥有优雅和动人的名字。与男子相比，女人的名字可能更为简单。

动物也拥有数不清的极为多样的名字——在《论狩猎》（*Cynegeticus*）中，色诺芬给选出的 47 条狗都起了名字，为了叫起来方便，都是双音节词。波悉尼阿斯记录了有史以来属于奥林匹克运动的竞技者们的马匹的名字，还有玛耳玛克斯（Marmax）和阿德拉斯托斯的那些战马。[35] 的确，神话在这个方面的材料就像其他的方面一样丰富。我们不仅从荷马那里知道了赫克托耳的 4 匹战马的名字——它们是 Xanthos，Podargos，Aithon，Lampos（《伊利亚特》第八卷，185）——而且从其他的资料也知道了波塞冬、狄俄斯库里兄弟（Dioscuri）、福玻斯（Phoebus）和厄俄斯（Eos）的马匹的名字。杀死拉奥孔的儿子们的两条蛇名叫 Porkes 和 Chariboia，[36] 格律翁的被赫拉克利斯杀死的狗名叫 Orthos；[37] 阿克泰翁（Actaeon）的 4 条猎狗也都有名有姓——可能有些奇怪的是，他并没有告诉我们所有的 50 条狗全部的姓名。[38] 最后，一个为武士西帕蒙（Hippaimon）写下的古老的墓志铭上还记下了他的马的名字 Podargos、狗的名字 Lethargos 和奴仆的名字 Babes。[39]

名称还由于同一个地方分裂为两个或更多的地方而不断增生，可能是由于新的定居者的到来，旧有的名字就被看成了神所使用的名字。所以同一个岛屿可以被叫作 Parthenia，Anthemos，Melamphyllos，罗得斯岛和萨摩斯岛还有三个另外的名字，优卑亚有四个名字。[40] 另一方面，有好几座城镇都叫拉瑞撒（Larissa），[41] 但河流的名字却明显地稀少，叫作 Asopos、Acheloos 和 Cephissos 的河流有四五条。[42]

133 到底希腊人拥有哪些有别于野蛮人的天赋，要回答这个问题非常困难。经过那些不同种族的融合而造就的希腊人本身就仍然是一个谜题，我们永远不能判断出腓尼基人在多大程度上是他们的祖先。我们也永远不能够知道在腓尼基人的城邦中，是否真的涌动过个人主义的精神，这对于一个生活在自由的城市里的人们是不可或缺的。与所有其他的古代东方国家相比，与他们热衷于物质生活相反，希腊人热衷于纯粹的精神生活。与他们在精神上受到种族或专制的奴役相反，希腊人表现出纯粹的自由精神。在城邦为人们带来了一个新的生活坐标的同时，国家和崇拜的数量众多和多样性造就了心灵的自由。与团体和社会的凝聚力相结合，从很早开始就有一些更高和更积极的东西——那就是对其他人的学习和认同，欣赏不同的文化，很快就超越了民族本身的限制；它被看作是一种人类的使命。在《圣经·创世记》(2. 19）当中，耶和华把所有田间的野兽和空中的飞鸟带给人类，看看他如何称呼它们，这种称呼也就成为它们的名字。但希腊人在另外一种完全不同的意义上都是 *meropes*（命名者和沉思者）。当整个希伯来人的想像围绕着作为其核心的神权帝国演进的时候，希腊人富于观察和造型的天赋却在所有空白的事物上创造出了美。个人当然要坚实地立足于他自己的城邦，与其他地方相比，他更加强调自己是城邦的一个组成部分。但是同时，由于希腊人的气质已经认识到需要超越这个城邦，所以一种强有力的公民的身份感与第一次出现的与整个世界相一致的普遍意识结合了起来。这种情形由于希腊人在诗歌和艺术上的伟大创造力而得到了加强。从很早的阶段开始，人的多样性对他们来说是如此的令人着迷和值得赞美。甚至在荷马史诗中，对变幻无常的世间万物的外观的热衷，就像使用情感塑造灵魂那样，就已经完全被激发起来。从一开始，诗歌就成为理想世界的图景，造型艺术则在视觉王国中创造出了最优美动人的形体。

这个问题依然存在，那就是希腊人是否有些缺少温情。在这里，主
观的抒情诗对我们来说很有价值，但是他们却没有保存下来。我们只有
一些片断，在大多数情况下，它们都是强有力的，就像史诗、哀歌诗和
讽刺诗那样。但是这在城邦所造成的各种后果面前却显得黯然失色，这
些后果见于城邦对人性可怕的滥用，还有希腊人彼此给对方带来的毁
灭。我们只能对失去的东西感到惋惜。但这并不能阻碍我们从这个天赋 134
甚高的民族那里学习我们能够学到的东西。值得赞叹的东西远远多于有
争议的东西。

第二章　英雄时代

135 在对不同的文明作出评价时，我们现在趋向于从“发展”和“发明”的意义上去考虑问题。如果用这种方式来评价的话，希腊人是十分糟糕的。埃及人和巴比伦人早在几千年以前就以勤劳而著称，在他们开始公然地借用和偷窃其他民族的成果之前，在手工技艺、工程和化学上已经取得了很多最辉煌的成就。“希腊人没有留下一项值得一提的实用的发明创造”，海武德（Hellwald）说，“甚至在思想和创造领域，他们完全没有对近东产生过什么有力的影响。”[1]

一个人可以这样地回应海武德的说法，那就是他们所做的仅仅是在他们接触过的东西上留下他们的印记。说到发展，有两件事情要提到。第一，认为精神上的发展必须以物质上的进步和生活上的改善为前提，蒙昧主义只有在贫穷被战胜之后才会消失，这种想法很明显是错误的。对某些幸运的民族来说，即使物质文化处于一个很原始的水平上，完全没有海武德所高度赞赏的“舒适的东西”，处在与“奢侈”的生活完全不同的痛苦当中，我们也能够看到与人们的内在生活相连的最完美和最丰富的美的创造。[2] 例如，在精神的优美和精致上面有哪个能够超越瑙西卡（Nausicaa）的故事？同样，物质的富足和生活条件的优越并不能保证消除愚昧。在奢侈的虚饰下，从这种发展中获益的社会阶层往往会表现出极端的浅薄和粗俗，那些与发展无关的人就更是如此。此外，发
136 展带来的是对地球表面资源的开发和消耗，随之而来的是城市人口的过

度增长。简而言之，发展带来的一切都将会使文明走向衰落，在这种状况下，世界不得不向大自然中尚未开发的力量寻求“新鲜的血液”，也就是说，寻求一种新的原始或野蛮状态。

所以，我们不想从他们的外部的、物质的方面描述希腊人，我们很高兴能够略过他们从近东继承下来的物质生活条件的讨论。他们自己基本上并不嫉妒其他民族所取得的发明和发现，即使他们的骄傲也会偶尔使他们感到能够取得这种成就也不失为一件很好的事情。[3] 在神话学中，文明的进步被人格化了，其中，普罗米修斯把火带给了人类，所以他们不必再吃生肉。

我们不必讨论起源的问题，尤其是所有人类假想的最初的国家，尽管卢克莱修（Lucretius）所描绘的图景还是很值得一读（《物性论》[*On the Nature of Things*]，卷五），它很可能来自于伊壁鸠鲁的教导。我们也不用讨论史前人类，讨论马其顿的穴居者和湖边的定居者，或是被推断出来经过佛律癸亚到达此地的印度－日耳曼移民的持续的浪潮，或者是真的很倒霉的皮拉斯吉人（Pelasgians）。而且，只有在神话中，英雄们才活着存留到了我们的时代，尽管通过考古发掘可以找到任何时候的新的遗迹，但我们并不关心谁真正地统治过，谁在古代的伊利昂（Ilion）、奥克美诺斯（Orchomenos）、梯林斯或者迈锡尼曾经任职，[4] 我们只需简要地提及在其神话还没有在家乡形成的时候在他们的边界之外关于希腊人的种种传闻。

英雄时代的神话把这个遥远的古代世界同历史时代分离开来，有时只是一层轻薄的面纱，有时则像坚实而厚重的幕帘。在它的远处，我们可以看到一些微弱的闪光，或者听到兵器的撞击声，马蹄的声音，遥远的哭喊声和有节奏的划桨的声音。这些过去曾经发生的事情的声音和影像不再能够作为一种真实的历史事实进入到我们的视野当中。我们对于不能做到这一点并没有感到丝毫的遗憾。那些古老时代的海盗们可能会感到高兴，我们关于他们的确切知识是如此的稀少。我们现有的知识可能并不足以启人心智。但正是这个帷幕把实际存在过的、短暂的东西转化为了永恒。

我们还要省略掉关于传说中的移民和最早的神话中有关城市征服活动的考察。我们已经根据我们的需要讨论过很多关于移民的问题（在上面的“希腊人和他们的神话学”部分）。关于征服，也说到过赫拉克
137 利斯在不同的时期和境遇下征服过很多城市的故事。无论如何，像雅典和底比斯这样的城市非常骄傲于在历史记载开始以前已经发生过很多事情。我们不禁要问，在整个世界，是否还存在另外一座像底比斯这样的拥有如此之多的命中注定的先辈们的城市？[5]

在结束这个被排除在外的事物的清单之前，我们还需省略掉关于不同的希腊部族的特征的描述。不论是在建立殖民地的过程中关于他们之间的不同点的旧有的说法，还是后来在伯罗奔尼撒战争当中的记载，在修昔底德的书中（1. 124. 1），科林斯人作出过这样的评论：“我们必须帮助波提狄亚人，因为他们是受到爱奥尼亚人围攻的多利亚人。”至少在后来，这些区别只是作为特殊的说辞被提出来的。

作为历史上著名民族的希腊人在其不同的存在阶段有着非常不同的分布状态，所以我们必须不断在他们的地理界限上做出相应的变化。因此，即使对神话时代来说，我们也不得不把前特洛伊时代、特洛伊时代以及英雄们返乡时代的地理范围区别对待。但是我们可以抛开这一古老的观念，那就是风景本身也处于变化的过程中。人们认为，赫勒斯滂、厄皮洛斯和麦西纳（Messina）海峡都是从从前连在一起的大块陆地中分割出去的，莱丝波斯岛曾经是埃达山的一部分，奥萨是奥林匹斯山的一部分，等等。

在传说的地区中最重要的当然就是伯罗奔尼撒和西部的岛屿，还有海拉斯（Hellas）和忒萨利亚，但埃托利亚甚至厄皮洛斯也受到过颂扬。马其顿和色雷斯的相当一部分沿海地区也被认为属于希腊人。佩里托俄斯（Perithous）和伊克西翁（Ixion）统辖着格尔顿（Gyrton），还有奥林匹斯山脚下的佩尔哈比亚（Perrhaebian）的马格尼西亚（Magnesia）。帕勒涅半岛是被赫拉克利斯杀死的巨人们的家乡。佩勒贡（Pelegon）的儿子阿斯特洛帕俄斯（Asteropaeus）是后来的马其顿的一个原住民；阿布得拉（Abdera）的名字来源于阿布得洛斯（Abderus），他是被狄俄墨

得斯的马吃掉的。萨莫色雷斯（Samothrace）是伊阿西翁（Iasion）和达尔达努斯的家乡，也是俄尔普斯的故乡，他来自史诗中的色雷斯，或皮厄里亚（Pieria），曾经生活在皮姆皮来亚（Pimpleia）的乡村中，靠近狄翁（Dion）。

接下来，小亚细亚的西北角，还有莱丝波斯，在神话中非常有名。《伊利亚特》表现出对整个的埃达（Ida）山脉地区非常熟悉。在那里的宫廷，荷马的前辈们可能演唱过他们的歌曲。[6] 阿耳戈船英雄前往科尔喀斯（Colchis）的航行在英雄神话中留下了一席之地。由此向南，神话
还注意到了弥西亚（Mysia）的佩尔加蒙（Pergamum）（就是后来的关 138
于奥革［Auge］和忒勒福斯［Telephus］的传说的地点）一直延伸到西匹罗斯（Sipylos）山这个区域，那里是坦塔罗斯（Tantalus）、佩罗普斯和尼俄柏（Niobe）的家乡。另一方面，除了荷马曾经生活在那里并演唱他的歌曲这个事实之外，整个的爱奥尼亚地区，就像卡里亚（Caria）一样，似乎被隔绝在神话学的中心之外，尽管其海岸地区并不是没有其自身的宗教神话。不知什么原因，爱奥尼亚人肯定缺乏必要的力量，或者失去了良好的时机，去把他们自己融入到神话的主流中去。正因为如此，我们才不大能够接受库尔提乌斯（Curtius）以及其他人提出的观点，即他们是多利亚人到来之前的原住希腊人。然而，罗得斯岛从很早的时候起就是来自于克里特的泰尔奇尼斯人的所在地，并拥有达那伊得斯姊妹在林多斯建立起来的雅典娜神庙。里西亚（Lycia）在神话中出乎预料地有名，因为它拥有古老的阿波罗崇拜，关于勒托在那里为她的孩子们建立起一个避难所的神话传说，还有关于柏勒洛丰和喀迈拉（Chimaera）的神话。[7] 还有一些岛屿也在神话中得到了颂扬，克里特是其中最为重要的。至于在帕姆费里亚（Pamphylia）的沿岸地区，在奇里乞亚（Cilicia）以及塞浦路斯建立起来的城市，我们对于找到他们就是希腊人或者如何变成希腊人的证据并不抱什么希望。除了那些声称他们自己的起源与从特洛伊返乡的英雄相关之外，偶尔也有个别的城市试图找出更早的联系。[8] 如果其神话可以一直回溯到腓尼基或者埃及（安德洛墨达［Andromeda］、布西瑞斯和普洛透斯［Proteus］）的话，

那么这不过就是一个美丽的故事罢了。

对于西方还有小亚细亚的南岸来讲，问题则在于其神话是否非常久远或者是否仅仅是后来的殖民运动的一种反映；但在通常情况下，十分明显的是，神话只是随着殖民者的到来而出现的。我们现在想到了撒丁岛的伊俄拉俄斯（Iolaus）的追随者（狄奥多洛斯，5.15）；据谣传，所有这些地方赫拉克利斯都曾经驻足，那些石柱就是以他的名字命名的。[9] 特洛伊的逃亡者，包括帕多瓦（Patavium）的建立者安忒诺耳，[10] 到达西西里直到拉丁姆（Latium）的埃涅阿斯，[11] 在西西里的特洛伊人埃里迈恩斯（Elymians）。[12] 归返的希腊英雄们，尤其是狄俄墨得斯，他在整个亚德里亚地区的控制权以狄奥墨德岛（*insulae Diomedeae*，也就是现在的特雷米提岛［Isole Tremiti］）为标志，在斯特拉波生活的时代，他仍然被当作一位神灵受到威尼提人（Veneti）的崇拜。[13] 西部还产生了一位国王拉提努斯（Latinus），他让女儿们做好了嫁给任何一位新来者的准备，比如劳瑞娜（Laurina）就嫁给了洛克罗斯（Locros）。[14] 还有在厄里达诺斯河（Eridanos）上的法厄同，来自于忒萨利亚的皮拉斯吉人建立起凯雷—阿吉拉（Caere-Agylla）*，来自（埃里斯的）比萨（Pisa）的涅斯托尔是意大利的比萨的创建者，伊阿宋在埃尔巴（Elba），阿耳戈船英雄在伊斯特里亚（Istria），伊万达（Evander）在帕拉丁（Palatine），奥德修斯的同伴波利忒斯（Polites）在特美萨（Temesa）都建立起自己的城市，还有菲罗克忒忒斯（Philoctetes）在卢卡尼亚（Lucania）的佩特里亚（Petelia）和克里米萨（Crimissa）建城，
139 荷马的埃俄罗斯（Aeolos）在里帕瑞（Lipari）的岛屿和其他很多地方定居。[15]

在每个地方都存在一个双重的过程。一方面，希腊人很乐意把他们的同胞在旅行中的英雄事迹保存下来；另一方面，不论希腊文明从哪个地方进来，其他的民族都把他们的神话当作是一项精彩的发明创造而接受下来，并希望与他们自己的神话连结起来。但是，我们不再能够确定

---

* 意大利埃特鲁里亚城市。

希腊人向外扩展的冲动和其他民族在半路上迎接他们的热情这两种因素到底是哪个起到了关键的作用。

可以确定的是，所有地方性的东西都在神话中得到了关照，即使在天涯海角，诗歌都会找到它的感觉。像拉庇泰人（Lapiths）、马人（Centaurs）、侏儒族（Pygmies）等半虚构或者完全虚构的种族已经成为了构成英雄时代希腊人的生活的基本要素，它们挑战着也丰富着现实的生活。作为补充，索福克利斯对极北族人（Hyperboreans）的这块土地及其神秘的地形作了如此精彩的描述，斯特西克鲁斯（Stesichorus）* 也曾经唱到过怀抱金杯的赫利俄斯穿越海洋的航行，其中我们隐约地看到了一个壮丽的神话世界，其中大地和天空之间被看作具有一种巨大的、假想的关联。海洋之外住着蛇发女妖（Gorgons），在最遥远的边界住着夜神（Night），在那里赫斯珀里得斯姊妹（Hesperides）的歌声回响着。在大地的尽头，在所有这些声音之外，站着阿特拉斯（Atlas），用他的头和不知疲倦的臂膀支撑着天空。[16] 大洋用海水环绕着大地，然后自行流回。从它那里产生了所有的水流——大海、河流和泉水，这必须由一种地下水流的观念加以解释。太阳从大海中升起，从大海中落下，星星就像神灵们那样在大海中沐浴。所有优美的和可怕的事物都可以在大海中找到。埃提奥匹安人（Ethiopians），西米瑞恩人，冥府（Elysium），佩尔塞福涅（Persephone）的丛林，还有正如我们所说到的，蛇发女妖，斯堤克斯（Styx）的水流都是其流程中的一个微小的部分。在这里，还有至福群岛（Islands of the Blessed），正如品达所言，它们也是在大洋微风的吹拂下变得凉爽起来的。[17]

但丁所描述的地下世界也可以通过考察而画成地图，这至少在赫西俄德的《神谱》（721—819）中的塔尔塔洛斯（Tartarus）** 那里不能做到。一个铜砧从地面掉下去需要九天九夜的时间；这块地方也被一堵黄铜做的墙围绕，黑夜在其侧翼来回流动；上面生长着大地和海洋的根系——

---

* 斯特西克鲁斯（公元前 632—前 556），古希腊抒情诗人。

** 大地的最深处，是个深坑，在冥土下面。

我们可以把它们想像成为一个圆拱形的屋顶——在雾气笼罩的黑暗中，提坦巨神们被绑着坐在那里。在那里，还有大地的来源（即起点）和终点，还有塔尔塔洛斯自身、大海和布满星星的天空；它们也被描述为可怕的、朽烂的，对神灵们自身来说也是一些很可怖的东西。这个地方是
140 一个巨大的深渊，不断地被来自于所有方向的暴风猛吹着，那里矗立着一座黑夜之屋。外边站立着阿特拉斯，支撑着苍穹，在那里（很显然是在塔尔塔洛斯的门口），黑夜和白昼飞速地转换着，一来一去的时候相互问候，它们穿越过巨大的门槛。

我们需要用一个词来形容希腊神话编制的精心及其在流传的过程中所使用的形式的多种多样。正如希腊人所了解的，这些形式是五花八门的。它超越了世界上任何其他民族的史诗，成为循环史诗的一个伟大的序列。它也是戏剧的源泉，是以剧作形式呈现的宗教仪式，是完美的视觉艺术。最后，还有作品集，对诗作所写的注释等等。没有任何的神学体系对神话产生影响，没有大量的解说——至少没有留下什么记载——它也没有有意地被限制或者被窜改。

资料的含混还掩盖了关于神灵和英雄们的起源以及它们是如何被精心编制成一连串传奇故事的过程。的确，在其他的雅利安部族那里也能找到很多这样的要素和基本的特征，但是，通过其独特的结合点和动机，希腊的神话成为一种民族精神的伟大反映。这件工作可能主要是由游吟诗人来完成的，因为人们自身还是对相对独立的形象和故事更为感兴趣。实际的情况是，尽管他们在讲述过程中有完全的自由，但还是存在着某种一致性，共同享有对英雄神话的某种熟知。这一点由以下的事实可以得到最好的说明，那就是虽然他们浪迹各地，分布甚广，但在游吟诗人的所有流派中都存在着一种神话的传统。[18]

在我们转向英雄的气质和行为这个话题的时候，有一个要点一定要引起我们的注意；[19] 那就是这时已经建立起来而且到很晚的时候还一直在起作用的希腊人生活的一个基本原则：

> 要一直做最好的，去超越他人。[20]

但这并不意味着英雄就一定要成为人类的典范。他所有的行为和热情都
会走向极端。他身上的理想主义主要在于他所表现出的美貌和活力。他
并不会受到灵魂的高贵、渴望尊严或者道德上的完善的困扰。他代表着
完全未受干扰的、自然而然的人性中的利己主义，无怨无悔但心灵伟大
而仁慈。只有这样诗人才能够把他的高楼大厦建立在坚实的基础之上。
在荷马史诗中有某种骑士般的谦逊，但没有迹象表明这是一种社会生活
的反映。[21] 悲剧作家遵循了这种范例，竭尽他们的所能描绘出一个天 141
真的世界，甚至在这个方面还加强和深化了。例如，索福克利斯在他的
《埃阿斯》中就是这样做的。

即使他的罪行不会破坏英雄的理想的品性，宙斯并没有因为用一个梦去欺骗阿伽门农而受到贬低。这些只不过是一些微小的过失：赫拉克利斯背信弃义地把伊菲托斯（Iphitus）从悬崖上扔下去，奥德修斯和狄俄墨得斯在答应了留住多隆（Dolon）的性命之后还是杀死了他，埃阿科斯的儿子佩琉斯和忒拉蒙出于纯粹的嫉妒杀死了他们的半个兄弟福科斯（Phocus），只是由于他在比赛中的杰出表现。但从总的情况来看，最可怕的行径并不是出于巨大的邪恶或者残忍。这并不是个人犯下的罪行，而是由于某种行为受到了诅咒，毫无疑问，是因为他们承担着某种神圣的复仇任务。因此，玷污之所以可以救赎，恰恰是因为罪责并不是很大，这个行动仅仅是情有可原的激情或仅仅是厄运的一种后果，或者实际上是正确的和值得嘉奖的。[22] 正是出于这样的目的，才会有所谓的净化仪式（*katharsis*），通常由一个英雄来主持，一定是在每次杀戮之后举行。在杀死皮同龙之后，阿波罗就需要举行这样的仪式。在宙斯·美里奇俄斯（Zeus Meilichius）的祭坛，在提修斯杀死了强盗和罪犯之后（其中的一个人叫作希尼斯［Sinis］，实际上与他的外公庇透斯［Pittheus］有血缘关系），菲塔里得斯（Phytalides）为提修斯举行净化仪式。即使在科洛部斯（Coroebus）杀死鬼怪波伊涅（*Poinê*，即“惩罚”）之后，也要在德尔斐举行净化仪式。[23]

英雄的主要品格之一体现在荷马笔下的奥德修斯身上，另一种则十分明确地体现在阿喀琉斯身上。这位英雄展现给我们的是他的向超人目

标的努力，他的过度的激情，对希腊人的不可抑制的仇视，除了他自己和帕特洛克卢斯，他盼望着他们的崩溃。接下来，他对他的朋友的死充满了深重的哀痛，对赫克托耳进行了可怕的和孤注一掷的复仇，而赫克托耳也促使阿波罗和宙斯给了他巨大的惩罚。[24] 抛开他所有的错误不论，他的确具有伟大的灵魂。他知道他注定短命，知道他的死会紧随着赫克托耳，但是与赫克托耳的忧郁情绪形成对比的是，阿喀琉斯在一种高贵的平静中面对死亡。最后，他全部的高贵展现在为帕特洛克卢斯的葬礼举行的运动会以及与普里阿摩的遭遇当中。他的这一神圣的超越过程——对此我们在整部史诗中可以找到很多证据 [25] ——在这里达到了终点。即使在这些最后的讲话中，就在他和普里阿摩之间已经建立起充
142 分的情感上的共鸣的时候，他仍然警告了这位只是有些表现出不耐烦的国王不要惹他生气，因为不然的话他害怕自己还是会杀死他。

英雄们所表现出的这种原始的残暴使我们想起了塞尔维亚人马克·克拉尔耶维奇（Marko Kraljevic），他即使在睡着的时候也很可怕。在被征服的人那里也是如此。例如，对于赫克托耳的死，处于悲痛中的普里阿摩用地上的泥土洒在他自己的身上并在地上打滚。即便如此还是悲痛不已，严厉地责怪他的仍然活着的儿子们（同时，这个场景也使赫克托耳和普里阿摩的其他儿子以及所有特洛伊人之间巨大的差距变得十分明显）。当赫库芭想把她的牙放进阿喀琉斯的身体里去咬食他的肝脏的时候也是如此。赫拉克利斯也毫无例外地拥有其凶残的一面。例如，在他拿下特洛伊的时候，他把剑刺向第一个冲进去的人忒拉蒙，因为他不允许另一个人在他前面立功，只要他能够按照常理稍微从忒拉蒙的角度考虑一下，就能够抑制住这一暴行。[26]

英雄最渴望的事情是永葆青春，像神那样地长生不死。赫克托耳在战斗中就曾经表达过这种想法，尽管还有一些英雄担任某种职务（*ex officio*）活到老年，就像荷马笔下的涅斯托尔和底比斯传说中的太瑞西亚斯（Tiresias）那样，他们正是因其高龄而受到人们的称道。

就品格而言，重要的是血统上的传承和养育关系。除了司空见惯的具有神的血统，妇女以及她们的出身也被诗人看作是非常重要的，尽管

与此同时我们也发现了这种令人痛苦的悲观主义的看法，那就是儿子们通常不如他们的父辈。伊索克拉底保留着传统的神话精神，对于阿佛洛蒂忒的赏赐，他的回答是，命运赐予的其他所有的礼物都会很快消失，只有高贵的血统是不变的，所以他选择了海伦为其生育后代，而另外两位女神的礼物则只能在他的有生之年享用（《海伦》，44）。对于“强者是由强者和优秀的人孕育出来”（*fortes creantur fortibus et bonis*）的确信在接下来的古风时代依然盛行，对于狄奥格尼斯（183 ff.）来说，不相匹配的婚姻会导致最巨大的痛苦。[27] 还有一个与此相关的信仰，那就是，优秀是天生的、永远不会变质的，而邪恶则是无可救药的。因此，由什么样的教师和保姆把孩子带大只具有次一级的重要性，尽管它在造就一个伟大的人物的过程中作为一个因素有时也给予了很高的评价。阿喀琉斯和伊阿宋都被看作是喀戎（Chiron）的弟子，而喀戎在神话中代表了教师的典范。[28]

英雄的伟大之处主要在战斗中表现出来，其中最惊人的时刻就是 143
在埃阿斯决定谢绝众神的帮助，以及在狄俄墨得斯把阿波罗的威吓抛开追杀埃涅阿斯的时候。只是在他“像一个恶魔一般”四次差一点追上他的时候，神用了很可怕的口吻对他说：“小心点！投降吧！神和人并不属于同一个种族！”这时他才最终调转头来（《伊利亚特》，第五卷，440—442）。[29] 的确，只有在战斗中，或在军营中，或是在被围困的城市中，所有的各种各样的英雄品质才彰显出来。只有在诸如忒耳西忒斯这样的人物的陪衬之下，才可以显示出英雄本色。英雄正是由于他自身的原因才会得到诗人的钟爱，就像他对于真正的编年史作家那样。我们可能会想到佛罗萨尔特（Froissart）*，我们永远也不会弄清楚他是站在法国人还是英国人一边。诗人没有说明他到底站在哪一边，他至少是站在胜利者的立场上。实际上，对于大多数从特洛伊回来的人来说，在诗人的嘴里，胜利都化为灰烬。[30] 在这些故事中，史诗所表现出来的欢乐主要在于战斗应该尽量的激烈，不断重复的诗句证明了这一点，

---

* 让·佛罗萨尔特（1337—1405 年），法国编年史作家，作品记述了英法百年战争的情况。

比如：

> 接着，那里响起了英雄们的哭号和胜利的欢呼声
> 人们杀人和被杀，大地上鲜血横流。[31]

诗人的中立立场最著名的例子是在《伊利亚特》的第四卷结尾处，阿波罗鼓励特洛伊人，同时雅典娜则鞭策希腊人，在一位客观的观察者的介绍当中，这个场面美妙地结束了。如果说荷马在哪个地方表现出对希腊人的偏向的话，可能就是在第三卷的开头，在向战场行进的过程中，特洛伊人在叫喊和喧闹中列队待发，就像鹤群去迎战海洋中的小妖精，而希腊人则在安静中行进，充满了勇气，下定决心共同存亡。对于军队在战斗中排开阵势，荷马描绘出一幅尤为精美的画面，对英雄个人的冲锋陷阵的描绘也是如此。狄俄墨得斯就像一头雄狮冲进羊圈，牧人只能设法偶尔地回击一下（《伊利亚特》，第五卷，134）。

荷马描绘了战斗、突袭、武器和伤亡的情况，其技巧上的细致入微是超乎寻常的。在神话中，某些著名的武器具有魔力，成为了致命之物（*res fatales*），比如菲罗克忒忒斯手中使用的赫拉克利斯的弓箭。潘达洛斯（Pandarus）的弓被描述得极为可爱（第四卷，105），而奥德修斯的弓俨然变成了一个有生命的东西。这种现实主义描写的另外一个例子就
144 是在第八卷中关于武士的困境的描写，当战车的驾驭者被打死的时候，
他不得不自己拉住缰绳（第八卷，124ff.）。

狡猾完全是允许的，甚至欺骗。奥德修斯就是其化身，即使在对付一个像菲罗克忒忒斯这样的同志的时候也是可以使用的，只要能够达到目的。在很早的时候，奥德修斯就曾经想在他的箭头上涂上毒药，但到了很晚的时候他才成功地做到这一点，因为他最先请求这样做的人害怕神灵。因此，一个人可以昧着良心做事，我行我素。

与后来的被政治化了的赫拉克利斯或者提修斯相比，这些英雄与他们的国家还不存在真正的关系。他们半神的性质和他们的权威性还没有受到质疑，如果他们被剥夺了权力，这样做并非出于他们的人民，而是

由于与之相对抗的继承人或者敌人。的确，即使在《伊利亚特》中，军事组织有时候似乎也不能步调一致，[32] 奥德修斯就描述过伊大卡的政治状况，还纯粹是诗歌的写法。是悲剧作家最先表现出把他们自己时代的政治情况注入那些早先国家的强烈愿望。埃斯库罗斯在他的《请愿者》一剧中描写了公民大会，在《阿伽门农》（*Agamemnon*）一剧中经常可以听到政治上的解说，例如（849），国王为了宣讲他的主题而把自己比作医生，用火或者用刀子以达到治疗的目的；再如，克吕泰涅斯特拉装作已经把当时还是孩子的奥列斯特送到了斯特洛菲俄斯（Strophius）那里，以防止愤怒的人民在混乱中把这个王国的富有智慧的辩护者置于死地。只要需要，欧里庇得斯就会尽可能多地运用政治的内容。一个例子就是公民大会，在《奥列斯特》中，信使就描绘了公民大会投票和表决的情况。

神灵运用他们的法力把荣耀给予英雄，甚至会把一束神的光辉借给他们本人。因此，我们偶尔也可以在这些英雄身上看到一些超自然的东西，在某些时候，奥德修斯就具有神性。死后的声名也是英雄的野心之一。赫克托耳想到在不久的将来，有人航海经过赫勒斯滂的时候，就会看到被他打败的人的墓碑，因而胜利者的声名也就会被永久地保留下来。神答应那些成功地监视住特洛伊人的希腊人可以得到这样的奖励，即所有人都可以获得杰出的声名。在战斗之前，他们说，不论结果如何，失败者会为胜利者增添荣耀。[33] 伟大的事件总是注定会被后人传唱。

当荷马的英雄们互相谩骂的时候，他们这样做表现出一种完全没有自我批评的放任，听上去非常地骇人听闻。在答应了雅典娜的请求之后，阿喀琉斯把他的剑收了起来，开始滔滔不绝地辱骂阿伽门农。在他 145
想对敌手进行辱骂的时候，完全不存在什么教养和尊严之类的东西能够迫使他把到嘴边的话收回去。[34] 甚至在对倒下去的人揶揄的时候，也没有任何宽宏大量的迹象。帕特洛克卢斯对赫克托耳的驾车手的嘲笑尤其残忍："他会完成一个漂亮的潜水动作"。[35] 如果说英雄们很容易就被激怒的话，但他们依然会表现得十分幽默，喜欢吵架，能够在互相交换激烈的言词之后立即恢复常态。赫克托耳嘲笑帕里斯为懦夫，就因为他从阿佛洛蒂忒那里得到的礼物，他也承认了自己的过失，但还是说他不应该因为神的慷慨而受到指责，这种事情不应该受到蔑视。神灵们自愿赐予他礼物，没有人想要什么就能从神那里得到什么。[36] 另外一次，在海伦严厉地责怪他被墨涅拉俄斯痛打之后，帕里斯回答说，他将在另外一天取得胜利，因为也有很多神站在特洛伊一边，不论如何，他们该上床睡觉了（《伊利亚特》，第三卷，437—446）。我们必须把这样的事情看作是一种有意安排的喜剧效果。

这些英雄们还会像孩子那样哭泣，不仅仅是在大团聚的时候，就像奥德修斯和忒勒马科斯父子相见的时候，那完全是合情合理的，而且在发怒的时候也会哭，阿喀琉斯就那样地哭泣过，直到忒提斯（他的母亲）从海中升起拥抱了他，问他，就好像他是一个被宠坏的男孩，“孩子，你为什么哭泣，什么样的悲伤进入了你的心灵？告诉我，不要隐藏在你的心中，让我们两人都知道。”在这个英雄时代，还存在着从眼泪中得到满足的方式，或者干脆哭个够。佩涅罗珀在做出决定前用哭泣满足了心灵的要求，然后恳求阿尔忒弥斯让她死去。[37] 但是当哭的时间足够长以后，悲伤竟然平息了。墨涅拉俄斯在他的王宫中经常记起去世的人，有时他会用哭泣来抚慰他的心灵，有时候则保持沉默：“人很快就用清冷的悲叹填满了心灵。”当他为海伦而悲叹，忒勒马科斯和皮西特拉图为失踪的奥德修斯而悲哀的时候，皮西特拉图指出，最好不要在晚餐之后陷入悲伤；明天将是新的一天；墨涅拉俄斯表示同意，说：“让我们停止哭泣，再想一想宴会的事情吧。”[38]

另外一个天真的特性就是英雄也会失去勇气。当宙斯在打雷的时候，最伟大的英雄也会逃跑。奥德修斯完全不顾狄俄墨得斯要他帮助处于危险中的涅斯托尔的呼救声，他跟其他人一样地躲进了空船（《伊利亚特》，第八卷，78—98）。阿伽门农两次提出放弃围攻、打道回府的提议，尽管实际上两次他都受到严厉的指责，一次是狄俄墨得斯，后来是奥德修斯（《伊利亚特》，第九卷，16—49；第十四卷，64—102）。

146 英雄最为天真的个性就是对于愿望和欲求的毫无自我意识的表白。

尽管他处在深深的悲痛中，身处在淮阿喀亚人中的奥德修斯坦白地表明他的饥饿，这种最低级的需求；接着他恳求他们第二天送他回家，说到他思念的对象并不是他的妻儿，而是他的地产、他的奴仆和他的高宅大院（《奥德赛》，第七卷，207—225）。后来，听到他的这些谈话，淮阿喀亚人感到十分吃惊，他正好抓住这个机会请求他们为他准备一批丰盛的礼品，因为对他来说能够满载而归将会更好。[39] 然而，天真的最典型的和最可爱的事例发生在瑙西卡身上，那就是她不仅对梳洗完毕换上衣服的奥德修斯表现出爱慕之情，而且还天真地说她很想拥有一个像他那样的丈夫。阿尔喀诺俄斯也想得到一个这样的女婿："一个像你这样的人，跟我一条心。对于他，我将奉献出我的家财和我所有的一切。"（《奥德赛》，第六卷，239—245；第七卷，311—315）那时还没有什么规则禁止诗歌表达那些不能实现的愿望。

在前文中，我们已经注意到了老年人已经接近死亡的事实可以公开地提及。这种自由（除了以下的事实，即命运女神的到来既不早也不晚，正符合她的心愿）来源于那时还没有关于长寿的乐观主义的伪善。没有伪善也是自我赞扬的根源，这种做法正与情感的最高贵的敏锐相契合。不仅奥德修斯可以公开地说（《奥德赛》，第八卷，215ff.）他是一个多么了不起的弓箭手，"所有人当中最棒的，现在正在人世间吃着面包"，除了菲罗克忒忒斯——尽管他不会把自己与那些先辈比如赫拉克利斯和欧律托斯（Eurytus）相提并论——而且，在一般情况下，没人需要谦虚地装作自己比不上最优秀的人。

"对真理的热爱"经常受到赞美，[40] 但是在现实中或许从未成为一个典型的希腊人的品质。与此相契合的是，从所谓道德的标准来判断，我们还可以想到"纯洁"也并不是一种美德，只不过是诗人的一种看法罢了。瑙西卡与她的女仆们一起洗澡，但是却没有关于她洗澡的时候是什么样子的描写。[41]

尽管这不再是一个黄金时代，尽管邪恶和厄运已经占据统治地位，但英雄的形象仍然在人们的理想中蔓延。其他民族将永远对这样的民族充满羡慕，这个民族关于想像中的过去的理想图景正好与荷马的世界近似。它当然是一个“非功利的世界”，在这个世界里，其突出的特性是，除了诗人的明喻之外，农人一直只是动产的保护者，是一个牧羊
147 人，或者以莱耳忒斯为例，曾经是一个园丁。另一方面，像欧迈俄斯（Eumaeus）和欧律克勒亚（Eurycleia）这样的光辉人物形象却被极大地理想化了。因为这个世界里的一切事物都是高贵和有教养的。服务性的和琐屑的工作只是与英雄有关，从中折射出他们光辉的存在。

所以，那个时代的人们比“现在活着的凡人们”更加看重身体的力量，后人把他们想像成为巨人。[42] 但是我们应该特别注意，在整部荷马史诗当中，属于英雄的人和物是如何用我们所谓的装饰性的绰号加以区分的。神性不仅仅赋予国王，就像“阿尔喀诺俄斯的神力”，而且牧猪人也可以是“神圣的”，仆人是“骄傲的”，特别的马和羊因为他们的毛也会受到赞美。甚至那些被认为犯了错误的人，以至于邪恶的人，也沐浴在伟大时代的金色光环里，就像后来悲剧中所表现的邪恶的人那样。的确，神话中也有一些恶棍，就像萨尔摩纽斯（Salmoneus）和卡帕纽斯（Capaneus），有一些无情的人，就像希尼斯（Sinis），普洛克如斯忒斯（Procrustes），尤其是瑙普利俄斯。最后这个名字代表了知识、商业经验、邪恶、复仇等因素的一种奇怪的结合，为那些想把女儿们卖到海外的人提供帮助，或者用错误的火光信号使那些从特洛伊返乡的人所乘坐的船只失事。[43] 忒耳西忒斯也是一个与当时盛行的理想形象形成鲜明对比的人物。佩涅罗珀的求婚者们也分享了一些理想的光辉。尽管他们全部被杀死，但他们还是表现出了神性。奥德修斯经过漂泊回到家不是为了杀死一群白痴。[44]

在《奥德赛》中，涅斯托尔和墨涅拉俄斯的宫中生活是愉快和舒适的。[45] 一个像涅斯托尔这样的人在出生和结婚的时候都收到宙斯的高贵的祝福（*olbos*），[46] 他将在他的家乡安度舒适的老年生活，他的儿子们都是聪明的和最优秀的战士（《奥德赛》，第四卷，207ff.）。史诗中经常提到物质财富。我们知道为国王们准备的食物是比较好的（《奥德赛》，第三卷，480），总是用相同的词汇描述祭祀仪式的过程。[47] 只有最高贵的酒被虔诚地提及，比如为奥德修斯的返乡而准备的酒，这种最上等的

伊斯马洛斯（Ismaros）酒是马戎（Maron）为他准备的，他是惟一幸存
的阿波罗的祭司。对于这种酒，据说家中没有一个仆人和女佣知晓，只
有马戎、他的妻子和一个女管家知道。只要一高脚酒杯的酒兑上 20 份
的水就足以使混酒的碗中飘出无比甜美和非同寻常的香味，它使一个男
人不再有任何的要求。[48] 如果在令人愉快的酒席间再有游吟诗人的出
现，在坐成一排的客人们跟前演唱，那么，这种享受被认为是心灵需求 148
的最完美的满足了。[49]

淮阿喀亚人是一个例外。他们的生活方式表现得更为尊贵和辉煌。整幅图画很显然比派罗斯和斯巴达的宫廷更加令人难以置信。淮阿喀亚人靠近神灵并深得他们的喜爱，生活在遥远的海的那边，在世界的边缘，不受其他地方的凡人的搅扰。他们的日子在没完没了的宴饮、唱歌和跳舞中度过。他们的岛屿的气候与卡纳瑞斯（Canaries）和阿祖雷斯（Azores）近似。不论是哪个季节，西风都持续不断地吹过，百花盛开，果实累累。在阿尔喀诺俄斯的宫殿中，一切东西都用贵金属制成："永生的和超越年龄限制的"黄金的猎狗在它跟前守卫，黄金制成的年轻人（栩栩如生的雕像）在宫门内手握火炬站立。阿尔喀诺俄斯自己在大堂中拥有自己的王座，在那里皇后也坐在壁炉旁，她的女仆环绕左右，编织着紫色的羊毛，他坐在那儿，喝着美酒，"就像一位不朽的神灵。"围绕在他周围的贵族是"持杖国王"，人们尊他为神灵，阿瑞忒（Arete）皇后也比世间任何一位妻子都要尊贵，她自己就能够解决男人之间的纷争。这些在欢乐中度日的人们所拥有的最美好的东西就是他们的船只，它们开起来就像一缕思绪或者一对翅膀那样地迅捷，能够径直地驶向目的地。即使在雾中也用不着舵和舵手，他们经常去营救被风暴所困的船员。从记不清的年代开始，当人们为众神举行重大的祭祀活动时，众神就会在淮阿喀亚人中显现，并与他们共坐和宴饮。即使他们遇到了一个孤独的流浪者，众神也会现身，因为淮阿喀亚人与他们靠得很近，"就像独目巨人和巨人族的野蛮部族那样"。他们之所以能享有神的特殊宠幸是因为他们与众神混同在一起的那种无拘无束的方式以及他们高超的航海技术。[50] 然而，这种快乐的生存方式却受到了波塞

冬的威胁。[51]

在其他地方，在世界的边缘，也存在某些拥有特殊好运的人们，比如在西瑞岛上，在那里人们不知道饥饿和病痛为何物，当人们步入老年的时候，他们就会被阿尔忒弥斯和阿波罗用箭射死。[52] 我们再次回过头来说淮阿喀亚人，我们必须提到阿尔喀诺俄斯所拥有的最高贵的好客精神，他说，在这里，陌生人和乞丐都会像受到兄弟般的款待（《奥德赛》，第八卷，546—547）。淮阿喀亚人在这些场合还成为礼貌待客的典范——在他们询问他的姓名之前，首先对高贵的客人加以热情的款待。请注意，尽管他们非常想知道他的身份，但诗人还是在最大限度上延缓
149 了其身份的揭示："我们的客人，我不知道他是谁"，阿尔喀诺俄斯说，他就是这样把奥德修斯介绍给他的朝臣的。[53]

在这个英雄的世界里，偶尔会出现一种对机械性劳作的排斥，尽管赫西俄德并未对此表现出过敌意。淮阿喀亚人欧律阿罗斯（Euryalus）不恰当地把海上商人——他的眼睛总是盯着他的货物和他可怜的收益——和竞赛中技艺高超的人作了比较（《奥德赛》，第八卷，159—164）。当然，再没有什么对比能够像这样两种生活方式之间的比较更为泾渭分明的了，前者是一种物质性的生活。在后者那里，最大的主题就是要么死掉为他的对手带来荣誉，要么战胜对方为自己赢得荣誉。与此同时，一个人能够干些活计并不会减损英雄时代的理想。莱耳忒斯是一个园丁，阿喀琉斯为他的客人切肉，奥德修斯亲手制作木筏，并且对于干一些更为琐屑的工作还充满骄傲："在干活的技术上"，他对欧迈俄斯说，"没有哪个凡人能够和我相比，比如用正确的方式生火，劈柴，雕刻，烤肉和倒酒。"（《奥德赛》，第十五卷，321—324）国王的女儿到外面去洗衣服也不会减损她的高贵性。瑙西卡漫不经心地问她的父亲要一辆马车，解释说她必须去看看父亲和她的五个兄弟的衣服洗好了没有，其中三个兄弟尚未结婚，总是想穿着干净的亚麻布衣服去参加舞会。

后来的神话把所有的"发明"都归功于帕拉墨得斯——可以预料的是，结果他招致了灾难；因此，他对好的和坏的事情都要负有责

任。[54] 除了他，我们还可以举出很多神话中的艺术家和发明家，如达代罗斯，特洛福尼俄斯和阿伽墨得斯，达克提尔斯人（Dactyles）和泰尔奇尼斯人，还有伟大的航海家——阿尔果斯的舵手和舵的发明者提菲斯（Tiphys），可以望远的林叩斯（Lynceus），他能够看到水下的暗礁，他是第一个向一个遥远的海岸发出呼叫的人，[55] 还有为帕里斯造船的菲瑞克鲁斯（Phereclus）。[56] 海上航行的最伟大的代表人物当数奥德修斯和阿耳戈船英雄。那些留在家乡的人对于水手们告诉他们的事情确信无疑，那些亲自去过的人对充满虚构的地理学又加入了很多细节。他们一定是世界上曾经出现过的最精彩的说谎者。希腊化时代的喜欢编故事的旅行家与他们相比就显得平淡多了。

轻松愉快的喜剧环绕着英雄们的理想世界。我们知道所有关于马人的故事，还有这样的个别人物，像奥德修斯的祖父，伟大的窃贼奥托吕科斯（Autolycus）。当他住在帕那索斯山的时候，因为破门进入邻居的房子而受到指责，他选择了和他一样坏的西绪福斯作为他的同谋。[57]
接下来还有刻耳科珀斯两兄弟（Cercopes），他们看到地狱里面非常大， 150
直到他们通过了赫拉克利斯的道路，他们被他头朝下吊在一个横梁上面。在这个痛苦的境遇下，他们开始笑着说一些轻松的话题，以至于赫拉克利斯也禁不住笑了，只好放他们走。

值得注意的是，在所有的天真中，的确有对于财富的罪恶的贪求，但却没有关于财宝的传说，比如说埋在地下的金子或者矿藏（除了那些关于德尔斐的想像中的地窖的故事）。神话传说中仅仅说到一些个人的珍贵物品，这些东西还具有神奇的特性。其中的一些是由赫菲斯托斯这样的神匠制造的，比如金羊毛、哈耳摩尼亚（Harmonia）的项链和宙斯的权杖。[58] 贪欲常常被这些具体的东西唤起，而不是一般意义上的财宝。尽管希腊人从腓尼基人那里完全了解采矿是怎么回事，尽管他们对他们自己土地上的辉煌建筑了如指掌，相信在迈锡尼、奥克美诺斯和其他地方到处都有财宝。把所有这些情况与北部欧洲进行比较将会很有趣，在那里，大众的想像中总是充满了埋藏在地窖、山洞中以及此类地方中的财宝。[59]

除了英雄，这里还有从事某种职业的人和专家的代表。在一个理想的世界里，他们构成了一个异类，几乎是一种干扰，但是他们对于神话的主题却是非常必要的。一个例子就是医生，但是荷马的玛卡翁不是一个普通的军医，他是一个亲王和统治者，只是由于他的关于治疗的知识才显得与众不同。说到教师，我们就会想到前面提到的喀戎。在这里，我们要将讨论集中在游吟诗人身上。他的技艺如此地受到尊敬，阿喀琉斯自己就是一个游吟诗人；[60] 实际上，整个的英雄世界及其神话学只是为了诗人的缘故而得以存在。阿尔喀诺俄斯注意到，当德摩多科斯（Demodocus）吟唱着关于特洛伊陷落的故事的时候，奥德修斯潸然泪下，于是就询问是什么原因使他如此动情，告诉他这个命运是神决定的，特洛伊的被毁是命中注定的，这样使得将来的后人能够从中找到诗歌的素材（《奥德赛》，第八卷，579ff. ）。游吟诗人都具有诚实和值得信赖的优秀品质。当阿伽门农前往特洛伊的时候，他指定了一个游吟诗人来保护和监管他的王后。埃癸斯托斯（Aegisthus）把他赶到了一座荒岛上，在那里杀死了他，把他的尸体喂了鸟。只有在她被这个较高的道德力量抛弃的时候，克吕泰涅斯特拉才向她的诱惑者屈服（《奥德赛》，第三卷，267—272）。在《奥德赛》的第八卷，德摩多科斯受到了很好的礼
151 遇（61ff. ），出现过 3 次以上——分别出现在奥德修斯和阿喀琉斯，阿瑞斯和阿佛洛蒂忒，以及特洛伊的战马之间进行争论的篇章中。缪斯亲自教他叙事的要点（480f. ），他的诗歌的灵感来自于一位神灵（499）。在伊大卡，当他的妈妈试图阻止游吟诗人斐弥俄斯（Phemius）吟唱关于英雄返乡的故事的时候，特勒马库斯大声地为他辩护。正是宙斯赋予歌者创作歌曲的灵感，但是歌者并没有因为吟唱正在发生的事情而受到责备，因为人们最喜欢听最新的故事（《奥德赛》，第一卷，325—523）。作为神话的讲述者，这个时代的游吟诗人为军营中的贵族伙伴带去了欢乐，而接下来贵族的宴会又使得哀歌诗得以产生。

诗歌还会歌颂其自身。欧迈俄斯把奥德修斯用了整整三天时间为他讲故事比作一个用了妖术的游吟诗人，这位诗人从神那里学来了甜蜜的词语，他的听众愿意他一直唱下去，永不停歇。阿尔喀诺俄斯也宣称他

也能像游吟诗人那样讲述他自己的故事（《奥德赛》，第十七卷，513—520；第十一卷，368）。实际上，当英雄因为他的话而受到赞扬的时候，与此同时诗人也在赞美自己，他使听者们安静下来，在阴暗的屋子里入神地倾听。斐弥俄斯不遗余力地为歌者的艺术进行辩护，最后他请求奥德修斯放过他的性命："对你自己来说，杀死一位诗人将会是一件令人伤心的事情。是一位神灵在我的心里种下了所有种类的歌曲，我想我会为你歌唱，就像面对一位神灵。"（《奥德赛》，第二十二卷，345—349）游吟诗人不仅在快乐的场合也会在悲哀的场合里演唱。我们看到，他也出现在了摆放在普里阿摩的宫中的赫克托耳的尸体旁（《奥德赛》，第二十四卷，720）。在赫西俄德对游吟诗人的赞美中，据说他能够为痛苦的人带来安慰（《神谱》，94—103）。

英雄的重要地位还给予了使者，即使他是一个人的仆人——比如杜里奇安人（Dulichian）的使者穆里俄斯（Mulius），他为求婚者们掺酒和倒酒，被称为是安菲诺姆斯（Amphinomus）的仆人（《奥德赛》，第十八卷，423ff.）。在这些宫廷中活动的游吟诗人和使者互相一定很熟，两者都常常充当小丑的角色。在杀死求婚人的时候，特勒马库斯不仅为游吟诗人求情，还为使者墨东（Medon）求情，荷马似乎在他身上特意体现出一种恶毒的喜剧效果。墨东从一张椅子底下爬出来，丢掉盖在他身上的一件牛皮，抓住特拉马库斯的膝盖，于是他得到了"微笑着的"奥德修斯的宽恕（第二十二卷，354ff.）。很显然，诗人是想把游吟诗人和使者区别开来。[61] 此外，使者——就像预言家和战车驾御者那样——在子孙那里也得到了英雄般的荣耀。[62] 在两个地方都设有塔尔 152
堤比俄斯（Talthybius）的坟墓，一处在斯巴达，另外一处在阿卡亚的埃癸乌姆（Aegium）的阿戈拉（波悉尼阿斯，7. 24. 1）。在这两个地方他都受到祭祀，他的愤怒转移到斯巴达和雅典身上，因为它们是杀害大流士派来要求水和土（作为一个屈服的证据）的使者的凶手（波悉尼阿斯，3. 12. 6）。

如果说预言家、医生、木匠和游吟诗人都会受到欢迎的话，那么乞丐的到来则不然（《奥德赛》，第十七卷，382）。很显然，乞丐是英雄时代的一个很熟悉的人物，不然的话，以伊洛斯（Irus）和奥德修斯为代表的坏乞丐和好乞丐之间的对比就不会刻画得如此真实和轻松。毫无疑问，诗人对好乞丐充满了同情心，因为他自己的境遇常常和乞丐是如此地接近，所以他在描写奥德修斯的时候极力掩饰着明显的喜爱之情，而且描写得非常细致。请注意奥德修斯（第十七卷，281ff.）在面对粗暴的对待时所使用的表达顺从的用词。他如何接受送给他的食物（352ff.），并引用了这样的事实，即乞丐是不知道羞耻的（578ff.）。“因为他很饿”，当安提诺俄斯（Antinous）把一只板凳扔向他的时候，如果某位复仇女神起来保护乞丐的话，他是准备以乞丐惯用的咒骂回击安提诺俄斯的（470ff.）。墨兰提俄斯（Melanthius）咒骂乞丐的话是很逼真的（217ff.）。还有在第十八章的开头两个乞丐互相威胁，一场争斗不可避免，但求婚者动起手来，这是对付乞丐最恰当的方式，结果最后给了伊洛斯一个可怕的教训。瑙西卡对待这样的人却十分友善（第六卷，207ff.），她说陌生人和乞丐是宙斯派来的，即使很小的礼物他们也会高兴地接受。对他们的友好态度还可以在像《颂歌》（*Eiresione*）这样的美丽的歌曲当中看到，在这首歌里，一个乞丐也参加了订婚晚会，可以自己取东西吃。另一方面，赫西俄德对他们却没什么好感。他注意到他们也像其他阶层的成员那样很容易相互嫉妒（《工作与时日》，25f.）。

在荷马史诗中，神话中的女性也被描述得很精彩。瑙西卡、佩涅罗珀，还有不很重要的阿瑞忒、安提克勒亚（Anticleia）和欧律克勒亚，比他描述的女神们还要高贵。令人惊讶的是，后来的希腊人完全没有这样的人物了，除了很少的几位，像奥里斯（Aulis）的安提格涅和伊菲格涅亚，她们被看作是神话传统的继承者。就像《奥德赛》的第六卷所描述的那样，瑙西卡是那么的迷人、优雅和纯真，无比的动人。当奥德修斯得到了很好的护理并穿好衣服之后，当她坦白地向奥德修斯表
153 示倾慕之情的时候，荷马自己显然完全不知道她也深深地打动了读者。她想拥有一个像他那样的新郎（259ff.），接着就告诉他如何避免流言，给她的母亲阿瑞忒一个好的印象（255ff.）。[63] 她的母亲出现在她的身

边，与她的丈夫阿尔喀诺俄斯在尊严和地位上不相上下，因此来求亲的访问者必须首先跟她打招呼，皇后能够安排和处理所有的事情。优雅和力量的结合在佩涅罗珀身上表现得最为明显，尽管诗人并没有隐去她的儿子对她的苛刻评价。从一开始，他坚定的声称男人具有发言的优先权，尤其在他自己就是一家之主的情况下（第一卷，356ff.）。她很惊讶，接着鼓励了他，之后就走开了。但在楼上，她开始哭，雅典娜把她包裹起来让她入睡了。当她命令奥德修斯拉弓的时候，又发生了同样的事情。特勒马库斯断言只有他有作出决定的权力，用了同样的话，让她到楼上的房间跟女佣在一起，她再次在惊讶中服从了他的要求，并开始啜泣（第二十一卷，344ff.）。还有其他的女性，安提克勒亚的悲伤的鬼魂，奥德修斯的母亲，最后的忠实保姆的典范，可敬的欧律克勒亚。[64]

荷马笔下的海伦，与其他的妇女不同，是一个光芒四射的人物。她基本上是顺从的，但具有一种不可抗拒的美丽。她实际上是阿佛洛蒂忒的无辜牺牲品，她对帕里斯的爱作为一种命运（*Ate*）是由女神安排的，她能够把特洛伊和希腊人为她而进行的战争场面编织在地毯上（《伊利亚特》，第三卷，126ff.）。她对女神大加责备，她感到女神把她愚弄了，她成为了她满足自己喜好的工具；接着，阿佛洛蒂忒立即把她带回了帕里斯的宫殿以求和解。当特勒马库斯访问斯巴达的时候，海伦带着她炫目的美丽出现了，完全不像佩涅罗珀，她开始抱怨所有由于她而引发的事情——“当你们希腊人由于我的原因前来围攻特洛伊的时候，我丝毫不感到愧疚”——她的话是如此的坦白，简直就是傲慢至极（《奥德赛》，第四卷，120ff.）。在向墨涅拉俄斯和特勒马库斯讲述围攻时发生的种种趣事的时候，她没有表现出丝毫的不安；然而她知道如何缓解悲伤，最终甚至还能够预见未来（《奥德赛》，第十五卷，172ff.）。在《奥德赛》中，她曾经是一位女神的事实变得十分明显，这与瑙西卡和佩涅罗珀绝不是女神一样明显。[65]

在《伊利亚特》中，克律赛伊斯（Chryseis）和布里塞伊斯（Briseis）只是英雄们争夺的目标；但是应该注意到，当阿伽门农把布里塞伊斯还回去的时候，他被迫发誓他没有碰过她。[66] 在神话中讲到地下世界的妇女时（《奥德赛》，第十一卷，225ff.），除了普遍发生的
154 众神和著名美女的婚配之外，只有一个人看上去非常不幸——埃皮喀斯忒（Epikaste）（尤卡斯塔［Jocasta］），其中淮德拉只是被提到了名字；只有厄里费勒是带着痛恨的口吻被描述的。正是在悲剧中，随着无心的美狄亚和淮德拉这类的人物被创造出来，女人可怕的一面才首先被显现和激发出来。[67] 但这些人物在神话故事中就已经存在了，与旧有观念的真正断裂同样出现在《奥德赛》的那个关于地下世界的段落中（第十一卷，433f.），当中阿伽门农说克吕泰涅斯特拉已经为将来所有的妇女，甚至包括那些精通于妇女活计的可敬女性，都带来了耻辱。阿伽门农不断在普通的场合里警告人们不要给任何女人以完全的信任，即使佩涅罗珀与众不同，具有较好的人品，他还是建议奥德修斯在回到伊大卡的时候要加倍小心，最好隐姓埋名，因为女人已经不再值得信赖。的确，奥德修斯对他的妻子进行了严格的测试。雅典娜自己在理论上赋予了佩涅罗珀一个好的品格，但还是没有让她得到应有的尊敬（第十五卷，20ff.）；女神让特勒马库斯发表了一通由粗俗的陈词滥调组成的训诫，就好像她们完全是不值一提的：女人是轻浮的，她们奴性十足地追随着某个新的爱人，完全忘记了她们第一次婚姻所生的孩子，等等。[68]

希腊人缺少两种类型的女性。一种是塞弥拉弥斯（Semiramis）那种的，伟大的女神皇后，在她的身上有阿佛洛蒂忒的某种因子，就像密利塔－阿斯塔特（Mylitta-Astarte）那样。海伦远远赶不上她。可能如果希腊人统一成一个国家的话，他们可能会拥有这样的人物。第二，这里没有拯救人民的女英雄，没有米利阿姆（Miriam）、雅尔（Jael）、黛博拉（Deborah）、犹滴（Judith）或者伊斯特耳（Esther）*。[69] 确实，尽

* 米利阿姆（Miriam），基督教《圣经》中的希伯来女先知。雅尔（Jeal），《圣经》中杀死来帐篷避难的sistera的希伯来妇人。黛博拉（Deborah），《圣经·士师记》中的底波拉女先知及士师。犹滴（Judith），古犹太寡妇，相传杀死亚述大将Holofernes而救全城。伊斯特耳（Esther），《圣经》中的女性人物，波斯王Ahasuerus之后，犹太人。

管有美狄亚、克吕泰涅斯特拉、厄里费勒和其他的一些女性，但没有一个可怕的女性统治者——没有 Jezebel 或 Athalia——这是因为即使男人也宁愿成为英雄而不愿意成为国王。反之，希腊人有他们的女英雄（*viragos*），阿塔兰塔（Atalanta）和希波达弥亚。他们创造出阿玛宗人，后来还有女叛徒，以塔匹亚（Tarpeia）为代表。

后来，除了那些怪兽，神话中的动物也给人以力大无穷的印象。波悉尼阿斯在提到克里特人的公牛时这样说："很久以前，人们对动物就充满了恐惧，像涅墨亚的狮子，帕耳纳索斯（Parnassian）、卡吕冬以及厄律曼托斯山（Erymanthean）的野猪，还有克洛密俄尼亚母猪，因为据说这些动物当中有一些是大地赋予它们生命的，而另一些与神有关，而其他的一些则作为一种惩罚散布于人类之间。"[70]

总的来说，英雄的世界就是这样一个人们想像中的光辉四射的世界。其中的一些人，尤其是那些在特洛伊打过仗的人，并没有真正的死 155
亡，而是被宙斯带到了一个充满幸福的岛屿，在世界的边缘继续生活。这种观念在《工作与时日》中表达出来（166ff. ）。但是到此时，英雄们已经有了第五代传人，他们表达出了希腊悲观主义最极端的看法。因此，不顾他们所承受的所有暴力和苦难，英雄前辈们躲进了金色的迷雾中。无论如何，对我们来说，神话以及这些人物具有最重要的历史意义。它们向我们展示了希腊人内在的精神生活的变化过程，没有它们的话我们将对此一无所知。

与荷马处于同一个时代的人们之所以能够与英雄们区分开来，是由于两部荷马史诗清楚地描述了他们的文明形成的过程。[71] 荷马一次又一次地促使他的同时代人（*hoioi nun brotoi eisin*——他们正是这样的人）反对英雄，与他们相比，他们总是低人一等。他那个时代最重要的特征就是《伊利亚特》和《奥德赛》本身的形成。就像我们得以认识荷马一样，游吟诗人也一定是出现在诗人生活的那个时代。[72] 而且，诗人所描述的战争的方式一定也属于他自己的那个时代；否则他不可能对希腊的军营，或确定目标，寻找或失去标记，武器以及伤亡等情况有着如此准确的描述。即使在这样一个较早的时期，一个弓箭手不如投掷长矛的人更加受人尊敬。受伤的狄俄墨得斯还嘲笑帕里斯只不过是一个弓箭手。[73] 射一支箭不被看作是一场战斗（*antibion*）。那些自己用来防身的武器当然也属于诗人生活的时代。狄俄墨得斯和奥德修斯在他们独特的夜间侦察行动中所戴的两顶帽子，最初一定就是那种可以隐形的“黑夜之帽”。在荷马那里它们就变成了用牛头和野猪头做的头盔。[74] 其中最典型的要数为帕特洛克卢斯的葬礼举行的赛会，它完全带上了诗人生活时代的烙印——这是属于那个时代的赛会。赫西俄德就亲身参加过一个在查尔基斯举行的音乐比赛，并赢得了一张三脚桌。

《伊利亚特》中的图景故意把我们转移到了一个不同于神话的世界。在这里，我们可以看到打猎和其他动物生活的场景，天气和海洋的变化，农业活动和植物的形态。但是没有任何城市里的职业，都是通过牧羊人和乡村居民的眼睛和耳朵去看和听。例如，有很多极为生
156 动的描绘，农家庭院中的狗在一个凶猛的动物、猎人和猎狗的追逐下变得焦躁不安，奔跑着穿过树林，消失在遥远的地方（第十卷，183ff.），诗人还对狮子攻击羊群的场面进行了无比逼真的描述（第十卷，485f.，尤其是第十一卷，172ff.）。还有一个很好的画面，描述了一群猎狗撕碎了被猎人打伤的牡鹿，然后又被狮子吓跑了。在关于农民生活的场景中，包括用骡子耕地，骡子比耕牛显然更适合这项工作（第十卷，351f.），收割者从两个不同的方向进行收割越来越接近（第十一卷，67ff.），森林中饥饿的伐木者（第十一卷，86ff.）以及抱着一大堆羊毛的牧人，女人编织羊毛去卖，称重并向一个城里人推销（同上，433ff.）。[75] 有一次还描绘了一个有关军事生活的画面，当阿喀琉斯冲出去报仇的时候火从他的头上涌出，诗人把它比作是一个被围困的岛上城市中发出的信号火光。

在这些史诗提供的最早的现实主义图画中，我们得到关于后神话时代生活的最细致入微的描述是关于两个盾牌的，一个出现在《伊利亚特》的第十八章（478—608），就是赫西俄德之后的诗歌中所提到的赫拉克利斯的盾牌；第二个是阿喀琉斯的盾牌，尽管它产生的时间不太可能在公元前600年之前很久，但它与从前的描述是有关系的，因为它的

观点还是具有较早时代的特征。首先，阿喀琉斯的盾牌的制作工艺十分精良。盾牌中央是大地、海洋和群星，接着像一个带子那样环绕在它们四周的是这样几个画面：第一幅是和平年代的城市，人们在举行婚礼，阿戈拉中的法庭正在开庭审理案件；[76] 接下来是城市被围，后方的军队在外边筑起防御工事，当羊群被劫掠之后战争又向前发展了，战争之神和死亡女神卡瑞（Kerai）抢夺他们的战利品；接下来，耕地收割，葡萄丰收，唱歌和跳舞，牲口受到狮子袭击，羊群在充满岩石的山谷里吃草；最后是为舞者和杂技演员精心打制的两条项链。在这一整幅的“世界”图景中，普通人生活中最幸福的特写都被理想化了，这幅图画被俄刻阿诺斯环绕着。

不论是在介绍盾牌本身还是在描述上面的图画上，赫西俄德所描述的（“赫拉克利斯的盾牌”，139—320）高超的工艺都给人以更加深刻的印象。从主题中分离出来的佩耳修斯的盘旋形象被描摹得尤为精细。中心呈现的是一条形象可怕的龙，周围的一圈是：首先，没有具体主题的战争场面，12 个蛇头，与野猪和狮子搏斗，一场战斗在拉庇泰人和马人、阿瑞斯和雅典娜之间展开，阿波罗和众神弹奏竖琴，缪斯歌唱，一个有很多海豚和一个渔夫的海港，[77] 佩伽索斯受到戈耳工女妖们的追逐。接着是一个被围困的城市，显然是模仿荷马，但比他的描写更有戏 157
剧性，更加激动人心；在这里，死亡女神卡瑞也被描绘得更为细致。[78] 接着是一座正在举行婚礼的快乐城市，跳舞，唱歌，宴饮，城里的居民们在城墙外走来走去；我们看到训练马匹，耕地，收获，摘葡萄（这也比荷马描述得详细），拳击和摔跤，追逐野兔，作为相当晚出的证明，还有一场规模相当大的赛车素描，奖品是一张三脚桌。很显然，这个时期已经属于赛会时代。

这些描绘中完全没有任何形式的商业活动。另一方面，农业和农村生活——在荷马史诗中——在一种高贵和快乐的氛围中被呈现出来，基本的主题是享受；牧羊人吹奏着芦笛；在耕地结束之后，一个人为耕田者送上了美酒；国王与他的大臣们在一起安静地站着，高兴地望着收割庄稼的人们，而在橄榄树下，使者们已经开始杀牛为宴会做准备；收获葡萄和跳舞描写得最为优美，但是在赫西俄德那里，第一件事被写得比较冷淡，而跳舞只用了寥寥数语（280ff.）。很少有民族能够留下关于他们的生活的如此令人羡慕的自然描述。的确，在贝尼-哈桑（Beni-Hassan）的陵墓中也可以看到埃及人描述的这种场景：人们在属于埋葬在那里的皇室人员的土地上播种和耕田；所有这一切似乎都是命中注定的。但在荷马那里，所有的描写看上去仿佛都是有选择地发生的。对我们来说，希腊人的生活与其说是精致，不如说是充满了快乐和自由。

因而，这些盾牌是一种生活方式的简洁而典型的表白，这种方式依然是人们的理想，是与诗人同时的人们的梦想，人们把它转变成了艺术作品。

与荷马笔下的人物非常不同的一种生活出现在赫西俄德《工作与时日》的道德训诫中，完全脱离了其阴郁的氛围。看上去异乎寻常的是，好像从前就出现过这样一个种族，对这样一种格言式的知识作出反应，并从中创造出一种诗歌的传统。我们也许会问，多利亚人的入侵及其产生的后果在多大程度上要对使希腊生活中增加了更多的暴力和阴郁的倾向负有责任，当然这使后来发展起来的城邦制度与前一个时代形成了一次明显的断裂。然而荷马也生活在一个很晚的时代，但他似乎完全没有受到这种阴郁情绪的影响。可以确定的是，在《工作与时日》中，我们听到了一个作家的心声，他的父辈“不是从富足而是可恶的贫困地区”中逃离出来，从位于（小亚细亚的）伊奥利亚的西米来到了位于赫利孔
158 山上的阿斯克拉（Ascra）气候恶劣的的贫困乡村（637ff.）。这是一种来自于这样一个时代的原始的声音，在那时劳作已经成为了一种受到诅咒的东西，但还没有被称作是鄙俗的手艺（*banausia*）。它作为惟一一种获救的途径而受到推崇，那时农夫还自由地靠力气吃饭（441ff.），日工和被雇佣的妇女（602f.）在不自由的德莫斯（*demos*）身边还有着他们自己的位置。

与英雄和他们的后代并行的是，在这里我们看到的是一个农人组成的民族，他们只是渴望着公正的裁决，不遗余力地赞美正义，不论是通过神话还是直接地表达。[79] 当然，他们这样做是因为在贵族政治阶

段，正义被那些“贪吃贿赂”的法官们和那些伟大的富有者阶层的成员们颠倒了，希腊的阴谋诡计和腐败也相应地增加了。在赫西俄德的世界中，财富是最主要的论题；但只有体面的所得才会受到赞美，而且是高声的赞美（298ff.）。好的邻居具有超乎一切的重要性，甚至比亲戚还要重要（342ff.）。实际上同胞还不能完全令人信赖；即使在与兄弟签订契约的时候，也建议最好请一位证人在场，就像笑话当中所讲的那样（371）。[80] 家庭应该很小；农村人只能有一到两个孩子——后来普鲁塔克极力推崇这项政策，尽其所能地给予有利的解说。这里还对海上航行进行了警告，比柏拉图早了很多；对于遵纪守法的城镇居民来说不必乘船旅行是一件幸运的好事（236f.）；与此同时，诗人在这个问题上针对可能出现的情况提出了各种各样的建议，在家庭和家政管理上提出了他的季节性原则。在一个村落或像阿斯克拉这样的小地方，议事厅（*lesche*）和铁匠铺是通常的聚会场所，但并不具有城邦的重要地位；他告诫人们要勤劳，不要游手好闲（493）。最后是一些对于生活和举止的基本原则，与某种历法相结合的大众迷信，用来帮助人们选择黄道吉日去完成或戒绝某些事情。所有的这些格言式的学问完全是乡土的和质朴的，它受到彼奥提亚的乡下人的高度评价，人们认为关于他们生活和责任的这幅图画应该被保存下来。当中还有在寒冷的冬季中包裹得严严实实的少女（519ff.）以及收获季节的晚餐（528ff.）的动人描写。

最后，我们必须对早期希腊的一个非常重要的侧面再说上几句——海盗。只要是存在海岸和海岛的地方，在世界上所有民族的早期历史中都有海盗的身影，而且至今仍然没有禁绝。即使在我们的文明民族中，一个短时期的动荡和混乱局面都必然会使海盗东山再起，使海洋陷入恐
怖活动的威胁中。住在崎岖的沿海地区的居民，在那里不具备捕鱼的条 159
件，自然就会趋向于到富有的农耕地区去进行劫掠以获取粮食、牲口甚至人口。这就是在罗马共和国的最后几个世纪奇里乞亚人（Cilicians）以及其他部族干的勾当，还有中古时代早期的诺曼人。希腊岛屿密布的地形似乎本来就是为海盗准备的。饥饿的人抢劫那些有工作的人，由于这个原因人们愿意生活在离海岸有一定距离的内陆，建起设防的居民

点。根据修昔底德的说法，大多数古代城市都坐落在远离海岸的地方，每个城市都有一个属于它的港口城镇（其中很多都被波悉尼阿斯记载下来）。在神话中，海盗的典型是奥德修斯。实际上《奥德赛》从开始到结束，海盗都是一个潜在的主题，甚至在那个时候，强盗们积聚财富是为了在世间留名。在神话中还有“波塞冬的一些儿子”，他们是海盗船长，他们留在这个地区进行抢劫，娶了当地统治者的女儿，成了希腊人的国王。某些城邦往往被认为是由他们建立的，就像诺曼人在中古时代所做的那样。后来，甚至在城邦制度已经完善的时代，还经常发起驱逐海盗的行动，就像中古时代晚期那样，某个被放逐的热那亚党派会夺取位于里维埃拉的一些要塞，然后对从他们的母邦发出的船只进行骚扰。

第三章　赛会时代

我们现在要描绘的是赛会（*agon*）时代，时间从多利亚人迁移活动 160
的结束几乎到公元前6世纪末；它可以被称为是希腊历史上的中古时代。就像所有的分期那样，这种分期是武断的，但对我们来说还是有益的。我们将据此组织我们的材料，并尽量好地对它们进行分类。

这个时期最为普遍的特征是，第一，贵族制和僭主制的城邦开始占据统治地位；第二，与对教养的坚信相伴随，在“优秀品质”（*kalokagathia*）的独特理想的指导下，高贵、富有和优秀三者相结合，成为希腊人最突出的特征，这一点在品达的诗歌中传达出来。贵族在任何地方都占据了统治地位，即使是在那些不是由多利亚人的移民形成的城邦。最高的统治权建立在高贵的血统、广大的地产、军事技能以及丰富的祭祀和法律知识的基础之上。物质性的劳作，即耕种田地，手工劳动，开设店铺，经商以及类似的活计受到蔑视。对一个贵族来说惟一合适的职业就是军事行动，参加赛会或者为国家做事，而不是关注谋生。向往自由生活的大众受到鼓励纷纷移民到殖民地去，在那里变成贵族之后再衣锦还乡。

这个贵族社会既不是散布于农村地区的地主阶级（*Junkertum*），也不是一个军事团体（*Rittertum*）。它更像是中古城市，尤其是意大利城市中的族长政治——居住在城市中的一个社会集团，在国家的管理中扮演着一种积极的角色，与此同时他们也构成了他们自己的社会。即使在没有其他因素的情况下，赛会的风习也足以把这样一个团体联合在一起。出于功利主义的考虑，僭主对赛会不甚热心。斯巴达也由于其严厉
161 的多利亚主义（Doricism），形成了一种独特的生活方式，与希腊的其他地区完全不同；因为在这里不存在真正的社会，只有一个实行着严酷统治的由征服者组成的部族，他们所有的体育锻炼和其他活动都指向加强他们的统治地位这一实用的目标。在希腊的其他地方，情况则完全不同。贵族的生活是开放的和喜欢享乐的，主要关注于拥有优秀的马匹和赛车，这种氛围是如此鲜明，如此深入人心，以至于甚至有些僭主（例如西库翁的克里斯提尼）也认为有必要去追求贵族的优秀特质，效仿赛会，当然这些只是一些例外罢了。

这个社会的教育包括两个方面的内容。一个是节庆活动，壮观的祭祀仪式、合唱队和跳舞，所有这些都与宗教有关，其向前延伸就是作为所有文化的出发点和根源的神话世界。另一个是运动会。这不是赛会活动的原因而是其结果，因为个人之间的竞技活动不再能够满足只是为了提高军队的战斗力而进行的军事训练。现在的目标是把身体锻炼得无比完美，为了这个达到这个目标，每个人都必须服从于一种有系统的训练，其严格的程度就像在技艺上那样，不允许去表现任何属于个人的“天才”特征。运动会与其连带的所有活动能够使人们普遍坚信训练的价值，这种信念是如此的强有力，以至于国家无需采取什么积极的措施（除了兴建运动场之外）。

这种生活方式在普通希腊人的生活态度上留下了一种深刻和持久的印记。对物质生活的轻视从此再也没有从希腊人的精神世界中被清除掉，深深地植根于文学作品中，尽管有人对此发出过警告，比如弗西里得斯（Phocylides）。[1] 普通人也抱有这种信念，即使他们并不特别富有。他们或许与色诺芬相似，他愿意回到父权制的理想社会，被人们描述成为一个“优秀的人，在其他方面也是如此，尤其是他作为一个马匹和狩猎的爱好者，精通战事，对祭祀活动虔诚而热爱，擅长解释征兆”（也就是说他是半个预言家）。[2] 即使在一个相当晚的时期，在雅典人们还能够对“优秀品质”进行赞美：在阿里斯托芬的《蛙》（718—

737）剧中，有一段话讲到，那时已经让位于青铜货币的旧有的银币还
在被那些出身好、有道德、高贵、公正和优秀的公民使用，他们在摔跤
学校（*Palaistra*）、合唱以及音乐中受过教育——尽管这种可以辨认出
来的形象已经处于衰微的过程之中。在早些时候，就有了一些关于真正
的竞技已经衰落的抱怨，主要是在爱奥尼亚和西方的殖民地。但是我们 162
需要对每个单个的事例进行考察，到底奢侈与活力的消逝之间存在着怎
样一种真实的联系，因为我们常常听到的显然只是一些一个城市对另外
一个城市所散布的充满嫉妒的流言而已。

那个时代与我们现在的一个重要的区别在于他们（在某种程度上今天的法国人也是如此）在品质和人口数量之间更加重视前者。此外，当完备的民主制度建立起来之后，我们之间的区别则在于少数的贵族与外邦人和奴隶之间的对立。只有在现代社会，人们才会为了供养最大数量的孩子而尽其所能地挣钱，不管会带来多少困顿和劳苦，然而，人口的质量在这个过程中下降了。我们已经提到过希腊人控制人口数量的方式，看上去十分冷酷无情。无论如何，这是一个值得关注的精彩社会。在荷马献给阿波罗的颂歌中提到爱奥尼亚人（151—155），描写了他们在提洛岛举行的节日庆典：“当他看到他们都聚集在一起的时候就会说，他们是不朽的和不老的，他看到他们所有的人是那么的优雅。当他看到身着盛装的男人和女人们，便捷的船只以及众多的有钱人的时候心中就充满了无比的喜悦。”接下来是对提洛岛的少女们以及她们的歌声所给予的特殊赞美，认为她们动听的歌声是完美无缺的。

这样就把我们带到了赛会这个话题。一方面，城邦是个人兴起和发展的推动力，另一方面，赛会则是其他民族所没有的一种动力——它成为最普遍的催化剂，为民主创造了条件，为每个人愿望的实现和潜能的发挥提供了可能性。在这个方面，希腊人堪称独树一帜。即使在原始的或野蛮的民族中，在战争之外，竞技活动可能都会有一定程度的发展。那里会有摔跤、骑马等诸如此类的运动，但总是局限于特定的部落和特定的社会阶层。在亚洲文化中，专制主义和等级制度与这样的活动几乎是完全对立的。但在希腊人的风俗中，每个希腊人都能够参加这样的运

动，但在埃及人那里却是完全不可能的事情。在埃及的特权阶级中，类似于竞赛的任何活动都会完全遭到禁止，部分原因在于专制主义制度下的平等或者等级的需要，部分原因在于不希望在较低的社会等级中出现竞争。对于埃及人个人来说，其野心仅仅局限于由于行政或军事服务而希望从国王那里得到荣耀。即使现在，东方的习惯仍然不是在平等者中
163 进行竞技，而是把打斗看作是由奴隶或收钱以供人们娱乐的人所进行的可笑的表演。只有少数自由的贵族可以在法官面前以平等者的身份表达出自己独特的意志，这些法官是被选举或是以其他公平的方式遴选出来的，只有像希腊人这样的民族做到了这一点；而罗马人，与希腊人的不同之处主要在于他们不喜欢“无用的东西”，也将永远不会建立起这种制度。

在英雄的世界里，竞赛还没有完全发展起来，我们应该想到，在那时这种活动还派不上用场。英雄通常是带着他伟大的使命独自上路的。他的冒险行动还不是为了与其他的冒险者去竞争。[3] 但是，或许在一大群英雄们的共同行动中，还有在神话中，已经有了竞争精神的萌芽，例如，当克刻洛普斯必须在雅典娜和波塞冬之间作出仲裁，或者帕里斯在三个女神之间进行调停的时候。在较晚的时期，赛会的诞生当然可以追溯到神话的世界，在神话时代的神和人中可以找到它的前辈。因而，波吕丢刻斯（Polydeuces）对柏布律喀亚（Bebrycian）的阿密科斯（Amycus）的胜利可以被看作是在希腊竞技体育的历史上最引人注目的事件之一，阿波罗正是用铁饼杀死了许阿铿托斯。赫拉克利斯和提修斯都是最伟大的摔跤手，然而奥林匹克运动的创立要归功于赫拉克利斯。在从克里特回来的路上，提修斯在提洛岛为纪念阿波罗创办了一个赛会。

所有有关赛会的不同记述对荷马来说都是属于他所熟知的世界的一个部分，在这个题目上他显示出一种高度的技术上的精通。很自然的是，他观察问题的立场是属于他自己的那个时代的，在这一点上他与《尼布龙根之歌》（*Nibelungenlied*）以及 12 和 13 世纪其他史诗的作者十分相似，他们把诸如体育联赛这样的中世纪的风俗习惯带进了他们

所描述的传说时代。史诗总是毫不犹豫地把现实生活折射到过往的故事中去。（荷马史诗中的）斯刻里亚岛（Scheria）在对这项作为快乐、享受和兴奋的源泉的活动的记述上尤为丰富。在阿尔喀诺俄斯的建议下，年轻人轮流上阵进行赛跑、跳远、摔跤、投掷铁饼和拳击等各种比赛（《奥德赛》，第八卷，97ff.）。接着，当他们看见奥德修斯强健的体格后也想让他一显身手，于是拉俄达玛斯（Laodamas）把他喊过来，对他说，凡人最伟大的荣耀就在于他们的双手和双脚。奥德修斯一开始拒绝了邀请，人们又以一种羞辱的方式向他挑战；最终，他投掷了铁饼，距离惊人的远，接着还参加了其他的项目，包括箭术和投标枪，惟一没有参加竞走。接着，阿尔喀诺俄斯通过在拳击和摔跤项目中向淮阿 164
喀亚人甘拜下风来讨好他，并且命令他们应该开始跳舞，为此选出来的裁判已经做好了准备。关于根据一定的规则并且在人们的监督下进行一场拳击比赛的最古老的描述出自《奥德赛》；这就是在奥德修斯和伊洛斯这两个乞丐之间展开的角斗，最开始只是发生口角，后来在求婚人的调唆下演变为一场真正的比赛（《奥德赛》，第十八卷，1ff.）。在这场比赛中还有奖品——有人提供了一块糕饼——观众们庄严地许诺要保持中立。战斗的结果是伊洛斯被奥德修斯可怕的和无比准确的重拳击倒在地。

强烈的冲动“总是位于第一位并压倒所有其他的因素”，它常常在《伊利亚特》所讲述的竞赛中展现出来，尤其是在赛车当中。阿伽门农对优良的马匹赞美有加，把它们称为“获奖的赛马”（《伊利亚特》，第九卷，124）。为帕特洛克卢斯的葬礼而举行的赛会（第二十三卷）自然属于准备最为精心的赛会之列，赛车是这一天的第一项比赛。对这场比赛的技术上的描述之详细远远超过希腊文学其他所有的同类记载，惟一的例外可能是索福克利斯的《厄拉克特拉》中关于皮提亚竞技会的描述。在帕特洛克卢斯的葬礼赛会上几乎举行了后来为人们所熟悉的所有种类的比赛，关于很多细节和观众屏住呼吸的神情都有详细确切的描述，只不过还处在较早的发展阶段。比赛项目包括拳击，摔跤，赛跑，投掷毛坯的铁盘以及用弓箭射杀一只被捕获的鸽子。用长矛进行拼斗也是一个比赛项目，以第一个受伤的人决定胜负。但是当狄俄墨得斯和埃阿斯开始打斗以后，阿卡亚人开始害怕埃阿斯，命令武士们放弃比赛，平分奖赏。阿喀琉斯也为了防止产生致命的后果，下令终止了最后的投标枪比赛，然后在参赛者之间分配了奖品。[4] 而阿喀琉斯提供的奖品不是橄榄花环——在真正的赛会时代，人们认为这个奖品已经足矣——而是大量的实物，有些非常值钱，贵金属打制的首饰，漂亮的器皿，动物和少女奴隶，甚至还有给失败者的安慰性奖励，在竞走比赛中就有 5 个人得到这类奖赏。

到底是在哪些互相结合的想法的驱动下，体育赛会为何要在重要的葬礼上举行，这是一个有趣的问题。我们或许可以想到其他民族之中的一些风俗习惯，一些伟大的人物死去之后，他的追随者就会战死在他的尸体旁边。埃特鲁里亚人要在盛大的葬礼上进行活人的角斗比赛。或许
165 对于这种风俗最容易的解释是，不论在何时何地，当很多希腊人聚集在一起的时候，几乎要理所当然地举行一场赛会，而且，为了确保人们按时参加葬礼，死者的家庭一定要为参赛者提供奖品。

让我们再回到荷马，在他的诗歌中所描述的赛会与后来的发展相比只是迈出了天真的第一步。尽管在《伊利亚特》中所有种类的运动项目都有了，但是它们还不能够决定和渗入到英雄的整个生活中去。在特洛伊，他们还有其他很多事情需要考虑。有一些神话与所有的著名人物都有一定关系，那些没有其他声名的人就会完全陷入到真正的战斗中，在那里他们大量地死去。投入战争的人没有必要进行马术比赛。腓尼基人拥有更多的自由时间举行真正的赛会。但是他们更喜欢有趣的娱乐活动，正如我们所看到的，他们向奥德修斯承认，他们对于拳赛并不在行(这是在斯刻里亚岛可以举行的惟一的一项运动)。因而，赛会在那时与其说是一项常规性的赛事，不如说是一种偶然的活动。直到赛会时代的到来，全部生活才开始围绕这项活动展开，只有到那时优胜者才成为伟大的名人。

缪斯女神们的训练活动在早先的时代也是作为一种比赛来进行的。在赫拉克利斯的盾牌上，有一些类似缪斯的人物在唱歌和跳舞。赫西俄

德乘船出海到查尔基斯去参加安菲达玛斯（Amphidamas）的葬礼，由于他的赞美诗获了奖而赢得了一张青铜的三脚桌，他后来把这张桌子献给了赫利孔的缪斯女神（《工作与时日》，650ff.）——这次胜利就是后来一个传说的来源，在传说中荷马和赫西俄德进行了一场比赛。在赫西俄德的作品中，我们发现赛会普遍地存在于城市和农村的生活中，也就是说，一种与贵族的和理想的赛会形式相并行的竞赛活动已经形成。这种活动与赫西俄德的关于好的和坏的厄利斯（*Eris*，即斗争）的信条相结合，出现在《工作与时日》的开篇。好的厄利斯是率先出生的（而坏的厄利斯只是一个孕育战争和冲突的变种），赫西俄德似乎发现她不仅存在于人类的生活中，而且还存在于大自然中，克罗诺斯（Cronos）就把她安置在大地的基座上。正是好的厄利斯能够把懒散和笨拙的人变得勤勉。看到他人致富，他们也激励自己努力耕田，按时播种，管理好家产，因此，为了发财致富，邻居之间展开了竞赛。

所以，当英雄时代的君主政体衰落之后，希腊人中所有的高级生活，不论是身体上的还是精神上的，都拥有了赛会的特征。在这里，品质和自然的优越（*arete*）都被展示出来，在比赛中获得胜利是一种不带 166
有任何敌意的高贵的胜利，就好像是一种古老方式的复活，人可以这种和平的方式战胜另一个人。生活中很多不同的方面开始带上这种竞赛的特点。我们在宴饮上宾客们的交谈和轮流唱歌中，在哲学探讨和法律程序，直到公鸡和鹧鸪打斗……都可以看见它的身影。在阿里斯托芬的《骑士》一剧中，帕弗拉格尼亚人和腊肠贩子的行为还保留着一场赛会的确切形式。同样，在《蛙》剧中，埃斯库罗斯和欧里庇得斯在冥界进行了一场比赛，还有一个仪式性的预赛。在所有阶层的生活方式中都受到了赛会和体育比赛的影响，这一点在希罗多德关于阿伽里斯特（Agariste）的招夫的记载中（第六卷，126）表现得最为明显。西库翁的克里斯提尼在奥林匹克运动会上宣布，在那里他刚刚赢得了四马赛车的胜利，他将在申请者中选出女儿的丈夫。招取夫婿本身就是一场竞赛，这是对神话中俄诺玛俄斯的女儿希波达弥亚招夫的一种模仿。13个求婚者来了，所有人都具有超凡的本领和高贵的出身：两个来自南部意大利，一个来自埃里斯，一个埃托利亚人，一个阿尔果斯人，两个阿卡狄亚人，一个来自优卑亚，两个雅典人，另外几个分别来自优比亚、忒萨利亚和摩罗索斯（位于厄皮洛斯）。克里斯提尼已经为他们准备好一个运动场和一所体育学校（palaestra），让他们和他待了一年的时间，考察他们的勇气、气质、教养和性格。他陪同他们参加体育比赛，观察他们在宴会上的行为。对于雅典人美加克利斯（Megacles）如何获得了最终的胜利，我们将在稍后进行讨论。

当赛会很快站稳了脚跟，真正成为了人们生活中最重大的活动，正如我们所看到的，运动会既是赛会的一种选择，也是赛会的一个分支。如果没有其中之一，另一个也是不可想像的，即使人们相信体育艺术也是从神话生发并创造出来的。无论如何，如果没有赛会，运动会也绝不会成为希腊人生活中最突出的特征。竞技运动在所有的地方都开展起来，即使在那些最小的社区里。个人的全面发展正是依赖于他需要经常在与他人进行的这种没有任何直接的实用价值的竞技运动中对自己作出评价。

在那时，这种情况一定已经变得非常普遍，那就是在竖琴演奏家和文法教师的训导之外，自由人还会把他们的儿子们交给某位体育教师，从他那里获得全部的教育。然而，只有那些相当富有的人能够负担得起这样一种生活方式，只有那些完全不愁吃穿的人才能够把运动场当作其
167 生活不可缺少的一种要素。因此，体育比赛本身是一项大众活动，但在其发展的高级阶段就成了一项贵族活动，尤其是当它与赛会及其所有附带的内容结合在一起以后。运动场是希腊人社会生活的主要中心。我们很难把它的起源追溯到公元前 7 世纪以前，其设置的完备当然还要更晚，尽管在柏拉图的描绘中，其中所有的活动在后来都有所记述。体育学校的规模要小得多，常常只是一些私人机构，而体育运动场则总是属于国家，它还在教育中占有一席之地，因为年轻人（18 到 20 岁之间的青年男性）大量的日常训练要在这里进行。

即使在一些最不起眼的城镇也有很多体育场，这种情况持续到很晚的时代。在雅典的运动场中有吕西昂（Lyceum），阿卡德米（Academy），

还有为混合血统的儿子们准备的西诺萨格斯（Cynosarges）。体育场最基本的功能是训练青年，但在雅典参加训练的还有男孩，他们被允许参加所有的运动项目，受训的还有运动员。阅读色诺芬、柏拉图、阿里斯托芬和其他人的作品时有一种印象，就是没有人被运动场拒之门外。在雅典开展的体育项目的种类是最多的。雅典人在每种赛事中往往都是胜利者，他们的运动员和教练被认为是最棒的。五种基本技能，即五项全能，包括竞走、跳远、摔跤、投掷铁饼和标枪，作为选择的附加项目还有拳击和古希腊式搏击（*pankration*），一种拳击和摔跤相结合的比赛项目。在一些城市，所有运动项目形成了一个有机的整体。雅典年轻人的重要表演项目有在普罗米修斯节（Promethaia）和火神节（Hephaistaia）举行的火炬赛跑，在所有的城市都有地方组织的公共活动。训练者常常是前奥林匹克运动会的胜利者，他们当然是非常有影响力的人物。品达赞颂过的墨雷西阿斯（Melesias），在他的学生中产生的优胜者多达30个（《奥林匹亚颂》，第八卷，71）。国家在公民中任命的运动场监督官（gymnasiarchs）也具有很大的权力。他们的管理机构允许他们把智者、修辞学家和哲学家驱逐到健身房之外，如果他们确信他们所教授的信条在青年人中产生了某种很坏的影响的话。当然，雅典在伯罗奔尼撒战争期间，作为一种需要很昂贵的捐助（*leitourgia*）才能充任的官职，充当运动场监督官成为了一种获得大众支持的途径。

这些体育运动扩散得十分惊人，而且越来越细致。在有些城市中，参加这些运动实际上成为了保持公民权的一个条件。例如，在阿卡亚的
城市佩里尼，我们了解到旧有的体育场用来训练年轻人，只有在他们完 168
成了所有的训练课程时才能获准成为公民。在斯巴达，作为最重要的事情，那里开设的所有运动项目都是国家教育中的一个必修的部分。

在这些体育训练的同时，还有马匹的赛会。因为车战在荷马的英雄时代的战争中是最高贵的战斗形式，所以赛车在很早就被看作是和平年代里所有的竞技中级别最高的一种。在贵族政治时代，它与马的饲养结合在一起，是贵族身份的象征，从那时开始成为最重要的比赛。赛车与其他的运动项目相比不太适合在一个单个城邦的范围内进行。这种比赛

从性质上看很容易超越地域的限制，因为如果总是同一些人参赛的话，人们对它的兴趣就会大减。但是赛车的特殊性在于，作为富有的少数人的领地，需要找到一块普通人能够容易到达的节庆场所。当这项活动把来自于其他地方的参赛者吸引到中立地带或某个圣地的时候，泛希腊的赛会就发展起来，接着很快——可能没有经过明确的约定——有了更多的比赛场所，有了更广泛的参与度，这项全希腊的赛事就形成了，很快又有人编造出了其创始的神话。这些基本上由希腊人参加的泛希腊运动会的召开在希腊民族主义的成长和自我意识上是一个非常重要的因素。它在消除部落之间的敌意上起到了独一无二的决定作用，这种敌意在相互敌对的城邦中继续保留下来，成为最强有力的统一的障碍。只有赛会把整个民族联合为一个整体，既作为参与者，也作为观众。那些把自己排除在赛会之外的部族，比如埃托利亚人、阿卡奈人和伊壁鲁斯人，则或多或少地丧失了被看作是希腊人的权利。

古代举行赛车的一个地点位于彼奥提亚的昂奇斯托斯（Onchestos）的波塞冬森林（Grove of Poseidon），在荷马的阿波罗颂神诗中（1. 230ff. ）曾经提到。在这同一首诗歌中（1. 234ff. ），忒耳弗萨（Telphusa）试图用赛车和马匹的噪音把阿波罗从她的领地上吓跑，这意味着赛车可能并不总是在泉水附近的道路上进行。另外，在提洛岛可能举办了一场与非凡的赛会结合在一起的隆重的大众节庆，赛会的内容包括为阿波罗举行的拳击、跳舞和歌唱，那时候对阿波罗的崇拜非常盛行。但是阻碍提洛岛成为或者保持住一个各邦普遍参加的赛会举办地的原因可能在于这样的事实，那就是作为一个岛屿，它不适合举办这样一种最高形式的竞赛。
169 在其他一些后来建立的伟大的集会地点，比如克罗顿的泛爱奥尼亚节举办地或者赫拉神庙，比赛当然照旧举行，而这些地方也没有成为著名的赛会所在地，更不用说吸引朝圣者了。

奥林匹克运动会一定是第一个带有泛希腊特征的运动会，关于俄诺玛俄斯和佩罗普斯的神话肯定是这一发展的惟一反映。在德尔斐举行的皮提亚赛会同样很古老，但最初只有一个音乐赛会，后来才逐渐包括了体育比赛以及所有的马术项目，就像奥林匹克运动会的那些项目一样，以此开始与其他的节庆地点摆开了竞争的架势。伊斯特摩亚竞技会从很古老的时代开始就以赛车运动而闻名，当然也是一个为了纪念帕莱蒙·墨利刻耳忒斯（Palaemon Melicertes）而举行那些很古老的竞技项目的举办地。在奥林匹克运动会还不能对所有希腊人开放或还不够中立的时候，涅墨亚运动会在一段时间里普遍地为人们所接受。所有这四个节庆活动都被认为是泛希腊的，都声称自己拥有英雄时代的起源，这一点已经被证明过上百遍了，例如，涅墨亚运动会在哪年哪月开始，它们还被认为是攻打底比斯的7位将领创立的，因为希腊人总是通过神话的眼睛来看待所有事物的。超于寻常的是，这个民族的不同部分不仅能够在这些地点同场竞技，而且还可以相互融合，因此在比赛进行的休战期间，即使正在处于战争期间的两个城邦的公民也能够和平相处。奥林匹克运动会尤其对这个民族来说具有一种特殊的神圣感，那里举行的赛事大多数起源于伯罗奔尼撒，逐渐成为了真正的世界意义上的希腊共同体的独一无二的展示，不论是母邦还是殖民城邦。实际上，奥林匹克运动会在民族认同感上的重要性在以下的事实中还存在着另外一种独特的表达方式，那就是所有的计时工作都由赛跑的胜利者进行，因而为这样一个定会困扰现代世界的问题提供了一种简便易行的解决方式。[5]

在希腊的其他地方也充满了各种各样的节庆活动，对其他社会阶层就像对公民一样是开放的，或许也同样可以成为泛希腊的。一个人如果有足够的钱财可以负担旅费、供奉，以及付给某个品达或某个西蒙尼德的费用，那么他可以整年参加这样的活动，如果他能够经常成为优胜者，还可以从人民那里获得声名。在每个地方，在节庆活动中举办的赛事不计其数。这使得那些伟大的体育名人能够不断地处于训练中，像摔跤手波吕达玛斯（Polydamas），拳击手欧堤穆斯（Euthymus），著名的克罗顿的米隆（Milon）以及没人可以和他相匹敌的提阿格尼斯
（Theagenes）。他们的名字家喻户晓，整个希腊都知道关于他们的轶闻 170
和传说。例如，提阿格尼斯的生涯开始于他把一尊比赛赢得的金像带回了家乡；他参与了每个项目和每个地方的比赛；据波悉尼阿斯的记载，他赢得了1400顶桂冠，普鲁塔克的记载（《道德论集》[Moralia]，

811d—f）是至少 1200 顶，尽管作者补充说，它们中大多数是不那么重要的。

赛会和贵族之间的密切结合使个别家庭能够保有一种参加比赛和获胜的传统。这样的冠军世家是品达最好的主顾，正是从他那里我们了解到这些家族。他是我们关于竞赛精神的不可或缺的信息提供者，尽管我们必须记住，他的顾客已经是最后的参赛贵族。在这个领域就像我们对于其他的事情那样，我们只是熟知这一现象的最后发展阶段，因为在这之后，民主制度很快地使这个阶级参加赛会变得危险和不可能了。然而，品达还是把像科林斯的欧里加特戴（Oligaithidai）这样的家族呈现在我们的面前，有一个关于这个家族的成员获得的胜利的很长的名单，并附有很多赛会的举办地点（《奥林匹亚颂》，第十三卷，45ff.）。他也经常提到埃吉纳的阿克戴（Aeakidai）家族；他曾经提到，有时候同一个家族每隔一代就会出一个冠军（《涅墨亚颂》[*Nemean*]，第六卷，前言）。波悉尼阿斯也提到过此类的体育王朝，像勒普罗斯（Lepros）的阿尔喀内托斯家族（Alkaenetos），尤其是罗得斯岛的迪亚格里达家族（Diagoridai），他们是美塞尼的亚里斯托墨涅斯（Aristomenes）的后代，他经历了奥林匹克运动会激动人心的一刻，当时他的父亲被他获胜的儿子们抬着绕场一周，而希腊人欢呼着把鲜花投向他（波悉尼阿斯，6. 7. 3ff.）。这样的家族当然属于贵族或者亲斯巴达的。狄亚格拉斯（Doagoras）的一个儿子多利俄斯（Dorieus），曾经赢得过很多项目的比赛，在伯罗奔尼撒战争的时候，他带着自己的船去为斯巴达人作战。被俘以后被带到雅典的公民大会。这个著名的运动冠军被雅典人释放了，没有受到任何伤害，尽管很多人对此非常不满。

我们上面提到过的马术比赛从很早的时候开始就与其他运动项目一起进行（在奥林匹亚是从第 25 届赛会开始的），有四匹马组成的赛车，很快又加上的单匹马的比赛，后来又有了一个骡队或者一匹母马拉的赛车——这些花样后来都被取消了——后来还有一对成熟的牡马和
171 小马拉车的比赛。马的饲养者们（他们都拥有带有“马”字的名字：比

如 Phainippus、Hipponicus、Hippocleides 等等）与运动员并肩作战，争取荣誉，尽管他们不需要亲自上阵驾御马匹，实际上他们经常把自己的牲口送到很远的地方去参加比赛。因为对于希腊人来说，他们对观看充满了热情，需要这种好看和激动人心的比赛，富有的和经常是皇室的马匹拥有者们能够通过自己的方式，坚持要求为自己的马匹取得了成绩而戴上桂冠，这顶桂冠本来应该只授予马匹驾御者一个人的。一个驾御他自己的赛车的人拥有一项特权，如果他获得了胜利，就会得到一首专门献给他的“卡斯托尔赞美诗”（Castor hymn）（《伊斯特摩亚颂歌》，第一卷，前言）。品达还坚持认为（《皮提亚颂》，第五卷，32ff.），昔兰尼的阿克西劳斯应该向他的连襟卡尔霍托斯（Carrhotos）正式地表达感谢，因为在皮提亚赛会期间他曾经代他驾御赛车。

因为整个活动都依赖于赛车和马匹，所以四马赛车的胜利者可以在某个人的恩准下重新获得权利，比如，当时正在被雅典流放的老客蒙由于在赛车比赛中取得胜利，先是他的半个兄弟米太亚德，后来是皮西特拉图，都允许他回家。[6] 有人会问，是公众知道了胜利从一个人转移到另外一个人身上，还是他们从一开始就完全不知道到底谁才是这支参赛队伍的所有者。可能他们对这些比赛背后的事情是模糊不清的，就像我们看到的亚西比德所制造的令人困惑和眼花缭乱的效果那样。

只有富人或统治者能够负担得起为公共的娱乐活动而豢养马匹的奢侈费用，人们常常出于嫉妒通过编造出他们是如何通过可耻的途径发家致富的故事来对四马赛车的冠军们进行报复。因而，富有的雅典人阿尔克迈翁（Alcmaeon）据说就用了最不道德的手段从克罗索斯那里得到了大量钱财（希罗多德，6. 125）。即使是希罗多德在他生活的年代也只知道有两个人三次赢得了四马赛车的冠军。昔兰尼就是一座以当地人对养马充满热情而闻名的城市（同上，6. 103）。斯巴达人，在希波战争之后，据说比其他所有人都更加全身心地投入这种爱好。毫无疑问，这种情况的出现是由于人口的减少以及继承的财产越来越集中到少数人手中的结果。[7] 这种情形持续了一段时间，直到公元前 4 世纪早期，阿格西劳斯使出了漂亮的一招结束了这项活动。为了向他的斯巴达人证明养马只关乎财富而与技术无关，继而纠正人们对它的狂热，他以他的姐姐希尼斯卡（Cynisca）的名义向奥林匹亚派出了一辆四马赛车。这件事似乎达到了预期的效果。即使到很晚的时候，驾御者和
172 马匹能够在奥林匹亚取得一次胜利一直被看作是生命中的一座巅峰，正像我们所知道的关于马其顿腓力国王的记载那样，他在得到了帕尔美尼亚（Parmenion）在伊里利亚取得了赛车胜利的消息的同时，也接到了他的继承人亚历山大降生的喜讯。他同样为第三条消息而感到惊喜，那就是他自己的一匹马第一个冲过了终点线（普鲁塔克:《亚历山大传》，3）。

当然这项运动也有着巨大的危险性。驾御赛车对人的生命和肢体具有极端的危险性。波悉尼阿斯就提到过在克尔哈（Cirrha）的赛马场经常发生的严重的伤亡事故（波悉尼阿斯，10. 37. 4）。品达说，在那里的一场比赛中有40个人摔倒在地，尽管卡尔霍托斯没有受伤（《皮提亚颂》，第五卷，65）。即使40是一个大概的数字，它还是可以说明摔倒和受重伤的巨大危险性，在索福克利斯的《厄拉克特拉》中监护人（Tutor）关于奥列斯特的死所作的精彩讲述使我们更是加深了这种印象。没有什么献祭活动像奥林匹亚的跑马场那样充满了恐惧和战栗，在那里有一个类似于圆形祭坛的东西叫作塔拉西波斯（Tarahippos）（意思是“马受惊”），“在那里马匹一受惊，赛车损坏，驾御者经常受伤”。修建它的目的是为了安抚一位邪恶的古代英雄（波悉尼阿斯，6. 20. 81）。

在拳击和古希腊式搏击（拳击和摔跤的结合）中参赛者被残忍地击打，常常落得终身残疾。品达高兴地写到胜利者以痛苦的打斗换来的荣耀（《涅墨亚颂》，第三卷，27）。众所周知，古希腊式搏击运动者的雕像通过他们的“花椰菜”耳朵能够辨认出来，这成为一个确定的艺术标准。牙也会被打掉，并不是每个遭此厄运的人都把这种事情放在心上，就像昔兰尼的欧律达马斯（Eurydamas），在他的对手注意到之前就把它们吞进了肚子里。在摔跤比赛中，允许折断对手的手指，两个在这个方面臭名昭著的人竟在奥林匹亚得到了雕像作为奖励。由于勒死或者

拳头重重地打在腹部而造成的死亡是经常发生的。这种情况会得到仲裁者们的宽恕，他们知道在关键时刻是很难判定到底是哪一方应该承担责任，通常是犯错的人被无罪释放，而受伤的人即使死掉也可以得到一顶桂冠，带着这样一种委婉表达出来的胜利被送往天国。[8] 有时候人们当场死亡仅仅是由于发挥太好的原因。这种情形就曾经发生在一个克罗顿人身上，当他在官方的裁判面前走过，走向一个来自于斯巴达的奥林匹克五项全能的冠军，死的时候他还戴着桂冠。著名的赛跑健将拉达斯（Ladas）在刚获得胜利之后就病倒了，在送往附近的斯巴达的时候死在路上。后来讽刺作家对这些事情借题发挥，琉善在一首讽刺诗中写道：
“在奥林匹克我还有一只耳朵，在普拉提亚还有一只眼睛，但在皮提亚 173
（Pytho）它们却离我而去”；但是希腊人还是坚持举办这些比赛，并不想减少。

优胜者的奖励最初都是值钱的奖品，就像我们在荷马当中所看到的那样，只是后来桂冠成为了最值得骄傲的东西。在奥林匹亚，桂冠是用野橄榄枝编成的，在涅墨亚则用常春藤，在伊斯特摩亚用松枝，在皮提亚用月桂树枝。在音乐赛会中，似乎从很早的时候起习惯上还要奖励一张青铜的三脚桌，这个东西不是为了自己保留而是要献给神。在一些小地方，可能发放一些不那么值钱的小奖品，比如在佩里尼战胜品达的一位诗人就赢得过一件温暖的短斗篷。但是比赛的真正目的是胜利本身，尤其在奥林匹亚，这被看作是普天之下最高的奖励；因为它使冠军得到了所有希腊人都想得到的东西，不仅在他活着的时候受到人们的景仰，死了以后还会继续受到赞美。最重要的是，当一个优胜者的儿子也取得了胜利的时候，父亲就会告诉他自己，尽管他没有爬上青铜的天堂，但他已经得到了人间最辉煌的成就，他可以带着这样的想法下沉到哈得斯的冥界去了（品达，《皮提亚颂》，第十卷，41f.）。

有些父母早已预感到他们儿子的胜利。比如，一个母亲梦见抱在她怀里的孩子被戴上了桂冠；这个男孩当然被带到了赛会，赢得了奥林匹亚少年比赛的冠军。在阿尔忒弥多洛斯（Artemidorus）的梦书中，我们不仅能够看到人们做梦希望自己参加比赛或者陪伴他们的儿子去奥林匹亚，而且整个想像常常都被赛会及其很多不同的场景占据。还发生过梦想成真的奇迹，一个生活在埃吉纳的父亲梦见他的儿子在奥林匹亚获得了胜利，正是在这一天果然发生了这样的事情。在品达的诗歌中，我们听到了从一个胜利者的家族中发出的欢呼声，这个家族把全部精力都献给了赛会。胜利者不仅能够用他的活力鼓舞他的祖父忘掉衰老，用他的欢乐帮助他忘掉他很快就要去见哈得斯的事实（品达，《奥林匹亚颂》，第八卷，92f. ），而且所有的胜利者都会想到生病的父亲或叔叔将会听到获胜的消息，这样的胜利不仅属于他个人，而且属于他的整个氏族，实际上还属于他的整个家乡。城镇的居民们都会随着失败或胜利消息的传来而一同感受到震动和战栗。在古代，使其他的生活细节和事务趋于沉寂的焦虑不安的状态一定与这种事情有关。为胜利者付出的大量时间正说明了它所具有的压倒一切的重要性。当他返回家乡，进城的时候会举办各种庆祝活动，包括祭祀活动，他会被人群包围。修昔底德（4. 121）在描绘人们欢迎斯刻涅（Scione）的解放者布拉西达斯（Brasidas）
174 的盛况的时候，没有找到比这更恰当的比喻：“他们用缎带来装饰他，奔向他，就好像他是一名运动健将。”接着还有更加持久的荣耀，比如参加节庆活动的优先权和战斗中的领导权。例如，斯巴达国王就把奥林匹克运动会的冠军作为他的贴身护卫。在雅典也是，胜利者拥有在“议事会执行委员会会厅”（*Prytaneion*）进餐的显赫特权。没有哪个城市愿意自找麻烦，就像阿卡亚人对一个前来拜访他们的赛会优胜者欧伯塔斯（Oebotas）没有以礼相待，结果是从此他们之中再也没有一个人在奥林匹亚获胜——这一灾难只是后来才在德尔斐神谕的帮助下被一种对欧伯塔斯进行的英雄崇拜的制度消解。我们一定不要忘记参加竞赛的失败者返回家乡时的情形，对此品达曾经说道，他会可怜地蹑手蹑脚地穿过很少有人走的边缘小巷，当其他人说话的时候他也只能惭愧地保持沉默。[9]

所有城市都尽其所能地鼓励人们参加赛会。一些城市为他们的胜利者设立了奖金，这无疑是为了那些希望并有能力得到奖品的人所提早做出的昂贵的准备。因而，在雅典，梭伦的一项法案规定，一个奥林匹克冠军可以得到500德拉克马，一个伊斯特摩亚赛会的优胜者可以得到100德拉克马，其他的赛会都有相应数量的奖金。梭伦之所以如此关心他的公民中的奥林匹克优胜者是有其政治上的考虑的——如果没有这笔奖金的话，他们或许就不会不厌其烦地跑到其他地方去参加什么比赛——因而考虑最好还是对这样一种已经开始减少的活动的热情给予一些小小的支持。在阿尔果斯，某种特制的赛车是由国家出资制造和维护的，很明显是为了使那些技术高超的养马者更容易到奥林匹亚去参加比赛。一座城市甚至可以为一个著名的摔跤运动员和古希腊式搏击运动员建筑一个柱廊用于训练，就像埃吉纳人为斯特拉通（Straton）所做的那样，他在奥林匹克运动会上在同一天赢得了这两项比赛的胜利。

荣耀所持续的时间甚至远远超出了生命本身，常常转变为某个冠军的英雄崇拜。最小的城镇至少会为她的奥林匹克胜利者竖立起一块纪念碑。作为对一个在多次比赛中获得胜利的人（实际上他是在拉米亚战争中被杀死的）的英勇无畏精神的奖励，根据吕西普斯（Lysippus）为他做的雕像上的铭文记载，阿卡亚人为他举办了一次公共的葬礼。对于著名的四马赛车冠军雅典的客蒙，希罗多德（6. 103）不仅知道他的坟墓的地点，还知道他的取得过三次胜利的马就埋在他坟墓旁的一条路上。

很多城市被毁，或者至少已经通过"联合一统"丧失了他们从前的地位和独立，但它们还是通过对赛会中的个别获胜者的记忆保持着一定的生命力。一些运动员在几个世纪以后还是经常被人谈起。但是如果一 175
个城市的冠军被击败，那么很可能的情况是，这次败绩在这之后的很多年里都不会得到承认，就像忒萨利亚人否认波吕达玛斯的失败那样；可能他们相信，谎言可以使从前的失败转变为胜利。陌生人还会篡夺胜利果实。一个奥林匹克冠军受到了贿赂会把自己归属于另外一个城市，在狄俄倪索斯的代理人没有能够贿赂一个米利都人之后，南部意大利的一个考隆人（Caulonian）就宣称自己是一个叙拉古人。早在公元前5世纪的时候，老希隆就曾经劝说克罗顿的某个叫阿斯提路斯（Astylus）的人在他取得了第二和第三次胜利的时候宣称叙拉古是他的家乡。在这以后，克罗顿人把阿斯提路斯的房子变成了监狱，并把他的雕像从赫拉·拉奇尼亚（Hera Lacinia）神庙中搬走了。

我们一定不要忽略体育比赛中的阴暗面。把整个一生都沉浸在几秒钟的可怕的紧张状态下是不会得到真正的幸福的。对那些沉湎其中的人来说，焦虑不安或是对未来充满深重的忧虑是令人扫兴的。他们在世的时候，敌意和嫉妒自然是他们的命运，死后仍然在延续——因此，著名的提阿格尼斯的雕像在夜间会遭人鞭打。年轻人的出现迫使年长的运动员退役，这一定令人十分伤感，除非他有幸继续成为教练员，可能通过学生的成名继续活在大众的记忆中。想到一个人力量的衰减是一件不能承受的事情。在五项全能运动员提曼忒斯（Timanthes）退役后，每天还通过拉一个巨大的弓检测自己的力量。在一次旅行之后他停止了这项运动，他发现他不再能够把弓拉开了，所以他点燃了一个柴堆活活地烧死了自己，很显然是模仿了赫拉克利斯之死。其他人甚至在他们的巅峰时期就采取了自绝的方式，所以统计一下有多少奥林匹克冠军选择了悲惨的结局将是十分有趣的。或者是因为他们的胜利来自于一场超乎寻常的比赛，或者是因为他们在取得胜利之后的情绪需要某种刺激。一个奥林匹克运动会的胜利者或许会像希伦（Cylon）那样成为一个政治煽动家，在雅典他死于一次争夺僭主王位的斗争中。奥林匹克的优胜者克罗顿的腓力是一个野心勃勃的人物，是他那个时代最英俊的希腊人，他也是这么死的。巨大的力量本身似乎就倾向于患自闭症，即使参加的是集体项目的比赛。所以，我们了解到，埃托利亚的提托穆斯（Titormus），他是阿伽里斯特的一个求婚者的兄弟，力量远远超过其他
176 的希腊人，他选择了离群索居，到埃托利亚的偏远地区去生活了。著名的拳击家曼丁尼亚的尼克多洛斯（Nicodorus）的例子更为罕见，在老年的时候他成为了其母邦的一位非常受人尊敬的立法者。实际上，在这件事上他得到了米洛斯岛的狄亚格拉斯（Diagoras）的帮助。一个胜利者最好的出路是在战争中大显身手，就像皮提亚赛会的冠军克罗顿的法伊洛斯（Phayllus）那样，他驾驶着自己的战船参加了萨拉米湾的战斗，或者像米洛（Milo），据说他戴着他的 6 顶奥林匹克桂冠，身

穿狮皮，挥舞着一根大棒，参加了克罗顿人反击西巴里人（Sybarites）的伟大战役。

尽管在一些情况下，运动员是如此地受到崇敬，以至于人们相信他们具有神的血统，会以一种超乎自然的方式死去。斯巴达的摔跤运动员希波斯堤尼（Hipposthenes）据说就拥有一座为他建造的神庙，出于人们对他的预言的认同，他得到了与波塞冬一样的荣耀。可以推测，斯巴达人可能把这位摔跤家的身份与那位神灵合而为一了（他的呼求圣神祷词［epiclesis］可能就是“Hipposthenes”），他们通过预言家证实了这一点。埃皮泽夫里（Epizephyrean）的洛克里（Locri）的居民欧堤穆斯被认为是当地的一条叫卡其诺斯（Caicinos）的河流的儿子，据说也活了相当大的年纪，最后不是去世，而是“用另外一种方式告别了人类。”（波悉尼阿斯，6. 6. 3f. ）塔索斯（Thasos）的提阿格尼斯在当地被称作赫拉克利斯的祭司之子，但实际上是赫拉克利斯扮作自己的祭司所生。在他死的时候也使用了“告别人类”的字样，塔索斯人习惯于在他的雕像前像面对一位神灵那样祭祀他（同样也受到一个敌人的鞭打）。在此之前也曾经经历过很奇怪的命运被沉入大海，但在皮提亚的干预下又被打捞了上来（波悉尼阿斯，6. 11. 2f. ）。在阿斯提帕拉（Astypalaea）的克里奥米得斯（Cleomedes）神秘的消失之后，从德尔斐传来一项命令，说他应该作为最后一位英雄而受到崇拜。

我们现在可以考察在奥林匹亚举行的节庆活动了，尽管不会偏离主题去探讨在那里保存着的大量古迹。从地下发掘的大量供品来判断，这个地方当然是一个古代的宗教崇拜场所。很可能从很早的时候起那里就存在一个神谕，在公元前 776 年重新设立的运动会可能并不十分古老，它们的建立者是赫拉克利斯之类的说法无疑只是它们出现在历史时代的情形的一种反映。[10] 在我们试图想像出节庆期间的奥林匹亚会是什么样子的时候，我们必须提防这样的想法，那就是一个城镇完全敞开胸怀，一时间抛开了所有日常活动，完全沉浸在与来自于其他地方的不知名的游牧部落的宴饮活动中。在那里并没有像我们现代的集市或狂欢节 177
上的聚集在一起的摊位和小店之类的东西。完全相反，在那里，人们甘愿忍受着物质上的匮乏。作为一个开始，其地理上的位置对于那些来自于整个希腊世界东部地区的人并没有任何便利可言。这个地方的设施也很简陋。人们拥挤在一起，睡在露天或是帐篷中——只有伊阿摩斯家族（Iamidai）有房子可住。在白天，他们忍受着太阳的暴晒，常常极端口渴，因为阿尔甫斯河的水似乎并不适合饮用。[11] 所有这些都被那里所弥漫的无比高涨的热情冲淡了。一个盛大的长达5天的庆祝活动在那里举行，总是选在满月的时候。品达的11首奥林匹亚颂诗并不是想描述节庆活动本身，而是要记述其神话的起源。然而，他还是对实际情况作了描述，告诉了我们在各个项目的比赛结束之后，美妙和轻柔的月光是如何笼罩大地，整个地方不断地响起赞美获胜者的歌声。在这一祥和的尾声之前人们则经历了一段远远超出我们现在的运动会想像的无比紧张的时刻，在那时一大群观众都处在无比的兴奋当中，在不同项目的具体细节上表现得极为在行。[12] 而且，赛场周围由于充满了艺术品而成为一个非常美妙的地方。在比赛前后所举行大量的仪式和祭祀活动吸引了所有人的注意力。这些事务的无比庄严在任命裁判官员的精细上反映出来。所有人都知道“希腊的法官”（Hellanodikai）* 曾经在比赛之前用了10个月的时间在埃里斯的家里就他们所要承担的所有职责受到诺姆菲雷克斯（Nomophylakes）的训导。如果主办者想要顶住失败的参赛者的压力的话，这种培训一定是不可或缺的。[13]

我们在这里还要提到，奥林匹亚的节庆活动，可能与所有重要的比赛活动一样，参加者只限于男子。毫无疑问，这样做的原因在于害怕妇女可能会把过多的热情放在运动员的特长上而不是运动的精彩程度上。年轻的女子只允许在体育馆观看赛跑，得墨忒耳的女祭司查米尼（Chamyne）在这个场合则拥有她的官方座位。[14]

除了竞技者，装备良好的节庆代表团还带来了各种动物和礼品，这些或来自于国家或来自于个人。有各种类型的合唱队，尤其是男孩合唱团，他们的歌声伴随着各种祭司仪式的举行。[15] 人们从整个希腊和殖民

---

* 奥林匹克和尼塞亚运动会的组织者和评委被称为 Hellanodikai，意为“希腊的法官”。

地蜂拥而至；所有的方言，所有的兴趣和友情都会在这里汇合；所以，
希腊民族在规模和地理上的广度被展现出来。它代表了一个整体，而不 178
仅仅是无数独立的城邦，是共同经历的紧张比赛把所有人自由地和自然
地联结在了一起。在这里，不仅是个人之间的竞技，人们感到这也是他
们所由出的城邦之间的比赛。

这个地方具有中立的性质，因为它距离那些最为强大的和充满野心的希腊城市十分遥远，希腊精神生活中的领导者在这里出现了。现在我们不知道希罗多德是否在这里大声朗读过他的《历史》。但是，在比赛期间，诸如克里奥蒙尼（Cleomenes）这样的表演者的确到这里受作者的委托朗诵过恩培多克勒的祈祷，因为需要一个足够洪亮的声音在这里响起（狄奥格尼斯·拉尔提乌斯，8. 63）。正像我所期望的，在这里我们还看到了官方的演说家，比如像高尔吉亚这样的人，穿着飘扬的斗篷，发表了精彩的演说，号召希腊人团结起来，与蛮族进行斗争，或者呼吁推翻西西里的狄俄倪索斯的统治。[16] 最后还有哲学家们，一直到犬儒学派的佩里格瑞努斯·普洛透斯（Peregrinus Proteus），他代表了在奥林匹亚自我吹嘘传统的终结，因为疲劳的古代世界再也没有从他跳入火堆的行动中恢复过来。即使到很晚的时候，学者仍然沉迷于奥林匹亚。在哈德良时期，特拉雷斯（Tralles）的菲勒贡（Phlegon）写出了他的《奥林匹克颂》（*Olympiads*），菲洛斯特拉图斯（Philostratus）在他的《论体育》（*Gymnasticus*）中抓住每一个机会描述了在那里发生的一切。

德尔斐可能发展成为奥林匹亚的一个强劲的对手，而德尔斐的赛会，最初几乎全部是音乐比赛，伴有男孩子的体育比赛，逐渐发展成为包括了所有项目以及赛车的运动会。但是奥林匹亚的真正竞争者似乎是雅典。“其他的节庆聚会活动要相隔很长时间才会举办一次，而且很快就结束了。但是我们的城市对于拜访者来说整年都在进行着节庆的聚会活动”，伊索克拉底在他的《泛希腊演说》（*Panegyric*，46）中这样讲并不是没有理由的。泛雅典娜节成为了一个几乎像泛希腊运动会一样完备的节庆活动，在显赫程度上仅次于后者。奖励也是相同的，即授予桂

冠，器皿中盛满了神圣的橄榄油，在这里就像在奥林匹克的运动会那样，人们在所有的体育、马术最后在艺术等方面展开竞赛。从伯利克里的时候起，音乐厅（Odeon）专门用于艺术比赛。在罗马时代，角斗表演的场面也许可以和奥林匹克运动相媲美。它们先是在科林斯兴起，后来引进到雅典，但是在德墨纳克斯的请求下发生了变化。[17]

但是，奥林匹亚作为全希腊的公共性赛会举办地还保持了它的惟一
179 性，在这个方面没有被德尔斐取代，后者自身的领先地位建立在完全不同的事务上。如果有什么事情想让所有希腊人都知道，最基本的做法是亲自前往奥林匹亚或在那里竖立起一块刻有铭文的纪念碑。然而，在我们的时代，塑像或雕塑是为了装点那些初建的城市，而希腊人，不论是个人，还是社团、城市或者联盟，都是把这些东西送到盛大的节庆举办地，或是专门为那里定做的。我们从波悉尼阿斯那里了解到，“在所有希腊人中扬名”的目标在几个世纪之后真的能够实现了。除了运动员的雕像之外，在奥林匹亚还有很多政治和军事名人的雕像。在他们自己的城市可能已经有了这样的雕像，然而他们认为这还远远不够。

这就把我们带到了这些献给赛会的纪念碑的问题上。这个时刻总会到来的，那就是希腊人利用已经日臻完美的雕塑艺术使那些赛会的胜利者的英名永垂不朽，对他们来说这才是真正的和几乎是惟一的英名。他们或许这样对他们的艺术家们说，“你们必须而且能够做到这一点”。其主要的任务（在这里先不论赛马者）就是用艺术的方式再现运动员的身姿，包括摔跤、五项全能、掷铁饼和赛跑运动员。他们的纪念碑不能采取陵墓标志物之类的形式。纪念碑的铭文中所使用的典故或象征主义在这里是不合适的。除了一些特例，比赛冠军也不会出现在石柱或建筑的浮雕上。他主要是一个独立的裸体人物，以这种方式受到观赏，观众必须把他看作是一个运动或者艺术活动的优胜者。一个即使取得过短暂的胜利的人也会被赋予不朽的特质。问题在于这个头在多大程度上，或者有时是完全被当作一幅画像来看待。或许雕塑家并非一成不变地看待胜利者，必须照顾到关于其年龄的基本信息。然而雕像是个体化的东西，或许可以说这样一种一开始就以全裸的姿态出现的人像在世界的其他地

方再也没有出现过。在诸如政治家或者武士或者诗人这类的雕像出现之前，运动员已经形成了一种艺术风格。[18]

就奥林匹克运动会自身来说，最早的两尊运动员雕像（第59届和第61届奥林匹克运动会的优胜者）是用木头做的，一个用的是无花果树，另一个用的是柏树（波悉尼阿斯，6. 18. 5）。很快，运动员的雕像，其运动中的姿态一旦被确定下来，它们就非常适合于户外的展示，于是人们感到需要用青铜铸造，这项技术的发展对整个雕塑艺术产生了巨大 180
的影响。在雅典，希伦的雕像就是用青铜铸造的。波悉尼阿斯发现这项荣誉是令人惊讶的，因为希伦曾经渴望成为僭主，但还是解释说他是当时最英俊的人，是奥林匹亚两项赛事的胜利者，同时还是麦加拉的提阿格尼斯的女婿（波悉尼阿斯，1. 28. 1）。实际上，这尊雕像的时间要晚于希伦生活的时代，因为胜利者在后来被追忆的情况并不罕见；因而，在第80届奥林匹克运动会召开的时候，一位第60届运动会的胜利者受到他的阿卡亚同乡的纪念，因为这是德尔斐的阿波罗下的命令（波悉尼阿斯，6. 3. 4）。这些雕像有时候是由胜利者自己，有时候是由他们的崇拜者或者亲戚竖立起来的。可能是他们家乡的城市或者把它安放在了节庆举办地，或者放在家乡，[19] 或者是由负责赛会的权威机构来进行这项工作。[20] 不管怎样，获得一尊雕像的荣誉是一项巨大的奖励，需要耐心等待。昔兰尼的欧伯塔斯（Eubotas），在比赛之前，“利比亚神谕”就告诉他将在奥林匹克获胜，他就事先塑了一尊雕像，并随身带到了那里，这样，在宣布他为优胜者的当天他就得以把雕像竖立了起来（波悉尼阿斯，6. 8. 2）。据说克罗顿的米隆也把他自己的雕像带到了阿尔提斯（Altis）（波悉尼阿斯，6. 14. 2）。在公元前3世纪，发生过这样的情况，那就是一个赛跑项目的获胜者由于三次取胜而赢得了三尊雕像。作为对后来恶行的惩罚，一个胜利者的雕像可以被毁掉。[21] 一个充满感激的胜利者劝说爱利亚人（Eleans）也把他的摔跤教练的雕像放在他的雕像旁边。[22]

赛车和马匹也开始受到纪念。在较早的时候，马匹会得到一个豪华的葬礼：米太亚德在克拉美库斯（Cerameicus）埋葬了他的马，拉科尼亚的埃瓦格拉斯也体面地完成了这项工作。[23] 赛车只是在奥林匹亚受到供奉，随着时间的流逝，从第 66 届奥林匹克赛会开始（波悉尼阿斯，6. 10. 2），大量的赛车被他们富有的主人放进了雕塑作品中，旁边是驾车人和马夫，赛车小组和单匹的马（波悉尼阿斯，6. 13. 5，6）。[24] 在一个时期，这些雕塑似乎在奥林匹亚、德尔斐以及其他地方引起了人们极大的兴趣，这一定是得益于真实的赛马训练。但是运动员的训练一定再次变成而且长期成为最主要的雕塑题材。[25] 在埃拉特亚（Elateia），甚至到了波悉尼阿斯的时代，他们在道路旁边仍然有“赛跑者美内西布波斯（Mnesibubos）”的青铜雕像，这个人在抵抗镇上的一群土匪的进攻中被杀害。他可能因为生前在第 235 届奥林匹克赛会赢得过普通的赛跑和持盾赛跑的冠军而得到的这尊雕像（波悉尼阿斯，10. 34. 2）。不可
181 避免的是，人性化的赛会应该在运动员的比赛之外创造出自己的艺术风格。波悉尼阿斯在奥林匹克的赫拉神庙看到，阿斯刻勒庇俄斯、许癸厄亚（Hygeia）和阿瑞斯站在了一起（同上，5. 20. 1）。

在那时，希腊的赛会开始通过殖民地甚至蛮族声名远扬。实际上，当波悉尼阿斯说（6. 32. 1），赫尔墨斯、赫拉克利斯和提修斯的雕像已经在很多蛮族地区的运动场和体育学校（palaestrae）司空见惯的时候，他无疑指的是继承者们（*diadochoi*）的土地，在那里，这些事物是与剧院一起引进的。[26] 但是我们该如何看待蛮族制作礼物献给奥林匹亚，或者这样的事实，即只具有一半希腊文化的外国人——就像埃特鲁里亚人——的想像力是如何被作为一种高级时尚的希腊赛会的观念所占据的？我们是从埃特鲁里亚和南部意大利的陵墓中发现的陶瓶知道这一点的，其中有相当多的部分绘有运动场面。因为它们描绘了体育学校的全部活动，因此，它们对我们来讲成为运动雕塑的一个最重要的补充。很多陶瓶上描绘了“雅典运动会”的场景，所以它们可能是一种可以带回家乡埃特鲁里亚的希腊人颁发的奖品。然而，在泛希腊运动会上获得的桂冠，就我们所知，是不能带走的。但是这个民族，是他们引进了把人的打斗表演当作一种享乐的角斗运动，显然也很喜欢描绘希腊人和其他非意大利人的赛会——我们并不需要追问是一种怎样的奇怪的赛会

观念在蛮族人的心灵中发展起来的——泛雅典娜赛会是如此有名，他们想用刻画的方式记住它们。这些陶瓶是真的从希腊带来的吗？还是就像格哈德（Gerhard）所认为的，它们是出自乌尔奇（Vulci）天才的希腊陶器艺术家之手，他们向埃特鲁里亚的所有周边地区供应陶器制品，这些陶器继续成为人们沉湎于赛会观念的最重要的证明。正是通过他们，雅典在海外的名声得到了进一步的增长，这一现象我们将在后面加以考察。

在结束这个话题之前，我要简要地说一下艺术赛会。我们已经提到过游吟诗人出现在节庆活动中。赫西俄德在查尔基斯取得的诗歌比赛的胜利为我们提供了这一活动早期发展的一个典型事例。[27] 在泛希腊的赛会中，德尔斐是音乐和诗歌比赛最重要的举办地。我曾经说过，皮提亚的运动会似乎最初完全起源于诗歌比赛，在这里，献给神的颂歌由弹唱艺人（*kitharodoi*）在竖琴的伴奏下进行演唱。那里还有长笛演奏者 182
（*aulodoi*）——尽管他们的音乐由于太过忧伤而很快被排除了（波悉尼阿斯，10. 7. 2f.）——从第 8 届赛会起开始有了不加演唱的竖琴演奏者。在古代，在比赛中的成败是一件至关重要的事情，裁判们极为严肃认真地进行他们的评判工作。[28] 后来，就像在希腊的其他地方那样，古老的活动转变为音乐鉴赏力和个人天才的展示。

总之，艺术赛会的更广泛的意义必须引起注意。在整个古代世界，希腊人由于这样的事实而成为独一无二的，那就是赛会在宗教崇拜活动中占据了主要地位，并把宗教中的艺术因素带进了其自身的领域，因此，在很大的程度上，诗歌艺术是在赛会的决定性影响下发展起来的。[29] 在戏剧领域，悲剧和喜剧似乎从一开始也具有竞赛的性质。所有的节庆合唱表演也是如此，例如在雅典，它们是以部落为单位组织起来进行比赛的，这项活动的费用是根据一个名单由富人来承担，因此，捐助（*choregia*）成为一项最重要的公民义务。[30] 这项活动是如此频繁，以至于柏拉图十分严肃地对合唱比赛抱怨说，它们出现在所有的宗教场合，制造出一种不合时宜的悲伤效果（柏拉图，《法律篇》，800c.）。这种制度还包括裁判的正式任命，他们的专长和名誉是不容置疑的。[31] 如果没有他们，参赛者的热情就可能转变为疯狂，就像我们听说过一个故事讲到一个竖琴演奏者在塞巴里斯（Sybaris）被杀死。[32] 这样的事例表现出赛会阴暗的一面。人们对它狂热的沉迷常常会超越所有的限制。对于这些狂热者来讲，不同于他们自己的意见都会被视为亵渎之辞，对他们来说把那些不符合他们的标准的演奏者赶走是一种合乎道德的行为。

所有这些导致了整个希腊生活为竞赛的习惯所占据。七弦琴、竖琴和长笛的演奏者理所当然地出现在所有的公共场合。每个地方都有胜利者和失败者。[33] 提奥克里特的牧羊人因为身边没有裁判而不能进行他们的歌唱比赛。“哪怕只有牧牛者莱科帕斯（Lycopas）在这里就好了！”一个歌手叹息道，另一个回答说，“我不需要他！但是如果你们同意，我们会把樵夫摩尔森（Morson）喊来，他正在那边砍伐石楠。”（提奥克里特，《叙事诗》[*Idylls*]，第 62 卷）于是，他们两个请这个人对他们的比赛进行公平的裁决。[34] 甚至作为一种哲学话语方式的对话也变成一种比赛。有过一次演说比赛，就像阿尔忒弥西亚（Artemisia）组织的那场颂扬摩索路斯的比赛那样，演说者包括伊索克拉底、法塞利斯（Phaselis）的提奥德克特（Theodectes）和提奥旁普斯（Theopompus）。
183 业余爱好者们还就每种法律审判创办了一种赛会，以至于“赛会”成为“审判”的标准技术术语。我们一定不要忘记视觉艺术的比赛，或者至少是绘画艺术。在萨摩斯就举行过一次在帕尔哈西乌斯（Parrhasius）和一位对手之间的比赛，题目是埃阿斯和奥德修斯的决斗，另一次在皮提亚的比赛是在帕纳努斯（Panaenus）和查尔基斯的提马格拉斯（Timagoras）之间进行的。

可能直到体育和艺术比赛已经完全占据了希腊生活之后，教育才开始对它们有了充分的考虑，这并不说明每个受到训练的学生都有机会到神圣的赛会举办地去参加比赛，而是在于当赛会已经占据了日常生活以后，人们对赛会开始给予足够的关注。这甚至成为语法教师、竖琴演奏者和体育教练的人生目标，他们都是每个人不可缺少的第一位教师，在雅典和其他地方一样，人们都想得到他们的教导。男孩子们不断地取胜和失败，不断地赢得桂冠。[35] 政治上成年（*ephebeia*）的观念已经与一种独特的体育上的准备结合在了一起，[36] 这一传统的观念直到罗马时代一直存在。很多神祇，像赫尔墨斯、阿波罗和赫拉克利斯也开始主持这项活动。在艺术中，它们被用作每个人崇尚的身体典型，赫拉克利斯的神话越来越向这个方向发展，即他不再是某一个赛会的胜利者——尽管这个因素在后来的奥林匹克神话的营造上还可以看到——而成为某个区域或者整个人类美好生活的持久保护者，他由于勇敢而获得了神圣的地位。归根结底，整个希腊艺术都与赛会胜利者被象征性地授予桂冠交织在了一起。

从童年时代的日常生活开始，阿戈拉、交谈、战争等等都在对每个男孩的赛会教育上发生着它们的影响。由所有这些塑造成的生存方式是一种此前在这个世界上的任何地方都没有出现的方式，这以后也没有再出现过——这种生活完全浸润在赛会中，被赛会占据，所有的一切都建立在这一原则的基础上，那就是任何东西都可以通过教育获得，而这种原则把家庭和家乡的影响降低到了最小的程度。[37] 如果我们看一下竞赛在我们的世界所扮演的角色的话，我们就会立即为他们和我们之间的主要区别所震惊，这种区别在于希腊的赛会总是会吸引所有人作为其听众和观众参与其中。而在今天参加这样的活动——不论是真人的表演，或者是作为一种无声的展示的图画和书籍——都是由听众或公众自己来决定，买或者不买，支付门票的费用或者走开。但是，我们现在的竞赛形式基本上是由完全不同的目的所决定的。如果在学校有某种程度的竞 184
争，通常是只出现在很少的一部分非常野心勃勃的类型当中，在成年的生活中“渴望出名”已经被一种与之相背离的东西取代，那就是生意场上的竞争。今天的人们更向往赢得金钱上的胜利，而不是对他们的才能的即刻了解，他们完全清楚他们所追求的成功只是一种物质性的东西；生活需要它。希腊教育（*paideusis*）的目标几乎绝无例外地指向将来的成功，现在被我们的高校取代，目标是“完全而多面”的知识。在希腊人中，对后人能够通过回忆记起的空名（*kenodoxia*）的狂热追求甚至在神话人物中也是人生的一个目标。萨尔摩纽斯（Salmoneus）和其他人的所作所为就好像他们是神灵一般。在他们当中，根据其神话中的一个被理性化的版本，据说包括特洛福尼俄斯在内的一些人曾经把他们自己塞进地缝里，借此使人们相信他们是从地下出来的。总之，我们认为，希腊人在追求自身价值的过程中太过于依赖别人的看法，当人们把所有的赌注都压在获取大众的宠幸上面的时候，赛会也就衰落了。

工作在希腊人生活中的位置是一个需要与古代东方进行一个简单比较的话题。在早期的文明中，关于不同的工作及其所具有的不同的体面程度的看法似乎从这些工作产生之初就形成了。祭司和武士组成的统治阶层占据着权力、战争、狩猎和优越的生活，把其他所有的事情交给其余的人口，他们是否再继续划分为不同的集团要根据各种不同的世袭职业。手工业，不论是手工操作的、化学的还是工艺性的，无疑都已经达到了很高的完善程度，但是当然还是被当作一种苦役而受到轻视，被视为一种代代相传的命运。只是由于炎热的天气这一个原因，农业劳作就应该属于一种奴隶的工作。欧洲中世纪的贵族拥有一种与此相似的对劳动和经商完全蔑视的态度；但是与此并行的是，一个中产阶级逐渐产生出来，他们不但致力于劳作而且还给予劳作以很高的荣誉。

在这两个世界之间，希腊的世界凸现出来，因为在这里，中产阶级看不起大部分工作，尽管他们离不开这些产品。有人会说，希腊人有奴隶来从事劳动，但这一简单的解释是不够充分的，因为他们对大部分自由的职业也充满鄙视。也不能把这种情况归咎于气候，因为气候并没有恶劣到田间的劳作和自由完全互不相容的地步。

185 说到对工作的评价，一个民族发展出其生存理想的历史阶段和社会状况是我们要考虑的最重要的因素。在现代欧洲，这种理想主要来自于中世纪的资产阶级，他们不仅在财富上逐渐超越了贵族阶级，而且还取得了平等的受教育的权利，尽管这是一种与贵族不同的教育。与此相反，希腊人拥有他们的英雄时代的图景，这是一个非功利的世界，他们从未离弃过。他们与英雄世界的关系——这个世界里只有战争、王朝悲剧和神灵们的干预——远比中古时期的市民与日耳曼的传奇世界之间的关系要更加紧密。但是英雄时代，至少在其衰落的阶段，在赫西俄德的《工作与时日》中，还仍然把农业生活看作是体面的职业，甚至尊重某些类型的商业活动，但在接下来的赛会时代则转而孕育一种不断增长的对体力劳动的完全的蔑视态度。由于出身而跻身于统治阶级的成员不再是少数，他们反而形成了一个大的城市贵族集团，主要依靠财产上的收入生活，他们生活的目标和理想就是战斗——与其说是军事意义上的战斗，不如说是平等人之间的相互竞争。整个民族都确信这是世间最高贵的事情。需要支付的费用是适中的，因此大多数人都能够参加，那些不能参加的人对能够参加的人充满了羡慕和嫉妒。很多用于竞赛的地点因而发展起来，很多种类的竞技活动以及作为准备工作的体育锻炼成为教育的主要目标。然而，这种生活方式与任何的经济活动是完全不相容的；赛会占据了整个的生活。

与此同时，奴隶制度当然也发展起来。但这并不是决定性的因素。仅存的需要工作的往往是没有权利的农民，只能被迫缴纳什一税，他们实际上是农奴。在斯巴达，统治阶级除了他们之外没有其他的依附民。即便农民或手工工人是一名奴隶主，他自己的劳动也并不比他们的劳动更加受到尊重。所有我们能够说的就是奴隶的增多加强了一种早已盛行的观念。正是这一贵族时代的观点后来在希腊一直在发挥着影响，尤其在发展起完备的民主制度的城邦里。

斯巴达是一个最完全的反物质主义的国家。在斯巴达人的生活方式中得到实现的希腊的理想就是对任何赢利行为的遏制；还有他们拥有了可以想像得到的最大限度的“闲暇的财富”，这被普鲁塔克称为所有恩 186
赐当中最辉煌和幸运的东西。在这里，整个的国家大厦都建立在一个被迫进行劳作的附属种族的存在的基础上，除了为城邦服务，斯巴达人不用做任何事情，这成为他们引以为傲的理由。[38] 但是在其他地方，至少在理论上公民们也要在服务于国家的问题上倾注热情，把它作为人生的目标；只有那些拥有这一品质的人才配成为公民。亚里士多德认为“手艺”（*banausia*）与教育（*paideia*）背道而驰，是民主制度、贫穷和低贱的一个组成部分；而教育则与高贵和财富相连，其典型就是贵族寡头。[39] 他不但想把真正的手艺、艰苦的体力劳动赶出教育，而且他甚至想让自由民的教育（liberal arts）都以追求中道为目标。他说，花费了太多的时间去完美地掌握它们反而导致了单面性。[40] 目标显然是所有品质的和谐统一，而不是让其中的某一种占据统治地位；如果希腊人能够而且想成为一个完整的人的话，那么他把自己完全投身于公共生活、体育和高贵文化的话就能够做到这一点——而在我们的时代人们则需要非凡的企业和巨大的财富。因而，不论技术性劳动、特长对于普遍的善来说是多么不可缺少，不论需要多么高的天赋，所有的特长都只能在某一个方向上成就一个人。有人可能会问，人性能够在多大程度上实现这些理想。即使在很晚的时候，希腊人也从未认识到这样的事实，那就是他们曾经有大量的完全从事技术性劳动的“错误的公民”，他们完全置身于体力劳动中，在城邦建立的功业中也有他们的一份。

显而易见的是，与所有这些理想相抵触的是人们必须用可能的方式挣取钱财和闲暇。希腊人拥有一种自然的潜能，实际上是一种积极的爱好，那就是成为水手、殖民者和商人。腓尼基人就提供了一个样板，他们对海外的贸易拥有一种明显而独特的偏爱。除此之外，他们还不可避免地受到动产的吸引，他们早就认识到金钱就是力量，这导致了一种爱好商业活动的独特倾向，甚至在整个希腊世界都是如此。在那里，智谋和知识在海外的旅行和经商活动中是如此地受到重视，因此希腊人是不可能甘居人后的。商业和造船成为了财富的主要来源，尽管殖民地最初都是为了建立城邦，但如果没有生意可做，大多也不能建成。一旦它们建立起来，经商就成为一种与体面的种地享有完全平等的地位的一种职业。具有很高的商业成分的殖民地观念自然又对其母邦产生了影响。这
187 并不意味着商业的繁荣是与民主政制一起发展起来的。商业城邦倾向于建立起富人政体，在爱奥尼亚和意大利，大商人和船主常常成为统治者，就像中古西欧的行会领袖或者与城市长老具有同等的地位，或者就是同一伙人。在他们当中其占据统治地位与其说是商业风习，不如说是赛会风尚，[41] 这个统治阶级——比如在爱奥尼亚诸城市——由于其探险性的航行而成为古代英雄传统的一种延续，与任何贵族政制具有同等强烈的空想色彩，就像我们从其诗歌、哲学、巨大而辉煌的神庙和慷慨的

供品中所看到的那样。[42] 成功商业活动的一个后果无疑就是这些国家成为奢侈生活习惯的牺牲品。在这个方面爱奥尼亚人一定受到了吕底亚人的强烈影响；但是可能只是在服装和饮食上与通常情况下的希腊人的节制相比有些奢侈罢了。[43] 爱奥尼亚人之所以被吕底亚的国王打败更多的是由于内部的混乱而非舒适的生活。

还有一些颁布抑商法令的特殊事例。在斯巴达，全权公民被禁止从事商业，埃皮达姆诺斯（Epidamnos）与伊里利亚内地的交易完全是通过每年把一个受人尊敬的公民指定为官方的“小贩”来进行的，因为与野蛮人接触之后会使公民变得富有攻击性和萌生不满情绪——但是这些与广泛的高于一切的获利相比算不了什么。[44] 尤其在雅典，商业在很长的时间里都能够免于“手艺”的诋毁，梭伦的榜样证明了即使贵族也会进行商业旅行。普鲁塔克不遗余力地为梭伦决心进行一次这样的旅行提供了一个高贵的解释，评论说这样的旅行可以体验蛮族的生活，与国王们建立友谊，学到很多知识。[45] 在他的政体中，梭伦当然把他的分等级的公民权利制度完全建立在土地占有的基础上，但同时他的立法也把劳作看成是体面的事情。对他来讲，整个问题都是由来到这个城市的大量的移民引起的，因为阿提卡贫瘠的土地不能供养一群闲人（普鲁塔克，《梭伦传》，22）。这就是他通过立法使手工业技术拥有了某种地位的原因，他要求他的公民不仅自己积极投身于这些事业，而且还要培养他们的儿子学会一门手艺，允许外邦人成为公民，如果他们能够全家来雅典经营某种商业的话（普鲁塔克，《梭伦传》，24），并且把嘲笑这些行业的行为当作一种过失。[46] 因此，即使对体力劳动的歧视仍然存在，雅典的普通观念仍然是反物质的，但是这种原则还是建立起来，那就是“承认自己的贫困并不可耻，可耻的是不能够通过劳动来逃避贫困。”[47] 据说当梭伦与他的朋友们讨论“取消债务”的计划时，他们 188
赶紧跑出去，借了很多的钱来购买好房子和地产；这使雅典人在这么早的时候就产生了投机的念头。[48] 随着时间的推移，每种可以想像得到的物品的交易对雅典人来说开始变得不可或缺。[49] 随着金融和钱贷业的巨大发展，手工业雇佣了大量的奴隶，加上阿提卡银矿的开采，这个城市成为一个大市场。如果没有这些只能由商业和贸易带来的巨大的收益，雅典人就不能够维持他们国家的开支。梭伦的继任者皮西特拉图也是一个带有功利主义观念的统治者，和其他的僭主很像，他对反物质的观念嗤之以鼻，要求每个人都应该工作，实际上是想方设法地消灭赛会。

对于农业，首先要说明的是，工作的绝对必要性在一个民族的早期历史上都占有很重要的位置，在这个方面与我们西方后来的文明很不一样。因此，赫西俄德抱怨说，众神已经把人类谋生的方式藏起来了（《工作与时日》，42f. ）。然而，正是这同一位诗人宣称，农民的生活处在神的特殊保护之下，是非常荣耀的，拥有它自己的赛会："当人们在耕地、播种和家庭管理上展开竞赛的时候，它是仁慈的厄利斯（Eris，冲突）的一种表征；工作并不可耻，懒惰才是可耻的。"（同上，311ff. ）农业古老的营业执照从来没有被完全剥夺过。即使土地所有者的所有实际的工作都是由奴隶来做，他也必须到场，因为不这样的话他的收成就要减少。因而，斯巴达人，尤其是斯巴达妇女也不得不亲自监督他们的希洛特*进行劳作。正因为如此，对主人、奴隶和自由的工人来说不可避免地形成了一种相似的生活状态。这对完全的公民权不会有任何减损，人们尤其强烈地意识到在农业和战争中所表现出的勇敢之间存在着某种高贵的联系；欧里庇得斯还是能够说"那些耕种他们自己的土地的人"是他们国家惟一真正的护卫者。[50] 日工（*thes*）确实被看作是低下的，其境遇不比奴隶好多少，只是因为他是为环境所迫而去工作的，可能关于农业衰退的观念实际上正是适用于这个等级，而不是农民。一个微不足道的小城镇可能代表了一种没什么意义的例外。据说塞斯皮亚人（Thespians）曾经把学习经商或从事农业看作是一种耻辱。[51]

189 一些作家清楚地表明，农业对希腊人来说有很多的吸引力；根据色诺芬的记述，苏格拉底认为它与战争同样是一种适合于公民从事的职业，接着，他解释道，没有其他的职业能够生产出如此美好的新鲜果实献给神灵或者盛大的节日，没有哪种职业如此受到奴隶的喜爱，能够给

---

* 斯巴达的国有奴隶，按户分给斯巴达人进行农业生产。

妇女和孩子们带来这么多的快乐。[52] 然而，我们的柏拉图却利用了这同一个苏格拉底，把农民降低到手工工人的地位，把他们排除在了他的理想国家的领导层之外，而此时真实的雅典国家如果能够继续让农民在政治上保持领导地位的话就谢天谢地了。这种解释上的变化为什么如此之大令人迷惑不解。可能柏拉图考虑更多的是对事物的一般性看法，因为在现实中农活几乎全部由奴隶来做。当然，很久以来人们都认为仅仅从土地上获得收入是更高贵的，可以花时间在养马、打猎、哲学等事情上，最多是把这些事情与亲自看管他自己的田庄结合在一起。对亚里士多德来说，公民权最根本的是与自备武器相联，所以出于必要性的考虑，他也不得不把农民摆在高于其他的体力工作者的位置上。然而，在《政治学》的阐述其理想国家的那些部分中，他虽然把他们纳入到作为城邦的不可缺少的组成部分的大众当中，但与议事会成员和武士相比他们却没有发言权，其成员没有受到邀请就不会出现在自由人组成的公民大会上。[53] 很显然，他们的职业一般来说一定位列物质性的劳动之首，被认为包含了使自由人从体力、道德和思想上都不能够履行公民义务的所有的要素，因为终日的劳作夺走了闲暇的精神和崇高的志向。[54] 不可否认的是，当他使自己置身于事物的真实状态而不是理想状态的时候，亚里士多德自己也说，如果民主制度一定要存在的话，那么一个由农民组成的民众是最好的。[55] 因此，他不得不承认，农民并非完全是微不足道的，他们在现实中组成了很重要的一个部分；伟大的理论家在把他们放置在最低下的位置之前应该三思而后行。

在田间劳作的地位从赫西俄德开始就每况愈下的时候，牧羊人却得到了越来越好的礼遇，否则他们就不能成为公元前 3 世纪田园诗歌的一个主题。由于他们辛苦的工作没有被看到或认识到，而农民和奴隶在田间劳作总是那么显眼，所以牧羊人似乎并不被看作是物质性的，而被认为是过着一种无人打扰的闲暇生活。因此，人们能够把很早就已出现的人物达佛尼斯（Daphnis）加以理想化，阿波罗也是一个牧羊人，但从 190
未是一个农民。牧者和神都是高贵的闲人。在这里，一个牧羊人是否是奴隶是无关紧要的，因为即使他看上去像一个奴隶，也不会受到监督者的严格监控而来去自由。

对手艺人和工匠的一般看法则没有那么美好，尽管在现实中有着广泛的和有利可图的手工业，能够制造出设计优良的精美的手工产品。在给予这些行业较少的尊敬上，希腊人与古代的同时代人是一致的。[56] 但是也存在着巨大的区别：在发达的东方国家，等级制度省去了在体力劳动和其他工作之间进行区分的需要，在不那么发达的文明中对这些技艺的需求是很微弱的，只要它存在于家庭中的妇女和奴隶的劳作之外。在希腊人中，顾客的需求很大，但普遍的轻视态度却流行起来，拥有一定的理论基础，偶尔还会产生实际的后果。这种轻视态度的来源有两个；第一，为钱工作被视为有悖于自由而受到鄙视，在黑暗中久坐的工作会伤害身体，在狭义上被看作是“物质性的”而受到蔑视。[57] 因而，在雅典，尽管在梭伦看来，没有人会因为他所做的工作而受到指责，但是公众对“手艺”的评价却很低，这一点我们可以从阿里斯托芬允许他自己从事的受到嘲笑的不同种类的工匠的清单中可以看出来。[58] 哲学家们走得更远，他们一致认为，体力劳动者是人类低级种族的代表。苏格拉底自己就很看不起他们，尽管他总是在他们的店铺中闲逛。举一个例子，他严重地冒犯了那时已经担任高级官职的阿尼托斯（Anytus），因为他建议他不要让他的儿子再继承他的行当做一名染工。[59] 据色诺芬记载，苏格拉底说技术性的工作会伤害身体，因为坐着的姿势，长时间的室内劳动和火炉烘烤，随着身体的柔弱化，精神也衰弱了。[60] 他认为这一点在敌军进攻的情况下表现得最为清楚。如果农民和工匠分别被询问，我们是应该保卫土地不受侵犯呢，还是放弃乡郊避居城内，那么农民一定都赞成保卫土地，而其他人，由于他们所受到的训练，就想静静地坐着，不愿意付出努力和承担危险。在柏拉图的理想国中，他让他的工匠和农民一样地远离政治活动，把他们当作必须交纳赋税的属民进行奴役。[61] 对亚里士多德来说，最重要的问题是有关公民权的，这是他的
191 所谓“优秀”（*arete*）的真正含义；对他来说，真正的不合格在于为了工钱而干活。[62] 从根本上讲，他把体力劳动者放在与奴隶同等的地位，除了前者的奴役是有期限的，而后者是无期限的，是完全由本性决定

的。[63] 在他看来，他们都应该由于缺乏美德而被排除在城邦之外。我们可以在柏拉图的《高尔吉亚篇》和卡利克里斯（Callicles）这个人物身上看到这种鄙视态度的极端发展，即使那些最重要的服务也不例外。他们非常专业化，在某些方面具有实用性，这样的话，自由职业的范围将是多么狭窄。[64] 苏格拉底责备他不要看不起军事装备的设计师和他的科学，尽管设计师的技艺在保卫整个城市的作用上与将军不相上下，他的技术就好像是演说家口中的绝妙修辞。卡利克里斯不愿意把女儿嫁给这种人的儿子或者让他的女儿成为他的妻子。这或许可以和普鲁塔克的一段重要的讨论进行比较，这段话与阿基米德有关，观点是这样的，那就是对于一个数学家来说把自己的知识附庸于一个实用的重要目标真的是一种耻辱。[65] 阿基米德自己也把这个视作技术性的劳动，希隆不得不逼迫他接受这项工作。

当然也会出现这种情况，如果一个人是一个富有的产业资本家，雇佣了大量的受过训练的奴隶，那么他将成为一名荣誉公民，而他自己可能缺乏准确的生产方面的知识，他的企业是通过专业的监工来运转的。[66] 索福克利斯的父亲制造武器，就像德摩斯提尼的父亲那样，伊索克拉底的父亲则生产笛子。非常有特色的是，在他们的儿子的传记中，都存在一些争议，那就是这样的人能否真的跻身到了社会上层。如果这些父亲们亲自参加劳动的话，人们就会认为索菲路斯（Sophilus）[67] 的儿子就不会成为一位将军站在伯利克里和修昔底德的身边，提奥多洛斯（Theodorus）的儿子也不可能得到在奥林匹亚竖起这一尊雕像的荣誉。因此，在很多城镇，这些商业活动主要留给了那些不自由的阶级，或者外来者，他们没有资格参加公民的活动。我们发现在雅典和其他的一些民主城邦中，随着时间的推移，这些职业越来越趋向于从公民的手中转移到外邦人手里，他们因而从最偏远的希腊地区和邻国涌入商业的中心。阿提卡的外邦人大多是吕底亚人、佛律癸亚人、叙利亚人和犹太人。泰米斯托克里是第一个对这个阶级实行一种金融上的鼓励政策的
人，以此吸引他们大量地涌入，尽管外邦人不允许拥有土地，这使他们 192
像奴隶那样受到折磨，如果他不能缴纳赋税的话就有可能被卖为奴隶。

亚里士多德明确地记载，有一些公民也从事这样的体力劳动，但又说体力工作一直主要由奴隶和外邦人承担（《政治学》，3. 3）。最重要的事实是，仅就在武器的生产上面，一个从事技术性劳动的阶级就完全是不可或缺的，在更多地使用科学方法研制出来的石弩等器具之后需要的人手就更多，而且还需要各种金属工具，当然包括被人鄙视的炉子和铁砧。[68] 因而，抛开雅典人的关于“公民占有土地，外邦人从事手工劳作”的说法不论，[69] 一大批只靠手艺过活的移民在泰米斯托克里的时候甚至早在梭伦的时候就直接成为了全权公民（普鲁塔克，《梭伦传》，24）。

像安提斯第尼（Antisthenes）这样家资中等的人靠技术性劳动很容易就可以做到收支平衡。在他看来，没有哪个种类的工作由于太过低下而不能使他以之维生。[70] 但是其他人却认为当一个体力劳动者是绝对悲惨的，在伪柏拉图的《阿霞库斯篇》中，第一个说话的就是这样的人，他哀叹说他被迫从天一亮就开始工作，一直到傍晚，但还是不能养活自己。他把所有醒着的时间全花在抱怨和焦虑上面了。[71] 然而，当权者们更重视手艺人们的选票。可以肯定的是，在雅典，从伯利克里去世之后开始，工匠和手工工人从公民中较低的等级开始提升，在城邦中起到了一定的作用，尽管他们还是缺乏在音乐和体育方面的一种自由人的教育。从那时开始，他们在公民大会有了发言权，可以担任公职，由于他们不必伪装得优于大众，所以对他们来说比贵族更容易与平民相处。[72]

整个的代表性的艺术也意外地降低到一般性的“手艺”之列。对我们这些后来者来说，希腊的艺术和诗歌似乎无可争辩地是他们最高的和最辉煌的成就，我们自然而然地也就认为希腊人对艺术和艺术家也抱有与我们类似的崇高的看法。当我们想像着他们黄金时代的神庙建筑，在三角山墙上的熠熠生辉的雕塑群像，充满纪念碑的议事厅，优美而神圣的壁画，我们就会确信，这些杰作的创造者一定会像超自然的存在那样受到人们的尊敬，仅仅是与他们接近就一定会被视为一种特权，了解他们的感情世界会给人带来一种无与伦比的精神上的愉悦。现实的情况则

完全不是这样。雕塑家们自身处在最严酷的反物质主义的偏见之中，灵
魂的崇高性不能把他们从以下的事实中拯救出来，那就是他们为生存而 193
劳作，挥舞着凿子站立在石砧旁。

在早先的世纪里，即公元前7和公元前6世纪，第一批引人注目的技工艺术家出现了，他们被他们装饰的神圣场反射出的光环环绕着。他们得到神谕的护佑，他们还被允许把他们自己的摹本放置在他们的神圣作品的旁边。后来，技工就不再能够以这种方式得到宗教上的尊敬了。甚至在《伊利亚特》中，非常不幸的是，神灵中的艺术家不但被弄得一瘸一拐，而且被描述成身体有残疾的人，这是典型的手艺人的形象；赫淮斯托斯是一个身强力壮、两臂有力的巨人，但却有两条无力的瘸腿。[73]

正如我们所看到的，艺术家受到同样的蔑视，他们都把他们的一生贡献给了某种特殊的工作，成为一名专家。音乐家和很多诗人也是如此。这种说法听上去十分动人，那就是人们称颂希腊人是这样一个民族，他们每个人都尽其所能地培养他们的才能，生活中所追求的是整体而非某一个方面。但是我们这些后人却感到，我们应该更多地感谢他们当中的那些单面的专家，而不是那些为了纯粹的、和谐的“优秀品质”（*kalokagathia*）反而不知道干些什么的人，就像伯罗奔尼撒战争之后大多数人所处的状态那样，他们完全不能找到一个合适的角色来发挥他们的“美德”。当这一阶段到来的时候，我们最好给予那些专家以他们应有的地位。

的确，流传下来的这种观念的有关表述属于罗马帝国时期。但是我们又不能忽视普鲁塔克和琉善的书中所拥有的一种旧有的阿提卡思想方式的回声，这些作家经常成为我们不可缺少的资料的来源。正如我们所看到的，他们所使用的语气中经常会透露出一种古代的、广泛的和为人们所普遍接受的观念。在《伯利克里传》中，普鲁塔克从一开始就为我们准备好了这样的事实，即一个人可能会热爱艺术品但却看不起艺术家：“我们喜爱香味和花布，但却把香料商和染工看成是不自由的手艺人。”据说这种说法来自于某种全面的考察，就像一篇专业的音乐研

究，却加上了公元前 4 世纪的一些轶闻趣事。一个人讲到安提斯第尼是如何评说伊斯美尼阿斯（Ismenias）的：“他一定是一个可怜的家伙，不然他的笛子不可能吹得那么好！”另外一次，马其顿的腓力在一次宴会上对他的儿子熟练地演奏竖琴嘲笑道：“你演奏得这么好不觉得惭愧
194 吗？”紧接着就是那段臭名昭著的话（c. 2）：“没有一个出身高贵的年轻人，眼睛盯着奥林匹亚的宙斯或者阿尔果斯的赫拉，希望自己成为菲迪亚斯（Pheidias）或波吕克雷图斯（Polycleitus），当他享受他们的诗作的时候，也不会想成为阿那克里翁、菲利蒙或阿齐劳库斯；即使这件工作能够带来快乐，也并不意味着这个工作值得去争取。”[74] 在另一个地方，普鲁塔克还揭示了艺术家的另外一个困境：[75]“阿尔卡梅尼斯（Alcamenes）、尼西俄忒斯（Nesiotes）、伊克提努斯（Ictinus）和所有这些技术和体力工人都看不起演说术。”[76] 的确，一个整日忙于制作模型的人不可能有时间和闲暇去学习这门艺术，在衰落中的希腊，演说术是所有公共成就的前提条件。完全可以想像，站在他们一边的伟大艺术家对那些把雄辩用于没有价值的目标的大多数演说家和献媚者都在暗地里充满了发自内心的蔑视之情。[77]

然而，很多对创造性艺术家评价较低的人却希望得到为他们自己在公众场合塑像的荣耀。自命不凡的国王阿格西劳斯在他奄奄一息的时候以这样的方式否认了这一愿望：“如果我还是取得了一些有价值的成就的话，那将是我的纪念碑；如果没什么作为，我只能得到一些出自低下的技术工匠之手的雕像。”[78] 所以在整个古代没有一尊阿格西劳斯国王的塑像，尽管我们已经非常厌倦他生前在希腊历史的每个转折点上处理事情的方式。

即使在那个人们对艺术品有着高度热情和较高鉴赏力的年代，当古董的定价很高的时候，作家们还是把艺术只当成是一种技艺。[79] 在琉善的《梦》中，整个观念以一种严谨的方式表达出来（c. 8—18）。他曾经做过一个叔叔的学徒，他的叔叔那时不过是一个受人尊敬的石匠和神像的制作者，但是“技术”（Techne）对他来说是一个梦想，把他引向更好的目标：“不要因为你身体的萎缩和衣服的变脏而感到羞耻，因

为菲迪亚斯就是这样地创作出宙斯，波吕克雷图斯创作出赫拉；米隆（Myron）闻名于世，普拉克西忒勒斯（Praxiteles）受到人们的尊敬，现在他们都像神一样受到崇拜。你不也希望成名成家以至于你的父亲因为生了你而遭人嫉妒吗？”然而，关于“技术”只能勉强说到这一步，接下来是帕迪亚（Paideia）的想法和建议，那就是文学和修辞的学习，那时在人们的心目中比艺术要高得多：“如果你也只是一个石匠，那么你将永远只是一个卖苦力的工人，默默无闻，心胸狭隘，很少受到朋友和敌人的尊敬，是大众中的一员；你将屈从于有势力的人，不得不巴结那
些能说会道的人；你将生活得像一只野兔，成为强者的牺牲品。即使你 195
成为像菲迪亚斯或波吕克雷图斯那样的人，创造出绝美的作品，每个人当然都会夸奖你的艺术，但是没有一个正常的人愿意步你的后尘。因为不论你的技艺多么超群，你还是被看作是一个体力劳动者，一个必须靠这个维生的人。苏格拉底曾经是一个石匠，当然年纪大了明白了事理之后就放弃了这个工作，加入到了我们的行列。”帕迪亚接着描述了两种生活方式。一边是具有雄辩的口才和优雅的仪表的人，他会得到人们的称赞、奖励，拥有影响力、职位和声名，会因为他的智慧而受人嫉妒；另一边则是不幸的动物，穿着脏围裙，拿着他的杠杆、凿子和钻子，蜷缩在角落里干他的活，弯着腰，终日劳碌于琐事，在所有的事情上都受到压抑；没有挺身站起来的希望，或者做出一个有力的自由抉择——被迫整天考虑雕像是否做得和谐而优美，而无暇考虑把自己变得和谐和优美，使自己变得高贵，因此，他还不如他雕琢过的石头值钱。

琉善为此付出了大量的精力。他成为了一个旅行演说家，后来他把这一梦想向他在萨摩萨塔（Samosata）的同胞们宣讲。他是这样结束的：“现在我至少像一个雕刻家那样地出名了！”在艺术衰颓的安东尼王朝再也没有什么值得夸耀的了，他不再被迫雕塑神像了，这倒是一件好事。但是在他的体内苏醒的对艺术的感觉却给了我们很多重要的信息以及关于古代世界艺术的一些生动体验。

在希腊最辉煌的时代里，轻视艺术家的时代特征可能对艺术本身

来讲倒是一件幸运的事情。艺术能够顺其自然地持续地创造出伟大的作品，就好像在希腊发生的伯罗奔尼撒战争和对其他人的生命威胁完全不存在一样。只有艺术置身于普遍的危机之外，保持着众神的理想，而哲学已经抛弃了他们，中期喜剧已经把他们拉入到滑稽表演的深渊。艺术之所以能够逃避掉另外一场灾难只是由于对艺术家的普遍蔑视：那时候悲剧被看成是“理想的职业”，吸引了一大群业余爱好者，也就是阿里斯托芬所嘲笑的“上千名男孩”，而形象艺术则受到业余艺术爱好者的躲避，只有一种强烈的内在使命感能够使一个人成为一名雕塑家。对于那些崇高的“匠人”来说，他们沉迷于神祇和英雄的世界无疑会给他们带来深刻的欢乐和满足感，这补偿了来自于他们的“和谐”发展的同胞
196 们给予他们的社会偏见。另一方面，当他的精美作品在偏见之外还是给他带来了一个艺术家的声名的时候，希腊人恶毒的嫉妒之心也会毁了他。[80] 菲迪亚斯是在监狱中被毒死的，他成功地驳倒了他的告发者米农(Menon)，并得到了免税的奖励，警察（*strategoi*）在公众的要求下对米农的人身进行了保护——实际上这是城邦对其他的告发者也要提供的一种公认的保护措施。

伟大的雕塑家从很早的时候起就享有一个特殊的好处，一个似乎是对他们的职业缺乏尊重的某种补偿，就是他们常常被邀请到离他们家乡很远的地方去完成重要的使命。即使他们在异国的城市仅具有外邦人的身份，这个城市还是能够对来访的非公民的艺术给予尊重，他可能来自于一个在政治上对立的国家，尽管当地的天才也通常是可以请到的。在底比斯的堤刻庙中，女神的怀中抱着还是婴儿的普路托，雕像的头和手是出于雅典人色诺芬之手，而其他的部分则由底比斯艺术家卡里托尼库斯（Callistonicus）来完成。[81] 一个超越于任何的反物质主义的偏见或者不愿意雇佣一个外国人的更强大的动机就是竞赛，这是所有希腊生活的最为根本的伟大力量，在城市之间的竞争中发挥着作用，每个城市都下定决心拥有比其他城市所能看到的更加完美的雕像作品。与艺术家一样，完美的石头也经常出口，因此潘特里克（Pentelic）和帕罗斯岛的大理石被切割下来用在了彼奥提亚、阿卡狄亚和弗西斯的建筑

上面。[82] 从神话时代开始，建筑家也四处为家，出现在需要他们的任何地方，比如特洛福尼俄斯和阿伽墨得斯，“当他们成长起来以后，在建筑为神居住的神庙和为人居住的国王宫殿上成为了著名的人物。”[83]

让我们再回到艺术家们被人轻视的问题上面，为什么会出现一个画家并不被看成是“手艺人”的例外呢？毫无疑问，原因仅仅在于成功画家们的穿着打扮。泽乌克西斯（Zeuxis）穿着一件长袍出现在奥林匹亚，上面绣着他金色的名字。帕尔哈西乌斯走得更远，穿了一件紫色和金色组成的袍子，上面还有一个黄金的花环。在诗歌中他把自己比作阿波罗的孩子，自诩为希腊艺术家中的第一人，已经达到艺术极限的人。[84] 另外，还有一些类似的画家，比如波吕克雷图斯、斯科帕斯（Scopas）、普拉克西忒勒斯，但他们的外貌特征没有保留下来，当然是因为“手艺人”的雕像是不允许摆放在像奥林匹亚这样的地方的。菲迪亚斯除了受到叛国的指控外，还被控告亵渎神灵，因为在帕台农神庙的雅典娜的盾牌上，他私自把他自己的画像和伯利克里的画像一同放在了 197
与阿玛宗人战斗的横饰带中。[85] 画家之所以拥有较高的社会地位可能只是因为人们普遍认为他们的工作不那么辛苦，首要的是没有火和铁砧；他们与雕塑家之间的关系与牧羊人与田间的耕作者之间的关系近似。除此之外，他们还通过其他方式尽力摆脱“手艺人”的地位：只要他们赚了足够的钱之后，他们就开始免费为人画画，或者把他们的作品赠给别人——或者他们虽然没有这么做，但后来却极力声称他们这样做了。普鲁塔克在讲到波利格诺图斯的时候说，他不是一个“手艺人”，他在画廊的绘画工作不是为了挣钱，而是出于对雅典的热爱和尊敬（《客蒙传》，4）。他得到了雅典的公民权作为奖励，在德尔斐统治者的命令下，他回到那里画画，他在所有的希腊城市都拥有使用公共开支受到款待的特权。泽西斯（根据普林尼的记载）在其后半生放弃了他的作品，原因是它们简直毫无价值——他的阿尔克墨涅（Alcmene）送给了阿格里根特人（Agrigentians），他的潘送给了阿克劳斯国王。人们需要买门票才能看到他的海伦，这一事实使他没有成为一个“手艺人”，因为这没有包含体力劳动，他以此树立起他的声名。并不是接受钱财就被看作是物质性的劳动，而是一种挣钱糊口的需求。[86]

在那时，画画的课程还有可能成为了自由人家的男孩子的教育的一个部分。[87] 铸造模型从来没有得到过这样的殊荣。

最让人看不起的工作就是做小买卖（*kapeleia*）。这个词不仅指所有的原材料买卖和零售商业，而且还包括所有种类的有偿服务，比如提供饭菜，[88] 当然还有所有的银行家和钱币兑换者提供的贷款服务。柏拉图在《法律篇》（11. 9bff.）中认为这个阶级绝对是必要的，但又解释说组成这个阶级的个人却是可鄙的，因为他们有着毫无节制的贪婪和欲求，这给了他们很坏的名声。他举了在偏远乡郊的小贩和开小旅馆的人为例，在那里旅行者经常受骗上当，他们就像战争中的敌人那样受到劫掠。亚里士多德说道，小买卖和物物交易应该受到人们的鄙视，因为这些交易当中的赢利是不正当的，是欺骗他人的结果（《政治学》，1. 3）。高利贷是最应该受到谴责的，他说，因为这种行为没有把钱看作交易的手段从而发挥其真实的功用，而是为了通过利息积聚钱财。[89] 亚里士多德还很是轻蔑地把市场上的小贩（*agoraioi*）与“手艺人”和日
198 工归为一类。在他看来，他们总是在市场和城镇之间游荡，所以这些人能够经常参加公民大会，因此他们必然会拥有更多的发言权（同上，6. 2）。

做出这些判断的原因一部分在于这些人易于说谎，一部分在于他们缺乏从事其他行业的能力。对钱贷业特有的厌恶可以从那时他们收取的高额利息中得到解释，这导致高利贷的出现。朋友之间的借贷利息是百分之十，但是百分之二十五或三十六，也就是每个月百分之三的利率也并不罕见，而且似乎没有什么异议。[90] 在一个邪恶的怪圈中，他们越受到鄙视，他们的所作所为也就更加卑鄙；一个陷得很深的人也就更加肆无忌惮，他们完全不会改善自己。那些抱怨说受骗上当的人可能会对自己说，他们自身对待商业阶级的态度就是认为没有一个正派的人会喜欢从事这些行业。这种观念的后果和较为阴暗的一面就是到公元前 6 世纪，很多人不再准备为挣钱而工作，与希腊人的真实性格完全相反，献媚者和寄生者越来越多。（真正的）犬儒学派的禁欲主义是惟一的解决

途径，但在一个人们的期望变得越来越高的时代，对大多数人来说是没有吸引力的。

正如我们所看到的，使现代的北方人惊讶不已的是，这些人居然能够在没有任何生活来源，显然也没有任何收入的情况下活着。他们购买奴隶的钱是哪里来的呢？对我们来说，现代的欧洲人如果采取这种生活方式的话早就饿死了。原因首先在于所有事情上的适当和节俭是一个普遍的原则，尽管每个人偶尔也会高兴地参加宴饮，也期望像真正的富人——比如卡里阿斯（Callias）和他的家族——那样去展现他们的富有。出于纯粹的无聊和无精打采而吃吃喝喝的习惯是没有的。他们没有染上现代的无聊症，没有情绪低落的毛病。

生命本身以及生命所提供的风景就存在着某种价值——这一点在南部还随处可见。由于不存在什么匆忙的压力，人们把自己完全置身于某种特殊的场景中，对它做出一个旁观者能够做出的充满智慧和风趣的评价。那些想离开阿戈拉和克拉美库斯换换环境的人可以到比雷埃夫斯港去看船。因而，即使在罗马时代，在琉善的《船》（*Ship*）中的四个说 199
话者都来到比雷埃夫斯，观看一艘刚到岸的无比巨大的船所构成的免费风景，这是一艘把谷物从埃及运到意大利的船，旁观的群众是如此之多以至于一个朋友竟然走散了。[91]

在所有的时代中财富都得到热爱，而且是全身心地热爱；但在这样的一个社会却并不重要，在那里人们很容易受到赚钱的诱惑，但这种赚钱的行为却被认为是粗俗的。如果不是在实践中也是在理论上，生活的价值是通过与他人竞赛的成功体现出来的，而不是生产上的竞争。即使在今天，一个所谓的“有教养的人”也必须要正视行为上的某些限制；即使一个仅仅受过中学教育的人也不肯做一个修路工人。但是这些限制现在被无限地扩大了；艰苦的体力劳动并不排斥“教养”，这与希腊的“优秀品质”（*kalokagathia*）大体相当。在我们看来，艺术的追求使他们需要付出的体力上的辛劳变得高贵起来。到了苏格拉底的时候就不同了，在他的圈子里，贵族的“优秀品质”已经被哲学家取代；他把闲暇（*argia*）叫作自由的姐妹。

在这个时期值得注意的其他社会变动中，还需要提到妇女的地位。她们不仅被排除在宴饮活动之外，而且也不能参与希腊生活中最重要的一项活动，即赛会。她们甚至不允许观看这项最高级的活动。就像在骑士制度下那样，用自己的双脚获得胜利是一个人所能想到的最终的生活目标。但是赛会不仅仅是体育运动技巧的展示，还是青春和健美的展示，这是将来在公民中获得声望的保证。在古代，在赛会和同性爱的出现之间的某种联系很快被人察觉到了，在荷马的时代还不明显，[92] 但是从赛会出现以来这越来越成为希腊生活的一个持久的特征。这似乎是希腊人的精神中固有的东西，并且表现为一种理想。导致这种风气的一个重要原因就是成年人对年轻人以及年轻人对成年人的倾慕，赛会起到了激励的作用。在运动场上，人们可以看到厄洛斯（Eros）就处在赫尔墨斯和赫拉克利斯之间，在战争中这种关系也会被人们利用。[93] 这件事还有更加阴暗和神秘的一面，例如，它代表了一种区分不同地区（克里特、斯巴达、埃里斯、彼奥提亚）的独特品质，也就是说它成为了一种普遍性的风俗习惯。[94] 惟一禁止同性恋还有运动会的是那些僭主政府，他们害怕在这些团体中会产生阴谋；[95] 在其他的国家通常情况下是没
200 有处罚措施的。雅典只是惩治强奸，禁止男妓出现在公共场合，只有涉及暴力和钱财的行为才会被认为是可耻的。[96]

与此同时，与妇女发生的婚姻和婚外关系并没有明显减少。婚姻像从前一样对城邦十分重要，因为只有通过真正的婚姻才能生育出真正的公民。但所有人似乎都忘记了这一点，对妇女的轻佻和嘲讽的评价越来越多。[97]

在《奥德赛》中，即使阿伽门农的幽灵也有一些痛苦的事情要讲；但是，两个版本的潘多拉的故事，从赫西俄德到这个时代可能没有经过窜改，还是以神话的形式清楚地提供了一种相似的观念。[98] 在狄奥格尼斯的版本中，所有的妇女都是潘多拉的后代，她们被比作蜂房中的蜜蜂，发出嗡嗡声。在《工作与时日》中，潘多拉的使命得到了更加准确的定位，那就是受宙斯之命向人类复仇，因为普罗米修斯为他们带来了火。潘多拉这个名字在这里第一次出现，她的创造者赫淮斯托斯解

释说，她是所有神灵给予人类的礼物，“是对终日劳作的人们的一个诅咒”。我们还有一首由阿墨戈斯的塞蒙尼德在公元前7世纪创作的短长格诗。它是一首充满沉思的作品，在语气上极端严厉，当然，其创作时间可以追溯到那个短长格诗在习惯上还是用于不留情面的人身攻击的时代。一个世纪以后，弗西里得斯还在模仿着这些对妇女充满痛恨的诗句。[99]

不仅在英雄神话中，而且在普通的传说和广为流行的建城故事中——例如，那些曾经被帕耳忒尼俄斯用作短篇小说的素材——关于女性温柔一面的所有记述全被排除了，她们占据主导地位的特征就是无情的贪婪和暴虐。在这里，我们看到国王的女儿们毫无节制地满足她们的欲望，在把她们的孩子送到父亲那里的时候，事先做好所有的准备（经常是非常无耻的），使用某种秘密的记号使他们能够被认出来。一个特殊的原型开始变得广为流传，我们或许可以称之为“塔匹亚阴谋”（Tarpeia plot）。[100] 这样一个爱上敌人的女人在那时可能会受到最严厉的惩罚，这是对城邦也是她自己的城市的背叛。莱丝波斯建城的故事包括了对美塞那（Methymna）的公主佩西戴克（Peisidike）的描写，它经帕特尼乌斯之手流传了下来。在她的城市的城墙上，那时这个城市正在勇敢地抵抗阿喀琉斯领导下的一场围攻，佩西戴克看到他并爱上了他。她让保姆送了一封信给他，许诺她可以使这座城市屈服，条件是他要娶她为妻。这个女叛徒偷偷地打开了城门，眼看着她的父母被杀死，妇女们
被拖到船上。但是她的所作所为却使阿喀琉斯深感厌恶，她被他手下的 201
人用乱石砸死了。[101] 通常说来，这些故事似乎使人们相信，这些可怕的事情是妇女做出来的。在这里，导致男人之死的告发也起到了很重要的作用。可以说，就像中世纪的规则是把女性当作一位天使进行浪漫的理想化处理那样，这里的女性则是一个浪漫而无情的形象。在这些传说和建城神话流传下来的地方，后来的悲剧又继承了这一主题。

在诗歌和传说中基本上描绘了这样一幅女性人格的阴暗画面，同时，希腊人对妇女的观念却是因地而异的。她们的地位在爱奥尼亚人那里最低（吕底亚的影响可能是对她们的生活大加限制的原因），尤其在

雅典。妇女被禁锢在家中，她们的教育仅限于必要的家务劳动，这一定是城邦制度的独特发展使然，即参加公共事务成为一种特权。其他的城邦则拥有着不同的观念。伯罗奔尼撒就有着一幅不同的图景。在科林斯，由于娼妓横行，妇女很少受到尊敬，而在拉西戴梦，斯巴达妇女必须照看农庄，她们的地位当然也就高一些。在那里，女孩子们实际上是在赛会中成长起来的，她们被允许参加体育竞赛，可能并不完全出于保证她们健康地生育后代的惟一目的。在厄利斯也是如此，在阿尔甫斯的海岸边（可能是在阿卡狄亚），一场在美丽的妇女之间展开的比赛在厄琉西斯的得墨忒耳（Eleusinian Demeter）的庆典上举行，参赛者们被称为“怀有黄金的人”（*chrysophoroi*）。[102] 在那里还有道德品质和家政技能的比赛。[103] 埃托利亚的社会生活在对妇女的观念上十分独特。开俄斯的西蒙尼德记载了一则墓志铭，墓主人是一位强有力的女猎手，名叫莱卡斯（Lycas），是一个生活在彼奥提亚的忒萨利亚人，上面写道：“她的骨头仍然使野兽们害怕得发抖”。这样的例子不可能出现在爱奥尼亚人那里，但在彼奥提亚是可以接受的（伯尔克［Bergk］，残篇，130）。在埃托利亚的社会里，在男性诗人之外，还有女性诗人。在公元前6世纪末或者5世纪初，年轻的品达在公开举行的赛会上曾经与女诗人米尔提斯（Myrtis）和克里娜（Corinna）同场竞技，还曾经败在克里娜的手下。一百年以前，莱丝波斯曾经是抒情诗人萨福和她的朋友达墨菲拉（Damophila）和埃芮娜（Erinna）的故乡，虽然她们没有创作过合唱诗，但在她们当中自然也存在一定程度的竞争，与音乐比赛上选手们的关系没什么不同。[104] 此外，在莱丝波斯和特内多斯（Tenedos）还有选美的比赛。

可以预料的是，在那些妇女受到压抑的地方，名妓却获得了重要的
202 地位。从很古老的年代开始，人们就可以通过买卖得到大量的妇女。奴隶制的兴起意味着她们可以很快地更换主人，少女奴隶经常被送到神庙里。科林斯以其贪婪的神庙妓女而远近闻名，实际上，这种交易作为一个重要的实业给城邦带来了可观的税收。在雅典也有这种公共的娼妓制度，最初是由梭伦建立起来的，他从公共收入中拿出一部分修建了一座

献给阿佛洛蒂忒·潘德摩斯（Aphrodite Pandemos）的神庙。对我们来说很重要的一个问题就是谁是第一个在这个行当中成名的女性，就我们所知（因为，比如我们不知道米利都妇女是如何很早就在这方面变得很有名的），可能是洛多皮斯（Rhodopis），我们不知道希罗多德[105]谈到关于她的事情是否属实，或者像雅典尼乌斯所坚持的那样，[106]他把她与瑙克拉提斯（Naucratis）的多丽卡（Doricha）混淆起来。可能关于洛多皮斯的细节都是不可信的。作为一个色雷斯本地人，据说她曾经是奴隶伊索的一个同伴，他在大约公元前580年曾红极一时。还是一名奴隶的时候，她就被带到了埃及的瑙克拉提斯去做“生意”，后来被萨福的兄弟查拉克斯（Charaxus）买下并恢复了自由身。作为一个被释女奴，她积聚了如此巨大的财富以至于希腊人想像并且相信她曾经建造了米赛里努斯（Mycerinus）的金字塔。富有和独立的她曾经有一个野心，那就是在希腊为自己建造一座纪念碑。她拿出收入的十分之一以一大堆烤全牛用的铁制烤肉叉的形式捐献了出来，不是捐给阿佛洛蒂忒神庙，而是把它们送到了德尔斐，在希罗多德的时候还能够看到，就在开俄斯人祭坛的后面，正对着神庙。[107]在洛多皮斯达到了她出名的目标之后，她的名字已经在希腊尽人皆知。下面就轮到阿奇戴克（Archedike）了，她也是来自于瑙克拉提斯，希罗多德告诉我们，这个交际花拥有很高的天赋。她还在诗歌中（*aoidimos*）受到赞美，名声远扬；但是，与洛多皮斯相比，“俱乐部里传出来的关于她的谣言”并不是那么地受到人们的关注，也就是说鉴赏家们的评价稍微低一些[108]——在这里，希罗多德无疑传达出了公众在兴趣上的一些细微差别。其他出名的妇女还有哈默狄乌斯（Harmodius）的情妇丽埃纳（Leaina），密姆内尔姆斯的吹笛女南诺（Nanno）。十分明显的是，这些交际花之所以出名主要在于她们的机智和谈吐。仅仅具有身体上的吸引力的妇女太普遍了，反而出不了名。可能在那个时代，希腊人在这样一个以智慧著称的社会里可以在这些交际花身上找到婚姻生活中既不能期待又不能得到的某种补偿。

从英雄时代开始，社会生活就已经发生了变化，不再局限于宫廷 203

和军营的范围之内。在希腊世界里，不论人们聚集在哪里，都构成一个他们享受生活的重要的部分。宴饮从很早的时候起就构成了社会生活的一个基本的部分，但在希腊从一个历史阶段发展到下一个历史阶段的时候，这种风习又有很大的变化。斯巴达人在他们的公餐（*syssitia*）上举行的粗陋而庄重的宴会，带着其对节制的人为的坚持，嘲笑着别人，可以最大限度地实现简约主义，但却缺乏自然和诗意。这就是斯巴达文化中最缺乏的东西；公餐并不是一种宴会，就像斯巴达的其他风俗一样，它从根本上缺乏自由。与此形成对比的是，不需要特殊的理由举办各种聚会是一种自由的希腊风俗，与那些公共性质的聚会完全不是一码事，这样的聚会包括一些在政治和宗教场合举行的宴会，还有像婚礼、为孩子取名或者赛会上取得胜利等家庭的庆祝活动。公共野餐（*eranos*）也很古老，在荷马和赫西俄德时代就出现了，明显地表现出一种更大程度的自由；[109] 不论那些受到邀请的人是否需要出钱（后来经常如此），或者把钱放在一只篮子里面，但就这两种情况而言，出钱对每个人来说并不是一项必须的义务。[110] 在野餐中，不仅富人，而且每个参加者都会受到热情的款待，所以呈现出一种平等的形式。但是，即使一个人受邀参加的是在他自己的房子里举办的宴会，也无需排定座次（至少在罗马时代之前是这样），尽管作为一项规矩，邀请要尽量早地发出以便使客人穿戴整齐。[111] 它是如此地随意，以至于他们可以自由地把其他未受邀请的人带来。[112] 如果我们认识到整个宴会的目的主要在于交谈，这超过了所有其他的享受的话，这种情况就完全可以理解了。

宴会的程序是十分简单的。例如，在普鲁塔克的《七位智者的宴会》（*Banquet of the Seven Wise Men*）里，描述了一种重又复苏的非常古老的风俗，那就是在宴会结束的时候餐桌要被挪开，客人们逐一被授予花冠。接着是献给神的奠酒仪式，没有兑过水的酒被泼洒在地上，吹笛少女吹上简短的一曲；当她离去的时候，喝酒和交谈在重新布置的桌子上又开始了。[113] 酒是宴会上最重要的东西，即使在《奥德赛》中，一提起酒就会受到无比的崇敬，这在我们这个时代是没有的；通常会兑上很多水，或者是因为酒劲太大，[114] 或者是由于希腊人很少饮酒，很快就会喝醉，而宴会还需要持续好几个小时。[115] 据说扎劳库斯在他的法律中禁止为减轻将要死去的人的痛苦而使用未经掺水的酒。对埃及人来说，啤酒就足够了，那时还没有白兰地。头戴花冠进行畅饮是一 204
个令人喜爱的风俗，因为宴会的举办是为了向神表示敬意。正是这种宗教因素需要客人们戴上花冠，阿波罗的月桂树和酒神的常春藤代表了一种庄严的奉献。[116] 在较早的时候，通常需要坐在桌边，据说是因为人们相信神就在现场；[117] 但是到了赛会的时代变成了围桌而坐，因为所有到场的人的脸都朝向中央，这对于交谈这一通常的目的提供了方便。[118]

在那时，宴饮成为了一种交流活动的源泉，它对希腊人的重要性可以从他们谈到它时的兴奋之情清楚地看出来。很久以前，赫西俄德在他的《美兰波狄亚》(*Melampodia*) 中曾经说过："最甜美的事情就是吃过饭之后坐在桌边愉快的交谈和喝酒。"(雅典尼乌斯，2. 13) 从狄奥格尼斯和色诺芬留下的诗歌中，我们了解到在酒会哀歌诗中也存在着同样的关于宴饮的赞美。最古老的艺术作品（阿索斯 [Assos] 的瓶画、墓饰、浮雕）表明宴会是它们最喜欢的主题，即使它们有时只是意味着死者的宴会，这些只是那些人世间生活的庄严反映。他们都谈些什么呢？我们只知道人们普遍认为宴饮是所有事情中最令人愉快的。机智，幽默，争议，怨恨和感动都占有一席之地 [119]。"在冬天"，色诺芬说，"刚刚吃过美餐之后，人们就会躺在靠近火炉的柔软的卧榻上，喝着美酒，慢慢地嚼着干豌豆，一起谈天：'你是谁，从哪里来？你年纪多大了，我的朋友？当米德（Mede，也就是哈尔帕古斯 [Harpagus]，居鲁士的使者）到我们这里来的时候你多大？'" [120] 我们可以自由地想像这将是一个多么美好的夜晚。可以肯定的是，宴会也是政治讨论的场所，国家及其所有的事务在这里都会受到人们充满智慧和理性的研讨。[121] 那些对立党派的成员可能都不会受到邀请；这可能就是党派（*hetaireia*）制度的起源。[122] 这对那些不能持续饮酒的人或者不能一直保持清醒的人来说是一个展现机智和耐性的良好形式——这一点从狄奥格尼斯的一段重要的文章中看得很清楚。[123] 与此同时，我们也必须记住，在这个社会中，一种普遍的坦诚是可以接受的，如果是现在就会被看作是极端的轻率。[124] 除了在阿戈拉的交谈之外，那些在宴饮过程中的谈话代表了一种独特的希腊生活方式的第二个方面，人们对宴会的珍视程度可以从对某位死者的哀叹中看得出来："对他来说，再也没有宴会，再也没有音乐了。"[125]

205 我将回到希罗多德讲的一个非常引人入胜的故事上，讲的是人们向克里斯提尼的女儿阿伽里斯特求婚，[126] 因为它可以使我们对雅典的社会生活作出一些推论。阿伽里斯特拥有十一位求婚者，他们当中有两位雅典人，他们是提桑德鲁斯（Tisandrus）的儿子希波克雷得斯（Hippocleides）和阿尔克迈翁的儿子美加克利斯，他们在经过长时间的询问之后得到了最好的印象。在他们两个当中，从个人背景上看，希波克雷得斯更被看好，因为他是科林斯人塞普瑟里斯（Cypselids）的后代。在做决定的那天，当正在宴会上举行音乐和谈话比赛的时候，希波克雷得斯很容易地就战胜了所有的对手，但他却因得意忘形而失去了克里斯提尼的宠爱。他不但跳埃莫雷亚舞（Emmeleia），而且还跳上桌子跳起其他的阿提卡和斯巴达舞蹈，最后还头朝地拿起了大顶，在空中摆动着他的双脚。这对僭主来说太过分了，他大声叫道："提桑德鲁斯的儿子，你已经'跳'掉了你的婚礼！"得到的回答却是："希波克雷得斯无所谓。"在这个事例中，雅典的贵族当然已经摆脱了对贵族尊严的限制，即允许他们在体育比赛上和音乐技能上一显身手，只不过是在有限的形式之下。在雅典，为了娱乐自己和他人可以参加所有有趣的活动。会跳斯巴达和阿提卡舞蹈的雅典人，甚至可以像一个杂技演员那样地跳舞，而在其他地方，人们只会跳当地的舞蹈，这就是后来的多才多艺的雅典人的原型。即使由于过分炫耀，他输掉了一场好的比赛，这个雅典人却满不在乎，不仅仅出于轻率，而且因为生命是一个整体，他相信能够找到很多安慰自己的途径。尽管最后克里斯提尼还是把他的女儿嫁给了一个雅典人。[127]

对于那个时代的雅典应该再多说几句。在普鲁塔克关于公元前 7 和公元前 6 世纪雅典发展状况的描述中，尽管可能是扭曲的和充满偏见的，但还是为我们较好地展示出了雅典人的内在生活，这种生活优于我们所知道的其他所有民族；自觉的意识和理性在其他地方都没有达到这里的水平。[128] 举一个例子，当梭伦在多种多样的占据主导地位的利益中发现了黄金的中庸原则（*meson*）的时候，他揭示出一种深刻的和多面的社会文化。我们只要粗粗地看一看他的诗歌，就会感到一种直指这个世界所有方面的异常明晰的反思力量。[129] 总之，他不仅是所有七贤中最杰出的一位，惟有泰勒斯可以与之匹敌，而且以其作为一个雅典人的独特的意识，他似乎成为了他的城市的最佳品质的化身。[130]

在完成这幅对雅典社会的勾勒之前，再说一说在希罗多德的记 206
载中作为梭伦和克罗索斯之间对话基础的那些假设将是十分有趣的（1. 30ff. ）。元老特路斯（Tellus）是一个真正的阿提卡人，他甚至幸运地死在领导雅典人获得了胜利的一场战役中；而阿尔果斯人的关于克里奥比斯和比同的故事则展示了希罗多德式的世界观的更加深远的基本特性。其他重要的因素是宗教上的敬畏，这使人们在杀死了希伦的追随者之后看到了很多幻象，导致人们召回了埃皮门尼得斯（Epimenides）（普鲁塔克，《梭伦传》，12）。另外，以一种不同的方式，他还说到早期雅典人对珠宝和爱奥尼亚高级生活方式的热爱。[131] 在那时一定已经在意大利很出名的泛雅典娜节，在公元前 566 年以后，不再局限于赛车，还包括了体育比赛，而埃留西斯的体育比赛已经发展到了所有的希腊人都为之仰慕、每个人都想参加的地步。皮西特拉图和他的儿子们展现了他们要把雅典建成一个富有的商业城市的野心。很明显，他们还试图使雅典成为思想上的领袖，这个时候的爱奥尼亚城市已经陷入到吕底亚和波斯国王的统治之下了。搜集和整理荷马的诗歌就是一个证明，尽管在到底谁负责这件事上还存在争议，大部分材料上写着皮西特拉图或希帕库斯（Hipparchus）的名字，而狄奥格尼斯·拉尔提乌斯则相信是梭伦完成了这件工作。据说那时候有了可以为公众所使用的图书——也就是说，一个很早的图书馆建立了起来，这说明，第一，已经有了为文献材料建立一个书库的需要，第二，已经有了一个想读书的公众，皮西特拉图满足了他们的需求。[132] 这种特点的另外一种表现方式是在达代罗斯之后，直到皮西特拉图时代的末期，没有一个雅典的艺术家留下了确切的姓名，这个事实很难完全用波斯战争中雅典的被毁来加以说明。即便我们对他们名字之外的事情一无所知，因为雅典人对名声的热爱是不允许这些名字被忘记的。

在这个时期，名人们逐渐开始出现了；那些闻名整个希腊世界的人开始把赛会的胜利者们推向了暗处。这些人包括第一批僭主，接着是诗人和艺术家，后来尤其是神秘宗教的创建者，还有七贤。他们中的大多数在其他地方都被提到过；他们代表了一个时代的特征，在那时候单纯的数量还没有成为决定性的因素，个人的力量仍然十分重要。一个最显著的特征就是艺术家的声望的迅速提高，不过，我们不应该视之为理所
207 当然，它只能由个人主义和单个名人的兴起来解释。我们总是认为，如果一个艺术家很出名，那是因为他在作品上刻了名字，或是实际上把他自己的画像或雕像献给了神；因此，切割宝石为波吕克拉特斯打造戒指的萨摩斯的提奥多洛斯被认为是第一个“名字流传下来”的宝石切割匠，这当然意味着他自己很关心这件事，尽管宝石切割可能已经存在了五百年或更长的时间。贤人的出名通常既与缺乏有影响的祭司相吻合，也是这种匮乏的结果。在希腊人中，这是第一批奇异的仲裁者、净化者和奇迹制造者（miracle-workers），首先是奇怪的崇拜的创建者，埃皮门尼得斯当然在雅典受到了热烈的欢迎。尽管我们所知道的七位贤人在年代学上相当混乱，但大约在公元前600年左右，某些受人尊敬的人被称为“智者”（Wise Men）而变得十分有名，这的确是事实。[133] 我们并不清楚到底有多早以及他们的格言（*apophthegmata*）是在什么权威人士的认定下编造出来的，但希腊人相信这些智者们的格言经常在一些集会场所得到人们的引用和重述。它们的权威不太可能是建立在德尔斐神庙或七贤所由出的社会圈子的一致接受的基础上——从一开始，他们就完全不是一种类型的人。但是，要被称为一个“智者”（*sophos*），在这样一个德尔斐神谕要对一切事情进行考察的时代，这个人必须直接得到神的任命，同时要伴有表明没有人比他更聪明的言词，或者说这就是最有智慧的人。[134] 这些智者死后，他们的家乡城市会为他们举办隆重的葬

礼。对于比阿斯，佩里尼（Priene）的人们还献给了他一座圣殿，称为陶塔美农（Teutameion），给予了他英雄般的荣耀。[135]

现在，个人主义就这样地出现了，这一发展使希腊人成为一个与众不同的民族。正是在这同一个时期，当人群中的一些个体获得了声誉的时候，这种可能性很快就出现了，那就是他们中的一位要战胜另一位无需在赛会或者类似的正式场合获胜。机智和恶毒的讽刺开始产生了从未有过的影响。嘲讽不是什么新鲜的事物。在节庆活动中，尤其是狄俄倪索斯节，还有厄留西斯节（Eleusinia）上的漫骂之词是一种很古老的仪式，即使在神话中女仆亚姆比（Iambe）也敢于嘲笑处在悲伤中的得墨忒耳。但是，现在希腊人发现言词上的漫骂——显然这是一直存在的——也可以成为一种风格，在诗歌和酒会这样的交际场合发展起来。在这里，阿齐劳库斯是一个很关键的人物，他“对朋友和敌人的公正的诋毁”，他苦心打造的短长格诗具有很强的伤害力，从个人来看，他在每个方面都是不快乐和不幸的，他自己也声称可能是最倒霉的人。希波 208
纳克斯似乎拥有一种非常相似的气质，他自己的丑陋给他带来巨大的痛苦（阿里安，《多变的历史》[*Varia Historia*]，10. 13）。但是除了这些主要的讽刺作家之外，他们由于其优秀的讽刺才能而获得了声名，还有很多具有高贵气质的人也投身于直接的漫骂，就像我们在阿尔卡乌斯攻击皮塔库斯（Pittacus）中所看到的那样。讽刺诗在很长的时间内都是一种通常情况下使用的讽刺手段，尽管阿尔卡乌斯也创作过一首尖刻的讽刺诗；[136] 西蒙尼德的那些讽刺诗都是与死者有关的、纪念性或奉献性的，只有最后一首例外，不过与其说是妙语，不如说是俏皮话。

正是在这同一个时期，马尔吉特斯（Margites）这个人物被精心编造出来，尽管后来出现的那个版本被认为出于同一个皮格里斯（Pigres）之手，一首动人的讽刺诗也是他写出来的——即《蛙鼠之战》。马尔吉特斯这个人物被用在素描式的和轶闻趣事的集子中，很可能是从宴会等场合逐渐积累起来的。这个英雄不是一个普通的土包子，而是敢于插手任何事情，因而十分引人注目。他是一个受过一些教育的富有母亲的儿子，但是他对所有的事情都不能胜任，对他知道的所有的事情都充满了误解。所以他是一个众所周知的傻瓜，连最简单的事情也不知道，数字上不能数到5以上；希腊人出于对黑色幽默的喜爱，会把他放在性的困境中使他变得荒唐可笑。荷马是不可能创作出这样的讽刺诗的，把它严肃地归之于荷马名下的事实使我们了解到了希腊式的批判主义的实质。这种虚构出现在这个民族发展的这样一个时期，在那时人们认为自己绝顶的聪明，并希望制造出一些笑料来满足他们这种优越感。[137]

在斯巴达，简约主义成为了时尚。这实际上只是一种用最简约的形式表达真理的方式，自然也会显示出机智。在斯巴达的公餐中所出现的揶揄和嘲讽就是一种训练机智的方式。[138] 一些城邦对其他市镇的具有嘲笑性质的笑话也属于这个时期。[139]

公元前7世纪和公元前6世纪还可以看到所谓动物寓言（*ainos*，*muthos*，*logos*）的兴盛。这种故事形式当然在希腊人中间已经流行很久了，一些寓言被证明古已有之，就像在赫西俄德的《工作与时日》（202ff.）中讲到的那个“鹰和夜莺的故事”。这个时代留下的寓言不仅有阿齐劳库斯和斯特西克鲁斯的，而且还有伊索的，他在历史上确有其人，大约在公元前580年左右十分活跃，因此这是一个属于天才的和活
209 跃的寓言家的时代。还是有必要追问一下为什么会出现这种情况，因为选择寓言和警句来表达普遍的真理在我们讲到的时代已经不再能够满足人们的需要了。所有直接的反思都来自于生活，这种情形已经存在很久了，当然早在赫西俄德的时代就是如此了。借助于寓言来表达思想在希腊人那里似乎来得很晚，例如，在阿拉伯人那里，“智者”罗克曼（Lokman）早已向他的同时代人所罗门讲述寓言了。[140] 我们倾向于相信，这个问题的答案可能在于那个时代奴隶人数的激增。伊索尽管是一位历史名人，但却是这一事实的活生生的证明。我认为，在希腊家庭中劳作的外国奴隶，只要他能够说一点结结巴巴的希腊语，就会给孩子们讲述那些在他的东方或吕底亚故乡已经存在很长时间的寓言的简化的和古老的版本。这些在希腊的听众那里一定会留下一个很深的印象，因为这些故事中所蕴含的智慧对所有民族来说都具有普遍的意义。可能它们

揭示了在神话和英雄故事之外的一个完全不为人知的世界。希腊人在其中得到了乐趣，并增加了他们得到的这笔财富的价值，就像一个真正富有的民族会通过吸收从其他民族那里得到的东西并发展它而变得更加富有一样。

伊索自身有时候被认定为是一个色雷斯人，有时则被认为是一个佛律癸亚人或埃提奥匹安人。据说他是萨摩斯的洛多皮斯的奴仆，曾经服侍过克罗索斯，最终被德尔斐人扔进了一个深渊。希腊人并不认为他是惟一的寓言家；像赫尔莫哥尼斯（Hermogenes）、阿佛托尼斯（Aphthonius）和特翁（Theon）这样的修辞学者在讲到他的寓言时还提到过塞浦路斯人、埃及人和西巴里人的寓言，[141] 同时把他与大多数奴隶所由出的那些地区——佛律癸亚、卡里亚、奇里乞亚和利比亚——区分开来。[142] 然而，并不是希腊人所有的寓言都来自于这一通常的渠道。有一些是属于希腊人自己的，包括一些编造于某一特定的时间和地点的用于训诫目的的寓言，就像斯特西克鲁斯自己使用过的一则寓言那样，当时他为了警告西墨拉人提防法拉雷斯（Phalaris），就讲了一个故事，说到一匹马为了报复牡鹿而同意让人骑。寓言里的说话人不仅有动物，还有带着动物的人或者就只是人，有时还会有树和植物。[143] 在一则寓言里，一只盘子斥责一个妇人把它摔在了地上。[144] 实际上，格言智慧、道德观念、政治时事、幽默和机智可以采用它们所需要的任何形式。

除了它们能够给成长中的孩子们带来快乐，[145] 寓言还能够有意识
地为孩子们提供一种认识世界的方式。[146] 唉，那些奴隶们讲过的动听
的故事都没有流传下来，因为古典的精神是拒斥这样的东西的。因为， 210
毫无疑问，与训诫性的寓言相伴随的还存在着很多属于孩子们的故事，
只是为了逗笑，并不能提供某种教导。[147] 例如，智者克里奥布鲁斯的
母亲曾经给他的小兄弟讲过一个关于月亮的故事。月亮请求她的妈妈为
她织一件合身的裙子，因为她感到很冷，但是她的妈妈却回答说："我
怎样才能织一件让你合身的裙子呢？——今天你是满月，很快你就成为
半月了，在那以后就成为镰刀了。"

寓言的流行与爱奥尼亚学校的兴起相伴随，虽然它主要关注于探索自然，但还是为哲学的反思准备了条件。政治的和社会政治的争论兴起得比较早，在公元前 6 世纪，先是梭伦接着是狄奥格尼斯，而道德意识的完全成熟则出现在公元前 8 和公元前 6 世纪的伟大的抒情诗的时代；在他们的作品中，我们可以发现一种后世再也没有出现过的甜蜜的情感。当诗歌已经达到了其最辉煌的时刻，正在安静地向很多新的方向在发展的时候，视觉艺术尚未破壳出土，还没有学会表达人类的精神。如果萨福能够看到阿佛洛蒂忒荣光登场，面带不朽的笑容，她看到的这种微笑一定与她那个时代雕塑所描摹的僵硬的笑容不同，而且，视觉艺术的巨大优越性在于，在它们表现精神的力量之前，它们首要的任务就是以运动员的雕像的形式表现身体上的活力。因此，在它们真正面对精神的美和内在动力的挑战之前，这个困难的开端就已经被克服了——后来的艺术就没有这样的好运，它们不得不使用拐弯抹角的方式寻找出路。[148]

我们应该关注一下这个时期的宗教状况了。赛会时代也是德尔斐最兴盛的时期。希罗多德经常提到野蛮人和希腊人前去拜访这个地方，或是为了预测不久的将来，求取宗教上的训导，或者是咨询殖民地的建立。德尔斐的具有权威性的预言成为介于启示和反思之间的某种特殊的折中的媒介。[149] 说到它们在这个民族中起到的作用，我们必须注意到，没有人是被迫前往德尔斐的；即使是咨询有关殖民地的问题也是一种自由的风俗；德尔斐是一种只对那些相当虔信的人们有效的力量，被认为是一座信息的宝库而受到赞美，成为了一个希腊人有关世界的知识中心。到底这些神谕是如何产生的是那个时代的人们（可能是故意的）从不花费心思去考虑的问题；对神谕确实存在的强大的信念不允许有任
211 何怀疑之心，人们普遍认为德尔斐会提出良好的建议，没有必要去自寻烦恼。

在这个时期，存在着一次狄俄倪索斯崇拜的明显的复兴，伴随着大量的庆典和神秘仪式，尽管几乎没有留下确切的举办日期。[150] 如果不是神庙的仪式，至少也是为了纪念这个神灵而举办的节庆活动，现在

一定在规模和华美程度上超过了其他所有的宗教活动；否则这一崇拜就不会引发那些盛大的典礼，例如在雅典，它导致了悲剧的诞生；尽管实际上戏剧只是狄俄倪索斯节的一个组成部分，它推动了一套称为阿波罗崇拜（Apollinian）的正式规则的产生。就像伊阿科斯（Iacchus）一样，狄俄倪索斯甚至渗透到了厄琉西斯的神秘崇拜中，尽管人们可能认为克瑞已经能够满足它们的象征的需要了；[151] 很有可能的是，这个决定只是用来规范和同化这个要素，而不能将它排除在外。狄俄倪索斯无处不在，在他的提伊阿得斯（Thyiads）的伪装下，他追随阿波罗达到了帕那索斯山的制高点。

一群信奉阿波罗尼安教规的人与这一狄俄倪索斯运动形成了对比；他们是一群偏执的圣人，像埃皮门尼得斯、阿巴瑞斯（Abaris）和阿瑞斯特阿斯（Aristeas），与他们对应的人物就是奥尔菲斯教派中的狄俄倪索斯的追随者。转变的一个明显的阶段似乎在这些哲学先辈的身上表现了出来。正如我们说过的那样，正是在爱奥尼亚，真正的哲学很快地发展起来，完全的个人主义也是如此。问题是泰勒斯、比阿斯和其他人在多大程度上产生了自我的认识，在多大程度上这个开端与对神灵、神话和荷马的信仰的拒斥结合在一起。当然，这些人把神放在了它们关于世界的阐释之外；但是它们还没有从国家中撤离，就像一百年之后赫拉克利特从埃菲苏斯撤离那样。

最后，我们一定要认识到毕达哥拉斯的重要性。他理所当然地放弃了爱奥尼亚和希腊本土去了南部意大利，那里成为他创作和产生影响的舞台。[152] 我们感到非常遗憾的是希罗多德对于他没有留下哪怕是半页的记载，只有一个难于理解的评论。但是有一件事是可以肯定的：他鼓动了上千名追随者过上了一种活跃的公社生活。[153] 例如，他的信徒中实行的所有财产公有的习俗在后来的宗教中就不能实行，比如早期的基督教，这种实验只进行过一次。它并不是普遍的、大众化的共产主义的尝试，而只是在新入会的人中间实行的相互帮助和分享，[154] 是作为一种最真切的忠诚的真实表达。[155] 一种公社生活出现了，这些朋友们在克罗顿建造了一个巨大的会堂完全是可信的。可能这个“来自萨摩斯 212

的头发很长的”为人们完全信任的强有力的人物在大希腊的那些城镇中给当地的居民留下了很深刻的印象，充满天才，渴求教育。他认为他们窒息了他们自己的繁荣发展。在他的教义中可能受到大众欢迎的一个因素就是灵魂的转世；它一定成为了引发人们巨大激情的原因。他内在的力量就是建立在他的信仰基础上的宗教和伦理体系；拥有那个时代少有的广博的学识，一种卓越的与人交流的天赋，和一种令人惊叹的人格魅力，他认为他可以为所有的人做任何事情，他在宗教和世俗领域的地位一定可以与一位君王相比。[156]

我们不知道他是否想要对抗那个时候正在整个希腊世界盛行的狄俄倪索斯崇拜，后来由于里伯尔（Liber）* 和里伯拉（Libera）** 崇拜和酒神节（Bacchanalian）的恣意妄为而在南部意大利变得臭名昭著。毕达哥拉斯的女性追随者在后来还保持着简朴和纯洁的作风。至少在一个问题上他是与时下流行的观念相对立的，他警告所有的人要“当心野心和对声名的热爱，它们会导致最恶毒的嫉妒，要避免挤到人堆里去”[157]——他还说：“远离赛会，不然的话，它将统治全部的生活！”

与他形成对比和对立的是在大希腊发展起来的所有的城邦。这些城邦不可避免地充满了嫉妒，因为他所有的追随者，尤其是那些作为内部核心力量的信徒，都从他们的公民同胞中游离出来，宣布过一种苦修的生活以抵制殖民地的影响，就像萨沃那罗拉的追随者从其他的佛罗伦萨人那里游离出来那样。我们还需要记住的是毕达哥拉斯主义者们的神秘的充满象征意味的言论，在精神上强有力的领袖和人民大众之间自然的差距，即使在每个城市这个大众只是由1000名最富有的人所组成，我们还是要认识到未信教的人们的仇恨，正是这种仇恨导致了克罗顿和墨塔旁吐姆的教派的崩溃。然而，毕达哥拉斯主义还继续存在。一直到公元前4世纪，它还在达蒙（Damon）和皮提阿斯（Pythias）反对小狄俄倪索斯的密谋中发挥了作用。[158]

---

* 古意大利的丰收神，以后与希腊的酒神巴考斯合一了。

** 谷物女神色列斯的女儿。

当我们回顾希腊总的状况的时候，给人一种印象，它还是局限于一种自得其乐的方式中，但这只是因为我们的资料太过贫乏了。在现实中，已经有了大量的自由；但在这个时代，人们所说的话，流言蜚语并没有像后来那样地被保留下来，因此这似乎是一个创造性的活动占据主导地位的时代。例如，我们对这个时代希腊人的政治思想还知之甚少或 213
一无所知；但实际上我们看到了上百个真正的殖民地，即城邦的建立。对权利的讨论当然必须要等到成熟的政治命题出现之后，作为最普遍的制度的贵族政制并非是在一夜之间出现的。这是一个所谓立法者的时代，我们所知道的政体的阐述者几乎无一例外地只留下了几行文字。我们了解最多的梭伦，其力量还是强大到足以宣布把拥有土地作为公民权的基础，在这个问题上他可能已经是逆流而上了。

然而，这个时代令人羡慕的特征就是在希腊人中很少发生战争。除了斯巴达人在美塞尼亚的扩张，阿卡狄亚和阿格里斯（Argolis）可能与优卑亚打过仗，以德尔斐的阿波罗的名义的几次劫掠，以及在爱奥尼亚发生的几次激烈的战斗之外，就说不出什么战争的记录了。不安的因素被殖民活动吸收了，希腊人还没有达到相互掠夺的地步。用武力的手段来达到积聚力量的目的的“联合一统”还没有发展起来；城市的霸权也尚未发展起来，就像后来底比斯人极力主张毁灭那些反对他们的城邦，很多城市被一个更加强大的城邦夷为平地，目的是为了在他们自己的邻邦中清除斯巴达的同盟者，再比如，就像阿尔果斯在希波战争之后毁灭迈锡尼和梯林斯那样，此类的事情在这个时期都还没有出现。然而，这个时代在美的事物上却无比丰厚：视觉艺术为伟大作品的产生做好了准备，而诗歌已经步入了辉煌的成熟阶段。

第四章　公元前 5 世纪

214 对于希腊人来说，公元前 5 世纪开始得很辉煌，但结束得却很令人悲伤。从地理上看，这是一个在亚历山大之前希腊世界拓展得最大的时期。所有的殖民地几乎都处于繁荣之中；直到进入这个世纪的下半叶，从公元前 430 年开始，意大利南部的城市才开始受到卢卡尼亚人（Lucanians）和布鲁提亚人（Bruttians）的侵袭。这些被从波斯人手里夺回的爱奥尼亚抵消了。我们不知道他们到底在多大程度上对那里的希腊人的生活产生了影响。对希腊人来说，他们在文化上的扩展是一个更加令人骄傲的理由。

最重要的因素是马拉松、萨拉米湾、西墨拉、普拉提亚、米卡尔海角等战役中所表现出来的民族意识，在这些地方，希腊人战胜了一个世界君王和腓尼基人的强大的商业共和国。

一个有能力摧毁即使是最有强力的单个国家的世界性君主在一定的条件下会出现，这是一个社会在其早期阶段就发展起强有力的政体，并在某些重要的转折关头把它自身组织成为一个强大的王朝统治下的或者在宗教的助佑下的军事国家，迅速蹂躏了那些多少比自己的文明程度还要高一些的周边部族。接着，民族的和帝王的骄傲需要在皇宫中积聚大量的财富，[1] 驱使成千上万的奴隶大兴土木，而统治者们则完全免于赋税。因为征服已经确定了他们的身份，所以对征服者来说不可能还保持悠闲；他们继续压制其他充满活力的原始部族，不是去劫掠，而是迫使

他们在自己的军队中服役，就像居鲁士对马萨戈泰人，大流士对西徐亚
人所做的那样，目的是使更进一步的征服行动成为可能；为了获得他们 215
的海军舰队，航海民族也必须被征服。此类国家的内部组织依旧是原始的。从根本上讲，这个世界性的君主国依旧是野蛮的，也就是说，它的文化还停留在它刚刚形成的阶段。它必须要应对持续不断的反抗，必须总是对它的国外领地，比如埃及，进行再征服；但即使在衰落中，它依然是邪恶和危险的；使用着残暴手段和藐视道义的专制政府是它的一个持久的特征。

在他们与这种形式的势力进行斗争的过程中，希腊人所要面对的特殊的危险包括以下几个方面。首先，一些希腊人已经被打败，不得不贡献出军队来攻打他们自己的同胞。第二，有很多地位很高的希腊流亡者生活在波斯宫廷，例如，斯巴达被驱逐的国王德马拉图斯得到了薛西斯的宠幸，原因是他帮忙劝说大流士应该继承王位。在希腊，波斯对个人进行着各种各样的贿赂行为，希腊的流亡者在外面受到欢迎，奖赏丰厚。最后，处于绝望中的城市和党派干脆加入到波斯一方，比如，当克里斯提尼和他的同伴们受到斯巴达的威胁的时候就是这么做的。在公元前 490 年，大流士的使者刚到那里埃吉纳人就献上了水和土，因为他们正想在波斯人的帮助下与雅典开战（希罗多德，5. 73，6. 49）。当所有这些信息传送回波斯，在爱奥尼亚的波斯管理者也开始献媚；在爱奥尼亚的起义被镇压之后被授予海陆统辖权的玛多尼乌斯（Mardonius）开始尝试仁慈的统治策略。税收没有增加，失信的僭主们被允诺中的民主制度取代，这个高招表明了波斯总督是多么的了解希腊人。这块土地享受到了波斯附庸的通常的优待，法律和秩序得到了保护，人们期待着繁荣再次回到爱奥尼亚。

正是在这种局势下，希波战争开始了。我们一定希望能够留下一个非雅典人对战争的记述，一个没有被自我吹嘘扭曲的记载。然而，我们不得不将就着使用这些经过整理加工的历史，被各种传说重新改编和美化过的历史，在看待这些事件的时候心里必须要有所保留。[2] 战争开始于公元前 490 年，达提斯（Datis）和阿塔菲内斯（Artaphernes）组织的

远征军在马拉松遭到了败绩，它只是延缓了大规模的会战。十年以后，一支无比巨大的军队，号称 170 万人，进犯希腊。[3] 这是一群盲目的和组织混乱的乌合之众；不同的部落保留着他们喜欢的民族武器和他们本
216 民族的领袖，但是他们却不被看作是国家的公务人员而是奴隶，因为名义上的指挥官都是阿黑门尼德家族（Achaemenids）的人，他们与国王有着血缘或婚姻关系。波斯国王下定决心，以其对希腊人的认识，可能派出了其十分之一的军队，集中训练，准备与希腊人作战。只有在萨拉米湾的海战之后，玛多尼乌斯（Mardinius）才被允许选出他想要的人马，大约 30 万人，进行了一场民族之战。但是在普拉提亚，战斗主要依靠波斯人；其他民族的分遣队在看到波斯人分崩离析的时候没有进行任何抵抗就四散奔逃了。

一个有趣的问题是如果薛西斯获得了胜利，事情将会如何发展；他毫不犹豫地废弃了巴比伦的柏罗斯神庙，杀死了那里的祭司。与玛多尼乌斯的想法不同，他想成为希腊的总督，薛西斯很可能会减少这个国家的人口，把希腊人迁到他的王国的内地，[4] 就像在达提斯战役之后埃勒特里亚人（Eretrians）被迁移那样；实际上，如果他希望能够一直避免这些顽固的希腊城邦东山再起的话，那么他将别无选择。在这个王国自身，阿胡拉－马兹达（Ahura-Mazda）崇拜将会横扫一切。这种宗教在贝西斯顿（Behistun）铭文中做出了详细的解释；波斯国王充分利用了阿胡拉－马兹达崇拜来确保所有的民族向得到神保护的统治者屈服。没有其他的古代宗教能够像索罗亚斯德教（Zoroastrianism）那样得到了如此完美的改造，用来培育出一种永恒的自我正义和全知全能的傲慢；[5] 或许战胜希腊人将会使这种幻觉演变为一种彻底的疯狂。信奉多神教的希腊人，不论好坏直到现在还是实用主义者，还没有经过伪善的训练，很可能会被迫在他们美索不达米亚的放逐生活中出卖自己的信仰。

在这样的危险被幸运地避免之后，随之而来的必然是小亚城市的解放，它们先在吕底亚后来在波斯人的控制下。当然，那里的政治生活从来就没有那么重要，就像赫拉克利特和他的埃菲苏斯公民同胞之间的关

系那样，不是很幸运；抛开公民的文化水平不论，民主政制的因素一定
是很微弱的。而且，是联合起来的希腊人获得了解放，这使那个时候已
经很强大的泛希腊情绪又得到了加强。希腊和西西里以及世界的其他地
区之间的新的关系需要一些新的法则。作为决定性胜利的后果，现在，
对这个民族造成的伤害迅速显现了出来。正是在希波战争之后，阿尔果
斯毁灭了迈锡尼和梯林斯，其目的是“为了保护她自己不受到斯巴达的
伤害”，紧接着雅典对埃吉纳发动了进攻；正是在那时，首先是僭主后
来是大众为了争夺霸权开始与西西里的本土居民抗衡，更不用说像普拉 217
提亚这样的旧城市在伯罗奔尼撒战争中的消失了。在这后一场战争中，
胜利非常明显地导致了民族的灾难。那就是只要结束雅典的霸权，大体
上讲这就是胜利者得到的奖赏和目标；但是在这个过程中，在一项资金
支援的协议中，斯巴达转手把国王的祖先们从前曾经占有过的所有土地
和城市交还给了波斯人，后者在早些时候曾经被彻底地打败过。

在对这个时期的希腊生活进行一般性的讨论之前，我们必须首先对一座城市进行一个粗略的描绘，她刚刚取得的主导地位导致了与公元前6世纪的希腊的一个主要的不同，就像她的伟大的历史学家所描绘的那样。[6] 这个地区本身及其物产就很值得骄傲。“我们这里的空气是一种完美的中和，既没有极端的炎热，也没有极端的严寒。我们国家的魅力使我们能够吸引希腊和亚洲最优质的产品”，欧里庇得斯在他的《厄瑞克透斯》（*Erechtheus*）[7] 的残篇中作如是说。在《美狄亚》中也有一段关于厄瑞克透斯的儿子们的神奇的描述，他们总是在他们明亮的天空下优雅和自由自在地游弋，女神赛普丽思（Cypris）* 在美丽的瑟菲索斯（Cephisos）河上追逐波浪，然后把它们变成温柔和亲切的清风从嘴中呼出来。[8] 拥有浅而肥沃的土壤，这块土地能够生产出比世界上其他所有地方都要好的蜂蜜、小麦和无花果；[9] 西美托斯（Hymettos）和潘特里克的采石场出产上乘的大理石，还有劳里昂（Laurion）的银矿资源，在斯特拉波的时候，那里残留的成堆的矿渣还在被利用，在公元前5世

---

* 女神阿佛洛蒂忒的别名。

纪的时候一定是很多产的。

所有这些对这块土地的溢美之词都被柏拉图的《克里底亚篇》(*Critias*)(111)篇中的一段话抵消了，在那里阿提卡被描述成一个贫瘠和干旱的地区——就像今天的普罗旺斯和大部分意大利——在这样的环境中，当然可以出产上好的水果，但不会有茂盛的林木。在神话时代，阿提卡与其他地区相比经历了人口的减少，甚至修昔底德（第一卷，2）自己也用这样的事实解释了这种情况，那就是表层土的浅薄对饥饿的入侵者来讲是没有什么吸引力的；彼奥提亚和忒萨利亚要肥沃得多，斯巴达在自然资源上占据优势，只要美塞尼亚还是它的一个组成部分。[10] 在《俄狄浦斯在克罗努斯》中，当合唱队对他们所在的地区进行优美的赞颂时，可能指的只是阿提卡自然条件较好的一角罢了。

从吕西阿斯的一篇很有名的演说中，我们了解到伯罗奔尼撒战争使从前的一片茂盛的橄榄林荒废了（吕西阿斯，《论橄榄树残枝》[*On the olive stump*]）；但是即使没有战争的影响，就像吕西阿斯所描述的，阿
218 提卡的农业本身也存在劣势，因为他说这块土地更换主人和佃农太过频繁了。[11] 在一个如此喜欢争论的国家是没有安全感的，占据着这样一个人为的政治地位，她却不能——如果我们抛开拉鲁斯的土地和特里普托勒摩斯的传说的话——生产出足够的粮食来养活 50 万人口，所有的人都要依靠海外——主要是埃及和南部俄罗斯之间——生产的谷物做成的面包维生。在这个方面，雅典自给自足（*autarkeia*）的理想就有一个险恶的缺口。据柏克估算，雅典需要进口 80 万到 100 万麦斗(*medimnous*) * 的谷物，任何海上的战争都会引发饥荒，因此海军的一个最重要的作用就是保证粮食的进口。仅仅为了得到俄罗斯的谷物和咸鱼，就需要在色雷斯的柴索尼斯（Chersonese）和博斯浦路斯驻兵把守，以保护黑海的通道。[12] 在羊河战役（Battle of Aegospotami）** 之后，当与这些地区的交通被切断之后，雅典所有的物品都出现了短缺，尤其

---

* 希腊容量单位，1 麦斗 = 52.3 升。

** 公元前 405 年，斯巴达在波斯资助下建立起的海军舰队在羊河战役中大败雅典海军，致使雅典丧失了最后的防御能力，次年，伯罗奔尼撒战争以雅典的失败而告终。

是粮食。

谷物的贸易在法律上受到严格的保护。法律规定，雅典人或外邦人不得购买船只，除非它是用来把谷物或者其他货物运回雅典；[13] 人们希望一个从海上返回雅典的公民能够运回一些粮食，这项习俗对外邦人和和外国人来说也是适用的，他们还可以因此而得到优待。[14] 而且，不论是公民还是外邦人，都不允许把粮食运到其他的地方；[15] 他们会因为把粮食运到海外而受到告发，这样做的一个结果就是阿提卡的船主们会完全放弃运送谷物；商人的零售贸易也受到了极为严厉的限制和惩处；他们只允许每麦斗的谷物赚一个奥波尔（*obol*）。但是批发商很显然是不愿意服从管理的，所以他们常常会与小贩们串通起来用散布粮荒的谣言而使粮价上涨（吕西阿斯，22. 14）。每年通过抽签任命的监察员（*sitophylakes*）也像雅典其他的公务人员那样很容易参与这种阴谋。对献媚者来说也很容易把一些无辜的人告上法庭，说他们倒卖谷物；[16] 与事实相违背也会屈从于不讲道理的严厉的死刑。

然而，我们知道，尽管他们是全权公民，但也会经常由于被狡猾的商人欺骗而被判处极刑，那些商人也是如此，除非他们能够证明自己的清白（吕西阿斯，22. 16. 18）。所有这些严厉的措施都是徒劳的；城邦下决心要进行自上而下的控制，只能把自己逼进死胡同，因为最终到了
这样的地步，在那里不论是批发商还是零售商都没有雅典人了。前者很 219
显然几乎一直是外国人；他们不在法律的管辖之下，人们不得不对他们表现出最大的尊敬，尽管这与雅典人通常的做法形成了鲜明的对比。[17] 零售商通常也都是外邦人，他们很乐意地做着为公民们所鄙视的买卖；他们当然每天都有可能受到性命攸关的控告，但是利润是如此丰厚，还是值得冒这个险。不论城邦如何大声地宣告对这个充满敌意的群体的厌恶之情，不论对他们施以了多少极刑，但还是不能摆脱对这些非雅典人的令人非常不快的依赖；其原因在于城邦自身由于其荒谬和不切实际的法律而使谷物的贸易变得不可能了。

为了对雅典人的生活做出公正的评价，我们必须首先要接受以夸大其词为能事的修辞学，这种学问贯穿了城邦发展的始终。还有什么事情

让雅典人如此地自鸣得意呢?

第一个问题是他们是如何获得了一种十分独特的关于阿提卡人十分虔诚的观念。“我在世界的其他地方没有看到过像你们那样的虔诚，也没有你们那种文雅的思想方式和避免谎言的优秀品质”，在索福克利斯的戏剧中，俄狄浦斯对提修斯这样说道。[18] 令人惊讶的是，这样的话直到伯罗奔尼撒战争的末期人们还能大言不惭地说起，在那时，献媚和伪证已经司空见惯。在雅典，人们相信，在出现普遍饥荒的时候，阿波罗已经把代表所有希腊人和野蛮人发誓的权利赋予了他们。人们还普遍地认为，雅典人具有一种独特的高贵和冷静的性格，[19] 包括超乎寻常的好客，尤其是对那些流亡者。最后，尽管其他的希腊人没有什么发明创造的才能，但阿提卡传统上就被认为是文明的创造者，在一定程度上可以傲视所有其他的民族和其他的希腊人。根据这种看法，是雅典人第一个教会人类如何播种谷物，如何使用泉水；[20] 他们不仅是第一个种植橄榄树和无花果的人，而且他们还发明了法律和正义，赛会和体育运动，使用马拉车。[21] 在后来，所有这些对雅典人来说都变得很坦然了；整个希腊世界赞美雅典的方式就好比是今天人们谈到巴黎时说的那些废话。他们因为第一个建起仁慈的祭坛，向希腊人传布了一种文明的生活方式，制定法律从而结束了一种野蛮和不公正的生活，第一个拯救了流亡
220 者，公正地对待所有请求保护的人而受到赞美；最后，他们之所以受到赞美，还因为雅典是所有人类的公共的教育中心；[22] 皮提亚的神据说曾经为希腊人的城市、火炉和主席厅命名。[23]

这就把我们带到了阿提卡的神话这个话题。只有在雅典，以及某种程度上在底比斯才拥有一种神话传统，它把一种古代的政治发展史与一种强大的文化传统交织在一起，它们都是通过一些较早阶段的神话表达出来的。[24] 这种神话的性质表明它是一种特例；它与通常意义上的希腊神话有很多接合点——例如，提修斯就是其中最主要的一位英雄；但是它还有一个独立的和十分古老的存在形式。[25] 看上去很多名字部分出于传统，部分来自于象征，它们构成了一个在谱系和政治之间交替的年代学上的序列。随着时间的推移，悲剧作家受到了这种传统的巨大的影

响，[26] 像他们一样，演说家也拥有了一个倾向于把雅典的过去理想化的参考文献的资料库，而在大众当中，则拥有所有种类的流传下来的地方神话，它们与其他的神话充满了不一致的地方。[27]

在关于阿克泰乌斯（Actaeus）、克刻洛普斯、克兰纳俄斯（Cranaus）、厄瑞克托尼俄斯、潘狄翁直到提修斯的神话故事中，有一种自然神话、政治观点和宗教观念的奇怪的混合，我们不能冒险去尝试着确定这些不同的因素产生的时间。神话传说与很多地点联系在一起，它们包括卫城，战神山，公民大会会场（Pnyx），以及那些与克勒俄斯（Celeus）、特里普托勒摩斯和厄琉西斯有关的地方；主要的一个地点与波塞冬和帕拉斯争夺卫城有关，有证据表明它是由克刻洛普斯建立起来的；它或是来自于一个旧有的寓言或是一个更加古老的自然神话。敌人的进攻被记录下来；与卡里亚人、彼奥提亚人、皮拉斯吉人，阿玛宗人的冲突——最后一伙人被认为是在战神山上安营扎寨的——都是以雅典的胜利而告终。接着，当提修斯被篡位者推翻的时候，这座城市似乎也是特洛伊战争的一个参与者，一开始是提修斯自己作为代表，在他倒台之后是他的儿子阿卡玛斯（Acamas）和德摩福翁（Demophon）；雅典人因为“经历了战争”并解救了提修斯的母亲年迈的阿瑟拉（Aithra）而闻名，但在其他地方几乎没有关于他们的记载，实际上《伊利亚特》和《奥德赛》中提到提修斯和他的儿子的段落可能也是后来加上去的。[28] 早在公元前 2 世纪，憎恨荷马、蔑视德尔斐的心怀恶意的达菲达斯（Daphidas）就坚持认为雅典人就根本没有参加过特洛伊战争；[29] 所以他们一定篡改了希腊神话，把他们自己硬加了进去。不论如何，人们的印象总是他们在特洛伊的时候没有取得什么辉煌的成就，后来用他 221
们与荷马本人争吵的故事加以追述；他们确信他们罚了他 50 德拉克马，因为他们认为他疯了。[30]

不论在特洛伊战争中发生了什么，作为多利亚人移民结果的爱奥尼亚的殖民活动的确是由雅典人领导的。[31] 提修斯的家族似乎曾经被涅琉斯家族放逐过，他是从伯罗奔尼撒半岛被赫拉克利斯家族赶走的；继任的国王是美兰托斯（Melanthus）和他的儿子考得鲁斯（Codrus）。考得鲁斯的儿子们，无论是合法的还是非法的，领导过无数次向塞克拉得斯（Cyclades）和小亚沿岸的逃亡，[32] 在这个关键时期，雅典以其异乎寻常的活力和才能使它自身成为很多殖民活动的领袖，这些事情的真实性是不容否认的；其中的一个证明就是爱奥尼亚城市一直保持的对雅典人的忠诚感。它具有双重的性质；一方面，人们为自己是这里的原住民而感到骄傲，这种骄傲基于这样的观念，即阿提卡的居民一直是同一种族，因为其贫瘠的土地对入侵者来说没有什么吸引力，另一方面，众所周知的是，很多被希腊其他地方驱逐的强有力的移民者到雅典避难而成为公民，致使这个地区人满为患，所以不得不又要向爱奥尼亚殖民。这种把土著与好客混合在一起的想法，最初是出自修昔底德 [33] 之口，再一次给了雅典一种在整个希腊不同寻常的地位，这种看法一直很流行，后来还被喜欢夸大其词的演说家大为放大和美化了。[34]

雅典的好客（这可能并不总是完全心甘情愿的）还反映在普通的希腊神话中，这些神话自身就是抱着这样的目的找上门来的。不仅欧摩尔波斯（Eumolpus）统治下的色雷斯人和希波吕塔（Hippolyta）统治下的阿玛宗人充满敌意地进入到这个国家，[35] 就连赫拉克利斯家族也到雅典寻求援助以对抗欧律斯透斯，他想通过这场战争迫使它成为第一个与伯罗奔尼撒人为敌的城市。[36] 拉庇泰人（Lapiths）、弥倪阿斯人（Minyans）、卡德摩亚人（Cadmeans）曾经在不同的时期到这里生活过。在七将攻下底比斯之后，提修斯迫使底比斯人在一场胜利的战役后放弃他们的尸体，以把他们埋在埃留西斯帮助阿德拉斯托斯实现了心愿。[37] 似乎所有的人都在雅典待过。在希腊神话结尾处的最终的和解也会发生在雅典。在这里，在不幸的拉布达科斯家族（Labdacids）从底比斯前来为他进行辩护之后，当着克罗努斯的老年人和提修斯国王的面，俄狄浦斯找到了和平。在欧里庇得斯的戏剧中，在杀死了他的孩子
222 之后，提修斯亲自欢迎赫拉克利斯。正是在战神山上的法庭，奥列斯特被宣布无罪释放。[38] 雅典人出于对名誉的渴望，甚至坚信，在美塞尼亚和斯巴达发生的第一次战争之前的诉讼案中，美塞尼亚人曾经请求这同一个法庭作出裁决。[39]

说到阿提卡神话的氛围，应该指出其博爱的特征与俄狄浦斯、阿特里代兄弟（Atreidae）、美狄亚等故事相比确实有理由值得骄傲。伊索克拉底就强调过这一点，他说在雅典，即使在神话时代，四到五代的王朝通常都不会出现可怕的家庭仇杀事件（《泛雅典娜节演说》[*Panathenaicus*]，121ff.）。这种道德上的优势在提修斯的时候达到了至高点，演说家相信正是在提修斯的时候开始建立民主制度，从那以后雅典被认为是遵从法律的政府的典型。其他的希腊人据说从雅典那里学到了建立什么样的政治制度和进行什么样的战争才能够使希腊人成为伟大民族的方法，甚至来库古还被认为从这座城市获得了有用的政治和军事上的启示。在欧里庇得斯的荒谬虚构下，提修斯除了是一位英雄的国王之外，还成为民主原则和自由主义的创立者。[40]

在欧帕特里家族（Eupatrids）统治时期，贯穿整个公元前7世纪，雅典似乎还没有与其他的希腊人有什么特别之处。但是从公元前6世纪开始，独特的政治发展逐渐开始出现了，正是在这个过程中，在没有出现任何可怕的革命和反动的情况下发生了所有的转变。梭伦的立法活动首先表现出了反思和中道的胜利，接着是所有僭主中最开明和高效的皮西特拉图的僭主时代，这使得接下来的克里斯提尼时期民主政治的形成看上去是在最平和轻松的氛围下进行的；在僭主被驱逐之后，希腊人所有的发明创造都全部被挂在了雅典的名下。

所有这些都是最动人的政治天才的证明。与此同时，雅典在所有的希腊人中在教育、艺术和社会习俗上都处于领导地位，然而，在这个时期，希腊精神及其成果是均匀地分布在各个部族之间的，最强的部分是处在小亚的爱奥尼亚人。这种动力来自于阿提卡的中心位置及其农业和商业活动的令人愉快的结合；但在这里，决定性的因素仍然是天才，一种比世界上任何其他的地方都要强有力的天才。经过了几百年的时间，似乎自然把贮存起来的所有的力量都在这里爆发出来，雅典的地位就好像是文艺复兴时代的佛罗伦萨，后者是历史上惟一能够与雅典相媲美的地方。也就是说，一座城市寄托了整个民族的希望和潜能，就好像通 223
过一个孩子，整个家族的特殊才能被完全地展示了出来。从那个时候开始，整个自由的希腊都披上了雅典的色彩，由雅典决定；每个希腊人都把这座城市当作是希腊文明最主要的表达者。[41]

作为包括越轨行为在内的过于自由地放纵自己的精神的一个结果，雅典在政治的意义上很快就使自己变得筋疲力尽了；但是其文化上的地位却保留下来，在赛会所在地和德尔斐丧失了它们处于中心的重要地位之后，雅典继续成为希腊人精神上的都城，就像在罗马人的统治下雅典还是能够在物质上得以保存并能够体面地继续存活那样。

我们拥有足够多的关于雅典的生活方式和习俗的描述；他们及其子孙提供了比任何其他的希腊人都要多的有关他们的记载。当迦太基人失去很多亲人的时候，他们通常会在城墙上挂上黑布；[42] 雅典的习俗是举行一次公共的葬礼，让一位演说家对死者和他们的祖国进行赞美。就像其他风俗一样，这种风俗还被推演到了神话时代：墨涅斯透斯就被认为在特洛伊战争中在埃阿斯的葬礼上发表过这样的演说。我们对这一做法的历史一无所知，直到修辞学产生的时代，因为它提供了一种高尚的主题。在后面我们会提到修昔底德关于伯利克里的葬礼演说；在古代，高尔吉亚的一篇纪念性演说也很有名，尽管它的作者作为一名非雅典人，不可能是自己发表的，而是作为一篇这种演说的有益的范本而保存下来的。吕西阿斯发表的为科林斯战争（并不是一次彻底的胜利）的死难者的演说可能就是由吕西阿斯自己或别的什么人写的，或者是作为学校的习作被创作出来的；但是它以最无聊的方式表现出了雅典人的虚荣，从一开始它就宣布，所有的时间加起来都不足以创作出一篇能够对死者的功绩给予公正评价的演说词。在这篇演说中列举了阿玛宗人，七将攻打底比斯，赫拉克利斯的功绩和希波战争，这些都是雅典的光荣，他利用了神话和历史成就的一个连贯的模式，这个模式可能是所有雅典人都坚信不疑的。希罗多德对此也一定非常熟悉，因为他描述了雅典人在普拉提亚战役之前正式地夸耀他们曾经保护过赫拉克利斯家族，他们打败了阿玛宗人，举行过七将的葬礼，取得了马拉松战役的胜利（9. 27）。同样的功绩再次出现在对喀罗尼亚的阵亡将士发表的演说中，这篇演说被归在德摩斯提尼的名下；从它论述的范围和观点来看，其实际的发表

时间显然很晚，它把这次战役看作是大希腊的自由终结的一个标志。为 224
阵亡将士编写葬礼演说当然对学习修辞学的学生和初学者来说是一件很受欢迎的任务，因为初学者自然会选择可以得到的最庄严的题目。在伪柏拉图的《美涅克塞努篇》（*Menexenos*）中，作者借阿斯帕西亚之口说出了此类演说的原则，其目的可能是借此嘲笑整个的做法。到了公元前4世纪，当军队不再从公民中招募了，这种习俗也就失去了任何意义。然而，如果在死者中仍然有公民的话，葬礼上的演说就还有一些意义。德摩斯提尼的确发表过一篇献给在喀罗尼亚的死难者的演说，但是没有保存下来，还有希佩雷得斯（Hypereides）发表过为献给在拉米亚战争中的死难者的演说，已经被重新发现。这位演说家可能受到了伯利克里的榜样作用的影响，没有讲述任何的神话和神话事迹，而是对列奥斯提尼（Leosthenes）和那些与他一起倒下的人们的功绩大加赞美。他们在哈得斯那里受到了特洛伊英雄们、泰米斯托克里和僭主刺杀者们的欢迎，尽管据说在一定程度上他们的功绩超过了所有这些人。他们牺牲了他们的生命，为了使雅典人和希腊人能够自由地生活，在他们刚刚去世的时候就被人们赋予了这样的成就，但对于这项事业他们的确起到了奠基的作用。他们被称为是幸运的人，失去了生命的羁縻，与伯利克里的用词都一样；演说家相信列奥斯提尼的胜利避开了被马其顿奴役的命运，这在后来却成为一个痛苦的现实。那些在最近的战事结束之后就发表的主题演说常常会轻而易举和自然而言地成为讣告的范本。因而，来库古在他对列奥克拉特斯（Leocrates）的指责中，是不会放过对喀罗尼亚的死者进行赞美这样的机会的。[43]

在伯罗奔尼撒战争开始后的头一年的冬天，伯利克里发表了被修昔底德记录下来的葬礼演说（2. 35ff.）；它表明雅典的形象在那时是如何被理想化的；其目的显然是为了把这个国家带进一种危急的情绪当中，而不是叫他们仅仅接受一种温和的爱国主义。任何一个要发表重大的公共演说的人都应该事先读一读这篇东西。首先，伯利克里在赞美死者的时候没有引用任何神话，而是把自己限制在对他们那一代人的至关重要的和强有力的品格的赞美上面，作了一个广泛的回顾。我们甚至很难抗拒演说中所表现出来的乐观主义情绪，但如果作一番进一步的考察的话，似乎又是值得怀疑的。

伯利克里赞美建立在平等基础上的雅典政制，在这种平等观念的支配下，国家当中的特权完全依赖于功绩的大小——站在他的身边的就是
225 克里昂，与伯利克里相比更显得相形见绌。他赞美平静的私人生活，身边的赛会、仪式和令人愉快的家庭对身心的愉悦；轻松的生活方式，没有没完没了的军事训练，但这种生活方式培养出的勇气并不比那些无限期地把人们逼向极端的民族（也就是斯巴达人）要少。当伯利克里讨论这种放松的生活方式的时候，他正在被持续不断的诉讼案困扰，阿斯帕西亚被指控犯罪，他在把阿纳克萨格拉从死刑中拯救出来的问题上遇到了困难。他还称赞雅典人热爱美而不奢侈[44]——说得轻松，但当时正是盟邦缴纳的贡金才使雅典辉煌的城市建设成为可能。他称赞商人也可以参与政治——这使我们再次想到了克里昂，他是一个皮匠。他描述了雅典人是如何地通过给予而不是索取而赢得了朋友，不计较一时的回报，而是完全相信别人也会慷慨大方；他们的国家是如何地成为所有希腊人的学校，雅典以这种独特的方式获得了声名，它是惟一一个其敌人不会因为被打败而感到羞耻，其属国不会因为被奴役而感到屈辱的国家——尽管修昔底德自己就说到过雅典是如何受到属下各邦的憎恨。我们完全可以用修昔底德自己的话来反驳他，做到这一点并不难，但所有这些确实是以最辉煌的方式表达出来的，就好像是理所当然；接下来就是这一宣言：“不论现在还是将来我们都会受到人们的羡慕，我们不需要荷马，所有的陆地和海洋都是展现我们勇气的舞台；正是以这样的方式我们已经竖立起不朽的丰碑，不论我们带来的是至善还是邪恶。”接下来的词句就是：“这些人正是为了这座城市而牺牲的。”就像我们刚才所说的，我们很难抗拒这种乐观主义，但很快就因为可怕的灾难而受到了惩罚：这当中展现出来的天才的确是无与伦比的。必须承认这篇演说能帮助我们更好地了解雅典人。人并不仅仅是他们的外表所表现出来的样子，而且还是他们心中所怀有的理想的化身，即使他们从来没有达到那些理想的境界，但仅仅是这样去努力的愿望就可以判定出他们的一些

本质特征。

修昔底德记录下来的伯利克里的第二段演说也是非常有趣的（2. 60ff.）。在这篇演说中，当时他们的地盘已经被斯巴达人占领，橄榄树林大部分被破坏，他向雅典人表明不可能再挽回了，现在需要激发人们高贵的野心。阿提卡这个小王国现在荒芜了，他告诉他们，就剩下了一座花园大小的土地，在他们真实的力量之外，财富不再能够给他们带来什么快乐；他们在放弃霸权的问题上已经无可选择，这是希腊有史以来最强大的霸权；尽管它现在受到军事力量的制约，但没有它他们绝不可能获救；只有那些宁愿因为他们的伟大目标受到嫉妒的人才能做出 226
正确的判断。事实再次证明，雅典人自己找到了解决的办法。

在克里昂发表的演说中，他极力鼓动给予背叛的密提林人（Mytilenians）人以严厉的惩罚（3. 37ff.），从中修昔底德道出了雅典人的另外一个卓越的特点。尽管在其他的地方克里昂被描述成一个十分粗俗和尖刻的人，但在这里的出场却给人以深刻的印象。他以他自己的方式向他的同胞述说，不怕以最明确的方式责备他们，把他们说成是愤世嫉俗的非同寻常的奴隶，每个人都想成为演说家或者至少是激烈的质问者，急于对计划中的事情进行预测，但又不愿意预见事情的结果。最后他暗示道，如果他们在这件事情上过于仁慈的话，他们将会放弃统治权，偃旗息鼓过一种不再有任何冒险的平静的生活；这篇演说就发表在伯利克里怀疑他们是否还拥有这种选择权的言论之后。

最后，修昔底德还提供了他们的敌人是如何看待雅典人的有关论述，比如科林斯人的看法（1. 70f.）。他们说雅典人喜欢冒进，能够很快地做出决定并付诸实施，从不犹豫不决，热衷于海外的冒险活动；他们追求尽量大的好处，在为国家牺牲自己的生命的问题上是如此地义无反顾，就好像他们的身体不是自己的一样。他们把没有实施的计划看作是一种损失；与没有完成的工作相比，任何所得对他们来说都是微不足道的，在任何一次失败之后，他们又会盼望一些新的失败。[45] 不论面对多么巨大的艰苦和危险，他们的精力在整个的一生中都不会减少；他们从不停下来享受他们已经拥有的东西，快乐对他们来说就是尽快地投入行动；他们天生就不让他们自己过太平的日子，也不让别人过上太平的日子。科林斯人发表的这番对雅典人的看法在很大程度上是为了解释西西里的远征。

在所有这些演说中所呈现出的是一种驱动所有这些人前进的充满热情的共同意志。他们真正的动力就是对于没有尝试过的或者没有完全实现的事情总是有一种不满足，因为激情是一种原动力，所以他们总是不能控制他们所做出的决定，但有时却能够有令人难以置信的收获。毕竟，令后人惊讶的是雅典人追赶波斯人足迹遍及了东部地中海的所有港口；与埃及人缔结了盟约，致使它在伊那罗斯（Inaros）的领导下背叛了波斯人；[46] 接着蹂躏了孟菲斯大部，即使最后被打败，被迫烧掉了他们自己的战船，但却成功地夺路逃出了埃及。在保存下来的刻有埃及战争一年中的牺牲者的名单的铭文中反映出了雅典人充沛的精力和事
227 业心，开始的地方这样写道：“这些厄瑞克透斯的后人是在塞浦路斯、埃及、腓尼基、海雷斯（Halieis）、埃吉纳、麦加拉的战争中倒下的，他们都死于同一年。” [47] 我们必须记住，雅典的霸权在其极盛期需要在希腊的其他地方付出巨大的牺牲，即使像埃吉纳这样的著名城邦也开始拒绝成为其霸权的一个部分，成为雅典的绊脚石。那时候埃吉纳十分繁荣，气势很盛；它十分富有，拥有很多三列桨舰船，还有很多重要的艺术作品；[48] 但是它与雅典的敌意由来已久，很难判断孰是孰非。在公元前457年，雅典人来了，蹂躏了这个岛屿，从城镇强行征税，后来驱逐了那里的居民，代之以来自阿提卡的殖民者。然而，斯巴达人给了埃吉纳人特瑞阿提斯（Thyreatis）一块土地，在公元前404年又在来山德的帮助下返回了他们的家乡。

在埃吉纳人遭到屈辱之前，雅典在彼奥提亚的欧诺菲塔（Oenophyta）取得了一次胜利，接着毁灭了沿岸地区。在公元前455年，托尔米德斯（Tolmides）劫掠了赛特拉（Cythera）和伯罗奔尼撒的海岸，烧毁了拉西戴梦人的军械库；他占领了克法勒尼亚（Cephallenia）的城镇，蹂躏了瑙帕克托斯（Naupactos），他把逃离斯巴达的美塞尼亚人安置在了那里。在公元前453年，雅典的霸权达到了顶点。[49] 当伯利克里在西库翁

附近取得胜利之后，即使他没有能够占领这座城市，他还是毁灭了这个地区，并劫掠了阿卡尼亚人的海岸；科林斯海基本上都掌握在了雅典人的手中。但是，当客蒙死在塞浦路斯，雅典与波斯人签署了停战协定之后，这个协定的确带来了永久的和平，雅典的霸权却开始退化了。在公元前447年，雅典在克罗尼亚（Coroneia）被打败，从此丧失了其在彼奥提亚和中希腊其他地区的影响，接着麦加拉退出了同盟，也想退出同盟的优卑亚则受到了伯利克里严厉的惩罚。公元前445年与斯巴达达成的三十年和平条约起到了保护雅典同盟国的作用，但很快就发生了萨摩斯和米利都的争执，雅典当然偏向米利都，接着伯利克里发动了与萨摩斯的战争（公元前440—前439年），最终，萨摩斯的城池被摧毁，民主制度在这个岛屿建立起来。[50] 这一回，巨大的危险再次被避免；对那些事先能够做出理智思考的人来说，所有这些突发事件反而掩盖了更为重要的事件，尽管正如狄奥多洛斯所言，大约在公元前440年，和平和繁荣降临到了整个世界（12. 26），但没有人保证这种局面能够长久维持。

对同一时期的雅典自身来说，公民权的民主化改革完成了，在战争中服役的三个有薪金的等级获得了前所未有的权利，法庭和公民大会
更加完备，还有献媚之风、国家审判制度等等也得到了充分的发展。雅 228
典的所有这些发展都被认为与其广泛发展的霸权相适应，这种霸权使她的那些希腊同胞处于不利的地位，这种统治形式在世界历史上只有在那些贵族共和国成功地实行过——威尼斯，热那亚（这些国家的确是分裂的，但却是贵族形式的分裂），尼德兰公国——在那时，主要是针对那些由外国人组成的臣民。同盟国被粗暴地对待，财物被征用，不得不到雅典去打官司，很多人逃离了这个霸权的地区到苏瑞去逃避在家乡受到的压迫，这座城市是伯利克里在公元前445年一手建立起来的，它取代了从前的塞巴里斯。[51] 如果一个城邦试图以武力对抗的方式脱离这种统治的话，雅典最后的手段充其量就是镇压起义，向这个地方殖民，或者最坏的结果是毁灭这座城市，在废墟上建立起二流的民主政体。并不使人惊奇的是，与雅典相比，斯巴达越来越受到人们的欢迎，所以雅典

人不惜发动伯罗奔尼撒战争。把一份辉煌的遗产传播到世界是她的任务和使命，对人类来说，最大的收获和损失似乎全在于其文化的存在和消失。雅典在政策上的草率及其导致的不可挽回的后果即使对于今天的我们都是具有启发性的。[52]

雅典人自己为了雅典的存在也付出了沉重的代价。关于要成为一位模范的雅典人需要付出什么样的代价，在安提丰的四部曲之一（1. 2. 12）中有着全面的论述。模范的公民是这样一个人，他的收入经常要缴纳很高的税，经常用来建造三列桨战船，还提供丰厚的捐助（*choregiai*），要为很多朋友提供基金，交付高额的保证金，他要通过工作而不是诉讼来发家致富，负担起他的那份赞助，忠实地服务于城邦。在交了所有这些税收、建造三列桨战船的费用、捐助、捐献、保证金和赞助（也就是娱乐活动的费用）之后，如果还能剩下一些什么那就怪了。[53] 除了以这种方式受到盘剥之外，公民们还会因为其他很多原因受到他们的城市的折磨。最糟糕的就是在没完没了的国家诉讼中受到的政治迫害，献媚之风也与日俱增，这使生活变得无法忍受，在通常的情况下又会更多地诉诸法律。这是希腊人的一个根深蒂固的习俗。在《伊利亚特》中，阿喀琉斯的盾牌上就表现了一个诉讼的场面，对它的描绘就像现实中一样引人注目（《伊利亚特》，第十八卷，497ff. ）。在所有的希腊城市中，这种做法一直从贵族时代持续下来。只是在僭主时期作为改革的一部分这种做法有所中断，但到了民主时期，诉讼再次成为了一个持久的和非常病
229 态的风气。在这个时期，此类的文献仅存于雅典。[54] 除了一些恶棍试图复仇或勒索，一种由闲散而激发起来的疯狂告发他人的热情出现在很多公民当中，在法庭的诉讼程序、公共演说等事务的诱惑下，形成了一种与政治上的献媚相并行的现象。有几宗记录下来的诉讼案，不仅是吕西阿斯的还有更早的安提丰的，很明显都属于这种类型。[55] 在那些辩护词中通常使用的一句话就是：“现在，完全清白无辜的人会受到阴谋家的迫害，其危险性并不亚于那些犯下邪恶罪行的人。”（例如，吕西阿斯，5. 2）

监察员（*sitophylakes*）的例子说明了官员们是如何被草率地判处了

死刑。有一次，受到猜疑的蒙蔽，雅典人处决了一个国库管理员之外的所有的人，当最后一个已经掌握在十一人团（The Eleven）手里的时候，真相才大白；[56] 我们不得不认为，雅典人是这样一种人，他们总是认为自己被抢劫了。事实是大众的确经常受到那些国家管理者的欺骗和蒙蔽，同时他们对政府也一直处于一种愤怒的不信任状态当中，同时他们还追求着欲望上的满足。在处于危机和激情的控制下的时候，比如西西里远征，焦躁不安的情绪会进一步加强，在对毁坏赫尔墨斯神像的案件的审理过程中，面对神秘的事情，雅典人表现出确定无疑的自大狂症状，对完全精神失常的爆发没有表现出半点的抵制能力。控告人立即宣称，对赫尔墨斯的破坏并不是一小撮人干的，而是为了颠覆整个民主制度；大众战栗了，因为又要开始对公民进行拷问了。那时的规则是，那些能够告发同谋并提供罪证的罪犯就会被无罪释放，但如果是他们的话没人相信就会被判处死刑。[57]

普鲁塔克笔下的尼西阿斯，由于他的富有，其整个一生似乎都处在一种被围攻的感受当中（《尼西阿斯》，4f.）。他极端的隐居习惯也不能使他摆脱人们的纠缠；请求者和委托人不断地出入他的家门；对那些可能对他不利的人他只能给予馈赠，因为他十分害怕献媚者，所以受到了喜剧作家的嘲讽。当我们被告知，他认识到大众有时候是多么会利用天才和演说的技巧，但是当这样的人宁愿自甘堕落而不要自尊和恰如其分的骄傲的时候，这种杰出的才能是多么令人怀疑，我们要知道，在公元前 5 世纪，雅典已经耗尽了它最好的力量。菲迪亚斯死在地牢中，伯利克里死于瘟疫，无疑，过度悲伤也是原因之一；尼西阿斯自己宁愿在西西里结束自己的生命。当亚西比德生活在小亚的时候，人们会在街头巷 230
尾听到这样的话："城里连一个男人也没有了。"（阿里斯托芬，《吕西斯忒拉塔》，524）

我们不但能够很好地想像出密谋者的心理状态，还能想像出真正的政客的心理状态，在那时除了这些，狂热的笑话家阿里斯托芬和其他的喜剧作家总是能够把对时局和人格的讽刺推向奇异的极端。人们对事物的一般性看法充满了不屑和嘲讽，诽谤者的惊人的力量泛滥成灾，他们随时都能够找到释放自己的对象。阿里斯托芬清楚地展示了这种状态，当学者们试图在塔索斯的斯特西姆布罗图斯（Stesimbrotus）（或者普鲁塔克）的记载中区分出哪些是真实发生的，哪些仅仅是谣言的时候，会显得多么的幼稚。如果我们把这些看作是对那个时代快乐生活的一种相当大的制约的话，那么，还有一些思想的人们又将如何看待以下的事态呢？那就是雅典人完全不顾公元前 431 到公元前 421 年的战争的警告，眼看着自己的城邦被亚西比德引向了一场巨大的灾难。比如在后来，关于雅典美好生活的盲目信仰就与人们完全不顾其恶名大量地逃亡到阿齐劳斯（Archelaus）国王那里的事实发生了矛盾。同时像萨摩斯的克瑞鲁斯（Choerilus）和泽乌克西斯这样的非雅典人，甚至欧里庇得斯和阿伽同都逃到他们那里寻求庇护；据说阿伽同与很多人在一起一直生活在马其顿，在皇宫中过着快乐的日子。[58]

公元前 5 世纪的雅典似乎处在一种玫瑰色的光环之中，甚至对那些生活在下一个世纪的人们来说也是如此，他们在想到现实的悲惨状态的时候就会去赞美已经过去的那个时代。在演说家中，伊索克拉底并不总是与这个主题相符，有时候他会赞美雅典的过去，有时候则会做出完全不同的判断，例如，他认为雅典的衰落早在霸权时代就开始了，宣称当伯利克里掌握了权力的时候，国家就已经处在了一种虚假的尽管还可以忍受的繁荣状态中了。但是德摩斯提尼在第三篇奥林托斯演说（Olynthiac Oration）中则这样地美化了过去（3. 35）：

> 那些人，完全用不着用演说家们去奉承和吹捧，像你们现在所做的那样，他们对希腊所有的服从管辖的地区实行了四十年的统治，把超过 1 万塔兰特的财富带进了卫城，使马其顿的国王屈服，因为希腊人应该控制野蛮人，不论是在陆地还是在海上，他们都表现出了个人的勇敢，应该为他们树立很多胜利的纪念碑，只有他们在人世间留下了超越一切嫉妒的英名……为了国家，他
> 231 们建筑起后来从未被超越的如此优美和宏伟的建筑和神殿；然而，在私人的生活中，他们却是如此地谦和，对民主的精神是如此的

忠诚，正像你们仍然能够看到的，即使像米太亚德和阿里斯第德（Aristides）这样的人，他们的房子也并不比他们邻居的好。因为他们并不利用国家为自己发财致富；他们当中每个人都坚信他们的职责就是增加属于所有公民的财富。

当然，“从来不说奉承话的演说家”表现出了与“服从管辖的盟邦”同样多的一种虔诚的想像；演说家没有能够描绘出一幅关于过去状况的准确的图景，但是他的怀旧情绪本身就为我们提供了一种十分重要的证据。[59]

在公元前5世纪，雅典人成为所有希腊人的中心。他们因为出产所有最好的和最坏的东西而闻名于世，就像阿提卡的土地既出产最好的蜂蜜，也出产最致命的毒芹那样。[60] 而且，他们成为普遍关注的焦点，所以，亚里士多德所记载的一个叫西狄阿斯（Cydias）的人说的话也可以用在这个较早的时代：“其他所有的希腊人都被安置在雅典人的周围，不仅是为了倾听他们说话，而且还为了看他们做事，以决定他们自己该如何去做。”[61] 雅典人还是一群最多面的希腊人，在某种程度上是整个希腊的代表。“其他的希腊人都有他们独特的方言、习俗和服饰；在雅典，所有这些却呈现出希腊人和野蛮人的一种混同”——引自关于雅典国家的文献。[62] 即使在外部事务上，也只有雅典人真正地对其他希腊人的所作所为和言论进行了记述，只有雅典能够对他们进行效仿。就像希波克雷德斯不仅熟悉阿提卡的舞蹈而且还了解拉科尼亚和其他地方的舞蹈，[63] 阿里斯托芬在他的喜剧中使用了各地的方言。亚西比德尝试过所有的生活方式；在爱奥尼亚他比任何的爱奥尼亚人都能够寻欢作乐，在底比斯参加过体育比赛，在忒萨利亚与阿里奥阿德（Aleuadae）相比他是一个更优秀的驯马师和骑手，在斯巴达则在力量和简朴上超过了斯巴达人，当他到色雷斯的时候，证明他能够比当地的人喝下更多的没有掺水的烈酒，当然这并不是一件普遍受到赞扬的事情。正是这个人在斯巴达左右了其外交政策，接着在提撒菲内斯（Tissaphernes）手下卖命，证明他的气质与泰米斯托克里非常相似。

雅典是全世界产品的一个大卖场，就像克里底亚在一首哀歌诗中所列举的那样，市场上甚至还有外国的鸟。[64] 在和平时期到那里去逛逛不失为一件乐事，至少对于那些没有被献媚者告发的人是如此。阿里斯
232 托芬在《和平》（529ff.）一剧中进行了一番描绘，充满了怀旧的感情，在那里可以看到所有美好的事物，它们的芳香、美妙的韵律和闪亮的色彩：秋天的欢乐，宴饮，狄俄倪索斯节，吹奏长笛，葡萄丰收的歌曲（滑稽诗），索福克利斯的诗歌，野餐，索福克利斯的诗句［……］，常春藤，发泡的美酒，低吟的山羊，走在田间的妇女，她们的裙子被微风吹起，甚至还有女奴在地上睡着了，在她的身边放着打翻的水罐——我们看到的所有这些景象就像是透过一只鸟的眼睛拍摄的一幅日常生活的照片，雅典人很高兴地听到外国人把雅典称为一座头戴紫罗兰花冠的熠熠闪光的城市。[65] 仅就其节庆活动来说，这种夸奖就已经名副其实了，尽管伯利克里在他的演说中说到，他们的目的是想减轻生活中的伤痛。雅典人生活中最盛大的活动就是一年一次的泛雅典娜节，其充满理想的图景仍然可以在帕台农神庙的横饰带上看到。希腊最神圣的宗教仪式就是厄留西斯节，此外还有伴有悲剧和喜剧演出的狄俄倪索斯节。

希腊人和拜访者们都对雅典赞赏有加，视之为文化的摇篮。人们相信，在雅典有着最大限度的言论自由，也就是说，没有一个地方人们说话如此坦白，对他人的话能够如此理解和接纳。人们认为，在最广泛的意义上知道如何去*说话*的人只存在于雅典，例如，厄利斯人和彼奥提亚人就被认为在遣词造句和劝导青年人的事情上缺乏技巧。安提斯第尼对他的生存状况十分满意，在色诺芬的《会饮篇》（4. 43）中，他说到他有足够的闲暇去看那些值得一看的东西，去听那些值得一听的东西，对他来说最好的事情莫过于成为苏格拉底的朋友。在其他地方，除了有创造力的艺术家之外，就不再有什么伟大的人物了。历史对于这个时期的小亚城市很少提及。爱奥尼亚的伟人，埃菲苏斯的赫拉克利特，在他的公民同胞中感到十分孤单，并且试图让他们知道他对他们的厌恶，在公元前 5 世纪，即使科林斯也没有什么有名的公民。然而，一些卓越的爱奥尼亚人来到了雅典；泰格莉亚（Thargelia）和阿斯帕西亚（Aspasia）

来自米利都，阿纳克萨格拉来自克拉祖米涅。雅典是惟一一个来自其他地方的天才能够找到一份工作或至少能够安全生活的地方，即使作为一位外邦人，几乎从一开始，与其他地方相比，哲学家们就更愿意待在这里，尽管他们有时会受到不够虔诚的控告，在他们的研究中受到种种限制。最好的建筑和创造性艺术真的都只是出自雅典，最重要的艺术家都出生在这里（尽管他们在其他地方也创作过上乘的作品）；如果他们来 233
自于其他地方，他们也想在雅典生活。

对于所有这些，我们不应该忘记这个时代的一位完全拒斥这个城市的全部生活和活动的雅典人。他就是泰蒙（Timon），在伯罗奔尼撒战争的时候闻名整个雅典。他原来是一个宽宏大量的人，是一个值得尊敬的具有哲学修养的人，因为朋友和被保护人的忘恩负义，使他开始厌恶他的母邦；在后来，有人把他说成是一个真正的厌恶人类的人。人们关于他的最有代表性的说法就是他对亚西比德感到十分亲近，因为他认识到这个人注定要毁灭雅典。[66]

在雅典的剧院，悲剧创造出对神话的最后的和最辉煌的一种认识；作家们可以完全自由地进行创作以达到一种新的心理上的深度，而喜剧则用其对日常生活奇形怪状的扭曲和对变化多端的世界进行漫画般的处理来取悦观众。很显然，雅典是这两种戏剧形式惟一的拥有者，而且一直保持了这个地位。只有在这里，希腊人才能够看到剧院所提供的希腊文明的全景，尽管在伟大的赛会举办地，其他所有的诗歌和音乐艺术也会以一种浓缩的形式得到简要的展现。直到这个时候，普通的希腊人所知道的惟一的戏剧就是神圣的哑剧表演，其中一个男祭司或者女祭司从有关他们自己的神庙的神灵神话中选一个内容演上一幕，或者是小丑的人物模仿，滑稽表演，这可能是从对话和打闹的即兴发挥中产生出来的。现在，希腊人开始意识到在这个国家的一座城市，整个希腊神话的一种活的展示已经在狄俄倪索斯崇拜的喧嚣中应运而生；他还了解到有一种巨大的建筑物专门用于这种表演，在一个半圆形的空间里，观众感到他们仿佛置身于第二公民大会，而在舞台上，在其他地方用竖琴吟唱或者用图画展示的那些事情在这里则神奇地用真人和庞大的合唱队进行表演。[67] 他还听说在一些特定的节日里，希腊人的真实生活景象将以一种宏大的和奇异的变形的方式展现在人们面前。最后，伟大作家的个人的名字将作为所有这些表演，这种全新的和独特的诗歌形式的创造者而闻名于整个希腊。这种新事物并不是从亚洲引进的什么新鲜玩意儿，而完全是希腊人的一种发明创造，它成为了这个民族生活中一个深刻的和最基本的组成部分。

剧院也有其阴暗的一面。正如我们所言，义务性的捐助经常成为富人身上的一种负担。喜剧中的人身攻击通常是惊人的粗暴和浅薄，在这
234 个被人们看作是充满污言秽语的世界里，阿里斯托芬也并不例外（在他之前的短长格诗亦然）——不论一些学者是多么极力地试图把他排除在外。一方面，阿提卡社会的氛围一定很明显地受到喜剧的影响，另一方面，我们却不能忽视这种艺术形式对那些牺牲品所产生的后果。因为在一个习惯于整年都让喜剧以及其他形式的断头威胁悬于头顶的社会和社会制度中，无疑会成为一种培养人们的玩世不恭的情绪的巨大动力。但在他们的内心最深处，除了那些被夺走了所有的羞耻感的人，没有人能够真正地成为玩世不恭的人，在所有的街头巷尾和宴会上，人们会遇到那些喜剧作家的牺牲品，或是知道他们自己在下一个狄俄倪索斯节也会成为牺牲品，这必然会导致这样一种社会意识的出现，那就是人们的心灵悄悄地关上了一扇又一扇大门，直到最里面的那一扇。

在所有的希腊人中，雅典人的气质中有一种极具特色，可能是其特有的，当然也是其他民族所没有的东西，就是旧喜剧对政治所采取的态度。没有一个现代的民族能够忍受其自身在一种严肃认真的、半官方的语境中如此真实地被展示出来，至少在紧急状态和出现普遍的灾难或焦虑的情况下是如此。与伯罗奔尼撒战争相伴随，喜剧所提供的整个稀奇古怪的世界在我们今天的任何城市都会受到谴责，像阿里斯托芬这样的作家会被看作是一个以公众的不幸为主题的没心没肺的讲笑话的人。然而，正像喜剧所表现的那样，雅典在那时养育出并能够忍受的不仅是一位诗人，而是一群同一种类型的诗人，用一种后来的民族所不能想像的方式，以一种成熟的、随意的风格进行写作，并与共同的价值观完全疏

离。喜剧不仅公然藐视和嘲弄时下的当权者，而且还有普遍的公众情感。雅典以她自己为代价向世人表白了笑话至高无上的地位。

对于雅典人生活的其他方面，还要说到，这是一个尊重知识的时代。一个人可能很穷，但算不了什么。例如，勇敢和大胆的拉马库斯是如此卑微贫穷，以至于每次他率领一支军队出征的时候，总是获许从雅典人那里赊一小笔钱“用来置备服装和军靴”。[68] 由于一种简单的生活方式是人们普遍遵循的，尤其是因为心灵的愉悦是每个人都可以得到的，所以与现在相比，平等比较容易做到，财富则显得不那么重要。即使这样，其重要性还是经常在这样的抱怨中表达出来：“钱，是钱造就了这个人！”但是从广泛的意义上讲，它还是不能够决定一个人的社 235
会地位，况且拥有财富是危险的，而且越来越如此。一种发财致富的方式就是成为政治上的领导人。例如，泰米斯托克里从父母那里继承了3个塔兰特的遗产，据说后来通过没收他人的财产而超过了100塔兰特，而克里昂一开始一无所有，后来也留下了50塔兰特的财产。像阿里斯第德这样完全抛开自己的利益不顾的政客真的是凤毛麟角。有些是天生富有，比如尼西阿斯，以及名字由从前的卡里阿斯改为希波尼库斯（Hipponicus）的王室家族。卡里阿斯二世的富有是人所共知的，据说他拥有200塔兰特的财富。他的同名孙子的庭院就是柏拉图的《普罗泰戈拉篇》和色诺芬的《会饮篇》的对话发生的地点，在那里充满了妓女、食客和诡辩家，一同挥霍他的财富。但生活在公元前500年左右的上一代人比伯利克里时代的人更能够在其奢华的领地上炫耀他们的财富。这些旧有的雅典人穿着紫色的斗篷和颜色鲜艳的紧身上衣，把头发编成辫子，上面扎上金蝉，还佩戴着其他的金银珠宝，让仆人们把折椅摆放在他们的面前。[69] 到了伯利克里时代，服饰变得简洁了，这个令人惊讶的发展可能是出于谨慎，因为过于招摇会招致嫉妒和贪心，而且，当然还由于人们意识到，简单的装束更适合于一个长得好看的人，活动起来也更为方便。[70] 很多直接的描写表明，在实际生活中，人们的穿着存在着相当程度的一致性，在穷人和富人，男人和女人当中，一个好的仪表全依赖于个人的体格和动作的优雅。例如，我们知道，那些没有属于自己的斗篷的人能够从理发师那里花一天半个奥波尔的价钱租用。为经济起见，男人和女人可以穿同一个式样的衣服。[71] 纺织品主要是羊毛，传统上讲，纺线织布是尚未出嫁的希腊女子通常的活计，斯巴达妇女除外。[72] 然而，喜剧中还是记载了很多装饰品和其他饰物的名字，虚荣心总是可以找到展现自己的方式。[73] 但大部分还是依赖于每个人穿戴斗篷的方式。[74] 生活的其他方面也是很简单的。所有人都居住在用小石块搭建起来的房子中，小偷很容易进来。即使在穷人家，也会有一些家具，[75] 但似乎很少有人拥有奢华的家装，适度也是饮食的原则。在所有这些事情上，一定数量的富人一定是作为例外而存在；他们中的一些人还拥有他们自己的运动场和浴室。[76]

然而，与此同时，如果说在大多数希腊人看来，斯巴达人基本上过
236 着一种阴暗的生活的话，那么在雅典也有一个派别不仅在举止而且在政治主张上坚持简洁为本，培养起一种更为简朴的生活方式。他们穿着短斗篷，系一条皮带，热衷于体育锻炼，在拳击中不惜打伤耳朵——就好像斯巴达人在所有的希腊人中的过人之处全在于这些事情上。[77] 这可能部分出于一种强烈的热情，一种对他们的母邦进行的正当的责备的表达，但部分只是出于一种时尚，一种不难追求的时尚，因为他们中的很多人都很穷。情况似乎是，在一个很少有人能够再负担得起一种贵族的生活方式的时代，为了节俭起见，一些人转而采纳了斯巴达的生活方式。[78]

后来的人们对从前的雅典人模样的看法在老菲洛斯特拉图斯的书中有所记载，他说，那些十分精明和充满智慧的人的见闻更具有典型性，还说雅典的妇女给人一种严肃的印象。[79] 另一方面，阿里斯托芬说到了阿提卡人的无礼，这在某些尖刻的词汇以及阿提卡人某种独特的目光中表现出来。[80] 雅典的奴隶也尤为大胆和无耻。

对于雅典人的品性所作的道德上的判断充满了纷争。关于他们的不守信用已经说得很多了；但是作为一个在通常情况下都很挑剔的证人，柏拉图了解和描述的他们中最坏的人还是比任何其他城邦的人要好，在《法律篇》中对他们的评价十分公平，在那里他让他的斯巴达人说，“他

们当中的好人确实非常好”，把这句话当作一种普遍的看法，其根据就是他们的“优秀和真诚不是强迫的，而是天生的，是神命使然”。[81] 这种自然的品德，与优雅的文化和自信结合在一起，是雅典典型的优秀者的写照。在通常的意义上，他们也是所有的希腊人中最为敏感的人，最容易受到情感的左右，就像让·雅克·卢梭的法国读者那样，他们的弱点在于他们把感情用事和热衷于道德当作是一种有价值的东西，而依然坚守着他们所有的缺点。苏格拉底的整个伦理学都在鼓吹这些价值，每个人都想方设法使它们看上去比实际的情形要好，诗人的目的也在于此。这种持久的陶冶的结果就是雅典人对善的崇尚，因为他们对它有切身的体验，但他们还一直是老样子，不过就是传说中的某位圣人的故事的听众而已。“在大多数时候，你们都是不成功的，因为你们不想尽你们的义务，并不是因为你们认识不到这一点”，德摩斯提尼说。同样的事实在一则关于雅典剧院里的斯巴达使团的动人的故事中展现出来，这些使者受到了听众们热烈的欢迎，当时他们站起来想为一位老者让出一块地方，但却没人肯挪动一下身子。“雅典人知道怎样做是对的，但却 237
不去这样做”，他们当中的一个说道。[82]

在雅典人的生活中，习惯于某些委婉的说法，这是雅典人的一个特有的恶习。正像普鲁塔克所言，他们喜欢把一些令人不快的东西罩上一层面纱，给它起一个最好听的名字。[83] 梭伦已经开始这样做了，他把他伟大的征用计划称为“解负令”（*seisachtheia*）。后来人们把娼妓称为“交际花”（*hetairai*），把盟邦（*phoroi*）缴纳的贡金称为“捐献”（*syntaseis*）——但他们还是一样地叫苦连天。军事服役（*phrourai*）变成了“护卫者”（*phulakai*），监狱称为“寓所”（*oikema*）。像战败、沉船、去世等诸如此类的灾难，都会有一个文雅的遁词，称为“遭遇某种不幸”（*pathein ti*）；吕西阿斯把国家繁荣的反面并不说成是“坏的”，而是“不熟练的”或者“引向了一个令人不快的方向”。[84] 据说他们把城市的背叛者称为“城市的不幸者”，[85] 在亚里士多德的时候，强盗甚至被叫作“挣取面包的人”（*poristai*）。[86] 如果不是修昔底德在他的书中的第三卷（82）给了这种做法全面的论述的话，所有这些可能还充满着某种迷人的魅力。在他可怕的描写中，这种情形适用于所有的希腊人，但是当然最适用于雅典，语言的贬值和滥用受到了责难，并且表明语言正处在蜕变和衰亡的过程当中。[87]

我们下面从雅典人进而考察普通意义上的希腊人，首先需要注意的事情就是真正的赛会精神的丧失。如果说公元前5世纪和前一个世纪有什么明显区别的话，那么就是这种精神的有无。从外部来看，运动精神的遗产还是保存下来了，品达还在赞颂着旧的奥林匹克运动会的辉煌，把这种精神折射到他生活的时代，就好像是一切照旧。[88] 在一些小城镇，毫无疑问，成为一名运动健将已经不再是人们的理想，[89] 只要他们基本上处于安全状态下，处于行进中（《长征记》[*Anabasis*]）的希腊军队也会继续在一种最不自在的状态下举办一场比赛，包括所有的运动项目和赛马。但是在品达之后，为庆祝胜利举行的献祭（*epinikion*）似乎很快就消失了，人们似乎想要他知道，他曾经歌颂的是一种已经属于过去的力量，那些是很古老的事情，他经历了突如其来的对冠军摔跤手们的嘲讽和攻击。在色诺芬的一首哀歌诗中，哲学已经向世人宣告，它比所有赛会的胜利者都要有价值，因为这些胜利者不能为一个城市带来充满智慧的法律和物质上的繁荣；[90] 这时候在阿提卡的舞台上也可以听到类似的嘲讽。“我们不能依赖于那些肩宽体壮的人，而要依靠那些
238 具有果断的头脑的人”（索福克利斯，《埃阿斯》，1250），在欧里庇得斯的《奥托吕科斯》（*Autolycus*）的残篇中，把运动员说成是吃得太多而不能给他们的城市带来任何财富的人，因为他们从来不知道贫穷的滋味，他们年轻的时候是城市的偶像，在后半生就像一件穿破的斗篷那样到处游荡。为什么全部的希腊人都要蜂拥着来看他们？在这些摔跤手、赛跑者等运动员中有哪个获胜者曾经在获得荣誉以后为城邦服务过？人们是身带铁饼投入战斗的吗？还有很多诸如此类的质问。[91] 在日常生活中，体育锻炼照常进行，那也只是为了身体的健康；但是人们不再把它看作是什么大事，即使斯巴达人似乎对他们没完没了的身体锻炼也产生了厌倦；在德塞里亚戍守的监察官（*ephoroi*）得到命令说，当他们应该锻炼身体的时候不要四处游荡。

这种变化的原因在于，希腊人已经把在希波战争中建功立业看作是一种赛会，从这时起，完全不同于奥林匹亚的运动场上进行的一种竞赛观念开始形成，对杰出者的奖励也不再是橄榄花冠。对于这种变化，希罗多德可能是惟一一个讲了个好故事的人（8. 123f. ），他说，在萨拉米湾海战之后，在伊斯特摩亚地峡的希腊将军们以投票的方式来决定哪个希腊人应该获得最高的荣誉，哪一个紧随其后；从每位将军放在波塞冬祭坛上的两张选票来看，第一票都投给他自己，第二票则投给泰米斯托克里。后来他们认为应该再好好想一想，纷纷散去，没有达成共识。但是这则轶闻是非常重要的，因为它表明了希腊人观念上的一个巨大的转变。每个希腊人都想在为希腊人服务上成为最棒的，如果他不能使自己声名远扬的话也就到了世界末日，但又不想拒绝排在泰米斯托克里之后屈居第二的荣耀。[92]

随着民主进程的大幅推进，作为赛会主要基础的社会阶层失去了他们的权力，常常还连同他们的财富；品达所赞颂的社会已经处在严重的衰落当中。在奥林匹亚或者其他体育比赛的举办地获得胜利不再能够保证在城邦中产生哪怕是很小的影响，而在城邦产生影响则是人们普遍的奋斗目标。城邦现在青睐那些展现其自身热情的人，已经对贵族式的优秀失去了所有的兴趣。实际上，所有的一切都倾向于厌恶那些想“一直试图跑在第一位的人”。确实，民主的整个做法逐渐变成了一种坏的赛会，在那里，卑鄙的流言、献媚等等占据了最显著的位置。这种城邦继续迷恋于宏大的场面，在富人中开发利用了据说是出于自愿的捐助制度（*choregiae*）这一最后的竞争精神的遗产；这就是戏剧和合唱比赛依然存在的原因（不过仅仅在雅典），直到它成为普通的艺术爱好者和那些 239
比赛中无疑是不合格的裁判的牺牲品。尽管在很长的时间内，在雅典，有一种虚构的说法，认为民主制度与这些比赛存在一定的关系，“贵族式的优秀”已经不再发挥作用，因为人民群众掌握着大多数的权力，所以那种优秀也就有理由不再受到人们的关注；财富的展示在所有的地方慢慢地变成了一种危险的事情，而金钱曾经是赛会传统的一个前提条件。尽管新致富的人，至少在狄奥格尼斯的麦加拉，可能不再想去追求什么“优秀品质”了。[93]

演说术的兴起也成为体育教育的一个破坏因素。希腊人一直是口才非常好的民族，曾经把演说（包括公共的和法庭的演说）看作是缪斯赋予的一种美好天赋，但是在公元前 5 世纪的时候，这种才能与从大希腊的诡辩家那里听到的事情相比似乎已经过时了，而后者很快成为政治和法庭演说中不可或缺的东西。先前的雄辩来自于很高的天赋，而现代的雄辩则是训练的结果。从对西西里人的审判开始，由这种“学来”的演说组成的某些特殊的诉讼案，实际上已经成为了随心所欲的产物，从一开始，尤其是在民众法庭，演说所承载的道德目标就变得非常的不明确。但在一些较大的城市，很快就能够找到一群喜欢这种风格、需要更多的诉讼案的听众。演说家的竞赛就此开始了，现在得到了比体育比赛更多的关注。这就是阿里斯托芬正确地把雅典运动场的荒废状态与诡辩术联系起来的原因。年轻人开始把他们的时间花在法庭里，而他们的长辈则去打仗，发表公共演说，因为演说能够带来声名。所有人都发现年轻人说话时所使用的语气是令人厌恶的，亚西比德被认为是他们的楷模。他也被看成是“体育运动的破坏者”。

人格的力量不再通过其自身在与他人或几个平等的竞争对手的竞赛中获得伟大的胜利而得到显现，而且是绝对的不再通过这种方式；普鲁塔克这样地说到泰米斯托克里，说他想利用一切的机会表现出自己的与众不同，这对一个那个时代的伟大人物来讲或多或少是真实的（《泰米斯托克里传》，18）。这并不能阻止个别国家最重要的人物想在奥林匹亚大放异彩，为了讨好所有的希腊人，甚至不惜宴请所有的来访者，在这个方面超越斯巴达人。

这把我们又带回到亚西比德那里。阿里斯托芬在《云》一剧中对养
240 马进行过彻底的讽刺，但是希腊人还是沉迷于赛马的兴奋中。亚西比德决定利用这种热情使他自己在所有希腊人中出名。在挥霍了一笔巨额的财产之后，现在他通过与一位希腊最富有的女继承人——希波尼库斯的女儿——的婚姻再次拥有了足够的钱财。所以他向奥林匹亚派出了七辆赛车，甚至在这以前没有哪位国王能做到这一点，他赢得了三个冠军。

其他的城邦可能是希望得到雅典的好感，争着为他提供帮助；埃菲苏斯为他提供了一个精美的帐篷，开俄斯为他的巨大的马棚提供饲料，还献上了祭祀用的牲口；莱斯波斯则为他进献了酒和其他给养用来招待数不清的希腊人。这是一种更大的规模上的泛希腊的捐助（*choregia*），目的是为了使雅典扬名，但是亚西比德也把目光投到了雅典之外。很明显，他的铺张浪费在这种场合会伤害那些运动项目的冠军；据说他很看不起他们，因为很多人来自于地位低下的家庭和小城市，很少受过教育——可能他们对他来说没什么用处，如果他们有机会的话肯定会揍他一顿；但是他估计到希腊的观众们现在已经被宠坏了，更喜欢看紧张的赛车，而不是运动的优美，喜欢免费的宴饮。他成功地显示了自己，雅典人到处在谈论他；但是从道德的意义上讲，他却用这样的做法割断了从前的传统的根基，那就是他使赛车的可能性终结了。一个雅典同胞，曾经试图为他的家族和雅典参赛争光，不得不放弃比赛，把他的赛车交给亚西比德，他就这样地吓倒了最后一个诚实的傻瓜。在民主制度下，很快就不再有哪个富人或穷人再冒险在赛会活动中与这个人站在一起了。

就在这同一个时期，“优秀品质”，这个从前建立在真正的贵族观念和赛会的生活方式基础上的品性，现在转移到了哲学家的身上；虽然在表面上保留了其旧有的含义，但实际上他们已经以伦理学的名义把它的这些含义冲洗掉了。在那里，“高贵优秀的品质”被描绘成一种存在的方式，以这种方式生活的目标就是对其他人产生影响，实际上就是“改善大众的生活”，这成为应用于人类和社会制度的新准绳，但是苏格拉底和那些以这种方式说话的人，却运用它来表达一种新的理想，并使现实尽量与这一理想相契合。他们存于心中的目标不再是成为高贵的和自由的个体，而是一般意义上的公民，很快则变成了整个人类。

总而言之，民主制度下的这一大众的新的价值观念的产生似乎严
重地动摇了他们在婚姻问题上的固有观念。在雅典，至少部分的原因在 241
于现有人口的极大稀释，接受外邦人和外国人成为公民。由于水手们在萨拉米湾取得的胜利，就像重装兵在马拉松所取得的胜利那样，他们越

来越居于主导地位，但是在其他地方原因则在于在寡头倒台的时候所进行的暴力行动，尤其是因为很多杂婚现象，一些是出于自愿，另一些则是灾难所迫。狄奥格尼斯在很久以前就曾经慨叹，由于金钱的原因，高贵的血统已经与低贱的血统相混杂，随着高贵的人迎娶来自于低贱家族的人为妻或者相反情形的出现，还在小心翼翼地保存着羊、驴子和马身上的纯正血统的同时，在人的身上却被破坏了。在喜剧中，错误婚配的典型就是乡下人斯瑞西阿得斯（Strepsiades）和他的美伽克里迪翁(Megaclidion)，他们的儿子从他的这位母亲那里继承了她高贵的激情(《云》，41ff.)。财富虽然对其拥有者来说很危险，对富人的嘲讽成为家常便饭，但却越来越令人向往，这就是虽然它不再能够给人带来尊敬，但随着曾经与之紧密联系的较高声望的消失，它还是必然地成为了人们追求的主要目标的原因。

在这个时期，赛会拓展成为波及生活所有方面的一种竞争，这使得个体的人格凸现出来。谦逊成为一种过去的东西。哲学家、诡辩家、诗人、画家、工程师和那些有一技之长的人，现在取代了赛会优胜者的位置在希腊成为名人，他们有能力、有愿望而且毫无限制地争取他们的地位，公众也期待着他们这样去做。中庸之道（*sophrosyne*）所要求的就是要避免狂妄自大，这并不是说个人的价值应该隐藏起来，一个富有智慧的人应该承认他的智慧，幸运的人必须接纳他的好运，这是感谢神灵的一种方式；[94] 无需把自己隐藏起来，装作与一个普通的小人物别无二致；幸福稍纵即逝的本性要我们及时行乐。华贵时尚的衣服和外观是所有这些快乐的一个部分，在一个衣着普遍很简陋的时代一定十分显眼。哲学家和诡辩家现在都穿着入时，就像伟大的音乐家从前在节庆活动上穿戴的那样。恩培多克勒在他的阿格里根特人和塞里努恩特人（Selinuntians）中声称自己是一个降临人世的神，穿着紫袍，[95] 就像高尔吉亚和希庇阿斯那样，高尔吉亚曾经头戴一顶金质的王冠，还有一顶德尔斐的王冠，我们已经描述过帕尔哈西乌斯和泽乌克西斯的穿着打
242 扮了。[96] 天真的自我炫耀达到了令人难以置信的极端。品达是一个众所周知的例子；西蒙尼德也在他的讽刺诗中镇定自若地说起他无人能比的

记忆力，说起他在过去通过合唱比赛所获得的声名。[97] 工程师曼多洛克里斯（Mandrocles）为大流士建造了跨越博斯浦路斯的大桥，并用国王给的赏钱在萨摩斯岛为赫瑞翁（Heraeon）画了一幅画；上面表现了大海上的这座桥，旁边有大流士登基的场面，军队正从桥上走过，上面还包括题字，讲述了他是如何用他造的桥为自己赢得了一顶王冠，为萨摩斯的人民赢得了荣誉。[98] 帕尔哈西乌斯把他的自画像称为“神圣的赫尔墨斯”；在他的诗句中，他说他是阿波罗的后人，一位艺术上的或希腊人的君王，他已经提升到一流艺术家的地位，达到了最高的目标——这样的判断或许他应该留给他的后代去宣布。[99] 如果泽乌克西斯放弃了他的绘画的话，原因很有可能不在于认为它们没有价值，而是因为他相信他应该以自己的方式超越技术性的劳作，像波利格诺图斯那样；[100] 但是他的骄傲正应了这句格言：“批评我比模仿我要容易得多。”[101] 甚至一个在德尔斐制作地毯的人编织了一块地毯也要夸耀说，帕拉斯已经把神一般的优雅赋予了他的双手。[102] 在通常情况下，正如我们所看到的，在艺术品和手工艺品上署名开始得很早。了解一下它们是否被禁止用于献祭是一个非常有趣的问题。所有的人都把熏香的烟雾留给他们自己。“自从旁图斯（Pontus）把欧罗巴从亚细亚分离出来，阿瑞斯统治了凡人的城市以来，凡人们从来没有完成过如此伟大的业绩，在陆地和海洋上齐头并进。”这是客蒙在塞浦路斯取得了陆上和海上战役的胜利之后雅典人献给德尔斐的阿波罗的纪功碑上的铭文。[103]

就像在英雄时代那样，名人中的医生和教师也受到尊敬和关注，表现出人们对教育的重视；在这个方面，一些身为奴隶的教师的名字被保存了下来，而他们的母亲却没有留下任何记载。[104] 一个著名的例子就是伯利克里的音乐教师达蒙，据说是在音乐课的幌子下向他传授政治学，为此他后来遭到了陶片放逐，并受到喜剧作家的嘲讽，称他为喀戎(普鲁塔克，《伯利克里传》，4)。

现在呈现出的图景是，大多数城邦都分别成为某一个杰出人物的化身，而且轮流经历着兴衰；这种现象在此前的世界中从未出现过，当然也包括腓尼基或者迦太基的那些城市。这也与罗马形成了鲜明的对比，在那里直到公元前 6 世纪，其所有的伟大人物，除了克里奥拉努斯（Coriolanus）和几个其他的逃犯之外，都只能看到他们的某一个一致的方面。他们的存在纯粹是为了罗马，作为他们国家的战士和仆人，自由
243 的个体只是到了较晚的阶段随着教育的普及才得以出现。[105] 在希腊人当中，个人坚决地从其他所有人中脱颖而出的做法是非常独特的，个体权力的观念变得极为重要；随着环境的变化，他们从城邦最忠实的仆人蜕变成那些犯下滔天大罪来反对它的人。正是这种城邦自身，一方面怀抱着其充满猜疑的和狭隘的平等的观念，另一方面从个人的角度又极力追求完美无缺（*arete*），把有才能的人引向了肆无忌惮的贪欲，成为自大狂。即使斯巴达，想方设法地把具有多方面潜能的人局限在对他们的国家有用的严格限制中，也成功地制造出了一个无情的伪君子这样的品种；早在公元前 6 世纪就出现了可怕的克里奥蒙尼，接下来，公元前 5 世纪就是波悉尼阿斯，最后是来山德。对于这种发展是否有利于城邦，是否有可能加以避免，是有争议的；但结果就是希腊世界给了人们一种充满了无数天才的印象，这些天才既有好的也有坏的。其中潜在的危险后来就被认识到了。对于雅典，这个从泰米斯托克里到克里底亚曾经取得过辉煌胜利的地方，还是借阿里斯托芬之口说出了一个公正的判断，在剧中埃斯库罗斯这样说到亚西比德：

在城市中豢养一头幼狮是很愚蠢的
但是一旦把它养大，就只能任其放纵了。

（《蛙》，1431f.）

然而，柏拉图在他的《高尔吉亚篇》中，时间设定在伯利克里刚刚去世之后，让卡利克里斯（Callicles）发表了一篇讲话，描述了充满活力的人物以及他们的主张，对错误的平等观念提出了反对意见："让有才能的人统治那些无关紧要的人是自然的法律。我们（雅典人）的法律当然是不同的；就像狮子一样，我们在年轻的时候把那些能力最强的和最强

壮的抓起来，用充满魔力的催眠曲和陈词滥调来驯化他们，因为我们相
信平等，坚信这是所有做法中最好的。但是我想如果他们当中有一个保
持了原有的脾气秉性，他就会挣脱掉你的束缚，把这些规矩撕得粉碎，
把你写的所有的东西、符咒、颂歌和法律都践踏在脚下，反对所有具有
人性的东西，使他自己成为你的主人，所以自然法就取得了辉煌的胜
利。”[106] 在公元前 4 世纪，至少在雅典，事情已经发生了变化。个人 244
的力量不再能够在城邦中发挥出来，而是限制在了哲学、演说、艺术、
私人生活等方面。

悲剧中的某些人物说明了什么才是真正的伟大；尽管他们是来自于神话，不是公元前 5 世纪的人。索福克利斯笔下的埃阿斯就是一个最好的例子。根据使者的报道（758ff. ），用卡尔卡斯（Calchas）的话来说，他的真正罪责并不是对神的挑衅，而只是意识到了超于寻常的力量。当他的父亲离开他的时候，建议他要总是在一位神灵的助佑下去征服世界，埃阿斯回答说：“在神的帮助下，一个弱者会变得强壮，但是，我有信心即使在没有他们的情况下去赢得声名。”由于在战斗中曾经拒绝其帮助，他招惹起帕拉斯无休止的仇恨，因为敌人是不能够战胜他的。这表现出了一种超越于凡人的骄傲，接下来就是非常野蛮的古代神话，诗人把对他的心理学上的研究与此联系在一起，他被雅典娜变成了一个瞎子而且逼疯了，以至于他杀死了牲口和牧人。但是值得注意的是，即使在他精神正常的时候，他还是想在夜里杀死那些靠不住的阿卡亚军队的将领，只是因为他们拒绝把阿喀琉斯的武器交给他。这将对现代的观众把他看作一个悲剧人物带来一种阻碍，导致现代的公众观念把他视为“迷失的”和“堕落的”。但是对索福克利斯和雅典人来说，他仍然是一个理想的人物，完全值得同情，就像他和忒克墨萨（Tecmessa）所讲的那样，他在病态的心理状态下所做的那些事情只是为了营造出一种庄严的悲剧效果。[107] 美狄亚也是如此，欧里庇得斯所赋予她的动机在今天是不可能被搬上舞台的；希腊人还是能够对于一个不顾一切地追求权力的戏剧人物，一个像《腓尼基妇女》（*Phoenician Women*）中的厄忒俄克勒斯那样天真的人给予同情和理解的。他所想要得到的，并不是根据法

律和从前的协定从波吕尼克斯那里接替王朝的统治，而只是保住权力，因为他拥有它（504ff.）；为获得至高无上的地位，“至高的神性”，他可以上天入地；把权力让给另外一个人，接受次一等级的位置，在他能够统治的时候心甘情愿地为他人服务，在他看来是一个懦夫的行径。他是以这样的词句结束的：

如果罪恶一定存在，那么至善也必定存在
为了争夺权力去犯罪，其他所有的一切都将是正义的。
（《腓尼基妇女》，524f.）

这最后一个附带条件完全是雅典人的，反映出一个城邦所拥有的观念，幸运的话可以统治一时，可能能够安抚很多其他的地区就范；如果出了问题，其权力就会崩溃，世界也就停滞不前了。

245 说到雅典的历史名人，从泰米斯托克里开始，那个时代的伟人的性情以其最强有力的方式成为了雅典最核心的话题，这就是为什么客蒙如此明显地成为一个另类而凸现出来。[108] 雅典最具权威性的代表就是这个不惜一切代价引领城邦走向前进的人，令人惊讶的泰米斯托克里。作为个人力量和义无反顾的化身，在所有的事情上都要追求卓越的驱动下，当他还处在放荡不羁的青年时代的时候就受到了人们普遍的关注；亚西比德后来表现出很多与之相似的特点。[109] 为了在民主制度下塑造一个耀眼的形象，泰米斯托克里不惜花费大量的金钱，并不把财政上的审慎放在心上；但是一旦他获得了他想要的影响力，他就在劝说雅典人放弃一种最接近民主精神的惯例上取得了惊人的成就：这就是他们所有人都可以共享劳里昂的银矿资源的惯例。他宣布这样做的目的是为了用这项收入建造三列桨舰船，以便在对抗埃吉纳人的战争中使用，尽管有人暗示说，从一开始他的秘密目标就是用这些船来对抗波斯人，就像后来所做的那样。

我们或许会问，这位公元前 5 世纪的奥德修斯是否真的应该得到这么高的荣誉，他就像一个玩玩闹闹的花花公子那样地得到了这项荣誉。关于他的传统的说法可以追溯到不那么可靠的塔索斯的斯特西姆布罗图斯，即使其主要的线索已经出现在希罗多德的记载中，但他还是惟一一位记下了在雅典关于泰米斯托克里的传闻的人。[110] 毫无疑问，正是在他的犯罪倾向的推动下，泰米斯托克里在极其危险的情况下，冒着可怕的人身风险，采取了惊人的大胆行动。关于他贿赂和哄骗斯巴达人的故事，他被实施陶片放逐以及充满惊险的逃离，他对阿塔薛西斯（Artaxerxes）所产生的具有决定意义的影响以及他在马格尼西亚的死（尽管其中的一些故事是编造出来的，尤其是最后的部分），这些故事至今仍然能够使读者游移于焦虑和仰慕的情绪之间，并为之动情。

伯利克里也是雅典方式的典型代表；他能够控制自己，献身于国家的服务事业，他把国家的强大当作自己的事业。他想在他自己的身上把很多相互矛盾的品质和谐地结合在一起——也就是那些成为一个完美的公民和一个伟大人物的品质；但是在这件事上，他就像泰米斯托克里那样并没有获得完全的成功。他也冒了极大的风险，至少，他必须要面对具有决定意义的战争的爆发。

然而，最能够代表雅典的人是亚西比德。我们对他的了解相当全 246
面，不仅来源于普鲁塔克的传记，而且还来自修昔底德、安多西得斯（Andocides）或者伪安多西得斯（pseudo-Andocides），以及来自于伊索克拉底。[111] 不过，进行评说反而不那么容易。普鲁塔克向我们展示得再清楚不过了，雅典是如何用到处追随他和关注他的所有行动的方式培养这个人的“个性”；但同样变得很明显的是雅典人在他的身上运用的想像力的方式，在斯特西姆布罗图斯或其他的记载中，把一些与他真正的做派完全相左的事情也记在他的账上；在这里，我们将永远不能把历史的事实与典型的记载区分开来。正是他使民主制度下公民的平等原则走向了其反面，与所有的准则相背离，这个怪人将在紧急状态下完全接管国家的权力。这个怪人注定要在出生之后在希腊拥有他所能拥有的一切，成为所能成为的人物。[112] 亚西比德拥有高贵的出身，一生都保持着极为英俊的外貌。[113] 他还拥有一副天生的伶牙俐齿，一种不费吹灰之力就能够赢得人们的信任和爱戴的天赋。他与苏格拉底的友谊说明在他年轻的时候他也拥有很高的学习天分。但是我们对于柏拉图说的所有这些话一定要十分谨慎，不要轻易相信，因为《会饮篇》并不是一篇历史文献；这篇哲学对话的作者有权进行充分的杜撰。与这篇对话中的情形相比，他与苏格拉底之间的实际关系可能是很短暂的，没有那么大的意义，对亚西比德自身来讲，这种关系可能只是出于某种幻想，或者为了激怒那些爱他的人们；由于他对他的公民同胞们拥有巨大的影响力，所以柏拉图才认为在他的对话里强调这一因素是很有利的。[114] 不论真实的情况如何，亚西比德无疑是一个拥有极高的天赋和出色的表演才能的令人惊叹的混合体，部分是有意识的，部分是无意识的，他充分利用了这些天赋——正像普鲁塔克所言，他成为了最伟大的煽动家。[115] 甚至他对其他国家的风俗习惯的适应能力也成为他的一种作为煽动家的新的资本。雅典人完全被他迷惑住了，甚至在他没有进行任何辩解的情况下，完全容忍他的骇人听闻的行为，对他所做的一切都充满兴趣；他所激起的民众的反映达到了如此激烈的程度，那就是，如果他能够保住性命的话，真的是一个奇迹。[116] 后来，他在奥林匹亚的出现再清楚不过地表现出了他对希腊人是这样一个喜欢旁观和说闲话的民族是多么的鄙视。在那时，他是粗野的和耀眼的；在雅典，他的态度很快致使泰蒙向他“致敬”，说他将成为一个带来巨大灾难的人。当他还是一位年轻人的时候，他就坚信，没有人能够出类拔萃，除非他在青年时代就成
247 为一个冷酷无情的罪犯；[117] 现在，他已经用他雄辩的力量消灭了其他的民主人士，他开始在对外的事务上编造谎言，实施欺骗，对于米洛斯人的毁灭，他应该负有主要的责任。[118] 与此同时，他也把他所特有的可怕的野心传染给了雅典人，表明他想充分利用他们的空想以达到自己的目的；尽管他清楚地知道“米洛斯事件”是不人道的，西西里的远征是愚蠢的，但他还是推波助澜，尽力去迎合雅典人的占据主导地位的热情。

对亚西比德所给予的全身心崇拜的后果是不可避免的。他所唤醒的或者主要是激发起来的野心，那就是不仅要征服西西里，而且在更为广大的地区建立统治，在西方建立起一个大帝国，正是这种野心导致了西

西里的远征，根本上还是出于专横的自私自利。但就在这个时候，在把雅典人拉进这个命中注定的计划之后，他自己却被迫卷入了破坏赫尔墨斯神像的事件，他的整个存在突然间受到了威胁。在被召回雅典受理指控的时候，他从派来接他的官方船只上逃跑了，逃到了斯巴达；在那时，柏拉图所讲的耀眼的大自然的法律发出了光芒。在听说雅典已经判处他死刑的时候，他说："我们要让他们看到，我们还活着。"[119] 他不仅在他的生活习惯上成为了一个地道的斯巴达人，而且通过现在变成了一个全心全意的雅典的敌人而展现了他真实的性情，没有表现出任何遮遮掩掩的懊悔，没有为自己留下任何退路。他毫不犹豫地献上用以摧毁雅典的最有效的计策：他建议出兵援助叙拉古，在德塞里亚加强防卫，这样，雅典人就会同时丧失农业和银矿上的收益，他们的同盟看到他们遇到麻烦的情况下就会脱离他们；接着他撺掇爱奥尼亚与雅典断交，促使斯巴达与波斯签订协议。与此同时，他还在阿吉斯（Agis）的宫廷勾引国王的妻子提玛亚（Timaea）而使自己蒙羞，其目的很明显，就是要使他的子孙成为斯巴达的国王，而不是赫拉克利斯的后代。[120]

当斯巴达人开始产生怀疑并密谋要杀死他的时候，他被迫逃到小亚避难，接着他又把赌注压在了提撒菲内斯的身上；因为就像普鲁塔克所言，没有人能够拒绝成为他的同伴，不论他们的品质和性格怎样，甚至那些害怕他的人对他的到来和出现都会感到高兴。接着，在他过了一段漂泊的生活之后，又出现了使他重返雅典的可能性，不过这给他带来了致命的伤害。从关于萨摩斯的谈判中传来了一个听上去十分可信的
关于这一变故的报道。在那里，他似乎"哭泣着"说到他的命运，因 248
为他是在敌人的逼迫下使用他自己的力量和卓越的才能（*arete*）来对抗他的祖国的。[121] 所以，其优秀的品质才与对国家的忠诚完全背离，被不惜一切地利用了，使他的一切都成为合情合理的，他的敌人们也为他所有的背叛行为找到了借口。这个借口被接受了，尽管他的被召回，用狄俄倪索斯在《蛙》剧中的话来说，"是一次艰难的分娩"；[122] 他还为此做好了充分的准备，因为他不会空着手回来，而是满载而归；他再次获得了胜利，再次成功地为雅典服务，当对他的指控被欧墨匹达

(Eumolpidae）收回以后，他的城市给了他一个盛大的欢迎回家的仪式。他真的没有理由再抱怨他的天才没有被认识到了；他被授予了无限制的陆上和海上的指挥权，大批的民众都期待着他将结束伤害着这个国家的制度和无休止的闲谈，用他自己的力量抓住权力的缰绳。但是，在这个时候，恰恰是他的传奇般的名声本身反过来害了他，因为现在人们都相信他能够在任何事情上都获得成功，一旦证明不是这样，他就会受到居心不良的责备。当他不再能够满足这种被夸大的希望的时候，他的海军副将在诺提昂（Notion）吃了败仗（他也像一个真正的雅典人，试图依靠自己赢得荣誉），在公民大会上再次响起了一片抱怨之声；德莫斯（*demos*）重新选出了十位将军，亚西比德不得不再次出逃。在色雷斯，他还是在那里为自己准备了一处安全的藏身之所，他还有机会向阿提卡的将军们传递出一个没有被注意到的警告，是关于他们已经在羊河占领的一块被暴露的阵地，在这之后不久他就在小亚细亚遇刺身亡。

亚西比德的个性在公民大会、陪审法庭以及各种小集团中超越了所有的对党派的忠诚，他有一种让任何人上套的能力。在雅典，他们说起他就像斯巴达人说起来山德（一个更让人厌恶的人）那样："他的祖国是不能够让一个像他这样的人存在的，除了他之外。"[123] 然而后来他还是在更糟糕的状态下存活了下来；城邦的存在就是为了产生大量的异类。但是在公元前 4 世纪，当很多人心甘情愿地模仿他，但旧有的能量已经不够用了。亚西比德总是能够做出让人反思的事情。他的个人才能的发挥方式使他能够误导雅典发动西西里的远征，这个城市是如何把他推向极端，在他的手上遭到了多么可怕的灾难，又再次欢迎他回来，最终又放弃了他，这些成为希腊历史上发生的一系列最不幸的事件之一。

伟大个体的兴起与不断增长的对名声的热爱（*philotimia*）紧密联
249 系，每个人都努力通过行动为自己的人生增添光彩。他们所想要得到的是在子孙后代中留名，为此野心勃勃，但在我们的时代这却很少成为一个强烈的动机。我们似乎朦胧地意识到，子孙后代并不那么重要。但对希腊人来讲并不是如此。柏拉图让他的狄奥提玛（Diotima）对苏格拉底说："你看到人类是怎样尽其所能地去为他们自己扬名，去赢得不朽的声名？为了达到这个目的，与其说为了他们的孩子，不如说更为了他们自己，去承担危险，去牺牲他们的财产，接受艰苦的生活，甚至去死也心甘情愿。当然，你们相不相信，阿尔刻斯提斯（Alcestis）为了阿德墨托斯（Admetus）而死，或是阿喀琉斯为了帕特洛克卢斯而死，或是你们的考得鲁斯为了他的孩子能够统治而追求声名，如果他们不知道关于他们德性的不朽记忆将保存在人世，就像他们还真的活在我们中间，他们还会这样做吗？”苏格拉底回答说：“远非如此，每个人做他们该做的事情是为了他们的功绩永远为人们所知，使他们声名显赫，他们做得越好，就越是如此。”[124] 正如我们所看到的，这种对身后名望的渴求可以追溯到英雄时代；[125] 接着，赛会开始起到使人们达到这个最高目标的作用，渐渐的声名狼藉开始也成为出名的一种方式，与著名的人物一样——他们当中也包括美丽的妇女[126]——那些充满罪恶和最荒唐的人物也出现在名单当中：傻瓜、贪食者和酒鬼也有了他们那种类型的名人。[127]

我们得到的热爱荣名的最明显的证据就是数量上不断增加的纪念碑。在古代的东方国家，除了国王之外，对个体的惟一纪念物就是坟墓；即使这样的坟墓，除了埃及坟墓旁边的纪念性石柱是一个例外，它的建造也不是为了使这些单独的个体和他的所作所为让后人更为了解。只有暴君才有在将来留下恶名的特权，所以在远东、波斯等地方，只有国王的陵墓才为人们所知。与此相反，希腊人接受了对个体的赞美；这包括墓志铭，它采取了诗歌的形式，坟墓边写上一段双行的押韵诗成为公元前5世纪的一个风行的时尚，西蒙尼德和他的墓志铭在很多地方以各种形式被记载下来。接着，对个人的赞美又从坟墓分离出来，为了纪念一个人物开始采取塑像的方式，最早出现的是公元前6世纪的运动员的雕像；从公元前5世纪开始，雕像用在了所有种类的名人当中——政治家，将军，诗人，音乐家，演说家等等——有时是官方雕铸的，有时则是亲戚、崇拜者或者专业人员雕铸的。[128]

后来，市政工程上的捐助使公民们渴望用公共的开支竖立一尊雕
像，就像奖励一顶桂冠，或者是在节庆活动上获得前排的座位那样，所 250

以甚至到了波悉尼阿斯的时代，城市中还充满了各式各样的雕塑，后来由于非常普通的服务或只是受到党派的宠幸就可以得到一尊雕像，数量上远远超过了从前。[129] 除了最经常在每个城镇的市场或是卫城矗立的雕像之外，在每个最伟大的赛会举办地也有大量的人像雕塑。奥林匹亚和德尔斐尤其是这种声名崇拜展示自身的地方；这绝不仅仅局限于运动员，还包括各种有名的人。在那里，国家给他们的公民同胞们以荣誉，即使他们在家乡也有雕像，所以那里有一大群政治家，军事指挥官（不管战败者会不会在情感上受到伤害），和平缔造者，历史学家，像兰帕萨库斯（Lampsacus）的阿那克西美尼（Anaximenes），演说家，像高尔吉亚，[130] 斯巴达国王及其继承者等等，所有的雕像都不加区分地挤在一起。[131]

最后，巨大的纪念性群像建立起来，例如，来山德在德尔斐就把自己与几个神灵放在了一起，波塞冬正在为他授冠，他的祭司陪伴左右，还有他的舵手和 27 个斯巴达下级官员和一些同盟国指挥官的像，否则他们是出不了名的。[132] 波悉尼阿斯这样地评论一尊来山德出使奥林匹亚的雕像，他说每个人都会利用这些光荣的形象去赞美充满力量的伟大瞬间。撒米亚人曾经建造了一尊亚西比德的青铜雕像，作为献给他们的赫拉神庙（Heraion）的礼物；在羊河战役之后，他们把来山德的雕像送到了奥林匹亚，埃菲苏斯人把一尊来山德像、一尊埃特奥尼库斯（Eteonicus）像、一尊法拉克斯（Pharax）像和其他的几个名不见经传的斯巴达人像放进了阿尔忒弥斯神庙（Artemision）中；但是当科农在尼多斯（Cnidos）取得胜利之后，爱奥尼亚人随着时间的推移发生了变化，一尊青铜的科农像和一尊提墨修斯像同时出现在赫拉神庙和阿尔忒弥斯神庙里。[133]

对于雅典的名人，他们早期的肖像是画出来而不是雕出来的，实际上画像在公元前 5 世纪更为普遍，出现在公共的壁画或者可能是由姊妹家奉献出来放在神龛里。像这样的画像在后来被大量地复制，甚至还经过缩小出现在书里面。

让我们再回到坟墓的问题上，集体的合葬墓（*polyandria*）不

应该被忘记。在普拉提亚，分别有一个安葬斯巴达人、提格亚特人
（Tegeates）、雅典人、麦加拉人和菲拉西亚人（Phliasians）的公墓。从
那些并没有参加战争，但是为了他们的子孙也把他们的空的墓堆建造在
那里的人们的故事中，可以想像到埋葬在这里所拥有的骄傲之情。这个
故事至少可以说明在追求荣誉的事情上，运用狡猾和欺诈似乎是合情合
理的，与此类似的还有波悉尼阿斯厚颜无耻地在把他自己的名字作为惟 251
一的捐献者刻写在了德尔斐的三脚桌上面，[134] 就好像在波斯战争之后
不同的国家、军队和领袖们都试图抢夺头功的无礼行径那样。说到集体
墓中的纪念碑，我们知道喀罗尼亚的里昂（Lion）。在雕像上没有铭文，
可能并不像波悉尼阿斯所认为的那样，是因为运气比勇敢更加重要（9.
40. 5），更为可能的是，语言是多余的，或者是由于马其顿力量的不断
增大，这样做太危险了。

关于社会生活的一些更加广泛的问题需要我们的关注。关于男性的同性恋问题我们可以把考察的范围集中在我们所拥有的主要文献，即色诺芬的《会饮篇》上面，在这篇普通的对话中对这个问题作出了一些明确的判断。我们将转而讨论妇女的地位。与前一个世纪相比，这方面的记载似乎更少了，在雅典，就我们所掌握的资料来看，人们对于性的亲切感的最后迹象也已经消失了。在一些为妇女举行的特殊的节庆和神秘仪式上，她们在所有人的面前一字排开，这种风俗与她们在正常情况下所过的隐居生活形成了鲜明的对比。这不仅出现在泛雅典娜节的游行中，还出现在一些相当狂野的崇拜活动中；[135] 但所有这些并不说明妇女得到了更大的尊重。奴隶也有他们独特的崇拜活动。所有那些属于赛会、诗歌、文学和整个戏剧的最好的和最高级的活动只为男子而存在。[136] 高级的妓女是惟一在社会生活中具有一定地位的女性；她们能够参加宴会中的谈话；她们在与人为伴的过程中表现出的智慧受到重视，而家中的女儿则由于其沉默和与众不同而受到尊敬。[137]

这对于家中的小姐也同样适用，对此，索福克利斯说过一句很经典的话："保持沉默，女人，它是一个女人的首饰！"（《埃阿斯》，292）不仅她应该不愿开口——她的荣耀还包括不被别人提起。伯利克里的墓前

演说的结论部分就有一段话非常坦白地提到了这个问题，非常接近于对雅典妇女地位问题的一篇官方声明。[138] 演说家首先抚慰那些父母，接着是死者的兄弟和儿子们，最后是寡妇们（这似乎可以表明允许她们到场）；他说："我也没有忘记妇人的美德，对这些寡妇，我要简短地说上几句该说的话：你们最大的荣耀在于，你们对你们的品格保持真诚，不论赞扬还是责备，应该让人们尽量少地提到你们。"这就是这个与阿斯
252 帕西亚（他应该把她排除在外）为伴侣的男人的看法，他当然还有很多其他的情妇。[139]

人们对婚姻问题考虑得不多。在最严肃的讨论中，总是听到这样的论点：婚姻的存在与爱无关，当然也和性需要的满足无关，婚姻只是为了生育孩子以便在年老的时候照顾他们的父母，[140] 正如安提斯提尼总是说，正是从这些未来的孩子的角度考虑，在选择妇女的问题上一定要在身体和精神上都应该是一个好的品种。[141] 由此，我们或许会认为，合法的婚姻可能会在雅典全部消失，只是因为有这样的规定，那就是只有那些父母拥有公民地位的人，他们自己才能被认定是公民。在色诺芬的《经济论》（*Oeconomicus*）中，伊斯霍马库斯（Ischomachus）讲述了他是如何训练他年轻的妻子的，他对她所作出的结论在道德上是最好的，而且充满了真正的敬佩，任何一位丈夫都会受到感动："如果你证明做得比我好的话，你就把我变成你的仆人吧。"（42）但这只是一个孤立的说法，其他的都是很苛刻的。作为一项法则，在妻子被迫深居闺房，在任何事情上都要屈从的同时，男人们却可以与妓女和交际花鬼混；对此所发出的强烈的抱怨之声可以在阿里斯托芬的《地母节妇女》（785ff.）中听到。索福克利斯也对大量的妇女报以同情，指出快乐地从孩童时代长大成人的少女是如何被家中的神祇和她的父母赶出家门，卖出去，可能卖给陌生人和野蛮人，总之是卖给一个陌生的家庭，在新婚之夜之后，就必须对一切报以一种赞美的态度，或是要表现出喜欢她所看到的一切。[142] 择偶本身就常常与一些令人厌恶的风俗习惯结合在一起。例如，只要查出她们的父亲死的时候一贫如洗的话，新娘就会被无情地抛弃，不仅来山德的女儿，而且还有正义者阿里斯第德

(Aristides the Just）的女儿们都遭到了这样的厄运。[143] 在他的《论神秘
仪式》的演说中，安多西得描述了挥霍者卡里阿斯三世的婚姻，他先是
结婚，后来又离婚，接着又结婚，完全是随心所欲。[144] 有人会说，卡
里阿斯只是一个男人，一个堕落的男人；但是大量的对这个问题明确的
论断都毫无疑问地说明，即使是最杰出的人也看不起妇女。不论珊提普
（Xanthippe）的人品到底怎样，柏拉图对她与苏格拉底分手的描述提供
了一个妇女必须承受的不被尊敬的间接证据。珊提普在苏格拉底身旁与
一个小男孩坐在一起放声痛哭，就像任何一个女人都会做的那样，“现
在你与你的朋友讲话，他们与你，最后一次，”他看了一眼克力同说：
“唉，克力同，找一个人把她带回家吧，”她被带走了，大声地哭着和反 253
抗着。而对斐多（Phaedo），苏格拉底表现得则完全不同，一个亲密的
细节表现出了一种发自内心的暖意，他用熟悉的方式卷弄着斐多的头
发。[145] 即使柏拉图没有在场，他用的这个故事对我们来说却提供了一
个正在发生的非常完美和可以接受的场景。关于妇女地位的间接证据还
来自于这一事实，那就是在所有有记载的谈话中，几乎没有妇女；对话
者几乎无一例外地都是男人，即使一些女性在场，也被当作她们完全不
在来处理。伟大的例外是狄奥提玛，苏格拉底在柏拉图的《会饮篇》中
提到过她；即使她是一个完全虚构的人物，但这还是可以被看作是柏拉
图的一种超乎寻常的宽宏大量的证据。[146]

只是在个别地方，在希腊世界的边缘，通过殖民地僭主的家庭或者波斯的封臣，妇女才能够行使真正的政治权力，在国家事务中发生影响；早在公元前6世纪，就出现过昔兰尼的菲瑞提墨，还有哈利卡纳苏斯的阿尔忒弥西亚，由于她的反叛的性格而臭名昭著；后来，在萨拉米湾，她骑马到海边，把她自己的舰队的一只船拖下水救了她自己。后来，就是坚定的马尼亚（Mania），波斯封臣泽尼斯（Zenis）的寡妇，达尔达诺斯（Dardanos）的统治者；由于得到法纳巴祖斯（Pharnabazus）的宠幸，她继续接替他进行统治，甚至还率军打仗，但最后还是被一个女婿杀死了。[147] 在希腊本土，妇女立下的战功还没有听说过；[148] 然而，与其他地方的妇女不同，拥有其独特传统的斯巴达妇女或许能够让

人们更多地听到她们的声音。

对妇女的普遍轻视的一个典型的后果就是人们对特洛伊战争是由一个妇女的不贞而引发的这一说法越来越产生怀疑。[149] 然而，妇女的通奸行为并不能被看作是一件小事。在欧里庇得斯的《安德洛玛克》（*Andromache*）中，佩琉斯嘲笑斯巴达妇女的运动会对女性道德上的破坏力，赫耳弥俄涅则不断进行着自我批评，对妻子不断受到其他妇女的来访对婚姻所造成的灾难大加抱怨（930ff.）。一方面出于贪婪，另一方面是为了在犯罪行为中找个伴儿，很多是出于粗俗的淫荡，所有这些因素都会导致灾难的发生。实际上，一位生活在这种约束之下的妻子，如果允许她接纳任何一个她喜欢的妇女，包括时常来访的邻居，还是存在一定危险的。不论如何，那时和我们现在一个巨大的不同就是不忠的
254 妻子得不到一种对恋爱事件持宽容态度的公众舆论的宽恕——因为妇女在那时在公众舆论的形成中不起任何作用——通奸被认为与任何的偷窃行为是没什么不同的。通奸的妇女完全不被看作是有趣的，而必定是使她的丈夫和她已经拥有的所有孩子们丢脸的事情，但在那时却不会像今天那样对丈夫进行嘲笑，他可以用一种今天所不能想像的方式自由地为自己制造一起丑闻。[150] 最后的但不是最重要的一点是，剧院对通奸行为在心理上的解释和减缓其带来的痛苦并不关心。另外一个非常有趣的事情是，在神话中，赫淮斯托斯把所有的神灵都召集在一起向他们讲述他的妻子和阿瑞斯是如何在帐篷里被捉奸在床的，他们却都嘲笑他，而不是嘲笑被抓的一对。

诗歌中对妇女的描述存在一个问题；很难决定我们能够在多大程度上相信阿里斯托芬的三部关于妇女的喜剧（即《地母节妇女》、《吕西斯忒拉塔》和《公民大会妇女》）。我们完全不能想像，在我们的时代，如果看戏的完全是男人，尤其是在充满腐败气息的大城市里，观看喜剧会是什么效果。但是悲剧作家却必须得到认真的对待。尽管有人会说，如果诗人是一个非常投入的专业人士，而且对现实世界一无所知的话，诗歌文献对于文化史家来说就不会有什么价值，就像古代的史诗那样，在那里诗歌是一种大众意识的表达方式，在那里，人民倾听台词，受到劝

诚，如果是上面讲的那样的话，情况就不一样了；所以，诗歌的证据具有极大的影响力和价值。在这样的诗歌里所传达的只有那些被普遍接受的观念。

埃斯库罗斯的观点是十分苛刻的。在《欧墨尼德斯》（*Eumenides*，657ff.）一剧中，阿波罗坚持认为，只有父亲是孩子的家长，母亲只是一个保姆，雅典娜就没有母亲；在她的结束语中（734ff.），雅典娜与男人站在了一边。可能由于其可怕的氛围，厄忒俄克勒斯对一群痛哭的、狂乱的底比斯妇女发表的冷酷无情的演说是一个特例（埃斯库罗斯，《七将攻忒拜》，182ff.）；但是在《请愿者》中，当国王佩拉斯戈斯宣称，他绝对不能同意男人为妇女而流血的时候，的确给人一种超于寻常的冷酷印象（476f.）。我们很容易相信，在阿里斯托芬的《蛙》剧（1043ff.）中，欧里庇得斯所说的确实是事实，他说这个诗人（埃斯库罗斯）从未写过一幕爱情戏。

我们已经说过与《忒柔斯》（*Tereus*）残篇有关的话题，说到索福克利斯在说起妇女命运的时候能够很明显地表现出一种伤感的同情。但是如果不是神话强加给他的影响的话，他是否还能够创作出他的《安提格涅》和《厄勒克特拉》，这就成了一个问题，这些神话包含着与他自己的时代非常不同的观念；看上去这样的角色似乎只能生活在舞台上，而 255
不是现实生活中。

接着是欧里庇得斯。人们普遍认为，在他的悲剧中，他更喜欢从妇女这一方面寻找动因。在他的大多数戏剧中，他主要的兴趣集中在妇女身上，合唱队几乎总是由妇女组成；可以说，正是他把重点放在妇女身上赋予了他的作品以原创性和新的东西。是欧里庇得斯不能延续理想的英雄时代的脉络吗？或者是男性人物已经到了山穷水尽的地步？索福克利斯的埃阿斯、俄狄浦斯和赫拉克利斯是这些人物的最后一次出现吗？难道一个新题材的繁盛注定要替代神话成为灵感的源泉？如果神话必须改变和受到批判，就像欧里庇得斯常做的那样，那么男人将在大多数场合以一个弱者的姿态而出现可能就成为不可避免的了。因而，他创造的新的理想的男子形象就是希波吕托斯，对于他，他倾注了巨大的心血；

伊翁就虚弱多了。另一方面，他的戏剧中充满了或者令人敬畏或者被理想化了的妇女的形象，从一开始一直到他的最后一部戏《酒神》，可能都贯穿了这种特点，与那些可怕的、咆哮着的妇女相对的是，每个人看上去都好像站在错误的一方。男性角色，他们对妇女有着惊人的观察力，有时倾向于赞成这样的观念，即诗人是一个厌恶女人的人，因为这些评论已经表明了他的观点。称他为一个厌恶英雄的人似乎更合适一些，因为他对待很多英雄惊人的糟糕（例如，他对阿特里代兄弟几乎总是那样）；总的来说，他们代表了一些相当有争议的绝对权利或利益，而妇女则代表了自我牺牲或热情——实际上，并不经常代表爱，而是经常代表了复仇或与之类似的某种东西。[151]

在像《希波吕托斯》和《奥列斯特》这样的戏剧中，对于婚姻关系的危险，以及异乎寻常地倾向于做出邪恶和可怕的事情的妇女的本性，都受到了无情的公然斥责。[152] 在这里一个关键的证据就是希波吕托斯的伟大演说（616ff.）；无需认为所有希腊人都是这么想的，但是它还是足以证明希波吕托斯可以拥有这些观点，而他仍然可以成为一个理想的人物，或者当然不会在人们的嘲讽和厌恶当中被赶下舞台。[153] 他是以这样的慨叹开始他的演说的，他说妇女在人类的繁衍上是不可缺少的。[154] 他说，现在父亲置备嫁妆把女儿嫁出去以消除他的不幸，但是丈夫却把这些有毒的香草高兴地带回家，照顾她，打扮她，作为这样做的回报，他必须在婚姻的约束下生活；或者是，他入赘到一个高贵的人
256 家，（装作）满足地守着他的恶妻，或者是，他拥有一个好妻子和令人讨厌的亲家，既有快乐，也得吃苦。一个最幸运的丈夫是这样一个人，他拥有一个毫无希望的傻妻子坐在家里，尽管她可能毫无用处：“我恨那些聪明的女人。我们的家中最好不要有这样的有非分之想的女人；因为赛普丽思总是起到坏的作用，能够很快地使一个聪明的女人做出毫无节制的恶行来，而对于愚蠢无知的女人只要提防她由于缺乏智慧而做出的傻事就可以了。”在这些话中，希波吕托斯当然在表达那时的雅典人所普遍接受的一种看法：一个受过教育的雅典人不能容忍一个聪明的女人，除非她是一个妓女。接下来的一段讲的是真正的雅典人，在说到保

姆的时候他补充道，女仆是不可以随随便便地进出妇女的闺房的；为了防止任何闲话传播，应该让既蛮横又不会说话的狗守住门口，这样的话家中的妇女才不会沉迷于策划恶行，就像她们现在所做的那样，而仆人往往会起到中介的作用。只要女人通过女仆还能够和外边的世界进行联系，雅典人便认为把她们关起来是没有用的。

在希波吕托斯身边站着的是可怕的人物淮德拉。在希波吕托斯用这一长篇大论拒绝了保姆的请求之后，淮德拉决定用她自己的死来满足塞浦里斯的要求，同时也保证了这将对希波吕托斯造成伤害，而不是让他取得胜利。通过决意自杀，她就可以留下一个好的名声，因为在肉体的意义上，她的爱并没有罪。[155] 保姆这个人物是非常重要的。她是一个中间人，由于蔑视一切，坚持认为结果好就一切都好，她成为了她的女主人的罪行的辩护者。

在《伊翁》（398ff.）中，克瑞乌萨说，女人在通常情况下都会受到男人的憎恨和虐待。她也是一个可以被理解的人物，只要我们还记得，统治他人和释放激情的愿望应该被看成是合情合理的，在很大的范围内是允许的。理所当然的是，一个处在克瑞乌萨的境遇下的女人，她看到她的养子在她自己的房子里一天天长大成为比她还强有力的人物，她必然相信她有权走向极端；在这里，促使她下定决心杀死克苏托斯和伊翁的一个非同寻常的外部刺激来自于那位教师，他说（843ff.）她应该证明自己是一个女人。欧里庇得斯一定对这个处理尤为骄傲，还有那段谋杀的细节——被决定下来的很长的轮流对白（985ff.），直到细致的下毒指令。即使在克瑞乌萨做出她的所有可怕的行径的情节上面，他还是成功地保持了戏剧的合理性。

除了克瑞乌萨和美狄亚，《奥列斯特》里的可怕的厄勒克特拉也在
这个恐怖妇女的名单上面。在她的事情上，我们还是一定要小心，不要 257
作出错误的判断，认为欧里庇得斯在本意上并不想把体现在一位妇女身上的伟大或戏剧性的崇高与最恶毒的品性结合在一起。索福克利斯笔下的埃阿斯就是一个既可怕又崇高的人物，但却被认为完全值得同情；就像这三个女性人物所表现出来的可怕的潜能正是他的暴戾性情的对应

物。另一方面，这一理想与狡诈和狡猾并不能相容，而后者是欧里庇得斯所喜爱的一种性格特征，这在其他很多的例子中都有所体现，比如，在海伦和墨涅拉俄斯的商谈中，她详细地提出了一个极为狡猾的计策，最终被他们采纳（《海伦》，1032ff.）。

与所有这些妇女形成鲜明对比的是一些非常高贵地牺牲了自我的女性形象：两个伊菲格涅亚，玛卡里亚（Macaria），波吕克塞娜（Polyxena），忒俄诺厄（Theonoe）以及其他的一些人。当然她们和索福克利斯笔下的安提格涅之间还有一些细微的差别，她们都具有某种矫揉造作的特点。

现在让我们从诗歌想像当中的人物再回到雅典的现实生活，有必要对那个时代的名妓再多说几句。在较早的时期，她们当中的一些人就由于她们的智慧和美貌而出了名，所以所有的希腊人都知道她们，在议事厅（*leschê*）中谈论她们，对她们进行比较。现在，名妓这样的人物处在了最显要的位置上，在公元前 4 世纪，这种类型的人当中产生了拉依丝（Lais）。正像我们所说过的，雅典人从名妓的身上并不是想得到普通的性关系；还有其他的妇女来满足这些要求（比如妓女［*pornai*］和小妾［*pallachai*］）。名妓是一个这样的女人，她的魅力在于机智的优雅，众所周知，这种类型的最杰出的代表就是米利都的阿斯帕西亚，伯利克里的朋友。对于她是如何到雅典的没有记载。据说她是作为一个竞争对手步泰格莉亚的后尘而出现的，泰格莉亚也是一个米利都人，像她一样，阿斯帕西亚也是不仅漂亮，而且聪明。在与她的合法妻子离异后，伯利克里大大方方地与阿斯帕西亚生活在一起，还和她生了一个孩子，继承了他的名字。人们相信，她对于撒米亚战争甚至伯罗奔尼撒战争的爆发发挥了决定性的影响，是她把伯利克里训练成一位演说家的。[156] 然而，人们还坚信，她还使很多女孩成为公共的妓女，[157] 她不仅受到渎神（*asebeia*）的指控，而且还诱使很多自由妇女而非奴隶供伯利克里享乐。[158] 是他的眼泪救了她，使她没有受到审判；但是在他死后她加入到吕西克里斯（Lysicles）的势力中。吕西克里斯是一个出身低贱的煽动家，又是她使他成为雅典最举足重轻的人物之一。为了向她表达敬意，年轻的居鲁士为他的儿子起名为米尔图·阿斯帕西亚（Milto Aspasia）。

还有很多关于阿斯帕西亚的说法，苏格拉底把自己称为是她的学 258
生，即使其语气是带有讽刺性的，[159] 我们很乐于相信这样的事情，那就是结了婚的男人把他们的妻子带去听她讲话，例如，根据西塞罗的说法，色诺芬曾经亲自前往聆听，可见她一定是一个令人尊敬的女人；[160] 他们一定从阿斯帕西亚能够奉献的最好的事情上，也就是她的充满才华的谈话中获益匪浅。对于那些对她的指控，没有办法证实其有无。她所生活的整个社会太阴暗，太混乱了，就像我们在阿里斯托芬的每出戏中所看到的那样。即使她是一个无可指摘的人，我们也没有办法加以证明。[161]

不论如何，伯利克里在很长时期内一直是惟一一个在其生活中一个妇女起到了如此大的作用以至于影响他的所有行为的希腊人。其他的希腊人最多是偶尔与几个交际花有染罢了。用希腊人的观念来说，这种想法是非常陌生的，那就是认为一个男人要根据爱他的女人的类型来进行评判，或者一个不幸的爱情故事可以破坏他的生活。一个不快乐的婚姻固然能带来莫大的痛苦，但是对希腊人来说，持久的幸福却从未依赖于爱情和婚姻。[162] 人们所经历的激情总是短暂的，只能带来一时的快感，多了就会被认为是一种疾病。[163] 妻子完全不能在物质上对她的丈夫提出独占的要求，更不用说在情感上了；这种个体的权利只是在希腊的城邦中实现过，城邦就这样把男人关在里面。然而丈夫却可以坚决要求对妻子的独占，因为孩子必须是合法的，城邦在这一点上给了他支持。

问题的另外一个方面就是男人并不会通过与女人谈恋爱而受到教育或者变得优雅。女人在家庭中是道德的守护者，但却不能决定一套社会“规则”的基调，（尽管阿里斯托芬笔下的妇女也会责骂和抱怨男人），她对她的丈夫的声望没有什么影响力，对其他男人的影响就更小了。她在社会地位的事情上也是没有发言权的，最多她可以通过她的穿着来显示她丈夫的社会等级。这里没有一个由某一阶级的家庭组成的混合社会；宴会是一种完全不同的东西。女儿们的婚姻全部听从父亲的安排，就像她们的妈妈那样，她们在这件事上是没有发言权的。尽管男人当然会找寻富有的新娘，或者是寡妇，但是没有女人可以无耻地勾引富有的年轻男人，没有调情，女孩子们没有受过任何追求男人的训练。整
259 个“时尚”的概念在那时还不存在。服装的式样很少变化，或者只有缓慢的变化。首要的是妇女没有在炫耀她们的新衣服上展开竞赛，她们不能通过在男人堆中招摇过市来吸引男人。作为补偿，她们也拥有属于她们自己的独特的宗教性的服务，比如地母节（Thesmophoria），在那时，为了对神表示敬意，华丽的服饰才可以得到展示。

这种状况与精神上的反物质性劳作的态度结合在了一起。赚取钱财是为了首先建立一个家庭，接着按照自己的身份地位过日子，这种尽责任的观念对于希腊人来说是完全不能理解的。这种反物质性劳作的观念意味着一种低调的生活方式，只需要把儿子养大，尽量少地在城市和农场之间跑来跑去。[164] 一个富有的男人不论如何都要受到各种各样的公益服务（*leitourgiai*）和演出费用（*choregiae*）的捐助制度的彻底盘剥，他是不能够负担得起家里的任何巨大开支的。

后期喜剧呈现出了恋爱关系所需要付出的东西：欲望以及在其受挫的情况下而产生的嫉妒。完全没有什么精神上的深度，在戏剧结束的时候这种东西似乎也就终结了。

对于社会性的活动，正像我们已经讨论过的，其基础从很早的时候起就是宴饮，可以被描述成一种个人生活中最主要的消遣和放松。音乐和跳舞是可以任意选择的娱乐方式，在这个时期开始在宴会上发挥更大的作用，在此需要简要的提及。在那里，有演奏笛子、竖琴（lyre）* 和西塔拉琴（cithar）** 的女子，舞者和名妓也会到场；我们无需详述各种各样的笑话、谜语和罚金，也不用说投掷骰子和赌博，仅仅是有名的泼酒

---

* 又称“里拉”，古希腊的竖琴，有五弦至七弦。

** 西塔拉琴，古希腊当代一种类似于诗琴的乐器，通常有七到十一根琴弦。

游戏（*kottabos*）* 就给了人们无穷的快乐。这是一种游戏，在游戏过程中必须用高超的技术把酒从一个容器倒到另外一个容器中。在这个过程中酒喷溅出来的式样被设定为一个谜题，尤其是一个与爱有关的问题，在这个好笑的游戏之后，一个客人可能会在众人的劝说之下坦白一个爱情故事。[165] 在宴饮上奢侈的娱乐方式的不断增加可能要从举办宴会的时间和地点上进行解释。豪华的居所和服饰并不常见，没有人拥有超过基本需求的奴隶，除了监护人；没有四轮马车，养马的人已经越来越少。总之，“根据一个人的社会等级来生活”或是“要符合一个人的身份”这样的观念甚至都没有明确地表达过。因而，宴饮和名妓是惟一可以得到的奢侈品。[166]

所有的宴会都在私人的房子里举行，甚至一个有自尊的奴隶也不敢在小酒馆里吃饭。[167] 除非所有的开销全由一个人承担，一般情况下每
个客人各付各的一份（*symbole*），尽管总会有多出来的人，因为总有一 260
些人不请自到，很快那些食客就开始蜂拥而至。对于这个时期的宴会的一般程序有着全面的记载。第一个规定的仪式就是洗手，接着桌子被搬进来，开始吃饭。之后，手需要再洗一次，接着举行奠酒仪式。[168] 为了这个奠酒仪式，吹笛少女（可能是一些岁数较大的妇女，不见得是年轻的女孩）必须到场——在这个过程中，为了向这种好酒表示敬意，未经掺水的酒由刚刚戴上花环的客人们一一品尝——同时伴随着由全体参加宴会的人唱起的赞美诗。在这之后，吹笛手可能就被送走了，[169] 接着宴会就开始被转移到“第二张桌子”上面，通常是在按照某个值班表或在用豆子抽签选举出来的一个主持人的指挥下进行。接着是往酒中兑水，加水的比例为三分之二或者四分之三；这些正确的比例在一首诗歌的残篇中作为欢乐氛围的保障被重点地强调过，因为如果这个规定被忽视，如果水的比例被减掉一半的话，[170] 就会导致吵闹，甚至疯狂。关于酒和饮酒，诗人们有很多迷人的篇章，[171] 但是由于通常情况下会喝

---

* 雅典青年在饮酒的时候，将杯中残酒泼到铜盆中，如全部泼进，声音清脆，最为吉利。这种游戏由西西里创始，后盛行于雅典。

很长时间，喝得很多，因此常常会说到醉酒，在狄俄倪索斯节上，这在通常情况下甚至是允许的。[172] 宴饮主持人（symposiarch）规定可以在喝醉的情况下发誓（这在斯巴达是禁止的），还有一种对于喝酒的罚金制度；实际上，根据索福克利斯的一个残篇，还有某种有关喝酒的义务，这项义务并不比一个要忍受口渴的义务要好。一个诗人让一个角色说出了这个聪明的评论："如果一个酩酊大醉的人来到宴会上的话，就不会有人喝多了。"希腊人总是对盛酒的器皿表现出极大的兴趣，它们形状多样，上面还有丰富多彩的象征性图案和故事，从涅斯托尔的号角到提奥克里特的没有用过的木碗，应有尽有。所有令人愉快的东西都是圆的，像世界、太阳和月亮——桌子是圆的，蛋糕和酒杯也是圆的。这种说法是雅典尼乌斯的书中的一个人非常愉快地表达出来的，无疑是建立在一个旧有观念的基础上。后来的一则格言这样说："把甜美的高脚酒杯给我，它是用泥土制造的，就像我一样；当我死后，我将再次躺倒在泥土中。"在这里，享受人生和对死亡的思考之间的联系被优美地表达了出来。[173] 我们也许会想到，这些酒杯的形状与坟墓中的从未使用过的器皿是相同的，只是因为它们优美的形状，才被埋在地下，让死去的人一起带走。

261 谈话在唱歌和饮酒的带动下越来越活跃。唱歌包括三种：所有的客人一起唱，每个人轮着唱，最后是只有那些歌唱得最好的人来唱，每个人都坐在他的位子上唱。[174] 由于这些没有什么固定的程式，而是临时决定，这最后的一幕称为 *scholion*（意思是"曲折前进"）。在很长的时间内，人们更喜欢熟悉的老曲子，尽管一位旧喜剧诗人曾经抱怨说（显然是在宴会上），人们听到的是轻浮的内西普斯（Gnesippus）的歌曲，他专门为通奸的人写小夜曲，而不是斯特西鲁克斯（Stesichorus）、阿克曼（Alcman）和西蒙尼德的歌曲，他们已经过时了。[175] 尽管在很晚的时候，在小狄俄倪索斯的圈子里，人们还在桌边演唱弗瑞尼库斯、斯特西克鲁斯和品达创作的赞美诗，但很快还是被那些专门演唱由僭主创作的歌曲的献媚者们取代了。[176]

餐桌上最主要的事情当然是谈话。在世界上的其他地方，在历史上的任何时代，都没有存在过如此充满智慧的宴席。因为客人们都躺在他们的卧榻上，面对中心区域和其他人，一般来说谈话不仅是可能的而且是不可避免的；每个人谈话并不只是针对碰巧坐在他旁边的人，也正是这个原因，毫无疑问他所说的话要让所有人都能听到。[177] 正像在这里没有给两个人之间安静地传播闲话提供机会一样，在这里也完全避免了祝酒，这种活动总是在用餐的过程中进行，会加入一些豪言壮语，一个人会迫使所有人都要同他喝上一杯。这种谈话还完全排除了财富、地位和社会等级的影响；它拥有一种坦白，在关于生活的所有方面的讨论中都排斥了任何倾向性，同时也没有我们现代的谦卑，这就是希腊人的特点。每个人的语气都是轻松的，那些需要由“学术”词汇来表达的东西都由诡辩术来替代。我们一定要把所有这些谈话与一种非常明显的优雅联系在一起，它拥有一些与今天的此类活动相类似的一些规矩，但又有所不同；因为机智总是神赐予的一种恩惠，友好的举止当然非常受到希腊人的推崇。雅典人也提供了很多亚细亚和其他的希腊人的谈话中所没有的题目。在这里，每个人都有一种强烈的愿望在世界的普遍发展道路的问题上提出自己的看法，欧里庇得斯的很多长篇大论无疑就反映了这一点。这位诗人的受到欢迎大部分可能就是因为他能够用最美的不加修饰的语言表达出人们普遍相信的主题。而且，每个人都处在讨论所有的人和所有的事物的一种情绪当中，喜欢逗趣和嘲讽；但是，最好也要知道，由于其与政治游说有着密切的关系，宴饮活动也存在着一定的危 262
险，只要有可能，就会被人利用，成为宣传某种政治主张的接待室。

宴会为人们与杰出人士和名人的接触提供了便利，这一点早就被注意到并进行了描述。继伊翁之后，普鲁塔克（《客蒙传》，9）相当详细地描述了雅典的一次宴会，客蒙到场并描述了他所指挥的与波斯人的战役；伊翁还成为索福克利斯在桌边谈论开俄斯的素材，这篇谈话以一个男孩倒酒开始，接着就进行文学上的讨论，直到最后以一个吻结束（雅典尼乌斯，13. 81）。在接下来的一个阶段的文献中，我们所发现的关于宴饮的最多的描述出现在哀歌诗（后来浓缩成格言）中；到了柏拉图的时代，哲学对话承担了这个角色，最优秀的作家会运用宴饮达到这种效果，正是这一事实说明了人们是多么看重其作为精神生活的容器的价值。

柏拉图的这种类型的最重要的作品《会饮篇》，可能从始至终都出于一种非常自由的杜撰。里面的人物在现实中可能从未谋面，或者并没有全部出现在同一场合，他们所说的话几乎完全是柏拉图编造出来的。但是，即使它并不是一篇严格意义上的历史文献，可也是最重要的文献之一，因为它表明人们在思考些什么问题。这些聚在一起的人展现了社会生活中的一个独特的场景。其重要性还仅仅在于这样一种推断，那就是透过这样一篇代表雅典最高水平的思想火花的迸发，可以看到，在这样一个处于严重政治危机的时代，还能有这样无与伦比的对话在任何私人的流言之外存在，在谈话中每个参加者能够对伟大的话题集中地表达普遍的看法，而且常常把这些观点用神话加以表达。这种对话出现在这样一个时期的可能性正支持了瑞南（Renan）的看法，即历史上的动荡时期实际上对精神生活的活跃是有帮助的。

我只需简要地说一下柏拉图《会饮篇》中的一些微妙的细节，比如，相互的恭维占据了波悉尼阿斯、埃瑞克西马库斯（Eryximachus）、阿里斯托芬和阿伽同的谈话的间歇部分。但是从基本的过程来看，我们必须记住，这次宴会并不完全是典型的。在赞美诗之后，当开始饮酒的时候，并没有选举出一位谈话的主持人；所有的客人都一致认为，每个人应该想喝多少就喝多少（因为他们前一天的酒劲还没过去），所以他
263 们马上就让吹笛少女退场了。接着，这场宴饮还有第二和第三个举动。首先是亚西比德带着无比喜悦的神情突然闯入，戴着一顶用常春藤和紫罗兰编制的稠密的花冠，上面还绑着缎带，带了一个吹笛手和几个令人喜欢的伙伴，接着，在他非同寻常的演说之后，突然又来了一群吵闹的朋友，进来就找他们的位子——不太清楚他们这样做的权利是不是由于阿伽同的胜利——于是场面开始变得喧闹，秩序转为混乱，每个人都喝得酩酊大醉。

另外，柏拉图的《会饮篇》还给了我们一种受过教育的雅典人所喜爱的那种类型的聚会的单方面的印象。色诺芬的《会饮篇》则向我们展

现了更加真实的社会氛围，实际上是目前关于宴饮的最重要的文献，尽管事实上超越了所有规范的苏格拉底是这篇对话的灵魂人物和争论的焦点。通过这篇对话，读者可以得到一种真实可靠的记忆的印象，即使它把那些人半生的经历都集中在了一个晚上。与一种道德和谦逊组成的优雅同时存在于这篇对话中的就是人们可以公开表达亲密的情感和讨论其他人的爱情故事，窥探那些看上去十分惊人的轻率举动，当然也有其限度，这一令人惊讶的特征与现代社会的举止形成了鲜明的对比。这并不是一篇很好地展现出第一等级的社会组成，展现出其组成因素是如何保持均衡的文献。[178] 虽然这次宴饮活动发生在一个富人家里，但作者可以任意地加入节目，其中，属于一个叙拉古人（他与一个吹笛少女共同演奏）的男孩和女孩被允许以一种非常适时的方式用舞蹈和笑剧打断人们的谈话。[179] 还出现了一个职业的滑稽演员，一个令人看不起的人物，但看在其同伴的面子上，并不是完全多余的。他不请自来地加入到这些人当中，偷偷地进来，卡里阿斯还是允许他留下来，因为把他赶出去太不友好了；当看到没有人对他讲的笑话发笑的时候，他变得非常沮丧，开始哭泣，于是他们所有人又和蔼地安慰他，承诺他下一次一定笑，因而使他成为了一个真正多余的人。[180]

柏拉图和色诺芬的《会饮篇》可能都是展现在人们的头脑中已经形成的宴会观念的文献，以一种文学的形式表达出了普遍的观念和哲学上的争论，以及那些从根本上说值得人们去了解的东西。[181] 这似乎就是欧里庇得斯把几篇独立的文章以这种形式拼合在一起的原因。即使在后来，在普鲁塔克和雅典尼乌斯那里，它发展成为一种学术论文的结构。
很多成功的诗歌形式都包容了与它们完全不同的材质。所有这些都只不 264
过是黄金时代的宴会的神圣光辉的一种反映罢了。

但是宴饮并不是社会交往的惟一形式；在阿戈拉（*agorazein*）闲逛是另外一种方式。[182] 遇到坏的天气，当露天的广场不能去或者人们希望一种小规模的聚会的时候，人们就会在店铺里消磨时光和聊天——在雅典，这更适合于那些最靠近公共广场的店铺。这样的店铺都是由残疾人来经营——或许是一家鞋店，因为吕西阿斯就讲过鞋匠的笑话——在他的第二十四篇演说中他建议这些店铺应该得到国家的支持。他自己为这样的指控进行辩护，即认为邪恶的阴谋都是在这些店铺里产生的，他的理由是宣称所有拥有店铺的商人都必须要接待来访者："因为，你们所有的人，我的法官老爷，都是这些店铺的常客——比如香水店、理发店和皮匠店，偏爱着那些靠近市场的小店。"即使在那个时代理发师有着一种说话太多的坏名声，但有时也会以遇到了最健谈的顾客为托词。当一个理发师问阿齐劳斯国王，"国王，我该如何为您理发呢？"他的回答是："不要说话。"

因而，社会交往性在希腊人中是与生俱来的；所有的事情都鼓励他们向那个方向发展，甚至还有国家的引导，那就是公民大会和陪审法庭；总是有一群人到那里去，在那里进行谈话。完全的社会的动物正是在这种环境下形成的，拿阿里斯提普斯（他的一生跨越了公元前5世纪）来说，根据场合的不同，他就会穿着斗篷或者破衣烂衫前去，像亚西比德那样，可以让自己适应任何时间、地点的需要，扮演任何角色；当有人问他从哲学中学到了哪些东西的时候，他回答说，那就是充满自信地与任何人打成一片的能力（狄奥格尼斯·拉尔提乌斯，2. 8. 4）。地方的新的社交场所开始形成，这些都非常重要。某个人可能在刚刚提到的马其顿国王阿齐劳斯的宫廷中被认出来，阿齐劳斯在公元前413到公元前399年间在位。实际上，在官方的场合，希腊人听到他的名字时都会发抖，并保佑他们自己；但至少，在这样的宫廷，像欧里庇得斯、阿伽同、萨摩斯的克瑞鲁斯以及画家泽乌克西斯和提墨修斯这样的天才其真正的价值还是会受到重视；有人在那里会被狗而不会是被献媚者撕成碎片。一个独特的现象就是在柏拉图的《普罗泰戈拉篇》(*Protagoras*)的开头所描述的雅典大家族。一个早晨，三个伟大的诡辩家受到了主人——又是卡里阿斯——和在场的其他人的异乎寻常的礼遇。[183] 西庇阿斯承认，这个最幸运的家庭——这个位于希腊圣火所在的城市的家
265 庭——有权期待（不仅对其自身也对其同胞），他们的谈话就应该在这里进行。

这就把我们带到了作为一种社会现象的*诡辩家*。[184] 在我看来，由

于我们过于关注柏拉图笔下的苏格拉底了，因而常常使我们处在一种悲剧式的庄重情绪当中。[185] 在公元前 5 世纪，诡辩术实际上是完全不可避免的，从诡辩家们行为的公开性判断，它必须被看作是一种理所当然的事情。

所以，在那时，三个分别来自于阿布得拉、刻俄斯（Ceos）和厄利斯的人，与他们在一起的还有伟大的列奥提尼亚人（Leontinian）[高尔吉亚]，在希腊旅行，在每个地方都引起了巨大的轰动，尤其在雅典，声望超过了最重要的人物，[186] 经常作为使者到访雅典，[187] 并受到奖励，他们全方位地展示他们的个性，得到了很高的收入、地位和荣誉，以及城市的自由等等。[188] 这种强有力的认同和反应足以表明，情况完全超出了柏拉图所准备接受的范围；公开的宣传活动自身——他选择出来用以显示诡辩家的不可理喻的一面——并不能说明什么。公开的宣传是很盛大的，只要从他们华美的服饰和高尔吉亚在德尔斐为自己建立的镀金雕像就可以想像得到。但是这样的事情，在这样的环境中，一定不要想得太严重；在一个没有报纸的时代，每个人必须做自己的公众宣传的媒介，不仅是诡辩家而且一些伟大的人物（首先是亚西比德），给我们的第一印象当然都是一些粗俗的自吹自擂者，如果我们能够看到他的所作所为的话。没有必要把他们想得比其他人好——这些诡辩家也不过就是希腊人；只不过他们在自己身上至少把以下三种东西一起展现出来了，只不过这个人多一些，那个人少一些：那就是思想（因为他们追求的也还是哲学，实际上是伦理学），丰富的和多种多样的确定的知识以及演说术，他们确实得到了这种技术。

对他们的主要指控是，由于信奉一种“两面看”的信条，他们在所有事情上都宣扬一种对道德的漠然态度，因而助长了腐败。但是，主张这种原则并没有什么内在的错误，那就是在每件事情上都可以找到相反的观点存在的理由，通过演说术使它们看上去同样地合情合理；这只不过表述了一个事实，让学生意识到，他应该对那些对他来说似乎是真实和正确的东西去问一个为什么。在把这一原则应用于法律和道德的问题上比他们的对手柏拉图更需要有利的证据。诡辩家们非常著名的能

266 够使弱者打赢官司的声名很明显只是一种精神上的游戏罢了，他们坦白地说，可以完全不用去考虑是与非的问题；于是这就被解释成他们对道德真的是漠不关心，如果他们被一个法庭指定为律师来为一桩犯罪事件进行辩护的话，肯定是一派胡言。所有的希腊人都将被这些人腐化的说法完全是不可信的；这个民族需要责备的恰恰只是其自身，在高尔吉亚登上舞台之前，他们已经沉迷于雄辩之中，常常在大庭广众之下讲话，在日常的谈话中雅典人尤其是好的律师；我们有理由认为，在雅典一直存在着好的谈话者和好的听众。悲剧就呈现出了一幅这样的画面，从一定背景下的演说和回答（其中，激动人心的戏剧表达的强烈的不合理性经常要服从于对原因的修辞上的正确表达）到充满激情的警句（monostichs）的胜利，应有尽有。实际上，可以试着从欧里庇得斯的戏剧中的那种雄辩的口才中找出诡辩家的直接影响，但这当中的大部分也一定出自雅典；[189] 这也并不会消除我们这样的想法，那就是过于精致的演说对国家和人民是有害的（参看《希波吕托斯》，486f.）。

权力掌握在强者手中的信条也存在于那个时代的雅典，不多不少恰恰就是现实状况的一种表述，斯宾诺莎也表达过类似的想法。通过武力或者雄辩而在国家中获得权力的人的确（就像色拉叙马霍斯和卡利克里斯在柏拉图的《高尔吉亚篇》和《理想国》中所说的那样）根据自己的要求、为了其自身的利益而制定法律；在这样的国家，他的命令就是真正的法律，凡是违背他意志的东西都被称为违法的。在这样的意义上，法律自然只不过是一己之见和达成的某种协议罢了；然而，注意到这样的事实并不等于赞成它们。如果诡辩家受到这样的指控，即鼓励“个人主义的骄傲反对道德和国家的一般性原则”，那么也应该问一问，最著名的雅典人在很久以前，在没有诡辩术的帮助下，就从来没有起而反对过那些一般性的原则吗？不是有一个泰米斯托克里，下定决心拒绝接受所有可行的办法吗？所有最重要的人物中就没有一个主观主义者吗？要把雅典人想成是小孩子吗？在这种革命性的倾向上非要等到这些新来者来教育他们吗？在诡辩家们对大众宗教的怀疑态度上面也是如此。“对于神灵，我不能了解到他们是否存在，因为很多事情阻碍着我的探究；

万物无常，人生苦短”——这些话据说是出自于普罗泰戈拉之口，他在
说这话的时候，他的大多数雅典委托人都持有这种对神的看法，而且都 267
是通过他们自己得出的这个看法。

如果诡辩家并不存在的话，他们所做的事情完全可以由别人来做，因为这些都是那个时代所固有的东西；他们创造了一种说话的艺术，一种能够赞成或反对任何事情和所有事情的艺术，因而，他们只不过为雅典人带来一件他们最想要的礼物。与此同时，他们是伟大的即席流利演说的大师，因此，西庇阿斯自夸说每次在讲任何题目的时候都能够发现一些新的东西；就像高尔吉亚——如果流传下来的记载可靠的话——他向人们保证能够当场回答任何问题。[190] 高尔吉亚的这种语言表达上的流畅正好与讲话方式上的非凡的优雅相匹配，正是通过他的句子结构的对称，通过对准确表述的关注（普罗狄库斯尤其以这种能力而闻名），再加上谙熟能够打动法官和公民大会的所有的表达方式，使他获得了这种讲话方式上的优雅。[191] 在高尔吉亚开创了这一方法之后，很快就掀起了对修辞学进行研究的热潮。[192] 演讲比赛开始举行；虚构的案例被用作练习，由普通的格言编成的集子在各个地方出现（*loci communes*）；辞藻华丽的演说被创造出来，除了高尔吉亚的演说之外，最伟大的例子就是普罗狄库斯所做的“赫拉克利斯走上歧路”的演说。[193] 第一本关于口才的教科书也在这个圈里诞生了。正如我们所看到的，高尔吉亚和安提丰作为演讲者出现在了德尔斐和奥林匹亚的节庆活动上，呼吁希腊人团结一致，对蛮族发动战争；西庇阿斯也在奥林匹亚“把希腊人挂在他的嘴边上”，发表了大量技艺高超的演说；伟大的赛会举办地在诡辩术的身上一定又看到了其所有的光芒。

就像希腊人给罗马人带来的其他好处那样，维吉尔也为视觉艺术、雄辩术（*orabunt causas melius*）和天文学重新起了名字。在这些中，天文学是给予整个世界的一个实际的好处，而不仅仅是哪一个民族的财富。非常幸运的是，幸存下来的艺术品见证了希腊的精神；因为，在艺术领域之外，修辞学从公元前400年起就在希腊人的普遍的天赋中占据了主导的地位，其目的是为了削弱表达的自发性。在公共生活中，就像

今天的新闻报刊一样，它大部分成为了做坏事的工具；它粉饰并弱化了诗歌和历史；在现实生活中，甚至哲学家也是半个真正的修辞学家。这总的来说是诡辩术的产物，而诡辩术则基本上来源于修辞。整个的古代世界都把这些归结在诡辩家的名下，即使他们最伟大的反对者也受到了
268 他们的影响，包括柏拉图，他的作品也采用了对话的形式。如果从更广阔的范围和更远的距离来观察的话，这种现象或许可以用以下的方式去看待。在一个文明高度发展的时代，当人们的才能和能量被广泛分配的时候，如果公共的环境不加以干扰的话，社会就必定会发生一些变化，如果他们极力去发展这些才能的话，变化就会更加明显。[194] 一个强有力的媒介形成了，自身发展起一种力量，成为了普通人以及那些其才能和地位允许他们利用这一力量的人们的手中的一种武器。这时候，即使拥有极高的天赋和特权的人也不得不利用这种媒介以获取各种各样的听众；后来的人们赞同伊壁鸠鲁的一个最大的理由就是他完全放弃了对修辞学的任何依赖。尽管这个过渡时期是非常令人惊讶的，新的媒介和旧有思想的力量——依然完好无损地存在着——一起在发挥着作用，就像修昔底德和伊壁鸠鲁的身上所表现出的那样。

希腊人非常清楚地意识到，修辞学是应该受到怀疑的。

> 你的话语是勇敢的；然而，我从未听说过
> 一个杰出的人能够天衣无缝地说出所有的事情

索福克利斯笔下的俄狄浦斯对克瑞翁这样说（《俄狄浦斯在克罗努斯》，806—807）；罗马人也在历史的发展过程中认识到胜利并不总是依靠雄辩获得的。

在那时，诡辩术就与哲学存在着很多的联系。的确，它为真正的哲学家所厌恶，他们的厌恶也是很容易理解的，因为他们看到自己几乎成了少数。琉善（《逃亡者》[*Fugitives*]，10）代表哲学说道，“我不知道这个物种是如何在我的身边成长起来的，一个就像马人那样的混血儿，摇摆于饶舌和哲学之间。”但是，哲学家们还是禁不住要从一个侧面端

详一下这些诡辩家们，他们当然都非常熟悉不同学派的最重要的那些信条，的确完全有能力在某个单个的学科上进行系统的讲授。很明显，除了所有的诡辩术之外，普罗泰戈拉还教授实践智慧和道德，他完全有可能开设一门关于伦理学的严肃的课程，就像很多其他的诡辩家把他们自己投身于教育一样，为此他们必须真正地拥有某些专门的知识。[195] 可能他们的辩证法与哲学家的很接近，而同时也是一种精神的体育比赛；即使任何有知识的希腊人都会时常地使用一下他们臭名昭著的逻辑陷
阱，这不过就是一种传授逻辑知识的好方法，在有些时候也被爱利亚学 269
派和麦加拉学派使用。尽管，他们所谓的哲学出发点就是，没有诸如真理和普遍有效的看法这样的东西，没有知识，只有想像，但其本身是可以自圆其说的，他们或许可以被认为是对感知证明抱有怀疑态度的先驱；尽管对于这种感知的主观性的确信，赫拉克利特的哲学已经预见到了。

不论如何，我们必须承认，总的来看，诡辩家们没有在他们的哲学中装作反观精神自身的样子，去让"人们变得更好"。尽管普罗泰戈拉学派触及了这个领域，他们更多地把重点放在专业化的知识和实际应用的成效上——这是可以教授的——而不是放在使人们更相信上面。在这个方面，他们成为了一种突然间有了很大需求的训练的完全不可缺少的指导者，但又很少有系统的研究和充足的书本知识作为支撑，尽管同时代的人说起它的时候，与其说是一种普遍为人们所知的和完全接受的东西，不如说是从前的一种比较弱小的事物的增强。

他们所关心的是很多关于经商和手艺的知识。据说西庇阿斯是大部分手艺中最有智慧的一个，据说他到奥林匹克去的时候坐的是一辆完全用他自己的双手制造出来的四轮马车 [196]（这至少可以说明，他对于技术性劳作的指责毫无畏惧），这表明，对多才多艺的追求只是在一个生活相对简单的时代才是可能的，它是与一种较早的但已经很发达的文明精神相契合的，他不仅研究的领域十分广泛（*polyhistor*），而且还拥有多方面的才能。正是这个人在他的"演说"中涵盖了几何学、天文学、音乐、格律学，还有诗歌和雕塑；[197] 在拉西戴梦，因为崇尚力量的拉

西戴梦人喜欢这样的题目，他就讲政府的体制，讲殖民和国家经营的企业；他的知识被认为包含了所有的考古方法所能够提供解释的内容，据说他甚至还写过关于人们的姓名的文章。[198] 柏拉图告诉我们，普罗泰戈拉还教授过管理艺术，既包括本地，也包括整个民族，其中他说出了他自己对世界的看法，他可能拥有比柏拉图所记载的内容多得多的有趣的话题。[199] 非常遗憾的是，诡辩家所拥有的和传播的这个方面的经验很少流传下来，尤其是关于建城、政体、制度和经济情况的可以进行比
270 较的知识。修昔底德可能就在诡辩家的指导下研究过这些问题，这个事实说明了他们的思想的丰富性。[200] 他们还进行过语法和科学的研究，古代诗歌的解释，法理学和军事理论，建立了形式逻辑的基础。由于他们是很多不同领域的知识的专家，所以他们的教学不但非常有用，而且和大多数哲学家所讲的内容相比也更为有趣，因而很明显的是，诡辩家们所提供的正是当时出现的“教育热”所需要的东西。它与这样一种教学实践的目标完全合拍，西庇阿斯创造出一种记忆术，一种能够巩固学生所学知识的方法。这种记忆术在当时书本相对缺少的情况下是一种必不可少的方法，这些东奔西跑的老师和别人一样需要这种东西，因为他必须把他的知识随身携带。除了内容之外，一种听者也必须要学会的用于交流的好的修辞形式尤其具有吸引力——例如在高尔吉亚或发表于公众场合或发表于私人场合的演说中就展示了这一点。有了所有这些，诡辩家们的成功，尤其是得到富有的和贵族年轻人的欢迎，[201] 就完全没有什么值得大惊小怪的了，还有他们应得的高额费用，付给他们的原因当然也并不是在于他们的逻辑陷阱和狡猾的修辞诡计。[202] 并不是每个人都像苏格拉底那样对所有的知识都抱着一种讽刺的和苦行的态度。

现在，诡辩家们独特的命运恰巧成为伟大的讲笑话者阿里斯托芬的最好的题材，在他的《云》剧中，他对他们进行了最坏的嘲讽，同时还有阿纳克萨格拉的关于天体现象的讨论和他对整个旧的奥林匹斯众神的否认，他用了苏格拉底式的辩证法对这些看法进行推敲，并把诡辩家们最主要的敌人（苏格拉底）树立起来作为所有这些看法的主要的代言人。[203] 以这种方式，他把雅典俗人的所有可能有的偏见与自己所有不

喜欢的事情结合起来（而且，在这件事上表现得更加缺乏诗意的灵感），形成了一幅合成的讽刺画，这幅画只有一部分是符合实际的，[204] 但没有一件是完全属实的。这幅讽刺画公开地演示了诡辩家们所教授的实用知识，其中当然有一些要素会给我们留下一种欺骗的印象。不论如何，他们并不是真正的教人说谎的教师，就像这幅画中所表现的那样；我们再次看到，我们在把阿里斯托芬仓促编造的、素描式的作品及其对事实的傲慢态度当作一种历史资料来使用的时候要多么地谨慎。另一方面，雅典人不仅已经被从诡辩家们的学校出来的年轻人表现出的傲慢无礼激怒了，而且还感到了来自于一些真正危险的个人的威胁，比如克里底亚，他经常出没于诡辩家的圈子。对于完全建立在教育平等的基础上的 271
希腊国家，任何一种教育标准的提出都不可避免地在公民中造成新的不平等，这很难说就是诡辩家们的错误；这种不平等立即就会被人利用成为获取更大的政治影响的手段。

诡辩家们的话题又把我们带到了另一个话题，那就是自从他们出现以后开始的对神话普遍的拒斥；恕我直言，这真的不算什么罪责。到了公元前 4 世纪，神话似乎已经消亡了，除了在视觉艺术上；曾经滋养它的史诗和悲剧尽管仍然富有创造力，但已经失去了它们从前的力量，所以只有在亚历山大里亚，才能够发生一场神话的复兴。这其中的原因部分在于在旧喜剧中所表现出来的对神灵的不够虔敬的态度，还在于支配了公元前 5 世纪最后一代人的明确的理性主义的思想方式，这种方式被诸如修昔底德，尤其是伯利克里这样的人表达了出来。哲学本身基本上就是颠覆神话的产物；但是对当时的雅典来说，重要的是由于解释自然，尤其是解释天体现象的新的方式的出现而导致了所有的“对神灵的敬畏”（*deisidaimonia*）在日常生活中的丧失（当然所有这些都只是在受过相当教育的人当中发生的）。与狄亚格拉斯相比，这种变化与阿纳克萨格拉的关系更为密切，他的教学把神性从整个的自然中赶走了。阿纳克萨格拉对伯利克里产生了巨大的影响；正如普鲁塔克所言，他在他的心中灌满了气象学和高深的思想，对他的影响如此之大以至于他的演说总是用生理学来渲染，就像用一种染料来渲染那样。[205] 德摩斯提尼提醒雅典人说，当皮提亚站在腓力一边的时候，伯利克里曾经认为依赖于神谕（*chresmoi*）是一场多么怯懦的骗局呀，他更喜欢依靠理性和反思（普鲁塔克，《德摩斯提尼传》，20）。在这件事上，诗人站在了政治家这一边；欧里庇得斯常常去更正神话，因而提供了“神话理解方式的衰落”的证据。例如，这种做法就曾出现在他的《厄拉克特拉》（508ff. ）当中反对埃斯库罗斯的论辩中；在这同一出戏中阿尔果斯妇女组成的合唱队公开地解释说（737ff. ），她们自己并不相信这样的故事，即在提耶斯泰斯的宴会之后，宙斯改变了太阳和星星的轨道——“但是这些可怕的故事是有益于身心健康的，因为它们提高了上天神圣力量的荣耀”——最多可以说，这样的信仰对普通人还是有好处的。因而，阿里斯托芬也在一个段落中（《地母节妇女》，450ff. ）驳斥他的对手对神的否定，在另一个地方则取笑了他和他的宇宙起源论；在《蛙》剧
272 （893ff. ）中，在哈得斯的赛会开始之前，他让他请求帮助，不是来自于神灵的帮助，而是来自于空气、他的舌头、傲慢无礼和他自己的能发出鼻音的鼻子的帮助。

色诺芬告诉我们（《回忆录》，4. 7. 6ff. ），苏格拉底曾经警告过阿纳克萨格拉不要过分地渴望知识，并试图驳斥他的关于太阳的理论，在柏拉图的对话中，他也曾经驳斥过有人说他对与阿纳克萨格拉串通一气的指控。关于苏格拉底和神话之间关系的最重要的一段话出自《斐德罗篇》（*Phaedrus*，229ff. ），当中他和斐德罗正在讨论波瑞阿斯到底是在哪里把林间仙女俄瑞提伊亚抢走的。“你认为这个神话是真实的吗？”斐德罗问道，苏格拉底回答说：

> 就像智者一样，我也怀疑其中有自相矛盾的地方。那么我会（以一种非荷马的论述方式）说，是北风从附近的山崖绑架了她，当她死了以后，人们就说她是被波瑞阿斯抓走的……我认为这样的探究是很微妙的，但是作为一个充满嫉妒和并不很幸运的人的作品，只是因为他在那时必须提供一个关于马人在那之后是吐火怪兽的真实解释。在他们之后还有一大群丑陋的女人和带翅膀的

> 马或者其他很多传说中最奇怪的东西。如果任何一个不相信它们的人试图根据可能性的法则对此做出全面的解释，他就需要大量的时间，因为他的理解是没有根据的。但是我没有这个功夫，原因是：我甚至不了解我自己，就像德尔斐神谕所要求的那样，因此去迷惑于那些稀奇古怪的事情是荒谬的。所以我把这些问题放在那里，接受关于它们的普遍接受的看法；我对反省我自己更感兴趣，去认识一下我是否是一种野兽，还是一种本性分享了神性的温顺的生物……

在这个时期一种普遍的怀疑主义是否已经占据了主导地位，要回答这个问题并不那么容易。一种普遍的肆无忌惮，一种对自私和贪婪的目标的孜孜以求，一种对神灵或者非神灵的彻底的冷漠，可能都是普遍出现的而没有得到官方承认的现象。[206] 但到了更加虚弱的时候，这些反叛的因素就会故态复萌而成为“对神灵的敬畏”。由狄亚格拉斯、阿纳克萨格拉和其他的一些人提出来的关于世界的哲学解释，完全没有考虑神的统治，冒着危险被公布出来，通常会成为被控告犯有渎神罪（*asebeia*）的目标。这些审判与对神的最小化的信仰相一致，这种最小化在古代一直是经常出现的，甚至到了最晚近的时代。欧里庇得斯敢于表明，神灵 273
们只能比他们在荷马中的表现更坏，而不是更好，在早期和中期的喜剧中可以把他们在泥里面拖着走——但是否认他们的存在是不允许的；因为他们的嫉妒和复仇一直是令人敬畏的，至少已经达到了这样的程度，那就是在任何的灾难中，人们“不能确定”一些神灵的怨愤是否就是灾难发生的原因。即使人们对神的信仰和敬畏是如此的微弱，个人和国家还是遵守一定程度的虔敬（*eusebeia*）要更加安全一些；只要其中有了一定的责任，每个人就变得十分谨慎。在任何时期只要存在某种宗教情感，并与这种谨慎结合起来，就会再一次宣布神的统治地位。另外，希腊的神并不是伦理上的楷模和原初的准则，而是人类激情的化身，从来就不是神圣的，从未比命运更有力量；因而，对他们的信仰并不会搅扰普通人的良心，能够与对享乐的热爱相安无事。所以，为什么要废除他们呢？从另外的方面看，宗教崇拜与整个的公共和私人生活充分地交织在一起，尤其是它与节庆活动的密切联系，这些也都足以保护它。除此之外，人们对死后生活的关注与日俱增，尽管宗教的信仰在放松；下层社会“对神灵的敬畏”则方兴未艾。然而，在一般的哲学家中，信仰上发生的变化并不是无神论，而是一种与一神论非常相似的东西。

总之，透过这些迹象，我们可以看到从公元前 500 年到公元前 400 年或者公元前 415 年所有的希腊国家在文化的各个方面所发生的内在转变。当然，基本的情形在各个地方都是一样的：希波战争之后，人们看问题的视野发生了变化，民主制度开始在政治结构上占据统治地位，个人变得灵活而现实，但还存在这些个人和他们的国家之间的冲突，这种冲突在所有地方都爆发出来，反思和理性压倒了简单的履行义务。哲学承担了用其自身的方法来解释宇宙和人类的任务；社会生活的组织无疑到达了其最完备的阶段。然而，道德却由于国家——其最重要的支柱——的不稳定而受到动摇；不仅道德松弛了，而且应该受到谴责的自私自利也被解放了出来。在公元前 5 世纪出现了一次诗歌的勃兴；形成了那些诗歌最后的伟大形式——最广泛意义上的合唱表演，悲剧，旧喜剧，讽刺短诗——其中充满了一些至关重要的内容，这些内容使公元前
274 4 世纪与前一个时期相比看上去更加没有生气；尚未形成的新形式不过是一些遗漏的东西罢了——那就是中期和晚期喜剧——这些在公元前 4 世纪用旧有的形式创造出来的东西已经没有什么生命力了。绘画和雕塑则完全不同，其崇高的成就都是公元前 5 世纪以后才取得的，所以在公元前 4 世纪，仍然有机会创作出迷人的可爱之作，这是一种完全在精神性的激发下而进行创作的艺术。

非常令人惊讶的是，希腊的生活在伯罗奔尼撒战争的时候走向了衰落，导致这种情形的原因是希腊人中普遍盛行的一种情绪，由于希波战争，他们意识到了自身巨大的力量（这种力量存在于单个的城邦或者党派中，这与他们是在战争中奋力抵抗，还是向波斯人屈服没有关系），在这种意识的作用下，他们更加倾向于一种肆无忌惮的生活。从那时开

始，争夺霸权的斗争开始了，这以前只是斯巴达的特征。其动力来自于民主制度，现在民主几乎成为一种普遍的制度。那些征服了其他地区的人们，或者劝说他们自己去征服的人们，现在致力于巩固他们自己的国家，但是国内事务的动荡不安当然也会在外部事务上表现为暴力的行动。在应用于所有事务上的新的准则的作用下，没有人感到他们拥有足够的力量，恰恰是因为他们在希波战争中感到太有力了。野心和虚荣心不再通过宣布和庆贺赛会的胜利来获得；现在有了一种直接的不言自明的外部需要，那就是对抗其他的城邦，对抗其他的那些很容易被激怒的集团，在极端的情况下也可以毁灭它们，如果它们不能对自身造成损害或者没有能力复仇的话。在这种情况下，由于所有那些曾经受人尊敬的东西现在都一钱不值了——城市中的神话、圣地以及在赛会上出名——政客的权力就成了最后的总结。在希腊和西西里，从那时开始，整个公元前 5 世纪没干别的，就是在为伯罗奔尼撒战争做准备，那些屈从者集结在两个行驶指挥权的城邦的旗下，比一比谁的力量更大。从前的城邦倾向于独立，它们现在则被迫加入同盟和屈从于霸权。从前城邦也曾有过暂时的联合，他们曾经打败薛西斯和玛多尼乌斯；现在它们则成为内部和外部普遍动荡不安的牺牲品。这种不安最终必然导致这场民族内部的战争，这就意味着如果波斯人战术得当的话，必然能够占领希腊。

可以追溯到神话时代的可怕的战争法则虽然一直存在，但只是到了
现在它才被系统地和可怖地运用到实际当中。斩草除根，把俘虏卖为奴 275
隶，使庄稼荒掉，焦土政策和蹂躏成为家常便饭。野心并没有受到力量削弱的妨碍，其证明就是雅典人在西西里的冒险活动，当时他们随时都受到战争再次爆发的威胁。作为其冷酷无情和破坏性的回报，雅典应该受到彻底的毁灭。

对于所有这些对民族性格的影响，修昔底德是我们的权威。在第三卷的一个有名的部分里，他把深入骨髓的腐败和施加在科西拉的恐怖联系在一起进行了描述，因为革命在那里是第一次发生，所以给人以非常可怕的印象。后来，城邦中的民主派都成为亲雅典的，寡头派则都成

为亲斯巴达的，"整个的希腊民族都陷入了骚乱"。在这个时候，他们认识到在战争期间进行革命要比在和平年代容易得多，因为在战争中那些想推翻政府的人可以得到外国的援助。在和平时期，国家和个人一样倾向于一种温和的行动，因为他们没有遭受匮乏；战争夺取了他们的收入和享乐，在这个暴虐的教师（*biaios didaskalos*）的指导下，他们开始变坏。但是后来，党派开始分裂，随着过去的暴行被发现，人们都变得更加好斗、满怀仇恨并伺机报复。修昔底德还说到了词义的变化，列举了新产生的全部的政治行话，尤其是在小集团（*hetaireia*）中使用的行话。在这里，我们无意当中看到了像这样的政治小集团的破坏作用，不仅对国家和道德，而且对所有社会生活的破坏作用。除了由于属于某个集团而导致的智力水平的降低之外，他们还使在一个体面的客观层次上的任何知识的交流变成了不可能的事情，这种情形不仅是对于某个特殊的夜晚来说的；所有的社会关系都中了毒。所有的人都应该由于把他的整个生命都花在与最糟糕的人为伴上面而受到谴责，是阴谋把他们绑在了一起。

修昔底德在解释犯罪中同伙的相互信任的问题上走得更远。[207] 人们发誓要同甘共苦，但只有在万不得已和有利可图的情况下才信守他们的诺言；更为残忍的发展是，人们发现通过滥用他们的信任（也就是在这以前装作是他们的朋友）对他们的不加防备的对手实施报复不仅更加
276 安全，而且更为有趣。通过欺骗的手段占据上风显示了他们的聪明；他们宁愿以邪恶和狡猾出名，而不愿以善良和容易受骗出名，他们完全可以置好的名声于不顾，两个派系可以在他们的争斗中使用任何手段和所有手段（在这个问题上修昔底德始终是非常诚恳的）。通过非法投票或使用武力获得权力之后，他们又用对抗他们的敌人的办法来安抚当时的不满情绪。人们对那些观点趋向于温和的公民有一种特殊的仇视：他们受到迫害，或者是因为他们保持中立，或者是出于对他们诚实的嫉妒。邪恶的想法十分盛行，作为一种高贵品质之标志的简朴则受到嘲笑和鄙视。到处都是仇恨和坏的信仰；没有一句神圣的话是安全的，没有一个神圣的誓言得到尊重：自我的利益是惟一的当务之急；那些爬到高位的

最坏的人，由于害怕他们可能在论辩或者阴谋中受到蒙骗，就会立即采取行动，在他们的更加通情达理的对手完全放松警惕的情况下去摧毁他们。

修昔底德的作品中这些不朽的篇章向我们展示了所有的党派中普遍存在的可怕的道德沦丧，既有可怕的冲突，也有冷酷的、非人的算计。审慎被遗忘了，没有什么比这更有利于波斯人了，亚西比德鼓励他们双方继续进行疯狂的争斗；这也是波斯人所遵循的最简便易行的策略。[208] 在靠不住的尼西阿斯的和平（公元前 421 年）期间，当时一切都陷入混乱当中，落后的少数民族也开始寻找机会进行劫掠（这种发展在一个半世纪之后即埃托利亚同盟形成之后成为了一个可怕的威胁）：多罗皮亚人（Dolopians）、埃尼亚人、马利亚人（Malians）进攻赫拉克利亚（Heraclea）的特拉齐尼亚（Trachinia），打了一个胜仗，包围了这座城市，后来却被底比斯人的一支小分队就给赶跑了。[209] 双方都下定决心战斗到最后一刻，有人会认为修昔底德所说的有些言过其实，但他的话还是通过欧里庇得斯的厄忒俄克勒斯在《腓尼基妇女》中以及他的克瑞乌萨在《伊翁》（*Ion*）中所说的话而得到了证实。在这里，我们再次认识到，追求权力的人要保持住其统治地位需要冒多么大的风险。

诗人们还透露出很多的事情。例如，尽管掠夺性的共产主义首先出现在波里比阿的时代，但是迫切要求普遍的财产平等的基本想法一定在伯罗奔尼撒战争期间就已经存在了。我们在欧里庇得斯的戏剧中可以找到一篇长篇大论，声称生活中如果只有穷人的话就过不下去了，普遍的康乐需要富人和穷人的一种混合，因为他们是相互依靠的。[210] 这个时代还有一个特点，那就是埃斯库罗斯在《七将攻忒拜》中仍然非常令人信服地说出来的那种简单的爱国主义现在在欧里庇得斯那里却行不通了。这一点在厄瑞克透斯的一次长篇大论中展示出来，当时他受到欧摩尔波斯和色雷斯人的威胁，在他的高贵的心灵的误导之下，想为了他的国家而牺牲他的女儿。[211] 在另外一个残篇中，这同一位诗人说到，人 277
们现在开始认识到，习俗比法律好，因为没有一个演说家能够歪曲习俗；而法律却可以在演说中被滥用和破坏。[212]

作为一位道德的护卫者，阿里斯托芬的语气可能看上去有些奇怪；但是在所有的文献中，没有哪一篇能够与《云》（961ff.）剧中的关于正义之词和非正义之词的对话相媲美。可以认为，双方的发言作为老年和年青一代的雅典人的写照，一定都得到了大多数雅典人的认同；听众也默默地认可了诗人所必须要大声疾呼的事情。在《蛙》剧中，阿里斯托芬借埃斯库罗斯之口说，目前的一代人在公民的义务面前都成为了逃避者，粗俗，不诚实，卑鄙（请记住这正是在羊河战役之前）；从欧里庇得斯开始，他们爱上了高谈阔论，它使体育学校（*palaiestrai*）变得空空荡荡，导致了国家的船只上水手的哗变；这个城市充满了作假者和轻佻的装腔作势的人，但是他们很少参加锻炼，以至于在游行中竟然没有人有力气举火炬。在这里和那里，政府都受到腐败的谴责；[213] 人们还谈到普遍出现的一群坏家伙，在从国库那里盗用的钱财的支持下，逃避军役，甚至到处坑蒙拐骗（《地母节妇女》，811ff.）——尽管在这出戏中倒是妇女的卑鄙和堕落表现得更为严重。她们的不贞，以私生子冒充正统等等，作为经常发生的事情被揭露出来，还说到丈夫们日益增长的怀疑（可能并不很夸张），欧里庇得斯被当作这种情形的原因而受到责备。[214] 在《财神》（*Plutus*）中，坏人的好运从一开始就作为一种确凿无疑的事情被摆了出来；卡里翁（Carion）和他的主人克瑞密罗斯（Chremylus）都是很坏的人，他们冷酷无情地谈到，欺骗在这个世界上是得以生存下去的惟一的方式。

旧喜剧本身就是雅典社会生活危机的一种现实反映，正如我们所说过的，它本身就证明了雅典正在永久性地陷入一桩惊人的丑闻当中，这桩丑闻一定会像一场风暴一样爆发出来，不仅在狄俄倪索斯节上，而且会长此以往。[215] 作为文化史的材料，喜剧是不可缺少的，诗人直接说出来的那些细枝末节（*parabases*）尤其具有文献上的重要价值；阿里斯托芬在说到某个个人的时候可能是完全的诽谤，但是当他描述普遍的行为举止的时候，却只能说那是些每个人都知道并且可以认同的事情。[216]

亚里士多德记载，柏拉图曾经对一个叫阿齐庇乌斯（Archibius）的人说，成为一个邪恶的人（*poneros*）在雅典已经成为一种时尚。[217] 这会使我们想起马基雅维里时代的意大利。不论如何，在柏拉图的对话中（假定发生在公元前 5 世纪晚期），一些人物确实惊人地证明了雅典社会 278
生活的危机。在他的《理想国》（2. 365）的一个段落里，柏拉图把人生在世时能够得到神圣回报的旧信仰与关于把人死之后能够继续享受感观上的快乐作为神圣回报的新观念放在了一起。他从人类普遍地倾向于邪恶，从好人受苦，而恶人在这个世界上却能获得胜利开始讲起，因为他们很富有，就能够胜过正义，即使在宗教仪式上，也可以通过祭祀和奉献供品而骗过神灵。接着讲到年轻人也受到了这种观念的影响，他们被告知，神灵给坏人带来好运，给好人带来厄运，他们会受到套话和咒语的左右；接着，一个年轻人就下了结论："那么我会装作有道德的样子，但行动起来却要阴险狡诈。"为了避免被人揭穿，秘密的社团和俱乐部是非常有用的。接着就出现了专门教人在公民大会和法庭上发表演说的教师；如果把这种劝说方式与强力结合起来，我们就更厉害了。希腊人告诉我们，神灵既不能欺骗也不能强迫；如果他们全然存在，关心世间一切的生活，我们也只能通过传说和神谱的诗歌了解这一点；我们通过这些诗歌还了解到，神灵还会为献祭、安抚性的许愿和进贡礼物所动摇。所以，我们可以在犯罪的同时进行献祭；诚实仅仅使我们能够免于神的惩罚，但却会剥夺我们由欺骗得来的利益；如果我们不诚实，我们就能够获得利益，然后再通过恳求神的宽恕而逃避惩罚。如果我们和我们的子孙后代受到威胁要在阴间受到惩罚，就可以求助于神圣的仪式和神的救赎，就像我们从最伟大的城邦和神的儿子们——他们已经变成了诗人和预言家——那里了解到的那样。

第二段（6. 492）是关于民众领袖的。在所有类型的集会中——民众大会，陪审法庭，剧院或者军营——民众领袖们用着最大的噪声和最狂野的夸张支持或者反对人们所说的话或者所做的事情，以至于石头和城墙也把赞扬或者指责的声音变得更大了。那么年轻人怎样看待这些呢？什么样的教育能够帮助他们对抗这种压力，或者使他们免于卷入当前的党派情绪当中，直到他们同意并成为像其他人一样的人？此外，那些被民众领袖称为诡辩家的惟利是图的人——被他们当作对手——的教导从根本上讲与那些在公民大会上传播的大众观点没有什么不同，却被称为智慧（*sophia*）。他们致力于研究的是一只巨大而强壮的野兽的所有激情和欲求——如何接近和操纵它，什么使它发怒或者温顺，什么样的语气可以安抚它或者激怒它。研究的结果被当作一种技艺（*techne*）
279 来传授，完全不管什么真正的优美还是丑陋，好的还是坏的，所有的内容都根据巨兽的脾气来分类；凡是它喜欢的就是好的，对它有所伤害的就是坏的。[218] 然而，一个年轻的、聪明的、充满活力的人出现了，带着他的家庭的希望，尤其是他来自于一个重要的城市，富有，出身高贵，英俊，高大，注定满怀着一种只有老天才知道的野心，把他自己看成是赐给希腊人和野蛮人的一件礼物，在他愚蠢和浅薄的虚荣心的驱动下变得愈发傲慢自大。[219]

接下来（8. 555f. ）就是对民主制度的描述，在后来人们的想像中，那时候穷人把所有其他的人都杀死了或者赶跑了，只在他们的内部分享管理国家的权力。自由统辖着一切，在言论和行动上没有任何限制。所有类型的人都可以跻身高层，政府办事机构的设置就是为了供人挑选，就像是一个市场上的货摊那样。每个人都尽可能地逃避义务和规则；犯罪可以唤起人们的同情，因此那些被判处死刑或者放逐的人还可以自由地在公共场所里走来走去；教育被忽视了；一个人受到人们的尊敬仅仅因为他说他热爱人民。政府的轻率与民主制度下公民个人的举止别无二致，后者像他的国家一样的狂野和反复无常；他活着就是为了及时行乐。第一天喝酒和享受笛子奏出的音乐，第二天则保持清醒，一会儿在健身房，一会儿又无所事事，有时进行哲学探讨，但他的大部分时间都花在讨论政治上面，他会跳起来说出第一个出现在他头脑中的想法。他可能突然对军队充满羡慕，迫不及待地去参军，接着可能又被投机活动吸引了。他的生活没有秩序，没有内在的需求，然而他却把这样的生活称为愉快的、体面的和幸福的（毫无疑问大部分雅典人都这样想）。但是这是一种经常会产生暴政的民主制度。对自由充满渴望的民主国家误入声名狼藉的酒吧，喝了太多的未经掺水的酒而酩酊大醉。除非政府极端地宽大为怀，不然他们会被指控为腐败而受到辱骂，那些仍然遵守规则的人则会被视为充满奴性的小人而受到凌辱。声望和荣耀的获得完全在于统治者与国民打成一片，国民与统治者打成一片。同样的情绪还渗透到家庭当中，父亲不但与儿子平等，还害怕儿子，而儿子则既不尊敬也不害怕父亲。定居的外邦人与公民平起平坐，外国人也是如此；老师害怕而且奉承他们的学生，而学生则看不起他的老师；年轻人和老年人在言语和行为上也平等相待，老人与年轻人共坐并想方设法使他们发笑，以此来避免让人看上去过于粗暴和高高在上。甚至买来的奴隶也和他们的主人一样的自由，男人和女人之间也实现了完全的自由和平等。就连动物——母狗、马和驴子——也能够比在其他地方更 280
自由地走来走去，顶撞那些挡了它们路的人。人们变得极端的易怒，憎恨所有成文的和不成文的法律，认为不应该赋予任何人以权力去管理其他的人。

在柏拉图《理想国》（9. 574）的另外一章中对一个没用的败家子进行了非常精彩的刻画。他把所有的钱财都用在了恋爱上面，他挥霍家里的财产，他养成了无数的坏习惯，他会在晚上入室行窃或抢劫路人，接着又去抢劫神庙，很快又去想杀人，去犯其他的罪。[220] 在这样一个只有极少数人的地方，他们会去服务于一位僭主，或者待在家里干很多坏事，然而规模是很小的（柏拉图把献媚者们的恶毒做法也计算在内）；但是，在他们的人数变得很多的地方，在愚昧的大众的帮助下，在他们中将会出现一位僭主，这个人（尽管在这里柏拉图错了）将是一个在内心里就有一个最大的僭主在操纵着他的人，因此他想去干那些最邪恶的事情。这就能够解释为什么没有一个像喀提林那种类型的阿提卡的阴谋家能够成功地坐上僭主宝座。

在《法律篇》（3. 700）中，柏拉图把他的关于雅典衰微的叙述同音乐的腐化作用以及人们对剧院的狂热联系在了一起。这段描述中的一些特征，比如对人们不再服从父母和法律的约束，在《理想国》中已经有所论述。[221] 当最终的崩溃已经邻近的时候，誓言、忠诚和神灵都受到了公然的蔑视，与古代所谓的巨人族的脾气如出一辙；紧随其后的也是古人遭到的后果——一个绝对的苦难时代的到来。[222]

在《高尔吉亚篇》(471）中，诡辩家波路斯（Polus）讲述了一个可怕的家庭犯罪的故事，由此阿齐劳斯坐上了马其顿王位的宝座，柏拉图提出了这样的问题:“你先开始，苏格拉底，有没有一个雅典人，如果他必须成为一个马其顿人，他会选择成为其他的马其顿人，而不选择成为阿齐劳斯呢？”苏格拉底回答说:“几乎所有的雅典人，外国人也是如此，都会承认，他们都愿意成为阿齐劳斯”——这之后就是一个预先准备好的这样的雅典人的清单。

色诺芬也描述了这座已经忘记了“优秀品质”(*kalokagathia*）的城市的现状。其位置已经被对父母的不敬和对体育锻炼的轻视代替；人们不再帮助他人，取而代之的是去污辱他们，比其他任何人都更加嫉妒他们的邻人；在公共的集会和私人的聚会上经常爆发争吵，公民们经常把自己的同胞告上法庭；到处都充满了敌意和仇恨。尽管在海上，军衔依然管用，体育赛会上的裁判依然说话算数（就像色诺芬带有讽刺意味地
271 指出的那样)，就像合唱表演的指挥那样，但是雅典的重装兵和骑兵却成为了世界上最无组织无纪律的军队。

这些是我们从很多不同的作家那里听到的非常严厉的抱怨。它们都建立在事实的基础上；像安多西得斯这样的人的存在就足以使我们相信这一点。尽管他本人作为一个传令官是赫尔墨斯的传人，他还是参与了亵渎赫尔墨斯和神秘仪式的事情，但由于供出了其他人而得以无罪释放。他在这件事上表现出巨大的热情，并告发了他自己的父亲利奥格拉斯（Leogoras)。“其他的那些他说出名字的人被处决了，但是他还是救了他的已经戴上锁链的父亲，因为他说他父亲对城邦还非常有用。利奥格拉斯接着告发了很多劫掠国家和犯有其他罪行的人，因此他得到了自由。”[223]

雅典的所有人都前去向特拉门尼斯（Theramenes）表示祝贺，因为就在他刚踏出房门的时候，这座房子就塌了，据说他高声喊道:“宙斯啊，你将给我带来的是什么样的命运呀！”这一定是真实情感的一种表

达，因为他们都被命运拖着向前走，期待着一个充满暴力的结束，但又不知道它会是什么。很多人一定常常会发出这样的慨叹：“要是大地及早地把我吞下去就好了！”

第五章　公元前 4 世纪到亚历山大时代

282　在伯罗奔尼撒战争之后，从实质上讲，希腊的文化史开始与希腊的历史同步发展。在这以前，希腊人只不过被当作是他的城邦的一个活的分子，他的所有创造力、行为和道德都是围绕着城邦这个中心而展开的。然而，发展中的民主制度的阴暗面，伯罗奔尼撒战争给希腊人所带来的破坏，都起到了放松道德束缚的作用，甚至对斯巴达也是如此，同时，在某种程度上，也放松了城邦对那些最有能力的人的束缚。一些人只是想统治国家，利用希腊的环境，并没有想把他们自己紧紧地束缚在什么信条上面。其他人则活在对知识的热忱中，而这些知识不再与国家有什么关系；大多数人只是去追求享乐，很多人就像做买卖那样地把自己卖给任何一个可以付出足够钱财的有权有势的人。

这就是公元前 4 世纪的特征。然而，在这个转变的过程中，这个民族仍然拥有巨大的个人力量和一个伟大的未来；在接下来的两个世纪中，它将为整个近东地区的发展提供催化剂，为罗马人提供知识训练的来源。希腊化（Hellenism）的含义就是整个世界都利用希腊的文化，并向它索取；它成为贯穿于古代、罗马世界和中世纪的精神连续性的纽带。

我们应该抛弃掉这种习惯，就是总是希望历史应该朝着另外的方向发展，只是因为在我们的时代和我们的日常生活中，我们经常会想一些愚蠢的事情。然而，至少对希腊化时代来讲就是这样。这样做是没有

任何意义的——这并不仅仅出于历史学家离奇的好奇心——即希望不是 283
马其顿人入主希腊，没有打败波斯帝国，处于分裂和虚弱状态下的希腊应该被来自于亚洲或西徐亚所在的北方地区的某个野蛮的、强劲的力量蹂躏。发生这种情况最可能的后果就是罗马人被剥夺了希腊文化的继承权，而这是不能想像的；因为只有罗马人热爱希腊的种子存活了下来，并承担起了保存整个古代世界的文化的责任。经过希腊化的罗马是基督教得以传播的不可或缺的基础，除了其所扮演的宗教角色外，基督教注定要成为连接古代世界和它的日耳曼征服者的惟一的桥梁。在整个这一条因果的链条上，希腊化时代是最重要的接合点。

随着大希腊的衰落，*地理的重心也发生了变化*。早在公元前420年，在伯罗奔尼撒战争期间，曾经英勇地为其自由而战的库麦（Cumae）被坎帕尼亚人（Campanians）占领，他们杀死或卖掉了那里的居民，从那以后，那布勒斯成为这个地区最后一座希腊城市。刚一进入公元前4世纪，卢卡尼亚人就发起了对塔林顿湾附近城市的新一轮进攻，它们结成一个防御性的联盟（公元前393年），以抗击蛮族以及他们的盟邦老狄俄倪索斯，但在公元前390年的在劳斯（Laos）的苏瑞人（Thurians）灾难性的失败之后，它们几乎倒向了这两个敌人。紧接着就是萨莫奈人（Samnites）和布鲁提人（Bruttians）的入侵，据塞拉克斯（Scylax）的旅行记（约公元前356年）中的描述，那时他们已经征服了很多希腊城市，控制了从提里恩尼亚海到爱奥尼亚海的广大地区。在这个世纪的前二十年中，塔林顿得益于在其公民中拥有像杰出的政治家、军事将领阿齐塔斯（Archytas）这样的人（同时他也是一位毕达哥拉斯学派的哲学家、数学家、工程师和音乐学家），所以一直孤立地保持着与迈萨皮亚人（Messapians）长期对抗的状态。除了其雇佣兵之外，塔林顿据说能够从它的公民中召集起两万步兵和两千骑兵；然而，其人口已经大部分意大利化了，他们与半岛之间的亲和力一定已经超过了与他们希腊老家之间的联系。但是，当卢卡尼亚人纠集他们的全部力量进攻塔林顿、墨塔旁吐姆和赫拉克利亚的时候，这些城市开始定期地邀请外国的王公作为雇佣兵队长（condottieri）。第一个是斯巴达的阿齐达姆斯（Archidamus）三世，据说他是在希腊人在喀罗尼亚被打败的同一天死掉的；接着是厄皮洛斯的亚历山大，奥林匹亚斯（Olympias）
284 的兄弟，他非常喜欢说，命运赋予他的侄子以战胜女人的能力，但他自己却在吃力地与男人作战。在辉煌的胜利之后，他与塔林顿人发生了争吵，在公元前 332 年，就在潘多西亚（Pandosia）战役给他带来幸运的转机之后被杀死了。最后，在公元前 330 年，无情的斯巴达人克里奥尼姆斯（Cleonymus）被邀请来帮助卢卡尼亚人和罗马人；正是这同一个人在愤怒和复仇心的驱动之下后来使皮洛士向阿尔果斯宣战。在最初的胜利之后，克里奥尼姆斯被证明也是靠不住的，他与卢卡尼亚人和其他人一道劫掠了希腊的墨塔旁吐姆和其他的一些地方。

除了对南部意大利的希腊人的这些打击之外，较大的希腊城市——苏瑞，墨塔旁吐姆，赫拉克利亚，雷吉翁（Rhegion），还有我们刚提到的那布勒斯——仍然存在，尽管受到了削弱并失去了独立。甚至在平原地带，在一些小的城市中，希腊人还在苟延残喘，其中，西米（Cyme）、波塞冬尼亚（Poseidonia）（帕斯图姆［Paestum］）、劳斯和希波尼乌姆（Hipponium）即使在萨莫奈人的统治下依然继续保持希腊城市的本色，塞拉克斯的描述和当时使用的货币都证明了这一点。[1] 然而，很多城市还是被毁坏了，或者完全被外国人占据，但在那里仍然有一小撮希腊人生存下来，他们的土地被洗劫一空，不得不挤在他们城墙中的一个狭小的地方。例如，从音乐历史学家阿里斯托色努斯（Aristoxenus）的一篇美文来判断，波塞冬尼亚（帕斯图姆）的居民一定认为他们的命运与落入野蛮人手里没什么不同。[2] 萨宾语（Sabellic）和希腊语现在也广泛地同时使用。与此同时，希腊精神的独特品质也保证了希腊的语言和文化能够继续以强有力的势头传播开来，即使是在南部意大利的野蛮人当中；[3] 但不可否认的是，在这个时间和空间中，真正的希腊人在人口上大幅地减少了。

在西西里，从很早的时候开始，甚至是比较好的僭主也会运用暴力的手段加强城市人口的融合，希腊人进攻的失败所造成的后果是，具有一半希腊血统的埃吉斯塔（Egesta）害怕所有的西西里人进行报复，于

是向迦太基人求援。汉尼拔从本性上就反对希腊人，而且准备为他祖父
在西墨拉河的战败而复仇。在公元前 408 年，他一个接着一个地拿下了
塞里努恩提乌姆（Selinuntium）、西墨拉、阿格里根图姆（Agrigentum）、
格拉（Gela）和卡马里那（Camarina），其居民或者被杀死或者被流放。
在这次西西里的希腊人被大放血之后，老狄俄倪索斯（公元前 405 到公
元前 367 年）所能说的最好的话就是，如果没有他，整个的西西里必将
会永久地沦入迦太基人之手，从而失去希腊文化；[4] 但很快，事情就很
清楚了，那就是他只是利用了人们对迦太基的恐惧来加强对希腊城市的 285
统治，他对把迦太基人全部赶走并无兴趣；而实际上，当他可以摧毁他
们的时候，他却故意地把他们放走了。他的做法同样是令人发指的。为
了对抗希腊城市，他似乎也没有其他的办法，除了把希腊人赶走，或者
把他们运送到叙拉古。这座拥有 100 万居民的城市现在挤满了各种各样
的人，俨然是一个各色居民的大杂烩，新的与旧的定居者，还包括被释
奴和人数众多的商人。这个城市的各个地区被重新分配给这些不同种类
的人群，但是在俄耳提癸亚的堡垒周围，统治者只允许他的依附者和豢
养者居住，他还把一些城市赠与他们居住，这些城市从前的居民已经被
他安置在叙拉古了。很显然，在这一恐怖的统治中，人们丧失了他们自
己的城镇和土地，而这正是与城邦的也就是真正的希腊人的做法完全相
悖的。但是，狄俄倪索斯所做的却是必须要做的，他要把很多不同城邦
的居民统一为一个国家来进行统治，尽管他要创造一个超级的西西里国
家的专横企图——一直是在迦太基的威胁中进行的——不可避免地会使
城邦遭受暴力之苦，如果不这样的话就只能看到最恐怖的宗教战争了。
既要摆脱迦太基的威胁，又要免遭暴君的奴役，这个两全其美的理想是
不能实现的，所以，叙拉古至少在其统治的后三分之二的时间中维持了
屈从的状态。

继任的统治者是小狄俄倪索斯，他只不过是一个暴食者和可怕的僭主，接着就是狄翁带来的毫无意义的所谓“解放”，它只不过暴露出希腊人的无助。所有这些混乱状态的产物就是，当公元前 346 年僭主再次回来的时候，叙拉古几乎完全被废弃了，西西里的其他部分也由于放逐

而处在一种悲惨的状态下，大多数城邦处在野蛮人集团的疯狂而随意的控制之下，主要是一些没有薪饷的雇佣军，他们的头目已经变成僭主。[5] 迦太基一再干涉西西里的事务，如果不是母邦付出巨大的努力保存它的话，这个岛恐怕已经全部丧失了。这就是促使科林斯的提墨里翁（Timoleon）来到西西里的原因。他的使团在两个方面是难能可贵的：第一，这是一次对这一希腊聚居区的主动干涉，第二，因为它是在把西西里留在欧洲的一系列努力中不可缺少的一环。它并没有治愈西西里人的病痛，只不过是两次病痛之间的一次暂时中断。当他到来的时候，这些不幸的城市先是对他表现出不信任，因为他们已经有了那么多的军事将领，害怕所有这一切只不过是一次主人的更迭。尽管叙拉古是相对富
286 裕的，但高草在阿戈拉长了起来，在那里马匹得到饲养，他们的马夫在旁边安营扎寨；其他的城市则充满了鹿和野猪，它们在边缘的街区里游荡；所以，居民们已经躲进了城堡和要塞，没有人冒险到城里去；一想到阿戈拉的真正用途，即政治活动的场所和演说家的讲坛，就使他们不寒而栗，因为他们的僭主在这些活动进行的时候肯定就会出现在他们的身边。[6] 提墨里翁是改变所有这一切的恩人。叙拉古再一次迎来了数不清的从前被流放的人和其他的定居者，因为科林斯人在赛会和节庆期间放出风去，不论在哪里发现西西里的流亡者，最远可以到亚洲，想回来的人都可以请他回来。从科林斯、意大利和希腊总共有 6000 多人回到了叙拉古，他们都拿到了科林斯人的通行证。在其他的城市也是如此，在列奥提尼（Leontini）、阿波罗尼亚（Apollonia）和恩特拉（Entella），民主制度建立起来，希腊的文明自身得以重建，迦太基人的力量在暗中受到了破坏。公元前 339 年，提墨里翁在克里米苏斯（Crimisus）打败迦太基人之后，地方惟利是图的僭主们在一些城市也很快地纷纷倒台。和平条约为迦太基仅仅保留了哈利库斯（Halycus）以西的地区，使它不得不在那里允许希腊人出于自愿地自由离开，并许下诺言不再扶持任何僭主。

提墨里翁死于公元前 336 年。他活到了很大年纪，由此得以目睹在马其顿腓力的威胁下来自于希腊的人流，以及来自于大希腊的受到卢

卡尼亚人威胁的人们。接着，西西里经历了一次真正的复兴；除了叙拉古、阿格里根图姆的一些城市、格拉以及其他一些地方之外，都在某种程度上复苏了，主要是感谢爱利亚人和开俄斯人的帮助，他们把从前的公民也一起带来了。然而，一位叙拉古新移民的后代阿伽托克里斯，来自于雷吉翁的难民的儿子，在重新点燃派系斗争之后，重新建立起僭主政治，统治了 28 年之久，时间是从公元前 317 年到公元前 289 年。他对待希腊人口基本上采取了与老狄俄倪索斯同样的方式，而且有过之而无不及。然而他的统治也只能被看作是把这个地方从迦太基人手里拯救出来的惟一可行的办法。想要摆脱他统治的城市没有其他的选择，只能投靠迦太基，就像早期的僭主们那样。在他的非洲战役以及很多次可怕的战斗之后，所有的收获就是把西西里在两种力量之间进行了划分；因此，就像在狄俄倪索斯统治期间，这个不幸的国家在阿伽托克里斯统治的最后岁月迎来了一个复苏的阶段。

与此同时，希腊的力量在其消亡之际把痛苦传递给了西西里的城邦，人口的诸多流动和变化在希腊的其他地区也在进行。卡里亚的摩 287
索路斯（公元前 377—前 353 年）把 6 个勒勒吉人的城镇居民迁移到哈利卡纳苏斯，只剩下 2 个还得以存在。[7] 大约同时，科斯（Cos）岛的居民修建了他们壮观的都城，使之成为一个繁华的城市；[8] 在伯罗奔尼撒，在留克特拉（Leuctra）战役之后，迎来了伊帕密农达－美伽罗波利斯（Epaminondas-Megalopolis），以及墨西拿新城的伟大建城。实际上，弗西斯在第三次安菲克提奥尼安菲克堤翁战争之后并没有完全被破坏，一心一意地投靠了腓力，他很满意把它变成了一座完全没有自卫能力的城市，尽管它的邻居盼着它被毁灭。20 座弗西斯人的城镇被拆毁了城墙，他们所有的马匹被卖掉，武器被毁掉。对于希腊世界的边缘地带，旁图斯的希腊人可能在人数上大量减少了。西兰奈卡（Cyrenaica）肯定还完全由希腊人占据着，因为来自于那里的一些人能够在迈锡尼新建的城市中找到安身之所。在爱奥尼亚沿岸，希腊生活似乎保留得比较完整，即使波斯的收税者 [9] 在阿格西劳斯的军队离开之后便接踵而至，在作为波斯人的港口，可能也是手工业中心的新形势下，爱奥尼亚的城镇可能对于被“解放”并不抱太大的热情。[10] 在公元前 5 世纪，南部色雷斯在无法无天的酋长们的统治下，曾经能够在希腊事务中发挥一定的作用，不论是作为同盟，还是作为敌人。现在，在作为薛西斯的 1 万大军的军需官的塞色斯（Seuthes）国王死后，它分裂为很多诸侯国，变成了无关痛痒的存在。是马其顿的腓力，而不是色雷斯人毁灭了查尔基斯（Chalcidian）的城市使海岸地区的希腊人失去了力量。由于所在的亚德里亚海上的位置，厄皮洛斯在插手希腊的事务上并没有处于有利的地位，只是被当作一个落入野蛮人手里的原始部族，如果在一位首领的领导下建立起统一国家的话，可能就会变得危险。[11] 如果这些半野蛮人的力量强大到足以帮助希腊人把真正的野蛮人拒之门外，这倒成了一件好事；公元前 378 年，仅仅一次饥荒就使色雷斯北部的部族带领 3 万人南下进攻阿布德拉，几乎横扫了整个地区。[12]

马其顿人很快就变成了希腊人。这个地区至少具有某种古老的希腊血统，因为希罗多德就告诉过我们，多利亚人最初就是马其顿人。这个国家的创建者名叫佩拉斯戈斯；他们的语言对希腊人来说只是看上去有些野蛮，就像阿克卢斯（Achelous）的居民所讲的语言那样，它们属于同一个希腊语族，与希腊语的关系可能就像是瑞典语和丹麦语与德语之间的关系那样，毫无疑问它受到过伊里利亚人（Illyrians）的蛮族语言
288 的影响。[13] 马其顿的王室家族被认为具有希腊血统，因为科林斯的巴克斯家族（Bacchiads）和阿尔果斯的忒弥斯家族，也就是赫拉克利斯家族（Heracleidae）已经分别到达了林塞斯提斯（Lyncestis）和俄瑞斯提斯（Orestis）。[14] 接着，这些忒弥斯的后人曾经征服了埃马提亚（Emathia）沿岸的平原地区以及那里的波提亚人（Bottiaeans），这些人被认为是从克里特到达那里的，他们带来了他们的阿波罗崇拜，还有皮厄里亚人，他们以其狄俄倪索斯崇拜和缪斯崇拜而著名；在埃马提亚的沿岸也有很多希腊人的殖民城邦，所以这个地区对希腊文化是很开放的。马其顿的重要性主要在于它是希腊人抵抗真正的野蛮人——即伊里利亚人，毫无疑问，在那时甚至还有凯尔特人——的北方屏障。[15] 另外一个至关重要的因素是，即使亚历山大在普拉提亚以迫在眉睫的进逼警

告了希腊人，但他们的国王在相当程度上都对希腊人充满了热爱，区别只在于，一个更向往希腊的文化或声名，另一个则更想把海岸边的城市据为己有。在伯罗奔尼撒战争期间，阿齐劳斯国王（公元前413—前399年在位）的态度与在法国战争的混乱中勃艮第的腓力的态度十分相似，我们还可以把人们聚集到阿齐劳斯的都城培拉（Pella）与近代西欧人流入俄罗斯的方式作一个比较。[16] 他的目的是为了将来能够统治希腊人而接纳希腊文化。在阿米恩塔斯（Amyntas）国王（公元前390—前369年在位）死后出现的可怕的混乱局面使底比斯人在众多国家中脱颖而出成为仲裁者，受到佩洛皮达斯（Pelopidas）保护的托勒马乌斯（Ptolemaeus）被迫把他的堂兄腓力和其他30个出身高贵的男孩送到了底比斯。腓力是个天才，正是在他的手里这个不起眼的国家马其顿成为了希腊的主宰。

当作为一个整体的希腊民族正在遭受一个物质上的衰落过程的时候，国家的混乱不可避免地也导致了一场更为严重的道德滑坡。正如我们所看到的，希腊人的整个道德和精神生活都以国家为中心，甚至家庭也基本上是一个政治组织，宗教自身的真正力量植根于地方。只要国家还是完整的，也就是说人们还在为某种特殊的取向所引领，国家就会把自身看作是神圣的，赋予自身绝对的、无所不能的权威性。现在，政权掌握在错误的人手里，政治上的敌意和迫害开始毒害国民的生活，包括宗教在内的所有事情都注定要分崩离析。[17] 现在，现实与神话相仿，提坦巨人们的可怕的纷争把这个扎格柔斯（Zagreus）撕成了碎片。当这个过程结束的时候，神支零破碎地倒在地上，希腊人自己也一定会不寒而栗。[18] 就像哲学家一样，他们中的一些人能够勇敢地选择“背离城 289
邦”（*apolitia*）；对于大多数人来说，他们的骄傲和他们的信念与城邦一同坍塌了，后者曾经是他们付出所有的精力为之奋斗的最高目标，是他们生命中高贵的偶像。正是因为这个原因城邦绝无重建的希望了，它变成了自身虚弱的影子。一次又一次希腊人性情的紊乱导致了新的冲突，直到无可挽回的衰落时代的到来，这种衰落在公元前2世纪表现得愈发明显。

从伯罗奔尼撒战争结束的时候开始，神圣性就从城邦中消失了，新的神灵出现了；先是来山德为首的残酷歹徒，接着是晚期类型的僭主，最后是马其顿的腓力。在游手好闲者的献媚和稍好一些的人们的无精打采和漫不经心的行动中，个人的力量想方设法地出现在旧秩序的废墟上，忽而在这里，忽而在那里，偶尔也会直接地要求人们像对神那样地尊敬他们。然而，“稍好一些的人们”相信，正像我们所说的，如果他们对国家的事务不闻不问，只是被动地或者干脆完全不关他的事的话，他们的日子还能够好过一些。由于城邦不再能够在年青一代中激发起信仰和希望，所以惟一可行的替代品就是某个更大的权威的形成，在众多小国的痛苦不堪的状态中从那个时代众多天才冒险家当中出现一位掌权者，就像意大利的统一那样，但是对希腊人来说是不会出现这种情况的。这样一种力量必须把分散在成千上万人中的所有罪恶的能量都聚集在它自己的身上。但是，这样的事情还是没有发生，直到罗马人的到来；因为希腊城邦正像它的实际情况那样是不会消亡的，也不能把自己托付给一个更大的整体。取而代之的结果就是一一闪亮登场，先是斯巴达的短暂霸权，接着是底比斯，接着无人可以称霸，直到腓力。很有特点的是，即使在喀罗尼亚战役之后，除了底比斯之外，马其顿也并没有吞并这些各色各样的城邦，而是聪明地继续让它们保持“独立”，只满足于对它们进行部分的和短暂的统治。[19]

接下来的公元前4世纪首先是一个政治上衰落的时代，对于这一点，即使一些现代的学者也放弃了他们在对待早些年代的希腊事务上所惯用的教化口吻，尽管他们更不愿意看到基督教时代的到来。在所有地方，民主制度都滋生出了巨大的邪念。个人对政府和法律的真正权威充满蔑视；普遍的嘲讽（也通过喜剧来表达）与向公众提供的宴饮和狂乱
290 的节庆活动结合在一起；一个真正由大众组成的暴民阶层形成了，这个非常不稳定的阶层的成员能够用各种不同的极端行为对整个城市造成威胁。[20] 最主要的麻烦就是通过称为民主运动的破坏安全的做法迫使那些著名的公民触犯法律或做出反政治的举动，使他们完全听不到来自于各方面的批评。[21] 由于希腊人在那时已经成为可怕的情绪的牺牲品，这个

时代的一个特征就是厚古薄今（*laudatio temporis acti*），它表现为对作为道德典范的祖先的持续不断的和充满夸张的赞美，还有对父母、神灵和神庙的虔诚，这成为演说家的一个取之不尽的话题。[22] 在这个时期，人们再次不遗余力地去强调誓言的神圣性。[23] 例如，柏拉图发现很有必要让他的护卫者多花一些时间在宗教祭祀活动上面，以此保证他们心地的纯洁，这一点是不容怀疑的——就像我们今天使用金融储蓄作为担保那样。[24] 因此，随着时间的流逝，像福西翁这样的依然保持纯洁的人成为了人们没完没了赞美的对象。[25] 甚至当科农在世的时候也曾经劝导法纳巴祖斯去收买希腊城邦的煽动家；[26] 雅典和斯巴达的情况一样，腐败现象是普遍出现和毋庸置疑的。不幸的是，我们不再能够看到提奥旁普斯的第十本书上关于阿提卡的煽动家的记述，[27] 但是德摩斯提尼的整个生活，他与摄政者，与美狄阿斯以及与他后来的政敌的辩论都反映出当时社会的令人痛心的状况，反映出作恶者的厚颜无耻和傲慢。

关于希腊的情况到底如何的一个极其惊人的看法来自于生活的一个侧面——变坏的儿子们。家庭在任何时代和任何国家都会衰落。但是在雅典甚至在整个希腊这一过程十分明显和突出，原因在于，第一，美好的声名在从前是非常值得骄傲的，第二，从前人们对生儿育女的必要性坚信不疑，它可以使优秀的品质传之后代，但这种观念现在却遭到了最严重的破坏。的确，这种现象并不是到公元前 4 世纪才被人注意到的——它可能是公元前 5 世纪的不光彩产物——但在很早的时候在阿里斯第德和老修昔底德的儿子们身上就表现了出来。[28] 随着时间的流逝，它变得愈发明显，以至于亚里士多德从中得出了一个普遍的结论；他认为那些天赋甚高的家族开始被愚蠢毁坏，那些坚强和庄重的品格现在则流于蠢笨和懒散。对于第一种情况，他举出了亚西比德和老狄俄倪索斯的后人们的例子，对于后一种，他举的是克蒙、伯利克里和苏格拉底的孩子的例子。[29]

我并不同意库尔提乌斯的观点，他认为希腊公民权的衰落可以在相 291
关家族之间的通婚行为中找到原因。[30] 我确信，雅典正是用民主制度下的自由及其副产品惯坏了她自己的人民大众，这才是儿子们堕落的原因。在旧家族中就已植根很深的雅典人的傲慢自大从一开始就是“新”家族内在的特征，它并没有建立在任何精神和道德信仰的基础之上；天才而傲慢的父亲们所生的儿子必然是傲慢的，孙子们更是毫无希望；只剩下尊贵维持着家族，使他们保持传统。对我们来讲，这一点似乎是不言自明的，那就是政治野心家的儿子们也会很杰出。苏格拉底的儿子们是显而易见的蠢材（普鲁塔克，《老加图传》[*Cato the Elder*]，20），但他却坚持认为政客的儿子并不比鞋匠的儿子好多少。[31] 普鲁塔克笔下的伯利克里家族完全是一个典型的有知识有文化的大家庭，很多名人进进出出，但是家里的孩子们长大后却并不怎么尊敬他们的长辈（《伯利克里传》，36）。对于这一点，这位政治家的两个合法儿子中的老大克山提普斯（Xanthippus）从本性上讲就是一个败家子。他娶了提散多洛斯（Tisandros）的女儿，一个年轻和生活奢侈的妻子，克山提普斯对于父亲的节俭自律和给他的有限的自由深感厌烦。所以他会叫家族中的一位朋友以伯利克里的名义去借钱。当这个人后来要求还钱，伯利克里就把儿子告上法庭，于是处于愤懑中的克山提普斯就通过散布伯利克里与诡辩家们谈话的内容来戏弄他的父亲。更有甚者，他还对于散布“关于一位女士”（阿斯帕西亚）的恶毒流言负有责任，由此造成的父子之间的恶劣关系一直持续到后者的去世。这一被看成是由斯特西姆布罗图斯——尽管他是一个专门制造丑闻的人——炮制出来的故事也基本上还是可信的，因为我们没有足够的证据可以在每一点上反驳他。在这里，我们已经对这样一种使一位哲学家心甘情愿地过一种独身生活的社会环境具有了某种洞见。[32]

另一个儿子变坏的事例就是小亚西比德，吕西阿斯在他的第十四和十五篇演说中对他大加攻击。他赌光了他的财产，就像那时候的很多雅典年轻人那样——这是他们那一代人的典型行为，他们无疑从父辈那里继承了寻找刺激的变化无常的需要，但却没有继承满足这种需要所应该拥有的力量。在这以后，有一段时间他当了海盗。晚些时候，查布里阿斯的儿子泰西普斯（Ctesippus）真的以1000德拉克马的价格卖掉了国家为他的父亲树立的纪念碑上的石头；福西翁曾经试图把他拉过来，但却发现此人过于浮躁且难以控制。[33] 福西翁自己的儿子福库斯(Phocus)，尽管曾经是一位泛雅典娜运动会的优胜者，但却变成了一个醉鬼，过着无度的生活。他的父亲把他送到了斯巴达，送进学校与在那里长大的年轻人共处。除了受到这种正式的教育，他似乎没什么长进；当然，后来他报复了他父亲的那些告发者，但从未成为一个严肃的人[*aner spoudaios*]，他娶了一个从妓院里买来的女孩。[34] 292

另外，我们一定不要忘记，在那个时代，在希腊所有的地方，民主制度断送了很多“贵族寡头”的生命、家产和家族。因而，不断出现的危机导致了上层阶级的消失，任何世系的观念不论好坏也随之消亡。后来，当然我们也听到过有人声称自己是克律塞斯（Ceryces）或欧摩尔波斯家族（Eumolpidai）的后代，但是著名的旧家族在公元前 4 世纪就已经消亡了，到了伊索克拉底生活的时代，人们只能通过他们的坟墓记得他们。与德摩斯提尼生活在同一时代的人都不再拥有显赫的或著名的祖先。[35]

我们再看一下单个的城邦，在这个时代的开始，正是斯巴达的来山德把腐化堕落与自然的禀赋以某种方式结合在一起，这是一种典型的斯巴达做法，但在整个希腊也很普遍。[36] 斯巴达的社会制度自身就很可怕，尽管早期的布拉西达斯、卡里克拉提达斯（Callicratidas）还有后来的来山德，都知道如何用不同的色彩装饰自己。但在他取得胜利之后，来山德开始与最臭名昭著的那些人——寡头派系的那些常客们——走得更近；他能够容忍他们所有的犯罪行为，毫不犹豫地进行最可怕的暗杀活动。所以，在米利都他出卖了八百个平民党派的成员，对于这些人他曾经发过誓要把他们藏匿起来，结果他们全部被贵族寡头杀害。[37] 他的朋友们给他的报酬就是统治这些城市的绝对权力（普鲁塔克，《来山德传》，19）。尽管他必须秘密地接受大量的钱财以支撑他庞大的开支，[38] 但他却摆出了贫穷的、未经腐化的旧有类型的斯巴达国王的姿态，而另一方面，他又表现出希腊人的典型特征，乐于接受希腊人最为看中的东西——很多城市对他像神那样的进行祭拜、奉献牺牲和大加颂扬，

投其所好，使诗人克瑞鲁斯成为他专门的颂歌者，不停地给他写赞美
诗。[39] 最终，不是希腊城市而是法纳巴祖斯的城市的不满导致了他的
倒台。接着他到阿蒙尼乌姆去旅行了；在他离开以后，他继续通过留在
这个地方的党徒发挥影响，但斯巴达的名流们彻底终结了他的这种权
293 力，恢复了人民大众（*demos*）在这些城市的决定权；但是现在，钟摆
在这个方向上摇摆得过了头，来山德在回来以后又可以劝导斯巴达人再
次拥立寡头政府了。他最后的胜利就是像国王那样宣誓就职，取代了列
奥提奇达斯（Leotychidas），以及他自己的候选人阿格西劳斯；但接下
来他发现他把一位独立不羁的主人放在他自己的头上了。在陪同阿格西
劳斯去了亚洲之后，他愤怒地回到了家乡，比以前更加痛恨整个的斯巴
达国家，采取了他早先就制定好的计划，公开地向所有赫拉克利斯家
族，甚至向所有斯巴达人宣扬建立君主政体；国王不再应该是赫拉克利
斯的后代，而是“与他相像的人”，所以选择权绝对无误地落在他自己
的手里。为了达到这个目的，他让赫拉克利亚的克里昂为他写了一篇向
他的同胞们发布的演说词。但他对这篇东西不满，他感到他必须通过恐
惧和迷信使人们相信，于是他试图贿赂德尔斐、多多那（Dodona）以
及阿墨尼乌姆的神谕，为了达到这个目的他通过训练炮制出了一个神奇
的孩子——简而言之，他进行了一系列粗俗鄙陋的表演，这些都骗不过
一个真正的孩子。所有这些冒险活动都失败以后，这个已经普遍失去
信誉，被忧愁和愤怒困扰而变得半疯的人，在公元前 395 年哈里亚图斯
（Haliartus）的战斗中倒下了。

斯巴达衰落的直接原因是其从羊河战役的胜利中获得的巨大势力以及随之出现的傲慢无礼。在其他地方由战败和派系之间的斗争所得到的结果在这里却是由胜利而产生的——它不得不以其完全发展起来的个人主义统治希腊，这个国家也变得个人主义化了，已经受到严重破坏的斯巴达精神完全崩溃了。阿格西劳斯国王在小亚细亚的活动没有什么成效，再也不能恢复人们已经混乱的思维模式。以下这段话引自伊索克拉底的演说（《论和平》，95ff.）：

已经保持了七百年稳定的社会组织由于其［对其他国家的］统辖而陷入到一个动荡的时代，几乎到了分崩离析的地步；在一些国家的公民中，权力成为不公正、腐败、蔑视法律和贪求财富的动因；在国家中，对盟邦傲慢无礼，对财产充满贪欲，对誓言和条约则满怀蔑视。

就像很多人一样，演说家也清楚地知道，把这些问题产生的原因归结于留克特拉战役的想法是错误的：

……因为在那时盟邦对斯巴达的仇视还未产生；斯巴达的衰落是因为它早就表现出的傲慢态度，这种态度在它取得海上霸权的时候就开始出现了。

然而，在留克特拉战役之后，当伯罗奔尼撒同盟崩溃的时候，斯巴达 294
也不得不舍弃所有那些从前使他们骄傲的东西，衰败的迹象越来越明显——主要表现在官方放弃了从前处理脱离同盟的城邦的传统做法，以及斯巴达人“背离城邦”（*apolitia*）的方式上，也就是她的国王们开始不理朝政——其中包括阿齐达姆斯四世，老阿克罗塔图斯（Acrotatus）和臭名昭著的克里奥尼姆斯[40]——他们都开始鄙视斯巴达。在这里，斯巴达城邦也不得不收起了所有的傲慢。亚历山大从格拉尼库斯（Granicus）的胜利中得到的战利品上面都刻了一行字：“亚历山大和所有的希腊人，拉西戴梦人除外”，但是他的嘲讽没有达到目的。斯巴达人的虚荣并没有通过这种方式得到治愈，那时他们正在筹备发动一场反对亚历山大的起义。

不幸的是，所有这些事情在整个希腊世界引发了骚动。在每个地方，在留克特拉战役之前，尤其是在它之后，被斯巴达扶植的政府都在最可怕的暴力事件中终结了；在阿尔果斯，这发生在 scytalism* 盛行

* 创始于斯巴达的一种保密的写信方式。

期间（这是一种类似于书信加封［*lettres de cachet*］的制度），在科林斯、菲利乌斯（Phlius）和菲加利亚（Phigalia）则发生了一系列恐怖的犯罪活动。大约在这个世纪的中叶，伊索克拉底曾经说过，阿尔果斯与那些强大的邻人之间陷入了无休止的战争，每年都眼睁睁地看着国土被蹂躏；它要定期地使用某种兴奋剂把它最为富有、最受人尊敬的公民处死，但这种东西从未用来杀死敌人；演说家相信，当战争结束的时候，这种事情也就会终止。如果看一下在狄奥多洛斯的记载中这些故事是如何与狄俄倪索斯在经营西西里的过程中对付希腊人的方式交织在一起的会很有启发性。我们并不认为死去的贵族寡头比他们的反对者要好一点；但是一个以这种方式消灭了其最富有和最有教养的阶层的国家会变成什么样子呢？财富消失了，随之而去的还有文化，还有竞技者的所有辉煌；在希腊人的精神生活中，一个上层社会的消灭一定会产生可以看到的更为惊人的后果。甚至大自然也表现出了对希腊人的敌意，在公元前 373 年，一场地震以及接下来的洪水席卷了位于阿卡亚的赫利斯（Helice）和布拉（Bura）的很多城市，这些城市的毁灭被看作是神灵发怒的证明。

我们必须再次回到雅典。这座城市提供了关于所有这一切最为清楚的证明，不是因为我们拥有极好的历史叙述——实际上其政治史一定在很大的程度上被色诺芬、狄奥多洛斯以及其他的人神化了——而是因为我们从这些讲述者那里了解到了大量的道德现实，就像我们在前一个阶段从阿里斯托芬的喜剧中所看到的那样。我们从他们那里所了解到的情况似乎受到了伊索克拉底（根据阿里安的记述）的引导，从而形成了
295 一种印象，那就是从一次短期的逗留来看，雅典城比其他任何的希腊城市要令人愉快一些，但由于献媚者和煽动家的缘故，长期居住则是不安全的。[41]

在羊河战役之后，雅典的进展如何呢？这是一个众所周知的事实，它是作为一个令人不快的事实被安多西得斯表达出来的，那就是在那场灾难中，是斯巴达使雅典的继续存在成为了可能，如果她后来的同盟者底比斯人和科林斯人一意孤行的话，她的居民早就被卖为奴隶，城市早

就被毁掉了。[42] 当然，斯巴达放过了雅典只是为了防止底比斯变得过于强大，在留克特拉战役之后，雅典人派出伊菲克拉特（Iphicrates）和12000人去援助斯巴达并不是出于宽宏大量，而是出于对他的近邻底比斯的带有嫉妒的忧虑。[43] 不论如何，雅典被保住了，在三十僭主的短暂统治之后，这个国家由于其旧有模式的重新建立和民主制度的完全恢复而复苏了。然而，对于接下来宣布的大赦，从一开始就存在一些疑问。寡头们曾经利用战败的时机解除了雅典的防御、战船和力量，因为他们预见到雅典任何形式的民主政治都会确定无疑地使她走上野心家和献媚者的无情统治的老路。尽管事先许下了诺言，这种情况还是不可避免地即刻发生了。反攻倒算开始了，得到了所有人的认可，因为任何事情都使人们想起那个可怕的年代，在恢复到从前的状态之后，献媚者们能够立即抓住他们的猎物。[44]

在外部的政治事务上，人们趋向于停留在伯利克里时代的记忆上面。他的目标是仅仅通过政治和艺术活动（或者闲暇）教育雅典人，以此对所有的希腊人拥有永久的霸权，但结果却是民主制度成熟了，并且造成了所有的后果。这种做法在其他所有的希腊人中造成了混乱，他们自身也被虚荣心操纵，这导致了伯罗奔尼撒战争。结果是，和平的需求在所有的国家中都变得十分迫切；但是由于人们内在的和平是如此匮乏，他们只是向往和平，但却不能保持和平；他们的精神疾病就像发高烧一样不断发作。所以，希腊人的内耗在继续，首先是彼奥提亚和科林斯之间的战争爆发，与之相伴的还有战争双方都出现的城市暴动。[45] 接着，在公元前387年安塔尔西达斯（Antalcidas）的和平之后，很多获得“自治权”的城邦由于新的纷争又陷入了战争之中。雅典至少能够从斯巴达人压力的解除中恢复过来，在公元前378年卡德米亚（Cadmeia）被解放之后，它甚至能够建立起一个新的雅典海上同盟。斯巴达的舰队在公 296
元前376年在纳克索斯被查布里阿斯打败，接着公元前375年又在琉卡狄亚（Leucadia）战役中被提墨修斯打败，雅典仍然保持了它对莱墨努斯（Lemnos）、伊姆布罗斯（Imbros）、斯奇罗斯（Scyros）的岛屿以及色雷斯的柴索尼斯一块地方的统辖权。但是新的霸权是非常适度的，大陆上的公民兵远不够用，所以任何政治力量的组建都是不可能的。雅典不再能够散发出它的魅力，尽管一部分旧有的气质还是保留下来，雅典人清醒地认识到另一个远征西西里的狂言是不可能实现了。民族精神像烟花一样的喷发只能发生一次，再也不会有第二次了。

由于嫉妒甚至比仇恨还要强烈，在留克特拉战役之后，雅典使自己与斯巴达结盟共同对抗底比斯，但不再能够果断地采取行动，因此，雅典人在这个时期进行的所有战争和结盟都没有取得什么成效。与此同时，这一事实一定使雅典人倍感屈辱，那就是拥有良好军事声誉的佩洛皮达斯在波斯大王心目中的分量远大于花言巧语的雅典人（普鲁塔克，《佩洛皮达斯传》，30）；最糟糕的是埃吉纳的日常生活。这个岛屿在公元前 457 年开始要向雅典人进贡，在把从前的居民赶走之后，“移居者”（cleruchs）（也就是那些在阿提卡之外授予土地的雅典公民）开始在那里定居。然而，在羊河战役之后移居者的土地被剥夺了，埃吉纳人重新建立了他们的家园，从那以后他们禁止任何雅典人再驻足他们的岛屿。这一事实就足以说明雅典人的处境和他们的状态；对他们来讲，这几乎与墨西拿的建立对斯巴达人来说一样的糟糕；和他们的一样，雅典人不得不接受他们所取得的最辉煌的战绩之一已经付之东流的事实。

现在，外部的权势丧失了，只留下曾经拥有它的骄傲，国家机器继续在它自己的阿提卡地区无精打采地运转着。值得注意的是，这时出现了一种持久的、非理性的恐惧情绪，人们害怕现存的民主制度会被某些人推翻。正是利用了这种具有迷信色彩的恐惧情绪，政治家们在“彼奥提亚－科林斯战争”期间成功地抵制了与斯巴达签署条约。[46] 阿里斯托芬的《妇女公民大会》（*Ecclesiazusae*）可能是在公元前 392 年上演的，它表明人们对政治已经变得非常厌恶了。在这里甚至嘲弄和恶意似乎都弱化了；在这个作家的作品中，第一次没有出现当时的人，尽管他还是偶尔提到一些人把他们奚落一番，并把最惊人的普遍原则传给了后人。[47] 在公元前 4 世纪，嘲讽逐渐失去了从前的刺痛；对可以辨认出来的面孔上台的禁令无疑是出于这样的事实，那就是现在有了禁止这种做
297 法的可能性。国家和公众的生活中不再有像克力昂、欧里庇得斯和苏格

拉底这样的名人了；最优秀的人开始过一种与世隔绝的生活，一些人自甘贫穷，雅典不得不凑合着使用更少的人管理国家的事务，完全不顾反对者的意见，认为这已经足够了。就像戏剧家提出的建议那样，女人应该取代男人掌管国家的事务，因为，正如她们的领袖所抱怨的那样，城邦总是挑选坏的领导者：当他们当中的一个能够仅在一天之内保持公正的话，那么在接下来的十天中他将不按照公正办事，每个人都比他的前任更加恶劣，而大众也仅仅为了他们自身的利益出来工作。他们参加公民大会就像是打工，就为了那 3 个奥波尔，这成为了一天最低的工资收入。根据他们的生活，雅典的中产阶级是典型的小偷、献媚者和懦夫；只有妇女知道如何保持沉默，而男人们自己也承认他们总是忍不住要发表意见；只有女人不相互欺骗，而男人在有证人在场的情况下还在说谎。作为那一代人所崇尚的玩世不恭精神的证明，在一段话中（473ff. ），我们听到了旧有的乐观主义的安慰之辞："我们雅典人所有的不明智或愚蠢的决定被证明对我们都是有好处的。"雅典人对新奇和超凡事物的热衷在以下的事情中被巧妙地表达出来（455ff. ），那就是他们迫切要求国家政权应该交付给妇女，因为这是惟一尚未发生过的事情了。

在《财神》（*Plutus*）中也是如此，我们所拥有的这个版本，是在公元前 388 年上演的，占主流的正是一种悲观的情绪。好人遭厄运，而坏人却有好运；演说家变得富有了，甚至一个装作朋友的人也会对你溜须拍马（377ff. ）。与此同时，可怕的贫穷普遍地出现了，神职人员和宗教裁判员（heliasts）的工钱的主题在这里也出现了（377f.，1166f. ），已经没有什么好的医生，因为看病的费用很低（407f. ）；长矛和盔甲被抵押了用来换取面包，即使在医神庙（Asclepieion）生活也很艰难，因为祭司显然是靠他从祭坛上偷来然后"贡献到"自己腰包里的蛋糕和无花果聊以度日（676ff. ）。这个最悲惨的历史阶段通过以下的事实显现出来，那就是穷人竟然养成了偷食有钱人家每月上坟时放在坟墓边的供品的习惯（595ff. ）。

正如我们在前面所说过的，在这个荒凉的时刻，某些演说家不遗余力地美化前一个世纪。在这里，我们可以回忆起伊索克拉底在他的《战神山演说》（*Areopagiticus*）中是如何用赞美过去的方式描绘了一幅他所生活的时代，即欧布鲁斯（Eubulus）执政期间的图景。演说家旨在恢
298 复战神山议事会权力的积极建议是行不通的，因为他们完全把希望建立在恢复古代信仰和思维方式的基础之上。[48] 伊索克拉底对公元前 5 和公元前 6 世纪的看法也显然令人难以置信，他的历史和政治知识是浅陋的，有些事情只是他编造出来的。很显然，只要他能够使他的用词更加完美，发表一篇精彩的演说，而对于事情的真实与否他并不关心；但是因为他的演说确是一篇关于公元前 4 世纪阿提卡民主制度所有错误的真正记录，所以，从他对那个时代尖刻攻击的角度来看，它对我们来说仍然具有启发性。

伊索克拉底想像出一个从来没有存在过的雅典，一个已经建立起民主制度而且仍然保持着公正和快乐的雅典。在这篇演说中充满了对雅典民主制度的几乎荒谬的夸大其词，同时还伴随着对真实存在的民主制度的充满同情心的悲叹。他说到了美好的旧时代的爱国主义，在那时，国家的公职还没有成为野心和阴谋诡计的目标；他说，每个人只关心他自己的事务，完全没有想到用公家的钱财增加自己的收益。那些拥有闲暇和财产的人必须为公共事业服务；诚实受到赞扬，不诚实则受到惩罚，完全不考虑他个人的声望；在宗教活动中，传统的献祭还没有被卖弄新鲜的供品取代。穷人和富人之间和谐相处，没有嫉妒，穷人清楚地知道，他们的幸福生活依赖于别人的财富，而富人则把贪婪和吝啬视为耻辱，通过低息租借小块土地、雇人从事商业活动以及金融上的支持来帮助穷人，以至于达到这样的程度，即借贷人比债主还受欢迎。因此，家中平安无事，外面的敌人被打败。但是，在那些日子里，年轻人当然还没有养成在赌场或与吹短笛的女孩私混在一起打发日子的习惯，如果他们必须穿过阿戈拉的话，他们会表现得很恭敬。与长辈产生矛盾或冒犯长辈会受到比现在与父母发生同样的问题严厉得多的责罚。那时候，甚至连一个有自尊心的奴隶也不会到酒馆里去吃饭，现在小丑和模仿者（做出可笑的姿态）被看作是天才的人物，但在那时却被看作是不幸者。

现在事情已经向坏的方向发展了，按照伊索克拉底的说法，主要的罪责应该归咎于他的上一代人，是他们破坏了战神山的力量。但是，很显然，人们还没有任何悔改的想法；他描绘道，不论在宗教还是在公民制度上这座城市由于民主制度而运转良好，现在甚至旅行者也仍然认为它不仅应该统治希腊，而且还可以统治世界（66）。

不论如何，在城市机体的组织结构上已经发生了巨大的变化。甚 299
至在伯罗奔尼撒战争之前和战争期间，手工工人们已经产生了影响，但是现在，在民主制度恢复以后，仅仅是“人力的短缺”就使他们当中的很多人获得了公民权。大量的外邦人，像忒萨利亚人和安德罗斯人（Andrians），从公元前403年开始成为了全权公民（毫无疑问是通过相互通婚）。[49] 在他题为《论和平》（*Peace*）的演说中（86ff.），伊索克拉底解释说，由于伯罗奔尼撒战争中很多真正的雅典公民的亡故使得这项措施变得十分必要。在估算了雅典在公元前458年远征埃及时死亡的大量人口之后，他继续说：

> 每年都会兴建一些公共墓地，我们的邻人和其他的希腊人都会到那里拜祭，但不是和我们一起哀悼死者，而是庆贺我们的损失。在通常情况下，我们并没有注意到这些坟墓填满了公民的遗体，但是重装兵和公民的名单却由一些与城市无关的人构成。从僭主时代和希波战争以前延续至今的由最显赫者组成的家族和大家庭都被一扫而光。我们并不应该因为把来自于各个地方的人吸纳到公民队伍中而感到高兴；一个幸运的城市应该是一个最初的居民和部族被完好地保存下来的地方。

在这个城邦里存在着惊人的管理上的矛盾。一方面，这里有一个由神职人员和独裁者组成的在那个时代最专权的政府；这个没有人能够挑战其权威性的国家看到到处都有它的敌人，微不足道的过错就会被处以极刑，完全依赖于罚金作为公共收入的一个主要来源。另一方面，国家机构以一种最不光彩的方式运行，整个雅典国家完全没有力量控制负责起草法案的尼各马库斯（Nicomachus）和他的那些朋友；他们成为公民大会最完美的代表。法律以如此之高的比率获得通过，伊索克拉底把它们在数量上的巨大和内容上的繁琐看作是政治腐败的证明，说（《战神山演说》，40f.）他们在柱廊里堆满了文件，而不是遵从法律的人。法律中充斥了太多的特例，或者追加的条文，同时还在不断增加。这种做法完全不顾对整个体制的最细致和最规范的维护，例如，当有人要求对法律进行修正的时候，建议者必须在市场上同时展示新的法律草案和旧有
300 的法律条文，以方便人们对它们进行审核，在公民大会上提出疑义，公民们可以指定发言人对旧有的法律进行辩护。法案的制定和法庭已经不能改变这样的事实，那就是国家已经变成了一个装满法律的破布袋，个人则变坏和腐化了；演说家展示了法律的所有维护措施是如何被废止或公开地受到嘲弄的。

不论国家做出什么姿态，也不论它是多么专横地插手具体的案件，个人行为的不道德，以及寻找法律中的漏洞的普遍做法还是相应地增多了。人们在冒着生命的危险去获取利益上表现出惊人的狡诈。我已经提到过谷物商触犯了法律就会被处以死刑，在这一倒退的状态下，在对公民们的不断折磨中，国家使自己变得面目可憎，人们尽其可能地去逃避税收，只要有能力做到这一点的话；例如，300 个最富有的人从公元前 357 年被列入到为装备三列桨战舰（*symmoriai*）而组成的税收联合体的首批名单中，需要预先支付海军的开支，但是他们还是受到了严厉的指责，说他们不公正地把负担加在了并不富有的人身上，因此装备战船的任务常常被耽搁下来，并且没有很好地完成。[50] 盗用公款的指责成了家常便饭。在一篇发表于彼奥提亚—科林斯战争期间的演说中，吕西阿斯说："他们偷了你们的东西还不会受到惩罚。或者是没有人发现，他们便无所畏惧地享有他们的战利品，或者他们用一部分收益使自己免于危险；或者，如果受到审判，就会利用他们的声望（免于惩罚）。"这篇演说的主题就是那些早先生活贫困的战争的受益者；这些人通过掠夺和剥削人民而发财致富，而人民对窃贼甚至连气都不会生，而且还对他们微薄的所得充满感激之情。[51] 对于行政官员，他们都或多或少地腐化了，

为了可以预期的贿赂，这些职位竞争得十分激烈。在很多情况下，这样做的动机可能不仅仅是冒着危险去赚钱，而是一种铤而走险，他们由于能够成功地欺骗制度而倍感骄傲。所有这些情况使我们感到，那个时代大多数的雅典人还是拥有足够的公共生活，渴望着在法律的保护下过上一种平静的私人生活。

正是在这个蜕变的过程中，一个金融骗子登上了舞台，为国家献上了一个辉煌的繁荣前景。这就是老年的色诺芬，《论雅典的收入》
（*Revenues*）这篇论文的作者，在神圣战争（the Sacred War）期间，就 301
在他被雅典人放逐之后，他为欧布鲁斯撰写了这篇东西。[52]

色诺芬的计划是通过招徕外邦人的办法增加雅典的国家收入，答应为他们开辟出一块土地，并为了处理他们的事务新设立一个管理外国人事务的监护官（*metoikophylakes*）的专门机构；他还希望更加全面地开采银矿资源，大规模地增加在那里干活的奴隶的数量。[53] 所有这些都与他的爱国主张相契合，即公民应该而且能够仅仅为了国家和增加其力量而存在。这样的时候早已经过去了。与此相反，现在人们要求的是权利而不是义务，追求的是享乐而不是劳作，这已经成为雅典人生活的普遍原则。现在由反物质主义的生活态度所造成的必然后果已经变得十分明显。由于人们不再能够享受到辛苦劳作的快乐，所以每个人都极力躲避劳动，人们不得不去寻求另外一种幸福生活的方式，为达到这一目标他们可以使用任何手段。他们经常违反法律；发假誓，做伪证，公开的盗窃和杀人越货成为了家常便饭，依靠这些他们成为了可憎的寄生虫。国家当然应该惩罚不劳而获者，对这群沉迷于享乐的暴民进行治理，但是令人沮丧的事实却是国家完全不能做到这一点，它甚至不能够为那些受到最恶毒的错误指控的人提供保护；实际上，攻击者能够得到国家制度的正规体制的全力支持。

对于这个时期雅典的悲惨状况最好的描述出自于演说家伊萨乌斯（Isaeus），尽管他的演说仅关乎公共行为，因而只反映了希腊衰败的一个侧面。尤其是，它们解释了所有的遗产是如何必须采取果断的措施加以保护，以避免受到一群贪婪的骗子的威胁。例如，在第四篇演说中，说到一个叫尼克斯特拉图斯（Nicostratus）的人，他在战争中死在海外；他的只有 2 塔兰特遗产的自然继承人是他的父亲的兄弟的两个儿子。但是很多其他人都剪掉了他们的头发，穿上丧服，就好像他们也是合法的继承人那样。一个人声称是死者的外甥，被识破后逃跑了；另外一个坚持说所有财产都应该留给他，但最终也不得不接受了败绩；第三个人带来了一个 3 岁的孩子说是死者的儿子，而这个死去的人已经离开雅典整整 11 年了；第四个人宣布财产应该捐献给雅典娜，但也有一部分应该留给自己；第五和第六个人先是发誓说，立遗嘱的人曾经与他们打官司输了，欠了他们 1 个塔兰特，当他们不能证明这件事的时候，又说他
302 是他们的被释奴，但还是没有证据。这些只是最先扑向遗产的人；当他们的要求被拒绝后所处以的罚金正是他们在开始时所交纳的定金，只相当于他们所要求的财产的十分之一。演说家认为，这个数量太少了，原告败诉后向国家交纳的罚款的数量应该与他所希望得到的数量相当；这就会消除人们对法律的蔑视，防止人们伤害死者的亲人和破坏对死者的记忆。后来，另外一个人带了一份所谓的遗嘱出现了，说他得到了尼克斯特拉图斯的宠幸，他还宣称这个人并非继承人的叔父的儿子，完全是一个没有亲缘关系的人。同样，第八篇演说描述了狄奥克里斯——他入赘到了某个名叫西戎（Ciron）的人的家里——是如何告诉惟一的合法继承人，即西戎的女儿的儿子们，说他们的母亲并不是西戎的女儿。顺便说一下，后来证明这个不道德的家伙所夸耀的这笔财产也并不是他自己的。他是通过假装成一个父亲的养子骗到这笔钱的，那位父亲的真正继承人是他的三个女儿，尽管他没有在遗嘱中提到她们。其中两个女儿的丈夫提出偿付的要求，他绑架了大女儿的丈夫，把他关了起来并进行折磨，为此他受到了侵害他人的控告，但到那时还没有受到惩罚。他指使一个奴隶把二女儿的丈夫也给杀害了，然后把这个奴隶派到海外，并指控他的妻子，也就是他的假姐姐犯了谋杀罪。在对她进行了可怕的威吓之后，他又利用了他作为她的儿子的保护人的身份侵占了她的财产；现在他占有着这个儿子在乡下的地产，他只给了其真正的所有者们其中的一小块贫瘠多石的土地。从这幅可怕的人物素描

中可以清楚地看到，在雅典，人们为了致富是多么的不择手段。在这里没有公共的检举人，似乎没有献媚者能够站出来与狄奥克里斯这样的人作对。

像在第七篇演说中提到的事情可能每天都会发生。其中讲到，一位被指定为监护人的叔叔被证明是不诚实和贪婪的；他声称自己是联合继承人，并侵吞了全部遗产。此外，一份地产的错误的占有还可能会得到一项法规的认可，直到合法的继承人或者他们的儿子到了可以开始提出一项新的诉讼以争取应该属于他们的东西的年龄；这种情况在德摩斯提尼家族就曾经发生过。[54]

另外一个话题，即公民权的问题，在德摩斯提尼反对欧布里得斯（Eubulides）的演说中也涉及了。演说的主题关系到德莫的一份人口调查的名单，其中那些父母双方不全是公民的人被删除了，降低到外邦人的地位（在很多情况下这样做是正确的）。向民众法庭进行上诉是允许的，但是任何提出上诉的人如果败诉就会被卖为奴隶。在这类诉讼当 303
中，阿谀奉承是基本的要素，在哈里姆斯（Halimus）的德莫中，声名狼藉的欧布里得斯把它变成了自己的专业。在德莫大会以及城镇自身举行的会议上，他用了一整天的时间对他的牺牲品进行攻击，说一些无聊的话，其中就包括德摩斯提尼的委托人欧克西修斯（Euxitheus）。他继续发表言论直至天黑，大多数人都回家了；只有 30 个人留下来，都是他的同党，接着举行了投票，很多人投了两次以上，所以最后在装选票的瓮中有超过 60 张欧克西修斯的反对票。这个人被剥夺了公民权的借口是他父亲的说话口音和习惯都是外国的，实际上这是由于他作为一个战俘曾经长期漂泊在外所致。还有他的母亲，就像那个时代中很多处于贫困中的人一样，以当人家的奶妈为生。在德莫中保存的公民登记册据说在混乱中丢失了。欧布里得斯的目的是报仇，因为欧克西修斯利用了他的一个献媚者作证来告发他；这样做真的是厚颜无耻到极点了，因为欧克西修斯拥有足够的双方父母的亲戚和许多其他的证人；他和他的家族在他的德莫被认定为公民已经有几十年了，他们还是让他的名字继续保留在为赫拉克利斯的祭祀仪式所进行的抽签活动中。[55]

残忍的人总是存在的，我们自己的安全标准不能应用到雅典公共事务的暴力事件中。在演说家的时代最令人讨厌的特点是公民大会和民众法庭的运作方式，还有他们所有官方的办事机构，都是为了最恶毒的欺骗和迫害而设置的，为这些行为提供了某种渠道。当我们注视着所有这些腐败的演说家，大量的从来没有付诸实施的决议，起哄嫁祸和制造噪音的人们沉湎于提出反对意见，献媚和作伪证，在犯罪的过程中无辜者受到牵连，由于握有真理的一方被杀害而造成的沉默，使我们最为惊讶的是这一毫无羞耻的罪恶展示当中所表现出来的无与伦比的傲慢。这使我们回忆起 1793—1794 年在法国出现的恐怖局势；但是在雅典出现的是一种完全的堕落状态，不过，有一些才能的人们在比例上比任何一个现代城市要多得多。

不论如何，公民大会和陪审法庭仍然是使某个叫德摩斯提尼的人的讲话能够被大众听到并取得胜利的机构。正是雅典在政治上的成熟和发达的思想文化最终使他能够受到人们的赏识。在这里，甚至最令人反感的因素也可以被看作是一种非常先进的文化。

304 在这样一个人们惟一的普遍兴趣在于追求享乐的时代，国家同样也想从中渔利。欧布鲁斯的统治开始于公元前 354 年，持续了 15 年时间。不仅战争结束了——这在任何一个时代都是明智的举措——而且生活中除了享乐也什么都没有了，在雅典人的生活中，主要的事情就是进行节庆活动和分配钱财。节庆费用的资金储备成为国家最重要的事情，其他所有基金的剩余都会流入该储备。“泛雅典娜节和狄俄倪索斯节，”德摩斯提尼说：

> 必须总在正日子举行，为此你要推迟开战的时间——它们要花费你们与任何军队一样多的钱财，因为有关节庆的一切都需安排得准时，你们每个人都要提前知道谁是合唱队队长（*choregos*）*，谁来组织哪个部落的比赛，何时申请，为谁申请，以

---

* 合唱队的主要费用由合唱队队长负担，一般由城邦中的富有者担任。

> 及所有需要准备的事情，而战争则不需要什么准备。[56]

众所周知，任何把金钱用于娱乐活动以外的人都要被判处死刑，德摩斯提尼花了很多的时间用于清理这个蜘蛛网。这表明这个民族已经在娱乐活动上陷得很深。然而，这些活动当然把战争排除了，在欧布罗斯上任前不久伊索克拉底所发表的和平演说表达了对和平的深深的渴望。他相信可憎的总想统治他人（*arche*）的野心已经毁了雅典，就像它毁了斯巴达那样（94f.，104f.）。伊索克拉底的目的是劝阻雅典人不要再对海外用兵了，不要再怀有海上的野心，不要再发动战争，他要使他们相信，尽管过去发生了很多事情，但这条和平之路一定会使他们赢得世界上其他地方的爱和尊重。几乎依照了欧布罗斯自己的精神，伊索克拉底描绘了一个光明的未来，在那里不再有特殊的税收，三列桨战舰和战争的花费，他们能够安全地靠农业、航海和商业生活；城市的收入会翻倍，那时会到处都是商人、外国人和外邦人，可以把贫困的雅典人和其他的希腊人派到色雷斯沿岸去定居。

与节庆活动的辉煌形成对比的是，公共工程却处于一种可怜的状态，只是把城墙、道路和泉房进行了粉刷。[57] 作为补偿，私有者和个人的奢侈行为现在则变本加厉；德摩斯提尼说，现在富人的生活比米太亚德和阿里斯第德的生活还要好得多，他们建的房子比国家的还要壮观。[58] 在人们的生活方式上所表现出的贫富分化在这个时期变得更加明显。

有一种普遍的感觉，那就是辉煌已经是一件过去的事情；这个城市 305
好像变成了一个小老太太，吮吸着她的大麦汤，脚上穿着拖鞋。[59] 人们有着充足的理由去反抗和拒斥悠闲和快乐的生活，因为有些令人不愉快的东西总是提醒着人们，这些习惯是没有任何价值的。在萨洛尼克海（Saronic Sea）的沿岸，海盗猖獗；例如，狄奥格尼斯就在从雅典到埃吉纳的路上被海盗抓住带到了克里特，这些海盗的头目就是远近闻名的斯克耳帕鲁斯（Scirpalus）船长。费莱（Pherae）的一个叫亚历山大的人率领其船只大胆地袭击了皮赖乌斯港，把那里的货币兑换者的所有钱财洗劫一空。[60]

实际上，伟大的旧雅典已经消失得无影无踪。在它从一个政治势力完全转变成为一个文化中心的过程中，其代表的希腊文明成为整个希腊的楷模；同样具有典型意义的是，城邦中的公民个人也转变成为学者，他们成为希腊文化的载体；在逃离国家的倾向上哲学起到了带头的作用。然而，从精神文化上看，雅典比以前更加成为了一个领导者，爱奥尼亚的城市已经丧失了其精神生活的重要性，与科林斯、底比斯、阿尔果斯和斯巴达没有什么区别。惟一的例外是，绘画艺术仍然在各地存在。在哲学上，雅典当仁不让地占据了主导地位，生活在希腊其他地区的哲学家都必须至少在雅典生活一段时间。[61] 演说的遗产是如此丰富，即使仅此一项就可以确保雅典的领先地位。哈利卡纳苏斯的狄俄倪索斯谈到伊索克拉底的时候说，他训练出了雅典和希腊其他地方的最富有天才的人物，其中一些人成为法庭上的演说家，一些人在国家的事务中赫赫有名，另一些人则成为“记载希腊人和野蛮人的事迹”的历史学家。这座城市必须至少以保持其作为演说家故乡的地位为目标，因为这种技艺很快就要成为最重要的力量源泉。绝不能忘记悲剧仍然在上演，并且有新剧推出，也不要忘记雅典同样是中期喜剧和新喜剧的主要故乡；这里巨大的精神能量仍然给人以持久的印象；雅典所呈现出的活力在其他地方是看不到的。

然而，到公元前 350 年，雅典的政治和军事形势已经变得非常糟糕，而马其顿人的威胁则与日俱增。在开俄斯、罗得斯、科斯和拜占庭相继叛变以及不幸的同盟战争之后，雅典的海上同盟完全崩溃了。在雅
306 典所剩无几的盟邦和小的尚未独立的居民点，居民们生活在恐惧中，害怕那些来自于海上的雅典同志们，因为雅典人在战争中已经无钱可用了，他们最好的预期是必须交纳大量的供品，最坏的打算则是被口袋空空的雇佣兵洗劫一空。这些军队和将领是惟一可以依靠的军队了。[62] 尽管关于这些恶毒将领们的抱怨声很高，但还是应该对他们的境遇加以考虑，因为他们必须与政客们相抗衡，他们往往先给他们下命令而后再去挑他们的毛病；雅典人总是准备相信谎言，然而仓促地做出决定。[63] 德

摩斯提尼说，每个军事将领都必须经受住两到三次的判决；但是由于不能对这些雇佣兵实行有效的控制，他们对指控从来没有放在眼里，人们还是不遗余力地追随着这些犯了错误的人。在那里，伊菲克拉特曾经率领武装对法官进行威胁，现在查雷斯（Chares）居然把雅典用于战争的资金在演说家、荣誉贩卖者和法庭官员中进行分配；大众不但没有因此而责备他，反而对他十分热爱。“因为人们自身也以这种方式生活”，雅典尼乌斯（532d）说；“年轻人在酒馆中与吹笛少女或情妇虚掷光阴，他们的父辈则在投骰子和其他的游戏中消磨时光，大众把更多的时间花在宴饮和吃肉上面，而不是管理城市。”在德摩斯提尼的《反阿里斯托克拉特斯》（*Against Aristocrates*）的演说中，他说查理德姆斯（Charidemus）也贿赂演说家，因而有时也会冒着与雅典人的利益相左的风险。例如，他支持海盗，他们全集中在位于柴索尼斯西岸的阿罗培肯尼索斯（Alopeconnesos），当时雅典人正准备对他们发动进攻；他还背信弃义地逮捕了一个色雷斯首领和他的儿子，他们对雅典十分友好，他把他们交到了敌对的卡迪亚人（Cardianians）手中，他知道他们不会对他们手下留情，接着他们在当着父亲的面杀死了儿子之后也把父亲给淹死了。[64] 这件事也没有受到惩罚，这座城市甚至允许自己公开地受到劫掠，只要能够保留住雅典人的快乐日子。雅典人为这些政治上的老板竖起雕像，以这种方式庆祝雅典的胜利，[65] 他们则在很远的地方为他们自己建立起避难所，因为他们知道没有一个雅典人是可以相信的；[66] 科农在塞浦路斯，提墨修斯在莱斯波斯，伊菲克拉特在色雷斯，查雷斯在西格翁（Sigeion），还有查布里阿斯在埃及都建立了这样的避难所；他们别无选择；但是总的来看，鉴于这种雇主和雇工之间的关系，或许从未做出更加违背道义的事情。

与此同时，雅典民众的公共举止也变得十分可耻，“事情竟然发展 307
到这样的地步，我们的公民不再冒险出城去面对哪怕是一个敌人”，伊索克拉底在他的对雅典人进行攻击的演说中如是说（《和平》，77）。他又说：“我们不能在不侵害他人的情况下平安无事地过上一天，我们甚至不愿意出现在游行队伍中，除非有钱可拿”（《战神山演说》，82）；

还有，“我们渴望统治，但不想通过自己的努力获得土地；我们与半个世界发生争执，但却把军事上的准备工作交给那些无家可归和不能信任的雇佣兵。”（《和平》，44）情况是如此糟糕，福西翁曾经允许大量的有不满情绪的和没有纪律约束的煽动家擅自离开，因为只有在战场上他才对他们具有约束力，在雅典他不能眼看着这些没安好心的家伙轻视他，或者利用献媚者把他搞垮（普鲁塔克，《福西翁传》，12）。有时候，雇佣军被伪装成重装兵派到外面去，一些公民则当作水手随行。有一次，这支公民兵“在一种高昂的情绪下”列队出行，等待他们的正是喀罗尼亚战役。

我们必须要考虑到欧布鲁斯和其他具有领导地位的政治家在控制民主制度下的公民大会和民众法庭的问题上所采取的方式。这种控制总是通过一些大众演说家（*rhetores*）来实现的，这些演说家正是以他们的种种恶行闻名于世。尽管腐败行为是很容易被判处极刑的，但他们的言论就像要他们保持沉默一样是可以购买的。伊索克拉底说，“当我们这些职业的乐观主义者想对另外一个国家挑起战争的时候，他们就会厚颜无耻地说我们应该像我们的祖先那样采取行动，但是他们说这话的时候需要有人付钱”，例如，德摩斯提尼就宣称：“如果有人问你认为城邦中哪类人最坏，你不能说是农民或者商人或是那些做银矿生意的人；所有人都会说是那些拿钱发表演说和起草申请的人。”（《反阿里斯托克拉特斯》，146）他们以向人们——甚至向雅典的敌人和罪犯——兜售公民权和其他荣誉而臭名昭著，只要这样做对他们有利可图。[67] 手指指向谁，谁就可以从贫穷变成富有，从默默无闻变成英名卓著，他们为自己建造起漂亮的房子，他们的发达正与国家的衰落同步；[68] 但是即使他们犯下了最严重的罪行并公开受到指控，他们也可以通过制造出双倍的好处（*asteia*）而获得赦免，如果一个人被发现有罪，那只是因为他犯了微不足道的过错（《反阿里斯托克拉特斯》，206）。雅典还是深深地依恋着这
308 些人，尽管他们已经骗了她一千次；原因在于他们总是能够摆出一副人民之友（*demotikoi*）的姿态，长期处于害怕失去民主的恐惧中的大众，只能够对那些代表了旧的“优秀品质”（*kalokagathia*）的人们产生深刻

的仇恨（伊索克拉底，《和平》，133）。这就是大众从不允许来自于贵族家庭的没有干系的人充当仲裁者的缘故，因为他们会被认为偏袒贵族寡头。就像伊索克拉底所言，人们相信，与清醒的人相比，喝醉酒的人能够做出更好的裁决，因为大众看到他们更合他们的胃口，常常会帮助他们满足其邪恶的欲求；因为雅典人已经变得越来越冷酷无情。[69] 与那些像德马得斯（Demades）[70] 这样的丧失了所有廉耻的人相依为伴的只是一些相对较坏的人：在腓力统治时期有一个名叫皮特阿斯（Pytheas）的人，对于人们指责他很邪恶并不反驳，而是说与阿提卡的政客们相比，他只是偶尔如此；他公开以自己并不总是如此而感到骄傲，认为他不会干坏事，因为他不在最坏的人当中（阿里安，《多变的历史》，14. 28）。我们就不用再说献媚之辞的继续盛行了；我们常常不能在献媚者和演说家中进行区分，这种行为继续流行，直至阿提卡国家及其最后的演说家消失在我们的视线中为止。[71]

抛开所有的这些，不言而喻的是，只要符合演说家的要求，他们对现实的最尖刻的抱怨就会与雅典人通常的自夸结合在一起。“不要逃避危险，但要避免丢脸和羞耻——这是你的禁得住时间考验的行动准则”，伊索克拉底说（《普拉提亚演说》[*Plataicus*]，14. 39），再比如，在《反阿里斯托克拉特斯》的演说中，在其对雅典人平白的话语中，德摩斯提尼还是必须要使用捧杀的言辞：“你们雅典人从来没有出卖过一个盟邦，就像忒萨利亚人永远会出卖所有的盟邦那样。”（112）用来激发人们的爱国热情的一个尤其为人们所喜爱的题目是对刺杀僭主的赞颂，这个主题总是会给听众带来愉悦。色雷斯的国王考提斯（Cotys）被授予雅典的公民权和一顶金制的王冠，后来转而对抗雅典；公元前 358 年，他被赫拉克利斯家族的一个叫皮同的人暗杀了，他因而也获得了雅典的公民权和金冠作为奖励，尽管这也并没有能够阻止皮同抛弃所有这些荣誉，投奔了腓力（《反阿里斯托克拉特斯》，118f.，127）。

国库的空虚与经常展示出来的丰富的情感形成了鲜明的对比。的确，阿提卡所有的可以征税的财产多达 6000 塔兰特，德摩斯提尼断言，

309 这些钱几乎相当于其他所有城邦的财产总和（《论税收集团》[*On the Taxation Group*]，19. 25）；但是从这个世纪一开始就有关于财政状况的抱怨，早在吕西阿斯的演说中就说到过有关国家任意鲸吞无辜者财产的令人震惊的事例。德摩斯提尼告诉他的公民说，"你们国库里的积蓄不足以维持军队一天的费用"。这时还不断出现关于公民贫困化的抱怨。值得注意的是，90000 德拉克马的财产就使德摩斯提尼的父亲位居最富有的公民之列，在伊索克拉底的《战神山演说》（54）中，我们则悲观地看到大量的公民从一大早就站在法庭的门口，只是为了能够通过抽签在里面坐上一天以赚取半个德拉克马；他还说，也就是这些人穿着租来的金色长袍出现在节日和游行活动中，但在冬天他们的身上却裹着丑陋不堪的破布。

在德摩斯提尼的第三篇反腓力的演说（36ff.）中，他还提供了一个不仅在雅典而是在希腊所有地方的政治家、演说家和其他人的普遍腐化的重要证据。他首先以一种有意要激起人们愤怒情绪的方式描绘了一幅希腊现实社会的图景，接着，他说现在与希波战争的时候是多么不同，那时候最丢人的事情就是被发现受贿；那时也没有像招摇撞骗的演说家和不失时机地出卖消息的将领这样的人，现在这样的人则随处可见，就像在公开的市场上买卖东西。希腊现在生病了，他说，有了新的麻烦；对某个赚到钱的人的嫉妒，对接受钱的人进行嘲笑，对犯错误者的容忍，对那些判他们刑的人的怀恨，还有腐化所带来的其他所有的种种弊端。正是在这样一种形势下，我们所描述的这个民族突然间意识到，它的存在正处于其对手马其顿腓力的威胁之中。

我们必须首先注意到这个时期雅典在文化上最显著的一个特征，这一特征是随着与马其顿人的战争而出现的：这种方式是雅典所特有的，那就是这个城市常常不得不通过演说家的口去证明其自身的存在，达到政治账户上的平衡。我们可以把同时代的犹太预言家的劝诫和德摩斯提尼的《奥林托斯演说》和《反腓力演说》作一个比较；仅此一端就可以反映出那个时代整个的希腊生活，没有另外一个希腊城市能够提供与此相似的自我意识。[72] 德摩斯提尼可能在这里或那里有错误，而埃斯奇尼斯确实撒了谎，想混淆视听；然而，在这个地方的真实状况的确被大声说了出来。

当然，雅典人听到了足够多的关于家乡的实情（德摩斯提尼，3.
15）。伟大的演说家把所有的过错都归结到雅典人的头上，他要求他们 310
回想一下，他们曾经拥有一些能够给他们提出正确建议的人，他们自己也有能力对这些建议作出判断，如果他们能够立即警醒的话，也会做出正确的行动；他向他们大声疾呼：

> 如果有一些美塞尼亚人或是伯罗奔尼撒人以一种违反他们良知的方式行动的话是可以理解的；但是你们自己却是完全明了事理的，你们让我们说出了针对你们的威胁和阴谋，然而你们却没有采取任何行动，直到最坏的事情发生；为了这些一时的快乐，你们竟然无动于衷，对你们来说，享乐似乎比任何帮助自己走出困境的努力都更为重要。[73]

他常常告诉他们做出某种改变是很容易的。“斯巴达已经倒台了”，他在第三篇奥林托斯演说（27）中说，“底比斯占领了其他地方；如果我们能够起来维护我们自己和其他人的权利，我们就能够主宰自己的命运，在这件事上我们没有敌手。正是我们自己丧失了自己的地盘，白白地丢掉了 1500 塔兰特，没有任何回报。”

或许不能确定的是，腓力是否真的从一开始就想与雅典发生争执，但不论如何他还是使雅典人感到了不安，在他越靠越近的时候，他们立即分化为两个党派。如果当时雅典有一个专权的统治者的话，不难想像的是，她可能与马其顿有着共同的事业；但是由于没有秘密的议程，所有的事情都必须通过公民大会进行，因此这就不可能了；腓力是如此胆大妄为，对希腊人也是如此惧怕，他认为很难劝说希腊人与他结成联盟。更糟糕的是，在雅典有一个亲马其顿派，由埃斯奇尼斯、德马得斯和其他的一些人领导，他们的名声越来越坏，以至于人们说，就连学校里的小孩子也知道哪些演说家拿马其顿人的工钱，马其顿的来访者一到雅典，他们就会兴高采烈地在大街小巷向他们表示敬意。[74]

德摩斯提尼站出来与他们对抗。我们知道，为了让人们倾听他的话，他付出了巨大的努力；人们在好的演说家的雄辩中感到愉悦，对待演说就像治病一样的当作一种需求，对不同的演说家评头品足，但这并不意味着他们一定会接受他们的引导。[75] 只是通过与腓力的冲突德摩斯提尼获得了政治上的影响力，在这个过程中，他拿出看家本领在演说中展示出了他的杰出辩才和超常韧性。[76] 至于他的政治道德问题，即使在
311 古代就存在争议，因为没有人知道他是否接受了波斯人的金子、拿了多少。[77] 我们并不想在这个问题上大做文章。然而，如果我们把对这位伟大演说家的判断完全建立在他的作品的审美感召力上，把他看作是一位没有任何瑕疵的爱国主义的楷模，把希波里得斯、提奥旁普斯和德莫特里乌斯（Demetrius）的批评仅仅当作充满嫉妒的谣传，这样做似乎也太过简单了；所以我们也不能完全接受现代学者对他的平反。[78] 我们必须承认任何知道雅典那时是个什么样子的人都会在判定这样的事情时极为谨慎。到处传布的丑闻和恶毒的政治谣言到处都是，这迫使我们得出结论，即使最好的人也难免受到牵连；在雅典的阿里斯托芬的戏剧中也给了我们这种无处逃避的印象；在这个时代，我们对找到一个完全清白的人不存在任何奢望。

不论如何，德摩斯提尼要负有削弱了欧布鲁斯的势力的责任。一股新鲜的空气似乎吹过城市的上空，以至于自尊开始恢复了；毫无疑问，雅典对于她的声名和自尊的这次复苏抱有一种欢迎的态度，以拥有这样一位反击腓力的热情似火的名人演说家而感到骄傲，即使还有埃斯奇尼斯和他的同党，相反的倾向在这个城市同时也是存在的。正是由于演说家德摩斯提尼是无与伦比的，因此在读到他的第三篇《奥林托斯演说》还有第三篇《反腓力演说》的时候不得不佩服他的辩才，其中他所使用的带有反讽意味的责备一定说到了雅典人的心里。这最后一篇著名演说的结论尤其具有感染力，他提议进行军事上的准备，结成同盟，向国外派出使团去宣传、联合、告知并警告希腊人，但接着就对他的听众解释说，他们必须做出榜样，不要等着查尔基斯人或者麦加拉人去拯救希

腊，而认为他们自己可以什么也不做；因为他们是从他们的祖先那里继承了这个光荣的职责。毫无疑问，这个口若悬河的人成功地使雅典人站在了自己的一边，最终还把从前的敌人底比斯人以及他们的将领和同盟官（Boeotarchs）* 也成功地争取了过来，因此，底比斯和雅典的公民大会一同掌握在了德摩斯提尼的手里。[79]

如果我们更为冷静地观察事态的话，就会发现他的军事政策存在着几个问题。腓力很有可能更倾向于暂且放开帕那索斯以南的没有陷入混乱的希腊地区，目的是实施他对抗波斯的重要计划。他已经得罪了科林斯人、阿卡亚人和底比斯人，但还没有直接去对抗雅典。[80] 然而，第三篇反腓力的演说却鼓动雅典挺身而出成为整个希腊民族的屏障，因为这 312
是德摩斯提尼能够激发雅典人的惟一理由。在希腊城邦陷入如此残酷的互相虐待的战争一百年之后，现在要谋求外国的力量插手希腊的事务，必须有一种强大的信念作为支撑，那就是希望泛希腊的爱国主义能够在这最后的时刻创造出奇迹。不仅如此，演说家还必须告诉他的雅典人，他们目前仍然处在一种虚弱的状态中，尚不能对腓力发动一场决定性的战争，必须面对失败；他们的敌人并不像他们在伯罗奔尼撒战争中的对手斯巴达人；腓力的军事组织是一种完全不同的风格。[81] 抛开这些，尽管他清楚地知道他的阿提卡公民兵是如此的不堪一击，德摩斯提尼还是鼓动这个破败的和热爱快乐生活的国家投入一场战争，在这场战争中其存在必定面临危险。十分明显的是，他也希望马其顿自身发生一些变化，就像他所暗示的那样，他们只需要对付一个人。但是腓力还没有死掉或者被暗杀。不论如何，这种政策是极端草率的，我们必须记住，并不是所有的德摩斯提尼的反对者都是马其顿收买的亲信；尤其是福西翁从一开始就反对整个行动计划。

当他们被召集起来进行决战的时候，似乎所有的年轻人都迫不及待地出发，尽可能早地赶往彼奥提亚（狄奥多洛斯，16. 85）——然而，同盟们也带来了一支与他们的公民兵一样强大的雇佣军——他们就这

---

* 即彼奥提亚同盟的同盟官。

样赶到了喀罗尼亚（公元前 338 年）。如果德摩斯提尼在这场战役中牺牲的话，那倒是他的运气了；然而，正如一位晚近的历史学家所言，他“在撤退的过程中被俘”，普鲁塔克的记述更加不客气，说他就像一个懦夫那样地逃跑了，扔掉了武器。[82] 在战后的这天晚上，腓力带着胜利的口吻朗读了雅典公开的战争宣言：“正是在帕尼亚（Paeania）的德摩斯提尼的儿子德摩斯提尼的动议下作出了这个决定。”这一点成为演说家一生中的一个污点；后来的事情再也没有能够挽回他的声名。

当战败的消息传到雅典的时候，第一个反应就是普遍的恐慌情绪。这种情绪在希波里得斯做出的提案中表现得十分明显，他建议让妇女和儿童躲进比雷埃夫斯港，给予所有的奴隶以自由，授予所有的外邦人以公民权，恢复那些被剥夺了公民权的人的公民权。[83] 这个提案立即被接受了，所幸的是没有执行，因为它将导致绝对的绝望和恐怖。希波里得斯后来不得不因此受到审判，但这个提案本身就足以表明雅典人陷得有
313 多深，因为在公元前 4 世纪早期，凡是父母不是正式结婚的公民的那些人被剥夺了公民权。腓力还是抑制住了他们所惧怕的对雅典的进攻，他具有讽刺意味地表现出对雅典的仁慈；他把死者送回了雅典埋葬，释放了 2000 名阿提卡的战俘，没有收取任何赎金，不仅让雅典人保住了阿提卡，而且还把欧罗普斯（Oropus）的边界地区给了他们，而这些地区原来属于他们的底比斯盟邦，一直处在双方的争夺之中。作为回报，他们当然也不得不与他签订了一个联盟条约，但允许他们保留那些反马其顿的政治家，人民大众继续保护德摩斯提尼免于所有的指控。由于他们已经决意不表现出任何悔改之情，所以他们还是把在阵亡将士墓前演说的权利交给了德摩斯提尼。

在雅典，一旦恢复了镇定，就再次出现了一系列反对军事将领的坚决行动。一些人因为交出了战船，另外一些人则由于出卖了同盟城市而受到控告，但是所有受到指控的人都逃跑了，很显然这是因为没有人期待雅典的法庭能够作出公正的裁决。公开的告密者们一定已经使自己陷入到一种控告的狂热中，把庄严的“国家控告”（*eisangelia*）用在一些鸡毛蒜皮的小事上面，例如，一个人告发另外一个人用于雇佣吹笛少女

的钱超过了法定的费用，或者他在错误的德莫进行了登记。[84]

现在面目可憎的演说家来库古登场了。一个爱国者，一个成功的金融家，从未盗用过国家的财产，[85] 他还是一个令人炫目的狂热分子。[86] 正是在他提交的控告的基础上，雅典人不得不通过了对吕西克里斯处以极刑的决议，他曾经在喀罗尼亚率领军队，因为查雷斯没有指挥才能；在他的演说中，来库古证明了自己是一位“最严厉的检举人”。在他的控告演说中幸存的一段话正体现了我们所熟知的 1793—1794 年大恐怖时代的那种风格：

“你跑不了了”，他对吕西克里斯说：

> 当两千人倒下，两千人被俘，在那里树立起一座雅典战败的纪念碑，整个希腊开始受到奴役。在你的领导下取得这些“战果”之后，你居然敢于继续活着，看着太阳的光芒，在市场上大摇大摆的散步，你简直就是一个你的国家的羞耻和屈辱的活的见证物。(狄奥多洛斯，16. 88)

没有任何记录能够说明吕西克里斯在军事上犯过什么错误，所有对此前
事件的指控都可以同样用在德摩斯提尼的身上；但是来库古需要释放他 314
的情绪或者他的动人的爱国主义热情，于是吕西克里斯成为了他的牺
牲品。

腓力于公元前 336 年在埃格亚举行的他女儿的婚宴上遇刺身亡。在那时，当同盟国聚集在科林斯时，他曾经在希腊人中任命了与波斯开战的军事指挥官。他死后，雅典人欢呼雀跃。随即举行了感恩的祭祀活动，德摩斯提尼身着盛装头戴桂冠出现在公共场合，尽管在几天前他刚刚失去了一个女儿。高兴是可以理解的。雅典人最荒谬的举措似乎是要马上为刺杀者授予一顶金冠——如果他们能够抓住他的话。现在他们要对付的就是亚历山大了。德摩斯提尼做出了一个惊人的错误判断，他称他不过是一个孩子，一个笨蛋（*margites*），当然他不会知道他将是所有历史时代中最强有力的人物之一，他就这样错误地下了结论。不能原谅

的是，他现在鼓动底比斯人发动起义，并为他们提供武器，因而他们开始屠杀马其顿的驻军。德摩斯提尼作为一位首席演说家控制了局面，雅典人武装起来，并期望从小亚细亚的波斯总督那里得到帮助，但是当亚历山大出现在彼奥提亚的时候，人们的勇气崩溃了。就像普鲁塔克所描述的那样（《德摩斯提尼传》，23），德摩斯提尼"像一道光那样地跑了出来"，底比斯在被雅典抛弃之后被攻陷；如果他们想在底比斯举行暴动的话，他们就应该为这座城市做更多的事情。一个代表团到了亚历山大那里，德摩斯提尼也是成员之一，但他不失时机地退了出来，因为害怕国王生气；他很快就处在了被移交到征服者手中的巨大危险里，亚历山大要求逮捕十个反马其顿的政治家。德马得斯成功地安抚了国王，使亚历山大的路线转到亚洲。

与此同时，在雅典发生了德摩斯提尼和埃斯奇尼斯之间的巨大争执。这场争执早在喀罗尼亚之后就开始了，那时泰西封（Ctesiphon）提出申请当众授予德摩斯提尼桂冠，埃斯奇尼斯则提出反对意见，这场斗争持续了好几年时间，最终以德摩斯提尼胜利地得到这一荣誉、埃斯奇尼斯自愿被放逐而宣告结束。就在这场口水战吸引了所有雅典人的注意力的时候，亚历山大正在亚洲取得一个又一个的胜利，这表明了希腊人对雄辩的口才的痴迷是多么的不可救药。这两个对头在这个问题上的演说词把大量的肮脏事实暴露在公众面前，给人们留下了痛苦的印象和不快的滋味，即使读者对所有的言辞并不相信。

315 在这个时候，大约是公元前 332 年，来库古告发了列奥克拉特斯。罪名是逃避军役，在喀罗尼亚战役的时候出国。错误的消息流传开来，尤其在罗得斯，说雅典已经掌握在马其顿人手中，比雷埃夫斯港被包围，这导致装满谷物的船只滞留在了罗得斯港，而不能开往雅典。后来列奥克拉特斯还假扮成一个外邦人在麦加拉生活了五年。在控告他的过程中，来库古使用了鼓动下层群众来诋毁他的最极端的方法，在他返回雅典的时候就放出风去说他将会受到审判。他的主要措施就是把雅典人能够犯下的所有罪责都一股脑地放在他的身上，他始终无情地使用这一方法。对雅典的奉承越多越好；他们不得不严肃认真地听着他对他们诉说，他说所有民族都表现出对神灵、父母和最伟大的爱国主义的最大的虔诚，所有这些都将被忽视，如果列奥克拉特斯能够逃避这些罪责的惩处的话。在墓前演说中，他用了庄严的口吻说出了一个自相矛盾的真理，那就是在喀罗尼亚的死难者胜利地倒下了，当他们被埋进坟墓的时候，全部希腊的自由也随之被埋葬了。他说只有雅典人知道如何赞颂勇敢者，因为在其他城市的阿戈拉中充斥了运动员的雕像，而在他们自己的城市里却能够看到伟大的将领和那些刺杀僭主的人。希波战争期间旧有的节制再次恢复了，从前没有哪个野蛮人的战船敢进入希腊的水域，即使小亚细亚的希腊人也是独立的。他补充道，正是由于雅典人的光荣，她的伟大事迹成为了所有希腊人的典范；正像雅典在这个时期身先士卒一样，他们的阿提卡祖先在勇气上也总是走在其他人的前面；接着他还讲了考得鲁斯[87]是如何牺牲他妻子的故事，讲得十分具体而且充满了戏剧化的情绪。[88]在这篇演说中有大量的爱国主义的献媚之辞。刚一开始，来库古就请求地方的神祇和英雄作为证人攻击那些由于背叛而玷污了他们的神庙、圣地和古代祭祀的人们，在后来的段落中还有类似的破坏虔诚的事情。[89]列奥克拉特斯还被控告发伪誓，他要求一个办事员漫不经心地背诵应该由青年男子发表的誓言，另外一次是希腊人在普拉提亚战役之前发的誓（但在这项审判的时候一个誓言还不值两个便士）。还有一个间接的控告，说列奥克拉特斯想把传统的仪式全部废除，只要有人做得出来，就可以把父母交到敌人的手里，剥夺应该属于死去的人们的尊严；与此相应的是，那时人们十分强调神灵对人类行为的关注，首先要对父母和死去的人充满敬畏。与这个罪名相联系，来库古还 316 讲述了一个传说，据说来自埃特那火山的一股岩浆特意避开了一个想解救他的父亲的儿子。应该说，这些宗教奇闻显然在当时的雅典是很荒谬的，演说家在强迫人们接受他在神话和古迹上的个人爱好。[90]雅典旧有的严厉的清规戒律得到了详细的阐述；来自于像提尔泰（Tyrtaeus）这样的诗人的爱国主义文献也被用上了；在这以后不久，在雅典，人们还为德莫特里乌斯唱起了酒神颂歌（Bacchic Hymn）。

雅典仍然是所有旨在反对亚历山大的谋划活动的中心。此时，有史以来最骇人听闻的盗用公款的事件开始被揭露出来，有一部分是在这个城市发生的。亚历山大的司库哈帕路斯从巴比伦潜逃到雅典，从他偷的5000塔兰特中拿出700塔兰特留在了雅典。偷窃的数量之巨使整个城市感到了不安，在诉讼的过程中，最终矛头直指那些最有影响力的人民领袖，因为是他们把他从港口接上了岸，然后又放他逃跑的，德摩斯提尼当然也受到了牵连。一开始，他并不想接纳哈帕路斯，只是让他路过，据说哈帕路斯用20塔兰特贿赂了他。演说家的罪责被希波里得斯和告发者确证了，其演说词的起草者是戴那库斯（Deinarchus）和历史学家特奥旁普斯，对于他们，普鲁塔克一再提起。[91] 德摩斯提尼被认定有罪，处以50塔兰特的罚金。大多数现代学者相信他是一个阴谋的牺牲品，但是在这样的案件中关于对与错的推断是如此不明确，我们只能不发表意见。不论如何，德摩斯提尼还是被关了起来，后来成功地逃离了，甘愿在埃吉纳和特洛曾过了很长一段流亡生活。这引发了他关于当时雅典基本情况的一段最重要的论述；普鲁塔克记载，当年轻人前去拜访流亡中的德摩斯提尼的时候，他劝说他们要远离政治生活，还告诉他们，如果从一开始他有两条路可供选择，一条是演说家的讲坛和民主制度下的公民大会，另外一条是直接死掉，如果他能够预见到政治生活中的邪恶、焦虑、充满嫉妒的控告、诽谤和相互倾轧的话，他宁愿直接选择死亡。[92] 在那时，雅典所有的政治家可能都会有此同感。

亚历山大在公元前323年的去世使得把马其顿人赶出希腊的想法又死灰复燃了，至少比以前的想法更实际了。德摩斯提尼被喊回了家，受到了热烈的欢迎；但是在最初的鼓动成功之后，希腊城市内部的虚
317 弱在拉米亚战争中明显地表现出来；当马其顿人再次取得胜利，演说家又一次地逃跑了，正如我们所知，公元前322年，他死于卡劳里亚（Calauria）。[93]

在关于雅典的讨论中，我们经常说起这个城市的狂妄自大。但我们必须说，不仅是雅典，即使是整个希腊，从公元前5世纪开始，都承袭了过高的期望和关于过去的辉煌的记忆，这使它不能得到片刻的休息——这是一笔既有益处又存在缺陷的遗产。一个民族的每个历史阶段

都会有其独特的责任或者任务，必须清楚地认识到，这些责任不要被先前的胜利淹没。但是这仅仅适用于文化上的目标，道德的标准不应该降低，但是在道德的意义上，可以察觉到希腊从公元前5世纪开始明显地处于衰退的过程中，可能与其说是在私人的领域，不如说是在与城邦相关的所有事情上面。希腊生活最高贵的观念已经明显地崩溃了；思想家和受过教育的人已经抛开国家，走向了背离城邦（*apolitia*）和世界主义，这是一个得到公认的事实。

惟一能够改变这种状况的就是那些拥有影响力的个人的巨大的榜样作用。衰落的耻辱使整个希腊陷入痛苦之中，不应该忘记，雅典的状况与其他的地方相比可能还好一些。我们所知道的其他城邦的精神状况十分有限，缺乏连贯性，大多是消极的。只有在艺术创作上，爱奥尼亚的城市看起来至少能够跟上雅典的步伐；在其他方面，它们完全是没有意义的，远远落后于像罗得斯和科斯这样的城邦。

在由于各种原因而出现的城邦的普遍幻灭中，个人的理想主义的艰苦尝试出现了，即使只有很少的几个事例；它与这个民族不同于其他民族的完全成熟的自我意识结合在一起，一个新型的人群出现了，它需要一个较好的名字，我们可以称之为“善良的泛希腊人”。这是一种完全不同于那些著名的雅典政治家们——包括科农、提墨修斯、查布里阿斯、伊菲克拉特或者福西翁——的人物，这些人除了德摩斯提尼之外，全都是雅典人；[94] 这种新的类型代表了一种由反思而形成的精神，可能在实质上是毕达哥拉斯和苏格拉底的伦理学的产物。而很多人倾向于忽视国家，不论是他们自己的国家还是别人的国家，以哲学家、学生或者旅行者自居，或者只是以追求快乐作为其存在的方式，一些以这种方式进行思想的人为了广泛意义上的民族而活着，首要的任务是保持希腊人的本色，也就是做一个城邦的动物，不论他生活在哪个地区。

在这些泛希腊人当中，当然不应该包括像老狄俄倪索斯这样的人， 318
尽管在与蛮族的斗争中，他不可避免地希望摆出一副希腊主义的代表的姿态。尽管他只是在为他自己的目的服务时才会成为它的捍卫者，正像我们所看到的，他故意避免破坏西西里的迦太基力量以确保和维持他的不可或缺。从公元前5世纪的智者到苏格拉底的这些辞藻华丽的思想家也不在这个行列当中，尽管他们的修辞学利用了泛希腊的情绪，并且开始宣扬希腊的一体化，共同进行了反抗蛮族和僭主的事业。这些诉求是温和的；难的是去实现它们。就像这种目标从未实现那样，他们对这种观念的滥用也得到了以下事实的公正的惩罚，那就是真正的希腊人，不论他出现在哪里，都不能被这些演说家认可。例如，佩洛皮达斯和伊帕密农达从来没有被伊索克拉底提到过，他的希腊爱国主义只是一首优美的副歌罢了。

另一方面，色诺芬真正可以称得上是一位泛希腊人。在统帅们叛变后他成为了军队的头目，通过其非常异类的军队，他自然而然成为了希腊主义的代表。后来，当他被雅典人放逐的时候，他的确曾经为斯巴达的盟友居鲁士服过役，他表现了一种狭隘的斯巴达主义，就像伊索克拉底那样，他用肉眼没能看出希腊的民族精神；但是他可能相信他的斯巴达主义就是真正的希腊主义。即使在国外，他都会明目张胆地去试图实现泛希腊的理想，在人们的描绘中，他手持阿尔果斯的长矛，身披阿提卡的胸甲，头戴罗马匠人制作的头盔，他的坐骑是一匹来自埃皮道鲁斯（Epidaurus）的战马。[95]

一群异乎寻常的人——意大利的毕达哥拉斯主义者——现在开始变得十分引人注目。毕达哥拉斯建立的学派自身并不想谋求政治上的权力，如果它的确在克罗顿和墨塔旁吐姆——在这些城市他们的居民被赶了出去——的危机之后产生了一些实际的影响力的话，那么关于他们的一些记载也是从公元前5世纪传下来的。但是在这些人过了很长一段时间的离群索居的生活之后，他们在苏格拉底的时代又开始出现了，似乎在政治上很活跃。这个系统包括塔林顿（或者克罗顿）的菲洛劳斯（Philolaus）和塔林顿的里西斯（Lysis），他们都出现在底比斯的舞台上；还有塔林顿的克里尼阿斯（Cleinias），他生活在赫拉克利亚的卢卡尼亚人的城市中；还有塔林顿的欧瑞图斯（Eurytus），他住在墨塔旁吐姆，以及较晚的塔林顿的伟大的阿齐塔斯（Archytas）。至少在这个较晚的时代，在那时是否真的存在一个秘密社会所拥有的繁文缛节并不

重要；即使有的话，基本的约束还是在思想上。他们的目标是进行一场 319
希腊生活的道德和宗教的改革，他们只是希望通过在这些城市获得政治上的影响力来实现这个目标。[96] 这些人仍旧相信一个建立在贵族哲学基础上的联盟或许能够帮助西西里恢复其城邦体制。当小狄俄倪索斯第一次邀请柏拉图到西西里的时候，正是他们写了很多封紧急的信件给柏拉图，请求他予以回复，在狄俄倪索斯的再次请求之下，也使他能够最后一次拜访西西里；当柏拉图和他的东道主再次闹翻之后，也是他们通过一个口信说明迫近的危险而使他得以安全返回。他们的希望都寄托在狄翁一人身上，他不仅接受过毕达哥拉斯传统的训练，而且是柏拉图的一个密友。但是柏拉图自己受到毕达哥拉斯主义的影响很深，尤其是他的关于灵魂和彼岸世界的理论；他还把苏格拉底的伦理学融合了进来。这两个人之间亲密的关系大多是狄翁在希腊逗留期间确定下来的，在那时他为柏拉图提供了一笔丰厚的捐助（*choregia*），柏拉图也不遗余力地向希腊人赞扬和推荐他。[97] 不论如何，希腊人还是倾向于带着一种情绪化的和徒劳无益的崇敬看待西西里的计划。他们制定了在西西里建立一个理想政体的完全没有希望的计划。在他成功地把狄俄倪索斯从西西里赶走之后，狄翁也成为一个阴谋的牺牲品，对这样一位模范的统治者来说，这是一个在这样的境况下似乎是完全不可避免的结局。

泛希腊人最完美的典型是伊帕密农达，非常遗憾的是普鲁塔克没有为他立传。我们已经提到，追随着在底比斯流亡的菲洛劳斯，里西斯也来到这里陪伴伊帕密农达的父亲波力姆尼斯（Polymnis），并作为其家庭的一位成员在那里生活。在与里西斯的日常接触中，作为一个十分特殊的社会群体的成员，男孩伊帕密农达长大后显然成为了泛希腊理想人物的代表，他具有恪守公民道德和热爱智慧的双重特性。他的追求在他的这一评论中表达出来，即如果底比斯想成为希腊的领袖，他们必须在通往卡德米亚（Cadmea）的上坡路上建立起雅典的普洛皮拉（Propylaea）。* [98] 在一些同伴的帮助下，伊帕密农达在公元前 379

---

* 普洛皮拉，雅典城堡的雅典娜女神神庙的入口。

年成功地把底比斯从斯巴达人手中解放出来，这些同伴或是与他有相同的想法，或是受过他的教导，佩洛皮达斯是与他最为亲近的，在这以后，他的同党，那些年轻的彼奥提亚人很快统治了整个彼奥提亚地区，战胜了那些反抗者。在公元前371年的斯巴达大会上，他不仅是底比斯，而且是整个希腊的发言人，在留克特拉战役胜利之后，他用行动证明了
320 他的希腊主义的主张。在重建美塞尼亚和统一阿卡狄亚的同时——这些成就只能出自一个泛希腊人之手——在确信这样做有益无害的情况下，他决心与充满敌意的斯巴达人做交易，使其永远不再破坏希腊城市。[99]

伊帕密农达对科林斯的提墨里翁产生了极大的影响，这是他所没有想到的，提墨里翁被描述成他的最重要的一位效仿者（普鲁塔克，《提墨里翁传》，36）。当提墨里翁前来拯救西西里的时候，那里的形势没有给人们在希腊和蛮族之间提供选择的机会（那里的僭主完全附属于迦太基）：西西里人可以选择获救或是对他们的民族说再见。现在，希望就只寄托在这个从科林斯的惨境中逃出来的人身上；从一开始他的计划就包括了在西西里实现希腊主义。[100] 我们已经提到，他是如何通过带来了来自于所有希腊和大希腊的大量移民而成功地做到了这一点。在克里米苏斯战役之后，他把一批财富作为供品送回了家，在他的母邦科林斯，最好的神庙并不是像其他地方那样是用从希腊同胞那里获得的战利品装饰起来的，而是用蛮族的战利品装饰的（普鲁塔克，《提墨里翁传》，29）。提墨里翁对泛希腊主义的信奉是真诚的，因为他选择了一个由所有部族的希腊人混合而成的人群在西西里定居；他与狄翁的不同之处在于他并不倾向于贵族政制，而是在所有地方普遍地建立起民主政体，不论效果好坏，这是他惟一能做的事情了。

在像伊帕密农达和提墨里翁这样的值得纪念的人物身上都有一种自我约束的能力，能够使自己的意志服从于一个更好的目标，这并不是希腊人的性格特征，我们不能因为太缺少这样的人而过于挑剔。想要询问到底有多少人能把这些品质付诸实施是徒劳无益的，但欲要了解它们是否真的在现实中实施过则是正常的；我们能够确定的是这两个领导人物就做到了这一点。腓力和亚历山大先前的所作所为使人们完全相信他们

就是泛希腊人的代表，伊索克拉底明确地告诉腓力：“赫拉克利斯的其他后人可能热爱他们自己的城市，但是你，并不是任何一个单一城邦的公民，可以把整个希腊看作是你的故乡，就像你的祖先（赫拉克利斯）曾经做的那样。”（《腓力》[*Philip*]，127）在狄奥格尼斯满世界寻找这样一个人——这个人既不是希腊公民，甚至都可能不是一个希腊人，而只是一个人——的时候，光与影就照在了他的身上。

就像城邦不再能够满足伦理理想主义者的需要那样，它也不再能够实现利己主义者的野心。伊菲克拉特的事例给了雅典人一个悲惨的样板，说明了从前为人们所习惯的公民的荣耀现在对某些人来说是多么不值一提。“正如你们所知道的，雅典人”，德摩斯提尼说，“我们奖励给 321
伊菲克拉特一尊青铜塑像以及在主席厅用餐的权利，还有其他的礼物和荣誉，使他倍感骄傲和兴奋。然而，他还是在事关考提斯的利益问题上大胆地与你们的将军们作斗争，认为考提斯的战事比你们赋予他的荣誉更加重要。”（《反阿里斯托克拉特斯》，130）可能最令人愤慨的是这个人实际上把他的雕像丢到一边，去忙他自己的事了。

作为某种补偿，人们对*名誉的热情*还是通过许多方式表现出来，他们想方设法地获取举国上下的关注，经常通过很奇怪的方式。盛大的节庆活动提供了机会。例如，老狄俄倪索斯就肯定丧失了他的幽默感和是非观念，在叙拉古用糟糕的悲剧不断地攻击希腊人，直到最后雅典人在公元前367年在莱那亚（Lenaea）给了他的《赫克托耳的解放》（*Liberation of Hector*）第一个奖。他兴奋过度，举行宴会进行庆祝，由于喝酒过多而死。[101] 但是，获得荣誉的最重要的途径是与葬礼相关的公共活动。早在公元前364年，当佩洛皮达斯在一次战役中倒下的时候，万分悲痛的忒萨利亚人和其他的同盟者组织了一次无比盛大的纪念活动（用普鲁塔克在《佩洛皮达斯传》[33f.]中的话来说就是“超越了此前所有对杰出者所表达的敬意”），人们从各个城市和地区纷纷涌来争相加入这支盛大的游行队伍。这并不完全是真实情感的表达，而是一种神经上的传染病，一种崇尚荣名的需要。[102] 公元前352年，卡里亚的统治者摩索路斯的葬礼被安排成为一桩并不局限在他的哈利卡纳苏斯的都城而是波及所有希腊人的公众事件。他自己就曾经热衷于纪念性建筑，在重建了哈利卡纳苏斯之后，他亲自制定了兴建他自己的王宫的计划，表现了他在选址上的高超技巧（参看维特鲁威［Vitruvius］，2. 8）。现在他却死了，他的遗孀也是他的姐姐阿尔特弥西亚，把哀悼活动办成了一道牵动全民族的风景。这件事刚好发生在马其顿人吸引了所有看客和观众的注意力之前，她自己的统治很短暂（公元前 352—前 350 年），悲伤过度也使她很早过世；因此，盛大的公共活动超越了世界性的声名。[103] 不仅摩索路斯在葬礼纪念碑的豪华程度上超越了此前所有的人——作为一个建筑物，其独特的装饰就可能引起了强烈的反对——而且在它完工的时候——阿尔特弥西亚没有能够活着看到——还举办了一次盛大的纪念活动，举办了一场大规模的悲剧比赛，还有四个（一个墓前演说似乎是不够的）顶尖的演说家争相对摩索路斯进行赞美。这些无比盛大和肉麻的赞颂活动的受益者就是历史学家特奥旁普斯。

322 罪孽深重的个人主义也需要某种途径与空想的泛希腊主义竞争；犯罪也是一种出名的方式，坏人和好人一样想出名；他们不再能够通过为单个的城邦作贡献而实现这个目标（就像谚语上讲的——如果你出生的时候是一个斯巴达人，那么就不要辜负她）。野心不再通过真正的公民情感获得实现，现在不仅蜕变成理想主义者们随心所欲的行动，就像那些高尚的刺杀僭主费莱的伊阿宋的人，而且有时还演变成疯狂的破坏活动。因而，在公元前 356 年放了一把大火烧毁了埃菲苏斯神庙的希洛斯特拉图斯（Herostratus），承认（可能是在拷问之下）他做这件事就是为了出名，特奥旁普斯在他的历史著作中透露了纵火犯的名字，尽管埃菲苏斯人曾经决定为他保密（维勒里乌斯 · 马克希姆，8. 14）。有七个城市曾经为哪一个是荷马的出生地而陷入争论，现在人们又对伊帕密农达的刺杀者古瑞鲁斯（Gryllus）是一个曼丁尼亚人，一个斯巴达人还是雅典人产生了分歧（波悉尼阿斯，8. 4）。刺杀腓力的波悉尼阿斯曾经询问智者赫尔莫克拉特斯（Hermocrates）他怎样才能获得最大的声名，得到的回答是："去杀死那个完成了最伟大的事业的人"。刺杀者欣然接受了这个建议，为他的牺牲品的巨大声名而感到兴奋，与此同时，还能够满足他对于那些罕见的和独一无二的大人物的憎恨。[104]

另外一些不能满足于传统名声观的人还会尝试对自我的神化。对神和他们的力量的敬意如此之低，以至于这种恭维还不如留给自己；而上升到神圣的地位也是令人愉快的事情，只要人们还相信，因此，从前是神的后代成为了一种文字上的专利，现在到了这个普遍腐败的时代，任何一个汤姆、迪克或者哈里都可以宣布自己是神。[105] 正如我们所看到的，来山德是第一个进行这种自我宣传的人，他接受了人们的献祭和赞美，让他的宫廷诗人陪伴左右，在他破坏了萨摩斯的民主制度之后，在那里举办了一个名叫来山德拉（Lysandreia）的节庆活动，取代了从前的赫拉节（普鲁塔克，《来山德传》，18）。随着时间的推移，他有了越来越多的仿效者。赫拉克利亚的可怕的克里阿库斯（Clearchus）要求得到应该给予神的拜祭和荣耀，身穿装饰性的衣物，就像那些神像那样，他最谦逊地称自己为宙斯之子，他的孩子克劳努斯（Ceraunus）在大街上手捧一只金鹰走在前面。[106] 十分奇怪的是，还是来自于赫拉克利亚的赫拉克利得斯·旁提库斯（Heraclides Ponticus），似乎也采取了同样的做法，尽管他曾在柏拉图和亚里士多德门下学习，而且他自己就是一位作家；在某种意义上，他还参与了把他的母邦从克里阿库斯的继任者中解放出来的事业。这个赫拉克利得斯还希望得到英雄的荣耀。当 323
来自赫拉克利亚的使者由于一场饥荒到德尔斐去的时候，他贿赂了皮提亚，答应提供帮助，条件是他得到一顶终生拥有的金冠，并在他去世后像英雄一样地受到崇敬。但是结局却很悲惨。在剧院举行加冕典礼的过程中，赫拉克利得斯受到了沉重的一击，与此同时，皮提亚也在德尔斐神庙的后殿被蛇咬了一口。在临死前，赫拉克利得斯命令说，他的尸体应该偷偷地运走，把蛇放在他的床上，就好像他已经前往加入众神的队伍一样。这个小的计谋也没什么结果，赫拉克利得斯被证明不是一个英雄，而是一个傻瓜。[107] 在这个故事之后，我们又有些惊奇地听到伊菲克拉特的岳父讲到，色雷斯人的首领考提斯，一个危险的酒鬼，曾经举办过一次宴会和一个婚礼来庆祝他和雅典娜的结合。两个被他派到外面去迎接女神到来的卫兵，回来后说没有接到，在他醉酒的状态下，他立即把他们处死了，第三个还算聪明，他说女神已经在那里等候多时了。一个在阿塔薛西斯·奥库斯（Artaxerxes Ochus）的军队中服役的雇佣军将领尼克斯特拉图斯，在公元前350年镇压波斯行省的起义中为了证明自己既是一个外交参赞又是一名战士，据说曾经做出过十分愚蠢的事情，很有力气的他穿着狮皮手拿大棒投入战斗，只是为了模仿赫拉克利斯（狄奥多洛斯，16. 44）。类似幻觉的受害者还包括著名的医生叙拉古的梅内克拉特斯（Menecrates），他把自己称为宙斯，由于他的技艺而成为人类生命的惟一赋予者。[108] 被他治好了重病的那些患者要被迫给他写一份书面的声明，表明他们是他的奴隶；他们还必须打扮成神的样子，像他的侍卫那样走在他的身后——一个赫拉克利斯，一个拿着他的毛外套、使者的棍子和戴翅膀的鞋子的赫尔墨斯，一个阿波罗和一个阿斯刻勒庇俄斯；带着这支神组成的合唱队，梅内克拉特斯出行的时候身穿紫色的长袍，脚蹬镶嵌珠宝的鞋子，头戴金冠，手执权杖。在写给腓力的一封信中，他自己的落款是“所有声名的赋予者”写给“全世界的破坏者”；国王用希望他早日康复的美好愿望来回应他。据说腓力还曾经在一次盛大的宴会上嘲弄过他，给了他一个人独坐的荣耀，在他的桌上除了熏香之外什么也没放，而其他人则尽情吃喝。梅内克拉特斯对这种优待最初感到很高兴，后来实在饿了，就成为了一个凡人，一个愚蠢的凡人。最后，他生气地离开了，说他受到了傲慢无礼的对待。[109] 这些并不会令人感到奇怪。这个时代的人很容易做出这样的失
324 常行为，原因在于，即使他们继续循规蹈矩地在政坛上闯荡，但声望已经不再能够从城邦中获得了，因为生命中最简单的和最好的目标已经变得模糊不清了。这种名声的最后一个例子还是值得提一下的——那就是菲瑞内（Phryne）这个人，我们不知道在历史上她是一个人还是两个人。当时她被曾经受过她侮辱的欧西阿斯（Euthias）控告犯有渎神罪，希波里得斯为她辩护，由于害怕输掉这场官司，所以他解开她的衣服，向法官们展示她的乳房；他们被神秘的恐惧包围，决定他们一定不要杀死这位女祭司和阿佛洛狄忒的使者。在埃留西斯和波塞冬尼亚的节庆活

动中，她当着所有希腊人的面脱光衣服在大海里洗澡，这个举动更加惊人，因为在通常情况下她总是衣着整齐，从未光顾过公共浴室。阿佩雷斯（Apelles）把她作为他的阿纳迪奥梅内（Anadyomene）的模特；普拉克西勒忒斯对她的看法可以从以下的事实中看出来，即在她的家乡塞斯匹亚，不仅矗立着他送给她的厄洛斯的塑像，而且把她自己的塑像放在了他做的阿佛洛蒂忒像的旁边。我们需要补充的是，在德尔斐的一尊菲瑞内的黄金塑像也与阿齐达姆斯和腓力的那些塑像摆放在一起，我们有一种强烈的印象，在人们的心中，她真的和阿佛洛狄忒相混同了，即使普拉克西忒勒斯还是可以讲出她们的区别；然而，在同一个时代，亚里士多德也会受到渎神这样的荒诞罪名的惩处，因为他曾经把阿塔内俄斯（Atarneus）的赫尔美阿斯（Hermeias）像神那样地去赞美（雅典尼乌斯，696a）。

除了那些索要或被授予神像的人之外，其他人则以做出一副理想人物的姿态为满足。因而，喜剧作家和酒神赞美诗的作者阿那克珊德里得斯（Anaxandrides）可以坐在马背上高声排演他的赞美诗片断。他长得人高马大，留着长发，穿着紫色的袍子，上面镶着金边。如果他创作的一首诗歌不能获得奖励，他就将从此放弃写作，把手稿撕成碎片，扔进熏香炉里烧掉。像他这样的人是阿提卡人讽刺天才的最适合的牺牲品。

在讨论这个时代的私人生活这个话题的时候，我们需要以一个已经提到过的不时出现的现象作为开始——那就是与国家的分离。根据一种旧有的理论，生活在别的地方而非自己的家乡是“不合适”的；僭主制城邦的立法和政治实践的直接目标就是确保人们待在原来的地方，并想方设法地使人们认为这是一种优良的古老风俗。[110] 然而，到了一定的时候就出现了一些背井离乡的杰出人物的例子：就像埃斯库罗斯一样，西蒙尼德离开了希腊前往西西里。欧里庇得斯是在马其顿度过他的最后几年的，而希罗多德则生活在苏瑞。[111] 这些是事实，没有办法阻止人 325
们逃离国家，即使专制政府只要存在就会对移民当作一种犯罪行为进行惩罚，就像法国的革命政府在 1793—1794 年之间所做的那样。就像来库古在起诉列奥克拉特斯时所使用的激烈言辞那样，移民会被当作逃避兵役来看待，会被判处死刑，但这种事情还是不能避免；当那些仍然待在家中的最重要的公民们完全没有了什么爱国主义的感情的时候，城邦看起来更加不妙了，这种现象对城邦的存在来说是致命的。[112] 为了避免被城邦吃掉，比较精明的人只能待在家中，忍受着不能治愈的病痛，这是那些选择了“德性”而决定继续生活在国家中的人们的命运；但是城邦不再能够控制他们内在的生活，原因正在于它已经不顾一切地增大了它的权力；想像力逃离了其应有的范围，在哲学、生活的享乐或者能够给他带来快乐的任何事物中去寻找避难所。

作为一种私人职业的雄辩术在伊索克拉底那里被人格化了。据说他赢得过三次奖励，其中一次是“最明智奖”（*sophrosyne*），“因为他避开国家事务，坚决不与公共事务发生关系。”因此，他在听到喀罗尼亚战役的消息之后就自杀身亡，这似乎可以看作是他的自由精神的最有说服力的证据。[113] 哲学家们对国家做出的判断或是消极的批评，或者就像对乌托邦那样充满积极的渴望，这些是逃离国家的最明显的证明。在一定程度上，自由的人格本身就被看作是对国家的漠不关心；反过来那么对于穷人来说，城邦对他们也是漠不关心的。哲学家们一个接一个地走上这条道路。柏拉图提到过完全不知道去阿戈拉和公民大会会场的路怎么走的哲学家，安提斯第尼和狄奥格尼斯（Diogenes）完全使自己成为了世界主义者；阿瑞斯提普斯（Aristippus）和享乐主义者们在这里很值得注意；在粗俗的腓力斯丁式的利己主义的驱动下，他们竟然宣称，哲学家不论走到哪里都是陌生人。从事研究的学者们也选择了这同一个方向，云游四方。德谟克利特，希波克拉底，欧多克修斯（Eudoxus）以及历史学家厄福洛斯和特奥旁普斯都同意这种看法；亚里士多德把自己置身于雅典活跃的社会生活之外，但是他的政治理论研究却使他能够认识一些有名望的政治家，所以他不仅与国家分离，而且超越了它。最后，伊壁鸠鲁劝导人们过一种默默无闻的生活，不仅要逃避国家，而且
326 要逃避恶名，所以他把对国家的蔑视同对人类的蔑视结合了起来；他的目的可能还在于小心恶行，一般来说不愿意给别人带来快乐——尤其是那些有才能的人——甚至不能忍受他们的快乐。

在民主制度下的雅典，对国家的拒斥态度采取了一种敬仰古代制度的独特的表现方式，这些制度相对于民主制度的发展来说毫无生气、遥不可及；首先敬仰的是埃及，还有就是对斯巴达的寡头制度充满热情，被看作是模仿了埃及。这种对埃及的高度评价不仅在柏拉图那里出现过，他的评价十分有名，而且伊索克拉底也做出过这样的评价。我们看到布西瑞斯对职业等级制度高度赞扬，认为它是这个民族古代的一位建城者和立法者的一项充满智慧的发明，他还写道，如果能够像埃及那样，一些人生来就要工作，另一些人（武士阶层）的任务则是护卫财富，那么雅典人的生活将是多么幸福。我们可以回想起 18 世纪的一些启蒙思想家正是以同样的方式对中国充满了敬仰之情。布西瑞斯对埃及人在信仰上的虔诚也给予了特殊的赞扬。

无家可归的人（*planomenoi*）和雇佣兵由于其特殊的地位被排除在国家之外；但是那些继续生活于其中的人只能在不幸和无情之间做出选择。

雅典对另一种理想也产生了厌倦，那就是赛会（*agon*）。即使在公元前 5 世纪一种新的竞赛出现了，即政治上的竞争，这使人们以一种完全不同的方式相互对立；但是现在其他的因素也开始削弱这种观念。运动会当然在自由人的生活中还是占据着最根本性的位置，[114] 亚里士多德甚至时常感到必须对一些时候出现的运动比赛的过度频繁的举办提出异议，他认为这对良好的外貌和身体的健康是有害的，[115] 至少对那些过早地进行全面的体能训练的做法表示反对。[116] 这对于制止一如从前的真正意义上的赛会来说并不是一个合理的反对理由，应该减少的是像战争这样的灾难。当奥林匹亚的优胜者回到家乡的时候，人们总是聚集在一起站在屋顶上观看。传说中无比高大和力大无穷的波吕达玛斯即使在世纪转换的时候依然十分有名。[117] 但是，像从前那样通过这样的事迹而赢得真正的声名是不可能的了，没有人能够再负担得起竖琴或者合唱比赛的费用了。柏拉图直截了当地对赛车表现出了蔑视的态度；当锡兰尼的安尼塞里斯（Anniceris）（把在埃吉纳被卖为奴隶的柏拉图赎买回来的正是这个人）在阿卡德米骑着马在人们普遍羡慕的目光下跑了完美的一圈——他对自己的这项技能充满了骄傲——试图向柏拉图炫耀的时候，这位哲学家却说，一个对这样的微不足道的小事如此充满热情的人是不会对真正有价值的事情认真对待的（阿里安，《多变的历
327 史》，2. 27）。更为重要的是，在希腊的大多数地区已经没有人希望或者有办法再穿着从前的漂亮行头出现在奥林匹亚或其他地方了，一个根本的原因在于富人在很多地方受到了全面的迫害，如果他们在家乡能够继续提供捐助和支付其他的一些费用就很不错了。实际上，大多数驾御双人马车的人都来自于海外，这就是老狄俄倪索斯现在可以代表盖伦或忒隆参加比赛的原因。在公元前388年这位邪恶的僭主派他的兄弟泰阿瑞得斯（Thearides）带了几驾双人赛车到了奥林匹亚，比其他所有的赛车都要快，在庆功宴上，他们的帐篷都是用最贵重的颜料和黄金装饰起来的。他还派了最优秀的朗诵者来吟咏他自己的作品，起初由于他们动听的声音，所有人都聚过来倾听；渐渐地，当他们认识到这些诗歌是如此的空洞之后，狄俄倪索斯受到了嘲笑；实际上，嘲笑转变成愤怒，一些人撕毁并劫掠了他的帐篷。演说家吕西阿斯号召人们不能允许这个亵渎神灵的僭主派来的人出现在神圣的赛会上，尽管赛会还是照常举行了，但是狄俄倪索斯的一些赛车冲出了跑道，其他的则撞在了一起，车毁人亡。[118] 不管这个故事是真是假，希腊人都同意这个论断："每个人都喜欢观看马匹、赛车和帐篷，但我们还是把他的恶劣的诗歌赶下了舞台。"我们可以从这件事看出，奥林匹克赛会的程序还是相当民主的，与阿提卡的神权政治同步。

说到运动员，留克特拉战役之后整个斯巴达制度之所以全面蜕化，体育赛会的衰落是其中的一个原因。真正的士兵不再花时间在运动上面。伊帕密农达坚持认为重装兵应该像军人而不是一个运动员那样地进行训练（普鲁塔克，《国王传：伊帕密农达》，3）。哲学家们也没有为他们说什么好话。一个对赛会原则的直接反驳来自于从阿瑞斯提普斯到伊壁鸠鲁的享乐主义者们的一些信条；"总要力争第一"的口号是与好的生活不相契合的。但是狄奥格尼斯对肌肉发达的人也非常厌恶。尽管他为他的学生，色尼阿得斯（Xeniades）的儿子们提供了良好的体育教

育，但他还是对职业的运动员大加嘲讽。当他被问到他们为什么如此麻木的时候，他回答说他们是由猪肉和牛肉组成的；对一个已成为医生的失败的摔跤手，他说：“我猜测你是不是想杀死那些经常打败你的人？”（狄奥格尼斯·拉尔提乌斯，6. 30，49，62）我们对柏拉图是否真的在伊斯特摩亚的运动会上赢得摔跤冠军，亦如他的传记作家所记载的那 328
样表示怀疑。不论如何，随着时间的流逝，赛会在雅典人心目中的地位下降得很低，就像在以下的事件中所展示的那样。在公元前 332 年，这个城市因为一个叫卡里普斯（Callippus）的人买通了他在潘塔斯隆（Pentathlon）的对手而被处以罚款，雅典人没有乖乖地交纳罚款，而是把他们的主要起诉人希波里得斯派到了埃里斯，去请求赦免，当埃里斯人拒绝了这个请求之后，雅典人还是没有交纳罚款，而是平静地接受了被奥林匹亚开除的结果。无疑正是在爱利亚人的鼓动下，德尔斐（雅典人也想和其接洽）宣布，除非他们付了罚金，否则神不会回答雅典人的任何问题，后来他们送了宙斯的 6 个雕像当作补偿；波悉尼阿斯曾经看过上面的铭文（波悉尼阿斯，5. 21. 3）。亚历山大在年轻的时候，曾经拒绝过在奥林匹亚参加比赛，因为尽管他是个赛跑好手，但他却鄙视运动员（普鲁塔克，《亚历山大传》，4）。他在为音乐比赛提供奖金的同时也为打猎和马术提供奖励，但却没有赞助拳击和五项全能。

在公元前 5 世纪，曾经作为国家影响力的竞争手段的赛会基本上已经变得声名狼藉了；正像我们所看到的，人们对名声的渴望已经找到了更多可怕的出路；最有竞争力的领域现在是机智，很多人都是由此成名的。另外，还有人因为具有像懒惰这样的品质而出名——这是与赛会的精神完全相反的，除非懒惰也成为一种可以比赛的项目。[119] 财富成为了评判一个人的主要标准：一个年轻的爱奥尼亚人到了雅典，穿了一件带金边的紫袍；有人问他来自何处，他回答说，“我很富有。”

从这里，我们再次回到精神生活的状况。哲学当然是公元前 4 世纪占据主导地位的特征之一。这是一个哲学的时代，它与诡辩、修辞和通常意义上的学习结合在一起，占据了城邦所留下了人们生活中的空闲时间，城邦已经失去了对有思想的人的控制，对于宗教，其神话的基础也已经被破坏，刚刚产生的一神教还仍然是一个贫乏的替代物。德谟克利特、柏拉图和亚里士多德都很活跃，知识和思想十分盛行，因为即使雅典人生活中的危险和迫害对他们的哲学思考来说也是有所帮助的。

现在哲学家与政治家和军事将领一起成为了真正的名人，不可避免的是，他们的主题思想会被那些低下的装腔作势者篡改和违背。对于这个时代，500 年后，琉善描述了这个过程（也就是在《依附的学
329 者》[*Dependent Scholars*] 当中），在伊索克拉底简短但重要的题为“反智者”的残篇中，我们才开始有所了解。它表明，可能早在柏拉图的鼎盛时期，很多人就开始在真正的哲学家旁边活跃起来了；他们当然有着哲学家的外观，但在整个希腊世界他们是作为教师、演说家等身份谋生的。由于他们既非真正的哲学家，也非真正的演说家，他们的装腔作势与他们的实际知识之间的不协调使他们的整个原则都受到了外行的蔑视。伊索克拉底在攻击他们的时候是别有用心的，就像他描述他自己的对手那样，在一定程度上是随心所欲的；十分明显的是，他的强烈反对来自于他们对他的诋毁。[120] 而且还出现了这样的一代人，他们敢于最大限度地用自己的语言教导别人，充满了哲学和伦理上的矫饰，不能为他们的学生提供任何改进的希望。所有这些问题都出在希腊自身，因为在那个时代，雄辩的价值被过分夸大了，它要求演说家运用各种技巧；这作为中介的交流者必然会兴起，不论他们是否向大众普及了一些有价值的东西或者仅仅是一个拙劣的模仿者。

不同类型的诗歌在过去都取得了伟大的成就，文学的观念必然与当时流行的怀疑主义发生冲突，不论其品质好坏，这种怀疑主义都会阻止其成名。史诗终结了；的确，来山德的安提马库斯（Antimachus）还健在，但从保留下来的残篇来看，他的《忒巴斯》（*Thebaïs*）与阿波罗尼乌斯·罗狄乌斯（Apollonius Rhodius）的《阿格诺提卡》（*Argonautica*）相比不过是一篇充满学究气的模仿之作罢了。哀歌诗也衰微了，抑或蜕变成了格言；伟大的抒情诗随着品达的过世而消亡；对于阿提卡的悲剧，尽管在整个世纪都稳定地继续存在，但几乎没有留下什么东西，它只为个别的演员带来了声名。诗歌是被政治和哲学挤出舞台的；任何一个能

够说话的人都会极力贬抑诗人，与此同时那些能够成为新的诗人的人也
被民主制度吓回去和毁灭了。原来的听众也离去了，在贵族时代的希腊
曾经遍地都是盛大节庆活动的举办地，为了这些活动，胜利的凯歌、婚
庆的颂歌和哀歌诗被创作出来；宴会也成为社会蜕化的牺牲品。这里不
再有私人的诗作，或者有的话也不为人们所知。活力还是至少能够在快
活的中期和晚期的喜剧作品中感受到，那些从事音乐创作的大师们，在
新的合唱诗中还是能够拥有一席之地，有很多附属于崇拜活动的表演，
就像从前一样还是在对富人盘剥的支撑下进行着。国家衰亡后留下一门 330
新的政治科学，与此相对应的是，随着诗歌创作在这个时代的衰落，理
论便出台了。亚里士多德创作出了他的《诗学》。

在公元前 4 世纪的生活中惟一保持活力的艺术形式就是雕塑。由于这种工作被很多有钱人视为技术性的劳作，所以它只吸引了一些真正有天才的人。修辞学和哲学是没有力量用其喋喋不休的饶舌消灭这种艺术的，柏拉图虔诚地希望应该少一些世俗的艺术品，多一些埃及风格的艺术品，但这个愿望没有实现。令人高兴的是，这种艺术形式成功地保留了在公元前 5 世纪形成的艺术准则和倾向，在应用这些创作手法的同时也保持了自然而然的品性。它并不是像戏剧那样依赖于在一次比赛中由裁判判定的个别的胜利，或是像在剧院里那样依靠大众的捧场；它没有什么滑稽的表演以取悦观众，就像欧里庇得斯在阿里斯托芬的喜剧中所表现的那样；它并没有被拖入到公元前 5 世纪末普遍出现的分崩离析的状态中。这种艺术完好无损地进入到了新的阶段，也只有到了这个时候才产生出充分展现希腊光荣的甜美果实。与此同时，这种艺术也没有受到政治上的灾难的影响，没有受到留克特拉、曼丁尼亚和喀罗尼亚战役的影响，反而受到了早期私人奢侈生活品位的刺激。

这些艺术家也是最后一批用纯净的眼光来看待神灵的人，在艺术中给予了他们明确的形式。这是一个在精神上更加主观的时代，目标是表达出一种更为深刻的情感和追求一种更加活跃的感性表达方式，这是一个把热情、渴望和忧郁视为神灵的时代，一个追求梦想的时代，追求最精致的妩媚，用楚楚动人的品种铸造出完美的形体。正是在这个时期，

克菲索多图斯（Cephisodotus）创作出可能是最早的缪斯系列，把孩童的雕像放在完全长成大人的神的旁边；让厄瑞内（Eirene）和普鲁图斯（Plutus），赫尔墨斯和年轻的狄俄倪索斯站在一起。伟大的雕塑家斯科帕斯的工作就是把众神再次回炉重新铸造；他是第一个表现裸体的阿佛洛狄忒的，使海神完全摆脱了所有怪异的特征。他的作品包括发了疯的酒神女祭司和三尊优美的雕塑，厄洛斯、波托斯（Pothos）和希墨若斯（Himeros）——分别代表了爱、渴求和欲望。在一定程度上比斯科帕斯要年轻一些的神圣的普拉克西忒勒斯继续沿着这条道路前进，在这最后的三人一组的雕像中又加入了培托（Peitho）和帕瑞格罗斯（Paregoros）（分别代表劝导和安慰）。尼多斯的神奇的阿佛洛狄忒也出自普拉克西忒勒斯之手，还有一尊至少可以和斯科帕斯不相上下的厄洛斯雕像，以及代表一种新观念的狄俄倪索斯和赫尔墨斯。在他的狄俄倪索斯群像
331 中，普拉克西勒忒斯创造出一种新的类型的美，这些雕像包括萨提尔（Satyrs），撒洛克托努斯（Sauroctonos）、阿波利诺（Apollino）、狄阿多美努斯（Diadumenos）以及其他的一些。我们很难想像如果在这一时期没有出现像梵蒂冈的赫尔墨斯这样的原创作品的话，古典时代的艺术会变成什么样子。多产得令人惊讶的雕塑家吕西普斯一直到亚历山大时代还在工作；他在青铜雕塑上的革新就是创作出一系列比较纤细的雕塑，这些雕塑表现了运动中的裸体。在他的1500件作品中，我们可以提到赫拉克利斯、亚历山大和阿波克索美诺斯（Apoxyomenos）。帕尔哈西乌斯和阿佩雷斯是普拉克西忒勒斯的同时代人，这些大师们的至高无上的艺术并没有随着他们的去世而消亡，而是存活到了公元前3和公元前2世纪，这还要感谢对技术性劳动的蔑视。亚里士多德的作品中没有包含有关雕塑或者视觉艺术的内容是一件多么幸运的事呀。

公元前4世纪的社会生活带有鲜明的机智和滑稽的氛围。希腊人一直喜欢这些事情，有些希腊人就是以他们无法控制的笑声而闻名于世。[121] 现在这一爱好又带上了一种神经质的特质，这个时期的一个新的特点就是沉溺在兴高采烈的情绪中，这是用以对抗严肃性的公开谋反——但这并不意味着一种乐观的生活态度。[122] 他们津津乐道于所有

类型的笑话和嘲讽，在阿瑞斯提普斯的享乐主义信条中找到了知音，喜欢中期和晚期的喜剧而排斥任何其他类型的诗歌，这些情况在这一时期开始编辑的《笑话选集》（*Anthologies of Jokes*）中表现得尤为清楚，这部选集我们是在雅典尼乌斯的摘录中了解到的。并不是所有这些笑话对我们来说都是有趣的；人们显然满足于贫乏的废话，但是我们不能忘记，对希腊人来说，任何一个活泼的表达都可以被当作是机智；事实上，他们可能认为这种东西本身就可以展现某种机智。[123] 在雅典，在靠近西诺萨格斯的迪奥米亚（Diomeia）的德莫，那里的赫拉克利斯神庙传统上就是一个讲笑话的场所。60 个风趣幽默的人常常在那里聚会，当有人讲了一个好笑话的时候，围观的市民就会说："60 人讲到……"马其顿的腓力曾经出 1 塔兰特的钱作为讲笑话者的奖励，并派人把这些笑话记下来，向他汇报他们都说了些什么，这就像 18 世纪的外国王公向巴黎的沙龙派出通讯员那样。[124] 我们并不知道腓力是否在讲笑话的人中还安插了亲信；不论如何，他非常想了解希腊人生活的这个侧面，他自己也想成为一个希腊人，就像他的祖先菲赫里尼（Phihellene）的亚历山大，以一种不同的方式，在不同的时代精神的驱动下，曾经在政治上力图与希腊靠近并参加希腊人的赛会。[125]

宴饮活动中的一种绝对的折磨就是在席间不停地出谜语，对那些不 332
能回答上来的人要罚酒（雅典尼乌斯，10. 69ff. ：86. 88）。这可能是一个历史悠久的习俗，在这个时期又成为时尚；不然的话，中期喜剧的诗人就不会这么多地使用谜语了（它对他们的戏剧结构影响却很小）。人们确实会因善于破解和编制这些谜题而出名，不过它们常常十分低俗。其他的娱乐方式还有背诵荷马和其他人的诗歌，或者一个人列举希腊的英雄，另一个人则对号入座，说出他属于哪次战争，如特洛伊战争等等（雅典尼乌斯，10. 86—87）。还有像欧狄库斯那样的滑稽剧方面的专家，他由于能够在赛会上的一种滑稽戏中模仿摔跤和拳击运动员而出名（雅典尼乌斯，1. 35）。当然，普通的小丑（*gelotopoios*）还存在，尽管他可能受到了食客的强烈竞争。[126] 在继承者（*diadochoi*）的时代，这些小丑一定在宫廷的社会生活中再次受到人们的欢迎，并且随着半蛮族和军队的侵人而变得愈加粗俗。[127]

在这一时期，所有的事情都开始有了自己的理论。特奥弗拉斯图斯（Theophrastus）的一篇散文“论滑稽”是一个轶闻趣事的集合，但可能被提高到了哲学的高度，充满定义和反思；亚里士多德的另一个学生克里阿库斯写了一本似乎非常有名的关于谜语和格言的书。[128] 在他的《演说家》（*Orator*，2. 54）中，西塞罗公开地谈论机智这个题目，只不过说得太过简略，其中最可笑的事情就是试图要创造出一种关于笑话的理论。不过他区分了两种不同的效果，一种渗透到所有事情的幽默语气，另外一种则是十分有趣的单个妙语。对哲学家们来说，要把日常生活中如此普遍的嘲笑和讽刺讲授清楚一定是非常困难的。[129]

我们现在要讨论一下这个时期的“快乐”。只要人们能够负担得起，从很早的时候开始，感官上的快乐（*truphan*）就在希腊的生活中占据着主导的地位。他们在殖民地拥有丰富的果实和粮食，在那里，希腊人控制着其他民族的居民，或者可以通过经商发财致富，这一切必定会提供一种舒适和奢侈的生活，尤其是在那些土地所有者（*chilioi*）占据统治地位的地方，忒萨利亚的贵族一定也处于与之相同的生活水平上。僭主总是快乐的奴隶。在公元前 4 世纪，小狄俄倪索斯使自己放纵于惊人的挥霍；其他伟大的酒色之徒是一些处在希腊世界极端边缘地带的半
333 希腊的统治者，包括色雷斯的国王考提斯，西顿的国王斯特拉通，他遇到了来自塞浦路斯的尼科克里斯的竞争。[130] 但是在雅典，奢侈也在很长时间内比俭朴更令人喜欢。对此，阿里斯托芬有很多话要说；他在喜剧中详细地描述了狄卡奥波利斯（Dicaeopolis）的深沉的感情，在六年的穷困之后，他终于从考帕斯（Copaïs）湖中得到了一条鳗鱼（《阿卡奈人》，885）。同时代的作家忒勒克雷德斯（Telecleides）和菲瑞克拉特斯（Pherecrates）曾进提到过一块专门为贪食者准备的安乐之乡（雅典尼乌斯，6. 95f. ）。只有对城邦和赛会有了完全清醒的认识，才能解释是什么给了那些没有受过教育的、粗俗的、沉迷于感官享乐的个人以新的机会成为一个享乐主义者，成为其自身的哲学主张的一个部分，发展起他自己的体系，与犬儒学派区分开来，在理论和实践上都遵守

着一个直到今天还仍然存在着的信条。一个像波吕阿库斯（Polyarchus）这样的酒色之徒现在不再能够通过到处旅行向阿齐塔斯这样的人和他的朋友们传播他的新智慧了；[131] 同样新出现的现象是暴饮暴食居然在诗歌中也拥有了一个重要的位置，成为整个阿提卡喜剧的一个要素。在这个方面，中期喜剧从西西里的埃皮卡姆斯开始就居于领导地位；他的作品的残篇的四分之三都是由关于美食和美食家的故事所组成。这些喜剧本身给人一种不断在品尝美食的印象，好像雅典就是一个大厨房；新喜剧也过多地充斥了做饭和吃饭的主题，而它告诉我们的关于视觉艺术的事情却惊人地少——我们掌握的对于这个题目的主要材料都来自于罗马人的评论。这些“食物诗人”以及他们的富有诗歌形式的做饭书所提供的理论上的和有启发性的信息也发源于西西里，那里以烹饪技术而闻名。[132]

这个时期的另外一个特点就是在私人家里举办的宴饮活动不再那么重要了，而公共的小酒店不可避免地兴旺了起来；穷人一定会比较多地惠顾这些小酒店，可能是因为在一个大厨房更容易烹饪出比在家里好吃的东西。狄奥格尼斯正在一个小酒馆吃早餐，当他看见德摩斯提尼路经这里的时候就喊他一起来吃，但是他拒绝了；狄奥格尼斯就问，“你是不是太自傲了？你的主人（德莫斯）每天都来这儿。”（阿里安，《多变的历史》，9. 19）德摩斯提尼对这件事的看法似乎比狄奥格尼斯要严厉，有一次他用了“酒鬼”（*akratokothones*）这个词来形容一般的雅典年轻人（西培里得斯，《反德摩斯提尼》，残篇 14）。全部的雅典人都经常受到贪吃的指责；亚里士多德在说到雅典人或者拜占庭人的时候，说他们除了菲洛克瑟努斯（Philoxenus）的《宴会》（*Banquet*）之外什么都没有读过（雅典尼乌斯，1. 10），不仅如此，泡菜（*taricos*）据说在雅典 334
人的生活中是如此的重要（至少在一位喜剧作家那里有所证明），以至于把泡菜引进到雅典的那位商人的儿子们还因为他们的父亲的功绩而被授予了公民权（雅典尼乌斯，2. 90）。在享用食物方面，在阿里克西斯的书中把这种最庸俗的理论交给一个奴隶表达出来，[133] 而其他的诗人则通常会使用更加幽默的方式处理这个题目；[134] 尽管说得很好，但在安提丰那里，某个人得出的结论还是令人非常悲哀，他是在提出一些关于在城邦和其他的地方如何防范危险之后说这番话的："没有什么东西是确定的"，他说，"除了一个人整天以口腹之欲来保护自身的安全之外。即使在享受的时候，他可能都会亲眼看着面前已经为他备好的饭菜被抢走；只有当你把一口酒喝到嘴里的时候，你才能相信它。"（雅典尼乌斯，3. 62）任何能够负担得起这种享受的人都会善待他自己，这从诗人和其他作家留下的暴食者（*opsophagoi*）的目录中可以看出；我们不能认为他们是一个特例的清单；实际上列出这些人的名字能够很好地表达出饥饿者们的嫉妒之情。[135] 雅典尼乌斯把诗人和搜集者那里的所有关于贪食者的记载都汇集在一起，还附带着有关像彼奥提亚人、法萨里亚人（Pharsalians）等整个民族的饮食习惯的冗长的笑话（从第十卷开始）。我们了解到一些特殊的事例，在那里人们用沉甸甸的、贵重的银盘子吃着少得可怜的食物，或者那些确实贫穷的人还使用着银器吃饭，但是人瘦得就像一片叶子（雅典尼乌斯，6. 17），或者是贪婪的守财奴只是用好听的菜名来画饼充饥。很多佳肴都被记述下来，烹饪的方法有时也被用三音步（trimeters）的诗歌描述出来。[136] 对鱼贩子的抱怨充斥在很多部戏剧中，制造出一种非常忧伤的效果。[137] 每个人都责骂着他们不能容忍的价格，他们的坏脾气，还有他们甚至拒绝回答一个客气的提问；他们是罪犯，装模作样地公开表示要使他们的头发长得长一些，实际上，长头发正好挡住了罪犯脸上的标记。他们还在找零钱的时候骗人，出售腐烂变质的货物，任意抬高价格；他们被认为是最坏的人，人们因为有这样的邪恶生物的存在而悲叹，这些人把他们的顾客变成了乞丐。渔夫则获得了新的地位，变得比那些最杰出的将军还要骄傲。

所有这些非常变化的非常危险的一面就是有人强调要谨防穷人抢劫和盗窃。阿来克西斯说，"如果一个穷人有钱买好吃的东西，你完全可以确认他一定在晚上抢劫了手无寸铁的人；如果你看到一个身强力壮的像乞丐模样的年轻人在早上从密克翁（Mikion）那里买鳗鱼，就应该立
335 即把他抓进监狱"，狄菲路斯（Diphilus）盛赞科林斯的一项法律，它规

定一个穷人会因为吃得好而受到惩罚，甚至可以直接送到刽子手那里，原因是他一定犯了某种罪，或者偷了衣服，或者入室抢劫，或者阿谀奉承，或者是作伪证而赚了钱（雅典尼乌斯，6. 12）。

一个经常出现在喜剧中的人物是厨师。在比较早的时期，他通常不是一个奴隶，而是一个雇来的仆人，在晚期喜剧中则是一个雇来的厨师，此外还有在厨房里干活的奴隶，在任何一个重要的场合都是不可缺少的。从喜剧的残篇中，我们对他和他粗俗的自负有着清楚的了解。雅典尼乌斯（8. 36）说:“所有的厨子都喜欢自夸”，并讲了一位厨子自我吹嘘说他的很多雇主都为了吃到他做的东西从家里跑到外面来吃饭。我们还可以读到流氓无赖；他们很喜欢装作很有知识的样子，自夸精通文学和哲学，声称对献祭十分在行（雅典尼乌斯，14. 78）。这种情形一直延续到继承者们（*diadochoi*）的时期，一个厨师自夸说曾经为尼克墨得斯（Nicomedes）国王烹饪过凤尾鱼，而他的王国离大海有 12 天的路程；他把鱼切割成甜菜根的形状，并用合适的调料进行了事先的准备工作——因为“厨师和诗人之间没有什么不同，二者的技艺都是出于他们的天才”（雅典尼乌斯，1. 13）。听到雅典尼乌斯说这样的话真的是一种解脱:“关于厨师就只能说么多了。”

我们到处都可以听到，据说阿提卡的饮食与忒萨利亚相比要简单，而希腊人的饮食则通常没有野蛮人的丰富（雅典尼乌斯，4. 14—16）。关于斯巴达人坚持认为他们不喜欢吃糕点和甜食而喜欢吃很多肉的说法似乎有些荒唐。例如，在塔科斯（Tachos）做客的时候，阿格西劳斯就喜欢吃小麦制成的面包、小牛肉和鹅肉，而为希洛人（奴隶）点了糕点、甜食和奶酪；但是那时他已经把他自己卖给了埃及，因为斯巴达不再能够容纳他。他们的地位已经变得很低下了。

这个时代的一类独特的人物就是食客（*parasite*），里贝克对其多面的性格进行了一番令人愉快的描述。[138] 西西里人早在一百年前就发明了美食烹饪法，从他们开始，供品上不断冒出的香烟就飘浮到了雅典；所以我们也是在西西里第一次见到食客，其画像由埃皮卡姆斯在他的《埃尔皮斯》（*Elpis*）中被准确地描绘出来。[139] 在雅典，这样的人甚至在公元前5世纪就已经存在了，但那时被称为奉承者（*kolakes*），欧波利斯有一出戏讲的就是这个题目，它是根据富有的挥霍者卡里阿斯的故事创作出来的；其中有一段，奉承者们描述了他们是如何用令人生厌
336 的溢美之辞围住了一个愚蠢的富人，以便能够受到邀请参加他举办的宴会，但因为害怕被赶出去，他们还是不得不继续地说着那些各种各样的好听的话（*charienta*）（雅典尼乌斯，6. 30）。在这个社会趋向于文雅的时期，三种因素相互结合促成了寄食的奉承者这类人的形成；它们就是一种对劳作的深刻的厌恶，极端的灵活性和机智，以及一种不可抗拒的对美食的渴望。对于食客来说，羞辱和丧失自尊只不过是为得到感观上的放纵和逃避劳动所付出的一个很小的代价；他是一个反物质性劳作的世界的一个必然产物，他的保护人从根本上讲是一个更令人生厌的家伙，就像一个被人鞭打的大发脾气的孩子那样，这种人对有人陪伴、消磨时光和得到奉承有着无尽的需求。

当城邦还很强大的时候，真正的宴饮绝不会容忍寄生主义的杂草丛生，这种现象只能植根于一种腐化的但在私人范围内仍然充满才智的社会生活的土壤中，只有当宴饮已经退化成为一种对感观享乐的追求的时候才会产生；可以说，一旦食客被看成是正常的现象，宴饮也就注定会蜕变成为一种社会交流的形式了。[140] 首先最重要的是，食客是一个模仿者；他用爱作为担保来讨好别人，心甘情愿地为别人卖命，在品位上从不与他的保护人相左，以一种今天所难以想像的方式情不自禁地向他表示敬意。这是他的主人能够让他留下的原因所在；没有人会对赞扬和崇敬感到厌倦。[141] 依据当时的情况，食客可能会受到非常不友好的待遇，被迫忍受着主人把最大个的骨头打在他的头上而不能表现出任何怨愤——“如果你还有感情的话就不应该做一个食客”，狄菲路斯这么说（雅典尼乌斯，6. 51）。他还可以被主人利用，成为席间蛮横无理的客人中最蛮横无理的一个，甚至成为狗腿子，负责把那些喝醉的人扔出去，因为他不能表现出半点骄傲，不能拒绝他的主人吩咐的任何差事，不论是合法的还是非法的，包括作伪证或者任何需要他做的事情。[142] 所有这些有时候会使他很沮丧，他会抱怨说，自己成为了肚子的奴隶，[143]

但是由于他的确是他的感观的奴隶，他就要没有任何怨言地接受这一
切，即使今天的鱼在明天又端了上来而且已经变质了。[144] 最有名的食
客都有他们的绰号（雅典尼乌斯，6. 41），喜剧作家，尤其是那些中期
喜剧的作家，在舞台上常常直接挖苦他们本人；但是这是一个不知羞耻
的时代，人们对更坏的东西都习以为常了，几乎感觉不到这样小小的刺
痛。要把食客们赶走是不可能的；他们牢牢记住了“到这儿来”的招呼：
“当我外出作战的时候，我会拜访战神和胜利之神，同时我还会叫着查 337
洛丰（Chaerophon），如果我不叫他的话，他也照样会来的”，喜剧中的
一个角色这么说。在婚礼的时候他们会混入客人的队伍，即便他们必须
乔装打扮一下并带着鸟笼；[145] 在没有受到邀请的情况下，他们也可以
用提及“宙斯的友谊”（*Zeus philios*）或者其他神话中的榜样的办法蒙
混过关（雅典尼乌斯中狄奥多洛斯所言，6. 36）。与这些食客相比，早
先时代的小丑倒是真的更加令人尊敬，因为他拥有独特的技能和传统；
他是用一定的费用雇来的，或者至少可以得到一份礼物，而现在这个家
伙只是一位客人，与其说受到欢迎，不如说叫人忍受，他必须看着同伴
的脸色行事。

尽管如此，作为一位食客是有可能出名的，就像刚才提到的查洛丰，某个被阿里克西斯称为考瑞度斯（Corydus）的食客竟然受到了另外一个不那么成功的同伴的嫉妒；甚至还有人写过关于考瑞度斯的回忆录。[146] 食客编造的一些笑话的确很幽默；但是不论他们表现得多么机智，他们总在毒害着社会生活，希腊人没有了他们会是什么样子呢？

不可避免的是，在很多宫廷里也有食客。在费莱的亚历山大的宫廷里就有一个叫美里安修斯（Melianthus）的食客，当被问到刺客是怎样行刺他的主人的时候，他严肃地回答道：“穿过他的胸口，直接刺进我的肚子。”（普鲁塔克，《论奉承》，3）小狄俄倪索斯也有他的奉承者；他是近视眼，他们就也装作近视，相互冲撞，打翻碗碟；他们把他的诗背下来，因为他喜欢诗，用一种相当粗犷和自由的语调大声诵读。（普鲁塔克，同上，27 ；雅典尼乌斯，6. 56）在马其顿国王腓力的宫廷也有一个关于著名的食客克雷索普斯（Cleisophus）的类似的故事；当国

王弄瞎了一只眼睛，他也在他自己的一只眼上戴上眼罩，当腓力弄伤了腿，他也穿着长袍一瘸一拐地走路（雅典尼乌斯，6. 54）。还有很多关于不同的继承者（*diadochoi*）的食客的记载；在这些宫廷中，他们代表了一个下决心要永远处于一种粗俗形态的希腊生活的片断，甚至还腐蚀了一些迦拉太人（Galatian）的王公贵族。

除了这些普通的餐桌上的食客之外，一些长于奉承的专家也逐一粉墨登场，很显然这是一些喜欢利用他们的才能来展示自己的人。普鲁塔克在《论奉承》中好像在谈到与帝国的关系时说起过他们；但是他列举的一些事例却表明，对伟大而富有的人的奉承至少在晚期希腊是很普遍的，如果不是在整个希腊时期的话。奉承者不仅模仿他的保护人的近视和耳聋，而且还声称自己与他有着同样的家庭不幸，比如恶劣的妻子、儿子和亲戚。更晚的时候，密特里达提（Mithridates）身边的奉承
338 者还让他在他们身上烧烤或者开刀，因为他喜欢扮演医生。卡内阿得斯（Carneades）说，除了骑马之外，富人和国王的儿子们一无所长；教师们奉承他们，他们的摔跤陪练自己假装摔倒，只有他们的马对恭维以及他们显赫的出身一无所知。[147]

这个时期的一些最令人忧伤的记述都是关于家庭生活的。婚姻永远都是完全被当作一种法律和政治的事情来对待，因为国家想从中得到的就是合法的公民后裔。伯利克里制定的有关只有父母都是公民的人才能成为全权公民的法律最晚在公元前 5 世纪末就在演说家阿里斯托芬的倡导下重新恢复了，尽管他自己也有几个情妇所生的孩子。制定这项法律的原因本身是纯粹出于政治上的考虑；其目的并不为了支持建立在道德基础上的合法婚姻，而是为了保持公民团体的纯正。如果交际花的儿子也可以被认定为公民，因而有了合法的继承权的话，那么一切就将会崩溃，合法的婚姻也就失去了存在的意义。德摩斯提尼的第二篇《反欧布里得斯》（*Against Eubulides*）演说说到这项法律是如何成为献媚者们手中的一件工具的——除非“整个城市都起而反对这些德莫的傲慢无礼的入侵者”。

在那时，一个妇女不过就是一件东西，一个专用的工具；离婚是很

容易的；如果一个男子不愿意离婚，主要是因为这样做需要归还嫁妆。争夺遗产这一主要的动机在频繁的领养中可以看出。这种事情大多出现在惟一的儿子去世的情况下，通常会选择一个近亲；法律试图对领养进行规范，只有这位养父既没有患有精神疾病，年纪也不是很高，也没有受到魔咒或者妇女密谋策划的影响，领养才是有效的；那些被在世的养父母领养的孩子比那些在遗嘱中被点名领养的孩子自然更占优势。有时候很难证明有人被排除在继承权之外，在这种情况下，那个时代雅典的冷酷无情只能通过腐败的法律制度和普遍的欺诈行为得到解释；它比今天偶尔发生的有人因为怀恨他们自己的后代而恶意的再婚或者收养他人的任何事情要走得更远。因为没有公共的检举人，国家从未在法律的基础上介入这类事情，所以不能建立起一套诉讼程序，除非有人举报，在这里，就像其他很多事情一样，献媚者们还是有机会满足贪婪和实施阴谋的。其结果就是养子和亲生子之间不断地打官司，对于这种事情，伊萨乌斯是我们最主要的资料来源。在他第三篇演说中，一个非婚生的女儿，为了遗产，在二十年后还在追着一个获得了继承权的领养的儿子，声称她的母亲当时已经结婚；在第二篇演说中，一个人告他的兄弟，说他领养了他妻子的兄弟，这是因为在放弃了与她生孩子的希望并与她友 339
好地离婚之后，她恳求他这样做的。狄奥克里斯的例子表明了一个无赖是如何通过假冒养子而硬挤进一个家庭的。

一个女继承人可以引发很多争议，因为她最近的亲戚有权娶她本人或者让她嫁给他的儿子。在伊萨乌斯的第十篇演说中有一个例子，一个父方的叔伯把他的侄女嫁给了另外一个人但是霸占了她的财产；在第六篇演说中，一个寡妇被她的一个近亲说成是他的新娘，但是当情况有变的时候就又被抛弃了。在德摩斯提尼反对欧布里得斯的演说（40f.）中，我们了解到，一个穷人为了一个富有的女继承人而离开了他的已经成为他的孩子的母亲的妻子。他，或者实际上是她的兄弟，把妻子转手交给了一个熟人，那时她的身边有更多的孩子，所有这些都是在双方叔伯的眼皮底下发生的。

在有关监护的事情上情况尤其糟糕。吕西阿斯提到过他的被监护人的叔叔和祖父迪奥格同（Diogeiton），他可耻地侵吞了他们的财产。德摩斯提尼早年生活在一个非常富有的贵族家庭。他的父亲把他的 14 塔兰特的财产分配给三个监护人：阿福布斯（Aphobus），他姐姐的儿子；德摩福翁，他兄弟的儿子；一个老朋友忒瑞皮得斯（Therippides）。条件是第一个监护人要娶一个有 80 明那嫁妆的寡妇，第二个，也是如此，在适龄的时候要娶他的女儿（当时只有 5 岁），不过这期间有 2 塔兰特的礼物；第三个监护人也会分到 70 明那的监护费，直到他的儿子德摩斯提尼成年。很显然，父亲是想通过指定两个有利息的监护人的办法为他的妻子和女儿的将来提供保障，但它却充分地说明了那个时代妇女的境遇，也就是他只能用这种把她们当作物品的处置方式做到这一点。众所周知，这两个侄子并没有履行他们的诺言，三个监护人把这些财产都挥霍掉了，当德摩斯提尼成年的时候，只剩下了财产的十二分之一。

说到*对妇女的看法*，在阿里斯托芬的《妇女公民大会》（214ff. ）中，普拉克萨戈拉（Praxagora）恶毒地把她们说成是与男性的革新者相比更加守旧的因素；对她们的普遍诋毁也不断地出现在其他的喜剧中。[148] 要想看到一段比较令人愉快的描述的话，我们会想到色诺芬的
340 《经济论》，尽管它采用的仍然是与苏格拉底进行对话的形式，但其写作的时间早就进入到了公元前 4 世纪，因此，我们前面引用过的伊斯霍马库斯的话想起来还是很贴切的。当然，这位保守的地主所表现出来的敏感程度如果出现在一部现代的小说中看上去却是极为冷漠的，但是那些精彩的结论还是会使读者睁大眼睛，好好看一看丈夫和妻子的关系的高贵性。令人愉快的是，同样的情感也呈现在公元前 4 世纪雕塑家们在精美的墓碑上留下的夫妇形象中。

叙拉古妇女拥有一定的地位和影响，在那里大多数时候是在某位君主的统治下，而且还多多少少有着一些多利亚人的传统；即使在公元前 5 世纪，我们也会想到盖伦一世的妻子德马瑞忒（Demarete），想到老狄俄倪索斯的两位妻子在政治和王朝中所起到的重要作用；狄翁的姐姐阿瑞斯托玛克（Aristomache）和他的妻子阿瑞忒（Arete）似乎有很强的

个性（普鲁塔克，《狄翁传》，51），我们还知道，小狄俄倪索斯的宫廷中的妇女对柏拉图十分感兴趣。哈利卡纳苏斯的小阿尔特弥西亚是一个很有权势的妇女，后来在继承者宫廷中的几位妇女也是如此。斯巴达的妇女也不那么受到压抑。一些女性很富有，在一个时期，据说五分之二的土地都掌握在妇女手里，而且，只要出于自愿，女继承人还有权把她们的财产馈赠给任何人。但是她们似乎很不负责任，并没有在留克特拉战役的震惊之后站出来。她们当中没有人曾经亲眼看过敌人军营的火堆上冒出的硝烟，几个世纪以来，她们只是附和着男人们爱国主义的自我夸耀；所以，伊帕密农达对斯巴达的入侵使她们陷入了恐慌，疯狂地尖叫着四散奔逃。[149]

总之，毕达哥拉斯学派的妇女应该记住。在保留下来的斯托巴乌斯的残篇集子中，那些关于菲恩提丝（Phintys）和佩里克特欧涅的段落来自于一个较晚的时期，[150] 但是它们所表达的观念对那些公元前 4 世纪生活在意大利南部的妇女们来说却可能是很真实的，代表了一种与毕达哥拉斯主义相并行的观念，是研究泛希腊道德的一个资料来源。菲恩提丝关于妇女的道德尊严（*sophrosyne*）的文章使我们看到了妇女道德的一种高贵的理想。这些毕达哥拉斯的女性追随者不仅想保留婚姻的神圣性，而且也想使他们的丈夫快乐；她们追求一种简单的生活方式，简单的衣着，没有狂暴的行为，她们的社会生活仅限于为这个城市的神灵提供普通供品的宗教节庆活动，总之，过一种家内的隐居和纯洁生活；的确，她们在任何事情上都是一些令人尊敬的妇女。

这个时期普遍出现的色情趋向与这些良好的品质形成了鲜明的对
比。男性的同性恋逐渐失去了其伦理上的托词。在斯巴达，在阿格西劳 341
斯以及后来的一些斯巴达人身上仍然保留了其理想化的性格，但除此之外，在喀罗尼亚全部战死的底比斯的一支神圣的小分队——腓力对他们的死也充满敬佩——可能是最后一支这样的队伍了。[151] 亚历山大和赫菲斯提翁是两个平等的人，并不是爱人的关系。对其他人来说，淫荡支配了生活的这个方面。

这种情形对妓女（*hetairai*）来说更为恰当。当然，这个题目就像感观上的享受一样古老，但是现在这些妇女得到了更为广泛的公众的关注，她们在喜剧中成为非常重要的人物，显然已经超过了公元前 5 世纪的普遍状况。人们对妓女有着巨大而普遍的兴趣，这说明了人们的生活已经没有了什么高贵的目标。诗人们把自己投入到与妓女有关的各种事情的描写上，不论她们是奴隶，雇来的还是从皮条客那里再经过适当的调教之后买来的，或者是守着一座大房子的自由妇女。[152] 这种关注常常是令人不快的，由于她们的贪婪和掠夺，一个作家把她们比作是神话中的怪兽；[153] 的确，有些作家建议，在光顾她们的时候要排除危险和减少花销（对结了婚的妇女也应如此），去找一些普通的女孩倒是比较容易和简单（雅典尼乌斯，13. 24f. ）。一个中期喜剧诗人甚至还编了一部名叫《反拉依丝》（*Anti-Laïs*）的喜剧，剧中他讽刺性地描述了年迈的拉依丝（同上，26）。米南德爱他的戈莱西亚（Glycera），但是当菲利蒙在一部戏中把他爱的女孩称为“善良的”的时候，他还是诚实地回答说，她们当中没有人是善良的（同上，66）。妓女们还经常由于用服装和其他的装饰来掩饰身体上的缺陷而受到嘲笑。[154] 然而，同样是这些诗人也说了关于她们的一些令人愉快和可爱的事情；[155] 当她们的情人丧失了幽默感的时候，她们则显得十分迷人和给人以安慰，真的为她们的名字 *hetaira*（意思是“一位女友”）增光；在欧布鲁斯的一个残篇中，当我们读到“她吃饭的样子是多么可爱”的时候，我们就会不知不觉地记起在歌德的费里尼（Philine）当中相似的感触。[156]

这是一个伟大的名妓的时代；在希腊，至少它们没有消失在妓院中，而是保留在了公众的视野中。她们当中很多人的名字我们都耳熟能详。雅典尼乌斯（13. 21）提到过有五位作家写过关于雅典名妓的书，其中包括著名的学者阿波罗多洛斯和拜占庭的阿里斯托芬。[157] 这些材料中有很多关于机智的名妓的轶闻趣事（雅典尼乌斯，13. 46ff. ），因为在她们当中很多都受到过良好的教育。[158] 一个叫那塔伊娜（Gnathaena）的名妓甚至还写过一本关于餐桌礼仪的书，还有一本关于哲学的讽刺作
342 品。毫无疑问，她们拥有智慧和优雅，与她们的谈话有一种在已婚妇女那里所没有的迷人的魅力。传记作品中关于那些最有名的交际花的记

述，像拉依丝，塔伊斯（Thaïs），菲瑞内或者戈莱西亚，都非常难于作出评价。假设她们确实完全吸引了希腊人的想像力，那么关于她们的记载缺乏精确性以及在年代上常常缺乏一致性就不那么令人奇怪了。拉依丝尤其代表了一种类型，在人们的印象中至少有两个人叫这个名字；她被描述成为充满了邪恶和贪欲的人。[159] 正如我们所看到的，普拉克希忒勒斯和菲瑞内之间的关系可能是艺术史上最重要的关系之一。

根据一篇伪德摩斯提尼的演说，名妓（*hetairai*）是为了使人们得到快乐，奴隶－妓女（*pallachai*）是为了满足日常的需求，而合法的妻子是为了生育合法的后代和做一个可靠的管家（《反尼亚拉》[*Aginst Neaera*]，122）。名妓如果生了孩子经常把孩子抛弃，尤其在生了女孩的情况下。在琉善的关于名妓的对话中，一个想生下肚子里的孩子的名妓对正要离她而去的情人说，她绝不会抛弃这个孩子，尤其是如果是一个男孩的话，尽管这对于名妓来说将是一件十分艰难的事情，但她也一定要把他养大，将来去羞辱他的父亲，以此来报复他对她的所作所为。在现实生活中一定有很多与吕西阿斯（残篇，90）的感触很深的判断相吻合的事情："现在的女人既放弃了她自己，也把德性抛开了，她挣脱了她的命运，把她的亲戚视作敌人，却把陌生人视为朋友，把从前所相信的善与恶的观念完全颠倒了。"在关于名妓的喜剧中，我们完全看不到精神上的东西，尽管诗人在写到这样的人物的时候还是会有一些这样的东西。刚才讲到的那篇错误的归之于德摩斯提尼名下的演说就描绘了一幅非常令人憎恶的画面，勾画出中间人和娼妓粗俗而邪恶的生活实态。

丧葬纪念碑反映出了奢侈生活的一个非常不同的侧面。它是受到东方的不断在纪念碑（heroon）上面讲究排场的影响，这不仅为了纪念像提墨里翁——当然他是当之无愧的——这样的人，而且还出现在一些仅仅是有钱的普通人的坟墓旁。人们把不恰当的宣传和高额的花费用在这种事情上面。在伊索克拉底的墓上，矗立着一个高30厄尔*的柱子，顶

* 厄尔，ell，旧时的长度计量单位，1厄尔约合45英寸。

上还有 7 厄尔高的美人鱼；旁边是一块刻着人物的石板，表现的是一些诗人和伊索克拉底的老师（可能是浮雕），其中高尔吉亚正注视着一个天体仪，还有伊索克拉底自己。悲剧诗人提奥德克特的坟墓正好位于去往埃留西斯的圣路上，坟墓旁除了浮雕之外，他和其他的著名作家都被
343 塑成雕像。[160] 这些人当然都是鼎鼎大名的人物。然而，盗用公款者哈帕路斯也混了进来，他在巴比伦为他的从前是妓女的妻子建立了一座纪念碑，另外在圣路上又修了一座，这座纪念碑整整花了他 200 塔兰特。这最后一座，在波悉尼阿斯看来，是所有在雅典的前罗马时代最令人惊叹的两座纪念碑之一，另外一座是一个罗得斯人在雅典修造的；从远处看，皮提奥尼克（Pythionike）的这座纪念碑看上去像是属于米太亚德或者伯利克里这样的人物的。[161]

从整个情况来看，在雅典出现的个人的奢侈行为，尽管在个别情况下也受到了严厉的指责，但它可能还是比较初级的，只是衰落的一个较轻微的症状而已。需要花费巨资的惟一途径就是宴饮和妓女。把钱挥霍在四轮马车和建造房子上面是很危险的。一座好房子会引发一桩丑闻，就像我们从德摩斯提尼那里了解到的那样。他的对手美狄阿斯就被指控说在埃留西斯拥有一座与他在雅典的家一样富丽堂皇的房子；此外，他在参加神秘仪式以及其他的外出活动中乘坐了一辆在西库翁定做的漂亮的白色四轮马车，像一个女人那样骑在一个银制的优卑亚马鞍上，拥有大量的奴仆、很多颜色鲜艳的衣服和漂亮的盘子。我们必须承认，如果这些是一种过分的话，那么阿提卡那些臭名昭著的富人也没什么危险可言了。但是人们把私人花在奢侈行为上的钱看作是从他们那里偷来的，这就是德摩斯提尼在他的检举揭发的演说中强调美狄阿斯没有捐出他应该捐出的足够的钱财的原因，而他自己，在与美狄阿斯争论的时候，已经捐出了不小的一笔钱，赞助了一支由吹笛手组成的男性合唱队，使他们穿上了镶金边的外套，戴上了金冠（《反美狄阿斯》[*Against Meidias*]，153ff.）。

其他大城市的情形无疑与雅典相似；金钱大抵上都是最重要的准绳。然而，它并不是惟一的标准，在很多人的生活中，反物质性劳作的

情绪强烈到足以使他们甘愿受穷而不去赚钱。工作在一定程度上仍然是一件不光彩的事情，尽管它有利可图，钱币兑换者也是如此；而且，财富会给人带来巨大的负担和危险，这种观念在任何一个文明时代，在伊斯兰世界之外可能再也没有出现过。与我们自己的时代相比，还是缺少一种致富的动机；社会上的出人头地并不依赖于财富，而在于精神和身体上的力量的发挥；妇女并不会想方设法让男人去赚钱。在阿里斯托芬的《财神》（507ff.）中，在穷神（*penia*，意思是“需要”）的自我辩护中，有一段关于体面的和过得去的贫穷的很好的赞扬，它是关于世纪之初雅典社会状况的一个非常重要的材料；穷神论证说，她是所有技艺和 344
发明之母，显然是与行乞（*ptocheia*）完全不同的。一个人甘愿放弃享乐，不顾及多方面的诱惑，还有寄生的生活，他能够以一种非常节制的方式培养他的心灵，我们就知道很多这样的特立独行和精神高尚的下决心自甘贫穷的人。他们大部分是哲学家，主要是犬儒学派和毕达哥拉斯学派，但是音乐家菲洛克瑟努斯据说也放弃了他豪华的房子，他说：“这些财产不应该成为我生命的终结者，反过来我将结束对它们的照顾了。”这些人在最少的需求下生活着，在这样的气候条件下做到这一点是比较容易的，宁愿像圣马力诺的巴特罗美欧·鲍格西公爵（Count Bartolommeo Borghesi）那样几乎一无所有，但却创造出很多最高水平的作品，而在我们的时代，以这种方式来生活要困难得多。

还有其他的一些人，他们的本性让他们拒绝那些伸手可得的财富，就像公元前5世纪的阿里斯第德和厄菲阿尔特（Ephialtes）所做的那样，这两个伟大的底比斯人就是这个方面最有名的人物。[162] 我们会想起伊帕密农达，他继承了毕达哥拉斯主义的传统，拒绝了费莱的伊阿宋送的50根金条，在他侵入伯罗奔尼撒的时候还向别人借了50德拉克马；当为他拿盾牌的人从一个战俘那里接受了钱财的时候，他说：“把我的盾牌还给我，给你自己买一个店铺去生活吧；你现在一定不想再冒任何风险了，因为你成了一个富人。”[163] 据说他把波斯国王送的30000德拉克马的礼物又送了回去。但是，对雅典人来说，这种独立性的最伟大的榜样就是福西翁。正像普鲁塔克所描述的，他是他的城市的一切和在他那个时代发生的所有事情的活着的注释。我们读到过有关伯利克里的似乎带有某种强迫性质的回忆，说雅典人从来没有看见过他笑或者哭，或者在公共浴池洗澡，或者在演说过程中使用某种不雅观的手势；但是他对雅典所有的倾向和观念都保持着一种内在的独立性，这不能不令人钦佩。作为个人，他有勇气拒绝向一次祭祀活动募捐，原因是他还欠着债主的钱；同样，在政治事务上他也从不会受到他的公民同胞的左右。当他们因为一个边界上的争议要攻打彼奥提亚的时候，他建议他们用言词去斗争，这是他们的优势，而不是使用武力，那样的话将会带来不必要的损失；在喀罗尼亚战役之前，他意识到了并不乐观的军事前景，他建议避免战争，后来又在成功率很小的情况下反对拉米亚战争；他拒绝参加调遣马其顿的卫戍部队的请愿活动，可能是因为在他看
345 来，雅典能够很好地处在一种优势的地位中。一个神谕被破解了，意思是说，当雅典人意见一致的时候，应该找到一个与整个城市的想法不同的人，福西翁说："不用找了，它指的就是我。"这个故事是可信的。他曾经归还了亚历山大送给他的100塔兰特的礼物，尽管使者告诉他，他是惟一一个被国王看作是具有高贵品格的人；福西翁回答说："他应该允许我继续保持这种品格。"[164] 他还严厉地回绝了哈帕路斯的请求，当时他带着他的金银财宝到了雅典，尽管哈帕路斯和他的女婿后来还是成功地在雅典找到了一个避难所。后来，福西翁再次回绝了马其顿人的钱，这样做既代表他自己也代表他的儿子。在与马其顿当权者的斗争中，波吕斯佩克翁（Polysperchon）取得了胜利，建立起民主制度，这样，福西翁不可避免地成为了在国家中重新获得权力的民众领袖和献媚者的牺牲品；他受到了拥护寡头制和憎恨德莫斯的指控。整个审判程序是野蛮和充满恶意的；他没有逃避折磨，甚至他的尸体也被扔出了阿提卡；情况一定是这样，尽管他的口才很好，但很多雅典人并不支持他，恰恰就是因为他真的是"一个好人"（*chrestos*），就像人们称呼他的那样。[165]

第六章　希腊化时代

在这个时代，狭义上的文化这个题目引发了一个问题，那就是城邦的衰落和公民意识的淡漠到底在多大程度上真正地起到了在知识生活中把伟大的天才解放出来的作用，还有这些发展是激发了杰出的才能还是窒息了它。除了我们从继承者（*diadochoi*）、哲学家或者其他的作家所了解到的情况来看，包括丑闻，我们掌握的资料还是如此的贫乏，以至于不可能得到关于这些问题的任何令人满意的答案。波里比阿明确地说，人们纷纷远离国家，投身于学习和学术，学习哲学的学生也一定在数量上大为增长。非常令人怀疑的是艺术是否也同样受益于这种新的活力。那些艺术家还是一如既往，很显然，最杰出的作品仍然出现在雕塑和绘画当中。但是那个时代在传统上还是出现了令人悲伤的断裂；伟大的艺术家不再被人们提及，著名的名字不再被记录下来；罗得斯和佩尔加蒙的雕塑家的名字只是由于与某些具体的作品有关而碰巧被提及才流传下来，并不是作为家喻户晓的大师被记录下来的。例如，著名演员的名字几乎不再出现在文献中，然而很多人还是创作出了杰出的作品，他们之所以不被提到只是因为他们这样的人太多了。 346

在其他的领域，因为只有一些残篇保留下来，我们看到的东西也是十分有限。因为，除了剧院，对于任何一座可以追溯到亚细亚和埃及王国时代的继承者的某个单体建筑我们几乎一无所知，我们无法对这个时期的建筑进行评判。诗歌也只剩下一些残篇，提奥克里特的诗歌除外，

347 但它们并不能代表最好的诗歌。一些类型的诗歌，比如合唱用的抒情诗可能大为减少了，但是对于没有了好的单首的抒情诗，我们却完全找不到任何理由；可能在亚历山大里亚碰巧没有这种诗歌。

希腊人精神生活上幸存的最主要的东西就是向着三个主要的方向上发展的哲学：斯多噶主义、伊壁鸠鲁主义和怀疑学派。另外，希腊传统的活力还使它在近东希腊化的过程中得到了展示，这并不仅仅是因为马其顿政府为了自身的利益而施加的政治上的压力，而且还因为它具有一种内在的优越性和生命力。是否这个时代的一般的受过教育的希腊人与过去的受过教育的希腊人相比普遍地看上去更加柔弱和温柔，认识这个问题是很重要的，但是我们却没有办法证明。[1]

早先的希腊人受到光辉的理想的激励，尤其是美好的声名；现在这些理想到哪里去了？不过，即使在公元前3世纪的令人悲伤的衰落当中，仍然有人在追求声名。在所谓的自由的希腊人中，一些人通过政治和战争赢得了声名，像阿拉图斯、菲洛波曼（Philopoemen）以及其他的一些人，但他们都有着严重的缺陷和不足，说到最后的一个克里奥蒙尼，他不仅在塞拉西亚之后再次表现出个人的无能，而且他的整个改革有一种突然降临在希腊人头上的解散运动的味道。然而，在说起这些人，描述这些人的时候，人们还是习惯于像从前那样地夸大其词，克里奥蒙尼尤其受到那些把他视作伟人的人们的欢迎。例如，在斯巴达失败之后，他的所作所为有着非常详细的描述；他拒绝了一个女奴的帮助，他既不饮酒，也没有坐下来，卸掉他的盔甲，只是会休息一小会儿，用左边的肩膀靠在一根柱子上，头枕在肘子上，陷入沉思，直到最后他逃向大海（普鲁塔克，《克里奥蒙尼》，29）。即使他在这里是在表演，但他在埃及的死仍然是一个悲剧。人们决意要尝试着呼唤出一个古代斯巴达名人的形象。

一些继承者（*diadochoi*）也有一种荣誉感。这可能经常使他们误入歧途，人们可能会认为，他们的真实动机是虚荣心和自大狂；克里奥蒙尼的对手安提格努斯·多森（Antigonus Doson）是一个例外，他对斯巴达表现出了仁慈之心，允许它保留其所有的制度；在已经生病的情况下，他匆匆地赶回马其顿，去寻找一种与入侵的伊里利亚人战斗到死的真正的英雄的欢乐。根据一个可能在议事厅（*leschai*）里被添油加醋的故事，他死于脑溢血，他那时仍然骑在马背上，在胜利的时刻，说了一句，“多么美好的一天呀！”（普鲁塔克，《克里奥蒙尼》，30）

尽管，从总的情况来看，真正的对声名的追求已经衰落了。赛 348
会中的声名已经消失殆尽，就像我们从普鲁塔克的《菲洛波曼传》（*Philopoemen*）（3）中所了解到的那样。从孩童时代开始，这位伟大的将军就想成为一名军人，学习了他能够学到的所有关于战争的知识。因为他还是一个天生的摔跤手，所以有人建议他去当一名运动员。当他问到体育训练是否与他的军事学习相冲突的时候，人们就告诉他，实际上，运动员的体格和养生之道与军人的要求完全不同；运动员需要足够的睡眠，大量的食物，劳逸结合的、精确的和有条理的训练，稍微偏离这些规则都会达不到训练的目标，而军人的生活则是持续不断的没有任何规律的东奔西跑，要习惯于不吃饭、不睡觉地奔波。所以菲洛波曼拒绝并鄙视体育训练，后来在他的军队中尽可能地用蔑视和惩罚来禁止体育训练，原因就是它造就的最健美的身体不适合于战斗；他在田野上打猎和劳作，以此强健他自己的体格。[2]

荣耀和尊敬现在既赋予了那些强有力的人，也给了那些卑鄙的人，所以某种神经质的兴奋和期待产生出来，甚至这个时代一开始，哈帕路斯就能够说服希腊人在他们的家乡允许他为了纪念她的情妇皮皮提奥尼克，授予她“皮提奥尼克·阿佛洛蒂忒”的称号，并在通往埃留西斯的神路上为她建立一座巨大的带有树林和祭坛的纪念碑。另外一个例子是法勒戎（Phaleron）的德莫特里乌斯，他使雅典人进入一种疯狂的状态，为了向他致敬竟然要同时建造 300 尊雕像，当然在他倒台的时候结局也很惨，这说明了这样的声望已经变得多么没有价值。[3] 但是就在这件事情发生之后，城市的围攻者狄米特里乌斯当着他的面受到了公然的藐视，这造成了对很多继承者（*diadochoi*）的神圣崇拜，不仅在他们自己的国家，在那里人们别无选择，而且也在自由的希腊。甚至献给那些仅仅供人娱乐的人们的雕像也纷纷被竖立起来。在雅典，就有一座献给卡瑞斯提安·阿里斯托尼库斯（Carystian Aristonicus）的雕像，他与亚历山大玩过球；同时他也因为“这项技艺”而被授予了公民权，而这也打破了一个先例，那就是制作雕像的目的仅仅是为了使某种优美的姿态成为不朽。事情甚至变得更坏。木偶师傅欧瑞克雷得斯（Eurycleides）获得了一尊雕像作为奖励，它就摆放在那些伟大的悲剧作家的旁边，而他的同行波特伊努斯（Potheinus）则被允许使用欧里庇得斯和他的同时代的诗人们曾经给观众带来愉悦的同一座舞台。虽然每次在这样的
349 命令中都会感到某种不安：“需要建立一尊雕像献给某某”，然而魔术师提奥多洛斯就轻而易举地以这种方式在赫斯提亚（Hestiaea）和欧芮奥斯（Oreos）的剧院获得了荣耀，更不用说像米利都的竖琴演奏者阿齐劳斯或者底比斯（在那里竟然没有品达的雕像）的歌唱家克里昂这样的演员了。[4] 真正的杰出人士的缺乏使这样的事情变得不那么令人奇怪了，那就是名声现在可以仅仅通过生理上的某个显著的特征或者某种绝对的令人厌恶的特征获得，就像我们从阿里安和雅典尼乌斯开列的各色人物的清单上就可以看出，他们或瘦而矮，或胖而蠢，或贪吃贪喝。[5]

对这种追逐廉价的出名的一种回应就是直截了当的漫骂，这主要以泽鲁斯（Zoilus）为代表；他的确切生卒年月不是十分清楚，但是他可能生活在菲拉德尔福斯（Philadelphus）的时代。他来自安菲波利斯，那时已在马其顿的统治之下，写东西（他的方式就像一位马其顿人）不仅反对荷马，而且还反对柏拉图和伊索克拉底，致力于性质恶劣的漫骂，因为，正如他所言，他并不想去做坏事，而只是想用他对同时代的人和已经死去的人挑毛病的方式去对抗所有的人。他的这种文学风格，或者所谓的带有修辞学色彩的犬儒主义，后来成为一个谚语，即“鞭打荷马”。

除了继承者之外，那时候最重要的名人就是哲学家和妓女。雅典人崇敬芝诺，他在塞浦路斯的西提翁（Cition）的公民同胞，为了使他们自己的脸上更加有光，就献给了他一尊镀金的雕像；在卡内阿得斯去世的时候，据说出现了月食，而太阳也被乌云遮住了。学者还有人提到，

但却完全没有了关于艺术家的记载。至于那些属于继承者和一些哲学家——比如伊壁鸠鲁——的妓女，显然是人们交谈中的重要话题，这些妇女从前是一个显赫的类型，现在则成为单个的名人。[6] 从菲拉德尔福斯和奥尔格特斯（Euergetes）的时代开始，这种情形在亚历山大里亚的马克翁（Machon）的诗歌中就变得非常明显；它的内容包括了她们机智的作答和轶闻趣事，大多数是陈腐的和低俗的，但却表现出一种优雅的天真。[7] 但是，从继承者的时代的普遍情况来看，个人的能量似乎在第一个 100 年中全部耗尽了；在公元前 200 年以后，就没有多少有名的妓女了。

在这个较晚的希腊化时代，真正充满野心的人在他们追求声名的过程中一定也经历着某种挫折。竞争性的希腊意志将会采取哪种最后的形式呢？权力和财富都集中在了宫廷；那些幸存的城邦，就像一块没有了肉的骨头，那些还仍然很富有的人，以旧有的方式通过向公众的娱乐活
动（*euergesia*）进行捐助，只是在地方上成为了名人，尤其在后来和平 350
的帝国时代；公开展示某种技艺（比如竖琴演奏者、舞者、玩球者等等）需要某种并非所有人都有的特殊天赋。在那时，惟一可以出名的方式就是致力于演说术，因为在某种程度上这是一种可以学习的技艺；现在这完全成为一种卖弄辞藻的演说术，夹杂着演说者个人对哲学的看法。这必然会衍生出一种漫游的生活；那时没有这样一种靠撰写娱乐性的书籍来赚钱的行业，最坚决的公共知名度的追求者还没有新闻报纸可以依靠，不得不到处亲自现身。因而，在帝王时代，当投身于政治活动已经成为不可能的情况下，文学上的追求也不再能给希腊的作家们带来任何回报，剩下的一种职业就是像菲洛斯特拉图斯一样地成为诡辩家，致力于带那么一点点政治味道的浮夸演说。那些受到最大的野心驱使的人只能希望成为玄学家和新宗教的预言家，像塔伊纳（Tyana）的阿波罗尼乌斯，阿波诺特库斯（Abonuteichus）的亚历山大那样；即使他也不得不经常走动，但这样的人还是能够通过引进新的崇拜而成功地在他待的地方吸引追随者。我们已经讨论过在较晚的时代出现的渴求恶名的极端事例——比如佩里格瑞努斯·普洛透斯，他在奥林匹亚自

焚身亡。[8]

要确定一个时代的特征，就要看它所表白的仰慕的东西或者实际上仰慕的东西是什么，但是对于文化史家来说，当时的一些日常生活的场景也是非常有用的。这种材料的一个来源就是新喜剧，即使我们完全是通过罗马人的模仿之作而知道的。然而，其有用性并不像我们期待的那样大；它只是通过概括出来的相当少的类型向我们展示了一个单面的雅典，因此，就它所提供的关于那个时代的风俗的所有线索来看，它们并不能构成一个完整的生活画面。一个著名的哲学家特奥弗拉斯图斯则做了一件完全不同的工作，他所扮演的角色比喜剧中的傀儡人物要重要得多。《论性格》的这位作者展现了永远存在的有缺陷的普遍人性，尽管他们大多穿着属于他的民族和年龄的典型服装；这件工作可以追溯到公元前 3 世纪，追溯到他 29 岁这一年，根据前言，这个勇敢的计划是为了使年青一代的道德状况得到好转。特奥弗拉斯图斯的著作并不论述好人，而只选择那些纯粹的，甚至极端的坏蛋，对任何好坏参半的中间色调的人并不关心。很多人们所期待出现的普通人物被漏掉了，比如充当
351 好汉的士兵（*miles gloriosus*），献媚者，高利贷者，还有缺乏才能的诗人；实际上，特奥弗拉斯图斯似乎在小心地躲开很多职业或等级，只把自己严格地限制在对伦理的细微差别的描述上面，这些差别的出现就好像是内在的气质使然。这样做的意图是出于哲学和文献学上的考虑；把自己的理论部分建立在亚里士多德的《尼克马科伦理学》的基础上，他试图得出这样的结论，那就是每个人的品质决定了他将会过一种怎么样的生活，所以他是以对不同特征的生活类型的简要界定开始他的论述的(尽管注释家对这个部分并不满意)。很显然，他自始至终都是根据一些个人来确认他的类型的；因为他的最好篇章并没有能够建立在渐进的、随机观察的基础之上。实际的结果，除了对几个傻瓜和白痴的描述之外，只不过是对在雅典能够找到的所有可憎的人物样品的一个集合罢了。

压倒一切的印象就是雅典人非常地放纵自己，基本上就是在说谎和欺骗中过日子，完全不考虑他们名声的好坏；他认为存在着一种普遍的

毫无遮掩的无耻。而且，特奥弗拉斯图斯的群体的观察方法只有在阿提卡生活完全开放的情况下才是可能的。雅典人一直在展示自己，结伴而行，习惯性的“自来熟”的生活态度营造出一种与我们的时代完全不同的社会氛围，所以，比如奉承者（*kolax*）就能够以一种现代社会完全不可能的令人讨厌的方式奉承别人。与此同时，我们在这些人物中可以看到最多样化的特长；一些看似属于一类的人们还可以分出细微的差别。例如，特奥弗拉斯图斯区分了两类奉承者：一种是只是由于怪癖或气质毫无理由地向所有人献媚的傻瓜（*areskos*），另外一种是为了其自身的利益而专门去奉承某一个人的滑头。与此相仿，贫嘴的人显然也可以分为两类，一类是婆婆妈妈的讨厌鬼，他会不假思索地整天喋喋不休，倾倒出那些陈旧的新闻和不存在争议的事实（*adolesches*），另外一类是令人不快的家伙，他们会像蚂蟥一样把你黏住（*lalos*）。

在这里，我们或许应该关注一下《论性格》的第二章中那些对奉承者们的细微描述，特奥弗拉斯图斯显然在生活中对他们进行了研究。他们并不是为了满足口腹之欲可以忍受任何事情的食客，而是另外一种类型，目标是不惜一切地去奉承某个能够给他带来某种好处的保护人；这种类型的人已经存在很长时间了，与食客同时存在但属于不同的类型，也是希腊人的一种独特的类型。这种奉承者最热衷于激发其保护人的虚荣心。“看！在你经过的时候，所有的人都在看你！他们完全没有 352
注意到其他人。”“昨天，在画廊他们都在谈论你；他们当中有 30 个人询问谁是最高贵的人，所有人一致认为那就是你。”他掸去他的保护人身上的灰尘，摘去他头发上的稻草，接着评论说在他这样的年龄竟然还有好多黑头发；当他的保护人说话的时候，他要求大家不要讲话，最后他自己却说：“听！听！”如果他的保护人沙哑着声音说笑话，他也会笑自己得了病；他为家里边的孩子们买苹果和梨子，并确保主人看见他在分发这些水果，亲吻着较小的孩子，还说着：“一个可敬的父亲的后人！”（对孩子的吹捧再次出现在关于“毫无理由地向所有人献媚的傻瓜”的论述中［5］）如果一个保护人在买拖鞋，他会说，“这只脚比这只鞋还要好看”，当他们去看一个朋友的时候，他会跑在前面去通知有人来访，然后又跑回来说他已经通知主人了。在饭桌上，他是第一个对酒进行赞美的人，接着就是赞美饭菜，而且是全面而详细的赞美。他非常担心他的保护人会着凉，所以在他谈话的时候他会把衣服披在他的身上，站在那里为他挡风。在剧院，他会从仆人那里把垫子拿过来，让他的保护人坐在上面。他会赞美房子的布局，耕种得很好的土地，以及主人的画像画得非常像。在他的介绍当中，特奥弗拉斯图斯暗示说，没有哪个雅典人会愚蠢到看不出奉承者就是一个为自己服务的人，但是这些人不仅存在，而且还得到了很好的回报。第五章的后半部分是关于“毫无理由地向所有人献媚的傻瓜”的论述，与第一章的内容有重叠。它并不是专门论述这种类型的奉承者，而是讨论装腔作势的人和花花公子，他们到剧院里专门坐在军事将领的旁边，买东西不是给自己，而是给离得很远的熟人；他会把买的东西送到拜占庭，把斯巴达猎狗送到西泽库斯（Cyzicus），或者把蜂蜜从西美图斯（Hymettus）带到罗得斯，坚决要让全城的人都知道这件事；他向所有的人展示他的猴子、狒狒、西西里鸽子等玩意；他真的是一个无害的生物，只是在他那微不足道的财富中享受着被夸大了的快乐。另外一种相关的类型是那些总想通过一点小小的事迹（*microphilotimos*）(21) 来炫耀自己的人。在宴会上，他必须坐在主人旁边。当他的儿子在进入成年的时候要隆重地举行剃发仪式，就像那些大家族一样，这样做是为了向皮提亚的阿波罗表达敬意；还要安排一次到德尔斐的特殊旅行，随行的奴隶必须是一个黑皮肤的非洲人。他会为他的宠物狗竖一块墓碑，并题上字：克拉杜斯，“马耳他人”。当议事会执行委员会（*prytaneis*）为圣母举行祭祀的时候，他争着要（显然他是他们的成员之一）承担当众宣布这件工作的任务，穿着节日的盛装，头戴一顶花冠；接着，回到家后，他会告诉他的妻子他是多么的高兴。

353 在第四章，独立的地主被描述成完全粗俗鄙陋和缺乏教养的人，显然是特奥弗拉斯图斯所研究的那群人的一个真正的代表。他为傲慢无礼的人（*aponenoimenos*）及其厚颜无耻绘制了一幅精致的素描。他不仅是一个大胆的诽谤者，而且渴望所有的人都能够听他说话，除非他能够吸引一大群听众，否则他永远也不会满足。与在家里相比，他在监狱那儿花的时间要更多，他会散布各种肮脏的流言蜚语，他喜欢这项工作，大声叫喊着以便全阿戈拉的人都可以听到。第九章中描述了“无耻的人”（*anaischuntos*），他的无耻主要表现在变卖偷来的东西或者走私牟取非法利益。另外一种无耻之徒（11）就是制造恶作剧的人，他这样做不是出于他自身的利益，而是一种爱好；他的位置是介于刚才提到的两种人之间。他到处传播丑闻是一种有意的攻击性行为；他对个人和整个集体来说都是一种瘟疫，既无耻又卑鄙贪婪。在民主制度下的、缺乏信仰的雅典，没有人可以避免由于他们的嫉恨而带来的痛苦。整体性的粗野也被展示出来（24），那些被动的傲慢无礼的粗人（*huperephanos*）并不需要找出一些理由去污辱他人，而是对任何与他接触的人一概冷酷无情地加以对待。

讲话啰唆的人（*lalos*）（7）使我们想到斯巴达人，在他们通过强制的手段推行他们的简洁原则时，他们完全清楚地知道他们在做什么。他们意识到了毫无限制的希腊人的喋喋不休所造成的后果，这也是一种心怀恶意的类型。这种饶舌的人完全是胡搅蛮缠，极端地不顾及别人的感受，他会破坏任何在其他人之间进行的交易、交谈或者友情。他会讲述他所读过的那些老掉牙的故事，他还会引述他自己的曾经给人以深刻印象的公共演说。他完全清楚地意识到他所做的一切并乐此不疲：“我不会保持沉默，即使他们说我比燕子叫得还要厉害。”但是，即使他自己的孩子们嘲讽他的时候也会说：“给我们讲个故事让我们睡觉吧。”新词汇的发明者（8）本身就是非常重要的说谎者（*logopoios*）。他完全屈从于神经质的冲动，他事先就编制好的幻觉被当作事实来兜售；正像特奥弗拉斯图斯所观察到的，他这样做并不是出于个人利益上的考虑。一个小偷可能会在他洗澡当中滔滔不绝地说话的时候，或者在画廊大谈在海上和陆上取得的胜利或者他将在法院输掉他的官司的时候偷走他的斗篷。有很多像这样的人，潜伏在所有的画廊，所有的店铺，以及阿戈拉的所有的角落。和这种人有点相似的是自夸的人（*alazson*）（23），他主要是吹嘘他的实际上不存在的财富和财产，还有捐助三列

桨战舰，或者是参加过亚历山大的战役，或者与安提帕特（Antipater）
354 通过信；他很可能会装出他所寄宿的宅子（其中只有一间是他的）就是他的家，他很想卖掉它，因为它太小了，不便于开办聚会。在这里，他还会散布恶毒的谣言（*kakologos*）（28），说一些关于他的所有的活着的和死了的朋友和亲戚的乌七八糟的事情。

我们还可以看到吝啬鬼（*micrologos*），当他省下一点钱的时候，他就会不断地重复他的座右铭："它在一年以后还会增值"，他绝不允许任何人捡拾他的果园中掉下来的哪怕一个水果（这种事情在雅典一定经常发生并且是得到允许的）；与之相似的人物还有守财奴（*aneleutheros*）。接着还有两种使人反感的人（19. 20）：*duscheres* 是粗俗无礼的人，他会很关心自己的身体；*aedes* 是说话令人讨厌的人，在社会上会得罪很多人。心不在焉的人（*anaisthutos*）（14）在某种程度上是喜剧的一个讽刺对象，但是极为不懂人情世故的人（*akairos*）（12）也是一个人们不希望得到的伙伴，他总是选错时机，例如在某个婚礼上漫骂女性。（然而，当特奥弗拉斯图斯批评一个不懂人情世故的人的时候他犯了个错误，那个人对一个鞭打其奴隶的人不顾情面地反驳说："我的一个受到鞭打的奴隶跑出去自杀了"。在这里，这个不懂人情世故的人说的倒是一句人话。）

非常有趣的是，迷信的人（*deisidaimon*）（16）——他用他的方式进行判断——是一个处在比较舒服的境遇中的类型，不在最下层之列。我们拥有很详细的和令人惊讶的影响着人们日常生活的迷信活动的记载。有时候人们完全放弃了正常的符合常理的行为；例如，当一只老鼠在床边咬了一个洞的时候，他们会去找预言家（*exegetes*），当他建议他们把床拿到皮匠那里补一下的时候他们还是不能打消疑虑，宁愿把它扔掉。除了预言家之外，还有解梦者（*mantis*），看鸟者，最后的但在人数上并非最少的密仪祭司（*orpheotelestes*），他负责为整个家族主持一月一次的奉献仪式；此外还有一些人数较少的主持净化仪式的祭司。

最好的运气从来没有降临在吹毛求疵的人（*mempsimoiros*）（17）

的头上。据说有这样一个人，他的夫人为他生了一个儿子，他却说："为什么你不再多说一句，那就是我现在丧失了我一半的财产，你这样说才算说出了真话。"在第十八章中，他极为详尽地描述了一位不相信任何人的人。他让一个奴隶监督另外一个奴隶，晚上起来检查所有的锁和门闩，所有的事情都要求有证人和保证人；雅典人一定需要睁大他们的眼睛。只有一个短小的、很不起眼的章节（26）用来论述寡头制的信仰者，他们的怨言包含了一些陈腐的自我约束；这座城市现在已经 355
不适合居住了，提修斯因为所有这些存在的问题而受到指责。这说明，不再有任何理由害怕这个政治派别。最后这一章的简洁也许可以说明，或者被抄录者省略了，或者特奥弗拉斯图斯没有能够活着完成他的这个篇章。

那些在大希腊由继承者统治的城市给雅典人和其他的希腊人带来了很多益处；不论赋税多么沉重，他们至少摆脱了城邦，"自由的希腊人"现在只是以一种极为危险的幻影的形式存在。当然，由继承者统治的城市在某种程度上仍然是城邦；但是它们的运转却是依靠一些城市官僚的施政措施和某种程度上的庇护制度，对市民的要求不再是从前的那些内容了；偶尔出现在塞琉古、安条克和亚历山大里亚这些城市中的动荡与希腊的公民危机是非常不同的。

公平地讲，从前的公民（*polites*）与继承者统治的对象是完全不同的人；但是那已经是一个逝去了的时代，世间没有一种力量能够使之复活。不论在政治上还是在艺术中曾经使文化成为一个整体的"风格上的统一"已经永久地消失了。然而，在从前的公民的位置上，人们现在能够充分地享受私人生活了，尽管这个好处当然也使他们付出了高昂的代价。经济上的自由意味着，所有的个体现在获得了真正的自由，可以从事他们喜欢干的任何工作。所以每个人都可以遵从他的个人爱好，例如，只要条件允许可以尽情地外出旅行，而不被怀疑在经济上有犯罪行为，可以尽情地宣泄他的热情。很多不同的职业被区分开来，这在从前的希腊人中是从来没有区分的。尤其是托勒密王国，在军人和官员之间现在也划分出了明显的界限，而艺术家和学者现在则成为了专家，并且从与某个具体国家的联系中解脱出来——这一发展是主张“背离城邦”的哲学家在很长时间内努力的方向。现在把人们联系在一起的纽带是个人的行为，而不是政治上的利益；不论有知识的人是否聚集在亚历山大里亚的博物馆里，或者演员是否组成了他们的职业集团，他们的世界主义精神都并不比那个时代的雇佣军要少。[9]

不论如何，我们所谓的希腊化，也就是远离希腊城邦的希腊传统仍然以希腊为中心，即使对东方来说也是如此。在伪普鲁塔克提供的当时在亚历山大里亚流行的 131 则谚语中，我们只发现有一则（97）说的是
356 埃及，另外一则（119）说的是利比亚的一个地方；其他所有的或者来自于希腊谚语的公共宝库，或者是希腊神话的典故，或者是希腊生活的轶闻趣事。很多种类的谚语都不是通过谈话而必须通过阅读才能流传下来，因此我们可以说，希腊的历史一定在亚历山大里亚受到了精心的保护；十分明显的是，人们所关注的东西完全集中在北方。[10] 所以希腊的影响被保存了下来；但是与早先的殖民地——在那里每个人都准确地知道哪些希腊人来自于哪个地方——形成对比的是，在这里旧有的希腊部落完全混合在了一起，在通常情况下，对人们的来源完全失去了兴趣；尤其在宫廷中，一定聚集了一大群来自于各个地方的冒险家和暴发户。[11]

在由继承者统治的城市里，旧有的教育——在包括体育训练在内的一般的学科中——在多大程度上在普通的臣民（*enkuklios paideia*）中被保留下来，对于这个重要的问题我们很难做出确切的回答。它不再成为对“公民”的一种强制性的要求，即使自由人也不再有多少闲暇去做这些事情，更不用说城里面所有的人了。我们可以想像出有一个人数众多的劳作的无产者阶级，由于其廉价的劳动力，他们获得了比奴隶更多的社会需求；在他们之上，现在是一个富人阶级，老板，商人，受到良好教育的人等等。[12] 在那时，教育只有在希腊的遗产给它以影响的地方才受到重视。除此之外，现在还有了一些杰出的以学者为职业的人，喜欢收集和分类，以一种雇佣和保护的形式受到政府的控制，其个体的准则“都是由一种完全专业化的和全神贯注的活动而培养出来的，这些对古

人来说当然属于一种物质性的劳作”；[13] 现在，成为一名专家，也就是成为一个匠人，最后终于被人们从内心深处接受了。

宗教不可避免地在继承者统治的城市都很微弱，尽管有一些东方和埃及崇拜的替代品，既有关于神的，也有关于教义的；但是在这里还是缺乏古代的地方崇拜，这对早期的希腊人来说曾经是他们的大本营。神话也是如此，或者其中蕴含的任何个人的信仰，在希腊几乎完全被抛弃了，即使到处都有有意的和亲切的移植，它却完全不能落地生根；在剧院里看到的关于神话的内容不能激发起人们的崇敬之情，而且，对很多人来说，哲学及其体系已经占据了宗教的位置。

在这样的环境下，非常令人惊讶的是这个时代很少有诗歌和艺术天才被解放的迹象；实际上他们或许是存在的，或者是在某种程度上被哲学的业余爱好者和宗教的装腔作势者取代。不论如何，个人以及他们的 357
外貌现在已经有了很大的分化。从前，因为存在统一的教育和训练的标准，所以所有的希腊人相互之间共同点很多；现在他们分化为一群包含了各种类型的人，新喜剧、田园诗和形象艺术都竭尽全力地去描绘这些类型的人们的不同的特点；希腊的人性在宽度上得到了延展，这种说法是有道理的。[14]

我们再把注意力转向*妇女*，我们首先将会说到那些仍然健在的多利亚妇女，就是我们在阿吉斯国王和克里奥蒙尼的争论中所看到的那些人。一个世纪以前，在留克特拉战役之后，斯巴达妇女无可奈何，只能悲叹，在神圣战争中，皇后德尼佳（Deinicha）也加入了劫掠的行列。在这些较晚的时代中发挥着一定作用的富有的女性继承人成为更为显赫的人物。阿吉斯就是在一种富有和奢侈的生活中由她的母亲阿格西斯特拉塔（Agesistrata）和她的祖母阿克达米娅（Archidamia）抚养起来的，她们是这块土地上最富有的人。阿吉斯想方设法地使她们接受了他自己的观点，在最初的怀疑之后，她们实际上开始转而鼓励他更进一步地去实现这些想法，向其他的妇女宣传他的观点，尽管没有取得成功，因为她们的朋友不愿意放弃她们的财产。在阿吉斯倒台以后，他的母亲和祖母在狱中都被冷酷的背叛者杀害，阿格西斯特拉塔把已经被吊死的母亲放下来，把她放在阿吉斯的尸体旁；她最后的遗言是“如果这样做能够对斯巴达有所帮助的话。”[15] 曾经被阿吉斯驱逐的列奥尼达（Leonidas）有一个女儿奇罗尼丝（Chilonis）嫁给了他的继承人克里奥蒙布洛图斯；在列奥尼达回来的时候，他对他的女婿非常愤恨，奇罗尼丝恳求他让她的丈夫逃跑，并带上她的孩子，尽管她当时也不赞成他对列奥尼达所做出的事情。[16]

阿吉斯的寡妇，一笔巨大财富的继承人和她那个时代最美丽的希腊女性，接着在列奥尼达的逼迫下嫁给了他的小儿子克里奥蒙尼。她把死去的阿吉斯的想法灌输给了他的新丈夫，克里奥蒙尼的母亲克拉特西克莉亚（Cratesiclea）在列奥尼达死后也完全转而接纳了他儿子的思想方式，并帮助他劝说斯巴达的杰出人士采纳他的计划，为了克里奥蒙尼的缘故她还嫁给了他们当中的一个人。[17] 阿吉阿提斯（Agiatis）死在与安提格努斯的战争期间，她的丈夫万分悲伤，在听到她的死讯之后匆忙地赶回斯巴达。克拉特西克莉亚和克里奥蒙尼的孩子们成为了托勒密·奥尔格特斯（Ptolemy Euergetes）的人质，条件是他承诺给他们提供帮助；克里奥蒙尼在犹豫了很长时间之后终于把这个消息告诉了她，她大笑着
358 表示愿意遵守，希望它能够给斯巴达带来好处，赶到位于塔那尔乌姆（Tanaerum）的波塞冬神庙去见克里奥蒙尼，恳求他的支持，“这样的话，就不会有人看到我们哭泣或者对斯巴达束手无策；这只能靠我们自己，但是我们的命运却掌握在我们的魔鬼手中。”表面上看，她和她的孙子很平静地赶到了海边。当她已经到达埃及的时候，她得知她的儿子现在有机会加入阿卡亚人的联盟反抗托勒密；[18] 为此，她送了一个口信说，她不应该仅仅为了一个老妇人和一个小孩的缘故而继续害怕托勒密。最后，在埃及，她和孩子们以及她的侍女都卷入到促使克里奥蒙尼倒台的事变中。[19] 其中的一位夫人，潘特俄斯的美丽妻子，死得和她的丈夫一样地壮烈；她不顾一切可怕的危险一直追随着他。当士兵们抓住克拉特西克莉亚的时候，她拉着她的手带她到了行刑的地方，在那里她们亲眼看着克里奥蒙尼的孩子们被杀害；她们的祖母只是喊了一句：“啊，我的孩子，你们去了哪里！”在克拉特西克莉亚和其他的妇女受到了致

命的打击之后，潘忒乌斯的妻子走过去撩起了她的斗篷，尽其所能地减轻着她最后的痛苦。接着她从容地整理了一下她的外衣，小心地盖上了她的头和脸，这样的话在她死后就不需要其他人再做这件事了；只有行刑的人允许接近她，她就这样像一位英雄一样的死了。

这些斯巴达妇女在希腊世界是一个例外。据明确的记载，男人们对她们总是言听计从，允许她们在公共事务上发挥着比私人生活更大的影响，妇女还控制着最大份额的财富。[20] 但是没过多久，在纳比斯（Nabis）实施他的对斯巴达主义的系统的终结政策之后情况就变化了，他竟然迫使她们与他从前的希洛人结婚。生活中另外一些杰出的妇女是名妓。菲瑞内和戈莱西亚至少在公元前 3 世纪一开始的时候仍然健在，在这个时代，这样的女性开始成为年青一代追求社会享乐的中心。就像阿尔西弗戎（Alciphron）的书信中——这些信当然在写法上模仿了希腊的模式——所描述的，她们受过良好的教育，机智，她们迷住了将军，政治家，作家和艺术家，以至于几乎所有的希腊化时代的名人都可以找到与名妓有瓜葛的证据。那些属于继承者的名妓尤其引人注目。德莫特里乌斯·波利奥科特斯（Demetrius Poliorcetes）的情妇拉米亚（Lamia）和里阿娜（Leaena）被尊为阿佛洛蒂忒，在雅典和底比斯建立了神庙，一些属于托勒密的名妓是如此有名，以至于奥尔格特斯二世（菲斯康
[Physcon]）把她们也写进了他的《评论》（*Commentaries*）。在波里比 359
阿的时代，亚历山大里亚最好的房子都是用著名的吹笛女和名妓的名字命名的，其他名妓的半身雕像则被安放在神庙和公共建筑中，与那些将军和政治家并列。[21] 在这个时代的陶瓶上，她们的生活经常被描绘出来。然而，我们已经说过，从公元前 2 世纪起，已经没有人成为真正的名人了，原因很简单，那就是继承者并不属于那种靠自己的名声而成为名人的人；当这些统治者变得如此腐化的时候，他们的宫廷生活也不再能够激发人们多少兴趣了。

至于女性世界的其他部分，在妇女生活的狭窄有限的空间里没有发现什么变化。[22] 她们不能参加正餐的聚会，不能参加像到剧院看戏这样的社会活动，所以没有出现像后来的罗马那样的轻浮的男女混杂的情

况；没有一个体面的妇女能够大着胆子到街上去，或者参加祭神的节庆活动，除非是在可疑的女伴的陪同下；即使她们的丈夫正在获得越来越大的权力，但是她们还是完全与世隔绝地生活在独立的妇人区域中，最严格的是未出嫁的少女，正像一位诗人所说，过的是一种“隐居生活”，还没有从其满怀嫉妒的隔离生活的牢狱中解放出来。[23] 诗人们在这个时期创作的充满柔情的、热情洋溢的求爱诗不可能直接来源于生活，那时还没有订婚礼，夫妇俩在举行婚礼之前从来没有见过面。[24] 所有的婚姻都还是由父亲决定，有时他会因为选择了一个完全不认识的新郎而受到责怪。我们并不怀疑在那个时代希腊世界存在着真正的爱情，但是却不能找到爱情在婚姻生活的制度中到底起到了什么样的作用的记载。妇女由于她们的命运而受到同情；这一点在幸存的波塞狄普斯的《赫尔墨阿佛洛蒂忒》(*Hermaphrodite*)（公元前 3 世纪前半叶）中一些不吉利的诗中看得最清楚，从中我们了解到，一个男孩子将会被他的家庭抚养成人，即使他们很穷，而一个女孩则在出生的时候就会被抛弃，即使家里很富。[25]

妇女之间还是存在着差别。在希腊自身，除了我们刚才讲到的最后的多利亚妇女之外，几乎再没有一位留下名字的妇女。[26] 例如，在阿卡亚联盟的整个历史上，没有出现过一位妇女，[27] 哪怕是制造麻烦的妇女，在新喜剧中女性人物的缺乏可以证明她们受到严格限制的生存状况；然而，在继承者统治下的大城市，她们似乎可以更自由地活动，作为个人更有发展，比男人更受尊敬。在亚历山大里亚、安条克和帕伽马的宫廷中可以看到一种有文化的奢侈生活，皇后和她们的小姐们能够参
360 与这种生活；这种影响还扩展到其他领域。提奥克里特把一只纺锤送给了他的米利都朋友尼西阿斯的妻子，与礼物一同送去的还有一首诗；这种令人愉快的关心在一个世纪以前是不可能出现的。这同一位诗人的作品《阿多尼斯节上的妇女》(*Women at the festival of Adonis*）在雅典是完全不可想像的。它描绘了一幅最令人惊叹的亚历山大里亚生活的画面；阿多尼斯节的庆祝活动在皇宫的大厅中举行，有一幅阿多尼斯的漂亮的画像安置在一个银床的上方，周围是盘旋的丘比特，在他的旁边位于一

个放满鲜花的凉亭中的是正处于悲伤中的阿佛洛蒂忒。在这一大群观众当中有两个来自于叙拉古的多利亚部族的朋友，她们都是亚历山大里亚的中产人士的妻子，她们竟敢大着胆子在一个女奴的陪同下到这里来，她们还对一个对她们明显的多利亚人外貌大加嘲笑的男子严厉地予以反击；她们还溜进了柱廊，对盛大的庆祝仪式和一个来自于阿尔果斯的少女的唱歌赞叹不已，然后又高兴地离开。这首诗讲述的就像是在一个现代的大城市里发生的事情；没有哪个雅典妇女能够走出去参与这样一种大众活动。[28] 亚历山大里亚以及一些其他的继承者的宫廷中的皇后偶尔也会在政治上发挥影响力，但是没有一个妇女能够参与紧张激烈的奥林匹亚的竞技活动。

在生活和诗歌中，这一时期首先透露出的是男子的勇敢和女人的风骚。[29] 勇敢是在有关伯瑞尼斯（Berenice）的两首讽刺诗中展示出来的，至少对于公主来说是如此，其中讲到天文学家科农极尽吹捧之能事，他用伯瑞尼斯的头发命名了一个星座；在提奥克里特（XI，55）的诗歌中，波吕斐摩斯想吻加拉提亚（Galatea）的手，在另外一位诗人的作品中，阿喀琉斯则吻了德达米亚（Deidamia）的手。还是在提奥克里特的诗中，加拉提亚对波吕菲姆斯卖弄风情；另外，在一首田园诗中，一个做作的城市小姐遇到了一个害相思病的牧牛者，在一个带有装饰图案的大陶盘上，一个妇女正在向似乎要追求她的两个男子抛媚眼；很显然，名妓乃是始作俑者。[30] 大致看来，两性之间的关系现在成为了三种仍然存在的诗歌形式的主题——哀歌诗、田园诗和新喜剧，[31] 即使这最后一种形式的主要兴趣与其说是爱情，不如说是私通和偷情，情节主要集中在青年男子对已经安排好的婚姻的抗拒，或者是名妓下决心要跟定他或者要与他结婚。[32] 米利都的传说现在开始在文学上构成了一个明确的流派。亚历山大里亚的小文人开始搜集从前只是在口头流传的关于爱情的故事和传说，而且还通过加入性爱的主题对旧的神话进行改造；萨摩斯的都瑞斯（Duris）（在菲拉德尔福斯的时候）说阿喀琉斯爱上了伊菲格涅亚；在欧里庇得斯的戏中完全反对婚姻的阿塔兰塔现在却成为了
米勒阿格尔（Meleager）的情妇；后来甚至加拉提亚还爱上了波吕菲 361

姆斯，尽管在提奥克里特的诗歌中，她非常看不起他，嘲弄性地向他扔苹果。关于达芙妮（Daphne）的神话故事可能是亚历山大里亚的诗人在阿卡狄亚的农民中找到的，他们在当中加入了阿波罗试图用他的音乐来赢得男人们所憎恨的女猎手的内容；就像在绘画中一样，在诗歌中，充满性爱成分的调情之风也获得了市场，在陶瓶上（尤其是南部意大利的那些陶瓶），有了更多的表现男人和体面的妇女和少女在一起的画面。[33]

就这样，在亚历山大里亚时代自然而然增加了一条从前所没有的情感的脉络。这个新趋势的一个例子就是路多维西·朱诺（Ludovisi Juno），她意识到了自身的尊严，只不过表现得比较温和。这种东西很容易得到强化并且转变为多愁善感，这在较早的时代会被视为一种堕落；希腊主义在欧里庇得斯的戏剧中就已初见端倪。现在人们越来越深地沉浸在柔弱的感情中，这种感情在过去通常是受到遏制的，人们越来越多地为田园诗和哀歌诗落泪，还有痛苦的爱情和绝望的情绪，以及对相思病的描述；像安提奥库斯（Antiocus）和斯特拉图尼斯（Stratonice）那样的轶闻变得十分流行。为了对女性的气质进行深入的研究，罗得斯的阿波罗尼乌斯讲述了伊阿宋带着一种过度悲伤的情绪跟他的母亲告别，他对待美狄亚的态度表现出一种试图避免神话中的人物做出可怕的事情的倾向。在对继承者以及亚历山大自身的刻画中，常常蕴含着一种悲伤的情绪；对那些理想人物也是如此，比如程式化的运动员的头像，帕拉斯以及盖斯提尼阿尼·阿波罗（Giustiniani Apollo）的一些头像，[34] 对受难人物的同样的一种偏爱也出现在绘画当中。[35]

感观享受的精致化是这种多愁善感的合适的补充。[36] 流行的语气都是轻浮和肮脏的，就像妓女的笑话，有时还是采用了从公元前 4 世纪继承下来的那种令人愉快的、享乐主义的形式，或者与一种令人痛苦的憾事结合起来，那就是当人们是如此快乐的处在一种和平的生活中的时候却要互相斗争。[37] 另外，有关色情的内容在诗歌和艺术中有增加的趋势。诗人们不遗余力地描写女性的裸体，在绘画艺术中也表现出一种与早期的裸体艺术的处理完全不同的意图；在生活中，也出现了一种对部分的或完全的暴露以及透明的衣服的充满淫荡色彩的爱好。[38]

男人和男孩子的爱情实践与从前相比并没有什么减少；但是城邦或者战争中共同拥有的那种英雄主义都没有了，它曾经为培养或训练人们去热爱某些事情提供了一种基础，所以这些关系丧失了它们从前在伦理、政治和爱的教育上的动机。克里奥蒙尼和潘忒乌斯之间的友谊可能 362
是最后一个怀有高尚情感的事例了。[39] 在那以后，就没有了有名的男性爱人组成的伴侣，即使在继承者中，尽管狄米特里乌斯·波利奥科特斯可以提供一个范例；男孩子被喜爱不再作为一种得到普遍认可的社会生活的特征而存在，而仅仅成为一种供人享乐的工具，人们的情感被迫转向了与女人之间的关系。在其博学的诗歌中，为了得到病原学上的证明，潘诺克里斯（Phanocles）还在使用这个主题，不然的话它只能成为文雅的淫荡笑话或者那些法规和告示性质的讽刺诗讽刺的对象了；最后一位精通此道的诗人是提奥克里特，他写了很多“男孩诗”(*paidika*)。

在希腊的精神领域中一个新的改进就是对自然风光更加热爱。[40] 在古代希腊，也有一种对世界的壮丽的欣赏，就像我们从荷马那里所看到的。但是现在一个新的因素出现了；屈从于哲学的多神教使自然的风光失去了神性，所以森林和高山不再充满了林间仙女、萨提尔和羊人；现在去除了人格化因素的自然可以开始直接地与人类的心灵相沟通了。现在正好处在这样一个时期，到东方的便利极大地增长了希腊人关于世界的知识，既有地理上的，又有自然史方面的，与之伴随的还有一种科学的、可以学到的植物学方法。

这种对自然的高度热情，以及它与我们讨论过的多愁善感和忧郁之间非常紧密的联系，可以从风景画的兴盛中得到证明，我们对这些画的了解主要是从庞贝的仿制品开始的。他们在这方面的前辈是波斯人，我们知道，他们对自然的热爱不仅来自于精美的王家花园（*paradeisoi*）的传统，来自于薛西斯对一棵美丽的悬铃树所给予的荣誉，[41] 而且还通过大流士国王亲自划船去卡内亚（Cyaneae）群岛就是为了能够看到博斯浦路斯的风景这件事可以看出。[42] 这对希腊人来说是一个新鲜事物。我们所知道的第一个为了看风景而爬上一座山的人是马其顿的小腓力，他登上了哈伊姆斯（Haemus）山，[43] 但是在几十年以前，罗得斯岛的阿波罗尼乌斯曾经把这种想法用作一个诗歌的主题。在第一卷（1103ff.）中，当他的阿耳戈船英雄们到达西泽库斯（Cyzicus）的时候，他说他们登上丁狄蒙山（Dindymon）是如何地为了向塞贝勒（Cybele）献祭，但非常明显的是，美丽的风景才是真正的目的。在这同一首诗（第三卷，164）中还描绘了奥林匹斯山的全景；他还非同寻常地留意到光线和气象的效果。[44]

363 更有甚者，风景还使自己进入了新兴的大城市，这些城市的这种氛围又影响了其他的城市；出于这些城市的居民对自然的需求，其统治者就用制造自然景观的仿制品的方式来迎合这种需求。所以奥恩特斯的安条克就曾经拥有非常壮丽的带有喷泉的林荫道，在临近的达芙妮有一个漂亮的花园。在亚历山大里亚，住宅区都被花园和树林隔开，在城市的中心修建了一座可以爬上去的人造山，有一条平缓的小路蜿蜒向上，在山顶上可以看到整个城市的全景；可能这种设计是要向古老的埃及人表明，它比一座金字塔更要讨人喜欢。托勒密王朝的宫殿也在规划精巧的花园的包围之中，博物馆是一个可以供人们散步的区域，绿树成荫，在那里学者们进行着他们的实验。

在同一个时期，第一个悬空的走道在一个亚历山大里亚的法老的建筑师索斯特拉图斯（Sostratus）的主持下建造出来。即使在房屋的设计上，人们也非常注意它们周边的风景；维特鲁威（Vitruvius）发明的全景式房屋（*oecus Cyzicenus*），* 也就是某个希腊大家族的住宅当中的一个大房间，被设计成可以从三个方向看到风景。

---

* Cyzicenus 是一个维特鲁威发明的建筑学术语，被希腊人使用，用来指一所大房子，面朝北，可以看到花园，这座房子有落地式的窗户，以便躺在卧榻上就可以看到院中的绿地。

附录　学习古代历史在思想上的必要性

人类所有的知识都是与古代世界的历史相伴随的，就像音乐与不断听到的一种基本和音相伴随那样；也就是其生活汇聚成我们今天的生活的所有那些人们的历史。

有人认为四百年的人文主义已经教给了我们一切，已经对所有的经验和知识都做出了估价，再没有什么可以发掘的东西了，所以我们可以满足于现代的知识，或者最多再对中世纪的历史进行一些可怜的或不情愿的研究，把节省下来的时间用在一些更有用的事情上面，这种想法是毫无益处的。

我们永远不能把我们自己与古代分隔开来，除非我们想回归到野蛮时代。野蛮人和绝对的现代文明的怪物都是不需要历史的。

我们的存在使我们自身充满了疑问和惊奇，因此，在不知不觉中，我们在这些疑问和惊奇中坚守着我们人类的理解力，坚守着关于人性的经验知识，就像我们在生活中所体验到的和历史中所揭示出来的那样。对自然的沉思既不充分，也不能给我们带来安慰，又不足以教导我们如何去生活。

在这里，我们不能承受把我们自身和过去割裂开来所要付出的代价，同样不能把现在与过去之间的隔阂放在那里置之不理，因为只有这个由所有的时代留给我们的记录组成的整体才能够对我们说话。

世界历史上的三个最伟大的时代与斯芬克斯的谜题中人生的三个

年龄阶段能够相吻合吗？最好把它们想成是一个连续不断的由行动和受难组成的灵魂的转生（metempsychosis），它有着数不清的外在形式。为了得到真实的感受，我们需要认识所有这些转型，放弃对任何一个特殊时代的偏向性（尽管我们可能在风格上还是有所偏爱）；我们这样做的时候越是出于自觉，我们对人类的局限性的认识也就越是深刻。一旦我们了解到，幸福的、由幻觉组成的黄金时代从来没有存在过，将来也不会出现，那么我们就会从对一些过去时代的赞美过度的愚蠢倾向中解脱出来，从对现实社会的愚蠢的绝望和对未来社会的愚蠢的希冀中解脱出来，就会认识到在所有职业中最高贵的一种就是研究历史，研究人类生活的故事和作为一个整体的人类的苦难。

然而，古代社会对我们来说具有一种特殊的重要性：在那个时代产生了国家的观念；古代是我们的宗教以及我们的文化中那些最持久的要素所诞生的地方。在古代的艺术和文献中有着太多的我们所渴望拥有但又望尘莫及的东西。出于我们与古典古代之间的血缘关系，就像出于我们与它之间的差异那样，我们必须要对我们所欠它的东西不断地做出重新的估价。

对我们来讲，或许可以说，古代只是人之戏剧的第一幕，实际上在我们看来，其本身完全是一部悲剧，一部关于成功、超越和受难的悲剧。我们是那些生活在伟大的古代文明中的正躲在童年的睡梦中酣睡的人们的后代，我们能够深切地感到我们就是他们的文明的真正传人，因为他们把他们的精神传递给了我们，他们的作品、他们所走过的道路和他们的命运还仍然继续活在我们当中。

（摘自《历史片断》[2]）

注释

序言 / 奥斯温 · 穆瑞

[1] 有一篇关于当代巴塞尔文化的精彩的通论性文章，即高斯曼（L. Gossman）的《巴塞尔，巴霍芬和十九世纪下半叶对现代性的评价》(Basle, Bachofen and the Critique of Modernity in the Second Half of the Nineteenth Century)，载 *Journal of the Warburg and Courtauld Institutes*，48，(1984)，第 136—185 页。

[2] 关于布克哈特的最好的传记是凯吉（W. Kaegi）的《雅各布 · 布克哈特传》(*Jacob Burckhardt, Eine Biographie*)（巴塞尔，1947—1982），共七卷。布克哈特的书信引自马科斯 · 布克哈特（Max Burckhardt）编辑的《雅各布 · 布克哈特书信集》*（*Jacob Burckhardt, Briefe*)（巴塞尔，1949—1994），共 11 卷；对于这些书信，有一个好的选译本，即杜鲁（A. Dru）翻译的《雅各布 · 布克哈特书信》(*The Letters of Jacob Burckhardt*）**（伦敦，1955），我在引用了杜鲁译文的同时，也参考了他在这本书的前言中关于布氏生平的精彩简洁的讨论。《世界历史沉思录》(*Weltgeschichtliche Betrachtungen*）我使用的是 1962 年达姆施塔特（Darmstadt）的版本***，英译本《历史的反思》(*Reflections on History*）****使用的是伦敦 1943 年的版本。

[3] 第 9 页；另外，他还说过："我们应该对现在的报纸和小说对人们心灵的吞噬持有保留态度"，见《沉思录》，第 13 页；《反思》，第 96—97 页。

---

* 以下简称《书信集》。

** 以下简称《书信》。

*** 以下简称《沉思录》。

**** 以下简称《反思》。

[4] 给 H. Shauenburg 的信，28. 2–5. 3. 1846 ：第 174 号（《书信集》，第 2 卷，第 208 页）；《书信》，第 96—97 页。

[5] 这一评论引自海因里希·沃夫林的日记，见《书信》，第 32 页；我没有找到原文，但可以参看他与布克哈特的私人关系的记述，见沃夫林的《艺术史的观念》（*Gedanken zur Kunstgeschichte*）一书（1941 年，第 2 版），第 135—163 页。

[6] 给 H. Schreiber 的信，2. 10. 1842 ：第 69 号（《书信集》，第一卷，第 217 页）；这个时期的书信充满了对一种新的历史的设想；另见第 59 和 61 号（给 G. 金克尔的信），第 62 号（给 W. Beyschlag 的信）和第 63 号（给 K. Fresenius 的信）。

[7] 古奇（G. P. Gooch）《十九世纪历史学和历史学家》（*History and Historians in the Nineteenth Century*）（第 2 版，伦敦，1952），第 529 页；我没有找到这句话的出处。

[8]《君士坦丁大帝时代》（*The Age of Constantine the Great*）*，哈达斯（M. Hadas）翻译（伦敦，1949）。

[9]《君士坦丁》，第 229 页。

[10] 第 242 页。

[11] 第 214 页。

[12] 引自古奇，第 532 页。《意大利文艺复兴时期的文化》** 由米都摩尔（S. G. C. Middlemore）翻译的英文译本于 1878 年第一次印刷出版；我引用的是法敦（Phaidon）的版本（伦敦，1950）。

[13] 第 81 页。

[14] 第 104 页。

[15] 文化史的观念可以追溯到伏尔泰的《风俗论》（*Essai sur les Moeurs*）。关于文化史（*Kulturgeschichte*）的产生及其与思想史（*Geistesgeschichte*）的关系，英语世界最好的介绍是 E. H. Gombrich 的《文化史探寻》（In Search of Cultural History），载 *Ideals and Idols*，（牛津，1979），第 24—59 页。

[16]《书信》，第 28 页。

[17] 给 Bernhard Kugler 的信，5. 10. 1874 ：第 653 号（《书信集》，第五卷，第 252 页）；《书信》，第 161 页。

[18]《历史论文集》（*Historische Zeitschrift*）（1959），第 3—4 卷。

[19]《书信》，第 32 页。

[20] 参看赫伯特·巴特菲尔德（Herbert Butterfield）的经典著作《辉格党对

---

* 以下简称《君士坦丁》。

** 以下简称《文艺复兴》。

历史的解释》（*The Whig Interpretation of History*）伦敦，1931。

[21] 黑格尔的《历史哲学》的惟一“完整的”翻译就是西布里（J. Sibree）的译本；关于它的不充足，参看杜坎·福布斯（Duncan Forbes）为尼斯伯特（H. B. Nisbet）的著作《哲学史演讲录简介》（*Introduction to the Lectures on the Philosophy of World History*）的英译本写的导言。

[22] 尼采，《不合时宜的思想》（*Unfasionable Observations*），R. T. Gray 翻译，斯坦福，1995，第 143 页。

[23] 参看摩米里亚诺，《古典主义的新道路》（New paths of Classicism），载 *Studies on Mordern Scholarship*（加利福尼亚，1994），第 223—285 页。

[24] G. Walther，《尼布尔的勇气》（*Niebuhrs Forschung*）（法兰克福，1993）；参看我为《牛津大学史》（*The History of the University of Oxford*）写的一章，第六卷，第一章（牛津，1997），第 520—542 页。

[25] 关于这些演说文本发展细节以及雅各布·奥芮所起到的作用，现在可以参看彼得·甘茨为《雅各布·布克哈特，超越历史研究》（*Jacob Burckhardt, Über das Studium der Geschichte*）（慕尼黑，1982）所写的序言。由于甘茨的版本没有提供一个完整的文本，我还是继续参考了传统的德文文本（参看注释 2）。

[26] 他答应在 1842 年的夏天进行研究；给 K. Fresenius 的信，10. 6. 1842 ：第 631 号（《书信集》，第一卷，第 207 页）。

[27] 甘茨，第 35 页；参看 18f. 。关于一般性的问题参看海福特里希（E. Heftrich）的演说集，《黑格尔和雅各布·布克哈特》（*Hegel und Jacob Burckhardt*）（法兰克福，1967）。

[28]《沉思录》，第 2 页；《反思》，第 15 页；来自叔本华的《作为意志和表象的世界》（*The World as Will and Representation*），E. F. J. Payne 翻译（纽约，1966），第 2 卷，第 38 章，第 439 页。

[29]《沉思录》，第 3 页；《反思》，第 17 页。

[30]《沉思录》，第 20 页；《反思》，第 33 页。

[31] 见甘茨，第 23 页。

[32]《沉思录》，第 180 页；《反思》，第 203 页。参看最初版本的《沉思录》的最后一章，关于历史上的幸福与不幸的讨论实际上最初属于另外一篇独立的演说，后来才并入到这个系列的简介部分；见甘茨，第 231—246 页。

[33]《沉思录》，第 19 页；《反思》，第 32 页。

[34]《沉思录》，第 20 页；《反思》，第 33 页。

[35] 就我所知，关于布克哈特和尼采思想上的关系，最好的论述是 K. Löwith 的《布克哈特，历史中间的人》（*Jacob Burchhardt, Der Mensch inmitten der Geschichte*）（卢塞恩，1936 ；斯图加特，1984），第一章；另见 1940 年第

一次出版的反纳粹的著作，A. von Martin，《尼采和布克哈特》（*Nietzsche und Burckhardt*）（第 4 版，慕尼黑，1947）；还有 Erich Heller 的文章，“布克哈特和尼采”（Burckhardt and Nietzsche），载《拒绝继承的心灵》（*The Disinherited Mind*）（剑桥，1952）。

[36] 给 C. von Geersdorff 的信，7. . 11. 1870 ：第 107 号，见《尼采通信集》（*Nietzsche Briefwechsel*），克里（G. Colli）和蒙提纳瑞（M. Montinari）编辑，第二卷，第一章（柏林，1977），第 155 页；同时引自布克哈特的《书信》，第 23 页。

[37] 给 A. Von Salis 的信，21. 4. 1872 ；第 585 号（《书信集》，第五卷，第 158 页）；《书信》，第 150 页。

[38] 给 F. von Preen 的信，27. 9. 1870 ；第 554 号（《书信集》，第五卷，第 112 页）；《书信》，第 144 页。

[39] 分别搜集起来的这些书信都被汇集在一本书里，即萨里斯（E. Salis）的《雅各布 · 布克哈特和尼采》（*Jocob Burckhardt und Nietzsche*）（巴塞尔，1938），第 207—229 页。

[40] 尼采，《偶像的黄昏》（*Twilight of the Idols*）（Harmondsworth，1968），第 63 页。

[41] 给 L. von Pastor 的信，13. 1. 1896 ；第 1598 号（《书信集》，第十卷，第 263 页）；《书信》，第 235 页。

[42] 尼采，《偶像的黄昏》，第 108 页。

[43] 然而，在关于历史研究的演说的一个晚近的版本中，布克哈特显然受到了《悲剧的诞生》的影响。其中，布克哈特提到“悲剧从音乐精神中神秘地产生出来”，提到在这个过程中狄俄倪索斯所起到的作用。这部分的写作一定在 1872 年 1 月这本书出版之前；参看甘茨，第 289 页；凯吉，6. 1. 119f. ；《沉思录》，第 55 页；《反思》，第 69 页。在注释中也提到尼采，第 422 页下注释 122。另见 Salin 前引书，第 96—106 页。我没有看过 K. Joël 的《作为历史哲学家的雅各布 · 布克哈特》（*Jacob Burchhardt als Geschichtsphilosoph*）（巴塞尔，1918）。

[44]《不合时宜的思想》我使用的是格雷（R. T. Gray）的译本（斯坦福，1995），在第 103 页提到布克哈特。

[45] 前引书，第 116—118 页。

[46] 前引书，第 124 页。

[47] 给尼采的信，25. 2. 1874 ；第 627 号（《书信集》，第五卷，第 222 页）；参看《书信》，第 158 页，“我们的目的不是训练历史学家，更不用说普遍的历史学家了”；《沉思录》，第 12 页，《反思》，第 26 页。

[48] 德文是 *Dilettantismus* ：《沉思录》，第 16 页；《反思》，第 30 页。

[49] 一个重复的短语;例如，给 F. von Preen 的信，31. 12. 1870：第 560 号（《书信集》，第五卷，第 120 页）；《书信》，第 146 页。

[50]《不合时宜的思想》，第 145 页。

[51] 给 F. von Preen 的信，31. 12. 1870：第 560 号（《书信集》，第五卷，第 119 页）；《书信》，第 145 页。

[52] 给 Bernhard Kugler 的信，30. 3. 1870：第 535 号（《书信集》，第五卷，第 76 页）；《书信》，第 136 页。

[53]《希腊文化史》，第一卷，第 5 页；第 5 页以下。

[54]《沉思录》，第 3 页;《反思》，第 17 页。

[55] 布克哈特和尼采在对赛会的看法上到底存在怎样的一种关系是不清楚的，需要进行进一步的考察。

[56] 最有力的说明就是阿德金斯（A. W. H. Adkins）的《成就与责任》（*Merit and Responsibility*）（牛津，1962）一书。

[57] 对于希腊文化讲座的酝酿过程的最好解说请参阅凯吉的《雅各布 · 布克哈特传》，第七卷（巴塞尔，1982），第一章。

[58] 给里贝克的信，10. 7. 1864：第 406 号（《书信集》，第四卷，第 155 页）。

[59] 他是在给里贝克的一封信中作此描述的，16. 10. 1865：第 431 号（《书信集》，第四卷，第 197 页）。

[60] 给 F. von Preen 的信，3. 7. 1870；第 546 号（《书信集》，第五卷，第 99 页）；《书信》，第 142 页。

[61] 给 F. von Preen 的信，23. 12. 1871；第 581 号（《书信集》，第五卷，第 150 页）；《书信》，第 149 页。

[62] 给出版商 E. A. Seemann 的信，29. 11. 1889：第 1283 号（《书信集》，第九卷，第 224 页）；这两句话构成了整封信的内容。

[63] H. Gelzer 的《作为一个人和教师的雅各布 · 布克哈特》（Jacob Burckhardt als Mensch und Lehrer），载《著作选集》（*Ausgewählte kleine Schriften*）（莱比锡，1907），第 297 页。

[64] 这一愿望参看甘茨，第 13 页。

[65] 维拉莫威兹的著作《希腊悲剧》（*Griechische Tragödie*）（柏林，1899），第二卷前言，第 7 页。

[66] 见《西格蒙特 · 弗洛伊德至维莫 · 弗里斯书信全集，1887—1904》（*The Complete letters of Sigmund Freud to Wilhelm Fliess* 1887—1904），由马森（J. M. Masson）编辑并翻译（哈佛，1985），第 342 页。

[67] 凯吉引自阿尔伯特 · 奥芮，第 102 页；阿尔伯特是雅各布 · 奥芮的儿子，编辑的目的是为了在一桩对他的父亲作为布克哈特的文集的编辑者进行攻击的诉

讼案中进行辩护。

[68]《沉思录》，第 70 页；参看第 25 页；《反思》，第 86 页，参看第 38 页（引自 Schlosser）。

[69]《沉思录》，第 64 页；《反思》，第 78 页。这段关于希腊的文字标题为“由国家决定的文化”；它反映了本杰明·贡斯当（Benjamin Constant）在他的著名演说《关于古代希腊人和现代人的自由的比较》（On tne Liberty of the Ancient Greeks compared with that of the Moderns）（1819）中表达出的观点，见我的文章《自由和古代希腊人》（Liberty and the Ancient Greek），载 J. A. Koumoulides 编辑的《好主意》（*The Good Idea*）（纽约，1995），第 33—55 页。

[70] 参看伽瓦恩特卡（W. Gawantka）的存在争议的著作《所谓的城邦》（*Die sogenannte Polis*）（斯图加特，1985），第一章，认为布克哈特应该对这一非法实体的产生负有责任。

[71]《沉思录》，第 82 页；参看第 100 页；《反思》，第 97 页；参看第 118 页。

[72]《希腊文化史》，第一卷，第 285 页。

[73]《沉思录》，第 29 页；《反思》，第 42 页。

[74] 叔本华：《作为意志和表象的世界》，佩内（E. F. J. Payne）翻译（纽约，1966），第二卷，第 48—49 章；叔本华一贯认为，现代悲剧远胜于古希腊的悲剧：第一卷，第 252—255，第二卷，第 433—438 页。

[75] 见M. S. Silk和J. P. Stern的《尼采和悲剧》（*Nietzsche on Tragedy*）（剑桥，1981）。

[76]《沉思录》，第 33 页；《反思》，第 46 页。

[77] 给尼采的信，见前引文。

[78]《沉思录》，第 171 页，《反思》，第 193 页。

[79] 参见我的文章《理性的城市》（Cities of Reason），载穆瑞（O. Murray）和普莱斯（S. Price）编辑的《从荷马到亚历山大的希腊城市》（*The Greek City from Homer to Alexander*）（牛津，1990），第 1—25 页。

[80] 甘茨前引书，第 54 页。

[81] 给 Emma Brenner-Kron 的信，拒绝把他的任何演说发表，9. 11. 1866：第 456 号（《书信集》，第四卷，第 229 页）。

[82] 我要感谢弗里茨·格拉夫（Fritz Graf）教授和雷恩哈特·布克哈特（Leonhard Burckhardt）博士，他们负责编辑这个新的版本。另外参看塞布尔（M. Seiber）的《历史研究》（*Studi storici*），38（1997），第 91—105 页。

[83] 参看 H. R. Trevor-Roper 的评论，*TLS*，*1982 年 10 月 8 日，第

---

* 即《泰晤士报文学副刊》（*Times Literary Supplement*），多刊布有影响的书评。

1087—1088 页。

[84] 给 Bernhard Kugler 的信，30. 3. 1870 ：第 535 号（《书信集》，第五卷，第 76 页）；《书信》，第 136 页。

[85]《沉思录》，第 5 页；《反思》，第 19 页。

[86] 给 Heinrich von Geymüller 的信，6. 4. 1897 ：第 1643 号（《书信集》，第 10 卷，第 316 页）；《书信》，第 236 页。

希腊人

第一章　导言

[1] 后来 90 小时，每周 5 小时。

[2] *Hab'ich des Menschen Kern erst untersucht/So weiß ich auch sein Wollen und sein Handeln.* 见席勒的《沃勒斯坦之死》（*Wallensteins Tod*），第 2 幕，第 3 场。

[3] 比如《旧约》的先知书，但是在时空中离我们最近的文献有时也充满了困难。

[4] 仅仅是汇编在一起也有其独特的价值。

[5] 蒙森：《罗马史》，第五卷，第 336 页。

第二章　希腊人和他们的神话

[1] 斯特拉波，8. 6. 6，说到希腊、泛希腊的名字的传布，比如众所周知的 Argos 和 Argives（而不是 Pelasgians）就是这样。

[2] 然而，在希腊世界以外，Ionians 这个名字似乎就被用作一个集体名词：希伯来的 *Javanim*——波斯的 *Jauna*——埃及的 *Uinim*。

[3] 赫西俄德，《残篇》，296，Merkelbach-West。

[4] 亚各比（F. Jacoby），《希腊历史学家残篇集》（*Framente der griechischen Historiker*），1 F. 1。

[5] 一个很有特色的例子就是希腊人宣称，即使那些东方的名字也来源于希腊的英雄——Medes 来自于 Medea，Persians 来自于 Perseus，Achaemenides 来自于 Perseus 的一个儿子，其名字来源于 Achaea。

[6] 波悉尼阿斯，8. 1. 2。可能阿卡狄亚所有的古代传说只是来源于其原始的生活状态，这种状态延续到很晚的时期，所以那些看上去很陈旧的事物的确很古老。

[7] Conon 第 47 章见亚各比，*FGH*，26 F. 1。

[8] 安提斯第尼说蜗牛和蝗虫也是土生土长的：狄奥格尼斯 · 拉尔提乌斯，6. 1。

[9] 最详细和最不同寻常的关于发明和起源的清单之一就是普林尼的《自然史》，7. 57。

[10] 其他人则认为盾牌的把手、兵器套、带羽毛的头盔都起源于卡里亚人。

[11] 除了希罗多德的著名论断之外，亦可参看克里底亚（Critias）残篇，B2 West。

[12] 波悉尼阿斯，10. 16. 1。万物的发明者帕拉墨得斯第一次出现，作为一个深思熟虑的结果，在荷马以后的神话中，这些发明逐渐被人们看成是有用的和受欢迎的东西：包括三到四个字母，度量衡，棋牌游戏，掷骰子等等。

[13] 斯特拉波，8. 3. 33。

[14] 这一点在欧里庇得斯的《菲瑞克索斯》（*Phrixos*）的残篇 819 Nauck 中表现得十分明显，即使在埃斯库罗斯的《请愿者》254 中也是如此。对于彼奥提亚的城市名称，波悉尼阿斯认为整个部族名称 Boiotoi 来自于 Boiotos（9. 1. 1）。

[15] 一条河名叫 Asopos，一座山叫 Cithaeron，它们是古代普拉提亚的两位国王根据他们自己的名字命名的。波悉尼阿斯加入了自己的想法："我还确信，以普拉提亚命名的这座城镇是来自于国王 Asopos 的女儿，而不是 Asopos 河。"一个最简单的解释就是在这座城镇建立的地方，正好有一条流进大海的河流：波悉尼阿斯，9. 38. 6；这个地方名叫 Aspledon——它是波塞冬和仙女米地娅（Mideia）的儿子的名字。

[16] 普鲁塔克在《道德论集》301a–c 中相信，事实完全相反，神话时代的人们是根据自身的需要为这些河流和泉水起名字的。

[17] 菲瑞西德斯（Pherecydes）之后，欧多西亚（Eudocia）给出了以下的谱系：波塞冬是阿哥诺尔（Agenor）的父亲，他娶了（1）Damno，Belus 的女儿；（2）Argiope，尼罗河的女儿。Damno 的孩子有（1）Phoenix；（2）Isaie（Aegyptus 的妻子）；（3）Melia（Danaus 的妻子）。Argiope 的儿子就是卡德摩斯。在另外一个地方，Kilix 被认定为 Phoenix 的儿子。

[18] 斯特拉波，8. 6，格律翁（Geryon）的岛屿 Hesperia 上的狗 Orthos 是 Cerberus 的兄弟。欧多西亚，356。

[19] 不幸的是，奥林匹亚获胜者的名单，被认为在年代学上是可靠的，但事实并非如此，很可能是在很晚近的时代被诡辩家埃里斯的西庇阿斯武断地拼凑出来的：普鲁塔克《努马传》，1。

[20] 比他年纪大的同时代人赫拉克利特估计一代人在 33 年左右：普鲁塔克《道德论集》，415e。

[21] 更不用说后来的年代学家试图在最遥远的神话事件和单个的公职人员名单之间建立起共时性的联系，比如阿尔果斯的赫拉神庙的女祭司的名单。

[22] 亚里士多德，《论奇异的事物》（*On Marvellous Things Heard*），97 838a，

与伊阿佩吉亚（Iapygia）的赫拉克利斯的遗迹联系在了一起。这篇文献还对神话时代希腊对意大利的影响提供了信息。参看斯特拉波 5，Justin，20. 1. 2，哈利卡纳苏斯的狄俄倪索斯，1，等等。参看埃斯库罗斯，《残篇》，199 Nauck，赫拉克利斯穿过巨石遍布的称为拉克劳（La Crau）（Salon de Provence 的西边）的地方，在那里他与里吉亚人（Ligyans）战斗。

[23] 在叙拉古有一个漂亮的称为 Mythos 的花园，国王希伦经常在那里发表讲话。

[24] 苏埃托尼乌斯，《提比略》，70。最典型的一个例子就是从西西里的狄奥多洛斯的时代神话对“scientific”一词的处理。

[25] 参看维斯特曼的《作家集》（*Mythographoi*）——尽管作者本人也编造了大量的神话。

[26] 瓦尔茨，《希腊修辞学》（*Rhetores Graeci*），第一卷。其中举的例子出自尼科劳斯（Nicolaus）（公元 5 世纪），还有其他人，比如 Nicephoros（12 世纪）。在这些例子中，同样的话既可以出自圣经中的人物，也可以出自俗人之口。在这里没有必要对文艺复兴以来希腊神话在现代社会的重要影响进行讨论了。

[27] 参看狄奥多洛斯，4. 69。

[28] 参看赫拉克利斯家族所声称的对意大利西部的占有。波悉尼阿斯，3. 16. 4。

[29] 普鲁塔克，《道德论集》，826c–d。

[30] 狄奥多洛斯，12. 45. 49。其中讲到他们第二次侵入阿提卡和赫拉克利亚 · 特拉齐尼亚的建立。

[31] 普鲁塔克，《道德论集》，295a–b。这篇文章的写作目的主要是把现存的旧有风俗、习惯和礼仪与最古老的时代联系起来。斯巴达的国家传令官所出自的塔齐庇亚家族（Talthybiads）就是阿伽门农的传令官的后代（参看希罗多德，7. 134）；在伊大卡（Ithaca），克利亚人（Koliads）相信他们自己就是神圣的牧猪人欧迈俄斯（Eumaeus）的后人，布里亚人（Bucolians）声称牧牛人菲洛伊图斯（Philoetius）是他们的祖先。

[32] 希罗多德，4. 149。一个最著名的例子就是，阿黑门尼德家族的诅咒及其对后世产生的持续性影响。

[33] 波悉尼阿斯，1. 28。雅典以其是世界上最古老的城市而骄傲，西吉努斯，《寓言》（*Fabulae*），164。

[34] 参看伊索克拉底，《海伦》，212–215 和《泛雅典娜演说》（*Panathenaicus*），259。更早的时候，欧里庇得斯在《请愿者》一剧中以一种最奇怪的方式把提修斯的统治与民主制度混淆了起来。

[35] 阿里斯托芬，《蛙》，142。在雅典尼乌斯 1. 30 中，欧波利斯有一个类似的笑话，把世界的创造者命名为帕拉墨得斯。

[36]《道德论集》，558f. 。

[37]“特洛曾（Troezen）的人们把他们地方的纪念碑修得和其他地方的一样高。”波悉尼阿斯，2. 30. 6。他也可以对其他地方的人说同样的话。

[38] 事实上，斯特拉波对神话学并没有多大热情（10. 3. 23）。但却记载了很多地方流行的神话，这说明了这些神话的深入人心。

[39] 波悉尼阿斯，8. 34. 1f. 。

[40] 一个广为流传的变种：斯特拉波，8. 3. 19. 。

[41] 这就是我对斯特拉波作出的解释，10. 2. 9。在这里还有一个故事讲到，当国王克里奥蒙尼想要阿卡狄亚人的首领发誓的时候，就把他们叫到了斯堤克斯（正是在这条河的旁边，从前的神灵们发出相互约束的誓言）：希罗多德，6. 74。

[42] 普鲁塔克，《佩洛皮达斯传》，16。

[43] 在离曼丁尼亚不远的一座山上还有帐篷的遗迹，当年，马其顿的腓力骑着战马只身战胜阿卡狄亚人的时候就曾经在这些帐篷中安身：旁边的一个泉水便称为 Philippion（波悉尼阿斯，8. 7. 4）。在被人救下之后，受了重伤的伊帕密农达就曾经在这个地方观战，这个战场后来被称为 Scopi。

[44] 然而，例如，在普鲁塔克的《阿格西劳斯》19 中提到的惟一的武器，就是阿格西劳斯的长矛。

[45] Justin，20. 1. 2（840a—b）。亚里士多德，《论奇异的事物》，106—110。

[46] 波悉尼阿斯就有一个古代树木的清单，8. 23. 3f. 。

[47] 地下世界的皇后之一，也就是波塞冬和德墨特尔的女儿。——编者注

[48] 波悉尼阿斯，8. 10. 4。在西里乌斯·伊塔利库斯（Silius Italicus）13. 115 中也有一个类似的故事。在埃皮鲁斯，在很晚的时候人们仍然相信，生活在阿波罗神龛中的蛇至少是德尔斐的蛇皮同的后代阿里安，《论动物的习性》（*On the Characteristics of Animals*），11. 2。

[49] 如果我们能够接受在相当早的时候献给阿佛洛蒂忒的荷马颂诗是为埃达的一个统治者——他是安其西斯和埃涅阿斯的后代——编造出来的话，那么这些事情也有一定的可信度。

[50] 菲勒贡给出了从赫拉克利斯到来库古的普罗克利斯家族（Proclids）的谱系，载亚各比，*FGH*，257F. 1。

[51] 在另外的地方（例如欧多西亚 846），狄俄倪索斯也被引进，原因在于黛安内拉（Deianeira）是他的女儿，赫拉克利斯的妻子，忒弥斯家族正是通过希洛斯（Hyllos）成为了他的后代。这个谱系对于托勒密家族是适用的，因为托勒密·拉吉娶了一个忒弥斯家族的女子。

[52] 马塞里乌斯（Marcellinus），《修昔底德生平》（*Life of Thucydides*），根据菲瑞西德斯的说法。

[53] 根据波悉尼阿斯 1. 3. 1，塞浦路斯的埃瓦格拉斯把自己的家族追溯到陶库路斯（Teucrus）和喀尼拉斯的女儿。

[54] 参看《奥林匹亚颂》，第六卷，46，第八卷，17。

[55] 演说家安多西得斯被认为是奥德修斯的后代，特勒马库斯和瑙西卡结婚，根据赫兰尼库斯（Hellanicus）（普鲁塔克《亚西比德传》，21），正是这同一个安多西得斯，作为一个 Keryx，也是赫尔墨斯的后人，卷入了赫尔墨斯神像的毁坏事件（普鲁塔克，《十位演说家的生平》[*Lives of Ten Orators*]）。

[56] 托勒密·赫淮斯托斯在维斯特曼的《作家集》183 中等同于弗提乌斯（Photius），《图书馆》（*Bibliotheca*），190. 146b. 17ff.。

[57] 普鲁塔克，《道德论集》，562e—563b。

[58] 伪柏拉图，《阿霞库斯篇》，371d。

[59] 波悉尼阿斯中有好几个例子，例如欧堤穆斯，6. 6. 3，参看 11. 2。

[60] 其中有斯派乌西普斯（Speusippus），参看狄奥格尼斯·拉尔提乌斯，《柏拉图生平》，3. 1。

[61] 再往东，亚历山大开始不再关注他的利比亚父亲，在西达斯佩斯（Hydaspes），他毫不犹豫地夸耀赫拉克利斯是他的祖先，因为他是忒弥斯家族的人：阿里安（Arrian），6. 3. 2。

[62] 普鲁塔克，《道德论集》，182c。

[63] 维斯特曼，《传记集》（*Biographoi*），第 331—332 页。另外参看《苏达辞书》，A735。

[64] 希罗多德，4. 180：节日游行就在特里托尼斯（Tritonis）湖边，有一个女子，打扮成帕拉丝，坐在一辆四轮马车上。

[65] 我搜集了波吕阿努斯（8. 59）和普鲁塔克的《阿拉图斯》（*Aratus*）（32）中的有关论述。曼丁尼亚人声称在他们打败阿吉斯三世国王的战斗（公元前 244—前 240 年）中，他们的赞助人波塞冬亲自上阵帮助他们。

[66] 波悉尼阿斯，9. 22. 6。

[67] 参见品达的《生命》（*Lives*）和普鲁塔克的《努马传》，4。

[68] 希罗多德，6. 105，波悉尼阿斯，8. 45. 5。

[69] 普鲁塔克，《道德论集》，419c。

[70] 普鲁塔克，《道德论集》，543a。

[71]《索福克利斯生平》（*Life of Sophocles*），3；普鲁塔克，《努马传》，4；*Etymologium Magnum*。

[72] 扬布利科斯（Iamblichus），《毕达哥拉斯生平》（*Life of Pythagoras*），3，可能来自于一个古老的故事。

[73] 雅典尼乌斯，2. 5，来自蒂迈欧。在塔纳格拉（Tanagra），他们常常把

一个法螺泡在海水里。阿里安（Aelian），《论动物的习性》，13. 2。

[74] 普鲁塔克，《道德论集》，502f. 。

第三章 城邦

[1] 这是希罗多德（5. 69）的一个推断。

[2] 在欧里庇得斯的《伊翁》（*Ion*）1580 中是显而易见的；希罗多德，5. 66。

[3] 斯特拉波，8. 7. 1，表达了部落和职业集团之间的区别。他说伊翁首先把人口分为 4 个部落，只是到了那个时候才变成 4 个职业集团。

[4] 在其他地方，表达成 *kata demous*，波悉尼阿斯，8. 45. 2，参看亚里士多德，《诗学》，3. 6。

[5] 普鲁塔克说到麦加拉地区（《道德论集》，295b—c）；这包括 5 个社区，麦加拉是其中之一。关于这个塔纳格拉地区见前引书，37。

[6] 这个彼奥提亚的四合一村落（*tetrakomia*）包括 Heleon、Harma、Mycalessus 和 Pharae，必须经过统一的组织，但我们并不知道是如何组织的（斯特拉波 9. 2. 14）。

[7] 狄奥多洛斯，5. 6。

[8] 普鲁塔克，《道德论集》，293f—294c，297b—c。

[9] 通过一块泥土要求整个地区的所有权的诡计以各种形式出现在很多民族中。例如，在普鲁塔克的《道德论集》296d—e 中就表达了事后深深的懊悔。在《希腊谚语集》（*Corpus Paroemiographorum Graecorum* 1）第 328 页中还讲了这样一则轶闻：Aletes（漫游者）被赶出了雅典，在田野上恳求一个牧羊人给点吃的，牧羊人显然想戏弄他一下，从袋子里拿了一块泥土给了他；他接受了下来，认为这是一个好兆头，说："Aletes 收下了这块泥土。"——很容易猜出他这句话的含义。

[10] 在公元前 3 世纪，雅典人被埃托利亚人、阿塔马尼亚人和阿卡尼亚人组成的联盟赶了出去，斯特拉波，9. 4. 11。

[11] 希罗多德，1. 145，斯特拉波，8. 7. 4。

[12] 斯特拉波认为人们的生活在早期更好一些，例如阿卡亚人的生活，8. 7. 5。

[13] 除了修昔底德的所有论断（2. 15），他还强调从最早的时候开始，雅典人与其他的希腊人相比更习惯于农村生活。

[14] 斯特拉波，8. 3. 2。

[15] 修昔底德，3. 2f. 。

[16] 根据狄奥多洛斯 13. 75，他们确实迁移了。参看斯特拉波，14. 2。

[17] 狄奥多洛斯，12. 34。参看色诺芬《希腊史》5. 2. 12。

[18] 狄奥多洛斯，15. 94。参看波悉尼阿斯 8. 27. 1—15，9. 14. 2。

[19] 斯特拉波，8. 8. 1，记载阿卡狄亚的荒凉就是从此处开始的。

[20] 米瑞安多洛斯城邦（*Myriandros polis*）。正如我们所看到的，1 万全权公民或士兵被认为是一个城邦最合适的规模。

[21] 斯特拉波，13. 1. 59。

[22] 斯特拉波，13. 1. 52，在谈到塞浦西亚人（Scepsians）的时候，斯特拉波还注意到很多城镇被弄错的情况：先前一个城镇在这里，但现在却在那里。这种情况的发生大多是由于发现了一个更好的地方，但也可能是由于一部分心怀不满的公民的离开，就像科斯（Cos）所出现的情况那样（14. 2. 19）。如果这个集团足够强大的话，他们就会把城市的名称一同带走。

[23] 参看雅各布·德·阿奎斯（Jacobus de Aquis），《世界宝鉴》（*Imago Mundi*），载《意大利史原始史料集》（*Historiae patriae monum. scriptt*），第三卷，1569，1605，1614，这部分的年代学十分混乱。

[24] 波悉尼阿斯，9. 14. 2 和 10. 3. 2。在留克特拉战役之后，曼丁尼亚得到了重建。

[25] 阿里安，《多变的历史》，12. 28。在底比斯就是安提波伊努斯（Antipoenus）女儿们的坟墓，波悉尼阿斯，9. 17. 1。

[26] 扬布利科斯，《毕达哥拉斯生平》，第 9 章。

[27] 普鲁塔克，《希腊罗马平行故事集》（*Parallela Minora*），306e—f。

[28] 普鲁塔克，《道德论集》，163a—d。

[29] 如果波悉尼阿斯·达马塞努斯（Pausanias Damascenus）（*FGH* 854）值得信任的话。

[30]《苏达辞书》，sv.《希罗多德》。

[31] 在很多城市，尤其是殖民地，建城者的纪念碑或至少是雕像可以在阿戈拉看到。

[32] Talvj，《塞尔维亚民歌》（*Serbian Folksongs*），第一卷，78。

[33] 希罗多德指的是斯巴达的 *theatron*（6. 67），意思上可以理解为一个普通的观看节目的场所，而非剧院。

[34]《伊利亚特》，第十一章，807。离奥德修斯的船只不远，这些船只据说就在第五行，在其他的船只当中。

[35] 希罗多德，4. 153，在其他的方面也提供了信息。

[36] 有好几种文献都提到这一点，包括琉善，《敌人》（*Enemies*），20，在那里梭伦是发言者。

[37] 斯特拉波，14. 5. 19，提到在伊西古（Issicus）海湾有一座叫米瑞安多洛斯（Myriandros）的城市。可能在建城之初它就有 10000 公民。

[38] 亚里士多德，《政治学》，2. 5。

[39] 在很晚的时候，在琉善的一篇小文章中还可以看到这种观念，《祖国颂词》（*Patriae encomium*）。

[40] 并不总是自愿的；大多数早期的法令都包含对逃避兵役者的死刑。

[41] 埃斯库罗斯，第二卷，见佩吉，《希腊短诗集》（*Epigrammata Graeca*），第42页，参看阿里斯托芬对埃斯库罗斯所说的话，《蛙》，1004ff.。

[42] 然而，比较一下泰米斯托克里给一个来自赛芮普斯（Seriphos）的人所作的答复，他告诉他，他的出名不是因为他自身，而是在于雅典："是的，实际上，如果我是一个赛芮普斯人，我不会出名，你也不会，如果你不是一个雅典人的话。"

[43] 纳格尔思巴赫（K. F. Nägelsbach），《荷马以后的神学》（*Nachhomerische Theologie*）（1857），第293页。

[44] 第12届奥林匹亚运动会的召开。

[45] 波悉尼阿斯，4. 30. 3f.。

[46] 波悉尼阿斯，3. 11. 8。

[47] 希罗多德，1. 104。

[48] 比较单纯的民族满足于这种未成文的古代道德，比如吕西亚人（Lycians）。

[49] 亚里士多德，《政治学》，4. 6. 3。

[50] 修昔底德，6. 18. 7。

[51] 比如在克里特；参看阿里安，《多变的历史》，2. 39。然而，克里特国家因为一些政治上的腐败而臭名昭著。

[52] 希罗多德，1. 29.

[53] 846，1040ff.。伊翁的话也很尖刻：1334。

[54] 伊索克拉底，《演说》，16，第26章。福西翁正要喝下毒芹的时候，他给他的儿子传了一个口信不要对雅典人进行报复，这并不表明他有着高贵的品格，只是希望他的儿子避免更进一步的伤害。

[55] 吕西阿斯，《演说》，13. 72（《反阿格拉图斯》）。

[56] 色诺芬，《希腊史》，2. 4. 22。

第四章　希腊人生活的基本特征

[1] 见上注43。

[2] 在第三部分："宗教和崇拜"。

[3] 除了在国家的政治生活中展示的卓越品质之外就没有什么更高级的优秀品质了；这是普鲁塔克在他的《阿里斯第德与伽图之间的比较》（*Comparison of Aristides and Cato*）c. 3 中所表达的意思："人们普遍认为，除了政治上的卓越，就

没有更高级的优秀品质了。”从他的补充说明中，我们能够更清楚地理解这句话的含义：“大多数人认为这种品质的最重要的一个部分只是一种本地的品德：因为一座城市只不过是房屋的汇集，如果这座城市的很多房屋都排列得很整齐的话，那么国家的公共道德也就会随之提高。”Stewart 和 Long 翻译（George Bell，1906），第 130 页。

[4] 主要的文献来自柏拉图，《法律篇》，630b ff.，其中还根据它与生活中的基本的善事的关系对这些品质的重要性进行了排列。

[5] 叔本华并不是第一个批评柏拉图的道德清单的人：美涅德莫斯早就这样做了（普鲁塔克，论道德品质 [*Of Moral Virtue*]，《道德论集》，440e—441b），还有开俄斯的阿瑞斯通和阿格西劳斯国王（普鲁塔克，《国王逸事》[*Anecdotes of Kings*]，《阿格西劳斯》）。

[6] 比较希罗多德 1. 32 和普鲁塔克的《梭伦传》27。

[7]《伊利亚特》，第九卷，496ff. 。一个相反的例子就是在特内斯（Tennes）和西克努斯（Cycnus）的神话中，一个儿子冷酷无情地拒绝原谅他的父亲。Conon（*FGH*，26），c. 28。

[8] 尽管这的确首先出现在狄奥格尼斯 · 拉尔提乌斯 1. 76 那里。当匹塔库斯把谋害他儿子的人释放时，他说宽恕比忏悔更好。

[9] 狄奥格尼斯，363。还参看 341ff. 。

[10] 希罗多德，4. 202—5。

[11] 希罗多德，8. 105—6。

[12] 吕西阿斯，《演说》，13. 4，41—2（《反阿格拉图斯》[*Against Agoratus*]）。

[13] 安提格涅对她的父亲说的话，索福克利斯，《克罗诺斯的俄狄浦斯》，1189ff. 。

[14] 阿里安，《多变的历史》，12. 49。

[15] 参看《到亚历山大时期的修辞学》(*Rhetorica ad Alexandrum*)，1. 14—15（这篇东西被归到亚里士多德的名下，但可能是兰帕萨库斯的阿那克西美尼的作品）。

[16] 尼俄柏夸耀说，她比勒托有更多的子女，她是阿波罗和阿尔忒弥斯的母亲；这些神灵杀死了她所有的孩子，尼俄柏变成了西皮路斯（Sipylus）山上的一块石头，一直流着眼泪。

[17] 柏拉图说（《理想国》，335d），一个善良的正义之人不会伤害任何人；这是在一次讨论的时候苏格拉底说的话。

[18] 马克 · 奥勒留，6. 1 ：最好的复仇就是不像冒犯你的人那样行事。还有 7. 15 ：注意不要像他们那样对别人充满了仇恨，7. 22 ；我们应该爱那些在不知道或者无意的情况下伤害我们的人，7. 26 ：我们应该扪心自问我们对待敌人的

方式是对的还是错的；这样的话，我们对于他们的冒犯就不再会感到吃惊或者生气，只是对他们感到怜悯。再说，我们与他们一样生命无多。（这段话有很多版本）

[19] 阿里斯托芬，《蛙》，51。

[20] 后来的作家在讲到从前著名的历史学家说谎的时候并不完全是理直气壮的，即使他们会找出这样或那样的理由。例如，参看马塞里乌斯的《修昔底德生平》，当中批评了希罗多德、蒂迈欧、菲力斯图斯（Philistus）和色诺芬，在第二部《修昔底德生平》中，批评了修昔底德自己。

[21] 赫西俄德，《工作与时日》，801。参看193，在现实生活中，伪证照样盛行。

[22] 普鲁塔克在《狄翁》（*Dion*）56中描述了这种仪式。

[23] 希罗多德，6. 68f.。

[24] 波悉尼阿斯，2. 14。

[25] 波悉尼阿斯，5. 24. 2。即使父亲们、弟兄们和比赛的训练员也必须在一头献祭的公猪前发誓。

[26] 巴布里乌斯，《寓言》，2。

[27]《伊利亚特》，十四卷，270ff.。

[28] 吕西阿斯，《演说》，12. 10ff.(《反埃拉托斯提尼》[*Against Eratosthenes*])。见《伊利亚特》，第三卷，297ff.。这个诅咒是在一个人违背了誓言的情况下对他和他的妻儿发出的；这实际上为（帕里斯和门涅劳斯之间的）决斗做了准备，在这场决斗中，神灵将漫不经心地作出裁决。

[29] 希罗多德，1. 153。这件事的另外一个版本出自阿纳卡西斯（Anacharsis）之口；狄奥格尼斯·拉尔提乌斯，1. 8. 5。

[30] 阿里斯托芬，《蛙》，101f.，可能指的是欧里庇得斯，《希波吕托斯》，611。

[31]《为弗拉科辩护》（*Pro Flacco*），尤其是4（9—10），5（11—12）。

[32] 波里比阿，6. 56。

[33] 与公元162年L. Verus攻打帕提亚的战役有关。

[34] 参看波吕阿努斯，1. 23. 2，1. 39. 4，1. 42. 1，1. 45. 1，和4（来山德），2. 62. 19，3. 2，3. 9. 40，4. 2（马其顿的腓力），4. 6. 1，6. 19和20，7. 23. 2等等。

[35] 参看雅典派到斯巴达的使者的演说，1. 76. 2。

[36] 伊索克拉底，《论交换法》（*On the Antidosis*），217。参看柏拉图的《会饮篇》中狄奥提玛的演说。

[37] 普鲁塔克，《论管闲事》（*On Busybodies*），《道德论集》518a—c。苏格拉底也很不一样，参看色诺芬《回忆苏格拉底》，3. 9. 8。

[38]《奥德赛》，第九卷，473，501，522.

[39] 普鲁塔克，《伯利克里传》，33。参看波悉尼阿斯，10. 38. 1—2，讲到一个有着奇怪的名字的民族会有灾难，比如 Ozolian Locrians。

[40] 琉善，《妓女对话录》（*Diologue of Prostitutes*），9. 4. 。

[41] 狄奥格尼斯·拉尔提乌斯，1. 91—2。

[42] 琉善，《渔夫》（*Piscator*），25.

[43] 在阿里斯托芬的第一部《比奥斯》（*Bios*）中，维斯特曼，《传记集》，第 155 页。

[44] 就像著名的希佩波路斯（Hyperbolus），普鲁塔克，《亚西比德传》，13。

[45]《骑士》，128ff. 。

[46] 在苏瑞，颁布于公元前 442 年的一项法律规定喜剧只能嘲讽通奸者和阴谋家（*Polupragmones*）；对通奸者可以大加嘲讽的原因可能是为了保护殖民地中合法的公民子女，在那时公民的组织仍然很涣散。

[47] 伪色诺芬，《雅典政制》，2. 18。

[48] 阿里安的证据（《多变的历史》，2. 13）与此相左。参看《云》，226，247，367ff.，397ff.，423，830，以及整部戏，我们可能会问阿里斯托芬怎么如此过分，而且是故意为之，如何确认苏格拉底会受到渎神罪的指控。

[49] 柏拉图在这一点上很明确，《申辩篇》，18—19.

[50] 雅典尼乌斯，12. 77。

[51] 欧里庇得斯，《希波吕托斯》，998。

[52] 阿里安，《多变的历史》，5. 8。

[53] 雅典尼乌斯，10. 17。

[54] 普鲁塔克，《提墨里翁传》，32："语言比行动更具有伤害力"。

[55] 欧里庇得斯，《美狄亚》，797，1049，1355，1362。

[56] 狄奥格尼斯·拉尔提乌斯，2. 21。

[57] 普鲁塔克，《论奉承者》（*On Flatterers*），32，当中还举出了其他关于这样的在社会上易受伤害的例子。

[58] 柏拉图，《申辩篇》33c。

[59] 狄奥格尼斯·拉尔提乌斯，6. 88—9。

[60] 如果我相信埃斯奇尼斯的话，的确出现过一个因为法庭演说而造成致命伤害的例子，《反提马库斯》（*Against Timarchus*），172。

[61] 吕西阿斯，《演说》，10. 2，《反特奥涅斯特斯》（*Against Theomnestes*）。

[62] 叔本华，《附录》（*Parerga*），第一卷，第 399 页。

[63] 叔本华引用的摩索尼乌斯（Musonius）的十分重要的分析取自斯托巴乌斯，在《论异教》（*Peri anesikakias*）这个集子中，3. 19. 16（第三卷，W—H）。然而，

摩索尼乌斯是一个晚期的斯多噶主义者，他生活在帝国的初期。

[64] 普鲁塔克，《泰米斯托克里传》，11。

[65] 据说亚西比德为了报复诗人欧波利斯，把他扔进了大海。

[66] 维斯特曼中提到的《德摩斯提尼传记卷四》(*Demosthenes vita quarta*)，见 Biographoi 305 f. ——德摩斯提尼据说从美狄阿斯那里接受了 3000 德拉克马，引自《苏达辞书》。

[67] 比较德马得斯的例子。

[68] 修昔底德，3. 37ff. 。

[69] 狄奥多洛斯，12. 12，16—17，20—21。

[70] 狄尔斯－克朗茨 (Diels-Kranz)，《苏格拉底以前哲学家残篇》(*Fragmente der Vorsokratiker*)，B179。

[71] 狄奥格尼斯，529。他有自己的理由对背叛的朋友大加抱怨，参看 575。

[72] 《奥德赛》，第三卷，380。

[73] 《伊利亚特》，第九卷，713 以及当中的典故。

[74] 《奥德赛》，第十五卷，407，参看佩涅罗珀的愿望，《奥德赛》，第十八卷，202.

[75] 梭伦，《残篇》，13 West。一个对 *olbos* 最物质化的定义见《残篇》23 ：*olbios* 就是一个拥有可爱的儿子、马匹、畜群和一个好客的朋友的人。参看希罗多德 1. 32，当中区分了 *olbios* 和 *eutuches* 的差别，后者只是享受表面的好运。

[76] 欧里庇得斯，《安提俄珀》(*Antiope*)，《残篇》，198 Nauck。

[77] 另见《伊斯特摩亚颂歌》(*Isthmian*)，第五卷，16。

[78] 参看叔本华关于正义的精彩文章，《作为意志和表象的世界》，2. 694。

[79] 亚里士多德，《优代莫伦理学》(*Eudemian Ethics*) 1. 1 和《尼各马科伦理学》(*Nicomachean Ethics*)，1. 8。

[80] 索福克利斯，《残篇》，329 Nauck（克瑞乌萨）。

[81] 在亚里士多德的两部《伦理学》中。

[82] 从理想主义的观点来看，当然可以认为声名也可以分配，普鲁塔克，《阿吉斯传》，2。

[83] "健康，最被凡人看中的福祉，希望你能够伴随我的有生之年，希望你能够与我为伴：因为财富、子孙和如神一般的王者都会成为统治人的力量，还有被阿佛洛蒂忒之网笼罩的欲望，还有其他的快乐，神赋予人劳作中的喘息，幸福的健康，在与神的交流中闪耀着光芒；没有你，没有人会快乐"：阿瑞佛隆，佩吉，*PMG*，《残篇》，813。

[84] 雅典尼乌斯中的阿纳克珊德里阿斯 (Anaxandrias)，15. 50。

[85] 见琉善，《论问候中的疏漏》（*de lapsu in salutando*），c. 6。

[86] 最好的赞美在梭伦伟大的哀歌诗中，《残篇》，13. 7ff. West。

[87] 非常强调的是 173 和 181 行："与其贫穷，还不如死了"。

[88] 欧里庇得斯，《残篇》，326 Nauck，第 173，181 行：参看《残篇》，327。

[89] 欧里庇得斯，《残篇》，328 Nauck。

[90] 雅典尼乌斯，2. 12。

[91] 对于拥有财富的不安全和不安定感的慨叹出现得比较早。参看梭伦《残篇》，15 West。狄奥格尼斯 317 行（表达得非常相似）。

[92] 巴奇里得斯（Bacchylides），《残篇》，11 Snell-Maehler。

[93]《法律篇》，631 Bff.，611 Aff. 。

[94]《斐德罗篇》，248 dff.，指的是开始一种新生活的不安定的灵魂。

[95] 雅典尼乌斯，12. 6。

[96] 狄奥格尼斯 · 拉尔提乌斯，2. 136。

[97] 亚里士多德，《政治学》，7 1。

[98] 普鲁塔克，《道德论集》，5C—6A。

[99] 琉善，《船》（*The Ship*），尤其是 c. 41ff. 。

[100] 亚里士多德，《修辞学》（*Rhetoric*），1. 6。

[101] 赫西俄德，《工作与时日》，160。

[102] 参看赫西俄德，见波悉尼阿斯 9. 36. 4。

[103] 西吉努斯第一个详细地叙述了对阿特里德（Atredae）及其后人的诅咒，以佩罗普斯开始：西吉努斯，《寓言》，84—8，98，117，119，120—3。

[104] 阿波罗多洛斯，3. 15. 8。参看帕拉墨得斯的命运。

[105] 西吉努斯，《寓言》，238—248。

[106]《伊利亚特》，第十九卷，274。参看第十六卷 646，788 ff.，848。

[107] 欧里庇得斯，《奥列斯特》，1639 ff. 。

[108]《伊利亚特》，第十六卷，143.

[109] 托勒密 · 赫菲斯提翁，4。另外的版本把伊菲格涅亚当作一位女神，在琉克岛与阿喀琉斯在一起，安托尼乌斯 · 利波拉里斯（Antoninus Liberalis），27。

[110] 西蒙尼德，《残篇》，P. 523。

[111] 他是所有邪恶存在的敌人，*misoponeros*。

[112] 奥伽斯（Augeas）也向赫拉克利斯拒绝了他应得的报偿，因为他那著名的任务不应该靠体能而应该靠智慧（*sophia*）来完成；波悉尼阿斯，5. 1. 7。

[113]《奥德赛》，第十一卷，121，特瑞西阿斯（Teresias）说的话。

[114] 参看 Telegonia 的摘要，金克尔，pp. 57f. 。普鲁塔克，《道德论集》，294 C—D；西吉努斯，《寓言》，127。

[115] 狄奥多洛斯，5. 59 和阿波罗多洛斯 3. 2。

[116] 索福克利斯，《俄狄浦斯在克罗努斯》，1399，波吕尼克斯的演说。

[117]《伊利亚特》，第六卷，447。

[118] 阿波罗的话，《伊利亚特》，第二十四卷，49。

[119] 阿波罗对波塞冬说的话，《伊利亚特》，第二十一卷，462。

[120]《伊利亚特》，第二十七卷，446。

[121] 这些马具有说话的能力。《伊利亚特》，第十九卷，404ff. 。

[122]《伊利亚特》，第二十四卷，527。

[123] 品达，《皮提亚颂》，第三卷，81。

[124]《奥德赛》，第七卷，196.

[125]《荷马的阿波罗颂歌》（*Homeric Hymn to Apollo*），186ff. 。

[126] 欧里庇得斯，《希波吕托斯》，45。

[127] 参看雅典尼乌斯，6. 94—6，取自喜剧诗人。

[128]《工作与时日》，106ff.，尤其是 173ff. 。

[129] 希腊人对极北族人的幻觉就是充足的证明。

[130]《奥德赛》，第二卷，97。在这个传说最早的版本中，对她来说，这第二次婚姻会成为绳索吗？

[131] 品达，《奥林匹亚颂》，第二卷。

[132] 狄奥格尼斯·拉尔提乌斯，7. 6。

[133]《奥德赛》，第八卷，578。欧里庇得斯让处于悲伤中的赫库芭说出了同样荒唐的话；《特洛伊人》（*Troades*）1243。

[134]《荷马的赫尔墨斯颂歌》（*Homeric Hymn to Hermes*），37。[乌龟壳用来做了一架竖琴。]

[135] 这些论述都被收集在了约翰尼斯·斯托巴乌斯编辑的《诗文集》当中。主要的一章是第三十四章《论生活》（*On Life*）（第四本，在 W—H 的第五卷），论及生命的短暂、琐屑和沉重。其他相关的章节包括，论不幸（4. 40），论不幸的隐患（4. 41），对年龄的赞颂和抱怨（4. 50a—b），论死亡（4. 51），对死亡的赞颂和抱怨（4. 52），生与死的比较（4. 63），最后还有一章关于慰藉，Paregorika（4. 56）。参看普鲁塔克，《告慰阿波罗尼乌斯》，以及书中的典故；其中还有塞涅卡的《慰藉》（*Consolations*），尤其是其中给 Marcia 写的信。

[136] 见普鲁塔克，《梭伦传》，7，当中插入了一段关于自愿放弃精神财富的争论，被当作普鲁塔克自己的观点。这种放弃不仅与对未来丧失希望有关，而且也与总是试图预见到未来有关。

[137] 普鲁塔克，《道德论集》，477c–f。

[138]《希腊抒情诗选集》（*Anthologia Graeca*），10. 123。

[139] 色诺芬，《回忆苏格拉底》，1. 4. 9ff.，4. 3. 1ff. 。

[140] 阿里安，《多变的历史》，14. 6。

[141] 埃斯库罗斯，《普罗米修斯》，248ff. 。据我所知，只有狄奥格尼斯（1143ff. ）认真地警告过一种对希望的崇拜——"正是希望把国家引向灾难"，欧里庇得斯，《请愿者》，479。

[142] 比如，参看狄奥格尼斯，761ff.，983ff. 。

[143] *Zethi* 是一个包括第 7 到第 10 个希腊字母的词。对于这个双关语，参看《希腊抒情诗选集》，10. 43。

[144] 雅典尼乌斯 9. 9，来自于阿来克西斯的《塔林顿人》（*Tarentines*）。

[145]《苏达辞书》，见维斯特曼，《传记集》，172。

[146] 希罗多德，2. 78。

[147] 索福克利斯，《俄狄浦斯王》（*Oedipus Rex*），965ff.，尤卡斯塔说的话。

[148] 欧里庇得斯，《残篇》，34 Nauck（爱奥罗斯［*Aiolos*］）。欧里庇得斯让提修斯在《请愿者》195ff. 发表了一篇激烈的长篇演说，但在 549ff. 却让他说出了完全不同的话。

[149] 关于库拉（*Cura*）的希腊神话可能在西吉努斯的《寓言》120 中。

[150] 阿普利俄斯（Apuleius）是第一个强调这件事的人，《论苏格拉底的神》（*Onthe god of Socrates*）4. 3：人类生活在大地上……"有着易变的躁动不安的灵魂，粗糙的和易受伤害的身体……自甘堕落，怀着固执的希望，进行了无谓的劳作，拥有着易逝的资材……死得很快，智慧很少，一生都是在抱怨中度过。"

[151] 希罗多德，3. 40。

[152] 很难解释的最大的一个例外就是就是神灵包括宙斯创造的前四代人类。

[153] 欧里庇得斯，《残篇》，293 Nauck（柏勒洛丰）。

[154]《奥德赛》，第二卷，276。

[155] 狄奥格尼斯 · 拉尔提乌斯，1. 87。

[156] 在普鲁塔克的《道德论集》481f–482C 中被引用。

[157] *Aidos kai Nemsis*，《工作与时日》，196ff. 。

[158]《美狄亚》，439。

[159]《天象》（*Phainomena*），96–136。

[160]《变形记》，第一卷，149。在《牧歌》（Eclogue）的第四卷中，维吉尔重建了希望：*Iam redit et Virgo*（看，圣母回来了！）等。马克 · 曼里乌斯（Marcus Manlius）在提比略王朝的时候再一次表达出一种冷静的观点，《天文》（*Astronomica*），第二卷，592ff. 。

[161] 泰门有一种独特的看法，那就是躲开其他人是惟一快乐的途径。波悉尼阿斯，1. 30. 4。

[162] 见斯托巴乌斯，4. 34. 65。

[163] 载伪柏拉图的对话《阿霞库斯篇》，366a。

[164] 索福克利斯，《残篇》，376 Nauck。

[165]《伊利亚特》，第十卷，70。

[166] 第五卷，42 ff. 。参看《神谱》，569ff.，591。

[167] 斯托巴乌斯，4. 34. 57。

[168]《阿霞库斯篇》，366 到 368。另外参看斯托巴乌斯中的特勒斯（Teles）的残篇，4. 34. 72。

[169] 梭伦，《残篇》，14 West。

[170] 参看斯托巴乌斯 4. 34 中的引文。即使高尔吉亚的学生阿齐达马斯也写了一篇“对死亡的赞美”，一个关于人类疾病的清单。西塞罗，《图斯库鲁斯谈话录》（*Tusculan Disputations*），1. 48。

[171] 斯托巴乌斯，4. 34. 60。

[172] 西蒙尼德，《残篇》，P. 520。幸存的品达的哀歌诗也没有包含与此类似的内容，而只有至福的英雄，还有关于灵魂转世的思想。

[173] 品达，《皮提亚颂》，第八卷，95。

[174]《伊斯特摩亚颂诗》，第七卷，13。

[175] 索福克利斯，《残篇》，12 Nauck。

[176]《俄狄浦斯在克罗努斯》，1211。

[177] 欧里庇得斯，《残篇》，285，491，908 Nauck。

[178]《荷马和赫西俄德的争辩》（*Homeri et Hesiodi certamen*），c. 6。

[179] 参看维斯特曼中的欧斯塔休斯（Eustathius）的《品达生平》（*Life of Pinda*），《传记集》93。在德尔斐也提出了同样的要求。

[180] 修昔底德，2. 38。

[181] 希波里得斯，《葬礼演说》，43。

[182] 斯托巴乌斯，4. 50（V. 5 W—H）。

[183] 普鲁塔克，《道德论集》，392a—e。

[184] 亚里士多德，《修辞学》，2. 14。

[185] 阿里安，《多变的历史》，7. 20。

[186] 同上，11. 4。

[187] 密姆内尔姆斯，《残篇》，2 West。

[188] 西蒙尼德，《残篇》，1 West。

[189] 欧里庇得斯，《残篇》，332 Nauck。

[190] 琉善，《论悲哀》(*On Mourning*)，15—19。

[191] 欧里庇得斯，《请愿者》，1108，伊菲斯（Iphis）的长篇演说，也是一篇关于悲观主义的文献。

[192] 亚里士多德，《修辞学》，2. 12. 13。

[193] 欧多西亚，920。参看阿里斯托芬，《云》，998。

[194] 索福克利斯，《残篇》，863 Nauck。

[195] 欧里庇得斯，《残篇》，25 Nauck。

[196]《荷马的阿佛洛蒂忒颂歌》(*Homeric Hymn to Aphrodite*)，245。

[197] 阿里安，《多变的历史》，2. 34。埃皮卡姆斯死于九十岁。

[198] 维勒里乌斯·马克希姆，8. 13. 2。

[199] 狄奥格尼斯·拉尔提乌斯，1. 26。参看普鲁塔克，《梭伦传》，6。

[200] Diels-Kranz，B277。在欧里庇得斯的戏剧中，一个角色反对领养，《残篇》，491 Nauck。

[201] 参看赫尔曼，《私人文物》，11。

[202] 赫西俄德描绘了乡村的风俗（《工作与时日》，374)，每个读者可以自己作出判断。

[203] 阿里安，《多变的历史》，2. 7。

[204] 这并不意味着最低的报价。

[205] 普鲁塔克，《赫西俄德的注释》(*Commentary on Hesiod*)，《残篇》，69。

[206] 参看波里比阿的评论，36. 17，关于不断增加的既没有亲戚又没有子女的人口。

[207] 普鲁塔克，《道德论集》，997c。参看早在格拉古兄弟时就越来越贫困的罗马公民，普鲁塔克，《提比略·格拉古》，8。

[208] 它记载古代的波斯人，他们拒绝看望他们的孩子，直到他们长到 7 岁。

[209] 西蒙尼德，《残篇》，2 West。

[210] 赫拉克利得斯·旁提库斯错误地提到科斯。

[211] 欧里庇得斯，《残篇》，791 Nauck。

[212] 普鲁塔克，《道德论集》，254b—f——参看帕耳忒尼俄斯，c. 9。我们在这里不能完全跟着普鲁塔克走。

[213] 对色雷斯人的更多的信息是旁普尼乌斯·梅拉（Pomponius Mela）(2. 2) 提供的。

[214] 斯特拉波，11. 520。

[215] 西塞罗，《图斯库鲁斯谈话录》，1. 39：“当一个小男孩死去的时候，他们平静地抱着他；一个婴儿的死甚至都不会令人感到悲伤。”对于存在的毫无意义

和痛苦，见普林尼，《自然史》7. 41—4（苏拉的运气），46（奥古斯都的运气），51最重要的段落，54 *mortes repentinae, hoc est: summa vitae felicitas*（突然死去是最幸福的），56，死后幸存的无意义。

[216] 巴布里乌斯，《寓言》，25。

[217] 斯托巴乌斯，4. 34. 65。

[218]《希腊抒情诗选集》，7. 339。

[219] 早在柏拉图的《高尔吉亚篇》就有引用，492e。参看欧里庇得斯的残篇 s. v. *Polyidus*（634—46）和 *Phrixus*，（918—38 Nauck）。

[220] 另见欧里庇得斯，《残篇》，816 Nauck。

[221] 纳格尔思巴赫，《荷马以后的神学》，第 394 页。

[222] 赫尔曼，《私人文物》，61. 25f. 。

[223] 斯特拉波，10. 5. 4—6。赫拉克利得斯·旁提库斯（说到了 Cos，实际上应该是 Chios，这一点已经说过），阿里安，《多变的历史》，3. 37，普鲁塔克，《道德论集》，244d—e，维勒里乌斯·马克希姆，2. 1。

[224] 人们相信与极北族人的相似的故事（旁普尼乌斯·梅拉，3. 5，显然来自于一个旧有的材料）。据说他们戴着花环把自己从悬崖上扔进了大海。

[225]《奥德赛》，第十卷，50。在另外一个地方，他询问那些“已经经受住”痛苦的人，《奥德赛》，第十九卷，344。在狄奥格尼斯 1029 中的惊呼“忍受！”是令人印象非常深刻的。

[226] 阿里安，《多变的历史》，4. 223。

[227]《斐多篇》，68a。

[228] 欧多西亚，589。加图在自杀前正在阅读《斐多篇》，狄奥·卡西乌斯（Dio Cassius），63. 11。

[229] 普鲁塔克，《道德论集》，249b—d。

[230] 主要的资料是斯特拉波 10. 2. 2—9 和托勒密·赫菲斯提翁 7（见维斯特曼，《作家集》）。

[231] 在神话中有大量的例子讲到，因为某位神灵发话了，所以很多人愿意为自己的母邦献出生命；他们属于另外一种态度，被称赞为一种伟大的和真正的牺牲。此外，通常还有那些可能依然热爱生活的年轻人和未婚少女。

[232]《理想国》，407d。

[233] 引自普鲁塔克，《告慰阿波罗尼乌斯》，15（《道德论集》，109 F）。从罗马时代开始，还有一些普林尼的惊人的篇章，《书信》（*Letters*），1. 12 和 22。

[234] 参看欧里庇得斯，《残篇》，816 Nauck，期待那些眼睛瞎了的人以自杀了断。

[235] 欧里庇得斯，《残篇》，245 Nauck。

[236] 普鲁塔克，《道德论集》，244b—e。波悉尼阿斯，10. 1. 3。正是这种道德感（*aponoia*）在羊河战役之后的雅典十分匮乏。

[237] 狄奥多洛斯，12. 29。

[238] 同上书，18. 22。

[239] 波里比阿，16. 29—34，李维，31. 17。后来，类似的事件就是克珊提亚人（Xanthians）的自我牺牲，就在布鲁图斯攻击他们的时候，狄奥·卡西乌斯，47. 34，尤其是普鲁塔克，《布鲁图斯传》，31，还提到克珊提亚人较早的类似的行动，那时他们正在与波斯作战。

[240] 狄奥多洛斯，20. 21。波吕阿努斯，7。

[241] 斯特拉波，14. 5. 6—7。

[242] 狄奥·卡西乌斯，37. 13。

[243] 普鲁塔克，《安东尼传》，71。

[244] 阿里安，《多变的历史》，13. 36。

[245] 欧里庇得斯，《海伦》，297。

[246] 普鲁塔克《道德论集》，251a—253f。

[247] 索福克利斯，《残篇》，866 Nauck。

[248] 例如《安提格涅》439 中的守夜人。

[249] 狄奥多洛斯，20. 34。

[250] 普鲁塔克，《克里奥蒙尼传》，34。参看 29 和 37。

[251] 普鲁塔克，《阿密里乌斯》（*Aemilius*），34。

[252] 波里比阿，30. 7. 8。

[253] 波里比阿，40. 3。

[254] 参看雅典尼乌斯中的欧克西忒俄斯（Euxitheos），4. 45。

[255] 色诺芬，《申辩》（*Apology*），尤其是 9，14，23。柏拉图，《克里同》（*Crito*），45—46a。

[256] 狄奥格尼斯·拉尔提乌斯，6. 18—19。

[257] 尽管阿里安给出了一个相反的说法，《多变的历史》，8. 14。美特洛克里斯（Metrocles）在年纪较大的时候自缢而死，狄奥格尼斯·拉尔提乌斯，6. 95。

[258] 狄奥格尼斯·拉尔提乌斯，2. 143—4。

[259] 根据《苏达辞书》的说法，芝诺吃得越来越少直到饿死，维斯特曼，《传记集》，421。

[260] 塞涅卡，《论预见》（*De providentia*），c. 6，强烈地建议他的读者自杀。

[261]《沉思录》，9. 3，参看 10. 8。

[262] 同上书，5. 29。

[263]《苏达辞书》，见维斯特曼，《传记集》，361。

[264] 同上书，349。

[265] 参看波悉尼阿斯，6. 8. 3，讲到运动员提曼忒斯的自我牺牲。

[266] 参看波悉尼阿斯 8. 2. 2 的其他部分。

希腊文明

第一章　介绍性的评论

[1] Adamantius Judaeus，《面相学》(*Physiognomica*)，2. 32，载 R. Foerster 编辑，*Scriptores physiognomici Graeci et Latini*（希腊罗马面相学文献汇编），第一卷，莱比锡，1893。参看 C. O. 穆勒，《艺术考古学教程》(*Handbuch der Archäologie der Kunst*)，Breslau，1830，第 328ff.。译本：J. Leitch 翻译，*Ancient Art and its Remains*（古代艺术及其遗存），伦敦，1847，第 333 页。

[2] 例如，琉善，《想像》(*Imagines*)，2. 17，据此，是西米尔那拥有爱奥尼亚最美丽的妇女。

[3] 阿里安对小阿斯帕西亚的描述到底有多么古老（《多变的历史》，12. 1），这位小居鲁士和阿塔薛西斯 · 涅蒙（Artaxerxes Mnemon）的情妇？抑或是阿里安自己的情妇？

[4] 西塞罗，《论神的本性》(*On the Nature of the Gods*)，1. 28. 79。另外参看狄奥 · 克瑞索托（Dio Chrysostom），《美兰考马斯或论美》(*Melancomas or of Beauty*)，在奥林匹亚被当作是男性健美衰落的标志；在那里据说它开始不受尊敬或者遭到谩骂，这引发了关于野蛮民族美的观念的讨论。

[5] 亚里士多德，《修辞学》，1. 5. 5，同上书，6，谈到那些吸引人的品质。他明确地表示，某些雕像也可以表现出女性之美。关于女性美的迅速衰落参看欧里庇得斯，《残篇》，24 Nauck。

[6] 例如，比较一下柏拉图《理想国》，474d–e，其中他说到情人们喜欢不同类型的美。

[7] 希罗多德，6. 61。

[8] 同上书，5. 47。

[9] 同上书，9. 25。

[10] 同上书，7. 187。

[11] 欧里庇得斯，《残篇》，15 Nauck。

[12] 一些可能出自亚里士多德之后的关于面相学的评论可以在安提格努斯 114 中找到。

[13] 雅典尼乌斯，5. 62。对于希腊人的外貌与野蛮人的区别参看琉善，《西

徐亚人》(*Scytha*)，3。希腊人的胡子基本上也不是刮得干干净净的。

[14]《伊利亚特》，第十卷，79。

[15] 关于老年的抱怨见上文（原文）117 页。

[16]《伊利亚特》，第十卷，572ff.，第十一卷，621ff. 。

[17] 关于以下两个方面——即一方面是身体上的健康和健美，另一方面是对畸形儿的杀害和抛弃——的联系参看海武德（Hellward)，《文化史》(*Kulturgeschichte*)，第 276 页。

[18] 对于一个拖着一条残疾的腿的人的生活会是什么样子参看普鲁塔克，《阿齐劳斯传》，1f. 。

[19] 参看赫尔曼，《私人文物》，第 155–161 页。

[20] 有时候，对于姓的缺乏还是可以从以下的现象中感觉到的，那就是一个父亲和几个儿子的名字都来自于一个字根。见吕西阿斯，17. 3。有一个叫 Eraton 的人，他的儿子们的名字是 Erasiphon、Eraton 和 Erasistratos。

[21] 如果说从前的希腊人崇拜无名的神祇的话，那么后来他们都为他们起了好听的名字。

[22]《神谱》，243ff. 。其中的一些很简单，一些是好听的复合词。荷马的水中女仙的目录显然起源较早，与此不同。在这些丰富的名字中，不同的史诗作者不必要求名字的统一。

[23]《神谱》，349ff. 。其中包括 Dione，Metis，卡吕普索，提刻和斯堤克斯——“最伟大的一个”。

[24] 威克勒，《利格诺图斯在德尔斐的议事厅的画的构图》(*Die Komposition der polygnotischen Gemälde in der Leschê zu Delphi*)，柏林普鲁士科学院论文，1847，第 116 页。

[25] 希罗多德，1. 139。对于我们推测的这种方式会有第二次命名，可能是在成年仪式上。

[26] 阿尔忒弥多洛斯解释了从出现在梦中的名字进行预言的这种方式（3. 38)。

[27] 简单的形式通常也很好，我们从琉善《梦》(*The Dream*) 14 中了解到，完全的派生词被认为比词根或者缩略语更高贵；变得很富有的 Simon 被鞋匠 Micyllus 叫作 Simon，他愤怒地坚持让人们叫他 Simonides。关于来自于神灵的名字参看琉善，《想像》，27。雅典尼乌斯（10. 69）做出了根据其含义来为名字分类的尝试。

[28] 普鲁塔克，《泰米斯托克里传》，32；《客蒙传》，16。

[29] 普鲁塔克，《狄翁》，6；波悉尼阿斯，6. 12. 2；查士丁尼（Justinian)，7. 6。

[30] 除了伟大的阿喀琉斯之外，托勒密·赫菲斯提翁还知道其他的 14 个人（6）。

[31] 吕西阿斯，《残篇》（*Fragmenta*），载 T. 塔尔海姆编辑，《吕西阿斯演说》（*Lysiae Orationes*），第二版，第 354 页，11f.。

[32] 参看赫尔曼，《私人文物》，第 56—59 页。

[33] 根据斯特拉波，7. 3. 13，304。琉善，《泰蒙》，22，奴隶通常使用的名字有 Pyrrhios，Dromon，Tibios。雅典尼乌斯（14. 18）给出了一个关于弗里吉亚吹笛者的可信名单。

[34] 波吕阿努斯（8. 50）认识几个塞琉古王宫中的女子名叫帕纳里斯特、马尼亚和格特西内。马尼亚这个名字还出现在小亚细亚，可能与 Manes 同源，见阿里斯托芬的《地母节妇女》。

[35] 波悉尼阿斯，6. 10. 2，6. 21. 6，8. 25. 5。

[36] 泽泰斯，《吕哥弗隆》（*Lycophron*），344。

[37] 欧多西亚，356。

[38] 朱利乌斯·波鲁克斯（Julius Pollux），5. 47，接受了埃斯库罗斯的说法。

[39] Anth. Pal.，7. 304（Pisander）。

[41] 斯特拉波列举出了它们，9、5、19。

[42] 对于这些溪流的名字还有它们通常十分动人的解释参看 L. 普瑞勒，《希腊神话》，莱比锡，1854，第一卷，第 343 页。

第二章　英雄时代

[1] 海武德（Friedrich von Hellwald），《从古至今按其自然形态发展的文化史》（*Culturgeschichte in ihrer natürlichen Entwicklung bis zur Gegenwart*），第 277 页。我不能找到这个字的原词；布克哈特对此进行了意译。——编者注

[2] 海武德是作为一个原始状态（第 236 页）的例子提出这个事实的，即盐在荷马时代几乎还不为人所知，只以海盐的形式存在，对他来说，荷马并不是有另外一种称为“阿提卡盐”的东西，被后来的文明看作是粗糙的和无味的。

[3] 这使帕拉墨得斯这个人物更加丰满，他被认为发明了书写、建筑、度量衡、棋类、掷骰子、音乐、钱币、用火发信号，还有战争的艺术（阿齐达马斯，《奥德赛》，22）。另参看高尔吉亚，《帕拉墨得斯的辩护》（*Defence of Palamedes*），30。根据阿齐达马斯，后来奥德修斯把这些发明归功于其他希腊人和外国人，只为帕拉墨得斯留下了那些有害的和受人鄙视的发明。

[4] 然而，这是一个伟大的时刻，谢里曼在迈锡尼的卫城发现了 12 个人的骨骼，其中有 3 个女人，可能有 2 个孩子，对我们这些现代学者来说，非常滑稽的是，这些神话时代的人物遗迹竟可以重见天日。一派学者认为这些坟墓属于（被

阿尔果斯）围困期间的迈锡尼贵族；黄金被埋起来是因为害怕被阿尔果斯人得到；迈锡尼的这些黄金制品是从波斯人那里抢来的，（在他们侵入到希腊的时候）无疑他们还随身携带了大量的黄金面具，他们把这些面具戴在了在战斗中死去的贵族的脸上。其他学者则认为，在公元3世纪，一些具有神秘起源的蛮族一定来到迈锡尼生活，在这里极尽奢侈之能事埋葬了他们的首领。由于害怕面对单纯的真相，人们只能得出这些荒谬的结论。我们不再想确切地知道到底是谁埋在了那里，但是有趣的是这些民族对于真正的阿伽门农被重新发掘出来一定会感到害怕。

[5] 对于底比斯的历史以及它的很多层层叠加的地层参看狄奥多洛斯，15. 79和19. 53。

[6] 对于希腊的军营没有防御工事的原因，参看《伊利亚特》，第十二卷，3ff. 。后来，人们惊奇于荷马史诗中英雄地位的渺小，参看伊索克拉底，《腓力》，145。

[7] 关于阿波罗崇拜，参看普瑞勒，1. 61和2. 54。对于克山特（Xanthe）附近的勒通（Letoon），见斯特拉波，14. 665。

[8] 根据希罗多德（7. 91），帕姆菲利安人是一个来自特洛伊的卡尔卡斯和安菲里库斯（Amphilochus）混合种族的后代。这一迁移一定是多利亚人移民的一个部分，被追溯到英雄时代，在希腊人的意识中与“返乡”（*nostoi*）是不可分的。同样塞浦路斯的萨拉米斯也是由陶库路斯建立的，奇里乞亚的欧尔贝（Olbe）是由他的兄弟埃阿斯创建的，塞浦路斯的帕佛斯是由阿伽珀诺耳建立的，他是海伦的一个求婚者，特洛伊战争中阿卡狄亚人的领袖。在奇里乞亚，主要的联系是通过安菲里库斯。塔索斯被认为是由阿尔果斯人建立的，他同特里普托勒摩斯一道去寻找伊俄。斯特拉波，14. 5. 12。

[9] 根据一个故事，在欧多西亚436中，当没有武装的赫拉克利斯到了高卢的海岸边，受到了利古里亚（Ligurian）部落首领的伏击，宙斯通过从一朵乌云上降下雨来帮助了他，雨降在了拉克劳（La Crau）平原的石头上。另外一个版本提供了更靠近家乡的一个地点：欧律斯透斯派了赫拉克利斯去与格律翁战斗，格律翁并不生活在伊比利亚，而只是生活阿姆布拉齐亚，正是在那里他抓到了牲口：欧斯塔休斯（Eustathius），*Commentarium in Dionysii periegetae orbis descriptionem*，见K. 穆勒编辑，*Geographi Graeci Minores*，巴黎，1861，第二卷，558。

[10] 李维，1. 1，梅拉，2. 4. 2。

[11] 斯特拉波，13. 1. 53，给出了全部的路线，经过埃吉斯塔到西西里、埃里克斯（Eryx）和利里班（Lilybaeum），与他为伴的是特洛伊人埃利姆斯（Elymus）。

[12] 关于这些参看修昔底德6. 2. 。一个关于埃吉斯特斯（Egestes）的祖先

的奇怪的传说，他建立了埃吉斯塔，埃里克斯和恩特拉，这是泽泰斯在《吕哥弗隆》471 中提出的。

[13] 斯特拉波，5. 1. 9，安托尼乌斯 · 利波拉里斯（Antoninus Liberalis），37。

[14] Conon，*FGH*，26 F. 1，c. 3。

[15] 斯特拉波，卷 5 和 6 中的典故。

[16] 赫西俄德，《神谱》，274ff.，517ff. 。

[17] 赫西俄德，《工作与时日》，171。品达，《奥林匹亚颂》，第二卷，77—79。品达认为从卡迪兹（Cadiz）向西的冒险之旅是不明智的：《涅墨亚颂歌》，第四卷，69；参看第三卷，20—21。

[18] 关于赫拉克利斯、佩耳修斯和阿耳戈船英雄的传说的最早的版本和完善，直到后来美狄亚的故事被加入其中，我们希望读者参看普瑞勒的《希腊神话》。

[19] 我们将不对英雄时代的外部生活作考察。对于饮食和行为上的风俗参看雅典尼乌斯 1. 15f.，44f. 。

[20] 格劳科斯和阿喀琉斯被他们的父辈卷进战争，《伊利亚特》，第六卷，208；第十一卷，784。

[21] *Personne ne se respecte*（这里没有错误的骄傲）是一种描述这种缺乏立场的方式。

[22] 对血亲犯罪的恐惧一直存在到很晚的时代，尤其是在人们对此心怀畏惧的时候，例如，在背叛了希伦和他的追随者之后阿黑门尼德家族所受到的威胁。

[23] 波悉尼阿斯，1. 37. 3 和 43. 7。波悉尼阿斯在说到特洛曾人为奥列斯特举行净化仪式的时候还详细地描述了这种仪式（2. 31. 11）。

[24] 尽管宙斯知道阿喀琉斯不会杀死普里阿摩；因为他既不是一个傻瓜，又不是一个罪犯，他将会宽恕和放过恳求者（第二十四卷，157f. ）。

[25] 例如，他高贵的性格在接待颤抖着的传令官的时候就显现出来了（《伊利亚特》，第一卷，334）。

[26] 阿波罗多洛斯，2. 6. 4。

[27] 显然，梭伦是为了促进种族的繁育而禁止嫁妆的。很显然，对他来说，就是要在这样一座工商业城市杜绝为了钱财而结婚。

[28] 赫西俄德，《残篇》，252 Merkelbach-West。色诺芬在他的《论狩猎》（*On Hunting*）1 中列出了他的学生的名字。提修斯也有一个老师叫康尼达斯（Connidas），普鲁塔克，《提修斯传》，4。

[29] 狄俄墨得斯认识这些神，他们长得很像。雅典娜自己引导他去伤害阿瑞斯和阿佛洛蒂忒。

[30] 胜利直到现代的诗歌中才受到崇拜。

[31]《伊利亚特》，第四卷，450—451，在第八卷 64—65 又重复了一遍。

[32]《伊利亚特》，第七卷 161 和第八卷 261 列出了 9 个英雄的名字，做了很小的改变，似乎代表了一种高级的贵族制。

[33]《伊利亚特》，第七卷，87f.，第十卷，212f.，第十三卷，326f. 。

[34] 在《伊利亚特》第八卷 164 中，赫克托尔对狄俄墨得斯说："去你的吧，可怜的傀儡"，在 527 行，他把希腊人称为"被拉到这里来被克瑞斯（Keres）戕害的狗"。在这本书中，即使神灵也以类似的方式互相漫骂。伊瑞斯（Iris）把宙斯愤怒的命令带给雅典娜，还带着她自己的情绪（423 行）"你这个无法无天、不知羞耻的狗东西"。

[35]《伊利亚特》，第十七卷，745—746。参看伊都曼乌斯（Idomeneus）的嘲讽，第十三卷，374—382。

[36]《伊利亚特》，第三卷，58—75。这句"我就是我自己"是一个典型的希腊表达方式。

[37]《奥德赛》，第二十卷，59。另一方面，在欧里庇得斯的《海伦》947—953 中，门涅劳斯保留了哭泣的权利，但却考虑到控制一下自己会显得更为高贵。所有这些法则的一个例外就是阿喀琉斯得知帕特罗克鲁斯的死所表现出的悲伤，《伊利亚特》，第十八卷，22—34。在这里，悲伤的表达是象征性的，而且在很长时间里都处在沉默当中。后面就是阿喀琉斯、他的母亲和米孟多斯（Myrmidons）之间的对话，阿喀琉斯的马也哭了，第十七卷，426ff. 。

[38]《奥德赛》，第四卷，100—3，190—5，212—17。在奥德修斯和特勒马库斯父子相认这场戏中，第十六卷，213—24，天要黑了，而他们还在哭泣，直到儿子问他的父亲哪条船可以带他回家。

[39]《奥德赛》，第十一卷，355—61。在佩涅罗珀认出他之前，他不断重复对她讲着他编造的故事（第十九卷，269—95），当奥德修斯与特普洛特人（Thesprotians）在一起的时候，曾经索要并得到了足够的财宝，可以足够十代人享用；她被告知，他并不是空手而归，而是带回了足够的财富来弥补求婚者挥霍的资财。

[40] 例如，《伊利亚特》，第九卷，312，其中阿喀琉斯说了话。

[41] 对于国王的女儿为英雄们洗澡，见雅典尼乌斯，1. 18。

[42] 波悉尼阿斯，1. 35. 3ff.，6. 5. 1。

[43] 瑙普利俄斯的性格是由阿齐达马斯描述的，《奥德赛》，13ff. ："只是一个贫穷的渔夫，他使很多希腊人消失，从船上偷来了很多财宝，对海员们做了很多坏事，是一个地道的流氓。"

[44] 参看《奥德赛》，第四卷，628ff. 。安提诺俄斯有一双"美丽的脚"（第

十七卷，410）奥德修斯自己告诉他："你就像一个神"。同样，奥德修斯对欧律阿罗斯粗鲁的讲话和他漂亮的外观进行了对比，第七卷，176ff. 。

[45] 另外，参看关于这位统治者生活的详细描述，见萨尔佩冬（Sarpedon）对格劳科斯说的话，《伊利亚特》，第十二卷，310—28，解释了在他的财富和他的作为英雄和王者的责任之间的关系。当人们描述奢侈的生活的时候，即使在很晚的时候，所使用的语气依然是神话般的，就像我们在巴奇里得斯的赞歌中所看到的那样，《残篇》4. 61ff. Snell-Maehler。

[46] 关于幸福（*olbos*）这个话题见上文第 81 页（原书）。

[47] 关于这些的详细描写，还有正确的程序见雅典尼乌斯 1 和 5。

[48]《奥德赛》，第二卷，341ff. 和第九卷，196ff. 。另外参看涅斯托尔营帐的舒适，《伊利亚特》，第十四卷，5ff.，其中玛卡翁受到邀请喝发泡的酒，直到留着卷发的赫卡米德（Hecamede）为他烧好了洗澡水，洗去身上的血迹。

[49] 参看《奥德赛》，第九卷，5ff. 。

[50] 见赫西俄德，《残篇》，1，神灵在所有英雄面前现身，与他们自由地混在一起。

[51] 关于淮阿喀亚人参看《奥德赛》第六卷 203ff.，第八卷 241ff.，第八卷 117ff.，84ff.，第六卷 305ff.，第七卷 34ff.，第八卷 557ff.，第七卷 113ff.（在奥德修斯穿上紫红色的衣服之后船就消失了）。

[52]《奥德赛》，第十五卷，407ff. 。

[53] 参看《奥德赛》，第七卷，237ff.，第八卷，28ff.，548ff.，第九卷，19。

[54] 见上注 12。

[55] 菲洛斯特拉图斯，《想像》，2. 15。

[56] 泽泰斯，《吕哥弗隆》93 和 97。

[57] 斯特拉波，9. 5. 18。泽泰斯，《吕哥弗隆》344。

[58] 英雄的武器是青铜的，波悉尼阿斯强调这一点来自于荷马，阿喀琉斯的长矛在法塞利斯的神庙中，门农的剑在尼刻米底亚（Nicomedia）的阿斯克勒庇俄斯（Asclepius）的神庙中。无疑铁在可怕的第五代人类中最先被使用。亦参看赫西俄德，《工作与时日》，150f. 。

[59] 泰尔奇尼斯人和达克提尔斯是铁匠，北方神话中野蛮的侏儒（*getwerge*）是财宝的守护者，很可能被当作矿工。提洛尔（Tyrolean）国王劳林（Laurin）是一个富有的国王和地下王国的主人。

[60] 就像柴戎（Cheron）的其他学生，他是一个音乐教师和医生。普鲁塔克，《论音乐》（*On Music*），40。阿喀琉斯的竖琴，他用来演唱古代英雄的著名事迹，是来自于伊提翁（Eetion）的战利品（《伊利亚特》，第九卷，186ff. ）。

[61] 后来，欧里庇得斯对传令官进行了批评，说其只与有权和有钱的人有关，《奥列斯特》，889 和 895。

[62] 比如米提路斯（Myrtilus），波悉尼阿斯，8. 14. 7。欧瑞米冬（Eurymedon）被埋葬在迈锡尼，就在阿伽门农的坟墓旁边，同上书，2. 16. 5。

[63] 在另外一种动人的结局中，瑙西卡后来嫁给了特勒马库斯，可以追溯到赫兰尼库斯和亚里士多德：欧斯塔休斯（*Eustathius*），《荷马的奥德赛注释》（*Commentarii ad Homeri Odysseam*）（G. Stallbaum 编辑），莱比锡，1825—6，第二卷，第 117 页。在特拉马库斯身上，奥德修斯似乎又重生了，这就是他的青年时代。

[64] 管家和保姆的职责可以结合在一个人的身上。因而在《荷马颂歌》（*Homeric Hymn*）（101ff. ）中得墨忒耳把她自己介绍给克勒欧斯（Cleos）的时候说自己是个老女人，没有孩子，"就像王宫中的保姆，或者空荡荡的房子中的管家那样"——后来她希望在一所宅子中就像老女人那样地干活："怀里抱着孩子，好好地照顾他，管理房舍，为主人和夫人铺床叠被，为未出嫁的少女教授女人的技艺。"（138ff. ）

[65] 波悉尼阿斯（2. 22. 7）有一个对于传统的传说的十分不同的版本；海伦被提修斯诱拐之后，狄俄斯库里兄弟要求归还，后来生了伊菲格涅亚，海伦把她送给了克吕泰涅斯特拉。以此为出发点，琉善通过研究认为，海伦在特洛伊战争的时候至少已经人到中年了。是早一些的作家让她保持了年轻。

[66]《伊利亚特》，第十九卷，175ff. 和 258ff. 。阿喀琉斯把狄俄墨得（Diomede）、帕特洛克卢斯把伊菲斯弄进了他们的营帐，两人都是作为战利品被赢得的（《伊利亚特》，第九卷，664ff. ）；涅斯托尔也把赫卡米德弄到了手（《伊利亚特》，第十四卷，6）。

[67] 在《希波吕托斯》（407ff. ）中，欧里庇得斯向我们呈现了可能是悲剧所持有的一种通常的观点，据此这些王妃成为不忠的范例，这些高贵的家都是被她们毁掉的；因为，如果这些伟大的夫人们选择了肆无忌惮地行事，那么这样的举止与那些坏人相比还是会显得十分光彩。一个女人与她的继子纠缠在一起，然后向他的丈夫告发他，这导致了儿子的死，这样的故事不仅出现在潘多拉的故事中，而且也出现在菲洛诺米（Phylonome）的故事中。泽泰斯，《吕哥弗隆》，232。

[68] 在这里我们会注意到的一个很有特色的看法就是在《伊利亚特》中被天真地表达出来的，也就是由于妻子已经得到 100 头牲口的聘礼，而承诺是 1000 只羊，她将会用感激（*Charis*）来补偿她的丈夫；年轻的伊菲达马斯（Iphidamas）并没有活着完成这个愿望，因为他被阿伽门农杀死了（第十一卷，241ff. ）。对婚姻的忠诚最感人的例子就是厄安涅（Evadne），她跳进了她的丈夫卡帕尼乌斯

（Capaneus）的燃烧着的火葬堆。人们通常认为在神话时代寡妇是不能再婚的；波悉尼阿斯说佩耳修斯的女儿戈耳戈福涅（Gorgophone）是第一个破坏寡妇终身不嫁的习俗的人。兄妹之间的婚姻在神话时代出现在埃俄罗斯的孩子们当中，在毕布里斯（Byblis）和考努斯（Caunus）的故事中，另外，根据波吕阿努斯（8. 44），还发生在特萨路斯（Thessalus）的父母身上。在荷马史诗中，还没有女性对神灵特殊效忠的事例。但它们一定起源于很遥远的过去。

[69] 当然，在历史和半历史时代还是存在有着一定声名的英雄妇女，就像普鲁塔克在《论妇女的品格》（*Of Female Virtue*）中所讲的那样；但是没有一个能够成功地拯救她整个部族的人。

[70] 波悉尼阿斯，1. 27. 9.，但是这并未导致任何像路德维希·普瑞勒所提出的那种自然力思想的产生。

[71] 琉善说一些人相信荷马生活在英雄时代，另外一些人把他放在了爱奥尼亚时期（也就是在多利亚殖民之后）；这表明这两个时代有着非常明显的不同（德摩斯提尼颂词［*Demosthenis encomium*］，9）。

[72] 参看上文第 150—1ff. 。

[73]《伊利亚特》，第十一卷，385。“你这个小射手，拿着你的弓箭走开，去看护那些女孩吧……”后来，参看欧里庇得斯，《赫拉克利斯的疯狂》（*Madness of Heracles*），159ff.，188ff. 。

[74]《伊利亚特》，第十卷，257ff.，261ff. 。特洛伊人多隆（Dolon）的“水獭皮的头盔”也是如此，无疑也是出于让戴着它的人很显眼的想法。

[75] 其他从打猎到动物的场景，大多出自第十卷到第十二卷以及第十六卷，包括：两条猎狗、鹿或者兔子（第十卷，360ff. ），猎人催促着他的猎狗追赶野猪和狮子（第十一卷，292f. ），这两只被追逐的野猪在逃窜的时候破坏了林地（第十二卷，146ff. ），狮子渴望着肉（同上书，299ff. ），狮子身处鹿的洞中（第十一卷，113ff. ），其中的一只扑到了一头牛（第十七卷，61ff. ），其他的惊恐地逃离的兽群（同上书，657ff. ），老鹰看着它的猎物（同上书，674ff. ），驴子继续吃着草，完全不顾灾难（第十一卷，558ff. ），苍蝇围绕着大奶罐（第十六卷，641ff. ）。自然现象有星星忽而躲进云朵，忽而现身（第十一卷，62f. ），暴风雨侵袭着海岸（同上，297f. ），当战斗正在进行的时候，大雪纷飞就像石头一样落到地上（第十二卷，278ff. ）。还有很多来自自然的美丽画面：森林里的暴风雪（第十六卷，765ff. ），森林大火（第十一卷，155ff. 和第二十卷，499ff. ），山崩地裂侵吞了整个林地（第十一卷，492ff. ），只有巨大的橡树巍然不动（第十二卷，132ff. ），以及橄榄树被暴风吹倒（第十七卷，53）。

[76] 这个人民法庭有一些很奇怪的特征；案件关于典型的希腊争论；首领（*gerontes*）很难不受到两个相互对立集团大吵大闹的影响。2 个塔兰特的钱已经

不能满足做出最公正的判决的法官了。这是谁的钱呢？

[77] 这是在正确的位置吗？

[78] 这个战斗的场面非常生动，因为死亡女神（卡瑞 [Kerai] 和命运女神 [Moiral] ？）正在一个倒下去的士兵那里激烈地争执（261），在她们身边站着的正是被派来的阿齐里斯（Achlys）（死亡的黑暗）。

[79] 比较关于誓言之神赫库斯（Horcus）和正义之神戴克（Dike）的段落（219ff.），戴克对宙斯的抱怨（256ff.），3000 名不死的卫士，在浓雾的包裹下巡逻为了维护正义（252ff.），尽管羞耻（Aidos）和复仇（Nemesis）已经被抛弃了，因为他们从大地上消失了。

[80] 赫西俄德的兄弟佩尔塞斯（Perses）并不是一个模范兄弟。

第三章 赛会时代

[1] 柏拉图引用过的一首公元前 6 世纪的哀歌诗（《理想国》，407a）说到，一个人首先应该关照他的生活，其次才是德性。

[2] 狄奥格尼斯·拉尔提乌斯，2. 56，讲到色诺芬以其自身的行动代表了“优秀”（*kalokagathia*）的所有品质，他是一个真正的带有旧骑士特征的武士，受到了斯巴达价值观的深刻影响。他的装备包括了一副阿尔果斯盾牌，阿提卡甲胄，一顶彼奥提亚头盔和一批来自埃皮道鲁斯的战马。

[3] 无疑，赛会的起源在全世界都是一样的——两个男人为了一些奖品而展开竞争，这个奖品或者是一个称号，或者是一个新娘，后来就是为了得到胜利的荣耀。古代人发展出了最高阶段的竞赛就是决斗，依赖于人的裁决或者天意，在双方挑选出的证人面前进行，并根据一定的规则。希腊人更喜欢空手的摔跤或者拳击。

[4] 由于过于危险，短兵相接的长矛对打后来被取消了。

[5] 如果我们必须接受一种新的计算时间的方式的话，那么我们希望得到的建议是什么呢？首先，法国人的建议将是 1789 年 7 月 14 日（攻占巴士底狱），或者想以 1792 年共和国的建立为开端，因为很多法国人都认为这些事件都是普遍令人信服的。其他的建议可能是第一条铁路的修建——抑或是第一台蒸汽机或者织棉机，原因是我们用它们来赚钱。也许，简便可行的办法是让这些古代的富有智慧的民族自己去达成某种共识，我们把某种已经被某个强有力的商业民族单方面使用的历法接受下来，就像我们在度量衡的制度上所做的那样。

[6] 希罗多德，6. 103。然而，当客蒙用这同一匹马在奥林匹亚赢得了三次胜利之后，于是皮西特拉图家族在一个晚上派了一帮人在议事会执行委员会会厅（Prytaneion）附近杀死了他。僭主并不喜欢奥林匹亚的冠军。

[7] 尽管品达并未写过任何斯巴达的体育运动。

[8] 正如波悉尼阿斯所言（6. 9. 3），“希腊的法官”（Hellanodikai）取消了克里奥米得斯的胜利仅仅是由于这件违法的行为，因而，他愤懑地回到了家，犯下了这桩可怕的罪行。达墨克塞努斯（Damoxenus）也在一场涅墨亚赛会的著名赛事中杀死了自己的对手克里俄伽斯（Creugas），受到了放逐的可怕惩罚，他已经破坏了比赛的全部规则；参看波悉尼阿斯，8. 40. 2f.，阿兰奇翁（Arrachion）的死也被记载下来；两个人的尸体都被戴上了王冠。对于哪些是允许的，哪些是被禁止的参看老菲洛斯特拉图斯，《想像》，2. 6，其中记述了五项全能运动的技术细节。在斯巴达，他们还允许咬人以及用拳头击打对方的肋骨，而在其他地方这些是不允许的。咬人在罗马时代的运动比赛中十分常见。琉善在《德墨纳克斯》（c. 49）认为“狮子”是他们的一个绝好的称号。

[9]《奥林匹亚》（*Olympian*），第八卷，91 和《皮提亚颂》，第八卷，120f. 。

[10] 关于不同类型的竞技的连贯介绍见波悉尼阿斯，5. 8. 3ff. 。

[11] 这就是在阿里安（14. 18）中一个开俄斯人威胁他懒惰的奴隶要把他送到奥林匹亚去的原因；琉善（《希罗多德》，8）特别强调了闷热的天气。

[12] 在索福克利斯的《厄拉克特拉》中（680ff. ）中有一段关于奥列斯特在皮提亚赛会中在赛车比赛中死去的叙述。从中我们得到了一个对于人们狂热和欣赏态度的生动印象，在赛车这件事上，不仅伟大的诗人如此，所有人都是这样，我们可以看到索福克利斯只是讲了一个故事就激起了雅典人如此之高的狂野热情。

[13] 波悉尼阿斯，6. 24. 3，诺姆菲雷克斯是此前赛会的“希腊的法官”吗？

[14] 参看波悉尼阿斯 6. 20. 6。把违法者从泰帕伊翁（Typaion）的悬崖上扔下去，见 5. 6. 5 ；同上书，有关卡里帕特拉（Callipateira）的例外的记述。根据阿里安（《多变的历史》，10. 1），一个叫菲利尼克丝（Pherenice）的人被允许观看奥林匹亚的赛会，因为她的父亲和三个兄弟曾经是奥林匹亚赛会的胜利者，他的儿子也参加过比赛。我们讲赛会的时候只是说奥林匹亚的男人，即使斯巴达女子的运动会就发生在身边，然而，不可避免的是，某种小型的妇女赛会还是在奥林匹亚形成了。所有的女孩子分成 3 个年龄组，每隔 4 年在赫拉节上进行比赛，组织者是埃里斯的 16 位妇女，她们为赫拉编织了长袍（*Peplos*）。（关于这些赛跑者的描述见波悉尼阿斯，5. 16. 2ff.，与梵蒂冈博物馆的女性赛跑者的形象相对应，尽管通常被认为是斯巴达妇女，但很可能起源于埃里斯）。

[15] 想在公众中获得声名的胜利者们会聚在一起宴饮，就像雷吉翁的僭主阿纳克西劳斯（Anaxilaus）（497—476）在用他的骡子取得胜利之后，西蒙尼德还是在一首诗歌中歌颂了其中的一位胜利者，他用了非常漂亮的话赞美了这些骡子：西蒙尼德，《残篇》，10 Page。用他的马取得胜利的恩多培克勒，作为一个毕达哥拉斯主义者，他不吃肉，把一头公牛做成甜食，与很多人一同享用（雅典尼乌斯，

1. 5)。亚西比德将在后面讨论。

[16] 普鲁塔克,《十位演说家的生平》,《吕西阿斯》(结论)。

[17] 琉善,《德墨纳克斯》,57。

[18] 在很多地方,人像已经存在了,例如,根据普鲁塔克,3,皮里安德(Periander)的相貌特征和体态就曾被逼真地复制下来。运动员雕像出现的一个后果就是加尼米德类型(Ganymede-type)被创造出来。狄俄倪索斯的一尊加尼米德早在 75 届奥林匹亚赛会的时候就被作为米西图斯(Micythus)的供品(波悉尼阿斯,5. 26. 2);阿里斯托克里斯(Aristocles)的宙斯和加尼米德的组合雕塑出现得比较晚。

[19] 例如,在米利都,就有很多奥林匹亚和皮提亚赛会的获胜者雕像,这似乎能够反驳以下的这种看法,即爱奥尼亚人很少参加泛希腊的运动会。参看普鲁塔克,《道德论集》,180a。

[20] 很显然,波悉尼阿斯(5. 21. 1)在奥林匹亚的 *andriantes*(雕像)和 *anathemata*(受诅咒者)之间进行令人惊讶的区分时就提到过这一点。

[21] 参看上文 175 页(原书),其中讲到阿斯提路斯的命运。

[22] 波悉尼阿斯,6. 3. 3。摔跤教练的名字也会与优胜者一起刻写在雕像上面(波悉尼阿斯,6. 2. 4)。

[23] 阿里安,《论动物的习性》(*De Natura animalium*),12. 40。关于客蒙的马的陵墓参看上文(原文)174 页。

[24] 使人们乍看上去十分惊奇的是,有些甚至没有到过奥林匹亚的优胜者的雕像也被竖立起来;但是他们已经习惯了这样做,甚至还让斯巴达的王妃希尼斯卡也这样做。

[25] 波悉尼阿斯(9. 9. 1)没有把单个的运动员和在德尔斐的诗歌赛会的优胜者计算在内,不然的话他们也将出名。

[26] 重点在于雕像,好像蛮族人也应该理所当然地拥有体育场和摔跤学校。

[27] 参看上文(原文)165 页。希罗多德 5. 67 也把他们背诵荷马说成是一场比赛。

[28] 根据普鲁塔克,《反无知》(*Against Ignorance*),9,一个自夸他的竖琴演奏技术的人败得很惨,受到了赛会官员(*agonothetai*)的责骂,并且受到无情的鞭打,被赶出了祭坛。

[29] 在我们今天的一些天主教教区,在朝圣巡游中,很多村落争着举最大的横幅或蜡烛——相比之下是一种很谦和的竞赛。

[30] 在普鲁塔克,《十位演说家的生平》有一个例子,2:演说家安多西得斯在一个酒神颂歌的赛会上被他的部落指定出资捐助一个演唱组诗的唱诗班,他把他当作奖品的三脚桌放在一个高高的基座上。作为一个奇怪的衰落迹象,在比

雷埃夫斯举行的波塞冬赛会上，在来库古的主持下，对三个最好的组诗唱诗班分别奖励10、8和6明那。这或许可以表明，捐助的热情已经降低到这样的地步，如果没有这种回报的话，捐助都收不上来了。

[31] 普鲁塔克，《客蒙传》，8中表明，在阿提卡的剧院，观众的党派纷争也使得裁判的判决变得十分困难。

[32] 无疑，另外一个表演者也拥有自己的支持者。

[33] 讲笑话者斯特拉托尼库斯（Stratonicus）（4世纪）在西库翁获得胜利之后，走到很远的阿斯勒庇俄斯的神庙建立起一个纪念碑，上面刻有铭文："献给斯特拉托尼库斯，来自于低下的弹唱艺人（citharists）"，雅典尼乌斯，8. 45。

[34] 参看C. F. 赫尔曼，《希腊宗教文物教程》（*Lehrbuch der gottesdienstlichen Alterthümer der Griechen*），海德堡，1846，29，赛会能够轻而易举地把自己的所有项目搬到各种场合，包括唱歌，跳舞，体育锻炼，庆典或者运动会。

[35] 伊斯特如斯（Istrus）在这部传记中说到索福克利斯："他在体育和音乐上就像一个孩子那样地刻苦用功，两方面都获得了桂冠。"对于作为一个例外的瘦弱的德摩斯提尼参看维斯特曼，《传记集》，第294页。

[36] 就像西泽库斯，参看维斯特曼，《传记集》，第225页，陶库路斯。

[37] 根据琉善，《阿纳卡西斯》（*Anacharsis*），15f.，梭伦就曾经强调过赛会制度与希腊生活中所有无孔不入的比赛（*meizon agon*）之间的联系。在这里（36）我们也发现了这样的话："如果对声名的渴望从我们的生活中排除了，那么我们还有什么值得拥有的东西呢？"

[38] 普鲁塔克，《阿格西劳斯传》，26，《斯巴达逸事》（*Spartan Anecdotes*），72，当中讲了一个故事，据说阿格西劳斯自认为拥有一些真知灼见：当同盟们抱怨他们比斯巴达人要尽更多的战争义务，国王便把两个党派分开，他的传令兵叫道："让制陶匠站出来。"很多的同盟者都这么做了，同样的命令还向铁匠、然后是木匠以及所有的工匠发出了，每次命令都有同盟者站出来，但没有一个斯巴达人，因为他们绝对不允许从事任何商业活动。用这种方式，同盟者不得不承认斯巴达人比他们提供了更多的军人（即真正的军人，而不仅仅是应征入伍的人）。

[39] 亚里士多德，《政治学》，6. 1，8. 2f.。

[40] 在这个语境中，他也不得不谴责为了在赛会中获胜而训练，因为完全为了运动会而锻炼同样也会变成一个匠人。柏拉图的《普罗泰戈拉篇》中的希波克拉底（312a和b）表明了即使人们的职业有着高贵的目标，人们也会成为物质的奴隶；在这里，文法教师，弹唱艺人（citharist）和体育教练，被认为是工作者（*demiourgoi*），也就是与匠人（*banausoi*）相当。学生们跟他们学习并不是为了成为他们那样的人。（因而，今天的所有学者都会被认为是匠人，尤其是我们现

代的专家。）

[41] 尽管后来他们以体育上的卓越表现为骄傲。波悉尼阿斯（6. 2. 4）说到在奥林匹亚的一个奉献的铭文，其中的一句话是："撒米亚人是最好的运动员和海上战士"。

[42] 根据希罗多德 4. 152，撒米亚人从他们远征塔尔提索斯（Tartessos）得到的巨大财富中拿出十分之一献给了赫拉神庙，即著名的放在 3 个巨型基座上的大碗。

[43] 妇女在他们的社会中似乎不很自由，不再有英雄颂歌的演唱，现在在宴会上只有雇来的女孩子演奏弦乐器或者长笛；他们穿着长袍，有时是带花的布料或者深紫色的衣服，他们的头发梳理得很整齐（雅典尼乌斯，12. 28 ff.）。这里关于阿拜多斯、埃菲苏斯、萨摩斯、克洛丰等地的奢侈习俗的记述都是与衣服和装饰有关。在阿西乌斯（Asius）（30）的残篇中有一段关于撒米亚人列队前往赫瑞翁的动人记述。

[44] 普鲁塔克，《道德论集》，297f—298a。

[45] 普鲁塔克，《梭伦传》，2。在 25 中，梭伦也把海上航行看作他后来的旅行的借口。

[46] "法律宣称，对于责怪任何公民，男人或女人从事任何商业活动，会被看作是一种诽谤行为"，德摩斯提尼，《演说》，57，30。所以，似乎还是有必要保护商人（在这里是饰带的贩卖者）免受轻视、污辱和诋毁。

[47] 伯利克里的墓前演说，修昔底德，2. 40。

[48] 普鲁塔克，《道德论集》，807d—e。

[49] 参看诗人们列出的可以得到的所有记载，见安提丰，赫尔米普斯（Hermippus）尤其是克里底亚的《哀歌诗》，雅典尼乌斯，1. 28b—c，克里底亚，《残篇》，B2 West。

[50]《奥列斯特》，920。另一方面，在这同一位诗人的《请愿者》，420 中，底比斯的传令官说："一个耕种土地的穷人，即使他不是天生无知，但也会由于他的工作妨碍他关注公共福利。"

[51] 赫拉克利得斯，《论政治》（*On Politics*）（结论），可能指的是土地所有者和佣工；他们似乎变得贫困了，欠了底比斯人很多账。

[52] 色诺芬，《经济论》，4f. 。

[53]《政治学》，6. 4 ；平民包括农夫、工人、商人和劳工。参看 7. 8. 11。

[54] 同上书，8. 2。

[55] 同上书，6. 2。

[56] 希罗多德（2. 167）说到世袭的埃及武士阶层，他们不参加体力劳动，但是把他们的军人职业从父亲传给儿子："希腊人是否从埃及人那里学到这个，我

不敢肯定，因为我看到色雷斯人，西徐亚人，波斯人，吕底亚人和几乎所有的蛮族人都对工匠及其后人评价甚低（他们完全被人视作较低的等级），另一方面则认为那些完全不用忙于生计的人，尤其是武士阶层是高贵的。所有的希腊人都有这样的观念，尤其是斯巴达人。科林斯人表现出的对工匠的轻蔑最少。”

[57] 这个字最初的意思是用铁砧劳动。

[58] 例如《骑士》，738ff.。

[59] 色诺芬，《申辩》，29。

[60] 色诺芬，《经济论》，4。

[61] 在另外一个典型的段落（5. 12），我们了解到柏拉图如何以及为何会认为这个武士阶层是幸运的。贫穷在那个时候还不受人尊敬。

[62] 在这种事情上（《政治学》，1. 4. 11），对于手艺人来说，亚里士多德指出，还存在着两类不同的人，一是具有某种技能的人，一种只是出卖体力。他对于这些手艺人进行了排列，首先是那些产品最为精致的和最少受制于偶然性的人，接着就越来越差，由于完全出卖体力，他们的体格受到了破坏，最后是在国家的服务中最少需要卓越品质的劳作。

[63]《政治学》，1. 5。根据 3. 2f.，有好几种类型的奴隶；其中之一是通过双手劳动维生的体力工人，技术工匠就是属于此类。区别只是在于真正的奴隶服务于一个人，而手艺人则服务于公众。最后是在贵族制度下被剥夺公民权的人，但在寡头或富人统治下并不如此，因为他可能会变得富有；在民主制度下，他很容易成为一个公民。

[64]《高尔吉亚篇》，512b–c。

[65] 普鲁塔克，《马赛路斯》（*Marcellus*），17。

[66] 例如，在埃吉纳，有着大量的奴隶，手工劳动完全依靠承包商和财主的奴隶，这种工业主要依靠一种雄厚的金融支撑；可以是一个大的商业公司，甚至可以采取控股的形式。波悉尼阿斯确定无疑地告诉我们，他们的产品，尤其是武器和其他金属工具，即使在贫穷的内地也是不可缺少的；在阿卡狄亚人旁普斯（Pompus）统治期间埃吉纳商人就到了昔兰尼（Cyllene），把他们的陶器用牲口运到阿卡狄亚（那里有专门修建的道路吗？）。旁普斯非常赞赏埃吉纳人，由于这种友好的关系，给他的一个儿子起名叫埃吉奈特（Aeginetes）。

[67] 参看维斯特曼的书中（第 126 页）索菲路斯的传记，还有里班尼乌斯（Libanius）的德摩斯提尼的传记，第 293 页，以及普鲁塔克的《德摩斯提尼传》，4。对于伊索克拉底的父亲参看哈利卡纳苏斯的狄俄倪索斯的《伊索克拉底》（*Isocrates*），1，普鲁塔克，《演说家生平》（*Lives of the Ten Orators*），《道德论集》，836e，菲洛斯特拉图斯，《诡辩家传记集》（*Lives of the Sophists*），1. 17。

[68] 根据《到亚历山大时期的修辞学》(*Rhetorica ad Alexandrum*), c. 2. 16, 谈话者认为, 在新的军事远征这件事上, 穷人会在战争中牺牲他们的生命, 富人应该提供资金, 商人提供武器。在三十僭主之前, 吕西阿斯和他的家族就是一个富有的外邦人的典范; 他们专营盾牌的制作。

[69] 年长的色诺芬, 在他的可能是最后的一部著作《雅典的收入》(c. 2) 中热衷于保护定居的外邦人, 使他们成为一个独立的甚至是非常受欢迎的工匠阶层。

[70] 色诺芬,《会饮篇》, 4. 40。

[71]《阿霞库斯篇》, 368b。

[72] 库尔提乌斯就是这么说的,《希腊史》, 第二卷, 345f. 。参看阿里斯托芬《蛙》, 727ff. 。卡珊德拉的阿波罗多洛斯, 他试图寻求手工匠人及其奴隶的支持以建立他的僭主政制, 这证明了在手工业城镇, 自由的工匠也是很危险的。波吕阿努斯, 6. 7。

[73]《伊利亚特》, 第十八卷, 410ff. 。即使帕拉丝自己也曾经教会人们很多技艺, 但这些都不能使这些行为变得高贵。

[74] 注意, 没有一位悲剧作家与这些诗人齐名。

[75]《道德论集》, 802a。

[76] 建筑师也是如此; 狄奥格尼斯 · 拉尔提乌斯说, 哲学家美涅德莫斯的父亲出身很高贵, 但却是一个建筑师, 而且很穷。

[77] 在这里我们要提到, 最早的哲学家之一是公元前 5 世纪的阿齐达马斯, 在他说到雕塑和绘画工作的时候所使用的是反对的和轻蔑的口气。

[78] 普鲁塔克,《阿格西劳斯传》, 2。

[79] 斯特拉波, 8. 6, "画匠和雕刻匠以及其他的工作者 (*demiourgoi*)"。

[80] 普鲁塔克,《伯利克里传》, 31。

[81] 波悉尼阿斯, 9. 16. 1。品达曾经把他的狄恩蒂米德 (Dindymene) 的坐像委托给两个底比斯的匠人; 但即使到那时用的材料是潘特里克大理石, 同上书, 9. 25. 3。

[82] 如果资金允许的话, 阿提卡的工匠和潘特里克的大理石一定常常结合起来, 当本地的艺术家不够用或找不到的情况下, 阿提卡的工匠就会被请过来。根据波悉尼阿斯 10. 33. 4, 位于福喀斯的里拉亚 (Lilaea) 的阿波罗和阿尔忒弥斯神庙就拥有阿提卡匠人用潘特里克的大理石制作的雕像。

[83] 波悉尼阿斯, 9. 37. 3。

[84] 因而, 有很多关于画家的轶闻趣事, 但是很少有关于雕刻家的轶闻。与画家有关的文献很普遍; 狄奥格尼斯 · 拉尔提乌斯 (2. 8. 19) 就提到过两个叫狄奥多洛斯的画家; 在特奥菲内斯 (Theophanes) 的关于绘画的著作中讲到米诺多图

斯（Menodotus）写过一两个画家的传记。在《苏达辞书》（维斯特曼，第 33 页）中提到过一个叫帕姆菲路斯（Pamphilus）的哲学家，他的一部作品就是关于画家和他们的灵感的。

[85] 但是没有人敢于挪走这些雕像，后来有一种迷信的说法，与菲迪亚斯酷似的雕像用一种秘密的装置与这个群像融为一体，以至于如果它被拿走的话，整套作品都将崩溃。其他地方没有再发现菲迪亚斯的雕像，尽管至少伯利克里的下一代人当中据说有一件克里西拉斯（Cresilas）的作品。这件作品不是由国家监制的，并没有摆放在阿戈拉或者塞拉米库（Ceramicus）*，而是与由亲戚或者仰慕者作为一件供品安放在卫城。

[86] 画家尼西阿斯拒绝了一个王位的继承人给他提供的 60 塔兰特的资助（即阿塔路斯［Attalus］，但在另一个地方，根据普鲁塔克的《道德论集》10. 93e，是托勒密），这笔资助是作为他的“对死者的献祭”的回报（无疑是基于《奥德赛》第十一卷的内容），后来把这幅画献给了雅典，他的母邦。值得注意的是，画家之间的竞赛被说成是一种赛会；画家有望成就好的婚姻；例如，赫拉诺狄库斯（Hellanodicus）就把女儿嫁给了埃提翁（Aetion），就因为他非常欣赏他的一幅表现了亚历山大和罗克珊娜（Roxana）的婚姻的画，琉善，《希罗多德》，4。

[87] 在特勒斯（Teles）（斯托巴乌斯，3. 1. 98）中，我们后来得知，作为一件理所当然的事情，这个年轻的男孩子拜访了体育、文法、音乐和绘画教师。

[88] 在特奥弗拉斯图斯的《论性格》（*Characters*）（6）当中有一段影响广泛的关于这些可鄙之人的论述；不论谁成了不择手段赚取钱财的俘虏之后就会成为一个酒店老板、一个开妓院的人或者是一个收税的人。

[89] 参看关于一个 *agora eleuthera*（一个自由人的市场）有趣的建议（7. 11），与普通的市场相区分，在那里没有一个手艺人或者农民出现，除非是被当局叫来。这种想法来自于帖撒利，在那里存在着真正能够把这样的规则付诸实际的可能性。另一方面，据说底比斯人的法律规定，只有一个十年从未去过阿戈拉的人才能够担任公职，这是一条极端蔑视买卖行为的法律。

[90] 参看吕西阿斯，10. 18。在柏拉图的《会饮篇》173c 中，苏格拉底的一个学生对一个金融家说：“当我听哲学讨论或者宣讲的时候我完全可以依靠自己，我会感到很愉快；当我听其他内容的讨论的时候，尤其是你的谈话，关于财富和金钱的交谈，我就会感到十分忧郁，很为你感到遗憾，因为你认为你得到了什么东西，实际上并没有。”

[91] 对于闲暇的快乐，很多种类型的捕鱼活动不能忘记；可以用渔网、洞穴、

---

* 即雅典城的陶匠区。

篮子和鱼线，阿里安在《论动物的习性》12. 43 中有所描述。最后一种描述得尤为详细。捕鸟也属于同一类项目。阿里斯托芬在他的《鸟》中表现出对这个话题非常熟悉，他自己一定就是个内行。

[92] 尽管人们认为有一些神话上的前辈，比如拉依俄斯对克瑞西普斯（Chrysippus）的强暴。知道他的年纪将十分有趣。加尼米德可能被认为只是宙斯的一个侍酒者。对于这些神话，参看雅典尼乌斯，13. 77–9。

[93] 参看阿里安《多变的历史》3. 9 的主要段落。斯巴达人和克里特人在战斗之前向厄洛斯献祭（普瑞勒，《希腊神话》，第一卷，239）。根据雅典尼乌斯 13. 12，神圣的底比斯军队包括很多对恋人，通过高贵地赴死而不是苟且偷生显示了神的尊严。

[94] 参看柏拉图《会饮篇》，182。色诺芬，《拉西戴梦人的政制》，2. 13 ff. ；色诺芬的《长征记》7. 4，5f. 中的重要段落以及在厄福洛斯之后在斯特拉波 10. 4. 21 中关于克里特的这种关系的详细分析。最初，与多利亚人在战争中的优势存在一种明显的独特关联；在其他地方还提出了如何避免人口过剩。根据阿里安，《多变的历史》，3. 10，这种做法在斯巴达似乎被提高到了法律的地位；在这里，我们了解到，这位爱人应该对这个男孩的恶行负有责任。

[95] 雅典尼乌斯，13. 78，还给出了恋人们策划推翻僭主的事例。然而，据说为了这个原因撤销了摔跤学校的波吕克拉特斯却保留了他自己的男性后宫。

[96] 对于梭伦立法保护运动场和一般青年，禁止任何男妓假装公民，参看埃斯奇尼斯的《反提马库斯》12. 16. 21 和德摩斯提尼的《反安德罗提翁》（*Aginst Androtion*）中的事例。据说梭伦害怕如果他们在数量上增加的话，这些人就有可能推翻政府。在《反提马库斯》137 中，我们听到了关于这个丑闻的最清楚的阐述：“我相信纯洁的爱是高贵的，但为了钱财而卖身则是应该感到耻辱的”。

[97] 关于婚姻在法律和政治上的单方面的重要性参看赫尔曼，《私人文物》，29 f. 。与荷马时代的做法不同，现在有一项革新，新娘必须准备嫁妆，而之前女方是从新郎那里索要钱财。

[98] 这里的假设是狄奥格尼斯 590–612，《工作与时日》47–89 是晚近的篇章。维戈尔（Weigel）把第一段看作是插补的部分，而伯恩哈蒂（Bernhardy）则认为是第二段。

[99] 弗西里得斯，《残篇》，2 Diehl。

[100] 按照普洛佩提乌斯（Propertius）第四卷 4 的说法，塔匹亚是为了爱而背叛了城池，而不是像传说中的那样是为了钱。

[101] 这个故事的主题也出现在斯库拉的传说中，为了她的爱人米诺斯（Minos），她背叛了她的父亲尼苏斯（Nisus）。另外一个版本就是佩达索斯（Pedasos）城的陷落。在这里，一个失恋的女孩给阿喀琉斯扔了一个苹果，上

面写了一个消息，告诉他守城者的水源就要断绝了，他只需等待他们投降就行了：金克尔，《希腊史诗残篇》（*Epicorum Graecorum Fragmenta*），第 120 页。根据帕耳忒尼俄斯 22，即使萨狄斯向居鲁士投降这件事也是由国王的女儿娜尼丝（Nanis）造成的，他要求居鲁士正式地娶他，但是他没有信守诺言。在希罗多德 6. 134 中，正是崇尼克（chthonic）女神的女祭司的助手梯蒙把帕罗斯（Paros）出卖给米太亚德，相反的事情发生在帕耳忒尼俄斯 9 中，波吕克里特劝说一个敌军长官发动政变而成为纳克索斯的拯救者。

[102] 雅典尼乌斯，13. 90。我们很想知道是谁让帕里斯与这些女神开玩笑。

[103] 同上书，在特奥弗拉斯图斯之后，但他没有给出地点和时间。南部意大利的妇女加入毕达哥拉斯的教团，与其说是因为这些女性属于多利亚族，不如说是由于毕达哥拉斯的关于灵魂的学说。

[104] 雅典的女诗人海蒂勒（Hedyle），她曾经为斯库拉创作了一首哀歌诗，大约生活在公元前 300 年左右；在过去，一位女诗人在阿提卡的出现是完全不可想像的。

[105] 2. 134f.。

[106] 13. 69。

[107] 这些烤肉叉就是为了盛大的节日准备的吗，或者仅仅是一个笑话，还是我们现在已经完全没有了的象征符号？ Rhodopis 的礼物可能会被想像成为皮塔库斯献给密提林的很多神庙的梯子那样（根据阿里安，《多变的历史》，2. 29）象征着命运的沉浮。

[108] *Leschai*（议事厅）就是一个人们聚集在一起谈话的地方；很多无聊的谈天说地一定会在那里进行，然而，正是因为这种东西的存在，我们才会把希腊人看成是一个交谈中的民族。在世界的其他地方则难以产生希罗多德发明的这个形容词——*perilescheneutos*（意思是“到处被人议论的，成为人们话题的”）。

[109]《奥德赛》第一卷 226 中的公共野餐（*eranos*）和《工作与时日》722 f. 中的赫西俄德式的宴会（*ek koinou*）是同一回事。

[110] 第一个是出于置换（*apo symbolon*），第二个则是用篮子带饭（*apo spuridos deipnein*）。对此以及其他更多的情况见雅典尼乌斯，8. 64，其中他的学究气十足的谈话者列出了希腊所有时期的所有类型的传统聚会。

[111] 普鲁塔克，《道德论集》，147e。故事中讲到西巴里人（Sybarites），他们的夫人们提前一年就被邀请来，这样给了她们充足的时间准备合身的长袍和黄金的装饰。

[112] 他们被称为 *akletoi*（未被邀请的），*epikletoi*（请来的），只有在罗马时代称为 *skiai*(随从)。很自然的是，这不论在哪里都是不允许的;在普鲁塔克的《道德论集》148a 中，齐隆（Chilon）直到了解到所有客人的身份之后才让他们进来，

他说，“因为即使人们没有介绍你是谁，一个海上旅行中的同伴和同一个营帐中的士兵一定要容忍，但是一个有理智的人绝不能跟任何一个不加选择的酒友私混在一起。”

[113] 使用未经掺和的酒举行的奠酒仪式通常奉献给好的神灵，后来出现了一种经过掺和的酒献给保护者宙斯（Zeus the Preserver）的仪式。参看狄奥多洛斯，4. 3。

[114] 阿里安，《多变的历史》，12. 31，归纳了 9 种著名的类型，还记载了这种酒里还会对放进很多种香料。同上书，13. 6，在这些狂野的故事中，希腊人很容易就会讲起他们的酒。在阿卡狄亚的赫拉节，就有一种酒可以使男人变得疯狂，使女人的生育能力增强，在塔索斯，有一种酒能够使人沉睡，另一种酒则可以使人失眠。

[115] 阿齐达马斯在《奥德赛》4 中明确地说到，宴饮中很容易引发争吵；奥德修斯说他从来没有和帕拉墨得斯吵过架，甚至在摔跤学校或是在宴会上，在这样的场合争执是最容易发生的。“我最恨记仇的酒友”，这句谚语的出现一定很早。

[116] 后来的作家，比如雅典尼乌斯（15. 17），观点就很不一样；他们认为戴花环的做法之所被发明出来是由于捆绑头部可以治愈头痛，在狄奥多洛斯 4. 4，狄俄倪索斯自己戴着他自己的花冠，因为喝了很多酒感到头痛。

[117] 雅典尼乌斯，8. 65，他还相信在那时他们并不喝到酩酊大醉的程度。

[118] 只有女人们坐着，她们只出现在家庭的场合；男孩子也是这样，但是他们在宴会的正餐开始的时候就退场了；妓女们斜躺着。

[119] 普鲁塔克，《道德论集》，147f.，认为聪明人前来吃饭并不仅仅像一个容器那样填饱肚子，并且能够既严肃又风趣地谈话，倾听或者说出能够给同伴带来快乐的话语，在他看来，这场谈话很快会不幸地退化而出现那些学究气的题目，聪明人会用定义和猜谜来炫耀自己。关于这种骄奢淫逸的宴会的迷人故事参看阿里安，《论动物的习性》，16. 23。

[120] 雅典尼乌斯，2. 44。

[121] 有时候关于政治的讨论是相当奇特的。在一个由哲学家克珊图斯（Xanthus）的学生举办的宴会上，有一个人提出了一个问题，即在这个世界上最使人心烦意乱的事情是什么，正站在他身后的伊索回答说：“如果死人被挖出来，要求归还他们所有的东西。”马克希姆·普拉努得斯，《伊索生平》，第 49 页。

[122] 关于 *thuterion*（为庄严的誓言奉献的牺牲）参看伪埃拉托色尼，《卡塔斯特》（*Catast*），39：“人们参加宴会和祭祀活动的时候，相互鼓励着发出真诚的誓言，他们拉着对方的右手，把这作为一种诚信的证明。”

[123] 狄奥格尼斯，467ff.。在肆无忌惮的宴会上，一个酗酒的人会把酒倒

在自己的身上。普鲁塔克，《道德论集》，147e。

[124] 阿玛西斯（Amasis）被希罗多德描述为一个“在宴会上喜欢说笑话、满腹嘲讽之词的人”。

[125] 参看普鲁塔克的《道德论集》1104e 中引用的一个不知名但时代却相当早的诗人的诗句。

[126] 参看上文 205 页（原文）。希罗多德从哪里得到它的呢？有人认为可能是雅典，但它却提供了关于雅典人轻浮客观的看法。

[127] 琉善在《西徐亚人》5 中也让他的托克萨里斯（Toxaris）对阿纳卡西斯说：“这座城市不会轻易地放你走；对于外邦人来说它有着很多的魅力。”

[128] 普鲁塔克，《梭伦传》，12ff.，讲到对希伦家族（Cylonians）的罪行以及通过埃皮门尼得斯的赎罪，接着是三个著名党派的兴起以及人们在经济上的损失，梭伦担任执政官和立法以及皮西特拉图的僭主政制造成的混乱事态。

[129] 注意他在哀歌诗中表现出的世界观与赫西俄德的不同。

[130] 然而我们会问，与无数早期的殖民城邦的立法者相比，梭伦的信誉到底如何；整个希腊民族已经对很多功利主义类型的革新司空见惯了。在普鲁塔克看来（14），雅典人十分荒谬地把梭伦扮演成一个雅典的纨绔子弟，使各个集团相互利用。后来的泰米斯托克里和其他人也是如此。

[131] 阿里安，《多变的历史》，4. 22，一个一个地列举了他们的装饰物，还补充说：“尽管他们衣着华丽，但他们确实赢得了马拉松战役的胜利。”对于他们热爱好的生活，狄奥多洛斯（9，《残篇》2）说到梭伦把这种东西也转化为一种“优秀”（*arete*）。

[132] 奥鲁斯·格里乌斯（Aulus Gellius），6. 17：*Libros Athenis disciplinarum liberalium publice ad legendum praebendos primus posuisse dicitur Pisistratus tyrannus*。

[133] 狄奥格尼斯·拉尔提乌斯（1. 1. 1）说到泰勒斯：“他是第一个被认为有智慧的人，就在达玛西阿斯（Damasias）担任雅典大法官的这一年，在他之后七贤的名字被逐一提到了。”

[134] 希波纳克斯以这种方式说到马利亚人米森（Myson），柏拉图后来在《普罗泰戈拉篇》中把他放在了皮里安德的位置上：狄奥格尼斯·拉尔提乌斯，1. 9. 2，在现代的欧洲或者德国，如果要挑出七位贤人的话，那么会是哪些人呢？

[135] 狄奥格尼斯·拉尔提乌斯，1. 4. 6，1. 5. 4—6 说到皮塔库斯和比阿斯。在克里奥布鲁斯的作品（1. 6. 5）中，至少提到了一个墓志铭上面写有“林多斯的悲伤的家乡”这样的话。

[136]《希腊诗文集》（*Greek Anthology*），11. 12。

[137] 作为预示着一种流浪风格的产生的刻耳科珀斯两兄弟也属于这个时期，

被认为也是荷马创作出来的。在《苏达辞书》（*s. v. Kerkopes*）的诗篇中，他们装扮成流浪汉。因为他们的游行出现在赛里努斯（Selinus）的建筑浮雕上，这必然是一项创新。

[138] 根据一篇主要的文献，柏拉图的《普罗泰戈拉篇》342 d–f，一个无关紧要的斯巴达人起初在对话中也是无关紧要的；但是他抓住了一个最早的机会用激烈的言词表达出一种想法，用简洁的言词加入到讨论中就像一个谈话高手，因此其他的谈话者顿时像个孩子那样地惊惶失措。

[139] 关于克里特人的著名笑话的最初形式是由德摩多科斯提出的（维斯特[West]，《希腊哀歌诗和短长格诗》[*Iambi et Elegi Graeci*]，第二卷，第 57 页），被用来指开俄斯人；他的另外一个以米利都人为对象的笑话也被保留下来。

[140] 他的寓言加起来不过 41 个，都包含在伊索的寓言中。如果不是所罗门的同时代人的话，他至少也在《可兰经》中被提到。

[141] 参看瓦尔茨，第一卷，第 10 页，59，172f. 。

[142] 除了伊索，特翁知道的其他的寓言家（*mythopoioi*）还有奇里乞亚人科尼斯（Connis），利比亚人西比苏斯（Cybissus）和西巴里人苏路斯（Thurus）。在 M 卷的前言中，巴布里乌斯（Babrius）重点地描绘了尼尼微的"叙利亚人"和作为"发明家"的巴比伦。

[143] 对于动物寓言的起源的迷人神话出现在菲洛斯特拉图斯的《图亚纳人阿波罗传》（*Life of Apollonius of Tyana*）15 中。

[144] 在普鲁塔克的《泰米斯托克里传》18 中讲到的关于泰米斯托克里的寓言中，有一段节日与"早晨以后的时间"之间的争论。

[145] 阿里斯托芬的《鸟》（471，651）表明，在他生活的时代，不知道伊索会被看作无知，其作品已经被编辑成册。

[146] 菲洛斯特拉图斯在《想像》1. 3 中写到了动物的故事："通过这些故事孩子们了解到世界的运转方式。"

[147] 见普鲁塔克，《道德论集》，157a–f。

[148] 例如，想一想我们自己的中世纪的艺术，它表现不出人体的活力，但在这个时期却可以创造出极富表现力的头像；文艺复兴的艺术在充分发展起其自身的美和魅力之前，必须依赖于古代，依赖于南方气候的影响，从而取得了表现现实生活的艰难的胜利。

[149] 希罗多德在 4. 161 中给出了一个很重要的例证，神被问起昔兰尼的复杂事态，但是一个凡人的改革家曼丁尼亚的德墨纳克斯得到了任命，接着他便重组了国家。

[150] 然而，在这个时期，大约在公元前 600 年左右，在克里斯提尼期间，西库翁的阿德拉斯托斯崇拜转变为狄俄倪索斯崇拜。公元前 8 世纪以后斯巴达人

在音乐上的限制也可以被视为一个间接的证明。

[151] 不幸的是，我们无从知道这是在什么时候发生的。《德墨特尔颂歌》（*Hymn to Demeter*）中还没有提到伊阿科斯，他的名字也没有被搬到其他的地方。

[152] 关于他因为僭主而两次离开萨摩斯的故事，无疑有虚构的成分，与波吕克拉特斯生活的时代正好吻合（斯特拉波，14. 1. 16）。根据阿里斯托色努斯（见波菲里乌斯［Porphyrius］22），他由于卢卡尼亚人、迈萨皮亚人、佩克提亚人（Peucetians）和罗马人的缘故而加入克罗顿，罗马人在市场上竖立起他的一尊雕像并非没有原因。尽管这些半蛮族人可能从他那里学到的东西很少，他仍然可以在他们中激发起宗教的情绪。

[153] 在扬布利科斯的生活中，在那里，毕达哥拉斯的传统被所有的发明和晚期罗马的偏见掩盖，读者还是能够被关于他的生活和这个教派的凝聚力的那些轶闻感染。政治的情况是最令人怀疑的，但也很难认为它是完全没有根据的。就波菲里乌斯和扬布利科斯提供的情况来看，确实是匪夷所思的。对于那个时期南部意大利政治情况的记载非常少，但与一个行使政治权力的集团的存在很难协调起来。不过，从这个集团我们可以对它的领袖人物作出结论，如果我们完全没有关于圣法兰西斯（St Francis of Assisi）的同时代人的记载的话，只是依赖于 15 世纪流传的口头讲述的话，那么他在那个伟大的制度中的位置还是可以向我们证明他生活过并且产生了影响。

[154] 狄奥多洛斯，10. 3. 5。

[155] 扬布利科斯，5f. 。

[156] 关于他所起到的作用的看法可能来自于恩培多克勒的残篇（波菲里乌斯，31），其中这样写道："通过集中他的所有的精神，他能够看到那里的十代乃至二十代人。"同时他能够听到这个范围内的所有和音。

[157] 波菲里乌斯，31。

[158] 狄奥多洛斯，10. 4。根据波菲里乌斯 60，这位僭主自己，当他在科林斯流亡的时候，就向阿里斯托色努斯讲过这个故事。

第四章　公元前 5 世纪

[1] 我们可以想像到冈比西斯十分渴望得到长寿的埃提奥匹安人的"太阳平台"，希罗多德，3. 17—23。

[2] 例如，普鲁塔克的《阿里斯第德传》19 中就提供了死于普拉提亚的希腊人的很小的一个数目，但这又是十分可信的；这些数字得出的结论是，玛多尼乌斯的敌军人数远远少于 30 万人。

[3] 面对这样一群乌合之众，希罗多德能够说出列奥尼达的 300 人中每一个人的名字（7. 224）。

[4] 参看狄奥多洛斯，11. 1。

[5] 即使罗马的宗教中也没有这样的东西；最近似的一个类比就是路易十四的虚荣。

[6] 修昔底德出现在欧里庇得斯的墓志铭中，《希腊诗文集》，7. 45。

[7] 欧里庇得斯，《残篇》，981 Nauck。

[8] 《美狄亚》，824ff. 。色诺芬（《雅典的收入》，1）曾经集中赞美了阿提卡的气候、物产和环境。另外参看阿里乌斯·阿里斯第德对雅典地理的描述，在国王的宫殿前面，像普洛皮拉这样岛屿丛生，或者就像众星捧月的地形，还有风景的优美，海洋、陆地、平原和山峦的和谐分布。《泛雅典娜演说》，155，158，162。

[9] 参看雅典尼乌斯（3. 6）引用的安提丰的话；在伊斯图斯（Istros）之后，雅典尼乌斯也提到一项旧有的法律禁止无花果的出口，以确保只有本地的居民可以享用它们。蜂蜜得到了特殊的赞美，因为它是惟一的增甜剂，可以用于所有的祭品。最好的东西似乎来自于银矿区，第二种来自于西美图斯：斯特拉波，9. 123，他说到那里也有银矿。阿里斯托芬的《赫赖》（*Horae*）的残篇中（雅典尼乌斯，9. 14）描述了雅典的四季水果和鲜花不断，抱怨这些东西不断地诱惑着人们去花费钱财。

[10] 柏拉图，《亚西比德篇》，122d。

[11] 如果这篇演说的时间公元前 396—前 387 年是准确的话，那块地产在 14 年中至少拥有过 4 个主人，最后一个就是吕西阿斯自己，从公元前 404 年起他连续把它租借给 4 个人，其中两个人租借它的时间都只有 1 年；最后，他还是自己耕种。

[12] 甚至梭伦在他的时代就敦促雅典人占领色雷斯的柴索尼斯（狄奥格尼斯·拉尔提乌斯，1. 2. 2）。对面海岸的西格翁在公元前 6 世纪曾经断断续续地掌握在雅典人的手里。

[13] 柏克，《雅典财政》，第一卷，9。

[14] 吕西阿斯，6. 49。

[15] 德摩斯提尼的《反提奥克里努斯》（*Against Theocrinus*）中的论点。

[16] 吕西阿斯 22. 14 中认为法官们很容易就可以把原告判定为献媚者。

[17] 吕西阿斯 22. 21 中，控告粮商（*sitopoloi*）密谋加害外邦人，他说："如果你们处罚这些商人的话，你们就是根据你们自身的利益任意地处置他们，如果你们不这样做，他们会怎么想你们呢？"

[18] 《俄狄浦斯在克罗努斯》，1125ff. 。在更早的 1006f.，他说："如果哪个国家知道对神表示敬意的话，那么这个国家就能够最好地了解这一点。"

[19] 普鲁塔克，《阿里斯第德传》，27，《佩洛皮达斯传》，6。

[20] 普鲁塔克，《客蒙传》，10。

[21] 阿里安，《多变的历史》，3. 38。根据雅典尼乌斯 2. 7 和 5. 8 中菲洛库鲁斯（Philochorus）的话，在阿提卡最早知道在酒里兑水，接着人类就学会了直立行走。狄俄倪索斯就教会了安菲克堤翁国王这个技能。

[22] 这来自于狄奥多洛斯 13. 22 中尼科劳斯的演说，的确，接着就是吉利普斯（Gylippus）列举的雅典人缺点的清单。在波悉尼阿斯 1. 71. 1，记载着另外一次对雅典人虔诚的夸耀，也是以仁慈的祭坛开始。

[23] 雅典尼乌斯，5. 12。

[24] 波悉尼阿斯（9. 5）讲到的底比斯神话从土生的奥吉古斯（Ogygus）讲到特尔珊德罗斯（Theïsandrus）的后代和君主制的废除。很明显这只不过是不同的故事和需要拼合在一起的人物的一种集合。当中的空隙用家庭关系和摄政团体来填补。

[25] 主要的资料是：阿波罗多洛斯，3. 14ff.，斯特拉波，8. 7，1. 9. 1 passim，波悉尼阿斯 1 *passim*，Justin，2. 6。

[26] 波悉尼阿斯 1. 3. 2 说到历史知识上十分无知的雅典人，他们对那些从小听到的合唱和悲剧中的内容却深信不疑。

[27] 波悉尼阿斯，1. 14. 7，记载到阿忒蒙（Athmon）的德莫的波菲里翁（Porphyrion）的故事，他为乌兰尼亚（Urania）建立了一个神龛。他显然是一个腓尼基的捕捞骨螺的渔夫。

[28] 其中的一个是船舶的目录（《伊利亚特》，第二卷，546），当中详细地记述了雅典的贡献。有文献上还说到（斯特拉波，9. 1. 10，狄奥格尼斯 · 拉尔提乌斯，1. 2. 2），梭伦或是皮西特拉图想证明萨拉米湾一直是属于雅典的，走私成风，在第 557 行之后："埃阿斯率领十二艘船从萨拉米湾出发"，另外一个地方写道："把这些还停泊在雅典人上岸的地方。" 斯特拉波（13. 3. 5）说到埃拉（Elaia），一个阿塔里亚（Attalid）的港口，是由墨涅斯透斯建立的——因而雅典人在忙于特洛伊战争的时候也有了时间去建立殖民地。另外一次入侵的尝试就是卫城上的青铜的特洛伊马，还有墨涅斯透斯和陶库路斯以及提修斯的儿子的雕像，斜靠在它的外边，波悉尼阿斯，1. 23. 10。

[29]《苏达辞书》*s. v. Daphidas*。（维斯特曼，第 363 页）

[30] 狄奥格尼斯 · 拉尔提乌斯，2. 5. 23。（对米涅斯泰［Menesthai］施行的一次罚款！）

[31] 阿提卡的英雄法雷罗斯（Phaleros）被认为随同伊阿宋到了考齐斯（Coichis）（波悉尼阿斯，1. 1. 4）。

[32] 基本的材料见斯特拉波 14. 1. 3，波悉尼阿斯，7. 2—5。

[33] 修昔底德，1. 2。与之类似的还有色诺芬，《回忆苏格拉底》，3. 5. 12。

对土生土长的赞美还出现在欧里庇得斯的残篇中，见普鲁塔克《道德论集》，604d。

[34] 例如，伊索克拉底就强调只有雅典人是土生土长的，就像一个军事要塞；他赞扬了从很早的时候她对美塞尼亚人、普拉提亚人的热情好客，坚持友好地帮助那些受到压迫的人移民到塞克拉得斯和小亚细亚的沿岸，坚持通过消除那些反叛的因素而帮助其他的城市走出困境。

[35] 关于与阿玛宗人的战斗地点见普鲁塔克，《提修斯传》，27。

[36] 波悉尼阿斯，1. 32. 5。

[37] 根据欧里庇得斯的《请愿者》。正如波悉尼阿斯 1. 39. 2 所言，底比斯人已经自愿地交还了尸体，没有发生战争。

[38] 这并不是始于神话时代的惟一的法庭；几个雅典法庭的神话起源受到过德摩斯提尼的夸耀（《反阿里斯托克拉特》，23. 64ff. ），在这个时期它们的陪审人员只能够由公元前 4 世纪的雅典人充任。

[39] 波悉尼阿斯，4. 5. 1。正是在第二次战争中，雅典人泰拉乌斯（Tyrtaeus）在德尔斐的命令下被招到了斯巴达。因而在公元前 7 世纪，雅典人一定作为一种开明陪审员的代表到了德尔斐。对神的祈求可以在德尔斐自身的指令下进行；泰拉乌斯既没有行祭礼，也不用贡奉。雅典在德尔斐的真实的声望是什么呢，谁是这件事务的中间人呢?

[40]《请愿者》，349ff.，403ff.，429ff. 。

[41] 狄奥多洛斯（12. 1f. ）在他讲到希波战争之后希腊五十年繁荣的时候，总结了后来的所有说法，它的艺术成就和伟人。他声称雅典人在名声和勇气上是出类拔萃的，是世界闻名的。

[42] 狄奥多洛斯，19. 106。可能迦太基人更聪明一些。

[43] 来库古，《反列奥克拉特斯》，46ff. 。

[44] 关于伯利克里自己的节俭（*euteleia*）参看伊索克拉底，《论和平》，184d，据说他留下的遗产没有他继承时候的多，但把 8000 塔兰特存在了卫城。

[45] 这也是斯巴达人的看法（修昔底德，4. 55），当他们失去了一个行动的机会的时候，雅典人总是会相信他们失去了一些应该得到的东西。

[46] 根据狄奥多洛斯（11. 71），伊纳鲁斯（Inarus）向雅典人许诺了埃及的皇位。统治这么一个离雅典如此遥远的国度完全是不可能的事情。

[47] R. 梅格斯，D. M. 列维斯，《希腊历史铭文》，第 33 号。

[48] 狄奥多洛斯，11. 70。

[49] 狄奥多洛斯，11. 85。

[50] 凑巧的是，正是在这里，伯利克里第一次使用攻城机械（*krioi* 和 *chelonai*），克拉祖米涅的阿尔忒蒙（Artemon）的作品；因而，大炮是雅典人的一

项发明：狄奥多洛斯，12. 28。

[51] 在伪安多西得斯的《反亚西比德》12 中，亚西比德正是因此受到责备。

[52] 公元前 5 世纪的资产负债表正是普鲁塔克（《客蒙传》，19）在一句话中提供的："自从客蒙死了以后，就没有再跟蛮族人打过一次大仗；相反，在人民领袖和战争贩子的鼓动下，希腊人开始自相残杀，没有人去从中调解，给了波斯人一个有益的喘息空间，但却给他们自己带来了巨大的伤害。"

[53] 关于一次捐助的花销参看安提丰，6. 11—13。在吕西阿斯的演说（21）中，一个被控行贿的人这样开始了他为自己的辩护，他说像他这样慷慨的人受到这样的指控是很荒谬的。接着他列举出了（21. 1—15）这个长长的捐助清单："在特奥旁普斯担任执政官的这一年（即公元前 411 年），经过审查我获得了为公共事业服务的资格，我便为悲剧捐助了 30 明那，当我用一支男性合唱队在第三个月在泰格莉亚取得了胜利的时候我又捐了 2000 德拉克马。在戈劳奇普斯（Glaukippos）执政时期，我拿出 800 德拉克马用于在大泛雅典娜节上的皮洛士舞蹈。在同一年，作为捐助者，我在狄俄倪索斯节上取得胜利，仅在三脚桌的献祭上就出了 5000 德拉克马。在狄奥克里斯（Diocles）执政期间（即公元前 409 年），在小泛雅典娜节上，我拿出 300 德拉克马资助了一个组诗合唱团。同时，我在七年中一直是三列桨舰的建造者，我捐出了 6 个塔兰特。除了这些花销之外，正当我日益陷入危险，为了你们的事务在外奔忙的时候，我又付出了两笔所得税，一笔 30 明那，另外一个 4000 德拉克马。在阿里克西阿斯（Alexias）担任执政官期间（即公元前 405 年），我从海路回到了家，我立即成为了普罗米修斯节日赛会的运动会监督官，以 12 明那的代价获胜。后来我又成为一个男孩合唱团的捐助者，花掉了 15 个明那。在欧克里得斯（Eucleides）执政期间（即公元前 403 年），作为喜剧的捐助者我取得了胜利，我用掉了 16 明那，在小泛雅典娜节上，作为没有胡须的皮洛士舞者的捐助者我花了 7 个明那。我取得了在苏尼翁（Sunion）外面举行的三列桨比赛的胜利，花了 15 明那。此外，我还花了 30 多明那在充任使团团长（*architheoriai*）* 和捧着雅典娜女神的袍子游行（*arrephoriai*）等事情上面。如果我只把法律规定的部分列出来的话，那么还不足总数的四分之一。"稍后（21. 12f. ），这个人宣布，一个所谓的公正裁决只会有利于法官自己。由于城市的收入已经减少，剩下的被官员们抢去，最安全的储备属于那些自愿出钱的人；如果法官们足够聪明的话，他们会像关照他们自己的钱财那样照看好他的钱财，因为他们使用这些钱的方式是一样的。大家都知道，比起那些管理国库的人来说，他是他的钱财的更好的保管者；如果他的钱被剥夺了，他们自己也就成了穷人，其他人就会分享到他被没收的财产，就像他们分享其他的东西那样。在第 19 篇演说中，这个人还说到

---

* 即派往圣地去求神和派往泛希腊竞技会去参观的使团。

他经常听到他的父亲说到，在他的一生中，与他留给儿子的钱财相比，他已经拿出了两倍以上的钱贡献给了国家。

[54] 在琉善的《伊卡罗美尼普斯》(*Icaromenippus*)(c. 16) 中 *dikazesthai*(诉讼）似乎是雅典人的一个独特的特征，当伊卡罗美尼普斯从月亮上往下看的时候，他看到了大地上不同民族的行为方式。

[55] 例如，安提丰的演说《论歌舞表演》(*On the choreuteai*) 中讲到的一个事例：一个参加合唱比赛的男孩比赛之后立即就死了，赞助人被告谋杀；告发者们被他的敌人唆使作伪证，直到事情发生的几天之后才真相大白。

[56] 安提丰详细叙述的这个故事（5. 69ff. ）是与发生在阿吉纽斯战役（Arginusae）之后审判将军们的事情相并行的。但它一定是在这个世纪中叶发生的，因为演说家大约在公元前 415 年曾经补充说："我想，你们当中的年纪大一点的人一定会记得这件事；年轻人则只是听说过这件事，就像我一样。"

[57] 安多西得斯，《论神秘仪式》(*On the Mysteries*)，36. 43ff.，20。另外参看修昔底德，卷 6，他的无与伦比的关于赫尔墨斯神像遭到破坏的那个时期的记述。根据普鲁塔克（《亚西比德传》，18），一些人相信是科林斯人组织了这些犯罪行为，以使凶兆能够阻止雅典人进攻他们在叙拉古的殖民地。

[58] 在阿里斯托芬的《蛙》(83ff. ）中，他去了"祭神的宴会"。

[59] 根据普鲁塔克（《客蒙传》，8)，直到公元前 5 世纪，人们还是给予谦逊的品格以荣誉。当米太亚德要求一顶（橄榄树）桂冠的时候，一些人在公民大会上站起来大叫道："是的，如果有一天你只是依靠你自己就赢得了一场战役的时候，你就可以一个人得到这样的荣誉。"

[60] 普鲁塔克，《狄翁传》，58（指的是卡里普斯）。

[61]《修辞学》，2. 6. 24，西狄阿斯实际上在德摩斯提尼的时候说的这句话，同样伊索克拉底在《泛希腊演说》(*Panegyricus*) 46 中也这样说："我们所下定决心要做的事情是众所周知的，它得到了所有人的认可。"

[62] 伪色诺芬，《雅典政制》，2. 8。

[63] 上文（原文）第 205 页。

[64] 安提丰，见雅典尼乌斯，397c。

[65] 阿里斯托芬，《阿卡奈人》，637ff. 。

[66] 主要的资料就是普鲁塔克的《安东尼传》，70，其中的轶闻是关于梯蒙在公民大会上声称，就在他想建房子的地方，有一棵无花果树，已经有好几个公民在那自杀过了，那些还想这样做的人最好抓紧时间。与梯蒙同时代的一个参考就是阿里斯托芬的《鸟》(1549) 和《吕西斯忒拉塔》(809ff.)。琉善（用了罗马时代的几个忧郁的讽刺手法）把梯蒙描述成为一个神和人的仇恨者。

[67] 在柏拉图的《会饮篇》175e 中据说这个伟大的剧院能够容纳 3 万多名

观众，那时阿伽同的戏剧在公元前416年上演。这个数字可能与雅典的公民人数正好吻合。

[68] 普鲁塔克，《尼西阿斯传》，15。

[69] 阿里安，《多变的历史》，1. 18，还认为早些时代的妇女的服装是十分惹眼的；她们戴着高帽子，穿着拖鞋，戴着长耳环；长袍的袖子不是缝起来的，而是用一排金圈和银圈连接起来的。另外参看克洛丰的爱奥尼亚人的穿着，色诺芬，《残篇》，3。

[70] 帕台农的横饰带在这里并不是一个确切的向导。瑞南从这些最重大的节日人们穿着的简朴上得出结论，所有普通人的穿着会更为简单。他并没有认识到，不论人们实际上穿着如何，艺术家雕塑的服饰的兴趣在于：1）为裸体进行遮掩；2）避免繁复的装饰。而且，我们应该记住，一个喜爱华丽衣着的民族肯定会在公共纪念碑上把这种爱好展示出来，就像亚述人那样。

[71] 雅典尼乌斯，5. 62。确实就像阿里安所记载的（《多变的历史》，7. 10），珊提普拒绝穿上苏格拉底的大长袍走出去看游行，苏格拉底告诉她："你出去不是为了去看，而是被看。"然而，福西翁的妻子却穿上了他的大长袍（同上书，9），无需其他的饰物（尽管华丽的服饰在那个时候，在那些品德上不那么有名的人们当中很流行，并详细地被记述了下来。）

[72] 色诺芬，《斯巴达政制》，1. 3。

[73] 例如奇奈西阿斯（Cinesias），诗人和后来的献媚者，被阿里斯托芬称为"椴木人"（《鸟》，1377）。雅典尼乌斯的解释是（12. 76），他是一个高而瘦的人，穿了一件椴木做的紧身内衣。希腊人对衰老如此害怕，以至于在伯罗奔尼撒战争的时候染发开始流行。一个开俄斯人为自己的年龄感到羞耻，就用了这种方式来博得国王阿齐达姆斯二世的注意，却得到了来自于皇室的嘲讽："这个人用他的心灵去骗人还嫌不够，还要在头上戴上一个谎言。"阿里安，《多变的历史》，7. 20。

[74] 参看琉善，《阿纳卡西斯》，16，很明显的情况是，即使在太阳的暴晒下，所有的人也不戴帽子。只有在旅行的时候人们才戴上便帽（*pilos*）。这样做可能是为了保护头发的美。

[75] 比较一下阿里斯托芬《财神》535ff. 中克瑞密罗斯对贫穷的描写，穷神却回答说："你描述的并不是我的生活，而是乞丐的生活。"

[76] 伪色诺芬，《雅典政制》。

[77] 柏拉图，《普罗泰戈拉篇》，342c。这篇对话被认为发生在伯利克里时代。

[78]"聪明的人把他们的时间花在批评他们的城市和赞扬斯巴达的政体上面。"（瑞南）

[79]《想像》，16. 29。

[80]《云》，1171ff. 。

[81]《法律篇》，642c。

[82] 安多西得斯责备雅典人的自相矛盾，一方面他们深受悲剧的感染，另一方面他们对现实生活却十分漠然："当你们在剧院观看这些事情的时候（亚西比德与一个米洛岛的被卖为奴隶的妇女生了一个孩子，这个孩子注定会给雅典带来灾难），你们感到了可怕；当这个城市真正地发生了这种事情的时候，你们却无动于衷。你们会把戏剧中发生的事情当真，但是当你们知道它确实发生了的时候，你们就不再关心了。"

[83] 亚西比德，16.（这种景象［*àpropos*］是很值得拜访一下的！）另外参看《梭伦传》，15。

[84] 吕西阿斯，《反菲洛克拉特斯》（*Against Philocrates*），10。

[85] 吕西阿斯，《反亚西比德》，41，参看意大利人对 *disgrazia* 和瑞士人对 *Ung'fell* 的相似的使用。

[86]《修辞学》，3. 2. 10。

[87] 普鲁塔克（《论奉承》，12）在讨论到奉承之辞的贬值的时候提到了修昔底德。

[88] 比如，《奥林匹亚颂》，第一卷，158。

[89] 参看上文（原文）第 174 页说到到修昔底德的关于在斯刻涅，布拉西达斯所受到的欢迎的描述。

[90]《残篇》，2。

[91] 欧里庇得斯，《残篇》，282 Nauck。

[92] 狄奥格尼斯·拉尔提乌斯，第一卷，2. 8，说到梭伦削减雅典人给予赛会优胜者的奖金（可能包括波力泽鲁斯［Polyzelus］，西纳格伊鲁斯［Cynaegeirus］，卡里马库斯［Callimachus］和所有的马拉松运动员）理由是，那些在战场上牺牲的人应该得到更多；因为现在的目标是在战争中去获得高贵的殊荣，开始有了一些对于运动会费用的嘲讽。很可能就在马拉松和萨拉米湾战役之后，出现了贬低运动会的现象。参看柏拉图，《会饮篇》，220e，关于将军在参加战斗的战士中间分配荣誉。

[93] 关于民主制度和赛会精神之间的关系的最重要的文献就是伪色诺芬的《雅典政制》，I，13，说得很明白："那些在雅典从事运动或音乐的人已经被大众剥夺了这种权利，并不是因为他们认为这些事情不美，而是因为这些（大众）没有条件去培养这些爱好。所以他们强迫富人出资捐助，让他们出钱使他们能够参加表演。"

[94] 参看雅典尼乌斯 2. 12 中的阿里克西斯（Alexis）的残篇。

[95] 阿里安，《多变的历史》，12. 32。

[96] 参看上文（原文）第 196 页。

[97] 西蒙尼德，《残篇》，89 West。

[98] 希罗多德，4. 88。

[99] 雅典尼乌斯，12. 62，他自己使用的 *habrodiaitos* 这个字毫不奇怪地被转化成 *rabdodiaitos*（以画笔为生，即匠人）。

[100] 参看上文（原文）197 页。这种态度与他的这一做法并不矛盾，即他向前来看他的"海伦娜"的人收取门票费。

[101] 与他相比，后来的艺术家阿佩雷斯是谦逊的；他承认别人身上的才能，只是帮那些没有天才的人去改进。

[102] 雅典尼乌斯，2. 30。

[103] 狄奥多洛斯，11. 62。

[104] 普鲁塔克在《亚西比德传》中讲到，没有关于尼西阿斯、拉马库斯、德摩斯提尼、塞拉西布鲁斯（Thrasybulus）和福米翁（Phormion）的母亲的名字的记载，这些都是亚西比德同时代的名人，与此形成对比的是这样的事实，即亚西比德的拉科尼亚保姆的名字阿米克拉（Amycla）和他的老师佐皮鲁斯（Zopyrus）的名字则见于史籍。他的保护人伯利克里（根据柏拉图的说法，见《亚西比德篇》，122 a–f）把他的教育托付给了这个奴隶。

[105] 关于这些的一个清单参看西塞罗，《为家园辩护》（*De Domo Sua*）c. 38。

[106] 注意柏拉图就像阿里斯托芬那样也使用了这个形象。

[107] 最后的伟大独白（815ff.）是关于变动的美，并表达出了痛苦的深度。埃阿斯把赫克托尔给他的宝剑使劲地插入土地，首先祈求宙斯，让陶库路斯把他的尸体从敌人、野狗和鸟兽那里抢回来，然后祈求赫尔墨斯，能够得到一个好的安身之所，因为阿特里代兄弟的缘故，祈求复仇女神前来观看他是怎么死的，激发他们对整个军队和对赫利俄斯的仇恨，告诉他的父母这些悲惨的消息。最后是祈求阳光和他在萨拉米湾的家，祈求雅典和特洛伊土地上的泉水、河流和草地："这是埃阿斯对你们说的最后一句话；其他的话都留到地下世界了。"死去英雄的变形在忒克墨萨悲痛的哭号声中才开始，他曾经毁坏了他的灶台和家，只是为了他才活了下来。他的伟大以戏剧的形式得到了提升，盖过了其他人的所有言论和行动；"陡转"（*peripeteia*）只是到了现在才开始；即使是一具尸体，他也能够在陶库路斯、门涅劳斯、阿伽门农和武士们的合唱中产生一种最强大的张力。结果是讨价还价和威胁，对私人的庄严的保护；对卑贱的血统和家族恐怖事件的相互指责，直到奥德修斯的介入，这位拥有更高智慧和谦逊品格的人，是他平息了这场争执，确保了葬礼的顺利进行。

[108] 普鲁塔克，《客蒙传》，4。

［109］参看普鲁塔克的《泰米斯托克里传》5 中的故事。

［110］相信这种说法并不难，那就是雅典的海军将领受到优卑亚人的黄金贿赂（希罗多德，8. 5）；但我们也不能轻信刻在优卑亚岩石峭壁上的传说，根据这个传说，泰米斯托克里诱使爱奥尼亚人在阿尔特弥西乌姆（Artemsium）战役之后与波斯舰队达成妥协（同上书，22）。情况似乎是，雅典人很快劝说他们自己深深地相信，当希腊人准备逃跑的时候，正是泰米斯托克里偷偷地为薛西斯通风报信，警告他不能让他们跑掉——派出去报信的正是他的孩子的家庭教师西希诺斯（Sicinnos）！（同上书，75）这一以高度的爱国主义为动因的顽皮的无情之举是非常具有雅典人风格的，流言为雅典人嘲笑盟邦提供了口实；但是波斯舰队和陆军在萨拉米湾的大军压境当然并没有受到任何这样的秘密情报的影响。整个与阿里斯第德的和解和阿里斯第德在波西塔里亚（Psyttaleia）取得的胜利同样令人怀疑（同上书，95），雅典人的创造力想保存这个既是可敬的人也是天才的恶棍的传说。（在普鲁塔克的记述中，这个关于泰米斯托克里和阿里斯第德的具有双重含义的故事又被以下的事实变得更加丰富了，即他们在是否毁掉赫勒斯滂海峡上的大桥，是否烧掉帕伽瑟［Pagasae］的希腊舰船产生了分歧，这则轶闻无疑受到了雅典人的恶念的启发。）西希诺斯的第二个差事（同上书，110）显然是编造出来的，就像普鲁塔克在《泰米斯托克里传》16 中似乎更让人难以相信的那个并行的故事。

［111］普鲁塔克所使用的文本（是否出自安多西得斯或者其他什么人之口）并不是一篇真正发表过的演说，而是一篇建立在一个虚构的主题上的反驳性的文章。它好像是在米洛岛的侵入之后和西西里远征之前写出来的，很可能是在亚西比德的生命的最后一个阶段；他为雅典人带来的灾难似乎是命中注定的。作者并不认为它仅仅是一篇后来的学术性演说，尽管有一些这样的演说，比如众所周知的 *loidoriai Alkibiadou*（亚西比德的咒骂）。

［112］在他身上有一种超乎寻常的品质。普鲁塔克：《亚西比德传》，16。

［113］然而，根据吕西阿斯 14. 39，他的祖先是一群罪犯。

［114］很可能就像他说自己的那样（《亚西比德传》，216 b），没有人对他的无所畏惧加以责备。接下来的事情——他对苏格拉底的态度是一个例外——可能是编造出来的。而且，在柏拉图的《亚西比德篇》第一卷 132a 中，苏格拉底对他说：“我最害怕的就是你成为德莫斯最心爱的人，我们会失去你，就像很多天才的雅典人那样；因为傲慢的厄瑞克透斯的德莫斯有一种漂亮的脸——如果不看他的衣着的话就是另一回事了。”

［115］普鲁塔克，《道德论集》，52e。

［116］他展示的时尚参看雅典尼乌斯 12. 47ff. 。一种特殊的鞋子后来被命名为“亚西比德”。即使在雅典一些事物也引起了值得尊敬的人士的反对。例如，他

把一个厄洛斯放在了他的盾牌上，还有投掷闪电，阿里斯托芬（Aristophon）的涅墨亚（Nemea）画像，上面画着亚西比德在她的怀抱中。

[117] 吕西阿斯，14. 25。

[118] 他让一个不幸的米洛岛妇女与他生活在一起，并与她有了个孩子。雅典尼乌斯（12. 48）还讲到一个来自阿拜多斯的情妇。

[119] 阿里安，《多变的历史》，13. 38。

[120] 普鲁塔克，《阿格西劳斯传》，3。这对提玛亚的儿子列奥提齐得斯（Leotychides）来说被证明是一件坏事。

[121] 狄奥多洛斯，13. 41。

[122]《蛙》，1425。欧里庇得斯接着投票反对他，因为他在帮助这座城市上行动过于迟缓，但在害她的时候却很迅速，为他自己找到了很多资源，为雅典找到的却很少；接着就是埃斯库罗斯说的话，见上文（原文）243 页。

[123] 阿里安，《多变的历史》，11. 7。

[124]《会饮篇》，208 c. ff. 。

[125] 见上文（原文）144 页。

[126] 雅典尼乌斯列举出了它们，13. 89。

[127] 作为主要材料来源的阿里安和雅典尼乌斯留下了许许多多类型的人物的清单，他们都由于某种品质而闻名，雅典尼乌斯（12. 72）按顺序写出了一个胖人和瘦子的名单。对于具体的名字，可以求助于早期、中期和新喜剧。

[128] 演说家和哲学家的雕像开始于高尔吉亚，只是到了公元前 4 世纪才开始变得普遍起来。

[129] 在雅典的剧院，普鲁塔克说（《道德论集》，821f. ），三大悲剧作家的青铜雕像直到公元前 4 世纪才矗立起来，显然人们认为拒绝给予那些“小神”以同等的荣耀是不谨慎的，但是到了波悉尼阿斯的时代，更有名的人也不在那里了。他发现（1. 21. 1）“大多数是一些不那么重要的悲剧和喜剧作家的雕像”；最有名的喜剧作家是米南德，他占据了阿里斯托芬的位置。或许应该责备罗马的艺术品窃贼。波悉尼阿斯还提到（9. 30. 2）在赫利孔山上的诗人和音乐家的雕像。一些是历史人物，比如赫西俄德，阿里翁（Arion）和撒卡得斯（Sacadas），一些是神话人物：塔密里斯，奥尔菲斯神秘宗教中的人物和变成石头的动物。

[130] 高尔吉亚的一尊雕像被他的伟大的侄子在奥林匹亚建立起来，他在那里曾经出现过；他在德尔斐为自己打造了镀金雕像。根据维勒里乌斯 · 马克希姆（8. 16），整个希腊为他在德尔斐贡献了一尊纯金雕像。见波悉尼阿斯 6. 17. 5，10. 18. 7。

[131] 在德尔斐，邻近同盟（amphictyony）正式地为那些国家的护卫者竖立雕像，波悉尼阿斯，9. 19. 1。士兵们在奥林匹亚用两尊由吕西普斯打造的雕像来

纪念他们的招募新兵的官员Pythes，波悉尼阿斯，6. 14. 4。在奥林匹亚还有一个门徒为亚里士多德造了一尊雕像，抑或是因为亚历山大和安提帕特都非常崇敬他，所以一个军人造了一尊雕像，波悉尼阿斯，6. 4. 5。

[132] 波悉尼阿斯，10. 9. 4。埃托利亚人后来也在德尔斐建造了将军的雕像与神摆在一起，是为了纪念他们抵抗高卢人的伟大事迹，波悉尼阿斯，10. 15. 1，他就说到过一个打败高卢人的埃托利亚将军。

[133] 波悉尼阿斯，6. 36。这些冒牌的人物可能并没有被扔到外面去，然而，可能只是换上了新的头像。

[134] 修昔底德，1. 132。斯巴达人立即更正了铭文。

[135] 参看阿里斯托芬的《吕西斯忒拉塔》的开头，接着（387ff.）是普洛包鲁斯（Proboulos）提的问题，回忆起四年前的那一天，当时德摩斯提尼正在公民大会上发表赞成西西里远征的演说，却被屋顶上传来的喊叫声打断，那时妇女们正在为了纪念阿多尼斯而举行庆祝活动和跳舞，大叫着“阿多尼斯死了”。在这同一出戏里我们详细地了解到（641ff.）妇女们庄严的游行，一些人穿着盛装，举行仪式。一个普通的雅典妇女说了一些共同的经历，她说：“当我只有七岁的时候，我为帕拉丝拿着一件圣物；当我十岁的时候，我成为一个为建城者帕拉斯服务的磨房女（*aletris*）；接着我在神殿（Brauronia）穿着黄色的袍子扮演一只母熊，当我长大成为一个可爱的女孩的时候我成为一个拿着篮子的人，篮子里放着无花果。”

[136] 在《美狄亚》1081中，欧里庇得斯表达出妇女对精神生活和对诗歌的要求：科林斯妇女的合唱队唱到：“我的心经常在寻找那些藏在背后的东西，我试图得到真理，这不是妇人应该做的事情；但是我们也有我们的缪斯［这指的是诗歌还是分享精神世界？］，她与我们同住；并不是所有人都具备，你可以在我们当中的一小部分人发现；但是妇女的世界还是拥有属于自己的缪斯的。”我们可以想起彼奥提亚的妇女诗人。

[137] 参看索福克利斯，《残篇》，61 Nauck。

[138] 修昔底德，2. 45。

[139] 普鲁塔克的《伯利克里传》28中的内容很难让人相信，当中伯利克里对那些在萨摩斯的战役中死去的雅典人发表了一篇墓前演说，接着被妇女们用花环和缎带打扮起来，就像一个获胜的运动员。只有客蒙的姐姐埃尔皮尼克（Elpinice）严厉地责备他，他给予了粗鲁的和轻蔑的回答。

[140] 色诺芬，《回忆苏格拉底》，2. 2. 4，《经济论》，7. 11和19。

[141] 狄奥格尼斯·拉尔提乌斯，6. 1. 5。

[142] 索福克利斯，《残篇》，524 Nauck。

[143] 阿里安，《多变的历史》，10. 15。其他人说雅典国家为他的女儿提供了

嫁妆。

[144] 卡里阿斯最初娶了格老孔的女儿，她给他生了一个儿子，即希波尼库斯四世，在她死后不到一年，就是伊斯霍马库斯的女儿，当他的岳父死后，他开始和她的母亲私通，她把她的女儿赶出了家门（这的确令人震惊）。他很快就对新情人厌倦了，他抛弃了她，想方设法地去娶安多西得斯的一个亲戚，但是安多西得斯不同意，卡里阿斯狡猾地使他的计划逐步得到了实现。他的最后一位妻子，在被抛弃之后生下了一个儿子，卡里阿斯起初拒绝承认；后来他再一次爱上了她，接纳了这个孩子。顺便说一句，只有在同一个母亲的孩子之间的婚姻才不会发生，普鲁塔克在《泰米斯托克里传》32 中声言，泰米斯托克里的儿子阿齐普托里斯（Archeptolis）娶了他的另一个母亲生的妹妹涅斯普托勒玛（Mnesiptolema）。只要公民在数和量上不受到伤害，在古代是没有人反对这种联姻的。

[145] 在苏格拉底沐浴之后，在他喝下毒药之前，女人们带着她们的孩子进来，他与她们谈了一会儿就让她们走了，她们可能是他的姐妹。当他的学生们也痛哭失声的时候，他说他打发这些女人走开就是为了避免这种愚蠢的行为。

[146] 在伪柏拉图的《美涅克斯努篇》（*Menexenus*）中，阿斯帕西亚也加入了进来，尽管是间接的。

[147] 波吕阿努斯，8. 54。

[148] 在波悉尼阿斯 2. 20. 7 中记述了在克里奥蒙尼入侵的时候阿尔果斯的 Telesilla 的英雄行为，发生在公元前 6 世纪末到 5 世纪初；我们不知道哪些是真的，哪些是神话。

[149] 参看希罗多德 1，关于伊俄的绑架，还有在阿里斯托芬的《阿卡奈人》529 ff. 中关于伯罗奔尼撒战争起源的夸张描述。

[150] 在吕西阿斯 1，《论埃拉托斯提尼的被杀》[*On the Murder of Eratosthenes*] 中，欧菲勒图斯（Euphiletus）说到一个宗教裁判员（heliasts）的官司，他抓到了他妻子的引诱者臭名昭著的埃拉托斯提尼，然后杀了他。埃拉托斯提尼有一个癖好就是专门勾引有夫之妇。因为他知道法官们严肃认真地对待此类案件，欧菲勒图斯详细地讲述了自己受到诱奸者贿赂的女奴的欺骗的过程，还得到了被埃拉托斯提尼抛弃的妇女的警告。他迫使这个奴隶帮他揭穿他的妻子。就在这个关键的时刻，当埃拉托斯提尼正在房子里的时候欧菲勒图斯出去把邻居和朋友们喊来作为证人，回来时打着火把捉奸在床。不顾他的哀求和答应出钱，这位诱奸者还是被欧菲勒图斯杀死了，还有这样的带有传奇色彩的语言：“不是我杀了你，而是国家的法律。”

[151] 这些剧作家并不把爱情故事当作理所当然的动机，就像《奥列斯特》中展现的那样。厄拉克特拉早就许配给了皮拉得斯（Pylades），但是他们的订婚在这出戏中并没有什么戏剧性的力量。在奥列斯特和皮拉得斯之间发生的第一幕

不但没有提及订婚这件事，我们在很晚的一个地方（1079 行）才听说，而且在三个人碰到一起的伟大场景，他们两个人在很长的时间里互相都没有注意到对方。是奥列斯特让他的姐姐与皮拉得斯订了婚，他确认了这一点（1092）并宣布他想与他们两个一同死去；这并没有阻止这个并不勇敢的新郎说出这样的话："我并不相信这些女人，"当时他是害怕合唱队可能会说出他们的复仇计划。

[152] 例如，《奥列斯特》602，女性组成的合唱队天真地重复了这些话。

[153] 在《地母节妇女》785ff. 中合唱队予以了反驳。

[154] 他的看法或多或少是应该把孩子们从树上摇下来；比较一下弥尔顿，《失乐园》，858。老苏撒里翁（Susarion）在阿里斯托芬的《吕西斯忒拉塔》（1038）中似乎得出了代表了雅典人独特观念的结论，就是女人是祸水："不论是否存在致人死命的瘟疫。"[苏撒里翁被誉为阿提卡喜剧之父。]

[155] 参看 771。另外，有趣的是，在该剧的早些时候她想到自杀时（419 ff. ），她用避免给她的丈夫和孩子制造丑闻找到了合理的借口，这正与雅典人最为关注的事情相吻合——一桩无可指摘的和受人尊敬的婚姻的重要性；母亲后来的不贞会对合法的儿子造成伤害。这在公元前 5 世纪被认为与潘多拉对希波吕托斯的复仇等量齐观。对托勒密 · 赫淮斯托斯来说，老阿尔忒弥西亚爱着达尔达诺斯，一个来自于阿拜多斯的年轻人；她的爱没有得到回报，当他睡着的时候她挖下了他的双眼；当爱情的痛苦愈演愈烈的情况下，她请示了一个神谕，从琉卡狄亚岩石上跳了下去（维斯特曼，《作家集》，第 198 页）。

[156] 结过 14 次婚的泰格莉亚也拥有政治上的影响力。普鲁塔克（《伯利克里传》，24）说，她说服她的所有爱人投靠了波斯，因此亲波斯的党派在这些人都是受人尊敬的公民的那些城邦都占据了优势地位。

[157] 雅典尼乌斯（13. 25）说她把很多漂亮的女人带到了希腊，她的高级妓女到处都有。

[158] 这是一个提前的控告。

[159] 在伪柏拉图的《美涅克斯努篇》，235e。

[160]《论创造》（*De inventione*），1. 31。

[161] 阿道夫 · 施密特（Adolf Schmidt）在《伯利克里时代》（*Perikleischer Zeitalter*）第一卷第 89 页和第 288 页试图做出完全的粉饰。根据施密特，阿斯帕西亚既不是一个妓女也不在任何时候与人订立婚约；在伯利克里死后，她并没有嫁给吕西克里斯，只是接受了他的保护，他只比伯利克里多活了 1 年的时间；阿斯帕西亚可能在雅典平静地度过了她的晚年，长期处于苏格拉底和色诺芬的圈子里，乐此不疲。施密特说，尽管克拉提努斯在《齐罗内斯》（*Chirones*）（大约公元前 440 年）中把她称为"小妾"（*pallaché*），欧普利斯（Eupolis）在《狄米斯》（*Demes*）中（大约公元前 413 年）称她为"娼妓"（*porné*），这些贬义词通常都出

于喜剧作家之口。（古代喜剧创作的）整个时期完全不能为历史人物的评价提供任何根据，这一事实还是被这个重要的学者忽视了，在他的著作中（第113页），伯利克里和阿斯帕西亚的社交圈子看起来就像是属于我们这个时代的某位具有自由主义倾向的教授或者内阁大臣的社交圈。

[162] 由于人们对其他人的生活毫不关心，因此在很晚的时候才出现爱情小说，这只有在希腊人退回到私人生活的小圈子之后才有可能。

[163] 参看普鲁塔克《论爱》（*On Love*）的残篇，部分地建立在柏拉图和悲剧作家的基础上，它强调了激情的病理学的一面。

[164] 那时没有专门的疗养胜地；真的得了病的人会到阿斯克勒庇俄斯神庙去拜祭。单单是为了娱乐跑到很远的地方去是完全不可想像的，为了快乐而旅行的阿里斯提普斯就受到了人们的嘲笑。

[165] 关于泼酒游戏（*kottabos*），参看 Pauly-Wissowa。

[166] 见《普罗泰戈拉篇》，347。其中解释说，在穷人家里，由于缺乏教育，他们不能在喝酒的时候用个人的才能和通过交谈相互愉悦，长笛的演奏者就成为必需的，音乐的原创性也会受到奖励；但是在有教养的人碰在一起的时候就不需要这些，更不需要跳舞女孩和竖琴演奏者。

[167] 伊索克拉底，《战神山演说》（*Areopagiticus*），49。

[168] 这是阿里斯托芬的《黄蜂》（1216f.）中提供的顺序。

[169] 柏拉图，《会饮篇》，176e。

[170] 雅典尼乌斯 2. 2 中的涅斯特乌斯（Mnesitheus）。这可能是另外一个涅斯特乌斯，他是一个医生，他用烈酒来清洗肠胃。他建议，只有使用未经掺水的好酒，不用就什么吃的，而且病人在没有吐出来之前不要睡觉。

[171] 例如，欧里庇得斯在《酒神》中的话，278ff.。

[172] 柏拉图，《法律篇》，637b。

[173]《希腊诗文集》，11. 43。

[174] 雅典尼乌斯，15. 49。

[175] 雅典尼乌斯，14. 43。

[176] 雅典尼乌斯，6. 56。

[177] 在前面提到的时期发生了一种变化，是由坐着改为躺下所引起的，尽管我们没有确切的记载。这可能使谈话变得更为普遍。

[178] 富人卡里阿斯的塑像根本算不了什么。他为他的爱人奥托吕科斯的胜利而欢欣鼓舞，他在泛雅典娜节的赛会上取得了胜利，他的父亲利孔（Lycon）就在场，似乎也没有什么尴尬。漂亮的克里托布鲁斯公开地与克里尼阿斯（Clinias）示爱，这也为人们理所当然地接受下来；克里托布鲁斯已经结婚，在一定意义上克里尼阿斯（4. 23）还是他的长辈。在这里，在安提斯梯尼的身上，我们得到了

最早的一幅犬儒学派的画像，描绘得十分精细。由于他充满智慧，甚至受到卡里阿斯自己的嫉妒（4. 44），他问曾经说过女人基本上是一种文明的存在的苏格拉底，为什么他自己却娶了一个世界上最坏的老婆。苏格拉底回答说，那是因为如果他能够忍受珊提普的话，就能够与任何人和所有的人友好相处了。最后（8）当每个到场的人都被发现正在谈恋爱的时候，苏格拉底就嘲笑安提斯梯尼惟独宣布了爱情。他赞美卡里阿斯对奥托吕科斯的爱（这成为这个城市的流行话题）的崇高性，赫尔莫哥尼斯回答说："我很佩服你的这种既奉承他同时又告诉了他该怎样去做的说话方式。"接着就是苏格拉底关于这种男性之间爱情的邪恶的伟大描述，说这种爱没有精神因素，有损于道德的修养；他庄严地对卡里阿斯再次发表讲话，声言他是这个城市的道德典范。接着奥托吕科斯和他的父亲就离开了，接着就是两个舞者（扮作阿里阿德涅［Ariadne］和狄俄倪索斯［Dionysus］）的哑剧表演和通常的道别，单身男子发誓要结婚，丈夫们赶紧回家与妻子相聚。苏格拉底、卡里阿斯和其他人跑出去追赶奥托吕科斯和他的父亲去了。

［179］这个来自于叙拉古的人说起话来出奇地自由（4. 52ff.），还非常无礼地与苏格拉底搭讪，不断重复着庸俗的雅典人对他的批评（也就是出钱雇佣的供人娱乐的人对客人的那种批评）。苏格拉底接着请求把普通的杂技表演换成一出动人的童话剧，当中的角色包括美惠女神、时序女神和水中女仙（Nymphs）。

［180］参看雅典尼乌斯 613d f.，认为这种传统类型是很让人厌恶的，虽然这种类型在一个好的社会从很早就出现了。在这里，作者发现他可以被用来转移注意力，可以用来摆脱客人的赞美和对安托里库斯（Antolycus）的美丽的惊叹。一种更为过分的讲笑话者会拿每个人开玩笑，甚至包括他自己的儿子，这种人就是魔术师（*planos*），雅典尼乌斯，615e。

［181］雅典尼乌斯讨论了两部《会饮篇》(504c ff. 和 186e，柏拉图的见 192a–f)。

［182］公共场合下的交谈通常在半圆形的空间或者座位中（*hêmikuklion*）中进行；根据普鲁塔克《亚西比德传》，17，业余的政客们在西西里远征前坐在一起，在地上画出了西西里和阿非利加的轮廓。

［183］普罗泰戈拉在 *Prostoon*（柱廊）中漫步，左边是卡里阿斯、帕拉路斯［Paralus］和查米德斯（Charmides），右面是克栅提普斯、腓力匹德斯和他最杰出的学生门德（Mende）的安提墨鲁斯（Antimoerus）。跟随着他们的听众大多数是陌生人，来自于各个城市，被普罗泰戈拉吸引，但也有一些雅典人。所有人都小心翼翼地不要抢在他前面说话；每次他转头的时候，他们就整齐地分立左右，然后继续跟在他和他的六位门徒的身后。在对面的柱廊，西庇阿斯坐在那里，也被很多坐在长凳上的雅典人和外国人包围着；普罗狄库斯拥有一个小空间（oikema），在那儿他坐在一块垫子上，裹着毛毯，也有很多坐在长凳上的听众包围着他。自

由发言在这里也是一个明显的特征（320a）；尽管亚西比德在场，苏格拉底还是说起伯利克里（亚西比德的保护人，在这里假设他还活着）让他的兄弟克里尼阿斯去师从另外一位教师以免亚西比德把他带坏。

[184] 对此，我们请读者参看舍格勒（Schwegler），《希腊哲学史》（*Geschichte der griechischen Philosophie*），90ff. 以及库尔提乌斯，《希腊史》，第三卷，97ff. 。至于名称，普罗泰戈拉是第一个把自己称为诡辩家（*sophistes*）的人。然而，柏拉图却让他解释说，更为谨慎的智者会避免使用这个名字，把他们的技艺假装成是体育、音乐之类的技能的一个组成部分（《普罗泰戈拉篇》，316 d. f. ）。

[185] 例如，柏拉图把高尔吉亚和他的伙伴波路斯当作陷入到苏格拉底设置的种种陷阱的代表，当作不能够掩盖住他们暗地里的邪恶意图的典型。当然他还是使他们大发雷霆了，但苏格拉底还是坚持认为，他很高兴能够赢得论辩的胜利；他宁可受到不公正的待遇，也不去做不义的事情。雅典尼乌斯（504e ff. ）的一条材料站在高尔吉亚一边反驳柏拉图，在高尔吉亚阅读了柏拉图的对话之后曾经说过这样的话，那就是他既没有说过也没有听过这里面记录的那些话。亚里士多德（《修辞学》，3. 18）说高尔吉亚有一种特殊的方法来对付反对者，那就是用冷嘲热讽来对待他们严肃的评论，或者是用严肃的评论来回应他们的冷嘲热讽。当有人问他为什么能够那么健康地活到那么大岁数的时候，他说他从来没有“出于快乐的需要”做任何事情。不论如何，事实是柏拉图写了《普罗泰戈拉篇》、《西庇阿斯篇》和《高尔吉亚篇》，感到必须提到普罗狄库斯，还有在《斐德罗篇》最后部分中的攻击，所有这些都表明他们对他来说是如此的重要。

[186] 据普鲁塔克讲（《伯利克里传》，36），普罗泰戈拉与伯利克里过从甚密，公元前 443 年他曾经派他去苏瑞，去修改那个城市的法律。高尔吉亚肯定对修昔底德产生了影响；菲洛斯特拉图斯说他和伯利克里都是老年人，亚西比德和克里底亚还年轻，当时高尔吉亚使他们成为自己的门徒；伊索克拉底也被认为是他的一个学生。

[187] 尤其是西庇阿斯，根据菲洛斯特拉图斯，《诡辩家传记集》，1. 11。

[188] 在塞普提米乌斯 · 塞尔维乌斯（Septimius Severus）在位期间，菲洛斯特拉图斯说收取费用并不是一件不光彩的事情，因为人们更赞赏那些让他们付出金钱的东西而不是免费的东西，难道人们收取了很多的费用就是因为雅典人很傻吗？

[189] 在他的《安提俄珀》（*Antiope*）的残篇中，欧里庇得斯坦白地说，假使有一定的口才的话就可以从所有的论题中导出一个正题和一个反题（《残篇》，189 Nauck）。

[190] 参看色诺芬《回忆苏格拉底》，4. 4. 6。柏拉图，《西庇阿斯篇》363c. f.，

《高尔吉亚篇》，456。当中他含蓄地但是公开地承认，在对这件事上他们并没有实事求是，而是把它当作一次练习；柏拉图对此进行了歪曲，就好像高尔吉亚的意思是说，每次他们讨论一个专门的话题的时候演说家都能够打败专家。

[191] 对于菲洛斯特拉图斯来说，有别于智者的地方是，首先他是即席演说；然后才是雄辩的力量；并不是柏拉图所说的诡辩术。因为他们拥有这种才能，柏拉图的一个弟子，尼多斯的欧多克修斯，还有拜占庭的勒翁（Leon），都被放在了智者的行列中，就像所有那些拥有杰出口才的哲学家那样（《诡辩家传记集》，1.1 和 1.2）。

[192] 在柏拉图的《会饮篇》198c 中，在阿伽同（Aghathon）对厄洛斯进行了一番绝美的描述之后，苏格拉底说（指的是《奥德赛》第十一卷 633ff.）："我感觉就像荷马中的奥德修斯。我害怕阿伽同将会把高尔吉亚（即蛇发女妖戈尔贡［Gorgon］的头）的头献给我，并一句话不说地把我变成石头作为结束。"

[193] 普罗狄库斯真的用卖门票的方式来朗诵它吗？就像菲洛斯特拉图斯在《诡辩家传记集》的前言中所说的那样？我们在这里还会提到智者安提丰的安慰性质的演说，他承诺说可以帮助人们去除最沉重的悲痛。另外一个辞藻华丽的成就是一个生活在塞浦路斯的诡辩家为布西瑞斯所做的辩护，他在伊索克拉底的《布西瑞斯》中受到了攻击。这个曾经还控告过苏格拉底的贫穷的恶棍，把这些无礼的自相矛盾的内容拼凑在一起无疑就是为了达到某种效果。

[194] 与此形成对比的是，斯巴达人语言上的简洁练达。

[195] 总之，在哲学家们的伦理学讨论之外，智者们的言行一定显得相当耳目一新。

[196] 柏拉图，《小西庇阿斯篇》，368b。

[197] 菲洛斯特拉图斯，《诡辩家传记集》，1. 11。

[198] 柏拉图，《大西庇阿斯篇》，285d。

[199]《普罗泰戈拉篇》，318e。

[200] 他对统计学和经济学的偏爱可能来自于他们的影响。

[201] 菲洛斯特拉图斯告诉我们，普罗狄库斯把年轻的贵族和有钱人的儿子们聚集在一起，他可能有一大帮助手帮助他寻找这样的人。

[202] 普罗泰戈拉的课程要收取 100 明那，比菲迪亚斯挣的钱多。

[203]"神圣的言词"（《云》，1036ff.）已经完全让位给变戏法的，这表达了最坏的智者的一些想法。

[204] 例如，有人会问，智者们是否有过谈论金钱义务之外的话题；或许阿里斯托芬只是希望这样的事情发生，就好像说："诡辩术最终可以做成很多事情。"在苏格拉底的教导下，Pheidippides（"节俭马"）转变成一个能言善辩的人，对此阿里斯托芬说（《云》，1173ff.）所有这些都是一种本地的发展；完全怪不到外国

的智者。

[205] 普鲁塔克，《伯利克里传》，5. 8，在这里，继柏拉图的《斐德罗篇》270a之后，解释说，除了他自身幸运的天赋之外，伯利克里还受到了阿纳克萨格拉理想主义目标的全面影响。我们不能确定普鲁塔克的这一个修昔底德没有记下来的说法的可信度。

[206] 没过多久，就有一个叫狄俄倪索斯的人胆大包天地抢劫了神庙。

[207] 对此，一个邪恶的说明就是在波吕阿努斯的故事中，说到亚西比德如何在一个阴暗的角落里给他的朋友们看一个酷似一个被杀之人的假人来测试他们的忠诚，然后让他们所有人在这件事上都要支持他。所有人都走掉了，除了卡里阿斯，他陷入了这件事中，成为了他最好的朋友。

[208] 狄奥多洛斯，13. 37。

[209] 狄奥多洛斯，12. 27。

[210] 欧里庇得斯，《残篇》，21 Nauck。

[211] 对于这个带有夸张色彩的传说参看普瑞勒，《希腊神话》，2，100f. 。《厄瑞克透斯》的这个残篇保留在列奥克拉特斯的关于来库古的演说中，以这样的叫喊作为结束：“啊，我的国家，如果所有的人都像我这样的热爱你就好了！那样的话我们在这里就会生活在和平当中，不会给你带来任何伤害。”

[212] 欧里庇得斯，《残篇》，597 Nauck。

[213] 议事会执行委员会（*Prytaneis*）的“空手”之说见《和平》（907ff. ）、《地母节妇女》（936）和《鸟》（1111ff. ）中，赛会的裁判都有机会获得一根漂亮的小柱子，在上面可以写一些东西。

[214] 《地母节妇女》，395ff. 。还有涅西劳库斯（Mnesilochus）男扮女装发表的演说，不能说完全没有历史的根据。他说到了与仆人和赶骡子的人的通奸行为，详细地讲述了欺骗丈夫与情人相会的经过，并生了一个孩子作为继承人。后面在555ff.，还讲到了喝酒，给了媒人一些肉作为礼物，假装说丈夫疯了，交换了孩子，实际上他的妻子生了一个女孩，而她的奴隶生了一个男孩等等。这段致词（parabasis）（785ff. ）只能提供一个并不令人满意的借口罢了，首先，男人不论如何都是渴望女人的，第二，男人都很坏。

[215] 晚期古代从来没有像现代的古代学者那样认识到这部喜剧的重要性；在帝国时代阿里斯托芬被看成是一个粗俗的说笑话者，普鲁塔克（《论奉承》，c. 27）认为，恶意和下流的言辞抵消了这位诗人的任何可能的成就。此外，在这当中，是什么使雅典人能够制造出一个像欧里庇得斯的希波吕托斯这样的人物？在现实生活中真的有这样神秘和节制的年轻人吗？

[216] 这就是为什么柏拉图会把阿里斯托芬的喜剧送给想了解雅典政体的老狄俄倪索斯。另外参看威舍尔（W. Vischer），“Über die Benutzung der alten

Komödie als geschichtlicher Quelle”（意思是“论古代喜剧作为史料的利用”），《著作集》（*Kleine Schriften*），第一卷，第 459—485 页。

[217]《修辞学》，第一卷，15. 15。“是的，我们当中没有一个好人吗？”，这种想法是普遍接受的吗？或者是人们都骄傲地说自己是个例外：“我坏吗？”“邪恶”（*poneros*）这个字的意思并不是完全没有用处，而是指一个明明知道什么是好但没有这样去做的罪人。

[218] 在《申辩》30 中，他充满奉承地把雅典比作是一匹体格高大的良马，它惟一的问题就是个头太大，以至于非常懒惰，无须鞭策。就像在修辞学中，亚里士多德和阿那克西美尼都把他们的听众比作“野兽”。

[219] 其他的论点当然指向亚西比德，这表明这样的人是如何在哲学中丢失的。

[220] 在三十僭主期间，就像在法国大革命的时候，强盗出现了，他们大肆掠夺那些毫无防备的乡下人，夺走了他们少而又少的家财。

[221] 在这个时期经常会发生这样的事情，那就是父亲们由于儿子不养他们而把他们告上法庭。参看阿里安，《残篇》，4。苏格拉底曾经责备那些父亲们，他们没有很好地教育他们的儿子，但他们长大以后，一旦他们有了什么需要，就会把他们告上法庭，控告他们忘恩负义。

[222]《法律篇》，872，其中强调了在那些失去秩序的城市，大量的当地人被谋杀。

[223] 普鲁塔克，《道德论集》，834 e ff. 。

第五章　公元前 4 世纪到亚历山大时代

[1] 蒙森，《罗马史》，第二卷，第五章。

[2]“他们已经改变了他们的语言和先前的目标，但是直到今天，他们仍然在庆祝其中的一个希腊节日，那时候他们都记着那些旧有的名字和风习；他们在一起悲泣，过自己的生活。”雅典尼乌斯摘录，633c ；阿里斯托色努斯，写于公元前 4 世纪末，可能错误地相信征服者是埃特鲁里亚人。这座城市建于公元前 438—前 424 年之间。

[3] 蒙森，《罗马史》。

[4] 我们必须注意到，尽管还有漂亮的希腊式的西西里银币，上面有古迦太基文字。

[5] 普鲁塔克，《提墨里翁传》，1。

[6] 同上书，22。

[7] 斯特拉波，13. 1. 59。

[8] 狄奥多洛斯，15. 76。

[9] 参考普鲁塔克，《客蒙传》，19。

[10] 普鲁塔克说（《亚历山大传》，3），当埃菲苏斯的阿尔忒弥斯神庙着了火（公元前356年），“在埃菲苏斯能够找到的所有魔法师”都在他们身边——为了看上去人很多。只有一次这样的证明。

[11] 根据一种可能是官方的地理学，见普鲁塔克，《福西翁传》，29，埃皮鲁斯仍然是希腊的一部分，它从塔纳隆（Taenaron）一直延伸到克劳尼亚（Ceraunian）山区的山脚下。

[12] 狄奥多洛斯，15. 36。

[13] 关于马其顿，参看库尔提乌斯，《希腊史》，第三卷，394ff.。

[14] 参看的主要材料，希罗多德8. 137ff.，忒弥斯家族的谱系表一直延续到亚历山大·菲赫里尼。

[15] 在亚里士多德的《尼科马科伦理学》3. 10中，凯尔特人被认为是所有部族中最鲁莽和最勇敢的，无所畏惧，就连地震和海洋也不怕。

[16] 斯特拉波说，（7，《残篇》，20），培拉是马其顿的商业中心，腓力就是在这座古老的管理城市出生的，并且后来扩大了它。

[17] 哲学起到了化解的作用。因为一个关于城市危机如何起源的描述就能够导致私人之间的争论。参看普鲁塔克，《道德论集》，479a，充满好奇心的奴隶，曲意逢迎的奉承者和充满嫉妒专事诽谤的人被列出来，作为谴责对象：“在内战中，即使罪犯也能得到荣誉。”

[18] 对于后来的波悉尼阿斯来说，很清楚，例如（3. 7. 10），伯罗奔尼撒战争“使希腊的基础分崩离析”。在他幸存的《奥林匹亚演说》（*Olympiacus*）的残篇（33）中，吕西阿斯在宴会上向他尊贵的主人建议通过驱逐狄奥尼修斯来解放西西里，而且用劫掠这位僭主送到奥林匹亚的帐篷——不然的话会用得很多——作为行动的开始。希腊的悲惨状况（在这里指的是整个希腊）被描述如下：“大部分希腊都在野蛮人的手里，很多城市都被僭主毁坏殆尽了；如果仅仅是由于虚弱而呈现如此的状况，我们只能接受现实；但这是由于冲突和争论，那么为什么不制止这一切呢？……在我们的身边充满了巨大的危险；你知道权力掌握在那些控制海洋的人手中，现在波斯国王拥有巨大的财富，感谢这支希腊的雇佣军和舰队，西西里的僭主也是如此。我们必须要做的是就是把我们的分歧放在一边，去拯救我们自己，忏悔过去……”最后，说话者表达了他对斯巴达人的观念的惊讶，他们任凭希腊燃烧，容忍僭主们对大希腊和小亚的希腊人的奴役——对此斯巴达人可能会回答说：“在我们的阿格西劳斯的领导下，我们在小亚反抗波斯人的行动中取得了可喜的进展，直到雅典、底比斯等城邦接受了波斯王的贿赂，起而反抗我们，迫使我们找回了我们的首领。”

[19] 伊索克拉底在他的《腓力》中制造出关于希腊城市的愚蠢幻觉，每个城

市都是自由的，能够派出代表团到马其顿的宫廷去“磋商”，在腓力的旗下都能够和谐相处，同时准备成为他的可以信任的反抗波斯人的盟友。演说家说（68），作为希腊的仁慈的统治者，如果腓力不能做到这一点，他还是能够得到希腊人的爱戴，这比用武力攻占许多希腊城市的成就还要大。实际上，如果这个国民议会能够在培拉成立的话，代表团就会在其他不同的城市受到暗算，那些其要求被腓力拒绝的人会在家乡面临国家的审判。代表团还可以达到以下目的，逃避国王，通过染指那些来自于波斯宫廷的钱财而愚弄他，波斯的宫廷在各个地方都有付费的耳目。

[20] 我们只要想一想塔林顿人对待罗马使节的方式。正是这个因素对西西里的远征负有责任。

[21] 普鲁塔克在《福西翁传》2 中对衰落中的城邦对政治的态度做出了一般性的描述：人们可能认为，当一切运转良好的时候，大众对于好的统治者来说是最不服从的，他们享受着一种行动上的自由和力量；但是相反的情况也发生了——灾难使人们变得郁郁寡欢和易怒；语气稍微强硬一点便会引发攻击性的行为。一个被指责犯有某种错误的人会感到受了奇耻大辱；自由地谈话会被看作是看不起别人……一座充满着意想不到的麻烦的城市充满了抗议，衰弱，不能够坦然面对，只有不得不如此的时候才能够这样；这种局势使得人们完全不可能改正错误。

[22] 参看上文（原文）第 230 页。在公元前 4 世纪这种态度主要表现在伊索克拉底的身上，后来则变得很普遍。

[23] 参看上文（原文）68 页。在奥林匹亚的“议事会厅”（*bouleuterion*）向宙斯发出的誓言足以使他举起双手发出闪电。当然，正是此时买卖赛会胜利的做法或者已经出现了，又或者已经传播开来。在第 98 届奥林匹亚赛会的时候，在拳击比赛中，一个帖萨利人贿赂了三个对手，使他们宁愿挨打。另一种类型的欺骗行为出现在亚历山大时代，兰帕萨库斯的阿那克西美尼按照特奥旁普斯的风格使用他的便利条件仿制成很多赝品卖到好几个希腊国家，从而把它给搞臭了（波悉尼阿斯，6. 18. 3）。

[24]《法律篇》，947。

[25] 例如，参看阿里安，《多变的历史》，1. 25。

[26] 波吕阿努斯，1. 48. 3。

[27] 雅典尼乌斯，166e ff.，引用了一些关于欧布鲁斯和卡里斯特拉图斯（Callistratus）的事情。

[28] 在柏拉图的《拉哈斯》（*Laches*）（179c）中，这些儿子们在这样的事实上责备他们的父亲，即他们在他们小的时候对他们过于放任自流了。阿里斯第德的一个年轻的后人帮人释梦维持生计。

[29]《修辞学》，2. 15. 3。

[30]《希腊史》，第三卷，549ff. 。

[31] 伪柏拉图，《泰格斯》(*Theages*)，126d。

[32] 关于老年的索福克利斯被带上法庭也是父子之间激烈冲突的一个例证。在阿里斯托芬的戏剧中（《鸟》1337ff. ），为了遗产故意杀死父亲的人（*patraloias*）是一个邪恶的人物。的确，诗人并没有表明他是一个雅典人的代表，但是在当代，戏剧中的这种情况并不会宣扬杀父的思想。

[33] 见普鲁塔克，《福西翁传》，7，雅典尼乌斯，165e f. 。参看沙佛尔，《德摩斯提尼》，第一卷，373f. 。

[34] 见普鲁塔克，上引书，20，30，38。雅典尼乌斯（168e）说他受到了普遍的憎恨，被人们嘲笑为一个挥霍者，马其顿将军穆尼齐亚（Munychia）的一个奉承者。

[35] 当哈默狄乌斯的一个后人责备伊菲克拉特还有他的低贱出身时，他回答说：“我们的家族因我而生，你的家族将因你而亡。”普鲁塔克，《道德论集》，187b. 。伊菲克拉特可能过于乐观了。

[36] 除了普鲁塔克，主要的材料就是狄奥多洛斯 13。在这里还要提到，来山德的父亲与国王进行了会谈，这位国王统治了阿蒙尼乌姆附近的地区，因为这种友谊，他的兄弟被命名为 Libys，一个对于斯巴达人来说十分奇怪的名字。

[37] 尽管以他的方式来说，他是一个拯救者；我们不能够忘记这同一批寡头所遭受的人民大众的迫害。

[38] 狄奥多洛斯说，在他最后一次去阿蒙尼乌姆的时候，他带了大量的财宝，这些一定是他征服得来的战利品。然而，他死的时候很穷，他女儿的配偶因此离弃了他们并受到了惩罚：普鲁塔克，《来山德传》，30。

[39] 普鲁塔克，《来山德传》，18。他在另外一个赞颂者的帽子里放了很多的银子，给第三个人戴上了王冠。

[40] 阿格西劳斯跑到塔科斯国王那里可能在政治的原因上更容易得到解释，尽管普鲁塔克（《阿格西劳斯传》，36）承认他不再能够忍受呆在斯巴达，把自己和他的声名卖给埃及人；在雅典尼乌斯 536 中，据说他“跑到国外过舒服日子去了”，因为他不能忍受在家的生活；这是在公元前 338 年，当然这是个斯巴达需要所有的人的时候，在公元前 314 年，阿克罗塔图斯成为阿格里根特人攻打阿伽托克里斯的军事首领；他由于丑闻被放逐了。

[41] 阿里安，《多变的历史》，12. 52，他把这座城市比作妓女，人们只想与她们干一次，从未想到长相厮守，除非他们疯了。

[42]《论和平》，21。在较早的地方（19）他强调拉西戴梦人的帮助，除了他们的胜利之外，并且问：他们会从我们这里得到什么样的和平条约，如果他们在一次战斗中就被打败了？

[43] 狄奥多洛斯（15.63）把雅典在这种情况下给予斯巴达的帮助归功于慷慨。

[44] 比较一下《论神秘仪式》103ff. 中的段落，当中安多西得斯警告雅典人不要由于个别的事例而废除特赦，从而剥夺很多人的人身安全；还有吕西阿斯处理的一个案子，在他的第十八篇演说中，尤克拉特斯（Eucrates），尼西阿斯将军的兄弟，还有他的儿子尼克拉图斯（Niceratus），曾经在三十僭主期间被处决，因为他们拒绝合作。除此之外，民主制度刚刚恢复以后就有人因为一桩莫须有的罪行要求没收尤克拉特斯的地产。起初并不成功，当时似乎在公元前 397 年一个叫菲利乌库斯（Poliuchus）的人重申了这项告发，尤克拉特斯的儿子们用了这样的询问为他们自己辩护（8）："如果这样做的话，谁能够承受我们将要承受的痛苦？在寡头统治期间，我们的家庭成员由于站在人民一边而被杀害，但是在民主制度下，我们却又因为反对人民而被剥夺地产。"演说家接着当面告诉法官们，他们通常会作出能够使演说家得到好处的判决，如果国家能够从中受益的话，没收财产也是合理的；但是事情不是这样，没收的一部分财产消失了，部分被卖掉了，但如果这些钱财仍然在其主人手里并捐助出来的话，国家还可以有所改善。结论是非常有说服力的："为了我们的利益，我不能请出任何证人；因为我们的一些亲人在战争中作为勇敢的人和国家的护卫者倒下了，而其他的人则为了民主和你们的自由在三十僭主期间喝下了毒芹；我们家族的德行和这座城市的灾难都会由于我们的孤立而受到谴责。"（如果我们的一些仍然对公元前 4 世纪的雅典称颂备至的学者能够在那时在雅典生活上一两年就好了。）根据吕西阿斯 34 中的一个重要的假设，当三十僭主倒台之后，人们对大众再次起来反对富人阶级已经感到害怕，一个叫福尔米西乌斯（Phormisius）的人建议公民权应该局限在土地所有者当中，这就会使五千人失去公民权。很自然，吕西阿斯和他的委托人是反对这个建议的，但他们有理由感到害怕。

[45] 安多西得斯的演说《论和平》是一篇关于结束这场战争的论证。演说家列举了公元前 5 世纪雅典人还能够遵守一项和平条约，驳斥那些想继续战争直到斯巴达被毁灭的傻瓜，理由是质问他们想从蛮族人那里得到什么（也就是波斯国王不能容忍希腊有一个占统治地位的力量）。他指出完全没有用于战争的必要资源，强调尽管他们取得了胜利，但在雅典人永远充满敌意的情况下斯巴达人还是摆出了和解的姿态，表明了与阿尔果斯人的联盟是毫无价值的（把这件事与以往雅典人由于与弱者为友、为了别人的利益而不是保护自己的和平发动战争所带来的灾难联系在一起），宣布是通过强迫、狡诈、贿赂和暴行，而不是通过战争使雅典赢得了昔日的伟大。

[46] 安多西得斯，《论和平》，1ff. 。

[47] 参看他所说的（112ff. ）是年轻人造就了最好的演说家。

[48] 关于来自于神话时代的旧法庭的可笑的神龛——被现在的雅典人挤得

满满的——另外参看德摩斯提尼，《反阿里斯托克拉特》，23. 65—79，所有的地方都被提到了（战神山［the Areopagus］，帕拉狄乌姆［Palladium］，德尔斐尼乌姆［Delphinium］，公共会堂［Prytaneum］，还有泉房［Phreattys］中的一个）。

［49］安多西得斯，《论神秘仪式》，149。

［50］参看劳恩斯坦（Rauchenstein）关于德摩斯提尼的《论王位》（*On the Crown*），18. 103。德摩斯提尼继续自夸说（107）正是他的法律改善了一切。伊萨乌斯的第五篇演说是关于狄卡欧格尼斯（Dicaeogenes）的案子，是关于典型的逃避国家赋税的厚颜无耻的行为。“哦，法官们，不要可怜他”，演说家说（35ff.），“好像他很穷，很悲惨，也不要像一个对城市作出什么贡献的人那样给他以好感。我将证明他是一个富人，在与城市、亲戚和朋友的交往中他是一个最大的无赖。他不能逃避捐助的义务。当这么多人出资建造三列桨战船的时候，他却没有任何表示，这当中有些人的财产还没有他从税收中的收益多。当所有的公民倾其所有资助科林斯战争来拯救这座城市的时候，他却一毛不拔，即使在公民大会上承诺的 300 德拉克马也没有兑现。为此，他的名字被写进了国家英雄的雕像前面的名单里，铭文是：以下名单上的这些人没有能够自愿地履行把钱交到人民手里以拯救这座城市的承诺。”关于狄卡欧格尼斯的欺骗和对他的家庭、他的朋友和神庙的卑鄙行径都是经常被记载下来的行为，只是很少有这么多事集中在一个身上的情况。这个人是哈默狄乌斯的后人，尽管他没有在公共会堂［Prytaneum］用餐的权利。令人悲哀的是，这样一个人竟能够大胆地面对法律。

［51］《反埃皮克拉特斯》（*Against Epicrates*），27. 6。下一篇演说《反埃格克里斯》（*Against Ergocles*）也是如此，以对那些通过偷盗国家的财富和在人人都要交纳重税的时候进行贿赂而发了财的人的诽谤作为开始。

［52］这就是柏克在《雅典财政》，第一卷，第 777 页中的看法。

［53］通过使阿提卡能够吸引更多的外邦商人和船主也能达到同样的目的，不仅通过合理的商业法律，而且通过娱乐和宴饮，这些只是为了换取“自由的决定和好感”。

［54］参看吕西阿斯，《残篇》，43。塔尔海姆（22，格奈特［Gernet］）表明，一个诚实的卫士有时会受到法庭委派的官员的错误指控。

［55］很多资料表明，哈里姆斯的情况似乎比其他的德莫要严重。同一个父亲和母亲的儿子们会给予不同的地位，一个人被弃置不顾，另一个则被接纳。登记公民的机关把一些老年穷困之人的儿子从公民的名单中划掉，却把一些外国人的名字放在了里面，在他们当中分享贿赂（每人 5 德拉克马），通常会根据他们付钱的多少决定他们的去留。欧布里得斯的父亲当他充任德莫管理人的时候也曾经拒绝了 10 个人，其中 9 个人被法庭恢复了公民权；在这种情况下，这份公民名单也就轻而易举地丢失了。在对欧克西修斯进行迫害期间，他献给雅典娜的武器被偷

走了，大众嘉奖他的法令也被篡改了；后来据说他自己亲自上阵了，希望告发他的敌人；在他的一所孤立的房子里还发生了一起抢劫。

[56]《反腓力演说》，1. 35。在伊索克拉底的《战神山演说》，53f. 亦然，对节日的狂热被看作是一种疾病。另外一个重要的证据就是普鲁塔克在《道德论集》348f. 中提供的，很可能来自于演说家。花在悲剧演出中的钱被计算出来，还有对一个看到这次计算的斯巴达人的恰如其分的评价，他说雅典人对演戏充满了热情，在剧院花费巨大，完全可以用于远征和军队。把所有花在戏剧中的费用加在一起，大众花在酒神、腓尼基妇女和美狄亚身上的钱确实比通过战争取得霸权和自由的钱要多。捐助人还必须向演员提供长期排练所需的佳肴的费用，而海员却只能吃粗粮、洋葱和奶酪。Justin（6. 9）也有一个段落讲到在伊帕密农达死后雅典斗志的丧失，特别提到节日和戏剧。他评论说，这给了马其顿人强大起来的机会。

[57] 德摩斯提尼，3. 29。

[58] 同上书和《反阿里斯托克拉特》，13. 206。

[59] 就像德马得斯所言，库尔提乌斯，《希腊史》，第三卷，第 730 页。

[60] 波吕阿努斯，6. 2. 2。安多西得斯（《论神秘仪式》，138）描述了等待着那些被绑架和卖掉的人的可怕的命运。

[61] 普鲁塔克（*de prof.* 10）说：“到目前为止他们当中的大多数人都附属于雅典学派。”

[62] 狄奥多洛斯说查雷斯（15. 59）总是小心翼翼地避免敌人和盟友的进攻，在《福西翁传》11 中，普鲁塔克说到，当雅典的舰队到达的时候，同盟者和岛上的居民通常会在港口附近的城墙和障碍物上钉上木栅栏，而奴隶、女人和孩子会集中到城里保护起来；但是当福西翁到来的时候，他们就会划着船出来迎接他，用花环缠绕在长矛上面。另外参看上引书 14 关于查雷斯的部分。

[63] 例如伊索克拉底，《论和平》，50：“确实，我们设置了死刑以惩治腐败，但却把著名的受贿者任命为将军。”55 中讲到：“就像那些将军们一样，我们向外派出了人员，但我们从未在我们自己的事情甚至国家的事情上向人民咨询。”

[64] 23. 166ff. 。色雷斯人克尔索布雷特斯（Cersobleptes）可能会饶恕他，如果不是因为色雷斯相互残杀的风俗的话（腓力也喜欢放过别人的生命）；一个希腊城市正是达到这个目的的恰当的地方。

[65] 参看德摩斯提尼的抱怨，23. 196ff.，现在人们说，提墨修斯占领了科西拉，伊菲克拉特破坏了斯巴达的军营，查布里阿斯取得了纳克索斯战役的胜利，但是发生在过去的著名的胜利比如马拉松战役却归功于城邦。但是在现实中，阿提卡城邦不再能够取得胜利，而是有能力的将领率领的雇佣军。

[66] 雅典尼乌斯，532b。

[67] 23. 196ff. 。在 185 我们发现："查理德姆斯会得到你较好的报偿，如果不是有人告发他的话。但这不会使演说家满意；他们坚持宣称他是一位公民！一位捐助者！让他获得王冠和礼物吧！为此他暗地里贿赂了他们，你们坐在那里蒙在鼓里，对发生的一切莫名其妙。"

[68] 德摩斯提尼，3. 29，相似的情况出现在 23. 207ff. 。

[69] 在优卑亚的一次胜利之后，福西翁曾经释放了所有雅典俘虏，因为害怕雅典的演说家会鞭打和虐待他们，普鲁塔克，《福西翁传》，13。

[70] 他似乎曾经是一个类似于人民领袖的人，由于他的贪吃不惜行使贿赂。根据普鲁塔克（《道德论集》，525c. f. ）。有一次当他看到福西翁吃早饭的时候，德马得斯感到非常震惊，心想这位政治家完全不知道满足；为了他的肚子，他才成为一个人民领袖。安提帕特乌斯（Antipatrus）见到过老年的他，说他就像一个放上祭坛的牲口——什么也没有，除了他的舌头和大肚子。

[71] 希波里得斯在他的《为尤克斯尼普斯辩护》(*Defence of Euxenippus*)（33）中，对波吕乌克图斯（Polyeuctus）对无辜的尤克斯尼普斯进行的可耻的告发发起了进攻："世界上没有一个国家，也没有一个王公，或者某个民族像雅典的人民大众那样宽宏大量的了，因为我们不会坐视那些受到诬告的人受到损害，不论这个诬告者是个人还是群体，我们还会去帮助他们。"接下来是一个从那些无辜人士那里没收财产的目录，献媚者们正是用它们去白白地贿赂人民大众。一个叫提西斯（Tisis）的人试图没收尤西克拉特斯（Euthycrates）的（60 塔兰特）的财产；接着，他又提出建议没收菲利浦斯（Philippus）和瑙西克里斯（Nausicles）的财产，他们都是银矿主；但在这里他犯了个错误，被指控犯有应该剥夺公民权（*atimia*）的罪行。另外一个叫来山德鲁斯（Lysandrus）的人要告发帕勒涅的埃皮克拉特斯（Epicrates），他是一个银矿的矿主，最富有的公民都是持股人；他许诺说没收所得可以给城市带来 300 塔兰特的收益，但是法官们坚持法律，重申了他的公民权。在进行了一些关于这样的没收对城市造成的危害的更深入的讨论之后，演说家质问道："如果挣钱有害的话，那么谁还愿意冒这个险去赚钱呢？"但是一个更加合理的问题是，在其他情况下，人民大众在多大的程度上接受没收的做法？可能希波里得斯列举的事情都是例外。

[72] 如果这种事情存在的话，亚历山大里亚的学者们是会提到的。正像事情所显示的那样，当腓力到了伯罗奔尼撒的时候，斯巴达人没有什么可以反对他的东西，除了他们严酷的拉西戴梦主义，在他的霸权期间，我们没有从底比斯那里得到什么直接的证据。非常遗憾的是普鲁塔克没有留下伊帕密农达的传记。

[73]《反腓力演说》，2. 27。对雅典虚荣的一次类似的批评出现在 23. 107，其中奥林提亚人（Olynthians）被当作雅典人的榜样。

[74] 希波里得斯，《为尤克斯尼普斯辩护》33f. 。尽管在这个时候已经有人

放出风来说亚历山大已经在亚细亚。

[75] 普鲁塔克在他的《德摩斯提尼传》7 中说到演员萨提鲁斯（Satyrus）如何帮助德摩斯提尼提高他的演说技巧，当时他正在绝望于没有合适的听众，粗俗的酗酒者充满了演讲台；但是我们怀疑世界上最好的演说能否打动这帮人。但是德摩斯提尼自己（8）却相信对言语流畅的关注是民主制度的标志，而对演说的无动于衷则是典型的寡头制下的现象，因为他们更多地依靠强制而不是劝导。后来，当他开始得到大众欢迎的时候，内行人士却认为他的演说粗俗，平白和廉价(11)。福西翁被认为是一个能够用最简洁的形式传达最富有意义的内容的说话者。在很长的时间内，最坏的演说家最为成功，完全不依靠雄辩的口才。

[76] 普鲁塔克（《德摩斯提尼传》，12）说到人们选择德摩斯提尼作为希腊权利的维护者给他的政治生涯提供了一个大好的机遇；他打了漂亮的一仗，他充满激情的演说使他受到全希腊的敬仰，他从波斯国王那里也赢得了很高的赞誉，甚至还得到了腓力的好感。

[77] 参看关于波斯人的回报的部分，从维斯特曼中引用的段落见保利的《实用百科全书》，第二卷，第 970 页。

[78] A. 沙佛尔作出了一篇对他的合理的辩护。

[79] 参看普鲁塔克，《德摩斯提尼传》，14，他得到了处决叛国者的权力。

[80] 据说，最初腓力真诚地希望与海上力量最强的雅典达成协议，但是雅典不愿意放弃他对柴索尼斯的保护权，但是腓力也需要它为他的征服亚细亚的计划服务；这主要说明阿提卡国家的虚假性。为了自己的存在而依赖于这样一个遥远的和靠不住的地方，这一直是一个错误的认识。

[81] 为了和平以及与腓力的友谊而把一些相反的论调搜集起来并不困难，甚至可以使用德摩斯提尼自己引用的某些事实，就像欧芮奥斯事件，以达到相反的效果。对喀罗尼亚战役的回顾，列举其好的一面，以及后来又如何对雅典造成了很坏的影响，都在《论王位》中说得很清楚了（《演说》，18）。

[82] 普鲁塔克，《德摩斯提尼传》，20。传统上雅典人能够接受的故事的其他部分无疑是琉善在《食客》（*Parasites*）42 中记下来的，当中他这样描述了雅典伟人们的行为："伊索克拉底从来没有进过法院，更不用说战争了，或是出于胆怯，或是因为他无话可说。德马得斯、埃斯奇尼斯和菲洛克拉特斯把他们自己和这座城市都卖给了腓力，成为他在雅典的奸细……希波里得斯、德摩斯提尼和来库古则在公民大会上装出如此勇敢、如此大声叫嚣反对腓力的样子，但是他们在战争中又做了些什么呢？希波里得斯和来库古从未跨出城门半步，而是躲在家里没有为议事会提出任何动议和决策；而这位最重要的演说家，经常在公民大会咆哮着这样的言词：来自于马其顿的懦夫，从那里你们甚至买不到一个体面的奴隶！最远就跑到彼奥提亚，在面对面的肉搏开始之前就扔掉了盾牌跑掉了；所有这些情

形全世界的人都知道。”参看普鲁塔克，《德摩斯提尼传》，8，关于他“在战场上的怯懦”，因此，当德马得斯以此谴责他的时候，他没有马上回答。同上书，3，记载了他“在危险和战争中表现出来的怯懦。”

[83] 普鲁塔克，《十位演说家的生平》中关于希波里得斯的部分，《道德论集》，848d ff. 。这个建议将挑战人们的信仰，所以也没有出现在戏剧中，来库古在他的《反列奥克拉特斯》41 中几乎用悲喜剧的方式描述了喀罗尼亚战后的局势。

[84] 希波里得斯，《为尤克斯尼普斯辩护》，18ff.，其中也列举了受到“国家控告”（*eisangelia*）的法律保护的案例。在这里公开声言，因为演说家享有由于他们的政治行为所带来的荣耀和特权，所以让那些非演说家（*idiotas*）来为演说家造成的危险负责是不公平的。

[85] 在颁发给他的嘉奖令中说，当他负责金融事务的时候（12 年，公元前 338—前 326 年），他把国家每年的税收提高到 1200 塔兰特。波悉尼阿斯对他的看法就像对第二个伯利克里的颂词。“他征收来的税收超过了伯利克里时代达 6500 塔兰特；他为女神的节日建起了（全新的和更为漂亮？）的设施（*pompeia*），献给 100 位少女的黄金的胜利女神和装饰，还有战争中使用的攻城设备和 400 艘三列桨战舰；他主持修建的其他工程包括剧院的完工，其他的已经开始，还有比雷埃夫斯港的军械厂和西吕昂的运动场。”有一件事是他所不能改变的：公民兵还是在喀罗尼亚被打败了，在他死后不久，在拉米亚战争中再次失利。

[86] 尽管他很富有，但他不论冬夏只穿一件斗篷，只有在绝对必要的场合才穿上便鞋。他还征收了 6000 德拉克马的罚金以禁止妇女乘坐四轮马车前往埃留西斯，这样的话，穷人不会由于富人而感到自卑；当他的妻子违反了这个禁令的时候，他付出了 1 塔兰特，但给了告发者。在人格上，他似乎与有道德的雅各宾（Jacobin）相似。

[87] 考得鲁斯是雅典传说中的国王，那时雅典正受到已经征服伯罗奔尼撒半岛的多利亚人的威胁。一个神谕告诉他们，如果他们派国王出征的话就会取得胜利，于是考得鲁斯乔装打扮到了多利亚军营，挑起了一场争端，之后被杀，接着多利亚人就退兵了。——编者注

[88] 雅典人沉湎在他们的虚荣心中，后来他们真的相信这样一个故事，即在征服底比斯之后，亚历山大给做了很多承诺的雅典人送了一个口信，说他们应该处理好希腊的事务，因为如果他死了的话，他们将统治希腊，普鲁塔克，13。

[89] 参看 17，25，26，59。

[90] 参看（原文）第 389 页注释 30，其中说了这样的一个事实，来库古开创了一个先例，在音乐赛会上开始使用奖金；没有奖金的话，人们就没有足够的参赛热情。

[91] 从保存下来的希波里得斯的控告演说，我们引用其中的一个很小的部分来看一看演说家当时的境遇："你们发自内心地嘉奖将军和演说家，远远超出了法律允许的范围，但是有一个限度，就是他们必须通过你们获得这些，而且不会损害你们的利益。德摩斯提尼和德马得斯（也就是从前的对手）每个人都得到了超过70塔兰特的钱财，还不算上从波斯王宫和亚历山大那里得来的金钱。但是这些都不能使他们满足，他们已经接受了以这个国家的存在为代价的礼物。"

[92] 普鲁塔克，《德摩斯提尼传》，26。当然说这些话的这些人从来没有十分认真，只是相互劝诫罢了。德摩斯提尼很快就回到了政治的舞台。

[93] 普鲁塔克在《德摩斯提尼传》27ff. 中记述了德摩斯提尼的最后的日子，当然是充满了虚构的逸闻趣事。

[94] 德摩斯提尼当然希望不惜一切地把他的雅典城变得更为强大，只有到那个时候才能确立其在为希腊的自由斗争中的领导地位，参看B. G. 尼布尔，《语言学论集》（*Kleine Philologische Schriften*），第一卷，480。

[95] 阿里安，《多变的历史》，3. 24。

[96] 参看库尔提乌斯，《希腊史》，第三卷，第258页："这一毕达哥拉斯主义的教义是改革派的，它是关乎整个人类的，而不仅仅是关于心灵的。这是希腊主义的一个理想，目的是在生活中得以实现，那些对此深信不疑的人必须努力去传播这种思想。"

[97] 善良的狄翁如何被他的道德教师分派了任务，参看普鲁塔克，《论奉承》，29（《道德论集》，69f.）。由于狄翁惊人的个性和行为使他得到所有人的喜爱，柏拉图警告他要戒绝骄傲，斯佩西普斯（Speusippus）在一封信中告诉他受到这么多女人和年轻人的青睐之后不要过于自负，而是应该通过为西西里带来虔诚、正义和好的法律而为阿卡德米增光。

[98] 在一定程度上，这些哲学团体的观点在《苏格拉底传奇》（*The Sign of Socrates*）中说得很清楚了，其中普鲁塔克尝试着创造出一种谈话中的历史小说，运用足以说明问题的文献，哪怕是残篇，尽可能地考察时空的背景。故事是关于聪明的泰阿诺尔（Theanor）、出身高贵的克罗托尼阿特（Crotoniate）到达底比斯去把里西斯的骨头带回意大利；他的死讯是由他的魔鬼带来的。他还想报答伊帕密农达的父亲波力姆尼斯，因为他对里西斯的热情款待。尽管他了解到这个教派举行的所有特殊的仪式都是由他的底比斯友人来完成的，他们不会接受他的钱，因为里西斯用了自甘清贫的理想来激励他们——"最好的看护者和心爱的伙伴"——教导他们毕达哥拉斯教团的苦行主义责任。里西斯在那里发挥了最后的作用。参看库尔提乌斯（注释96）关于伊帕密农达的教育的论述。

[99] 然而，波吕阿努斯说，他并没有毁灭斯巴达的原因是，如果这样做，底比斯就会加入他的伯罗奔尼撒同盟，加入一场只能羞辱斯巴达而不能增强底比斯

的力量的战争。

[100] 普鲁塔克（《提墨里翁传》，20）述说了提墨里翁的人民如何责备那些加入迦太基军队的希腊雇佣军。

[101] 根据奥林匹欧多洛斯（Olympiodorus）在他的《柏拉图生平》（*Life of of Plato*）4 中的说法，已经犯下可怕罪行的狄奥尼修斯非常骄傲于他的作为仲裁者的能力，并向柏拉图夸耀自己。

[102] 在这些泛希腊人中，为死者举行的仪式通常都非常铺张浪费。提墨里翁的葬礼游行也是一个非常壮丽的节庆活动（普鲁塔克，《提墨里翁传》，39）。

[103] 我们不要讨论阿尔忒弥西亚是否真的在饮酒的时候喝下了一些她丈夫的骨灰，就像格里乌斯（Gellius）（10. 8）和维勒里乌斯 · 马克希姆（4. 6）所说的那样。从维特鲁威的记述中，作为一个寡妇，她并不是十分悲伤。她表现出力量、狡猾和与罗得斯人的战争中的坚韧。据说她彻底地征服了罗得斯，为了她的胜利而在那里建立起一座纪念碑，（用铁）作为罗得斯的标志。即使在很晚的时候，罗得斯人还是不敢拆掉它，而是在它的上面建了一个称为 *abaton*（意思是“不可接近”）的瞭望塔。

[104] 狄奥多洛斯，16. 94。可以比较一下狄奥 · 卡西乌斯对无法无天的多拉贝拉（Dolabella）的看法，当时他为得到了恺撒的宽恕而感到绝望：“他想在死去之前做一些真正邪恶的事情，以声名永存。”普鲁塔克在他的佩洛皮达斯的传记和《苏格拉底传奇》中说到底比斯的解放的时候，在谋反和危机的细节上津津乐道。在这里，普鲁塔克与文艺复兴时代的意大利作家心灵相通。

[105] 参看上文（原文）第 31 页。

[106] Justin，16. 5，阿里安，《残篇》，86。

[107] 狄奥格尼斯 · 拉尔提乌斯，5. 6. 6，另一个版本见《苏达辞书》，*s. v. Heraclides*。

[108] 雅典尼乌斯，7. 33f. 。其中可能包含了一个双关语，*zen* 与 Zeus 和 Zenos 相近。

[109] 普鲁塔克在他的《阿格西劳斯传》21 中说到这封信送给了阿格西劳斯。阿里安在《多变的历史》12. 51 中也说到了宴会的事。一个迦太基人阿诺对凡人的地位十分不满。他买了一些鸟，秘密地训练它们说“阿诺是一个神”，然后把它们放飞。但当它们自由之后它们就开始唱它们自己的歌，完全忘记了阿诺。阿里安，同上书，14. 30。

[110] 普鲁塔克在《道德论集》602b 中显然在他的格言中使用了一个旧有的资料，即离开家乡生活在别处不但是不高贵的，也是不正义的；例如，一个斯巴达人要以其城邦为荣，即使它处在可耻的黑暗和政治上分裂的状态！

[111]《道德论集》，604d f. 。欧里庇得斯表达了这样一种观念：*ubi bene, ibi*

patria——我的家就是使我感到了回到了家的地方——见残篇（Nauck 1047）“老鹰飞过每一片天空，只要有好人的地方都是它的家。”

[112] 早在吕西阿斯（《演说》，31. 6）的时候，就有了一些对那些能够提供舒适的待遇而感到满足的人的指责；他说它们并没有把这座城市看作是自己的家，而是他们的钱袋。

[113] 波悉尼阿斯，1. 18. 8。对于德摩斯提尼的死，波悉尼阿斯也当然也表达出了一种希腊人可以接受的看法：“对我来说，真实的情况就是，如果有人完全把自己投身于政治，完全依赖于大众而生存的话，就一定不会善终。”（同上书，1. 8. 4）。

[114] 参看普鲁塔克的重要文献 *Mor.* 793，谈到关于老年人还有年轻人的身体锻炼，甚至在帝国时代。

[115]《政治学》，8. 3；他说到了那些最重视教育的城市，它们的目标是把所有的孩子都培养成运动员，而斯巴达人却极力避免出现这种情况，把他们变成了好战的动物（这对他们并没有多大作用）。

[116]《政治学》，8. 4。他计算了一下，在奥林匹亚的获胜者当中只有两三个人既是男孩又是成年人。

[117] 波悉尼阿斯，6. 5. 3。波吕达玛斯是第 93 届奥林匹亚运动会的优胜者。

[118] 狄奥多洛斯，14. 109。狄奥多洛斯的船在返回西西里的路上遇到风暴，被吹到塔林顿。这位僭主受到了他的奉承者的安慰，告诉他，他的天才引起了人们的嫉妒，他继续勤奋地写作，请著名的诗人来帮他修改诗作。这些合作者对他是如此地赞美，以至于他对自己在诗歌上取得的成就比军事上的胜利还要看重；根据一则著名的轶事，只有菲洛克瑟努斯拒绝说这样的话，狄奥多洛斯 15. 6。参看上文（原文）321 页关于狄奥尼修斯送给雅典的获奖悲剧的故事，以及第 175 页（原文）讲到他有时候能够成功地劝说外国拳击手放过他们这些叙拉古人。

[119] 参看雅典尼乌斯第 9 卷中列举的很多发展趋向的清单。

[120] 例如，他抱怨说，他们的讲课费多达 3 或 4 明那（他自己收取 10 明那），然而，他们却装作鄙视金银的样子；他们对不合逻辑的事情十分警觉，但只是在理论上而非生活中；声称能够预知未来，但对现在却毫无感觉，还不如那些普通人，他们只是遵从他们目前的看法，但却比炫耀学问的人做起事来更加专注和得体。那些自居为政治教师的人也受到了相似的攻击。对于这些笨蛋，伊索克拉底说他们还没有普通人写作水平高，即兴演说能力强，但却向他们的学生许诺说能够使他们成为修辞学家。他说，众所周知，很多人学习哲学（希望成为政治家或者演说家），但却没有成功，而那些与这些智者毫无关系的人却凭借他们的天才和实践成为了著名的演说家和政治家。

[121] 参看雅典尼乌斯的关于梯林斯人的故事（261d），以及克里特的法伊斯

图斯（Phaestus）的居民传统上所具有的非凡的智慧。

［122］对于这种打趣参看尼采，《悲剧的诞生》，9，卡尔·施莱赫塔（Karl Schlechta）编辑。（主要的内容是："当我们尝试着直视太阳之后，就会感到头晕目眩，转过身来之后，作为一种补偿，我们的眼前就会出现一些阴暗的带颜色的斑点；相反的情况就是戴着阿波罗面具的索福克利斯的英雄的明亮清晰［即摄影效果］；这是我们洞悉自然内在的可怕之后产生的必然后果，就像经历过可怕的黑暗之后，明亮的斑点就会治愈我们的知觉那样。因而，这就是我们所理解的希腊笑话的真正含义；当然，在今天我们总是会错误地把这种打趣看作是心灵平静的一种干扰。"）

［123］例如，雅典尼乌斯引用（338a）《可笑的回忆》（*geloia apomnemoneumata*）当中有一个叫阿里斯托德姆斯（Aristodemus）的人，还有 348d f.，说到公元前 4 世纪一位著名的竖琴演奏者斯特拉托尼库斯的笑话，被亚历山大里亚的马克翁在悠闲的短长格诗中再次提到；这完全是一种奇特的爱好，有一些达到了无聊的地步。斯特拉托尼库斯从散文作家（同上书，350ff.）那里搜集来的笑话可以用来全面地了解希腊人的幽默。（根据厄福洛斯，斯特拉托尼库斯的机智模仿了伟大的西蒙尼德。）雅典尼乌斯也提供了（98c）很多老狄奥尼修斯创作的格言，还有演说家德马得斯和其他一些人关于种种事务的多少有些风趣的描述。当真正的诗人去做这些事的时候，他们通常都很大胆，但也很尖刻和恰当。但在公元前 4 世纪这却成为博学人士的一种休闲的方式。因此，狄奥尼修斯把 *menandros*（期待男人）用在 *parthenos*（处女）上面，因为一个处女"正在等待一个男人"，把 *menecrates*（坚实有力）用在 *stylos*（柱子）上面，因为一根立柱是非常粗大和结实的；还有"*muon diekdoseis*"（老鼠洞），"*mysteria, hoti tous mus terei*"（密仪就是老鼠打洞）等说法。他想表现出机智；德马得斯的努力更多的得到的是陈词滥调，他把埃吉纳称为"比雷埃弗斯眼中的黏液"，萨摩斯是从雅典分离出来的一块土地，男青年是人们的春天，城墙是城市的长袍，号兵是雅典人的猎狗。因为，他被人们称为"名称猎人""the name-hunter"。像这样一些婉转的说法，有些富有诗意，有些十分有趣，都是雅典尼乌斯（10. 70）从安提丰的残篇中摘录的。语言的优美无疑是主要的目的，尽管他们看上去有些费解。拉科尼亚风格的作品（Laconisms）也同样被搜集起来。

［124］雅典尼乌斯，260a，614e。西塞罗说雅典人、西西里人、罗得斯人和拜占庭人被认为是最风趣的民族（《演说》，2. 54. 217）。阿尔果斯、科林斯和底比斯没有被提到。

［125］参看雅典尼乌斯，10. 46，关于围绕在腓力身边的 *bomolochoi*（喧闹的使节们）。

［126］参看（原文）第 332 页。

[127] 参看雅典尼乌斯 14. 3，关于雅典的智慧之多（*plethos tes sophias tautes*），包括 60 种智慧。这保持了一种可以认出来的风格（*eidos*），可以招募一些临时的竖琴演奏员，可能因为没有了竖琴演奏的需要，或者笑话的收入更高。

[128] 据雅典尼乌斯（10. 86）说，克里阿库斯很喜欢从前的猜谜方式，对黑色笑话、关于食物的问题、以亲吻作为奖励、因为喝未经掺水的酒倒会受到惩罚等新生事物则颇有微词。

[129] 阿里安（《多变的历史》，3. 35）记载在较早的时候，在学园里是不允许笑的；这个地方不允许所有吵闹和轻浮举止的存在。

[130] 雅典尼乌斯，12. 42. 41 引用的特奥旁普斯的话，参看阿里安，《多变的历史》，7. 2。

[131] 雅典尼乌斯，12. 64f. 。他的演讲逻辑上的结论就是在那时世界上最幸福的人就是波斯的国王；与他相比，小狄奥尼修斯（他那时在塔林顿的大使是波吕阿库斯）是小巫见大巫了。

[132] 琉善，《死者的对话》（*Dialogue of the Dead*），9. 2。老狄奥尼修斯的朋友非洛克瑟努斯希望他能够拥有一只鹤的胃，在新喜剧中，一个厨师仍然高兴地把西西里人拉波达库斯（Labdacus）说成是一个革新者，雅典尼乌斯 9. 68。

[133] 见雅典尼乌斯 8. 15 中的《阿斯托狄达斯卡洛斯》（*Asotodidascalos*）。

[134] 雅典尼乌斯 7. 12f. ；8. 14 中的例子。

[135] 参看雅典尼乌斯 8. 28f.，其中甚至包括了亚里士多德；在雅典尼乌斯中，整个这个话题充满了人名。

[136] 例如，关于吕底亚人的特产“candaulos”，雅典尼乌斯，12. 12。鹅肝在欧布鲁斯被认为是一种美食。

[137] 雅典尼乌斯，6. 4—11。阿齐普斯（Archippus）甚至还写了一部名为《伊奇特斯》（*Ichthyes*）的戏剧。

[138] 里贝克，《奉承者》（*Kolax*）（莱比锡，1883）。

[139] 雅典尼乌斯 6. 28。他的食客说：“我和任何我喜欢的人吃饭；他只需派人去请我，那些不需要我来的人就无需请我，但不论如何我也要去。我出色地表现自己，使每个人都笑逐颜开，赞美主人。如果有人胆敢冒犯他，我就会把他叫到一边责备他。我吃够喝够之后就走人。没有奴隶在我前面举火把。我孤身一人在黑暗中蹚过泥泞的水坑。”

[140] 食客当然很反感野餐：“不论是谁发明了吃其他人的食物的风俗，他真的是大众的一个好友——但是那个想出让所有的客人都自带食品的人——让他破产而遭到放逐，”欧布鲁斯的一个人物这样说：雅典尼乌斯，6. 35。

[141] 邀请他的真正的动机是为了确保至少有人对主人讲的笑话发笑，参看雅典尼乌斯中 12. 42 的马克翁。

[142] 雅典尼乌斯 6. 35 中的安提丰。

[143] 雅典尼乌斯 10. 19 中的阿来克西斯和狄菲路斯。

[144] 雅典尼乌斯 6. 37 中的阿克西奥尼库斯（Axionicus）。一位食客偶尔也会因为其贪食而受到人们的喜欢，就像雅典尼乌斯（10. 18，阿来克西斯引用）中提到的那位，他只顾默默地吃饭，吸气，只是用点头的方式回答问题。

[145] 雅典尼乌斯 6. 43 中的卡里斯托斯（Carystos）的阿波罗多洛斯。一次婚礼上的客人人数被限制在 30 人；官员清点人数后发现一位食客正好是第 31 位，于是试图把他赶出去，于是他说："再点一遍我们的人数，这次从我开始。"（雅典尼乌斯，6. 45）。

[146] 雅典尼乌斯 6. 39。阿里安也给出过一个著名的奉承者（*kolakes*）的清单以及关于他们的基本情况。（《残篇》，107f. ）

[147] 普鲁塔克，《论奉承》，14. 16。继承者们的食客使奉承的艺术达到了一种罕见的完美；我们可以从普鲁塔克描述（同上书，17）的托勒密 · 菲洛帕特尔（Ptolemy Philopator）身边的那群宫廷奴隶对他的诗歌和文章的阅读所表现出的批评态度，以及对他的罪行和酒神节的过度所给予完全的沉默当中可以看出。

[148] 参看雅典尼乌斯，13. 6ff. 。例如，阿来克西斯让某人说："我们男人知道如何去宽恕一个错误，但是（女人）在她们自己错怪了别人的时候就只知道抱怨。她们到她们不该去的地方，放下手中应该完成的工作，还要一派胡言。"阿穆菲斯（Amphis）说妓女的财富是她的目标明确，而家庭主妇则坚守她的权利；他得出结论说，首要的是讨人喜爱。

[149] 亚里士多德，《政治学》，2. 6。普鲁塔克，《阿格西劳斯传》，31。

[150] 研究希腊文学的艾尔文 · 罗德把它们的时间确定在不早于公元前 1 世纪，并认为它们来源于亚历山大里亚，但承认受到了老毕达哥拉斯学派观念的影响（《罗马史》[*Der griechische Roman*]，第 67 页）。

[151] 普鲁塔克，《佩洛皮达斯传》，18。

[152] 雅典尼乌斯（13. 21）引用了 7 部以妓女的名字为名的喜剧。

[153] 参看雅典尼乌斯 13. 6 中的安克西拉斯（Anxilas）。

[154] 例如雅典尼乌斯 13. 6 中的欧布鲁斯，同上书 23 中的阿来克西斯。

[155] 参看雅典尼乌斯，13. 29。

[156] 见《威廉 · 迈斯特的学习时代》（*Wilhelm Meisters Lehrjahre*）。

[157] 诗人琉卡斯的菲拉伊尼斯（Philaenis）在她的墓志铭中得到了辩护，由埃斯克里翁（Aeschrion）撰写，罪名是她写过《论淫荡文学》（*to peri aphrodision akolaston syngramma*），实际上这是雅典人波吕克里特的作品。

[158] 戈莱西亚对哲学家斯提尔波（Stilpon）说，指的是《败坏青年》（*diaphtheirein tous neous*）的后记："对于生活的不幸来说，他们与一个高级妓女或

者一个哲学家生活在一起没有什么分别。”

[159] 阿里安，《多变的历史》，12.5，14.35。

[160] 普鲁塔克，《十位演说家的生平》，其中关于伊索克拉底的生活。

[161] 波悉尼阿斯，1.37.4；雅典尼乌斯，13.67；普鲁塔克，《福西翁传》，22。

[162] 阿里安，《多变的历史》，2.34，11.9。

[163] 普鲁塔克，《国王》，《伊帕密农达》，21。公元前6和前5世纪的富人并不害怕危险。关于伊帕密农达的贫穷的论述似乎是逸闻趣事的拼凑，见阿里安，《多变的历史》，5.5。

[164] 普鲁塔克，《福西翁传》，18。当送信人到他家的时候，他们看到他的妻子正在做面包，福西翁自己正在从井里打水来洗脚；他可能没有奴隶。阿里安（《多变的历史》，1.25）提供了更多的细节，但似乎有一部分是编造出来的。

[165] 就在他死之前，福西翁对一个和他一起判处极刑正在哭泣的人说："为什么？你跟福西翁死在一起还不感到快乐吗？"

第六章　希腊化时代

[1] 来自于克里阿库斯的这个关于香水和化妆的段落似乎就说明了这一点（雅典尼乌斯，15.35）。

[2] 尽管琉善的作品出现得很晚，到了帝国时代，在一篇同名的对话中，他让阿纳卡西斯用了一种戏谑的口吻说到那些与此有关的运动员。他自夸说，只要用他的短剑就能把在拱廊里嚎叫着的古铜色的体操运动员全部赶走，声称体育比赛的做法与严肃的战争准备完全是两码事。琉善在《德墨纳克斯》16中再次记述了奥林匹亚的优胜者甚至在罗马帝国时期仍然傲慢无礼。当德墨纳克斯嘲笑了一个穿着花朵形状的束腰外衣的人的时候，这位运动员就向他扔了一块石头，砸伤了他的头。

[3] 与此相关的是，雅典人总是认为自己是对的，在他们纪念那些战争中死去的英雄的时候，他们并不在战争是否打赢上面作出区分。在比雷埃弗斯的雅典娜神庙中就有阿克西劳斯画的拉米亚战争中的将军列奥斯提尼和他的儿子们的画像，波悉尼阿斯，1.1.3。

[4] 雅典尼乌斯，1.34f.。

[5] 雅典尼乌斯，10.6：13.15（来自于喜剧作家）。阿里安，《多变的历史》，1.27，2.41。（在这些酒鬼中有好几个塞琉古人。）

[6] 清单和详细的描述见雅典尼乌斯13.37.39f.，42，同上书53，是关于伊壁鸠鲁的情妇和他的学生列奥提翁（Leontion）的事情。

[7] 其中的一个很长的摘要见雅典尼乌斯13.39.41f.。

[8] 见上文（原文）124 页。琉善与佩里格瑞努斯（Peregrinus）合不来可能不仅是由于他开明的观念，实际上他总是很害怕会导致新宗教产生的任何迹象。

[9] 其中一部分来自于 W. 赫尔比，《坎佩尼亚地区瓶花艺术研究》，第 185 页。

[10] 例如，据记载，当阿瑞斯塔格拉斯（Aristagoras）在斯巴达的时候，他华美的爱奥尼亚打扮引起了一些人的议论，说米利都的风俗应该在家乡保持。空洞的诺言被称为查雷斯（阿提卡著名的雇佣军领袖）的诺言。一桩塔那罗斯的犯罪行为是关于一起非常严重的犯罪，原因是斯巴达人在塔那罗斯杀害希洛人。一个大胆的回答是西徐亚人说出的，因为这个西徐亚人告诉大流士他将不得好死。当一个法官习惯性地推延了判决的话，人们就会说“布里阿斯（Bulias）正在坐着”，这个说法来自于一个关于埃里斯和卡里尼（Callione）之间的争端的故事。一个宁肯自己毁掉某种东西也不让敌人去做这件事的人会说就像薛西斯时的雅典人那样，“这个米底人不会小心翼翼地把这个保存起来的。”一个不用信守的诺言被称为“一个腓尼基人的誓言。”特尔潘德（Terpander）因为用他的歌声平息了斯巴达人的内讧而闻名于世，于是斯巴达人用于表达和解之辞的说法就是“就像来自于莱丝波斯的歌手那样。”即使来自于旧阿提卡喜剧的微小的冒犯之辞在亚历山大里亚也很流行：“佩尔迪克斯（Perdix）的大腿”用来指阿提卡的一个瘸子店主，这个人在 100 年前就死了。当一些小件铁制品不很令人满意的时候，从前的萨摩斯的铁匠格劳科斯就会被提到：“这还达不到格劳科斯的水平。”见普鲁塔克的《希腊谚语》（*Paroemiographi Graeci*）。在其他地方还提到过亚历山大里亚人的眼尖和嘴贫。他们常用的一些口头禅包括：法塞利斯和卡里亚奉献供品的吝啬，优卑亚的查尔基斯和米克诺斯（Myconos）的人穿着的寒碜，科林斯的妓女的举止，马赛里亚和萨摩斯的奢侈，西西里的阿比拉（Arbelae）的居民的单纯。如果人们偷偷地进行交易，他们就说“阿提卡的公民们正在占领他们的厄琉西斯节。”如果有人很沮丧和易怒，就会说他已经向特洛弗尼乌斯（Trophonius）请求了一个神谕。对于那些十分好客的人，他们会说：“在西敦（Cydon）的房子里总是宾客盈门。”（他是一个众所周知的慷慨的科林斯人。）如果你想警告某个可能会忘恩负义的人，就会用一个很久以前发生的事情来表达：“你可能会把一个神谕带给彼奥提亚人。”

[11] 赫尔比，上引书，189f. 。

[12] 我们完全不知道奴隶在数量上是多了还是少了。像从前一样还是存在家内奴隶；但是在埃及，没有用于手工业生产的奴隶，现在一定是埃及人自己进行这些工作，他们的工作在以前（尽管现在不同了）曾经属于某个社会等级，但绝不是奴隶。关于哈德良皇帝在亚历山大里亚看到的大规模的商业活动参看《奥古斯都列传》（*Historia Augusta*），《萨图尼乌斯》（*Saturninus*），8。

[13] 摘引自艾尔文·罗德，《罗马史》，第 17 页。

[14] 赫尔比，第 186 页；他评论说，在较早的时代是完全不能看到现在盛行的表现了人物的多样性的性格的雕塑的，当中有亚历山大大帝的带有狂躁表情的火焰一般的头像，面目清秀的具有学者风范的亚里士多德，带有其一贯的搞笑表情的米南德。后来的历史记述也给予了这些人物的外貌特征及其产生的影响更多的关注，所有这些在晚期罗马帝国又得到了极端的发展。

[15] 普鲁塔克，《阿吉斯传》，4. 6. 20。

[16] 同上书，17f.，奇罗尼丝，抱着她的丈夫，威胁她父亲说如果克里奥蒙布洛图斯被判死刑的话她就要自杀；很遗憾，这个场面的构想使用了一种后欧里庇得斯悲剧作家的风格。

[17] 普鲁塔克，《克里奥蒙尼传》，1. 6。

[18] 同上书，22。尽管关于这个魔鬼的用词听上去有点像经过窜改的哲学的味道。

[19] 同上书，38，参看上文（原文）121 页。

[20] 普鲁塔克，《阿吉斯传》，7。

[21] 赫尔比，195f.，这是大多数此类说法的源头。

[22] 根据罗德，上引书 68ff.，以下的内容几乎一字不差地摘引于此。

[23] 考内里乌斯·尼普斯（Cornelius Nepos）在他的前言（*Vitae*）中解释说，每个罗马人都带着他的妻子参加宴会，“其习俗却不同于希腊；在那里妇女是不能喝酒的，除了与她最近的亲戚，都不能落座，除了在房子里的一个女人专用区里，在那里除了她们的家庭成员其他任何人是不允许进入的。”婚姻只是一种几乎不包含情感因素的简便的法律协议，例如，就像在狄奥格尼斯·拉尔提乌斯 2. 8. 14 中所描述的那样。哲学家美涅德莫斯和他的老朋友阿斯克勒庇阿得斯（Asclepiades）就娶了一个母亲和女儿。当女儿死了，阿斯克勒庇阿得斯就娶了美涅德莫斯转手给他的那位母亲，他自己现在是国家的统治者，娶了一个富有的妻子；但是，由于他继续与阿斯克勒庇阿得斯生活在一起，所以依然委托他的第一任妻子管理家务。所有这些发生在公元前 300 年或更晚的时候。

[24] 狄奥多洛斯（19. 33）反对年轻人因为爱情而结婚；他当然是重申从继承者时代以来的一种观点。当印度的殉夫自焚的风俗广为人知的时候，晚期的希腊人就得出这样的推论，一定有很多常常导致投毒的不幸的婚姻，因为他们的婚事不是由父母安排的，而是自己决定的，这样的婚姻一定会转变成痛苦，因此当他们后悔做出这样的选择的时候，就注定会失败。

[25] 见斯托巴乌斯的《诗文集》（汉斯编辑），第四卷，第 613–615 页，其中还有很多关于生儿子比生女儿有更大好处的论述。另外参看上文（原文）第 110–111 页。

[26] 很多有文化的妇女、哲学家、诗人和画家（比如，来自底比斯的克拉

特斯的希帕齐亚［Hipparchia］，萨摩斯的海蒂勒，西库翁的画家阿那克珊德拉［Anaxandra］等等）都是一些少有的例外而已。下面的内容同样一字不差地来自赫尔比，191ff.。

[27]“Stauffacherin”——是指 Gertrud Stauffacher，席勒的《威廉·退尔》（Wilhelm Tell）中一个性格暴躁的人物。

[28] 罗德指出，阿多尼阿祖萨（Adoniazusae）的自由行为中只有与亚历山大里亚和多利亚妇女有关的内容才被认为是可靠的（上引书第 63 页注释 1）。

[29] 赫尔比，194f.。

[30] 在庞贝的壁画中，我们还能够看到希腊人的灵感，佩耳修斯如何小心翼翼地领着安德洛墨达爬下岩石，以及阿佛洛蒂忒如何在审判的时候与帕里斯调情：赫尔比，第 201 页。

[31] 见赫尔比，196f。

[32] 参看保利的《实用百科全书》，第三卷，第 1287 页普瑞勒的论述。

[33] 参看赫尔比，第 223，237，242 页。

[34] 维提坎的赫尔墨斯也可能出现在这个较晚时期吗？

[35] 这种说法出自赫尔比，244ff.，罗德，上引书，第 68 页，认为内容高深的诗作只能吸引那些受过教育的妓女。因为在那时书很贵，所以最好先了解一下真正喜欢阅读此类作品的是哪种类型的男人和女人。

[36] 参看赫尔比对此的论述，第 249 页。

[37] 参看雅典尼乌斯，7. 13，其中他引用了卡里斯托斯的阿波罗多洛斯的话。

[38] 比较一下早些时候的菲瑞内的论述，上文（原文）第 324 页。

[39] 参看上文（原文），第 121 页。

[40] 这部分也大多来自于赫尔比，269ff.。

[41] 希罗多德，7. 31。塞米拉米司（Semiramis）的空中花园在很久以前也非常有名。

[42] 希罗多德，4. 85。

[43] 李维，40. 22。

[44] 参看赫尔比，213f.。

德文版原文和英文选译本相对应的页码

这个译本使用的德文版原文是由雅各布·奥芮（Jacob Oeri）编辑，F. 施特林（F. Staehelin）校订的本子（1930）；以下的页码是由 Wissenschaftliche Buchgesellschaft 出版的重印本（Darmstadt，1956 年）。

	英文本		德文本
希腊人			
一、导言	3	第一卷	3—12
二、希腊人和他们的神话	13		15—50
三、城邦	37		53—82
四、希腊人生活的基本特征	63	第二卷	319—395
希腊文明			
一、介绍性的评论	127	第四卷	3—21
二、英雄时代	135		22—58
三、赛会时代	160		82—159
四、公元前 5 世纪	214		160—268
五、公元前 4 世纪到亚历山大时代	282		269—285
			311—353
			366—394
六、希腊化时代	346		547—569

参考书目

古代的文献资料

古代作家的引文出自修订过的标准的现代版本，见于下面的集子或者专门的版本。该文本的缩写用方括号标出：

阿齐达马斯（Alcidamas）：*Odysseus*（奥德赛）：*L. Radermacher*（拉德马赫），*Artium Scriptores*（前亚里士多德修辞集）（维也纳，1951），第 141—147 页。

Bacchylides（巴奇里得斯），B. Snell 和 L. Maehler 编辑，第 10 版（莱比锡，1970）［Snell-Maehler］

戴尔（E. Diehl），*Anthologia Lyrica Graeca*（希腊抒情诗选集），第一卷，第 3 版（莱比锡，1949）［Diehl］

狄尔斯（H. Diels），克朗兹（W. Kranz），*Fragmente der Vorsokratiker*（前苏格拉底哲学家残篇），第 6 版（苏黎世，1951—2）［Diels-Kranz］

欧多西亚（Eudocia）：*Eudociae Augustae Violarium*（皇后欧多西亚的紫罗兰集），弗拉赫（I. Flach）编辑（莱比锡，1880）

欧斯塔休斯（Eustathius），*Commentarii ad Homeri Odysseam*（荷马的奥德赛注释），斯托鲍姆（G. Stallbaum）编辑（莱比锡，1825—6）

福斯特（R. Foerster），*Scriptores Physiognomici Graeci et Latini*（希腊罗马面相学文献汇编），第一卷（莱比锡，1893）

Fragmenta Hesiodea（赫西俄德残篇），美科尔巴赫（R. Merkelbach）和维斯特（M. L. West）编辑（牛津，1967）［Merkelbach- West］

雅各布·德·阿奎斯（Jacobus de Aquis）：阿沃加多（G. Avogadro）编辑，*Historia Patriae Monumenta*（意大利史原始史料集），3：*Scriptorum Tomus*（作家卷），第一卷（图林，1839）

亚各比（F. Jacoby），*Die Fragmente der griechischen Historiker*（希腊历史文献

残篇）（柏林－莱顿，1923—58）[FGH]

金克尔（G. Kinkel），*Epicorum Graecorum Fragmenta*（希腊史诗残篇），第一卷（莱比锡，1877）

冯·劳什（E. L. von Leutsch），*Corpus Paroemiographorum Graecorum*（希腊谚语集）（哥廷根，1851）

Lysiae Orationes（吕西阿斯演说残篇），塔尔海姆（T. Thalheim）编辑，第2版（莱比锡，1913）

马克希姆·普拉努得斯（Maximus Planudes），*Life of Aesop*（伊索生平）：埃博哈特（A. Eberhard），*Fabulae romanenses Graece conscriptae*（希腊语罗马故事集）（莱比锡，1872），第226—305页。

梅格斯（R. Meiggs）和列维斯（D. M. Lewis）编辑，*Greek Historical Inscriptions*（希腊历史铭文）（牛津，1969）

穆勒（K. Müller），*Geographi Graeci Minores*（希腊小地理志）（巴黎，1855—61）

瑙克（A. Nauck），*Tragicorum Graecorum Fragmenta*（希腊悲剧残篇），第2版（莱比锡，1889）[Nauck]

佩吉（D. L. Page），*Poetae Melici Graeci*（希腊抒情诗）（牛津，1962）[Page]

佩吉（D. L. Page），*Epigrammata Graeca*（希腊短诗集）（牛津，1975）

Paroemiographi Graeci（希腊谚语）：劳什（E. L. Leutsch）和施奈德温（F. G. Schneidewin）编辑（哥廷根，1839—51）

斯托巴乌斯（Stobaeus）：*Ioanis Stobaei Anthologium*（咀华集），沃什姆斯（C. Wachsmuth）和汉斯（O. Hense）编辑（柏林，1884—1912）

Suda: Suidae Lexicon（苏达辞书），阿德勒（A. Adler）编辑（斯图加特，1928—71）

瓦尔茨（C. Walz），*Rhetores Graeci*（希腊修辞学）（斯图加特，1932—6）

维斯特（M. L. West），*Elegi et Iambi Graeci*（希腊哀歌诗和短长格诗）（第2版，牛津，1989—92）[West]

维斯特曼（A. Westermann），*Biographoi, Vitarum Scriptores Graeci*（希腊传记集）（Brunswick，1845）

维斯特曼（A. Westermann），*Mythographoi, Scriptores Poeticae Historiae Graeci*（希腊诗史作家集）（Brunswick，1843）

布克哈特引用的当代人的著述

柏克（A. Boeckh），*Die Staatshaushaltung der Athener*（雅典财政），第2版

（柏林，1851）库尔提乌斯（E. Curtius），*Griechische Geschichte*（希腊史）（柏林，1858–67）

赫尔比（W. Helbig），*Untersuchungen Über die campanische Vasenmalerei*（坎佩尼亚地区瓶花艺术研究）（莱比锡，1873）

冯·海武德（F. von Hellwald），*Culturgeschichte in ihrer natürlichen Entwicklung bis zur Gegenwart*（从古至今按其自然形态发展的文化史）（奥格斯堡，1875）

赫尔曼（K. F. Hermann），*Lehrbuch der griechischen Privatalterthümer*（希腊私人文物教程）（海德堡，1852）

赫尔曼（C. F. Hermann），*Lehrbuch der gottesdienstlichen Alterthümer der Griechen*（希腊宗教文物教程）（海德堡，1846）

穆勒（K. O. Müller），*Handbuch der Archäologie der Kunst*（艺术考古学教程）（布雷斯劳，1830）

纳格尔思巴赫（K. F. Nagelsbach），*Die nachhomerische Theologie des griechischen Volksglaubens*（荷马以后希腊民间迷信中的神学）（纽伦堡，1857）

尼布尔（B. G. Niebuhr），*Kleine historische und philologische Schriften*（历史学和语文学论集）（波恩，1828）

冯·保利（A. F. von Pauly），*Realencyclopädie der classischen Alterthumswissenschaft*（经典古典学实用百科全书），第1版（法兰克福，1839）

普瑞勒（L. Preller），*Griechische Mythologie*（希腊神话）（莱比锡，1854）

里贝克（O. Ribbeck），*Kolax, eine ethologischer Studie*（奉承者，一个民族学的研究）（莱比锡，1856）

沙佛尔（A. D. Schäfer），*Demosthenes und seine Zeit*（德摩斯提尼及其时代）（莱比锡，1883）

阿道夫·施密特（Adolf Schmidt），*Das Perikleischer Zeitalter*（伯利克里时代）（耶拿，1877）

施威格勒（A. Schwegler），*Geschichte der griechischen Philosophie*（希腊哲学史）（图宾根，1859）

威舍尔（W. Vischer），'*Über die Benutzung der alten Komödie als geschichtliche Quelle*'（论古代喜剧作为史料的利用），*Kleine Schriften*（著作集）（莱比锡，1877），第459–485页。

威克勒（F. G. Welcker），'Die Komposition der polygnotische Gemälde in der Lesche zu Delphi'（波利格诺图斯在德尔斐的议事厅的画的构图），*Abhandlungen der Preussischen Akademie der Wissenschaften zu Berlin 1847, Philol. -hist, Abtheilung*（柏林普鲁士科学院论文，1847年，哲学史学部），第81–151页。

索引

（索引数字为原书页码，即本书边码）

译后记

我最初接触布克哈特是在刚上大学的时候。在一位老师的推荐下，初涉史学殿堂的我开始阅读布克哈特的《意大利文艺复兴时期的文化》(何新译，马香雪校，商务印书馆，1979年版)，没想到一下子就被书中所描述的那个躁动不安但充满创造激情的时代吸引了进去，于是边看边做摘录。很久以后，当我再次拿出这个本子的时候才发现，自己竟然几乎把这本书抄了一遍。说实话，虽然这本文化史的名著对自己影响颇深，但我对这本书的作者的了解一直是非常有限的。

大学毕业后我选择了世界古代史作为自己继续深造的方向，十分幸运地考取了北京师范大学的研究生，先后在郭小凌教授和刘家和先生的门下学习古代希腊史和中外古史比较研究。几年以前，当我第一次看到这本《希腊人和希腊文明》的时候，才知道布克哈特不仅是一位文艺复兴研究的专家，也是一位学养极为深厚的古典学家，在认真地通读了这本书之后更有一种相见恨晚的感觉。惊讶之余我开始萌生了进一步了解这位19世纪伟大的历史学者的想法，于是开始搜集布克哈特的有关资料。使我再次感到吃惊的是，国内关于布克哈特的介绍和研究竟然十分寥寥，原因何在呢？这种情形反而更加激发了自己对布克哈特的兴趣。

三年前，上海世纪出版集团北京世纪文景的姚映然女士找到我，提出有意翻译出版这个取材于布克哈特身后出版的演说集《希腊文化史》(*Griechische Kulturgeschichte*）的新的英文选译本，问我能否承担本书的翻译工作。虽然这本书的部头不小，翻译难度也很大，而且当时自己也是杂务缠身，但是面对这位几乎被人遗忘的古典学家，面对为这个选译本付出了长期艰苦努力的芬利（Moses Finley，1912—1986 年）、穆瑞（Oswyn Murray）等当代的古典学名家，我还是欣然接受了这件工作。但是接下来之后才发现要完成好本书的翻译工作比想像中的要艰难得多，原因是多方面的。首先，这并不是一本深思熟虑、考订严谨的学术专著，而是在演说讲义的基础上形成的文稿，作者在生前也完全没有出版此书的打算。虽然经过很多布克哈特的亲友、学生和专家的修订，但还是带有很强的口语化的特点，许多内容排比铺陈，极为详尽，但很多思想又是点到为止，语焉不详。因此，在翻译过程中，既要保持这种语言风格的原貌，又要把布氏丰富的思想内涵准确地表达出来绝非易事。第二，自己虽然一直以希腊史作为主要的研究方向，但在翻译这本书的过程中却真的有一种“刘姥姥进了大观园”的感觉，布克哈特在演说中列举出的人名、地名、神祇的名字就不下几百种，再加上各种各样的古典文献、希腊专名、典章制度、典故、俗谚，真是令人目不暇接。此外，文中还夹杂了大量的希腊文、拉丁文和法文，这些都极大地增加了翻译的难度。不过，也正是因为这是一篇“无心”之作，反而使布克哈特能够摆脱“专家”和“专业”的束缚，自由地表达自己的观点，纵论古今，针砭时弊。这虽然为后来的古典学圈内人士的批评留下了把柄，但却凸显了作为一个真正学者的布克哈特的自由思想和学术品格，而这也正是他一生所努力追求的目标。

关于这本书的选译过程、布氏的学术道路以及他在古典学研究中的地位与贡献，本书的主编之一穆瑞教授已经在正文前面的长篇序言中作了十分详尽的述评，这里不再赘述。在翻译过程中，自己常常被文中不时迸发的思想火花感染、触动，布氏在演说中体现出的充满激情但又不失理性思考、严肃认真但又不失风趣幽默的语言风格，经常使人拍案叫绝，茅塞顿开。例如，他对希腊的赛会（*agon*）精神、悲观主义、希腊民族及其城邦政体的优势和弱点，以及希腊的艺术、宗教、经济生活等方面都有十分独到的看法。不论后来的学者对这些看法赞成与否，布克哈特对古典学研究产生的深远影响是不可否认的。这也许就是在他去世一百年之后，经过几代古典学家的不懈努力，这个新的英文译本终于得以问世的原因所在。

需要进一步说明的是，我相信这个译本在中国的出版还有着更加特殊的意义。1978年，在布克哈特的《世界历史沉思录》（*Weltgeschichtlich Betrachtungen*，金寿福译，北京大学出版社，2007年版）的编者维尔纳·卡埃基（Werner Kaegi）为此书撰写的编后记中，详细地叙述了布克哈特的这本著作在世界各国的翻译情况，其中提到，除了欧美国家之外，"在日本，评论布克哈特的文献也很多"（见中译本，第288页）。我在北京图书馆检索有关布克哈特的文献的时候，也无意中发现北图就收藏了很多种布氏著作的日文译本。文中当然没有提到中国，因为在这篇编后记出版的第二年，国内才有了布氏著作的第一个中译本，即《意大利文艺复兴时期的文化》。这本书的出版在当时的学术界也算是一件大事，得到了广泛的关注。但不知为什么，在这以后，有关布克哈特的介绍和研究却几乎销声匿迹了。直到最近，布氏《文艺复兴》以外的其他著作的中译本才陆续问世，其中包括《君士坦丁大帝时代》（*The Age of Constantine the Great*，宋立宏、熊莹、卢彦名译，上海三联书店，2006年版）和不久前刚刚出版的《世界历史沉思录》。这是非常令人欣喜的，因为这些布氏著作的翻译出版不仅可以填补中国在布克哈特著作的引介工作上的空白，而且更重要的是，可以进一步推动中国学术界对这位与兰克（Leopold von Ranke，1795—1886年）、蒙森（Theodor Mommsen，1817—1903年）齐名的19世纪最伟大的历史学家及其学术思想的研究。

下面还有几个与本书翻译有关的具体问题需要说明一下：

首先说一下"*agon*"一词的翻译。*agon*是希腊人的一个非常独特的词语，也代表了希腊人的一个非常重要的观念，即竞争或者竞赛的精神。这种精神不仅体现在政治生活中，也体现在文艺、体育、哲学研究乃至经济活动等社会生活中，奥林匹亚的泛希腊运动就是这种精神的体现之一。穆瑞在序言中提到，正是布克哈特最先发现并阐述了希腊人的这种精神。由于没有对应的现代西文，就其含义来说可以译成contest（竞赛），compete（竞争）等等。实际上，希腊文的这个词除了有展开竞赛的意思之外，与另一个希腊词agora（即市场、广场）相仿，本身也带有“聚集”、“聚会”的意思。由于这个词还没有一个约定俗成的中文译法，为了同时体现“竞赛”和“聚集”两个方面的含义，本书就采用了“赛会”这种译法。

第二是banausic这个词的翻译，这个词来自于希腊文*banausia*，是指与脑力劳动者的高级的、追求智慧的活动相对应的手艺人、匠人或者体力劳动者的低级的、下贱的谋生活动，因此翻译成某个单一的词语存在着一定的困难，因此，本书就根据上下文翻译成“物质性的”、“机械的”、“手艺的”或者“匠人的”等多种译法。

第三，书中出现的人名、地名和神祇名的翻译分为三种情况：首先，凡存在约定俗成的统一译法的，按照该译法翻译；其次，没有统一译法的，根据有关的工具书进行翻译，本书主要参考了罗念生、水建馥编《古希腊语汉语词典》（商务印书馆，2005年版）和晏立农、马淑琴编著《古希腊罗马神话辞典》（吉林人民出版社，2006年版）；再次，既没有统一译法又无据可依的，则按照音译。不论哪种情况，专有名词在文中第一次出现的时候均标注原文。

第四，为了尽量保持著作的原貌，便于读者查询，译者对原书的注释、附录、参考书和索引均未作删改，进行了必要的翻译，并在正文当中标出了原书的页码。

在本书翻译的过程中得到了很多位师友的大力帮助，在此深表谢意。首先感谢郭小凌老师在百忙之中为本书撰写了中译本的序言，并就一些翻译问题提出了宝贵的意见。感谢杨共乐老师，陈恒、刘津渝两位学长，聂敏里博士和徐洋先生在拉丁文、希腊文和德文的翻译问题上的悉心指点和无私帮助。十分赞赏和钦佩世纪文景的学术眼光，能够及时地把这本书纳入翻译出版的计划。更要感谢为此书的出版付出了大量艰辛劳动的姚映然女士、何晓涛先生和马晓玲女士，感谢他们对我的信任、耐心和帮助。最后，还要感谢我的家人，没有他们的支持与协助，本书的翻译工作也不可能顺利完成。

应该说，对于本书的翻译，我自己是最大的受益者，因为在这么长的时间里，多少个日日夜夜，能够坐在一个安静的角落，专心聆听一位学术大师的谆谆教导，与一颗伟大的心灵进行面对面的交流，是一件多么难得的事啊！这种感觉非同一般。不过，由于自己在时间、学识、学养等方面的限制，还是经常感到力不从心，翻译中一定还存在很多问题。尤其是由于语言上的限制，自己没有能力对照德文原著进行审校，这是本书翻译过程中最大的缺憾。不过，学术乃天下公器，定会薪火相传，这毕竟是一件起始性的工作，一方面希望得到各位读者和专家的批评指正，另一方面也希望这个译本能起到抛砖引玉的作用，期待今后有更好的译本问世。

王大庆

2007 年 8 月 28 日于时雨园

2012年再版后记

这本《希腊人和希腊文明》的翻译出版在不知不觉中已经过去将近四年了。承蒙诸多师友和读者的关照与厚爱，作为这本书的第一位翻译者，我既得到了许多令人鼓舞的肯定和嘉奖，也收获了不少善意的批评和指正。

四年来，正是在这部充满了对希腊文化的洞见和思想火花的著作的启发和引导下，我开始了对包括“古希腊的赛会”在内的很多问题的继续探讨。随着研究的逐步展开，我不但对布克哈特看问题的敏锐、贯通和犀利愈发感到敬佩，而且也增强了我作为有着文化隔阂的中国学者既应该也能够深入到古希腊这样遥远的异域文化进行探索的决心和信心。四年中，我曾到处搜集国内外有关布克哈特的各种传记和研究资料，并拟定了一个庞大的研究计划，想对他为什么能够在包括希腊文化史在内的诸多研究领域取得如此之大的成就做一些基础性的“解密”工作，但由于时间、精力和能力的限制，没有能够完成，只是开了头，发表了一篇评介性质的书评（《论雅各布·布克哈特的希腊文化史研究——兼评〈希腊人和希腊文明〉》，载《史学理论研究》2009年第2期）。将来如果有机会，我会把这项计划继续下去。在这里，也期待着在不久的将来有更多关于布克哈特其人其书的译本和研究著作问世。

在此，我想对上海世纪出版集团北京世纪文景公司，对为本书的再版付出了辛勤劳动的责任编辑马晓玲女士表示衷心的感谢，对给予了本书大力支持、鼓励和帮助的黄洋、晏绍祥、杨巨平、祝宏俊、宋立宏、胡玉娟、蒋重跃、韩益民等各位师友表示感谢，对这次再版之前认真通读了全书并提出了很多宝贵意见和建议的雷洋、黄庆娇、曹为等同学表示感谢。虽然这次再版对正文、译名和注释上发现的一些不准确或错误的地方一一进行了修正，但问题还是会有的，希望各位专家和读者不吝赐教，我的邮箱是：wdking@263. net。

王大庆
2012 年 2 月 28 日于时雨园

文
景

Horizon

社 科 新 知　文 艺 新 潮

希腊人和希腊文明

[瑞士] 雅各布·布克哈特 著　王大庆 译

出 品 人：姚映然
责任编辑：李　頔　周官雨希
封面设计：黄安乔

出　　品：北京世纪文景文化传播有限责任公司
（北京朝阳区东土城路8号林达大厦A座4A　100013）
出版发行：上海人民出版社
印　　刷：山东临沂新华印刷物流集团有限责任公司
制　　版：北京大观世纪文化传媒有限公司

开 本：635×965mm　1/16
印 张：38　　字 数：489,000
2012年4月第2版　　2020年8月第4次印刷
定 价：69.00元
ISBN：978-7-208-10586-7 / K · 1866

图书在版编目（CIP）数据

希腊人和希腊文明 /（瑞士）布克哈特（Burckhardt, J.）著；王大庆译. —2版. —上海：上海人民出版社，2012
书名原文：The Greeks and Greek Civilization
ISBN 978-7-208-10586-7

Ⅰ.①希… Ⅱ.①布… ②王… Ⅲ.①文化史-古希腊-通俗读物 Ⅳ.①K125-49

中国版本图书馆CIP数据核字（2012）第033208号

本书如有印装错误，请致电本社更换 010-52187586

中文版译自

The Greeks and Greek Civilization by Jacob Burckhardt

Published by Harper Collins Publishers in 1998